저작권 판매

성공을 위한 가이드

이 도서의 국립중앙도서관 출판예정도서목록(CIP)은 서지정보유통지원시스템홈페이지
(http://seoji.nl.go.kr)와 국가자료공동목록시스템(http://www.nl.go.kr/kolisnet)에서
이용하실 수 있습니다. CIP2016032570(양장), CIP2016032571(학생판)

저작권 판매

성공을 위한 가이드

리넷 오언 지음 | 박행웅 옮김

한울
아카데미

차례

추천의 글 • 8 | 옮긴이의 글 • 13 | 감사의 글과 추가 참고자료 • 16 | 한국어판 서문 • 19 | 서문 • 21

01 저작권 역사적·법률적 배경 • 27

영국 출판 산업의 성장 27 | 저작권 28 | 저작권이란 무엇인가? 29 | 국제적인 저작권 협약들 32 | 다국적, 국제적 저작권 이니셔티브 38 | 국가 간 저작권 인정 45 | 불법 사용과 해적행위 46 | 영국의 저작권 입법 51 | 미국의 저작권 입법 66 | 반저작권 운동, 오픈 액세스 및 기타 이니셔티브 71 | 저작권 비즈니스의 발전 85

02 출판 계약 누가 권리를 통제해야 하는가? • 90

저작권의 보유 91 | 저작권의 양도 92 | 권리 판매 수익의 분배 95 | 누가 전자 권리와 멀티미디어 권리를 통제해야 하는가 98 | 저자의 권리 거래 승인 106

03 확장되는 가능성의 범위 • 109

도서 권리 110 | 부차권 110 | 권리의 범주들 111 | 출판사의 권리(판면권) 117 | 공공 대출권: 저자의 권리 117

04 권리 판매의 배후 요인 • 120

출판 과정에서 권리의 역할 120 | 판매할 것인가 판매하지 않을 것인가 123 | 회사 내부 라이선스 126

05 권리 판매 I 누가, 어떻게 하는가? • 129

누가 권리를 운용해야 하는가? 129 | 어떤 직무 능력이 요구되는가? 130 | 훈련 133 | 저작권 전문 경력? 134

06 업무 처리 기초 업무 • 136

기본적인 기록 관리 136 | 인수와 처분 141 | 직원 확보 142 | 판매 활동 143 | 근간 출판물에 대한 정보 입수 146 | 프로젝트 평가 147 | 시의성 149 | 옵션, 복수 제안 또는 경매? 150 |

비밀 유지 협약 154 | 조건 협상 154 | 계약의 매듭 155 | 다른 부서와의 소통 156 | 저자에게의 통보 157 | 지불의 모니터링 158 | 내부 보고 161

07 권리 판매 II 다양한 방법 • 162

우편에 의한 일반적인 판촉: 카탈로그 162 | 특별 판촉: 사전 정보 및 판촉 재료 164 | 소셜 미디어 165 | 광고 165 | 온라인 판촉 및 권리 판매 165 | 위탁판매자 활용 171 | 대면 판매 173

08 도서전과 세일즈 여행 준비, 현장 활동 및 후속 조치 • 175

도서전 175 | 사전 약속 182 | 일정표 184 | 기존 또는 잠재 고객에 관한 정보 185 | 판매된 또는 오퍼 중인 권리에 관한 정보 187 | 세일즈 정보와 재료 188 | 현장 활동 191 | 비즈니스 활동 193 | 세일즈 기법 196 | 실제 또는 가상 도서전? 202 | 세일즈 여행 203 | 문화적 관습 206 | 사내 보고 208

09 페이퍼백 권리 • 209

10 저가 리프린트 권리 • 221

개도국과 신흥국 221 | 중유럽 및 동유럽, 러시아 및 구소련 공화국 230 | 비저작권 국가에 대한 라이선싱 231 | 라이선싱이 최상의 해결책인가? 232

11 기타 리프린트 권리 • 237

판촉판 237 | 특별 직접 판매 239 | 커버 마운트 240 | 교육판 240 | 절판 타이틀 242 | 큰 활자본 247

12 연재 권리와 정기간행물 단발 게재 권리 • 250

최초 연재 권리 251 | 2차 연재 권리 263 | 계약 263 | 온라인 연재 권리 266 | 정기간행물 단발 게재 권리 268

13 다이제스트 및 축약 권리 • 269

다이제스트 권리 270 | 도서 축약 권리 271

14 번역 권리 공동출판과 라이선스 • 273

정치적 고려 276 | 교육, 학술 및 전문 타이틀 278 | 단행본 타이틀 279 | 거래 방법 283 | 공동출판 285 | 라이선스 거래 297 | 조건 300 | 전자책 권리 306 | 조건을 특수한 환경에 맞게 조정하기 308 | 보조금 제도 314 | 계약서 318 | 계약 이후 330 | 라이선스가 잘못되면 무슨 일이 벌어지는가? 331 | 특수한 라이선싱 분야 333 | 번역된 텍스트의 저작권 336

15 드라마화 및 다큐멘터리화 권리 무대, 라디오, 텔레비전 및 영화 권리 • 338
무대 권리 339 | 라디오 341 | 텔레비전 343 | 주문형 비디오 351 | 상업적 리코딩 353

16 상품화 권리 • 382
영화 및 텔레비전의 영향 384 | 권리의 통제 389 | 전문 에이전시 390 | 시장 조사 391 | 재정 조건 393 | 계약서 394 | 지속성 396

17 저작권 집중관리 • 399
영국의 저작권 집중관리 400 | BLDSC 409 | 여타의 문서 배송 서비스 411 | 기업 및 전문가에 대한 라이선싱 411 | 미디어 모니터링 기관(이전의 스크랩통신사) 413 | 일러스트레이션 라이선싱: DACS 414 | 시각 장애인과 독서 장애인을 위해 사용 가능한 사본의 라이선싱 415 | 고아저작물 415 | 복제권 기구 416

18 인터넷과 출판 • 420
입법과 인터넷 423 | 저작권과 인터넷 425 | 디지털 환경하에서의 공정 처리 433 | 권리의 관리와 보호를 위한 기술 시스템 439 | 전자 복제 권리 447 | 맞춤형 출판 및 강의집 451 | 사이트 라이선스 453 | 초록 456 | 문서 배송 서비스 457 | 디지털 도서관 459 | 검색엔진, 온라인 소매상 및 기타 업체들: 위협인가 아니면 기회인가? 462 | 구글 합의안 466 | 출판사들은 보조를 맞추고 있는가? 476

19 전자 출판과 멀티미디어 권리 • 479
소프트웨어 486 | 전자 데이터베이스 487 | 광디스크 미디어 489 | 비디오 게임 493 | 휴대형 전자 기기 496 | 태블릿 502 | 스마트폰 504 | 인핸스트 전자책 506 | 앱 507 | 콘텐츠 획득 510 | 전자책 기술과 표준 514 | 출판사, 전자 디지털화 서비스 및 통합자 515 | 전자 도서관과 통합자들 516 | 무크 519 | 전자 출판: 초기의 기대는 충족되었는가? 519 | 계약 전 점검사항 521 | 계약 고려사항 523

20 라이선시에 대한 복제생산재료 공급 • 531
사양 533 | 견적 534 | 폰트 저작권 536 | 지불 537 | 문서 538 | 배송 539 | 저작권 에이전트 540

부록 I 용어 해설 • 541 | 부록 II 유용한 단체 · 기관의 명칭과 주소 • 545 | 찾아보기 • 548

추천의 글

저작권 판매는 저작권 중개업체(에이전시)와 출판사에게 아주 중요한 일이다. 저자에게는 명성을 쌓고 저작권 사용료라는 부가적 수익을 가져다주는 중요한 요소가 된다. 출판사에게는 전반적인 의사 결정과 수익성에 큰 영향을 끼친다.

영국은 출판물의 해외 수출이 많은 대표적인 나라이다. 2014년 영국 전체 출판 산업의 시장 규모는 33억 1100만 파운드인데, 그중 수출로 해외에서 벌어들이는 수입은 14억 4500만 파운드로 약 43.6%를 차지한다. 여기에는 완제품 수출과 공동출판, 그리고 순수한 의미에서의 저작권 수출이 모두 포함되어 있다. 영국이 저작권 수출로 많은 수입을 얻는 데는 국제 공용어로서의 영어가 가지는 이점이 크게 작용하지만, 영국 출판사에 소속된 유능한 저작권 에이전트들이 전문성을 가지고 열정적으로 활동한 결과이기도 하다. 그리고 영국 에이전트들이 저작권 협상을 성공적으로 처리할 수 있게 된 배경에는 저작권 협상을 체계적으로 교육하고 훈련시키는 저작권 전문가가 있다는 점을 놓쳐서는 안 된다. 뛰어난 저작권 에이전트 뒤에는 뛰어난 저작권 전문 강사가 있고 또 그들이 쓴 전문 저서가 있다.

여기서 소개하는 리넷 오언의 『저작권 판매: 성공을 위한 가이드Selling Rights』(이하 『저작권 판매』)는 저작권 비즈니스 분야에서 가장 권위 있는 책이다. 이 책은 전 세계에 저작권을 판매하고 공동출판을 하는 모든 양태에 대한 실질적이고 이해하기 쉬운 안내서이다. 이 책은 1991년에 처음 초판이 발행되었다. 그 후 새로운 기술의 발달, 판매와 유통에서의 변화, 영국을 비롯한 여러 나라의 법제도의 변화 등을 반영하여 3~4년마다 꾸준히 최신의 정보를 담은 개정판이 발행되었다, 이 번역서는 가장 최신의 개정판인 제7판(2014년)을 저본으로 삼았다.

리넷 오언 여사는 1968년 캠브리지 대학 출판부에서 저작권 담당 업무를 시작하여(1968~1973년), 피트만 출판사(1973~1976년)와 마셜 캐번디시 출판사(1976년)에서 저작권 부장을 역임했다. 1976년에 피어슨 교육(Pearson Education)에 저작권 부장으로 입사하여 2001년부터 2013년 은퇴할 때까지 저작권 담당 이사로 일했다. 저작권 비즈니스 분야의 또 다른 명저인 『클라크의 출판계약(Clark's Publishing Agrements: A Book of Precedents)』의 주 저자 겸 책임 편집자로 참여했다. 2003년에 런던도서전 공로상을 받았고, 2009년에는 저작권 수출 유공자로서 대영제국 훈장을 수상했다.

현재, 오언은 저작권 관리 및 저작권 판매 분야의 프리랜스 컨설턴트로서 왕성하게 활동하고 있다. 영국 출판 트레이닝 센터와 영국의 출판학부 과정에서 강의를 하고 있으며, 중국, 베트남, 러시아, 멕시코, 브라질, 중유럽과 동유럽, 아랍 국가 등 여러 나라에서도 출판인들을 위하여 수시로 저작권과 라이선싱에 관한 강좌를 열고 있다. 출판사의 자원을 어떻게 관리해야 하는지, 까다로운 시장에 효율적으로 대처하는 방법은 무엇인지를 훈련시키고, 도서전시회에서 저작권을 협상하고 관리하고 판매하는 방법을 가르친다.

리넷 오언은 우리나라를 몇 차례 방문했다. 2008년 5월에 한국에서 개최된 제28차 국제출판협회(IPA) 서울총회에서 "번역권: 다양성을 위한 도전" 세션에서 다른 나라의 출판 콘텐츠를 자국에 소개하는데 필수적인 번역을 둘러싸고 번역저작권 계약의 문제점과 번역 기간 등에 대한 논의가 진행됐다. 이 자리에서 오언은 "문학과 정보를 번역할 때의 장벽"을 주제로 발제를 했다. "인터넷의 발달로 출판정보를 입수하기는 매우 좋아졌지만 저작권자를 찾고 만나기는 매우 어렵다"며 "이런 문제를 해결하기 위해 저작권 소유관계의 변화를 추적하는 국제적인 데이터베이스를 만들자"고 제안했다. 출판물에 대한 정보의 부족, 권리자를 찾아 접촉할 때의 문제점, 권리자가 시장 환경을 잘 몰라서 계약 조건을 지나치게 높게 부르는 문제점, 번역 과정이 늦고 번역비가 높은 문제점들을 장벽으로 인식하고, 현실적인 해결책을 제시했다. 권리자와 이용자가 긴밀하게 협력하고, 정보를 신속하고 충분히 교환하며, 계약을 체결할 때는 해당 국가의 출판 환경을 충분히 고려하고, 보다 적극적이고 유연하게 대처하라고 주문했다.

그리고 2011년 서울국제도서전 기간에 열린 '북 비즈니스 컨퍼런스 2011'에 참석하여 '디지털 시대 저작권과 라이선싱에 대한 새로운 도전'을 주제로 발제하면서 디지털 시대에 발생할 수 있는 다양한 저작권 관련 이슈들과 그 해결 방안에 대해 영어권 국가의 사례를 중심으로 소개했다. 출판사가 콘텐츠를 전자책 형태로 직접 이용하거나 제3자에게 이용허락을 하려면 저자로부터 적절한 범위에서 권리를 확보해야만 한다는 점을 명확히 하고, 외부의 허락을 받는 데 필요한 비용과 시간을 과소평가하지 말라고 강조했다. 그리고 디지털의 발전은 기회인 동시에 위협이 되므로 결코 무시해서는 안 되며, 전자적 권리에 대해서 저자 및 저자 에이전트와 출판사 간에 논쟁이 계속되는바, 출판사는 앞으로 출판사 고유의 서비스를 "판매"할 필요가 있다고 언급했다.

『저작권 판매』는 무엇보다도 저작권을 성공적으로 판매할 수 있는 다양하고 실질적인 방안을 제시해 준다. 종이책으로 출판하는 권리뿐만 아니라, 전자책, 오디오북, 시리즈물 등으로 출판하는 권리, 멀티미디어 권리 등을 다루고, 드라마화 및 영화화권, 상품화권 등 이용 가능한 모든 권리를 자세히 소개하고 있다.

특히 전자책 리더기, 태블릿 PC, 스마트폰 등 새로운 전자매체의 영향을 소개하면서, 새로운 전자책 단말기와 다운로드할 수 있는 오디오북, 스마트폰의 등장과 같은 최신 전자 출판의 발달, 전자책을 판매하는 것인가 아니면 이용허락을 하는 것인가의 중요한 구분 등을 꼼꼼히 다루고 있다.

고아저작물을 이용할 필요성, 전자적 침해에 대응하기 위하여 더 많은 국가들이 국제저작권협약에 가입하는 현황, 병행 수입의 발달, 저작권 관리 시스템을 위한 실질적인 조언, 저작물을 잠재적인 이용자에게 제공하여 판매를 촉진하기 위한 효과적인 방법, 번역권 이용허락의 발달, 저작물을 발췌하여 이용할 때 집중관리기구를 활용하는 방법, 독서 장애인들이 저작물을 접근하기 쉽게 하는 계획 등도 자세히 안내해준다. 제1장에서는 저작권의 역사적, 법률적 배경도 상세하게 소개하고 있다.

지금부터 20여 년 전, 나는 한 출판사의 편집장으로서 프랑크푸르트 도서전에서 영국 돌링 킨더슬리사의 저작권 에이전트인 힐러리 다우니를 만났다. 오랜 시간이 흘렀지만, 나는 아직도 그녀의 이름을 정확히 기억한다. 한 마디로 그녀는 프로의식이 강한 커리어 우먼이었다. 자기가 맡은 일에 대한 열정이 아주 강하고, 소개하려는 책과 저작권에 대한 전문지식을 바탕으로 일을 꼼꼼하게 처리하는 능력이 내게 강한 인상을 남겼다. 그때는 어디서 저런 힘이 나올까 궁금해하며 부러워했다. 리넷 오언의 『저작권 판매』를 읽고 나니, 이제야 궁금증이 좀 풀리는 것 같다. 20여 년 전 힐러리 다우니가 발휘한 힘의 원천은 리넷 오언의 『저작권 판매』에서 온 것이 아닐까? 내가 힐러리 다우니를 처음 만난 때가 『저작권 판매』의 초판이 발행된 1991년 이후이니, 다우니는 이 책을 읽고 소화하여 자기 나름의 창의적 방법을 더하여 실천했을 것으로 미루어 짐작된다. 지금은 현역에서 은퇴했을 다우니를 다시 만나면 꼭 물어보고 싶다.

『저작권 판매』는 저작권 에이전트와 출판사의 저작권 담당자 등 저작권 전문가, 출판을 공부하는 학생들은 반드시 읽어야 할 필독서이면서, 저작권에 대하여 알고 싶어 하는 모든 출판 관계자들을 위한 저작권 비즈니스 입문서이다. 밑줄을 그어가며 꼼꼼히 읽어 보고, 책꽂이에 꽂아 두었다가 복잡하고 어려운 저작권 문제가 생길 때마다 다시 읽어야 할 책이다.

일찍이 손자는 "적과 아군의 실정을 잘 비교 검토한 후 승산이 있을 때 싸운다면 백 번을 싸워도 결코 위태롭지 않다[知彼知己 百戰不殆]"고 말했다. 『저작권 판매』는 저작권 수출을 위주로 쓴 책이지만, 이를 정반대의 입장에서 읽으면 '저작권 도입 전략' 또는 '저작권 수입 전략'이 된다. 영국과 미국 등 출판 선진국으로부터 저작권 수입을 많이 하는 우리나라 출판업계로서는 상대의 저작권 수출 전략을 깊이 있게 이해하는 것이 올바른 저작권 수입 전략을 세우는 데 큰 도움을 줄 것이다.

아무쪼록 『저작권 판매』를 깊이 있게 학습하여 저작권 수출을 왕성하게 추진하고 저작권 수입을 올바르게 실천하기를 기대한다.

한국출판저작권연구소 소장
박익순

옮긴이의 글

세계적인 저작권 전문가 리넷 오언은 한국 출판유통진흥원이 개최한 BOOK BUSINESS CONFERENCE(2011.6.15)에 연사로 참석하여 '디지털 시대 저작권과 라이선싱에 대한 도전'이란 주제로 발표하면서 다음과 같이 말했다.

"디지털화가 진전됨에 따라 종이책과 디지털 제품 간 수입 균형이 깨지고 기존 서점의 미래에 타격을 줄 것이라는 면에서 위협이 제기될 것으로 보입니다. 하지만 이로 인하여 증대하는 '디지털' 수용자의 기대에 부응하는 창조적인 출판에는 엄청난 기회가 올 것입니다. 중국인의 말마따나 우리는 흥미로운 시대에 살고 있습니다."

당시 세계 최대 출판사인 피어슨 에듀케이션(2010년 그룹 연간 매출 61억 유로)의 저작권 담당 이사인 오언은 케임브리지 대학교 출판부를 시발로 영국의 주요 출판사에서 20년 이상 저작권 비즈니스를 전문적으로 취급했다. 그러는 동안 국제출판협회를 비롯한 많은 출판 관련 기관들의 세미나와 컨퍼런스에서 국제적인 저작권 비즈니스 동향에 관해 연사로 활동했다. 체제가 다른 중국 및 동유럽 여러 나라와 오랫동안 이런 거래를 추진함으로써 남다른 경험을 축적했다.

그는 전 세계를 상대로 한 저작권 비즈니스의 모든 측면에 걸쳐 몸소 겪은 바를 배경 설명과 함께 책으로 엮었다. 첫판은 1991년에 나왔다. 그 이후 판을 거듭하면서, 새로운 발전 동향을 그때그때마다 반영했다. 그럼에도 불구하고

2000년대 들어 전자책의 등장으로 출판 산업 자체가 지각 변동을 일으키는 바람에 2014년에 책의 내용을 대폭 수정하여 제7판을 냈다.

그는 책에서 저작권의 라이선스 업무에 직접 관여하고 있는 직원들이 이 업무를 수행하는 데 가장 중요한 것은 무엇보다도 '개념의 이해'라고 강조한다. 국가마다 상이한 철학과 보호 체제를 갖고 있는 것을 잘 파악하고 기술의 급진적인 변화기에 일어나는 보호를 위한 관련 법의 변동을 예의주시하라고 촉구한다.

사실, 출판 산업이 IT 기술과 접목됨에 따라 출판 활동의 전 부문이 성장했다고 할 수 있다. 이런 활동의 여파로 도서의 모든 잠재적인 저작권 가능성이 개척되고 도서가 더욱 광범위한 독자들의 손에 들어가 이용이 확대될 수 있는 저작권 협약이 만들어졌다. 그리고 종이책 이외의 미디어를 통해 여러 형태로 이용될 수 있도록 하는데 이 책은 출판 활동의 이러한 측면을 집중적으로 다루고 있다.

이 책은 영국과 같은 출판 대국이 이런 상황하에서 출판 사업, 특히 저작권 비즈니스를 어떻게 성공적으로 추진하고 있는지 알 수 있는 가이드를 제공해준다. 영국은 연간 도서 생산량의 44%를 수출하는데, 2014년에는 수출 실적이 14억 파운드를 기록했다. 지난 11년 동안 영화의 경우 세계 톱 20대 박스오피스의 절반은 영국 저자의 소설에 기반을 둔 것이라고 영국 문화미디어체육부가 발간한 창조산업 보고서에 나와 있다. 원 소스 멀티 유스를 잘 하고 있다는 이야기이다.

한편, 한국 출판계는 아직까지 서적 수출보다는 수입을 더 많이 하고 있다. 아울러 저작권 비즈니스에서도 수출보다는 수입이 훨씬 많다. 우선 2015년 신간 도서 중 번역 종수를 보면 9714종으로, 총 발행 종수 대비 번역 종수 비중이 21.5%를 차지하고 그중 문학이 24%를 차지하고 있다. 한국 출판산업진흥원이 매년 조사 발표하는 출판 산업 실태 조사에 따르면 2014년의 도서저작권 수출 실적은 선인세 기준으로 전년 대비 90% 증가한 888만 달러에 달했고, 지역은 중국 등 아시아가 84%를 차지했다. 2016년에는 한강의 『채식주의자』가

28개국에 저작권을 수출함으로써, 아직은 초기 단계라고 할 수 있지만 수출 지역을 다변화할 수 있는 가능성을 보여줬다.

세계적인 추세에 따라 변환기에 처한 한국 출판계가 저작권의 수입과 더불어 수출을 추진하는 데 조금이라도 도움이 된다면 이 책을 번역·출판한 목적을 달성하는 셈이다. 한국출판저작권연구소의 박익순 소장이 이 책을 처음부터 끝까지 다 읽고 번역·출간에 부족한 사항을 지적해주셨다. 깊이 감사드린다. 그리고 옮긴이의 번역에서 어색한 표현을 문맥에 따라 꼼꼼하게 만져준 편집자에게도 감사드린다. 그럼에도 불구하고 잘못된 부분이 발견되면 그것은 전적으로 옮긴이의 책임이다.

박행웅

감사의 글과 추가 참고자료

이 책을 준비하는 데 다음의 출판물은 귀중한 배경 정보를 제공했으며 저작권, 라이선싱, 계약 및 디지털 환경의 특정한 양상에 대해 추가로 읽고 좀 더 상세한 내용의 소스로서 관심을 가질 만한 것들이다.

Chris Anderson, *Free: The Future of a Radical Price*(Random House Business Books, 2009).

Association of American Publishers Rights and Permission Advisory Committee, The *New and Updated Copyright Primer: A Survival Guide to the Copyright and Permissions Process*(Association of American Publishers, 2000).

Patricia Aufderheide and Peter Jaszi, *Reclaiming Fair Use: How to Put Balance Back in Copyright*(University of Chicago Press, 2011).

Ken Auletta, *Googled: The End of the World As We Know It*(Virgin Books, 2010).

Susan Bielstein, *Permissions: A Survival Guide: Blunt Talk about Art as Intellectual Property*(University of Chicago Press, 2006).

Sven Birkerts, *The Gutenberg Elegies: The Fate of Reading in an Eletronic Age* (Faber, 1995).

Sven Birkerts, *Tolstoy's Dictaphone: Technology and the Muse*(Graywolf Press, 1997).

Carole Blake, *From Pitch to Publication: Everything You Need to Know to Get Your Novel Published*(Macmillan, 1999).

Asa Briggs(ed.), *Essays in the History of Publishing*(Longman, 1974).

J. M. Cavendish and Kate Pool, *A Handbook of Copyright in British Publishing Practice, Third Edition*(Cassell, 1993).

Charles Clark, *'The Answer to the Machine is in the Machine' and Other Collected Writings*, edited by Jon Bing and Thomas Dreier(Norwegian Research Center for Computers and Law, 2005).

Robert Darnton, *The Case for Books: Past, Present and Future*(PublicAffairs, 2009).

Denis de Freitas, *The Copyright System: Practice and Problems in Developing Countries*(Commonwealth Secretariat, 1983).

Denis de Freitas, *The Law of Copyright and Rights in Performances, Second Edition*(British Copyright Council, 1998).

Michael F. Flint, et al., *A User's Guide to Copyright, Sixth Edition*(Bloomsbury Professional), 2006).

Julian Friedmann, *How to Make Money Scriptwriting, Second Edition*(Intellect Books, 2000).

Paul Goldstein, *Copyright's Highway: The Law and Lore of Copyright from Gutenberg to the Celestial Jukebox, Revised Edition*(Stanford University Press, 2003).

Adrian Johns, *Piracy: The Intellectual Property Wars from Gutenberg to Gates*(University of Chicago Press, 2009).

Hugh Jones and Christopher Benson, *Publishing Law, Fourth Edition*(Routledge, 2006).

Roy S. Kaufman, *Publishing Forms and Contracts*(Oxford University Press, 2008).

Jaron Lanier, *Who Owns the Future?*(Allen Lane, 2013).

Lawrence Lessig, *Code: and Other Laws of Cyberspace*(Basic Books, 2000).

Lawrence Lessig, *The Future of Ideas: The Fate of the Commons in a Connected World*(Vintage, 2002).

Lawrence Lessig, *Free Culture: How Big Media Uses Technology and the Law to Lock Down Culture and Creativity*(Penguin, 2004).

Lawrence Lessig, *Remix: Making Art and Culture Thrive in the Hybrid Economy*(Penguin,2009).

Robert Levine, *Free Ride: How the Internet is Destroying the Culture Business and How the Culture Business Can Fight Back*(Bodley Head, 2011).

Richard McCracken and Madeleine Gilbert, *Buying and Clearing Rights: Print, Broadcast and Multimedia*(Routledge, 1995).

James McQuivey, *Digital Disruption: Unleashing the Next Wave of Innovation* (Amazon Publishing, 2013).

Evgeny Morozov, *To Save Everything: Click Here*(Allen Lane, 2013).

Nikolas Negroponte, *Being Digital*(Hodder Headline, 1995).

Lynette Owen(general editor), *Clark's Publishing Agreements: A Book of Precedents, Ninth Edition*(Bloomsbury Professional, 2013).

William Patry, *Moral Panics and the Copyright Wars*(Oxford University Press, 2009).

William Patry, *How to Fix Copyright*(Oxford University Press Inc., 2011).

Randall Stross, *Planet Google: One Company's Audacious Plan to Organize Everything We Know*(Free Press, 2008).

John B. Thompson, *Books in the Digital Age: Transformation of Academic and Higher Education Publishing in Britain and the United States*(Polity Press, 2005).

John B. Thompson, *Merchants of Culture: The Publishing Business in the Twenty-First Century*(Polity Press, 2010).

Alan Williams, Duncan Calow and Andrew Lee, *Digital Media Contracts*(Oxford University Press, 2011).

Jonathan Zittrain, *The Future of the Internet and How to Stop It*(Allen Lane, 2008).

The ABC of Copyright(UNESCO, 1981).

Bloomsbury & the Publishers Association: Directory of Publishing(Bloomsbury Professional, 매년 발간됨).

International Literary Marketplace(Information Today, 매년 발간됨).

Literary Marketplace(Information Today, 매년 발간됨).

Writers' and Artists' Yearbook(Bloomsbury, 매년 발간됨).

한국어판 서문

1960년대 이래 영미 출판사들은 라이선싱 계약을 통해 지적재산권을 적극적으로 판촉하면 이익을 낼 수 있다는 것을 인식하게 되었다. 비공식적인 계약은 그 이전부터 있어왔는데, 가장 흔한 것은 번역권 분야였다. 그런 인식하에 대형 출판사와 저작권 에이전시에서는 전문적인 저작권 담당 부서가 설치되었다. 하지만 당시 이 분야에는 공식적인 직원 훈련은 전혀 없었다. 일반적인 경향은 '직장 내 현장 실습'을 통해 업무를 배우는 것이었다.

나는 1980년대에 다양한 출판사들의 저작권 담당자들이 모여드는 프랑크푸르트 도서전에 참가하게 되었는데 당시 미국의 어떤 저작권 담당 이사는 이 주제에 대해 책을 쓴다는 것은 불가능하다는 견해를 밝혔다. 나는 이 작업이 해볼 만한 일이라고 생각했다. 1991년에 『저작권 판매: 성공을 위한 가이드 Selling Rights』의 첫 판이 당시 채프먼 앤드 홀Chapman and Hall 산하 임프린트인 블루프린트Blueprint에서 나왔다. 첫 판은 총 256쪽이었으며 "출판사의 성공 가이드"라는 부제를 달고 있었다. 이 책은 저작권 거래의 틀을 제시하는 개론서인데, 각 장은 라이선싱을 위한 실질적인 기초를 제공하고, 저작권 거래를 해볼 만한 잠재성을 가진 타이틀을 찾아내고 거래 가능성이 있는 파트너를 찾아 접근하며 계약 조건을 협상하는 방법을 제공했다. 아울러 여러 장에 걸쳐 라이선싱의 개별적인 카테고리, 즉 미국 시장에 대한 권리 판매부터 번역권, 영화 및 텔레비전 권리, 각종 형태의 상품화 권리 및 복제 권리를 다루었다.

이 책은 업계로부터 매우 좋은 반응을 받았다. 그 이후 피드백을 해본 바에 따라 시장의 변화, 분야별로 저작권 수요가 증가하고 줄어드는 현상, 최근의 신기술이 라이선싱에 미치는 영향을 반영하여 정기적으로 개정판을 낼 필요가 있었다. 지난 4년 동안 신판이 꾸준히 나왔다. 현재 판은 테일러 앤드 프랜시스Taylor and Francis의 임프린트인 루트리지Routledge에서 나온 것이다. 이 책은 출판사와 저작권 에이전시에서 저작권 실무를 담당하고 있는 직원들이 사용하고 있으며, 영국에서는 대학의 출판학과 학생들이 읽어봐야 할 교재이다.

한국어판의 출판은 2011년 6월 서울에서 개최된 북 비즈니스 콘퍼런스Book Business Conference에 연사로 참석한 내가 도서출판 한울의 인사들과 만나 국제 출판 동향에 관해 논의를 한 것이 계기가 되었다. 이 책은 주로 영국 독자층을 염두에 두고 저술되었다. 따라서 영어판에 있는 몇몇 장은 한국어판에서 삭제되었다. 그 이유는 영국의 권리 판매자들만 특별히 관심을 둘 만한 장이기 때문이다. 이에 따라 미국 시장에 대한 영어판 권리 판매, 우편 주문에 기반을 둔 북클럽(이제 그 중요성이 대폭 감소한 분야), 인용 및 선집 권리, BBC에 대한 방송권, 시각 장애인을 위한 권리의 합법적 제공, 오디오 리코딩 및 비디오 리코딩 권리, 복제 및 전자 복제 권리가 생략되었다.

이 책의 한국어판이 출판되는 데 많은 노력을 기울인 한울엠플러스(주)의 관계자들께 감사를 드리며 이 책이 한국의 독자들에게 실질적인 도움이 되기를 바란다.

리넷 오언

2014년 10월, 런던에서

서문

『저작권 판매: 성공을 위한 가이드Selling Rights』의 제6판이 출간된 이후 4년이 흘렀다. 항상 그랬지만 그동안 권리 판매에 영향을 미치는 몇 가지 변화가 있었다. 특히 국내와 국제 수준에서 저작권이 디지털 시대의 목적에 적합한지에 관한 의문이 지속적이고 집중적으로 제기되고 있으며, 이 문제는 출판 산업을 포함한 창조 산업에 일상적인 관심사가 되고 있다.

몇몇 사용자 그룹, 특히 젊은 세대의 경우 콘텐츠는 인터넷에서 신속하게 무료로 이용할 수 있는 것이라는 기대에 익숙해진 채 자라났으며 저작권이 창조성을 장려하고 보상하는 데 필요한 틀이기보다 이용하는 데 장애가 된다는 인식을 지속적으로 갖고 있다는 점은, 출판 산업이 한편으로는 창작자의 권리와 다른 한편으로는 사용자의 권리 사이에 공정한 균형이 잡혀야 함을 (국가 및 국제) 정부 기관들과 공중에게 설득하는 과업을 느긋하게 추진할 수 없다는 것을 의미한다.

늘 그렇듯이 나는 이전 판의 목적을 그대로 유지했다. 이 책은 도서 산업에 종사하는 인사들을 위한 실용적인 핸드북으로서 특히 출판사와 도서저작권 에이전시에서 일하는 저작권 담당자를 위한 것이지만, 출판권에 특별한 관심을 가진 법률 전문가들 중에도 독자가 좀 있을 것이다. 그리고 각종 출판 학위 코스를 밟고 있는 학생들이 관심을 가질 것이다. 이번에도 주 독자층은 영국에 있겠지만 언제나와 마찬가지로 미국과 여타 해외의 업계 종사자들이 보내준 피드백에 대해 깊이 감사드린다.

나는 또한 이전 판의 전반적인 구조를 지속적으로 유지했다. 제1장에서 다룬 것은 권리를 거래할 수 있게 하는 저작권의 배경과 이 분야에서 최근에 일어난 다양한 동향이며, 뒤를 이은 각 장에서는 어문저작물literary works에서 권리의 통제와 권리의 판촉 및 판매의 실질적인 여러 측면을 다루었다. 제9장에서 제19장까지는 권리 판매의 각기 다른 범주를 다루었으며 마지막 장에서는 라이선시licensee에 대한 생산재료의 공급을 기술했다.

제1장은 저작권의 배경에서 시작하여 각종 권리에 이르기까지 최근의 수많은 발전 동향을 고려하여 대폭 갱신했다. 또한 크리에이티브 커먼즈Creative Commons와 오픈 액세스Open Access에 대해 좀 더 상세하게 다루어주기를 바란 독자들의 피드백을 반영했다. 권리 판매의 실제를 다룬 장들에서는 권리 담당 커리어에 관해 추가로 다루었으며 또한 온라인 권리 거래 사이트의 부활에 대해 기술했다. 제14장에서는 영어 공동출판 및 라이선스와 번역계약 사이의 차이를 좀 더 분명하게 하려고 했으며, 또한 이런 계약에서 라이선시들이 전자책에 대한 권리가 포함되기를 점점 더 많이 기대한다는 것을 언급했다. 저가 리프린트reprint 권리를 다룬 제10장에서는 커트생 대 와일리Kirtsaeng v. Wiley 소송(2013년 3월 19일 미국 대법원은 태국 업체가 미국 교재를 수입하여 미국에서 재판매한 행위가 적법하다고 판결했다—옮긴이)이 지역별 제한에 미칠 수 있는 영향을 다루었다.

최근 수년 동안 어떤 분야는 상당한 변화를 겪었다. 특히 영국의 북클럽 권리가 그러한 경우인데, 북클럽 판으로 공급되는 재고는 이제 일반적으로 단행본 판으로 공급되는 재고와 차이가 없으며 판매는 저작권 담당 부서 이외에서 담당할 수 있다.

다이제스트 및 축약 권리에 관한 제13장은 영국에서 사업을 지속하고 있는 ≪리더스 다이제스트Reader's Digest≫의 부침을 기록하고 있다. 축약형 도서 프로그램은 영국에서는 사라졌지만 다른 시장에서는 계속되고 있다.

이 책의 이전 판에서는 유가지 판매와 광고 수입의 감소, 온라인에서 신문 콘텐츠를 취득하는 비용, CD 및 DVD 같은 물품을 공짜로 제공하여 새로운 독자를 확보하려는 추세가 최초 연재 권리 판매에 미치는 영향을 다루었다. 비록 한때 이 분야에서 달성한 대단히 높은 판매수치는 이제 찾아보기 어렵게 되었다고 할지라도 신문은 광범위한 출판물로부터 계속해서 초록을 구입하고 있으며 이에 대해서는 제12장에서 언급했다. 영화와 텔레비전 세계에서(제15장) 보면 지난 수년 동안 출판 저작물에 기반을 둔 상당한 수의 드라마화가 지속적으로 성공을 거두었다.

이 책의 구조에서 가장 중요한 변화는 복제 및 전자 복제 권리를 다룬 데 있다. 또한 나는 저작권 집중관리라는 중요한 분야를 별도의 장으로 만드는 것이 적절하다고 판단했다(제17장).

전자 출판과 디지털 권리 판매를 잘 다루는 것은 훨씬 더 복잡한 일이다. 나는 제18장에서 인터넷이 출판에 미치는 영향을 별도로 다루었다. 여기에 포함된 것은 구글Google, 아마존Amazon, 애플Apple, 마이크로소프트Microsoft 및 여타 업체와 같은 기술 회사들이 출판 산업에서 차지하는 중요성이 높아졌다는 것이다. 이 책의 이전 판—최초의 아이패드가 시판될 때 완성된—에서는 아이패드iPad라는 이 새롭고 더 성공적인 휴대용 기기의 세대를 강조했다. 그 사이에 많은 일이 벌어졌다. 이제 전자 출판물이 영국 단행본 출판사 매출의 15%를 차지하고 있다. 학술과 전문서적 출판사의 경우 그 점유율이 훨씬 더 높다. 하지만 전자 콘텐츠(데이터베이스, 전자책, 전자책 선집, 인핸스트 전자책 및 앱 포함) 생산 및 유통과 관련된 많은 활동은 라이선스보다는 판매로 여겨지며, 이에 따라 처리되고 있다. 제19장은 이런 발전 동향을 기록한 것이다. 또한 기본계약서에 저자와 여타 창작자로부터 필수적인 출판권을 확보하는 일의 중요성을 강조하며 진정한 전자 라이선스를 위해 명확하게 할 필요가 있는 핵심 분야를 강조한다.

이 책의 독자가 보낸 피드백을 받아보니 통상적으로 권리 분야에서 사용되고 있는 용어에 대한 해설이 유용할 것으로 보여 이를 부록 I에 수록했다. 지역성의 문제는 아직 사라지지 않았다. 이는 특히 영국과 미국 출판사들이 협상을 할 때 문제로 등장한다.

이전의 모든 판에서와 마찬가지로 나는 의도적으로 계약 사례들을 제공하려고 시도하지 않았다. 다양한 사례는 공동 저작물인 『클라크 출판 계약: 사례집Clark's Publishing Agreements: A Book of Precedents』(제9판, Bloomsbury Professional, 2013)과 전자 라이선싱에 대한 여타의 더 전문화된 사례집에서 지속적으로 구해볼 수 있다. 또한 나는 라이선싱의 재무적 조건에 대해 지금까지처럼 일반적인 가이드라인만을 제공했으며, 미국뿐만 아니라 유럽연합에 존재하는 독점에 대한 우려를 계속해서 반영했다. 전자 출판과 라이선싱 분야에서 지난 15년 동안 다수의 회사들이 긴축을 하거나 철수했으며, 플랫폼이 붕괴하고 새로운 회사와 플랫폼이 거의 매일 등장했다. 이로 인해 지불 모델 및 재무 조건과 관련된 '규준'을 확립하기가 더 어렵게 되었다. 지적재산권은 특정한 라이선시가 당장 지불할 태세가 되어 있는 것이라면 무엇이든지 가치를 지니고 많은 것이 저자, 저작물의 자산적 가치, 콘텐츠의 화제성 그리고 시장의 수요와 실제 시장의 변덕에 여전히 의존하고 있는 실정이다. 또 한편으로는 교육, 학술, 전문 출판사와 다른 한편으로는 단행본 출판사 사이에 태도와 관행에서 여전히 많은 차이가 있는 것이 사실이다.

저작권 측면에서 보면, 지난 15년 동안 긍정적인 면도 있었고 부정적인 면도 있었다. 세계무역기구 회원국이 되어야 하고 회원국이 되면 필연적으로 지적재산권 책무를 준수해야 한다는 압력이 고조된 결과, 저작권 관련 제도가 미비하던 다수 국가가 세 개의 주요 국제 저작권 협약 중에서 한 개 이상의 협약에 (적어도 법률적인 의미에서) 회원국으로 가입했다. 다만 몇몇 국가만이 이러한 국제 저작권 협약에 가입하지 않고 있다. 하지만 전면적인 해적행위 또는 저작권의 우발적인 침해가 과거지사라고 상정하는 것은 어리석은 일이다. 전자적인 해적행위는 증가하고 있으며, 출판 산업의 단행본과 학술 부문 모두에 영향을 미치고 있다. 어떤 것은 상업적인 이득을 취하고자 하는 것이며 어떤 것은 표면상 공익을 이유로 내세우고 있다. 아마도 이에 못지않게 우려의 대상이 되는 것은 다음과 같은 움직임일 것이다. 즉, 저작권을 사용자가 자유롭게 접근하는 데 걸림돌이 되는 것으로 보고 완전히 반대하거나 이러저러한 종류의 오픈 액세스를 모색하여 필연적으로 출판사—이들은 저작권이 있는 저작물을 시장에 내놓음으로써 부가가치를 창출할 목적으로 대규모 투자를 한다—의 활동에 침해를 가하는 것 말이다. 가장 앞서 나가고 있는 일부 개도국에서는 교육 및 학술 용도에 대해 저작권의 예외를 인정하고 장애인의 독서를 위한 예외를 인정해달라는 로비 활동이 지속되고 있다. 실제로 2014년 6월 영국에서 새로운 예외 조처가 도입되었다. 출판 산업은 거대한 사용자 요구의 존재를 인정해야 하는 반면, 자신이 제공하는 서비스의 가치와 저자의 창조적인 산물에 대가를 지불할 필요성을 진작하기 위해 로비를 해야 한다. 한 가지 사항은 여전히 분명하다. 저작권 분야는 결코 정체 상태에 머물러 있지 않다는 것이다.

나는 이전 판과 마찬가지로 몇몇 동료에게 특정한 분야에 대해 자문을 요청할 수 있는 행운을 가졌다. 저작권 라이선싱 기구Copyright Licensing Agency(CLA)의 제임스 베넷James Bennett, 출판사 라이선싱 협회Publishers Licensing Society(PLS)의 세라 파울더Sarah Faulder, 블레이크 프리드만Blake Friedmann 사의 줄리언 프리드만Julian Friedmann, 리틀 브라운Little, Brown 사의 다이앤 스파이비Diane Spivey와 아울러 이전 판의 사용자들이 보내준 유용한 피드백들에 대해 진정으로 감사를 드린다.

리넷 오언

2014년 7월 런던에서

저작권 01

역사적 · 법률적 배경

서론 부분이 되는 이 장은 저작권 개념이 어떻게 발생했는지에 대한 역사, 몇몇 상이한 저작권 철학(영국과 그 주요 무역 파트너들의 철학을 포함), 그리고 특히 최근에 국제적·다국적·국가적 수준에서 복잡하게 제안되고 있는 저작권 개혁 동향을 추적함으로써 뒤이어 전개될 상황에 대해 살펴볼 것을 목표로 한다. 지적재산권을 거래하기 위해서는 논의 중인 저작물이 저작권의 보호를 받는 것이 필수적이며, 거래가 상이한 국가 간에, 아마도 상이한 저작권 체제를 가진 국가 간에 발생한다면 상호 간의 저작권을 보호할 체제가 준비되어 있어야만 한다.

영국 출판 산업의 성장

영국에서 출판 산업이 탄생한 것은 1534년 케임브리지 대학교가 인쇄를 할 수 있는 칙허장을 받고 그 뒤를 이어 1586년에 옥스퍼드 대학교가 받으면서부터로 볼 수 있다. 최초의 상업 출판사는 1724년 설립된 가족회사 롱맨Longman이었지만 상업 출판사들이 실질적으로 급성장한 것은 19세기였다. 이런 출판사들 중 다수는 방대한 조직을 거느린 채 오늘날에도 존재한다. 이는 다양한 요인, 즉 인구의 증가, 인구의 도시 집중, 읽기 및 쓰기 능력의 향상이 작용한 결과이다. 20세기 후반에는 이전에 독립적이었던 중소규모 출판사들 다수가 대그룹으로 통합되는 움직임을 보였으며, 그중 어떤 회사는 다국적 미디어 회사의 산하 기업이 되었다. 출판 사이클publishing cycle은 소형 독립 출판사들이 더 많이 설립되면서 지속되고 있다.

저작권

출판 산업, 그리고 연관된 출판권publishing rights의 거래는 저작권의 존재 및 그 인정과 떼려야 뗄 수 없이 연계되어 있다. 저작권이 없다면 많은 저자들이 창조력을 발휘할 인센티브를 가질지가 의문시된다. 어떤 저자들은 보상을 받지 않고도 출판할 태세가 되어 있을 수 있으며, 어쩌면 학술적인 연구결과를 알리고자 하는 의도와 전문 경력을 발전시키기 위한 수단으로서 그렇게 할지도 모른다. 그리고 실제로 인터넷이 널리 보급되면서 다수의 잠재적 저자들이 저작물을 온라인에 올리고 자가 출판을 진행하여 다양한 수준의 질적 결과물을 내게 되었다. 또 어떤 사람들은 글을 써서 먹고살기 위해 저자가 되기로 결정했다. 저작권과 그것을 뒷받침하는 법률 및 시스템이 없다면 창작자의 이익을 인정하는 아무런 책무 없이 어문저작물이 다양한 방식으로 완전히 자유롭게 복제되고 번역되며 개작되고 이용될 것이다. 저자의 경우 이는 설령 저작권과 연계되었다고 할지라도 별개의 권리인 저작인격권moral rights—저작물의 창작자로서 인정받을 권리와 저작물에 대한 모욕적인 변경을 저지할 권리—과 그들의 경제적 권리, 즉 다른 사람이 그들의 저작물을 사용하는 데 따른 공정한 보상을 받을 권리 모두에 영향을 미칠 것이다. 존슨Samuel Johnson 박사(초기의 롱맨 저자)가 언급한 바와 같이 "바보 멍청이를 제외하고는 어느 누구도 돈을 받지 않고 글을 쓰지 않았다".

1990년대 이후는 저작권 측면에서 엄청난 활동이 벌어진 시기였다. 이는 주로 디지털 환경의 발전과 세계적인 추세로서 인터넷의 급속한 성장, 그리고 사용자들의 기대라는 결과로 나타난 것이다. 이 책을 쓰고 있는 시점에 전 세계 인터넷 사용자 수는 세계 전체 인구의 38%에 해당하는 27억 5000만 명에 달하는 것으로 추정된다.

저작권이 디지털 시대의 목적에 적합한지의 여부를 놓고 의문을 제기하는 여러 부류들이 있다. 목소리가 큰 활동가들은 저작권을 콘텐츠의 이용을 저지할 목적으로 창조 산업계가 세운 장벽으로 여긴다. 저작권 산업계 내에서 진행되고 있는 국가 및 국제 포럼과 콘퍼런스, 다른 산업에서 이 분야에 진입하려는 행위자들과의 논의, 국가적·국제적인 입법과 조약의 변경, 몇몇 이목을 끄는 법정 소송들은 모두 다 콘텐츠의 전달 방법에 급격한 변화가 발생하는 상황에서 콘텐츠의 보호를 보장하는 방법을 모색하고 있다. 저작권 보호와 사용자 접근 사이에는 미묘한 균형을 유지할 필요가 여전히 있는데, 학술 공동체가 도서 및 저널 산업의 특정 영역에 대해 요구하는 사항들이 이와 관련되어 있다. 저작권 개념은 산업 내부에서든 국가 및 국제 정부 수준에서든 지금보다 더 높은 관심을 받은 적이 없다. 그것은 디지털 세계에서의 적절성과 관련하여 철저한 검토와 공격을 받고 있다.

저작권이란 무엇인가?

저작권Copyright은 지적재산권의 한 형태이다. 현재 지적재산권의 다른 범주에 포함되는 것은 특허, 상표, 디자인 권리이다. 저작권의 개념화가 최초로 이루어진 나라가 중국이라는 것은 놀랄 일이 아니다(하지만 훗날 그 나라의 저작권 역사에 비추어 보면 역설적이다). 송나라 때(960~1279) 황실은 복제를 목적으로 한 승인받지 않은 인쇄 목판의 제작을 금지하는 명령을 내렸다. 남송 시대 때(1127~1279) 인쇄된 한 두루마리는 복제를 금지하고 인쇄업자가 관계 당국에 저작물을 등록해야 한다는 것을 명기한 공고문을 담고 있다.

앵글로색슨의 보통법 전통에서는 저작권이 재산권으로 분류되는데, 이는 판매되고 양도되고 허가되고 기부될 수 있거나 유산으로 남길 수 있다는 것을 뜻한다. 시민법 전통을 갖고 있는 유럽대륙 국가들은 이와는 다른 철학을 따른다. 이런 철학 속에서 저작권은 인권으로서 인식되는 저자의 권리droit d'auteur이다. 그것은 창작자의 권리를 훨씬 더 강조하고 고용주와 같은 타인 또는 출판업자와 같은 승인받은 사용자에게 양도될 수 있는 권리를 제한한다. 점점 더 복잡해지는 지적재산권 분야들을 포괄적으로 다루는 것은 이 책의 목적이 아니다(좀 더 상세한 정보 출처는 앞의 "감사의 글과 추가 참고자료"에 수록되어 있다). 그리고 실제로 어떤 사람은 저작권이 재산권이라는 주장에 이의를 제기하며 그것을 정부가 만드는 규제 제도로 분류할 것이다(윌리엄 패트리Wiliam Patry가 그의 저서 『도덕적 공포와 저작권 전쟁Moral Panics and the Copyright Wars』에서 언급한 견해). 하지만 저작권의 라이선싱에 직접 관련된 사람들이 저작권 개념을 기본적으로 이해하는 것은 매우 중요하다. 그들은 국가마다 우세한 상이한 철학과 보호 조건을 알아야 하고, 기술 변화가 급진적으로 계속 이루어지는 동안 지속적인 보호를 보장하는 데 필요한 법률의 주요 변화들을 인식하고 있어야 한다.

저작권은 종종 '정신의 저작물'이라고 칭하는 것을 보호한다. 그것은 어문학적인 원저작물뿐만 아니라 음악, 녹음물, 필름, 예술, 조각 및 사진을 포함한 다수의 여타 창작저작물을 포함한다. 아울러 컴퓨터 프로그램 및 데이터베이스와 같은 디지털 형태의 저작물도 포함한다. '어문저작물literacy work'이란 용어의 정확한 의미는 국가마다 조금씩 다른데, 이는 국내 저작권법의 정확한 정의에 달려 있다. 영국에서는 쓰이는 형태의 원저작물은 어느 것이든지 간에 어문저작물에 포함된다. 컴퓨터 프로그램, 관련 편집물과 특정한 형태의 데이터베이스도 포함된다.

저작권은 그것이 지니는 통제력 면에서 긍정적인 측면과 부정적인 측면 모두를 갖고 있다. 어떤 저작물의 저작권을 소유한 소유자는 다른 당사자에게 합의된 형태로 해당 저작물을 사용할 수 있는 권한을 부여하는데 종종 라이선싱 계약을 통해서 그렇게 한다. 그러한 사용은 소유자에 대한 적절한 인정을 조건으로 하며 통상적으로 소유자에 대한 적절한 재정적 보상을 근거로 한다. 아니면 저작권 소유자들은 그렇게 사용하는 것이 저작물의 성격 또는 상업적인 가치에 부적합하거나 유해하다고 생각할 경우 저작물의 이용 권한을 부여하지 않는 선택을 할 수 있다. 승인받지 않고 사용함으로써 저지르는 저작권 침해는 거의 언제나 법에 명시된 권리의 침해이자 처벌받을 수 있는 위법행위가 될 것이다. 그리고 이는 해당 국가에서 침해와 현지 법률의 성격에 따라 민법 또는 형법으로 처리될 것이다. 대부분의 경우 어문저작물의 최초 저작권 소유자는 저자이다. 앵글로색슨 전통을 따르는 국가들의 저작권법 법률에 구체화된 이에 대한 중요한 예외는, 저작물이 저자가 고용 의무를 수행하기 위한 통상적인 과정에서 창작되었을 때이다. 그렇기 때문에 백과사전, 사전과 같은 복합 저작물에 고용된 풀타임 직원 필자는 통상적으로 그들이 생산한 저작물에 대한 저작권을 보유하지 못한다. 제약회사가 고용한 과학자들은 통상적으로 연구결과에 대한 저작권을 통제하지 못한다. 미국에서 '업무상' 저작물(피고용자가 정상적인 의무의 일부로서 만들어낸 저작물 또는 저자와 위임을 준 당사자가 이에 관한 합의에 도달한 저작물)의 저작권은 위임을 준 당사자에 속한다.

이는 '저자의 권리' 전통을 따르는 국가들의 경우는 아니다. 이런 국가들에서 저작권의 소유권은 개인에게 있으나 고용주가 그 피고용자의 저작물을 이용할 배타적인 권리를 가지며 아마도 일정한 기간 동안 그러할 것이다.

저작권과 관련해서 앵글로색슨 보통법의 전통을 따르는 국가들에서 어떤 저작물의 통상적인 최초 소유자로서 저자는 일반적으로 소유권을 보유할 것인지 또는 출판사와 계약 협상 시점에서 저작권을 양도할 것인지를 결정한다. 단행본(일반 공중의 독서를 목적으로 한 도서) 출판에서 일반적인 관행은 저자가 자신의 이름으로 저작권의 소유권을 보유하고 지정된 시장에서 지정된 기간에 지정된 형태와 미디어로 도서를 출판할 배타적인 라이선스를 출판사에 허용하는 것이다. 이런 1차적인 출판권에 추가하여, 합의된 시장 내에서 이용하기 위한 여타의 부차권이 출판사에 부여될 수 있다.

교육과 학술 출판에서는 저자가 저작권의 소유권을 전 기간에 걸쳐 출판사에 양도하는 것이 좀 더 통상적이며 그동안 저작물의 판매와 다른 이용에 따른 지불을 계속 받는다. 만약 책이 어떤 형태로든지 완전히 구할 수 없게 되고 유효한 재이용 허락이 현존하지 않는다면 저자가 저작권을 회복하는 조항이 일반적으로 만들어져 있다. 그러한 경우 저작권이 양도되는 주요 이유는 제2장에서 다룰 것이다.

저작권 보호기간은 나라마다 다르고 관련 국가의 국내 저작권 법률에 따라 설정된다. 영국의 경우 어문저작물은 저자의 생존기간과 추가로 저자가 사망한 연도 말부터 50년간 계속 보호를 받았다. 1996년 1월 1일부터 이 추가 기간은 저자 사후 70년으로 수정되었다. 이는 유럽경제지역European Economic Area(EEA)의 회원국 사이에서 보호기간을 조화시키고자 하는 유럽연합의 지침을 영국이 이행하는 데 따른 것이다(후술할 "영국의 저작권 입법" 참조). 미국은 1978년 1월 1일 이후 창작된 저작물에 대한 보호기간을 사후 70년으로 연장했다(후술할 "미국의 저작권 입법" 참조). 하지만 이 책을 쓰고 있는 시점에서 많은 국가들—일본과 같은 몇몇 선진국을 포함한—은 보호기간이 더 짧다. 그래서 우리는 이 분야가 모두에게 완전히 공정하다고 상정할 수 없다.

출판 산업이 발전함에 따라 출판 활동의 전 부문이 성장했다. 이러한 활동들은 도서의 모든 잠재적인 저작권 가능성을 개척하고, 도서가 좀 더 광범위한 독자의 손에 들어가 가능한 한 광범위하게 이용될 수 있게 하는 저작권 협약을 만들며, 그리하여 원어로 읽힐 수 있는 곳이라면 원어를 통해, 다른 언어로의 번역을 통해, 그리고 종이책 이외의 미디어를 통해 여러 형태로 이용될 수 있게 하는 것을 목표로 하고 있다. 이 책이 다루고자 하는 것은 출판 사업의 이러한 측면이다.

국제적인 저작권 협약들

1886년 베른협약Berne Convention은 다자간 저작권 조약으로 체결되었다. 그 목표는 회원국들이 국내 저작권 관련 입법 과정에서 따를 저작권 보호의 최소 표준을 설정하는 것이었다. 그 주요 특성은 저작물의 저작권을 확보하기 위한 어떤 공식적인 절차—등록과 같은—도 요구되지 않으며, 대부분의 창조적인 저작물에 대해 저작권 보호의 최소 기간은 저자의 생존기간에 추가하여 저자 사후 50년까지라는 것이다. 당시 미국의 국내 저작권 법률 조항은 보호기간이 짧았으며 공식적인 저작권 등록 절차를 요구하여 미국은 베른협약에 가입할 자격이 없었다.

1952년 세계저작권협약Universal Copyright Convention(UCC)이 채택되었다. 그 주요 특성은 등록과 같은 공식적인 절차를 허용하고 최소 저작권 보호기간을 저자의 생존기간과 저자 사후 25년으로 한다는 것이었다. 그리고 모든 저작물은 UCC 저작권 표시(©), 저작권자 성명 및 최초 발행연도를 지니면 등록 양식을 준수한 것으로 간주한다는 조항이 있다.

권리 거래와 관련하여 추가로 의미 있는 진전 상황은 베른협약과 세계저작권협약이 1971년에 파리에서 개정된 것이다. 이 개정은 부유한 국가에서 발간된 교육 및 학술 저작물의 저작권에 합리적인 조건으로 충분하게 접근할 수 없다고 생각하는 개도국들의 요청에 따라 이루어진 것이었다. 파리 개정의 조항들은 관련 협약의 파리 개정을 비준한 개도국의 출판사들이 저작권 소유자를 접촉할 수 없거나 적절한 이유 없이 라이선스를 거절당하면 이런 부문에서 필수적인 도서의 강제적인 번역이나 리프린트reprint 라이선스를 신청할 수 있는 절차를 마련했다. 모든 국가가 두 협약의 파리 개정문을 비준한 것은 아니다. 영국은 세계저작권협약의 파리 개정문을 1974년 7월 10일에 비준했고 베른협약 개정문은 1990년 1월 2일 비준했다. 현지 당국에 의한 강제허락을 미연에 방지하기 위한 것에 불과하지만, 이런 조항들이 도입된 이래 개도국 출판사에 라이선스가 좀 더 자발적으로 부여되었다는 것은 의심할 여지가 없는 사실이다. 이런 라이선싱 상황에 대해서는 제10장과 제14장에서 더 상세하게 다룰 예정이다. 이 책을 쓰고 있는 시점에 베른협약에 가입한 나라는 167개국, 세계저작권협약에 가입한 나라는 100개국에 달했다. 이 중 98개국은 두 협약에 모두 가입했다.

미국은 세계저작권협약이 체결된 1952년에 이 협약에 가입하여 마침내 여타 회원국들의 저작권 저작물에 대해 공식적으로 저작권을 인정했다. 영국은 1957년에서야 가입했다. 미국은 1988년 저작권 절차를 개정하여 베른협약의 요구사항을 준수할 수 있게 되었다. 미국의 베른협약 회원자격은 1989년 3월 1일부터 발효되었다.

따라서 세계 양대 영어책 생산국 사이에 상호 저작권이 인정된 것은 상대적으로 최근의 일이다. 찰스 디킨스Charles Dickens를 포함하여 다수의 영국 저자들은 미국 같은 메이저 해외 영어권 시장에서 그들의 저작물이 허가를 받거나 돈을 지불하지 않은 채 출간되고 있는 것을 보았다. 당시 그들의 책은 공유저작물public domain에 속한다고 생각되었다. 허가되지 않은 판본이 대서양을 횡단한 것은 완전히 일방통행은 아니었다. 마크 트웨인Mark Twain과 같은 미국 저자들의 작품은 영국에서 허가를 받지 않고 출간되었다. 한편, 유명한 미국 출판사들이 영국 책의 저작권을 확보하기 위해 상담을 하고 라이선스를 받는 데 돈을 지불한 증거는 많다. 그들은 엄밀히 따지면 그들이 그렇게 해야 할 아무런 법적 책무가 없는데도 그렇게 했다. 버지니아 울프Virginia Woolf가 사업과 관련하여 주고받은 서신을 보면 자신의 저서뿐만 아니라 호가스 프레스Hogarth Press(버지니아 울프가 남편과 함께 1917년에 설립한 출판사)가 발간한 다른 저자들이 쓴 책의 미국 판 계약과 관련한 것이다.

여타 출판 대국들이 국제 저작권계에 진입한 것은 이보다 더 최근의 일이다. 소련은 1973년 5월 27일 세계저작권협약에 가입했는데, 그 이전에는 외국 저작물을 대규모로 번역하고 리프린트했다.

중국은 1992년 10월 15일 베른협약에 가입하고 1992년 10월 30일 세계저작권협약에 가입했다. 이러한 가입은 오랫동안 통상적으로 허가받지 않고 또는 대금을 지불하지 않고 외국 저작물을 대규모로 이용하고 나서 이루어진 일이다. 외국 저작물을 마음대로 사용해온 베트남은 2004년 10월에야 베른협약에 가입했다. 현재도 국제적인 저작권 협약의 회원자격은 반드시 소급해서 적용되지는 않는다. 러시아가 1995년 3월 13일 베른협약에 가입했을 때 1973년 5월 27일(소련이 세계저작권협약에 가입한 날) 이전에 출간된 외국 저작물은 러시아에서 여전히 공유저작물로 머물러 있을 것이라는 단서가 달려 있었다. 여러 나라들은 가입 시 유보조항을 두려고 했다. 사우디아라비아는 2004년 2월 베른협약에 가입할 때 '이슬람법에 저촉되는' 저작물에 대해 저작권 보호를 전반적으로 유보함으로써 그렇게 했다. 이는 일반적으로 베른협약과는 양립할 수 없는 것으로 생각되는 조건이다.

디지털 환경이 저작권에 갖는 함의들을 고려하기 위해 두 개의 협약 중 더 힘이 센 베른협약을 갱신할 필요성은 오래전부터 있어왔다. '베른협약 의정서 및 새 조약에 관한 전문가 위원회' 회의가 몇 번 열린 다음 160개국 대표가 참가한 외교 콘퍼런스가 세계지적재산권기구World Intellectual Property Organization(WIPO)의 후원하에 1996년 12월 2일부터 20일까지 제네바에서 개최되었다. 여기에서는 베른협약 조항을 강화할 것을 목적으로 한 '특정한 저작권과 인접권 문제'를 논의하고 특히 신기술의 영향을 고려한 보고가 있었다. 이 회의에는 지적재산권 산업과 창조적 조직들의 대표자들이 참가했으며 하드웨어 제조업체와 통신산업 및 인터넷서비스 제공자들과 같은 '간접 사업자들passive carriers'도 참석했다.

논의 주제에는 디지털화, 임시 저장 및 일시적 게시와 같은 행위가 복제권의 일부로서 포함될지 여부가 포함되었다. 또한 전송권을 도입할 가능성과, 공공 사용자와 민간 사용자의 통신을 구분하는 것이 인터넷 정황에서 더 이상 현실적이지 못할 때 전자 환경에서 저작권물에 대한 '공정 이용'을 표방한 예외가 있을 수 있는지 여부가 논의되었다. 다른 논의 주제 중에는 데이터베이스가 독자적인sui generis 권리를 가져야 한다는 제안이 있었다. 그리고 저작권 소유자가 자기의 저작물을 보호하기 위해 채용한 전자적 암호 장치를 무력화할 목적을 지닌 암호 해제 장치를 금지할 필요성도 논의되었다.

1996년 12월 20일 이 콘퍼런스는 두 개의 새로운 조약, 즉 WIPO 저작권 조약WIPO Copyright Treaty(WCT)과 WIPO 실연/음반 조약WIPO Performance and Phonograms Treaty(WPPT)을 채택했다. WIPO 저작권 조약에는 몇몇 핵심적인 사항이 들어 있다. 권리자는 디지털 수단에 의한 배포를 포함하여 공중에 대한 배포에서 새로운 배타적인 권리를 갖는다. 여기에서 여전히 '공중public'이라는 단어를 추가로 정의할 필요가 있다. 왜냐하면 인터넷과 같은 미디어를 통한 전자적인 접속은 일반적으로 개인이 행하기 때문이다. 유감스럽게도 이 조약은 복제 권리에 대한 개정된 자구를 포함하지는 않지만, 이 콘퍼런스는 복제 권리에 관한 베른협약 제9조가 디지털 환경에 적용되어야 한다는 미국 측의 성명을 지지했다. WIPO 저작권 조약에는 배포권이 포함되어 있다. 다만 이는 유형의 저작물로 한정되어 있고 조약을 체결한 국가들은 국제 소진론international exhaustion(지식재산권의 권리자는 권리가 실체화된 특허나 상표 등의 이용권을 양도한 후에는 다시 자신의 권리를 주장할 수 없다는 원칙—옮긴이)의 문제를 개별적으로 다루는 것을 허가한다. 또한 이 조약은 조약을 체결한 각 국가가 복제권에 대한 제한과 예외를 두는 것을 허용한다. 이러한 제한과 예외들은 베른협약 제9조 2항에서 비롯된 이른바 '3단계 테스트'의 요구사항, 즉 특수한 경우이며 저작물의 정상적인 상업적 이용과 상충하지 않으며 권리자의 합법적인 이익에 해를 끼치지 않는다는 것을 충족할 때 두어진다. 이 분야는 디지털 환경에서 여전히 권리자와 사용자 간의 논쟁거리이다. 그리고 지난 2년 동안 개도국으로부터 특히 교육적인 목적을 위해 좀 더 광범위한 저작권 예외를 인정해달라는 압력이 고조되었다(후술할 "개도국의 로비 활동" 참조).

WIPO 저작권 조약(WCT)은 조약을 체결한 국가가 전자보호 시스템(예를 들면 암호화 시스템과 저작권물의 고유 식별자)의 우회에 대해 민사 및 형사 상의 처벌을 내리도록 요구한다. 이 조약은 조약을 체결한 국가에서 사진저작물의 보호기간을 찍은 날로부터 최소 25년에서 50년으로 연장하고, 또한 컴퓨터 프로그램과 원본 데이터베이스가 어문저작물 범주하의 보호대상임을 확인해준다.

이 조약은 30번째 국가(가봉)가 조문을 비준한 다음 2002년 3월 6일에 효력이 발생했다. 이 책을 저술하고 있는 시점에 WCT는 비준한 나라가 91개국에 달하는데 여기에는 중국도 포함되었다. EU의 원년 멤버 15개국은 2010년 3월 14일에야 회원국이 되었다. 이는 회원국들이 모두 「정보 사회에서 저작권 및 저작인접권의 특정 측면의 조화에 관한 2001년 EU 지침2001 EU Directive on the Harmonization of Certain Aspects of Copyright and Related Rights in the Information Society」을 모두 완전히 이행한 다음이었다(후술할 "다국적, 국제적 저작권 이니셔티브" 참조).

WIPO의 조약들은 회원국들이 일단 그 조항들을 이행하게 되면 세계무역기구World Trade Organization(WTO)의 '무역 관련 지적재산권에 관한 협정Trade-related Aspects of Intellectual Property Rights(TRIPS)'의 요구사항을 병행하여 시행하게 된다. WTO는 1995년 1월 1일 설립되었으며 '관세와 무역에 관한 일반 협정General Agreement on Tariffs and Trade(GATT)'에 따른 우루과이 라운드Uruguay Round의 최종 의정서에서 합의된 바와 같이 새로운 세계 무역 규제를 관리하는 책임을 지고 있다. WTO는 모든 회원국이 참여하는 협정들을 일괄 관리하며, GATT는 회원이 몇몇 국가로 제한된 중요한 부수 합의문을 포함하고 있다. GATT의 125개 전 회원국은 우루과이 라운드를 용인하는 조건으로 자동적으로 WTO 회원국이 되었으며 현재 WTO 회원국은 159개국에 달한다. 현재 중국은 회원국이며 러시아는 2012년 8월 22일 최종적으로 가입했다. 이 책을 쓰고 있는 시점에서 재미있는 사례는 이란이다. 이 나라는 아직까지 그 어떤 저작권 협약에도 가입해 있지 않다. 1996년 7월 19일 WTO 회원가입 신청을 했는데, 2005년 5월 26일 공식적으로 승인을 받았다. 미국은 과거 22번이나 승인을 거부했으나 이번에는 동의했다. 이란은 아직도 WTO 회원국은 아니지만(공식 가입하려면 회원국들과 일일이 양자 협상을 거쳐 동의를 얻어야 한다—옮긴이), 회원국이 되려면 국제적인 저작권 협약에 가입할 필요가 있을 것이다.

TRIPS는 현재까지 지적재산권에 관한 가장 포괄적인 다자간 협정이다. 그것은 저작권 및 저작인접권(실연자, 음반 제작자 및 방송 사업자의 권리), 상표, 산업 디자인, 특허, 무역 비밀 및 테스트 데이터를 포함한다. TRIPS는 지적재산권의 보호 및 실행과 관련한 광범위하게 다양한 표준으로부터 여러 문제가 발생한다는 것을 인정한다. 그것은 최소한의 표준을 제시하는 협정으로서 모든 회원국들이 베른협약의 기본적인 조항들과 좀 더 최근의 WIPO 조약을 준수함으로써 GATT의 기본 원칙과 지적재산권에 대한 국제 조약들의 표준을 이행하는 것을 모색한다. 이 협정은 회원국들에게 민법과 형법 모두를 적용하여 시행 조처를 취할 것을 요구하며, 각국이 타 회원국의 지적재산에 대해 '내국민 대우(자국의 내국민에게 부여하는 것과 동등한 보호 표준)'를 보장할 것을 요구한다. 제네바에 있는 WTO 사무국은 분쟁을 해결하는 기능을 제공한다. 선진국 회원국들은 1996년 1월 1일부터 TRIPS의 조항을 준수하게 되어 있으며 개도국은 2000년 1월 1일부터 준수하게 되어 있다. 반면 UN이 '최빈국'으로 분류한 국가들은 2006년 1월 1일부터 그렇게 하게 되어 있다. 과도기에 처한 것으로 분류된 국가들은 다음과 같은 세 가지 사항에 해당하면 2000년부터 적용할 수 있게 되었다. 즉, 명령 경제command economy에서 자유시장 경제로 이행하고 있고, 지적재산권 제도의 개혁을 계획하고 있으며, 개정된 지적재산권법과 규정을 시행하는 데 특별한 문제가 있는 경우이다.

모든 국가는 발효일과 상관없이 타국의 저작물에 대해 내국민 대우를 제공할 것이 요구되었다. 많은 국가들은 1999년 동안 TRIPS의 요구에 부응하기 위해 국내법을 개정했지만 실질적인 준수는 저작권 침해에 대한 강제 조치와 만족할 만한 정도의 처벌 실시에 달려 있다. 도서 산업이 관련되는 한 다음과 같은 문제가 있다. 교재와 저널을 조직적으로 대량 복사하고 스캔하는 것, 인쇄업자가 몰래 초과인쇄를 하는 것, 버젓이 해적판을 내는 것, 영어책을 리프린트하여 다른 시장에 수출하는 것, 불법적으로 번역을 하는 것(저작권 소유자가 확인하기가 더 어렵다), 그리고 인터넷이 널리 보급되면서 대폭 늘어난 디지털 해적행위 등이다.

다국적, 국제적 저작권 이니셔티브

지난 20년 동안 신기술의 발전에 따라 대두된 지적재산권에 관한 새로운 이슈들을 논의하기 위해 수많은 다국적, 국제적 포럼이 생겼다. 현재와 같은 형태의 저작권이 이러한 권리 체제를 위해 적절한 보호를 제공하는지에 대한 논의들이 있었고, 반면 다수의 사용자들은 현재의 저작권이 콘텐츠의 확산에 장애가 되는 것이 아닌가 하는 의문을 지녀왔다(후술할 "반저작권 운동, 오픈 액세스 및 기타 이니셔티브" 참조). 몇몇 주요한 토론 문서들은 발행되었으며 다국적, 국제적 수준에서 새로운 법안이 도입된 결과, 개별 국가들의 국내 지적재산권 관련 입법에 큰 영향을 미쳤다.

1995년 7월 유럽연합은 「정보 사회에서 저작권 및 저작인접권에 관한 녹서 Green Paper on Copyright and Related Rights in the Information Society」를 발간했다. 이 보고서는 아마도 해답보다 더 많은 질문을 제기했을 것이다. 하지만 이 보고서는 디지털 환경에서 새로운 저작물과 서비스를 개발하기 위해서는 막대한 투자가 필요하다는 것을 인정했다. 그리고 저작권과 저작인접권을 통해 투자를 적절하게 보호할 필요성을 인정했다. 녹서는 관련 당사자들에게 배포되어 광범위하게 견해를 구했으며, 후속 조치로 EU 내 지적재산권 입법의 특정한 양상들을 조화시킬 것을 목적으로 하는 제안들이 이어졌다. 여기에 포함된 것은 디지털화와 저장과 일시적 게시 등의 행위를 포함한 복제에 관한 광범위한 정의, 공중송신권right of communication, 그리고 복제방지장치들을 보호하기 위한 입법 제안이다.

그 결과 나온 것이 2001년 6월 22일 자로 시행된 「정보 사회에서 저작권 및 저작인접권의 특정 측면의 조화에 관한 2001년 EU 지침」(2001/29/EC)이다. 이 지침에 따라 회원국들은 해당 조항들을 국내저작권 입법에 반영하고 이를 WIPO 조약의 요구사항에 조화시켜야 했다. 저작권의 제한에 관한 조항은 특별한 관심사항이었다. 왜냐하면 다수의 대륙국가들의 법안은 '공정 처리'에 관해 영국보다 더 자유로운 조항들을 갖고 있기 때문이다.

이 지침에 포함된 것은 복제 권리, 디지털 전송 권리, 공중송신권이며 회원국들은 저작권물을 보호하고 확인하는 기술 시스템의 우회를 방지하기 위해 구제책을 마련할 것이 요구되었다. 또한 당시 EU 국가들 사이에서 인격권 조항이 제대로 조화를 이루지 못한다는 것과 인격권에 대한 추가 지침이 적절한 절차에 따라 뒤따를 가능성이 있다는 것이 인정되었다. 지역권과 병행수입 문제에 관하여 EU의 일반적인 규칙은, 한 나라에서 저작권 제품이 권리자로부터 허가를 받아 최초로 판매되면 저작권자의 권리가 소진되어 EU 내의 다른 곳에는 재판매를 할 수 없다는 것이 되어왔다. EU 지침의 실행 결과 영국의 국내 입법에는 상당한 변화가 있어왔다(후술할 "영국의 저작권 입법" 참조).

EU는 이미 회원국들이 실행하도록 몇몇 지침을 공포했다. 즉, 컴퓨터 프로그램의 법적 보호(1991), 대여권과 대출권(1992), 위성방송 및 유선방송의 재송신 관련 저작권(1993), 저작권 보호기간의 조화(1993), 데이터베이스의 법적 보호(1996), 전자상거래(2000), 지적재산권의 불법 복제 방지 및 집행(2004) 등에 관한 지침들인데, 마지막 것은 회원국 내의 침해를 단속하기 위한 목적이다. 유럽연합은 2004년 대폭 확대되었다. 에스토니아, 라트비아, 리투아니아, 헝가리, 폴란드, 체코 공화국, 슬로바키아, 슬로베니아, 몰타, 키프로스가 회원국이 되었고 뒤이어 불가리아와 루마니아가 2007년 1월에, 크로아티아가 2013년 7월에 회원국이 되었다.

2008년 6월 당시 'i2010 유럽 디지털 도서관 프로그램i2010 European Digital Library programme'(현재 유로피아나Europeana, 제18장 "디지털 도서관" 참조)하에 설치된 EU 고위급 전문가 그룹은 고아저작물(현재 저작권 소유자가 알려지지 않은 저작물)을 위한 자율규제 실행규범에 대한 양해각서(MOU)에 합의했다. 하지만 도서관들은 고아저작물을 완전히 저작권 예외로 인정해달라는 압력을 계속 가했다. 이런 요구사항이 28개 EU 회원국 모두를 대상으로 광범위한 각종 창조 산업에 걸쳐 시행되기는 곤란할 것이다. 「정보 사회에서 저작권 및 저작인접권의 특정 측면의 조화에 관한 2001년 지침」 이후 EU가 취한 주요 조처는 2008년 7월 16일 발간된 「지식경제의 저작권에 관한 녹서Green Paper on Copyright in the Knowledge Economy」였다. 이 녹서는 몇 가지 문제를 제기했다. 그중에는 출판사와 같이 저작물에 대해 승인을 받고 사용하는 주체들과 창작자들 사이에 계약 체결을 위한 가이드라인이 있어야 할 것인지 여부, 여러 유형의 계약 체결을 위한 표준계약서에 해당하는 가이드라인이 있어야 할 것인지 여부, 도서관이나 아카이브archive 혹은 장애를 지닌 사용자를 위해 저작권에 예외를 두어야 할 것인지 여부, 저작권 콘텐츠를 사용할 때 실수요자가 어떤 행동을 취할지 말지를 규정하는 좀 더 정밀한 규칙이 있어야 할 것인지 여부(제18장 "소셜 네트워킹 및 사용자 제작 콘텐츠 사이트" 참조)가 포함되어 있다. 또한 이 보고서는 고아저작물을 다루는 방법에 관한 문제를 제기하고 그런 문제가 다루려면 2001년 지침을 수정하거나 별도의 행정명령이 있어야 하는지 여부를 물었다.

2008년 11월 영국출판협회는 이 녹서에 대해 상세한 의견을 제출하고, 제기된 다수의 쟁점들을 다루면서 이미 착수된 기획들의 몇몇 사례를 제시하고 약술했다. 특히 저작권 집중관리 계획의 존재를 밝혔으며, 시각 장애인의 수요를 충족시키기 위한 라이선싱 계획 및 기타 이니셔티브와 고아저작물의 사용을 촉진하기 위한 ARROW 기획을 제시했다. 영국출판협회는 유럽위원회에 저작권 계약을 위한 규범적인 규정과 가이드라인을 채택하지 말라고 촉구했으며, 예외는 무엇이나 베른협약의 '3단계 테스트' 조항에 따라야 한다는 것을 강조했다.

2009년 5월 EU는 녹서에 대한 의견이 350개 이상 제출되었음을 확인했다. 2009년 8월 유럽위원회는 사용자들이 절판된 저작물과 고아저작물에 좀 더 쉽게 접근할 수 있도록 하는 규정의 밑그림이 될 만한 안들을 발표했다. 2009년 10월 유럽위원회는 '도서의 대규모 디지털화와 전파의 중요한 문화적·법적 도전'을 다루기 위한 자문을 유럽 출판계로부터 받고자 하는 목적으로 보도자료를 발표했다. 이는 2010년에 시행된, 지식경제하의 저작권에 관한 전면적인 검토작업의 서막이다. 이 기획은 미국에서 논란거리가 된 구글 합의안—영국 이외의 유럽 출판물은 제외된—에 대한 수정 과정 동안 발표되었다.

EU는 2009년 10월 22일 (DG INFSO Directorate General for Information Society and Media, DG MARKT Directorate General for Internal Market 형태로) "유럽 단일 디지털 시장에서 창조적인 콘텐츠: 미래를 위한 도전 Creative Content in a European Single Digital Market: Challenges for the Future"이라는 제목이 붙은 '심층 연구보고서'라고 불리는 것을 발표했다. 이 보고서는 창조 산업에 대한 신기술의 영향과 모바일폰 사업자, 인터넷 서비스 제공자(ISP), 통신회사, 검색엔진 업체, 온라인 소매업자 및 소셜 네트워크 서비스 업체 같은 회사들의 개입에 따른 영향을 언급했다. 또한 이 보고서는 음악, 오디오비주얼 audiovisual 및 비디오 게임 산업과 아울러 출판 산업에 관한 이슈를 다루었다. 여기서 보고서는 어문저작물의 온라인 배포가 "시장에서 아직 초기 단계에 있다"라고 하고 미국에서 구글이 진행하고 있는 기획을 완곡하게 언급했다(제18장 "구글의 부상"과 "구글 합의안" 참조). 이 보고서는 "권리자와 소비자에게 국경이 없는 디지털 단일 시장"의 형성에 대해 언급했으며, 각종 위원회가 취한 기획의 목록을 담고 있다. 이 외에도 개별 소비자와 상업 사용자에 의한 콘텐츠 접근의 필요성, 권리자의 이익을 보호할 필요성, 그리고 '간소화된 범유럽 및/또는 다중 지역 라이선싱 프로세스', 즉 확대된 저작권 집중관리와 같은 제안의 필요성, 저작권 소유권과 라이선스에 관해 자유롭게 접근할 수 있는 정보의 필요성, 그리고 28개 전 회원국을 통해 진정으로 통일된 체제를 달성하기 위한 '유럽 저작권법'을 언급하면서 '저작권법의 좀 더 깊이 있는 조화'의 가능성을 조명했다. 또한 이 보고서는 디지털 해적행위에 대처하기 위해 집중적인 저작권 관리 시스템과 인터넷 서비스 제공자(ISP)들과의 협력을 강화할 필요성을 거론한다. 유럽위원회는 이 보고서의 의도를 "소비자를 위해 문화적으로 다양하고 풍성한 온라인 콘텐츠 시장을 보장하기 위해 지속적으로 주도적인 역할을 취하고 디지털 환경하에서 권리자에게 주어지는 보상과 여건 개선을 위한 적절한 가능성을 창조하는 것"이라고 진술했다. 영국출판협회는 이 보고서에 화답했다.

이 책의 제6판이 출간된 이래 EU의 저작권 방면에서는 지속적인 활동이 전개되어왔다. 2010년 5월 유럽 의회는 디지털 어젠다 2015.eu Digital Agenda 2015.eu를 승인했다. 이는 유럽에서 디지털 콘텐츠에 접속하는 데 필요한 융합적이고 소비자 친화적인 법적 틀을 확보하기 위한 5개년 행동 계획이다. 2010년 9월 14일, 유럽의 시각 장애자 기관들과 권리자들 간에 양해각서가 체결되어 신뢰할 수 있는 중간 매개 기관들의 네트워크를 개발하는 계획에 착수했다. 이 매개 기관들은 회원국들 사이에서 디지털 파일을 안전하게 보관하고 관리하고 배포하게 될 것이었다(후술할 WIPO 마라케시 조약에 관한 상세한 내용 참조).

2011년 9월 20일 상업적인 저작권물에 관한 양해각서가 출판사, 저자, 저작권 집중관리 기관 및 도서관 사이에 체결되어 도서 및 학습 저널을 위한 자발적인 단체협약을 제공했다. 이 각서는 국경을 초월하여 EU 전반에 걸친 저작권 청산 및 접근 규칙을 권장한다.

2012년 10월 25일 「고아저작물 지침Orphan Works Directive」(2012/28/EU)이 발표되어 이른바 고아저작물(저작권 기간 내에 있지만 권리 소유자를 찾을 수 없는 저작물)의 디지털화와 온라인 게시에 관한 일반적인 규칙을 마련했다. 이 지침은 이러한 저작물들의 사용 희망자들이 권리자를 열심히 찾고 통합적인 라이선싱 방식을 통해 합리적인 보상을 할 필요성을 확인한다. 또한 이 지침에는 공공 서비스 기관이 고아저작물을 복제하는 데 대한 제한적인 예외가 포함되어 있다.

2014년 2월 「집중적인 저작권 관리에 관한 EU 지침EU Directive on Collective Rights Management」(2014/26/EU)이 채택되었다. 이는 집중적인 저작권 관리 기관들을 위한 거버넌스의 투명성과 권리자가 자신의 권리를 대행하는 기관을 자유롭게 선택할 필요성을 약술하고 있다.

저작권에 관한 2001년 EU 지침을 다시 논의할 필요성이 있는지 여부의 문제는 계속 제기되어왔다. 그렇게 된 것은 현재 EU가 28개의 모자이크처럼 국가별로 상이한 저작권 체계를 다루고 있기 때문이다. 이 지침에 따르면 각 회원국은 저작권 예외 목록에서 선택할 자유가 있다. 이러한 목록 내용 중 다수는 유튜브 및 각종 소셜 미디어 사이트 같은 현상이 시작되기 오래전에 작성된 것이다. 개혁은 DG MARKT(역내시장 총국)의 후원하에 이루어지고 있다. 2013년 12월 5일 공공 자문 문서인 「EU 저작권 규칙 개정Revision of the EU Copyright Rules」이 발행되었다. 주요 발표 내용에는 다음과 같은 것이 포함되어 있다. 즉, 지역성이라는 쟁점 대 국경을 초월한 콘텐츠의 이용, 저작권 등록 제도가 필요한가, 저작권 기간이 여전히 적절한가, 저작권 예외가 EU 전체를 통해 통일되고 법제화되어야 하는가, 전자대출 문제, 텍스트 마이닝text mining 및 데이터 마이닝data mining, 사용자 작성 콘텐츠, 계약상 사적 복사 및 복제와 공정한 보상과 같은 문제들이다. 유럽위원회는 관계 당사자들로부터 1만 1117건의 응답을 받았다. 여기에는 영국출판협회와 영국 정부가 제출한 것도 있었다. 모든 EU 회원국이 의견을 제출한 것은 아니며 영국이 제출한 것은 환영을 받았는데, 그것은 모든 제안된 저작권 개혁이 사려 깊게 검토되어야 한다는 점을 강조했다. 저작권 개혁에 이용할 수 있는 선택지들을 약술한 EU 백서는 2014년 가을에 발표될 예정었으나 논란이 많아 발표가 지연되었다.

또한 2014년에 EU는 "창작자들에게 적절한 계약방식: 특정 회원국들의 법규와 실행Contractual Arrangement Applicable to Creators: Law and Practice of Selected Member States"이라는 제목을 단 조사보고서를 발간했다. 다소 논란거리인 이 보고서는 주로 시민법 전통을 가진 회원국들의 계약 사례를 갖고 작성한 것인데, 영국 저자들을 대표하여 영국저자협회UK Society of Authors(SoA)와 '저자 라이선싱 및 징수 협회Authors Licensing and Collecting Society(ALCS)'로부터 신속한 반응이 나왔다. 그들이 요청한 것은 공정한 보상, 철저한 회계 절차, 출판사에 대한 저작권 양도 거부, 한정된 기간의 라이선스 및 이용되지 않는 권리의 반환이다.

저작권 예외의 문제는 여전히 주요한 토론 주제이다. 권리자들은 다수 개도국들이 장기간에 걸쳐 벌이고 있는 로비 활동뿐만 아니라 좀 더 잘사는 국가들에서 일어나고 있는 일들을 염려스럽게 보고 있다. 특히 2012년 6월 29일 캐나다에서는 저작권 현대화에 관한 법률이 통과되었다. 그렇게 된 것은 구글 같은 회사들과 인터넷 활동가들의 집중적인 로비 활동이 있고 난 이후이다. 이 법에는 교육을 위해서는 공정 이용에 예외를 둘 수 있다는 내용이 들어 있다. 여기에는 전 저작물의 복제가 포함되고 그것이 캐나다의 저작권 집중관리 기관인 액세스 캐나다Access Canada의 활동에 영향을 미치리라는 것은 의심할 여지가 없다. 이 법은 베른협약의 3단계 테스트－권리자의 정상적인 저작권 이용권에 영향을 미치는 사용을 방지하려는 의도를 지닌－에 대해 언급하지 않는다. 온라인 재료의 침해에 대한 통보 및 중단 조항이 없으며 저작권 기한을 저작자 사후 50년에서 70년으로 연장하는 조항도 없다.

2013년 11월 아일랜드 공화국은 독립 저작권 검토위원회Independent Copyright Review Committee가 작성한 저작권 현대화에 관한 보고서를 발표했다. 여기서는 캐나다에서 최근 진행된 사항을 긍정적으로 언급했다. 한편, 2014년 2월 오스트레일리아 법률개혁위원회Australian Law Reform Commission는 이미 존재하는 영국식 공정 처리fair deal 개념이 아닌 미국식 공정 이용fair use 개념을 오스트레일리아 저작권법에 도입할 것을 제안했다.

국제적인 측면에서 세계지적재산권기구(WIPO)는 저작권과 관련한 조약들을 논의하는 데 초점을 두어왔다. 특히 2013년 6월 17일부터 28일까지 모로코의 마라케시에서 개최된 외교 콘퍼런스 결과 "맹인, 시각 손상인 또는 그 밖의 독서 장애인의 발행 저작물에 대한 접근을 촉진하기 위한 WIPO 조약"이 나왔는데, 20개국이 비준하면 효력이 발생할 것이다.

또한 전통적인 지식과 전통문화를 다루는 조약이 논의 중에 있고 개도국들은 교육을 위한 예외와 더불어 도서관 및 아카이브를 위한 예외를 포함하는 국제 조약을 위해 로비 활동을 지속하고 있다.

국가 간 저작권 인정

국제 저작권법 같은 것은 없다. 두 개 국가가 모두 동일한 저작권 협약에 속한다고 할지라도 양국의 저작권 보호 수준이 반드시 동등하다고 볼 수는 없음을 기억하는 것이 중요하다. 국제 저작권 협약의 회원이라는 것은 어떤 최저 수준을 보장할 뿐이다. 그보다는 국내의 저작권 법안의 조항이 매우 중요하며 현지에서 제대로 시행되지 않을 수 있다. 국가 간 보호가 일치하지 않는 고전적인 사례로는 조지 오웰George Owell의 저작물을 들 수 있는데, 현재 영국에서는 저작권법을 통해 그가 1950년 서거한 후 70년이 되는 2020년 말까지 저작권이 철저히 지켜지고 있다. 오웰의 저작물은 1976년부터 소련에서는 공유저작물에 속했다. 왜냐하면 당시 소련의 국내 저작권법은 사후 25년 동안만 보호를 했기 때문이다. 이는 세계저작권협약에 가입한 국가에 대한 최소 요구사항이었다. 소련에서 정치적 이유로 오랫동안 금지되어온 『1984』 및 『동물농장Animal Farm』과 같은 저작물은 1980년대 말 검열이 완화되자마자 저작권료를 한푼도 내지 않고 출판되었다. 2004년 러시아는 보호기간을 사후 70년으로 연장했지만 현재로서 오웰의 저작물은 여전히 공유저작물에 속하는데, 그 이유는 최초 출판이 1973년 5월 27일 이전이었기 때문이다.

현재 전 세계 대부분의 국가가 베른협약, 세계저작권협약 또는 양쪽 모두에 가입하고 다수는 WIPO의 조약들을 비준한 반면 아직도 일부 국가는 불참하고 있다. 이러한 불참국들은 타이완(정치적 지위가 지속적으로 불투명하기 때문에 배제되었다), 아프가니스탄, 미얀마(버마), 이란, 이라크, 앙골라, 부룬디, 에리트레아, 에티오피아, 시에라리온, 소말리아, 우간다이다.

1990년대의 변화하는 정치환경도 이전에 하나 또는 두 개의 협약에 속했던 국가의 해체에 의해 조성된 저작권 혼란 상태를 야기했다(예컨대 구소련, 체코슬로바키아 및 유고슬라비아). 각 신생국은 하나 또는 그 이상의 협약에 가입하기 위해 충분히 높은 표준을 국내 법안에 도입해야 했다. 이 책을 쓰고 있는 시점에 구소련의 한 공화국(투르크메니스탄)만이 어떤 협약에도 가입하지 않은 상태이다. 이 나라는 미국과 지적재산권 요소를 가진 양자 간 무역협정을 맺고 있지만 준수 상태는 만족스럽지 않다.

그러므로 권리들을 다룰 때 저작권의 전반적인 실상을 파악하는 것이 매우 중요하다. 저작권을 상호 인정하는 환경에서만 출판사의 국제 비즈니스가 만족스럽게 이루어질 수 있기 때문이다.

불법 사용과 해적행위

출판의 초기 작업은 단순한 것처럼 보인다. 즉, 저자와 책을 저술하기 위한 계약을 체결하고 원고를 작성하여 원래의 언어로 된 책으로 전환시키며 그 책이 읽힐 수 있는 시장에서 그런 형태로 가능한 한 광범위하게 판매하는 것이다. 하지만 출판사의 비교적 초기 역사에서조차 여러 가지 문제가 발생했다. 서간체 소설의 거장인 새뮤얼 리처드슨Samuel Richardson은 일찍이 18세기 중반에 해적행위의 희생자였다. 당시 『파멜라Pamela』의 제2편과 『찰스 그랜디슨 경Sir Charles Grandison』의 전체가 인쇄소에서 훔친 정본의 인쇄판을 이용하여 아일랜드에서 리프린트되었다(당시 영국의 저작권법에 저촉되지 않음).

1세기가 지난 후 찰스 디킨스는 자기 저작물과 월터 스콧 경Sir Walter Scott과 같은 다른 거장들의 작품이 미국에서 무허가로 리프린트되고 있는 데 대해 맹렬히 비난했다. 비록 미국이 1790년에 연방 저작권법을 도입했지만 다른 나라의 저작물을 보호하기 위한 상호 협정은 없었다. 디킨스는 저작권을 상호 인정하기 위한 활동을 적극적으로 전개했다.

국제적인 저작권 협약들의 수립은 회원국들 사이에서 저작권을 인정하기 위한 틀을 제공하는 최초 단계였다. 하지만 협약이 있다고 해도 본국과 다른 곳에서 저작권에 의해 보호를 받는 저작물의 오용을 결코 없애지는 못했다. 이런 오용은 공식적으로 하나 이상의 협약의 회원국으로 저작권 개념에 공식적으로 동의한 국가들에서도(이런 경우 해적행위로 분류된다), 그리고 회원국으로 가입하지 않은 국가들에서도(무허가 사용) 계속 발생한다. 두 가지 형태의 악용의 결과, 오랫동안 저작권 산업에 수십억 달러의 손실이 발생했다. 정확한 수치를 밝히기 어려운 이유는, 많은 경우가(특히 멀리 떨어진 국가에서) 저작권 소유자 또는 해당 저작권 당국의 주목을 받지 못했기 때문이다.

국제지적재산권연맹International Intellectual Property Alliance(IIPA)은 세계 최대의 지적재산권 수출국인 미국에서 주요 창조 산업을 대표하는 유관 협회의 연합체로서 1994년 설립되었다. 현재 지적재산권 산업의 매출은 미국의 연간 GDP의 11% 이상을 발생시키는 것으로 추정된다(영국의 경우 GDP의 대략 6.4%에 달하는 것과 비교된다). 출판 산업뿐만 아니라 여기에는 음악, 영화, 텔레비전, 소프트웨어 산업의 강력한 로비 활동이 포함된다. 이 분야에서 미국은 세계 시장을 지배하고 있다. 해적행위로 말미암아 창조 산업이 얼마나 손실을 입었는지에 대해서는 수치들이 저마다 들쑥날쑥이다. 국제지적재산권연맹은 전 세계 국가들의 저작권 상황에 관한 상세한 기록을 유지하며 정기적으로 갱신하고 있다. 또한 국가의 저작권 개혁안에 대해 의견을 제시하고, 지적재산권 법안이 부적절한 국가들 또는 저작권을 보호하기 위한 추적 기록이 제대로 되지 않는 국가들이 미국의 스페셜 301조 감시 리스트(301조는 「1988년 미국 무역법」의 관련 부분을 인용한다)에 유지되어야 할 것인지 혹은 추가되어야 할 것인지를 정기적으로 건의한다. 국제협약 회원국으로서 또는 저작권을 포함한 양자 간 조약의 서명국으로서 책무를 준수하지 못한 국가들은 로비 활동의 대상이 되고 국제적인 무역 압력을 받게 될 것이다(예컨대 중국이 지적재산권 보호에 관한 기록 상태를 개선하지 않으면 '최혜국 대우'를 철회하겠다고 미국이 위협한 경우). 2007년 미국은 중국이 지적재산권을 제대로 적용하지 않는 데 대해 WTO에 공식 항의했다. 2009년 8월 WTO 분쟁 패널은 중국의 영화, DVD, 음악, 도서 및 저널을 포함한 저작권 관련 제품의 수입과 배포에 관한 주요한 제한들이 중국의 WTO 책무와 불일치함을 발견하고 미국 회사들이 저작권 합작사업에서 중국 기업과 파트너가 되도록 허용할 것을 중국 당국에 요구했다.

2014년 2월에 국제지적재산권연맹(IIPA)은 「글로벌 저작권 보호와 시행에 관한 스페셜 301조 보고서2014 Special 301 Report on Global Copyright Protection and Enforcement」에서 중국을 306조 감시대상국에 올렸으며(306조는 「1974년 미국 무역법」의 한 부분을 인용한다). 우크라이나가 주요 감시대상국에, 9개국은 우선 감시대상에 이름을 올렸다(인도, 인도네시아, 러시아, 태국, 베트남 그리고 몇몇 라틴 아메리카 국가 포함). 그리고 19개국은 감시대상에 들어 있다(브라질, 캐나다, 그리스, 이스라엘, 쿠웨이트, 루마니아, 사우디아라비아, 타이완, 터키, UAE 및 다수의 구소련 공화국들). IIPA는 모든 국가가 TRIPS 표준에 따라 저작권 보호를 실행하는 것이 중요하다고 강조하고 WIPO 조약들의 이행 필요성을 강조한다. 또한 국제 범죄 연합 조직과 연관된 해적행위가 증가하는 경향에 대해 경고하고 인터넷 해적행위 수준이 실질적으로 증가한 데 대해 주의를 환기해왔다.

영국에서는 해적행위와 위조에 대처하여 1999년 7월부터 출판, 음악, 오디오비주얼, 소프트웨어, 브랜드 제조 산업이 연합하여 활동에 들어갔다. 연합의 목적은 지적재산권을 침해하면 처벌을 받도록 하고 집행 기관의 감독을 강화하도록 의회에 대해 로비활동을 벌이고자 함이다. 실제로 영국출판협회는 미국출판협회Association of American Publisher(AAP) 및 관련국의 현지 출판협회와 함께 해적행위, 데이터 수집, 체계적인 경찰 단속, 법적 조치와 같은 주요한 분야를 대상으로 오랫동안 공동의 노력을 기울였다. J. K. 롤링J. K. Rowling의 "해리 포터Harry Potter" 시리즈와 같은 단행본 베스트셀러에 대한 노골적인 표절뿐만 아니라 영어 학습물과 학술 서적의 해적행위는 터키, 인도, 파키스탄, 태국, 중국 같은 시장에서 범람하고 있다. 침해 형태를 보면 전면적인 상업적 해적행위, 인쇄소가 허가받은 양보다 추가로 찍어내는 것, 책 전체를 대량 복사하는 것, 원어로 된 것이든 번역물이든 책과 학술 저널에 대한 디지털 해적행위, 서방의 유명한 저자명으로 현지 저작물을 속여 파는 것, 또는 하버드 비즈니스 스쿨Havard Business School과 같은 브랜드를 불법으로 사용하는 것 등이 있다.

지난 수 년 동안 책의 텍스트를 통째로 다운로드하는 인터넷 해적행위가 현저히 증가했다. 가장 중요한 범법자들인 스크리브드Scribd(www.scribd.com)-'소셜 출판 사이트'라고 불리는-는 최근에는 주요 출판사들과 콘텐츠를 사용하는 협정을 체결하기 시작했고, 래피드셰어RapidShare(www.rapidshare.com)는 합법적인 모델로 전환한 이후 시장 점유율을 크게 상실했으며, 이부키EBookee.org와 킴 닷컴Kim Dotcom이 운영하는 사이트 메가업로드Megaupload(www.megaupload.com)는 미국 법무부가 2012년 1월 폐쇄했으나 2013년 1월 '메가Mega'라는 이름으로 재등장했다. 이 외에도 더 많은 사이트가 있다. 2012년 2월 독일출판서적상협회Börsenverein des Deutschen Buchhandels와 국제출판협회International Publisher Association의 조정하에 학술 출판사들이 연합하여 고소를 제기함으로써 www.ifile.it 및 www.library.wu가 공동 운영한 서비스를 폐쇄시켰다. 양 사는 승인받지 않고 40만 종의 타이틀을 제공했으며 추정 수익은 800만 유로에 달했다. 이런 업체들 중 일부는 파일 공유/호스팅 사이트인 반면 다른 것-예컨대 스웨덴에서 2009년 법적 조처를 취하기 이전의 파이어럿 베이The Pirate Bay 사이트-은 스스로 콘텐츠를 제공하지는 않지만 미래의 사용자가 요구하는 콘텐츠를 그 밖의 다른 곳에서 찾을 수 있게 인덱스를 제공하는 토렌트torrent 사이트이다. 댄 브라운Dan Brown의 베스트셀러 『로스트 심벌The Lost Symbol』은 발간된 주에 적어도 15개 웹사이트에서 불법으로 무료로 구해볼 수 있었다. 이틀 만에 다운로드 수는 10만에 이르렀다. 베스트셀러 단행본 타이틀이 특히 많이 유통되는 대상이지만 출판사들이 파악하기로는 텍스트북토렌츠TextbookTorrents(www.textbooktorrents.com) 등의 다양한 사이트를 이용하면 학술 교재의 완벽한 콘텐츠도 구할 수 있다. 텍스트북토렌츠는 미국 「디지털 밀레니엄 저작권법Digital Millennium Copyright Act」의 조항에 따라 법적 조처를 취하겠다는 위협을 받은 다음 2008년 7월 피어슨 에듀케이션Pearson Education 타이틀 78개의 파일을 내리지 않을 수 없었는데, 출판사 쪽에만 "극도로 유리한 환경"이라며 불평했지만 파일을 내리라는 통고를 받고 대항할 입장에 있지 않았다. 이 사이트는 2008년 10월 문을 닫았지만 새 주인이 들어서면서 재등장했다. 이제는 무단으로 다운로드를 제공하지는 않지만 중고책 구입과 지정된 개도국에서만 판매 라이선스를 받은 저가 교재의 리프린트 판 구입에 필요한 접근을 제공하는 것으로 보인다.

2009년 1월 영국출판협회는 저작권 침해 관련 포털(www.copyrightinfringement.com)을 운영하기 시작하여, 회원 출판사들이 온라인 침해의 상세한 내용을 기록하며, 침해 사이트를 게시하고 폐쇄할 수 있게 하는 서비스를 제공하고 있다. 2013년에 게시된 침해 사이트의 숫자는 167만 개이고 2014년 말까지는 300만 개에 달할 것으로 예상된다. 이 포털은 또한 사용자들이 그들이 보고한 사이트가 다른 회원 출판사의 권리를 침해했는지 여부를 볼 수 있도록 허용한다. 이 서비스는 출판협회 회원의 경우 무료이며 비회원사도 매출 규모와 연동된 연간 가입비를 내면 이용 가능하다. 또한 이 사이트는 미국출판협회 웹사이트를 통해 미국출판협회의 회원 출판사도 이용할 수 있다. 영국출판협회는 런던시경 지적재산권범죄전담부와 긴밀하게 협조하여 침해 사이트들을 폐쇄시키고 이베이eBay와 같은 사이트에 저작권 침해물들의 광고가 올라오지 못하게 하는 데 어느 정도 성공했다. 영국출판협회와 미국출판협회는 모두 구글과 여타 검색엔진에 로비하여 그들이 아동 음란물 사이트에 대해 하는 것과 거의 같은 수준으로 사용자들을 침해 사이트로 유도하지 못하도록 했다. 2014년 1월 발표된 구글의 자체 투명성 보고서에 의하면 2013년에 URL을 제거하도록 요청받은 것이 2억 3000만 건에 달했다. 이는 2012년에 비해 4배 증가한 것이다. 구글은 권리자로부터 요청을 받고 평균 6시간 이내에 링크를 제거하며 준수율이 91%에 달한다.

영국의 저작권 입법

영국에서 저작권 보호의 역사는 장구하다. 보호 형태는 「1662년 출판허가법」하에서 이미 존재했다. 이 법은 서적출판업조합Stationers' Company에 저작물을 등록한 사람에게는 누구나 영구히 보호를 제공했다. 결국 이는 출판업자들이 독점을 하도록 만들었다. 그들은 이러한 시스템이 선동적인 저작물의 출판을 막는다며 정당화했다.

「출판허가법」은 1694년 효력을 잃었고 출판업자들은 항구적인 보호를 복구시킬 것을 희망하면서 추가 입법을 위한 압력을 행사했다. 하지만 그들의 요구사항은 세계 최초의 공식 저작권법인 「1709년 앤 법Statute of Anne」(1710년 4월 10일 시행)에 의해 완전히 충족될 수는 없었다. 이 법은 저작권을 개인의 재산권으로서 확립하고 당시 이미 출판된 저작물의 경우에는 출판일로부터 21년, 아직 출판되지 않은 경우에는 14년 동안 보호기간을 제공했으며 만약 이러한 첫 번째 기간이 끝날 때에도 저자가 생존해 있다면 추가로 14년을 갱신할 수 있었다. 그 후 65년 동안 이 법의 조항들은 실질적으로는 소송에서 빈번하게 교묘히 우회되었으며 1774년에 이르러서야 판례법과 저자의 법적 권리를 확언한 도널드슨 대 베켓Donaldson v. Becket 소송에서 귀족원의 결정(출판물의 저작권이 영속적인 것이 아니며 법적 제한에 따른다고 결정—옮긴이)에 의해 이 조항들이 시행되었다. 그 뒤를 이은 것이 「1775년 저작권법」과 「1814년 저작권법」이다. 「1814년 저작권법」은 보호기간을 14년에서 28년으로, 그런 다음 28년째가 끝나는 시점까지 저자가 살아 있다면 생존기간 동안으로 연장했다.

뒤이어 「1842년 법」과 「1911년 법」이 나왔다. 「1911년 법」은 최초로 보호기간을 저자의 생존기간과 저자 사후 50년으로 연장했다. 다만 저자에 의한 저작권의 양도기간을 처음 25년만 유효한 것으로 하고 그 이후는 유산으로 귀속시켰다. 「1956년 저작권법」도 저자의 생존기간에 추가하여 50년 동안의 보호를 제공했으며, 이 기간은 1989년 8월 1일 발효한 현재의 「1988년 저작권, 디자인, 특허 법Copyright, Design and Patents Act 1988」에서도 유지되었다. 컴퓨터 프로그램은 「1992년 저작권 (컴퓨터 프로그램) 규정Copyright (Computer Programs) Regulations」에 의해 좀 더 구체적인 보호를 받는다.

EU 내에서의 법안 일치를 향한 움직임은 1993년에 저작권법과 저자의 권리기간에 대한 「지침 93/98/EEC」의 이슈로 이어졌다. 이는 당시 EU 회원국(오스트리아, 벨기에, 덴마크, 핀란드, 프랑스, 독일, 그리스, 아일랜드 공화국, 이탈리아, 룩셈부르크, 네덜란드, 포르투갈, 스페인, 스웨덴, 영국) 및 유럽자유무역연합European Free Trade Association(EFTA) 회원국들(아이슬란드, 리히텐슈타인, 노르웨이)이 1995년 7월 1일부로 단일 EU 회원국에서 저작권이 있는 모든 저작물에 대해 사후 70년으로 보호기간을 연장하기 위해 필요하다면 국내의 지적재산권 법을 개정할 것을 요구했다(그전까지는 독일만이 어문저작물에 대해 이 보호기간을 적용해왔다). 영국에서는 저작권 산업계 및 창작 관련 협회와 협의를 했으며, 그 이후 '저작권과 인접한 실연 규정의 권리기간'으로 알려진 행정명령이 1996년 1월 1일부로 발효되었다.

영국에서 저작권 기간 연장은 복잡한 함의를 지녔다. 아직 저작권이 살아 있는 저작물의 보호기간을 연장했을 뿐만 아니라 다수의 주요 저자들의 저작물에 대한 저작권 보호를 회복시켰다. 여기에 포함된 저자 중에는 제임스 조이스James Joyce, 버지니아 울프Virginia Woolf, 토머스 하디Thomas Hardy, D. H. 로런스D. H. Lawrence, 존 버컨John Buchan, 아서 코넌 도일 경Sir Arthur Conan Doyle, H. G. 웰스H. G. Wells, 러디어드 키플링Rudyard Kipling, 베아트릭스 포터Beatrix Potter 등이 있다. 1925년과 1945년 사이 사망한 저자들의 저작물에 대한 저작권은 그런 저작물들이 1995년 7월 1일 당시에 또 다른 유럽경제지역(EEA) 회원국에서 저작권 보호를 받는 상태에 있다면 회복될 가능성이 있었다. 사실상 독일-이미 70년을 보호기간으로 하는-이 그러한 국가였으며 아마도 프랑스와 스페인도 그러했던 것 같다. 영국에서 연장되거나 회복된 저작권의 소유권은 1996년 1월 1일 직전에 또는 저작물이 공유저작물에 들어가기 전에 그것을 소유한 자 누구에게나 있었다. 하지만 그때까지 유지되던 독점적인 라이선스는 계속 지켜져야 했다.

공유저작물 상태의 저작물을 정직하게 출판하기 위해 필요한 조처를 취한 자는 만일 그들이 1995년 1월 1일 이전에 맺어진 계약 결과로 해당 저작물을 출판하게 되었거나, 1995년 7월 1일 이전에 제작한 것이라면 '취득한 권리'의 보유자로 고려되며 '권리 허가'에 의해 계속 출판할 수 있었다. 1995년 1월 1일 이전에 체결된 계약에는 저작물에 대한 신규 편집자 지명, 인쇄와 관련한 주문 또는 (아마도 틀림없이) 신판에 대한 고지 등의 내용이 포함되었을 수 있다. 취득한 권리의 유효한 보유자는 회복된 권리의 소유자에게 출판할(또는 출판을 지속할) 의도를 통보하고 그에게 합리적인 인세 또는 여타의 보상을 지불할 것이 요구되었다. 무엇이 합리적인 보상인지에 대해서는 논의의 여지가 열려 있었다. 새로운 시스템하에서 체결되는 계약들은 독점적일 수 없기 때문에 사용자는 지불되는 인세율을 독점 라이선스에 따라 지불되는 것보다 낮게 유지할 수 있었다. 소유자와 사용자 간에 회복된 저작권 문제로 분쟁이 발생하면 저작권 심판소Copyright Tribunal로 갈 수 있었다. 이보다 공식화되지 않은 단계에서는 영국출판협회도 저자협회와 협의하에 중재 서비스를 제공했다.

추가 행정명령이 1996년 12월 1일 시행되었다. 「저작권 및 저작인접권 규정Copyright and Related Rights Regulations」(1996, No.2967)이 그것이다. 여기에는 몇몇 상이한 조항이 들어 있다. 규정 9는 어딘지 모호한 언어로 「1988년 저작권, 디자인 및 특허 법」의 18항-'공중에 대한 저작물 사본의 문제'에 관한-을 수정한다. 그것은 유럽경제지역(EEA) 내에서 상품의 자유로운 이동에 관한 조항을 강화한 것처럼 보인다. 이로 인해 영국 출판사들은 EEA 국가로부터 영국으로 미국의 오픈 마켓 판을 병행수입하지 못하게 하는 조처를 취할 수 없게 될 것이었다.

규정 10은 대여권 및 대출권을 모든 어문, 음악 및 희곡 저작물, 영화 및 사운드 리코딩 그리고 대부분의 예술 저작물로 확장한다. 규정 11은 (「1992년 대여 및 대출 지침」의 부분적 폐지로서) 대부분의 교육 기관들을 대출권에 대한 지급에서 면제하고 또한 완전히 저자의 권리인 현재의 영국 공공 대출권Public Lending Right(PLR)(공공 도서관에서의 대출에 대해 저자가 보상을 요구할 수 있는 권리

—옮긴이) 체계에서도 면제해주었다(제3장 참조).

규정 16은 이른바 '출판권publication right'을 도입한다. 이 규정은 이전에 출판되지 않고 공유저작물이 된 저작물을 최초로 출판한 사람 누구에게나 새로운 출판권을 준다. 출판이란 '공중에 대한 모든 커뮤니케이션'으로서 정의된다. 여기에는 (예컨대 출판되지 않은 원고의) 공공 전시가 포함될 수 있다. 이 새로운 권리는 저작물이 최초 발행된 연도 말로부터 25년 동안만 존속한다는 점을 제외하고는 저작권과 동등하다. 최초의 발행은 EEA 내에서 이루어져야 하며 당시의 출판인은 EEA 국민이어야 한다. 이때 저작물에 저작인격권은 없다.

영국의 「1988년 저작권, 디자인 및 특허 법」은 최초로 영국 저작권법에 저작인격권의 완전한 개념을 도입했다. 이는 유럽대륙 국가들에서는 국내의 저작권 입법에 오래전에 확립되어왔던 것이다(프랑스어의 droit moral).

저작인격권에 포함되는 것은 성명 표시권right of paternity(저자가 저작물의 창작자로서 분명하게 확인될 권리), 동일성 유지권right of integrity(저자가 훼손하는 처우를 받지 않을 권리, 즉 저자의 평판에 해를 끼치는 저작물에 대한 왜곡 방지), 그리고 허위 귀속을 금지할 권리이다. 영국법에서 성명 표시권과 동일성 유지권이라는 핵심적인 저작인격권은 다음과 같은 경우 적용되지 않는다. 즉, 컴퓨터 프로그램, 컴퓨터가 발생시킨 저작물, 업무상 저작물, 신문이나 잡지 또는 유사한 정기간행물에 게재하기 위해 집필된 저작물, 그리고 백과사전이나 사전 등 기타 집단적 참고 저작물의 발간을 위해 집필된 저작물에는 적용되지 않는다.

「1988년 저작권, 디자인 및 특허 법」은 저자가 저술에서 성명 표시권을 공식적으로 주장할 것을 요구한다. 이는 저자와 출판사 간 기본계약서head contract에 있는 조항이나 도서 자체의 표지 뒷면에 인쇄된 저자 소개에 의해 대체될 것이다. 저작인격권은 저자와 저자의 상속인에 속한 개인적인 권리이며, 저작물에 대한 실질적인 저작권과 별도의 권리이다. 영국법에 의하면 저작인격권은 저작권 보호기간을 통해 지속되는 것이 일반적이다. 하지만 포기되는 경우에 관한 조항 또한 존재한다. 이는 저자의 권리droit d'auteur 전통을 가진 국가들의 경우가 아니다. 이런 국가들에서는 저작인격권이 통상적으로 양도할 수 없고 영구히 계속된다. 옛 사회주의 국가에서는 이 업무를 행할 저자의 상속인이 없으면, 법에 의해(심지어 최근 개정되었을 때도) 국가가 저작인격권의 관리 책임을 인수하는 경우가 종종 있다.

저자의 저작인격권은 어문저작물의 라이선싱에 직접적으로 관련이 있다. 만약 저자가 자기의 권리를 포기하지 않는다면 라이선서licensor(라이선스 이용을 허락한 사람)는 라이선시licensee(라이선스 이용을 허락받은 사람)가 저자를 적절히 인정한다는 면에서 이런 권리를 확실하게 존중하고 저작물의 동일성을 유지하게 할 책무가 있을 것이다. 하지만 기억해야 할 것은 동일성 유지권이 보장될 수 없는 특정한 한 분야가 있다는 것인데, 그것은 영화와 텔레비전 권리이다. 영화 또는 텔레비전 회사를 통해 취급되는 어떤 상품화 권리에 대해서도 이런 점이 암묵적으로 인정된다. 동일성 유지권을 너무 강조하면 전자 권리와 멀티미디어 권리를 라이선싱하는 데 상당한 영향을 미칠 수 있다.

「1997년 데이터베이스에 관한 저작권과 권리 규정Copyright and Rights in Databases Regulations」은 「EC 위원회 지침 No.96/9/EC」를 이행하기 위해 1998년 1월 1일 도입되었다. 이는 저작권 저작물의 새로운 범주를 만들고 또한 부수 데이터베이스 혹은 데이터베이스 개발자의 권리를 인정하여 독자적인sui generis 권리를 창출했다. 이전에 데이터베이스는 영국 저작권법에서 편집저작물로 취급되었지만 새로운 법안의 시행이 필요했다. 왜냐하면 대륙의 저작권법은 '노동'보다는 창의력을 지적재산권 보호의 전제 조건으로 보았기 때문이다. '독자적인 권리'는 저작권보다는 재산권을 뜻하며, 또한 전화번호부와 같은 컴퓨터가 작성한 편집물을 포함한다. 새로운 규정하에서 데이터베이스는(전자 또는 여타 형태이든지 간에) 허가받지 않은 추출로부터 보호되고 데이터베이스가 완성된 연도 말로부터 15년 동안 재사용된다. 그 후 데이터베이스가 갱신되고 수정이 상당히 이루어진 것으로 간주된다면 이에 따라 15년의 기간이 연장될 수 있다. 교육과 학술 목적을 위한 약간의 공정한 처리는 허가된다.

출판사에 관련된 EU의 추가 지침인 「전자상거래 지침 COM (1988) 297 E-Commerce Directive COM (1998) 297」은 2002년 1월 17일까지 회원국들이 시행하도록 되어 있었다. 영국에서는 「2000년 전자 커뮤니케이션 법Electronic Communications Act 2000」이 통과됨으로써 부분적으로 시행되었다. 이는 서비스 제공자와 같은 중개자의 책임에 관한 규칙을 제공하고 전자 서명이 법정에서 법적으로 인정받을 수 있게 한다. 또한 승인받은 암호화 지원 서비스 제공자의 등록을 제도화했다.

영국 저작권 법률에 관해 가장 최근에 실시된 주요한 개정은 「정보 사회에서 저작권 및 저작인접권의 특정 측면의 조화에 관한 2001년 EU 지침」(2001/29/EC)의 시행이다. 이 안으로 인한 변화에 관해 저작권 업계 사이에서는 상당한 논의가 있었다. 지침의 핵심적인 요소에 포함된 것은 전송권과, 저작권 보유자가 자신의 저작물을 보호하기 위해 암호화 시스템과 식별자 시스템을 사용할 권리이다. 영국에서는 「1988년 저작권, 디자인 및 특허 법」의 전면적인 개정 없이 행정명령(SI 2003 No.2498), 「저작권 및 저작인접권 규정」을 통해 시행되었다. 이런 명령과 규정은 2003년 10월 31일 효력이 발생했다. 핵심 요소 중에는 저작권 보호가 「1988년 저작권, 디자인 및 특허 법」에 있는 '방송'이라는 용어의 정의를 기술적으로 중립적이고 온라인 콘텐츠 공급('이용할 수 있게 하는' 권리)이 포함되는 것으로 확대함으로써 디지털 환경까지 확장시킨다는 설명이 들어 있다. 또한 이 행정명령에는 전자적 권리 관리 시스템에 대한 법적 보호가 들어 있으며, 기술적 보호 조치technological protection measures(TPM)를 회피할 경우 새로운 형사적 처벌이 뒤따른다는 것을 확인한다. 또한 저작권 보호에 예외가 허용되는 경우들을 분명히 하고, 특히 공정한 처리에 대한 제한이 더욱 엄격하다. 이는 연구, 사적 조사, 비평, 검토, 뉴스 보도에 대해서는 허용 가능하지만 여하한 상업적 용도로 확장되지 않는다는 것을 분명히 한다. 지침의 시행이 완료되면 영국은 WIPO 조약을 비준할 수 있는 상태에 이르지만(앞의 "국제적인 저작권 협약들" 참조) 모든 다른 회원국들이 국내 법안에 이러한 요구사항들을 완전히 반영할 때인 2010년 3월 14일이 되어서야 그렇게 할 수 있었다.

「2004년 위조 방지 및 지적재산권 시행에 관한 EU 지침2004 EU Directive on Anti-Counterfeiting and Enforcement of Intellectual Property Rights」은 회원국들이 2006년 4월까

지 시행하게 되어 있었다. 그것은 저작권 침해에 대해 민법상의 조처만 부과하지만 형법 제재를 위한 별도의 제안들이 있다. 영국은 이 지침을 제때 시행했으며 여타 회원국들은 이보다 늦게 시행했다.

순전히 국내적인 측면만 보자면 영국에서는 저작권 보호를 확립하기 위해 어떤 형식적인 등록 절차도 요구되지 않는다. 하지만 출판사들은 책을 발간했을 때 6개 납본도서관(대영도서관, 옥스퍼드 대학교 도서관, 케임브리지 대학교 도서관, 스코틀랜드 국립 도서관, 웨일스 국립 도서관, 그리고 의외이겠지만 더블린의 트리니티 칼리지 도서관)에 법적으로 한 권씩 제출하도록 되어 있다. 「2003년 납본법Legal Deposit Libraries Act 2003」은 납본 요구를 비인쇄 저작물까지 확장했다. 출판사들은 「2000년 자율적 실천 규약Voluntary Code of Practice 2000」하에 오프라인 저작물을 납본했고, 도서관들은 데이터베이스와 웹사이트 같은 온라인 콘텐츠를 받아들이고 저장하며 정기적으로 갱신하기 위해 자체 설비를 점검했다. 「전자출판납본규정E-Legal Deposit Regulations」은 드디어 2013년 4월 6일 효력이 발생했다. 이에 따라 저작물이 종이 및 전자 형태로 이용 가능하다면 출판사들은 어떤 형태로 납본할 것인지를 결정할 수 있다. 납본 도서관들은, 인터넷에서 일정액의 돈을 지불해야 내용을 볼 수 있는 콘텐츠를 이용하고 웹사이트 콘텐츠를 정기적으로 모으기 위해 출판사들과 접촉할 필요가 있을 것이다.

저작권 보호를 가능한 한 광범위하게 유지하기 위해, 창의적인 저작물에 영향을 미치는 신기술의 발전을 감안한 후속 법안들이 필요했다. 예를 들면, 점점 더 성능이 좋아지는 복사기, 영화나 텔레비전이나 DVD나 컴퓨터 소프트웨어와 같이 매우 다양한 미디어를 위한 기술과 새로운 플랫폼의 혁신적인 발전, 특히 널리 보급된 인터넷 등이 감안되어야 했다. 이런 것들은 모두 출판계와 직접 관련이 있다. 왜냐하면 이 모든 것이 일종의 출처로서 어문저작물을 취할 수 있기 때문이다. 2006년에 전 ≪파이낸셜 타임스Financial Times≫ 편집국장인 앤드루 가워스Andrew Gowers의 주도하에 지적재산권 보호와 관리의 전반적인 체계에 대한 검토 작업이 이루어진 바 있다. 그 결과 2006년 12월에 나온 142쪽에 달하는 보고서에 대해 출판사들은 전반적으로 호의적인 반응을 보였다. 이 보고서에는 "창의적인 아이디어의 가치를 보호하는 지적재산권은 과거 그 어느 때보다 더 중요하다", 그리고 영국의 저작권 시스템은 "영국의 가장 창의적인 산업을 희생시키는 지적재산권 침해자들에 대한 처벌을 강화해야 한다"라는 언급이 포함되어 있다. 아울러 이 보고서에는 "(권리자와 사용자 간의) 균형권balance right 확보가 혁신을 추동하고 투자를 확보하여 경쟁을 자극하는 데 매우 중요하다"라는 언급이 들어 있다. 또한 지적재산권에 대한 공공의 인식을 제고하기 위해 진흥 활동을 전개할(아울러 이런 목적의 캠페인을 하는 데 따른 예산을 확보할) 필요 그리고 영국특허청을 개편하여 명칭을 영국지적재산권청United Kingdom Intellectual Property Office(UKIPO)으로 바꾸는 것이 핵심적인 사항으로 포함되었다. 이 보고서는 제한적인 사적 복제를 인정했는데, 여기에 포함된 것은 기기의 포맷 변경 및 원격 학습자를 위해 제안된 예외, 그리고 조정자가 있는 가상 학습 환경이다. 이런 것들은 라이선싱 제도를 이용할 수 없는 저작권물을 제한적으로 발췌하여 이용하기 위한 것이다. 또한 만화, 패러디, 모방 작품에 대한 예외가 제안되었다. 이 보고서는 고아저작물의 좀 더 양호한 접근—대영도서관은 모든 인쇄저작물의 40%가 고아저작물로 분류될 수 있다고 추정했다—과 디지털 권리 관리digital rights management(DRM) 시스템 규정을 조명했으며, 온라인 저작권 침해자에 대해 물리적인 피해에 상응하도록 10년까지 징역에 처할 수 있도록 하고, 창조업계 대표가 참여하는 '지적재산권 정책에 대한 전략적 자문기구Strategic and Advisory Body for IP policy(SABIP)'의 설립을 새롭게 건의했다. 하지만 이 기구는 그 이후 2010년 7월 해산되었고, 하던 일은 영국지적재산권청으로 넘겨졌다. 영국출판협회는 이 보고서에 대해 상세한 의견을 제출했는데, 특히 저작권 라이선싱 기구Copyright Licensing Agency(CLA)를 통해 기존의 라이선싱 제도가 교육 부문에까지 확장되고 있는 최근의 경향을 강조했다. 그리고 일부 예외는 베른협약의 3단계 테스트와 양립할 수 없을 것임을 강조했다. 또한 포맷 변경—동일한 사용자가 합법적으로 소유한 기기 사이의 포맷 변경은 예외—에 대한 우려와 만화, 패러디 및 모방 작품을 특정하게 예외로 할 필요는 없다는 견해를 피력했다. 가워스의 목적은 관련 당사자들과 협의를 거친 다음 2010년 3월까지의 반응을 살펴서 행정명령 초안에 대해 최종적으로 협의하는 것이었다.

2009년 1월 영국지적재산권청은 "저작권—미래: 21세기를 위한 저작권 의제 개발Copyright—The Future: Developing a Copyright Agenda for the Twenty-First Century"이란 제목의 자문 보고서를 발표했다. 여기에서 다시 저작권이 디지털 시대에 적합한지 여부에 관한 의문이 제기되었다. 이 보고서는 창조 산업이 콘텐츠의 공정하고 유연한 사용을 위한 혁신적인 비즈니스 모델과 라이선스 개발을 지속하고, 그러한 사용에 따른 공정한 보상을 받을 수 있기를 바라는 것이 영국 정부의 소망임을 확인했다. 이렇게 되려면 출판사들이 콘텐츠를 온라인에 올려놓았을 때 정부가 침해의 위험을 최소화하고, 이용할 수 있는 분명한 라이선싱 해결책이 없을 경우에만 저작권에 예외를 두는 것이 필수적이다. 그다음에는 출판사들이 변화하는 환경에 적응할 필요가 있으며 사용자의 니즈needs를 충족시키고 교육, 연구 및 전문적인 목적의 2차 사용을 위한 저작권 집중관리를 지원하기 위해 분명하고 효과적인 라이선스를 발급해야 한다.

영국출판협회는 2009년 2월 상세한 의견을 제출했으며 이를 통해 '디지털은 다르다'는 것을, 특히 침해 가능성 면에서 그렇다는 것을 강조했다. 베른협약 제3단계 테스트를 준수하는 사용의 필요성은 재강조되었다. 이 보고서에서는 라이선스 시스템이 '단순화되어야' 한다는 의견에 대해 저작권 집중관리, NESLI에서 구할 수 있는 것과 같은 '최상의' 라이선스 처리방법(제18장 참조), 저작권 소유자와 라이선스 정보에 대한 접근을 제공하는 자동화된 콘텐츠 접속 프로토콜Automated Content Access Protocol(ACAP)과 같은 기술적인 이니셔티브와 관련하여 상세하게 설명했다(제18장 참조). 저작물 인증 문제에 대해서는 ISTC, DOI와 같은 기존의 식별자 시스템을 인용하여 대응했다(제18장 "식별자" 참조).

영국 정부는 2009년 1월 잠정 보고서를 발간한 데 이어 2009년 6월 「디지털 브리튼Digital Britain」 보고서를 발행했다. 이 보고서의 상당 부분이 영국의 농촌 지역에서 인터넷 보급과 광대역 서비스를 개선할 필요에 대해 다루었으며, 디지털 능력이 어린 학생들을 위한 전국 커리큘럼의 중핵 요소가 될 것을 분명히 했다. 제24장에 수록된 "창조 산업과 디지털 세계"만이 출판 부문 내의 이슈들과 직접 관련이 있다. 이 보고서는, 정부가 창조 산업의 중요성을 인정하고 창조성이 지속적으로 디지털 세계에서 보상을 받으며 공공 정책이 쌍방향 콘텐츠를 포함하도록 확장되어야 한다고 재강조했다. 이 보고서는 불법 P2P 파일 공유와 여타의 저작권 침해 문제를 조명했다. 그리고 권리자와 인터넷 서비스 제공자(ISP) 간 자율규제 합의의 확립, 권리자가 법원 명령을 받고 밝힐 수 있는 반복적인 침해 기록을 ISP가 유지하는 것, 경고와 게시 중단을 위한 상세한 행동 규약의 필요성을 밝혔다. 불법 파일 공유를 저지하기 위해 창조 산업과 ISP 사이에서 중개인으로 활동할 권리 에이전시를 창설해야 한다는 제안이 논의되었으며, 그러한 조치를 취해도 2년 내에 침해를 70~80% 줄이지 못한다면 OFCOM(영국의 방송통신규제기구—옮긴이)은 규칙을 부과하고 ISP들이 알려진 위반자들의 사용 대역폭을 제한하는 것과 같은 기술적 보호 조치를 취하도록 강제하는 힘을 부여받을 것이었다.

이 보고서는 이미 가워스의 검토에서 제기한 두 이슈인 원격학습 및 파일 보관과 같은 분야의 예외에 대해 향후 협의할 것을 제안하고 공정한 처리—하지만 미국에서는 공정한 이용이라고 호칭을 잘못하고 있다—의 이슈를 제기했다. 다시 고아저작물 이슈가 제기되었는데, 고아저작물의 사용을 다룰 상업적인 체계를 수립하려는 법적 개혁에 대한 제안과, 사용 희망자가 권리자를 찾기 위한 최초의 시도를 적절하고 성실하게 수행하고 그래도 찾지 못한 권리자를 찾을 때까지 지불액을 보관할 필요성을 다루었다. 또한 공공 대출권을 오디오북과 전자책으로 확장해야 한다는 건의가 있었다(제3장 "공공 대출권: 저자의 권리" 참조).

2009년 8월 25일 인터넷에 접속해서 저작권을 반복적으로 침해하는 행위를 제한하기 위해 정부가 좀 더 강력한 조치를 취해야 한다는 방안이 공표되었다. 이에 대해 ISP들은 부정적인 반응을 보였다. 그들은 저작권 침해를 대처하는 방식은 강제적인 조치보다는 설득이 되어야 한다고 생각했다. 정부는, 기술적인 조치를 부과하도록 요구하기 이전에 제안되는 지연기간이 너무 긴 것으로 여겨졌다고 나중에 밝혔다. 영국출판협회는 「디지털 브리튼」 보고서에 대한 의견을 제출하면서 이런 방안이 차기 총선까지 ISP들과의 관계라는 이슈를 더욱 빠르게 정치화할 위험이 있다는 의견을 표명하고, OFCOM과 정부가 저작권 침해를 막기 위해 공동으로 대처할 것을 촉구했다.

창조 산업계와의 추가 협의와 출판협회의 또 다른 의견 제출이 있고 난 다음, 2009년 10월 28일에 총선 전인 2010년 4월까지 시행할 목적으로 「디지털 경제 법안Digital Economy Bill」의 독회가 있었다. 이 법안에는 '삼진 아웃' 조항이 들어 있어서 지속적인 위반자에 대해서는 인터넷 서비스를 중단시키게 될 것이었다. 이 법안의 다른 제안에는 고아저작물에 더 잘 접근하고 친구와 가족 사이의 파일 공유 가능성을 높이기 위한 것이 있다. 또한 정부가 저작권 거래에서 공정한 균형이 이루어지게 하기 위한 모델 계약을 만들고, 저작권 예외가 계약서 내에서 다루어지는 방식을 표준화할 것을 목표로 해야 한다는 제안이 들어 있다.

최종 법안은 2009년 11월 20일 발표되었으며 구글과 페이스북Facebook을 포함한 인터넷 회사 및 일부 저작자와 에이전트의 반대에 부딪쳤다. ISP들은 온라인 저작권 침해물을 링크한 가입자들에게 통고하고, 그렇게 통고한 기록을 유지할 책무를 져야 할 것이었다. 이때 이 기록은 요청에 따라 신원을 드러내지 않는 형태로 저작권 보유자가 이용할 수 있었다. 그런 다음 저작권자가 침해자에 대해 법적인 조처를 취하고자 한다면, 상세한 데이터에 접근하기 위해 법원 명령을 받아야 할 것이었다. 이 법안은 ISP 통고 절차가 실질적으로 침해 수준을 줄이지 못할 경우 OFCOM이 침해자의 인터넷 접속을 제한하거나 철회하는 기술적인 조처를 취하는 권한을 가질 것임을 확인했다.

또한 이 법안은 형사(민사가 아니라) 처벌이 가능해지는 저작권 피해액을 건당 5000파운드에서 5만 파운드로 인상할 것을 제안했다. 그리고 (당시 지적재산권 문제를 정부의 어느 부처가 담당하든지 간에) 담당 장관은 온라인 저작권 침해를 줄일 목적으로 「1988년 저작권, 디자인 및 특허 법」을 개정할 권한을 갖도록 했다. 해당 장관은 또한 고아저작물의 사용을 인가하는 허가 기관을 승인하기 위한 규정을 시행하고, 그에 대한 수수료를 별도 관리할 것을 요구하는 권한을 가질 것이었다. 이 법안은 또한 확대된 저작권 집중관리를 위한 조항을 만들었는데, 해당 장관이 권리자를 대신하여 저작의 사용을 인가하고 수수료를 징수할 기관을 허가함으로써 그렇게 할 수 있었으며, 다만 권리자의 분명한 거부 표현이 없어야 했다. 이런 새로운 단서들은 징수 기관들에 대한 행동 규약을 포함한 보호 조치들에 따르게 되어 있었다. 이 법안은 공공 대출권이 도서관 내에서 접속되는 디지털 저작물에만 미치도록 제안했다. 대여 요금은 당해 도서관에서 보관하는 각 부당 적용되며 다중 접속은 가능하지 않은 방식이었다. 이 법안은 의회가 총선을 위해 해산되기 직전인 2010년 4월 7일 통과되었지만 확대된 저작권 집중관리와 고아저작물에 관한 조항을 생략했다. 이후 침해하는 사이트를 차단하고 계속적인 침해자를 차단하는('3진 아웃') 논쟁적인 조처들이 의무화되지 않고 그 대신 ISP들이 자발적으로 행동을 취하도록 하자는 검토가 이루어졌다.

「디지털 경제 법안」에 바로 뒤이어 2009년 10월 기업혁신기술부에서 "저작권—앞으로 가야할 길: 디지털 시대 저작권 전략Copyright—The Way Ahead: A Strategy for Copyright in the Digital Age"이라는 제목의 보고서를 발표했다. 이는 영국에서 공정한 저작권 시스템을 구축하는 것에 대한 현 정부의 견해를 피력하고, 창조산업의 투자를 지원하며, 창작자에 대한 공정한 보상을 제공하고 소비자가 '합법적으로 구입된 저작권 저작물의 비상업적 사용'과 절판물 및 고아저작물에 대한 접근으로 혜택을 보게 하기 위한 것이다. 또한 정부는 교육자와 연구자들의 저작권 저작물 접근의 개선과 업계의 저작권 접근 시스템의 단순화를 모색했다. 이 보고서는 정부가 기술적인 변화에 제대로 적응하는 데 애로가 있음을 인식하고 있으며, 신기술의 잠재적인 이익이 저작권에 의해 제한을 받거나 저작권 시스템이 신기술에 의해 훼손되는 것을 원하지 않는다는 점을 강조했다. 창조 업계와 협의를 거친 이후 발표된 정부의 목표는 현재의 저작권 시스템을 개선하기 위한 작업을 진행하는 것이었다. 정부는 디지털 시대의 저작권 예외에 대해 범유럽적인 접근방법을 선호하며 저작권 계약이 저작권 예외를 반영하는 방식에 대한 가이드라인이 있어야 한다는 바람을 반복해서 피력했다. 또한 정부는 창작자의 권리와 출판사 같은 승인받은 사용자 사이에 공정한 균형을 달성하는 표준 계약과 계약 문구를 개발하기 위한 실무 그룹을 설치할 계획이었다. 정부는 EU 차원에서 저작권물의 상업적 이용과 비상업적 이용을 분명하게 구분하려 했으며 가족이나 친구 사이에서의 파일 공유에 대해 다시금 언급했다. 중소기업에 의한 저작권물의 '상업 이전 단계의 이용pre-commercial use'에 대한 제안이 논의되었다. 보고서는 고아저작물의 라이선싱을 촉진하려 한 초기 보고서들과 법안들이 분명히 한 것과 같이 저작권 집중관리의 확대 필요성을 반복해서 강조했다. 또한 이 보고서는 미국의 구글 합의안의 여파로 정부에 저작권 작품의 자발적인 등록 체제를 조사할 의도가 있음을 언급했다(제18장 참조). 특히 정부의 바람은 디지털 시대에 적합한 비즈니스 모델을 개발하면서 창조 산업을 지원하고 온라인 저작권 침해를 줄이는 기획들을 지원하겠다는 것이었다. 늘 그렇듯이 영국출판협회는 이 보고서에 대한 의견을 제출했다. 짧은 기간 동안에 저작권이 이렇게 철저히 검토를 받은 적은 별로 없었다.

데이비드 캐머런David Cameron 총리하의 영국 정부는 현재 형태로는 저작권이 혁신에 저해가 된다는 이유로 저작권 체제에 대한 검토 작업을 벌이겠다는 결의를 보였다. 총리실에 의하면 구글은 공정 이용 조항이 좀 더 자유로워지지 않으면 영국에서 회사를 출범시킬 수 없다는 입장이었다. 다음에 행해진 주요한 연구는 이언 하그리브스Ian Hargreaves 교수가 독자적으로 한 것이었는데, 그 결과는 2011년 5월 "디지털 기회: 지적 소유권과 성장 검토Digital Opportunity: A Review of Intellectual Property and Growth"라는 제목으로 발표되었다. 여러 가지 건의사항 중에는 다음과 같은 것이 들어 있다. 즉, 고아저작물의 확대된 저작권 집중관리를 포함한 입법, EU의 국가 간 라이선싱 체제 구축을 위한 활동 지원, 라이선싱을 촉진하기 위한 디지털 저작권 교환소 설치, 몇몇 저작권 예외(텍스트 마이닝과 데이터 마이닝, 사적 복제와 포맷 변경, 도서관의 보전을 목적으로 한 복제 패러디) 그리고 저작권 교육 및 시행을 위한 통합적인 전략과 영국 지적재산권 체제의 거버넌스 강화 등이다. 비록 이 보고서는 미국의 공정 이용 체제를 받아들일 것을 고려했지만, 미국 판례법에 기초한 개념을 유럽에 도입하는 것은 문제가 너무 많아 불가능하다고 생각되었다.

정부는 2011년 12월 14일부터 2012년 3월 21일까지 계속된 자문과정에 착수했다. 보고서에 수록된 건의사항들에 대해 관련 당사자들은 엇갈리는 반응을 보였다. 그들 중 다수는 보고서의 함의가 지적재산권 체제가 취약할수록 혁신과 성장에 더 도움이 된다는 것이라고 생각했다.

라이선싱을 촉진하기 위해 디지털 저작권 교환소를 설치하자는 건의와 실무 그룹의 설치가 이어졌고, 2012년 7월 31일 리처드 후퍼Richard Hooper와 로스 린치Ross Lynch는 독자적인 검토보고서인 「저작권 저작물: 디지털 시대의 저작권 라이선싱 간소화Copyright Works: Streamlining Copyright Licensing for the Digital Age」를 발간했다. 이 보고서는 그러한 교환소, 즉 이른바 저작권 허브의 실현 가능성을 검토했다. 교환소는 출판, 음악, 이미지, 오디오비주얼 부문을 위한 권리 소유자 데이터베이스에 접근함으로써 창조 산업을 대표하는 기관들의 네트워크를 연결시키는 포털로서 활동할 것이었다. 이 저작권 허브는 창조 산업의 각종 기관과 영국지적재산권청에서 15만 파운드의 예산을 지원받아 2013년 7월 출범했다. 이 허브는 고아저작물의 권리자를 열심히 찾는 이들에게 신뢰할 만한 정보원으로서 그리고 저작권 문제에 관한 교육 소스로서 추천할 만한 포털이 되고 있다(www.copyrighthub.co.uk).

2012년 11월에는 "지적재산권 진흥을 위한 정부의 역할The Role of Government in Promoting Intellectual Property"이라는 제목이 붙은 지적재산권에 관한 초당파적 의회 보고서가 발간되었다. 여기에 포함된 건의사항에는 다음과 같은 것들이 있다. 지적재산권 담당 장관은 지적재산권의 적극적인 옹호자가 되어야 하고 영국지적재산권청 내의 소규모 팀이 그의 활동을 지원해야 한다. 영국지적재산권청은 지적재산권을 재산권으로 다시 간주해야 한다. 영국지적재산권청의 저작권 정책 담당업무는 문화미디어스포츠부로 이관되어야 한다.

뒤를 이어 2012년 12월 20일 정부는 하그리브스 보고서와 그 이후의 자문에 응답하여 「저작권 현대화: 현대적이고 탄탄하며 유연한 틀Modernising Copyright: A Modern, Robust and Flexible Framework」이라는 보고서를 발표했다. 이 보고서에는 제안된 저작권 예외 목록이 수록되어 있고, 2013년 6월 이후 정부는 기술 검토에 착수하여 이런 예외를 실행하는 데 사용될 5개 행정명령의 초안 문구를 발표함으로써 관련 당사자들이 의견을 제시하게 했다. 제안된 예외는 사적 이용을 위한 개인적인 복제, 인용 목적의 공정한 처리, 패러디와 만화와 모방 작품, 장애인을 위한 접근(시각 장애자를 위한 초기 예외의 확장), 연구와 교육과 도서관과 박물관 및 아카이브를 위한 접근(텍스트 마이닝 및 데이터 마이닝 포함), 공공 행정과 관련되었다. 다수의 관련 당사자들은 상세한 의견서들을 제출했다. 행정명령의 최종 문구, 기술 검토 결과 및 설명서 초안은 2014년 3월 발표되었다. 모든 경우에 예외가 권리자가 작성한 계약 조항에 우선할 것이라는 조항이 있다. 국제출판협회와 국제 과학, 기술, 의학 출판협회(STM) 같은 다른 기관들이 의견을 제출했다. 연구와 교육과 도서관과 아카이브에 대한 행정명령, 장애인 및 공공 행정을 위한 접근은 2014년 6월 1일부터 효력이 발생했다. 사적 이용을 위한 개인적 복사, 인용 및 패러디를 위한 행정명령은 추가 논의를 위해 2014년 5월 철회되었고 시행은 2014년 10월로 예정되었다.

2013년 10월 1일 「2013년 기업 및 규제 개혁법Enterprise and Regulatory Reform Act 2013」이 공포되었다. 이 법에 따라 저작권 법안이 변경될 경우 2001년 EU 저작권 지침에 따라 조정되어야 한다. 이 법의 다른 관련 조항에 포함된 것은, 저작권 침해에 대한 형사 처벌 강화, 집중관리 단체들이 자발적으로 규제를 도입하지 않을 경우 법적 규제 도입, 집중관리 단체의 확대된 저작권 집중관리를 모색하는 조항(이에 따라 기존의 라이선스는 다수의 권리자가 단체에 위임할 경우 특정한 부문의 모든 권리자에 적용될 것이다) 그리고 신청자가 권리자를 열심히 찾았지만 실패하고 적정한 요금을 지불했다면 고아저작물을 사용할 수 있다는 것이다. 뒤를 이어 2014년 1월 10일 정부는 제안된 고아저작물 라이선싱 계획–2012년 EU 「고아저작물 지침」을 시행할–에 대한 기술적 자문 문서인 「저작권 저작물: 유실물 찾기Copyright Works: Seeking the Lost」를 발행했다.

이와 같은 실행과 동시에 지적재산권 법안 초안에 대한 토의가 진행되어 2014년 3월 제3독회가 있었다. 비록 이 법안은 대부분 디자인 권리에 집중되어 있기는 하지만, 영국지적재산권청이 혁신과 경제발전을 촉진하는 지적재산권의 효과에 대해 매년 보고서를 제출해야 한다는 제안이 들어 있다.

미국의 저작권 입법

미국의 경우 저작권법은 몇몇 주에서 개별적으로 남북전쟁(1775~1783) 이전에 제정되었다. 최초의 연방법은 「1790년 저작권법」으로 제정되었다. 그 이후 제정된 법은 「1873년 저작권법」, 「1891년 수정 체이스 법Chace Act」, 1912년, 1914년, 1919년에 수정된 「1909년 법」, 「1947년 법」, 1978년 1월 1일 효력이 발생한 「1976년 법」이다. 이 법은 레이건Ronald W. Reagan 대통령이 1988년 10월 31일 「베른협약 이행법Berne Convention Implementation Act」(BCIA)을 서명할 때 수정되었고, 최종적으로 미국은 1989년 3월 1일 베른협약에 가입할 수 있게 되었다 (이 장 앞의 "국제적인 저작권 협약들" 참조).

BCIA는 그때까지 미국의 국내 저작권 법안의 특성이 되어왔던 형식의 일부를 수정했는데, 특히 저작권을 유지하기 위해서는 저작권 표시가 저작물 내에 인쇄되어야 한다던 형식적인 요구사항과 의회 도서관에 납본하고 등록해야 한다는 요구사항을 수정했다. 하지만 미국 밖에서 처음 출판되고 유통 또는 라이선싱 계약을 통해 미국에서 출판된 저작물은 여전히 의회 도서관에 납본하도록 요구된다. 또한 미국의 저작물과 비베른협약 국가의 저작물은 미국에서 저작권 소송이 제기되려면 등록이 되어 있어야 한다는 것이 전제조건이다. 베른협약 회원국가의 저작물들이 미국 내에서 출판될 때도 여전히 등록을 해두는 것이 현명하다. 왜냐하면 이것이 저작권 침해를 당했을 때 법률적인 손해에 대해 저작권 소유자의 주장을 뒷받침할 것이기 때문이다.

미국에서 공유저작물이 된 일부 영국 타이틀의 저작권 보호에 관한 입장은 1996년 1월 1일 이래 변경되었다. 당시 미국은 GATT의 「1994년 우루과이 라운드 협정 이행법1994 Uruguay Round Agreements Act」(URAA) 제514조를 준수하기 위해 국내의 저작권법을 개정했다. 이는 오래된 영국 타이틀에 미국 권리를 허가받고자 하는 이들 또는 오래된 영국 타이틀이 미국의 공유저작물에 속하게 되었을 때 형식상의 절차 없이 등장한 판본을 적법하게 처리하는 것과 관련이 있을 수 있다. 이 개정으로 인해, 의회 도서관에 재등록하지 못하는 등의 절차상의 이유로 미국의 공유저작물이 되었으나 원산지에서 아직도 보호를 받고 있는 베른협약국 또는 WTO 회원국의 타이틀은 그것들이 공유저작물이 되지 않았더라면 부여받았을 미국에서의 잔여 보호기간을 획득하게 되었다. 이런 '회복된 저작권'에 대한 미국의 보호는 1997년 12월 31일까지는 미국저작권청에 집행 의도 통지Notice of Intent to Enforce를 함으로써 확보되었다. 이날 이후 출판사들은 공유저작물 지위를 근거로 저작물을 출판한 미국 출판사에 직접 통지할 수 있으며, 그런 다음 미국의 출판사는 기존의 재고를 12개월 안에 처분해야 한다.

2001년 9월 19일 미국 연방대법원에 제기된 골란 대 홀더Golan v. Holder 소송은 「우루과이 라운드 협정 이행법」 제514조를 적용하는 데 따른 합헌성이 문제가 되었다. 특히 공유저작물의 저작권 회복이 그런 저작물을 자유롭게 이용할 수 있게 하는 미국 수정헌법 제1조를 침해한다는 문제가 대두되었다. 2012년 6월 18일 대법원은 이 조항의 적용은 합법적이며 미국 헌법의 저작권 조항을 위반하지 않는다고 판결했다.

미국은 오랫동안 저작권 보호와 관련된 복잡한 시스템을 갖고 있었다. 1978년 1월 1일 이전에 출판된 저작물에 관해서는 최초 출판일로부터 28년의 저작권 보호기간이 적용되고 이후에 저작권 소유자가 의회 도서관에 재등록하면 두 번째로 28년간 보호되었다. 1978년 1월 1일 이후(「1976년 법」이 발효한 날짜) 출판된 저작물과 그 날짜 이전에 출판된 더 오래된 저작물에 대해 보호기간은 저자가 사망한 연도 말로부터 50년이었다. '업무상' 저작물은 최초 출판일로부터 75년간 보호되었다.

미국에서 새로운 저작물에 대한 현행 보호기간은 저자 사후 70년으로 현재 영국과 여타 EU 국가에서 시행하고 있는 보호기간과 보조를 맞추고, 그러한 시장에서 미국 저작물의 상호 보호를 보장하고 있다. 70년으로의 연장은 1988년 10월 27일 효력이 발생한 「소니 보노 저작권 기간 연장법Sonny Bono Copyright Term Extension Act」(「보노법」)의 결과였다. 그것은 비공식적으로 '미키마우스 보호법'이라고 불렸다. 그 이유는 디즈니 캐릭터가 공유저작물에 들어갈 위험에 처해 있을 때 효력이 발생했기 때문이다. 또한 이 법은 최초의 만료가 어찌되었든지 간에 저작물의 보호기간을 최초 발행일로부터 75년에서 95년으로, 창작일로부터 120년으로 연장했다. 보호기간이 이렇게 연장된 것이 미국 지적 재산권 산업, 특히 영화업계의 큰손들이 강력한 로비 활동을 전개한 결과임은 의문의 여지가 없다.

1978년 1월 1일 첫 번째 28년 보호기간에 속한 저작물의 보호기간이 최초 발행으로부터 총 95년으로 연장되었다. 두 번째 28년 기간에 속한 저작물의 보호도 1998년 10월 27일 자로 최초 발행으로부터 총 95년으로 연장되었다. 영국에서 「기간 시행지침Duration Directive」에 따라 저작권이 회복된 것과 달리, 미국에서 1997년 말 현재 공유저작물에 들어가 있는 저작물은 어떤 것이든지 간에 여전히 그런 상태에 머물 것이다. 미국에서 1923년 이전에 발행된 저작물은 모두 공유저작물에 속하도록 되어 있다.

초기의 법안은 미국의 저자나 상속인들이 원래의 저작권이 확보된 날짜로부터 56년이 지나고 이후 5년 동안 이전에 체결된 양도·양수 계약을 종료하는 것을 허용했다. 「보노법」은 추가로 5년 동안 그렇게 하는 것을 허용하며 이는 저작권이 최초로 확보된 날짜 이후 75년이 지나서 시작된다. 또한 상속인이 생존해 있지 않을 경우 집행자와 행정관이 이런 업무를 처리하도록 허락한다.

2002년 「보노법」의 유효성은 공유저작물에 특화되어 있는 웹사이트와 리프린트 출판사들의 연합이 제기한 소송(엘드리드 대 애시크로프트Eldred v. Ashcroft)을 통해 대법원에서 도전을 받았다. 고소인단을 대표한 사람은 스탠퍼드 대학교 법학교수이며 저작권 제한의 완화를 적극 옹호하는 로런스 레식Lawrence Lessig이었다(후술할 "반저작권 운동, 오픈 액세스 및 기타 이니셔티브" 참조). 이 고소인단은 미국 의회가 저작권 보호기간의 연장을 법규화할 권한이 없다고 주장했다. 하지만 2003년 1월 대법원은 이 법을 옹호하는 판결을 내렸다. 나중의 카알 대 곤잘레스Kahle v. Gonzales(이전에 카알 대 엘드리드Kahle v. Eldred) 소송에서 인터넷 아카이브를 대표하는 고소인들은 「1992년 저작권 갱신법Copyright Renewal Act of 1992」(이는 1964년과 1977년 사이에 창조된 저작물의 저작권 갱신 요구사항을 제거한 것이다)에 이의를 제기하고자 로런스 레식의 지원을 요청했다. 또한 그들은 「1988년 보노법」이 저작권에 관한 미국 헌법의 '제한된 시간'이라는 제약을 위반했고, 공유저작물로 진입하는 저작물의 숫자를 줄였으며, 권리자를 찾을 수 없는 다수의 오래된 고아저작물의 사용에 장벽을 세웠다고 주장했다. 그들은 저작권 청구인들을 위해 '사전 동의에 의한opt-in' 저작권 등록제를 취해야 한다고 했다. 미국 연방 제9순회항소법원은 이를 기각하면서 이전의 엘드리드 대 애시크로프트 사례를 인용했다.

미국은 1998년 10월 28일부터 「디지털 밀레니엄 저작권법」의 일부로서 국내 저작권법을 대폭 갱신한 「1998년 WIPO 저작권/실연/음반 조약 이행법WIPO Copyright and Performances and Phonograms Implementation Act 1998」(「WIPO법」)을 도입했다. 특히 이 법은 WIPO 저작권 조약 제11조와 WIPO 실연/음반 조약의 제18조를 시행한다(앞의 "국제적인 저작권 협약들" 참조). 이는 저작권 저작물을 보호하기 위한 기술적인 장치들을 교묘히 피해나가는 것을 방지할 필요성을 인정함으로써 미국 저작권 법안에 새로운 조항을 추가했다. 하지만 그것은 데이터베이스에 추가적인 보호를 제공하지 않았으며, 이것이 제안된 법안이 저항에 부딪친 지점이다. 또한 '최초 판매first sale' 원칙(저작권자는 첫 판매의 권한은 가지고 있으나 재판매를 막을 권한은 없다—옮긴이)이 저작권 저작물에 대한 경쟁적인 판본들의 병행수입을 금지하려다가 저작권 소유자의 권리를 말소한다는 대법원의 판단을 뒤엎는 입법 제안은 포함되어 있지 않다. 「디지털 밀레니엄 저작권법」의 또 다른 관련 조항인 「온라인 저작권 침해 책임법Online Copyright Infringement Liability Act」은, 특정한 환경에서 저작권 침해의 책임을 제한함으로써 인터넷 서비스 제공자에게 '피난처'를 제공한다. 그들은 반복적으로 저작권을 침해하는 가입자의 접근을 차단해야 하며, 저작권 소유자가 사용하는 보호 조치를 방해해서는 안 된다. 「디지털 밀레니엄 저작권법」의 도입으로 미국은 WIPO 조약들을 비준할 수 있게 되었다. 미국의 저작권 법안에는 예술저작물을 제외하고는 저작인격권이 기술되어 있지 않다. 예술저작물을 제외한 경우의 저작인격권은 「랜험법Lanham Act」 제43(a)조가 대신한다.

고아저작물은 국제적, 다국적, 국가적 수준에서 지속적으로 이슈가 되었으며 미국저작권청이 2006년 1월 이 문제에 대한 보고서를 발표했다. 보고서는 다음과 같은 구체적인 조처를 취하기 위해 「디지털 밀레니엄 저작권법」의 개정을 제안했다. 즉, 만약 저작권 저작물의 사용 희망자가 저작권 보유자를 찾기 위해 합리적으로 성심껏 노력을 기울였는데도 찾는 데 성공하지 못했다면, 사용자는 소유자가 나중에 나타났을 경우 소유자에게 지불할 수 있는 보상의 한도 내에서 저작물을 사용해야 한다는 것이다. 「고아저작물법Orphan Works Act」은 2006년 5월 의회에 제안되었으며 논란이 있었지만 최종적으로 2008년 9월에 통과되었다.

큰 논란이 일어난 것은 2011년 10월 26일 의회에 제출된 「온라인 저작권 침해 금지법Stop Online Piracy Act」(SOPA)과 자매 법안으로 상원에 제출될 「지적재산권 보호법Protect Intellectual Property Act」(PIPA) 때문이었다. 영화사, 음반사 및 제약회사들과 여타 제조업체들이 이 두 법을 지원했다. 이 법들은 미국 법무부가 관할지역 밖에서 침해하는 사이트들을 폐쇄하는 조처를 취하고, 신용카드 회사 및 광고 네트워크 같은 중계자들이 저작권을 침해하는 온라인 사이트들과의 거래를 중단하게 하며, 인터넷 서비스 제공업체들에게 그런 사이트들의 도메인 이름을 차단하도록 요구할 수 있게 하고자 했다. 불법 스트리밍은 최대 5년의 징역형에 처할 수 있도록 요구했다. 이에 대해 인터넷 서비스 제공자들과 검색엔진, 소셜 미디어 사이트, 기술 분야 투자자들 및 디지털 활동가들은 반대했다. 그들의 주장은 이런 조항들이 「디지털 밀레니엄 저작권법」하에 부여된 피난처를 우회하며 언론의 자유를 제한하고 인터넷 아키텍처를 혼란에 빠뜨린다는 것이다. 2012년 1월 18일 영어 위키피디아Wikipedia 사이트, 구글 및 약 7000개의 소형 웹사이트들이 항의를 위해 상호 조정하여 24시간 동안 서비스를 중단했다. 위키피디아의 블랙 스크린에는 "자유로운 지식 없는 세상을 상상해보라"라는 배너가 올려졌다. 구글은 700만 명의 서명을 받아 청원서를 제출하기도 했다. 2012년 1월 19일부터, 이 법안과 아울러 바로 그날 법무부가 메가업로드 사이트를 폐쇄한 데 대한 항의로 친 SOPA 기관들의 웹사이트에 대한 몇 차례 공격이 있었다. 2012년 1월 20일 SOPA는 '해결을 위한 광범위한 합의가 이루어질 때까지' 보류되었다.

미국의 저작권 법안 개혁은 여전히 중요한 쟁점이다. 2013년 3월 26일 마리아 팔란테Maria Pallante 현 미국 저작권청장은 하원에 출석하여 이 법안을 철저히 점검해야 한다고 주장했다. 이 책을 쓰고 있는 시점에 하원의 '법원, 지적재산, 인터넷 소위원회'는 공정 이용과 「디지털 밀레니엄 저작권법」에 대한 청문회를 개최했지만 저작권의 대폭적인 개혁은 복잡다단한 문제이며 2015년 이전에 실시될 가능성은 없다.

반저작권 운동, 오픈 액세스 및 기타 이니셔티브

저작권 개념이 언제나 전폭적인 지지를 받는 것은 아니다. 심지어 저자로부터도 그렇다. 마크 트웨인은 한때 다음과 같이 토로했다. "신에게 오직 한 가지 불가능한 일은 지상의 저작권법에서 어떤 의미를 찾는 것이다." 그는 여기에 덧붙여 "저작권법이 만들어지거나 변경될 때는 언제나 바보들이 모여든다"라고 말하기도 했다. 1세기가 지난 다음 MIT 미디어랩MIT MediaLab의 창립 이사인 니컬러스 네그로폰테Nicholas Negroponte는 그가 1995년 저술한 『디지털이다Being Digital』에서 다음과 같이 언급했다. "저작권법은 완전히 시대착오적이다. 그것은 구텐베르크의 유물이다. 그것은 반동적 과정이기 때문에 바로 잡히기 전에 완전히 붕괴될 가능성이 있다." 논란은 인터넷이 콘텐츠 접근에 대한 소비자의 관점에 막대한 영향을 미치는 시대 내내 지속되었다.

그래서 저작권은 전성기를 맞이했는가? 출판사들은 저작권이 공중의 이익에 이바지하고 창의력을 자극하며 '정신 활동'의 결과인 최종 생산물의 개발, 생산, 홍보, 배송에 대한 투자를 장려하도록 의도되었다는 점에서 필수적이라고 주장할 것이다. 그러나 우리 모두가 그렇게 말하는 것은 그렇게 믿기 때문인가 아니면 기존의 것을 필사적으로 정당화하고자 함인가? 저작권은 때에 따라서 '보상 문화'라고 언급되어왔지만 저작권 법안도 창조적인 산업도 정체 상태에 머물 수 없다. 양쪽 다 우리 주변의 변화하는 세계에 대응하고, 빠르게 발전하면서 공중 특히 젊은 세대가 풍성한 콘텐츠-그 특성이 인쇄 기반이든지, 비주얼이든지, 오디오 또는 오디오비주얼이든지 간에-에 즉각적으로(그리고 되도록 무료로) 접근할 수 있기를 바라게 하는 기술에 대응해야 한다. 출판사들은 독자의 니즈를 인식해야 하고 그들의 재정적인 보상에 대한 정당화로서 콘텐츠에 가치를 부여하는 데 집중해야 한다. 저작권은 장애물로 인식되거나 정부가 부과한 예외나 강제허락에 구속되기보다는 자발적인 라이선싱을 통해 이용을 촉진하는 제도가 되는 것이 분명히 더 바람직하다.

저작권과 지금껏 자신의 사업을 지탱하기 위해 그에 의존해온 창조 산업계에 어떤 도전이 제기되고 있는가? 도전은 각 방면에서 수많은 형태로 닥쳐오고 있다. 가장 극단적인 것은 저작권을 완전히 폐지해야 한다는 주장을 펴는 집단이다. 비록 음악 산업(아마도 최근에 P2P 파일 공유와 같은 기획으로부터 가장 두드러진 공격을 받아왔을 창조 산업)이 뒤늦게나마 사업 침해에 대해 반격을 가해 점차 성공을 거두고 있다고 해도 말이다. 또한 저작권을 받아들이면서도 콘텐츠를 어떤 조건하에서 무료로 이용할 수 있게 하자는 운동이 있다.

카피레프트

카피레프트copyleft(지적 창작물에 대한 사용, 수정, 재생산의 권리를 모든 사람이 공유할 수 있도록 하는 것-옮긴이) 운동은 소프트웨어, 문서, 음악 및 예술에 적용될 수 있는 일군의 라이선스를 망라한다. 친숙한 저작권 상징을 역전시켜서 사용하는 카피레프트는, 저작물의 복제물이나 2차적 저작물을 받은 사람이 그것을 사용하거나 수정하거나 재배포할 수 있으며, 발생하는 모든 복제물이나 개작물이 동일한 제약에 묶여 있고 이것이 상업적인 목적으로 소유물을 개발하려고 모색하는 사용자의 의욕을 꺾고 있다는 철학을 지지한다. 여기서 카피레프트는 저작권의 전통적인 개념과 정반대되는 것을 나타낸다.

이 운동은 컴퓨터 프로그래머인 리처드 스톨먼Richard Stallman이 1980년대에 최초의 카피레프트 라이선스인, 소프트웨어를 위한 GNU 일반 공중 사용허가서GNU General Public Licence(GPL)를 만들면서 탄생했다. 카피레프트 라이선스는 저작권을 무시하지 않는다. 카피레프트 조건으로 자기의 저작물을 이용하게 하기를 원하는 창작자는 먼저 저작권자 지위를 획득하고 저작권을 타인에게 맡기거나 양도해야 한다. 카피레프트 라이선스를 허용함으로써 그들은 관련 저작물의 배포를 통제하기 위한 기본 권리를 포함하여 통상적으로 저작권에 따르는 권리의 일부를 의도적으로 포기한다. 많은 사람에게 카피레프트는 저작권이 콘텐츠의 배포에 부과하는 전통적인 제한을 뒤엎어 저작권의 이용을 촉진한다. 그리고 그것은 지적재산권에 대한 현재의 정치적, 이념적 토론에서 한 축을 담당해왔다. 카피레프트 라이선스는 때에 따라서 바이러스성 라이선스로 언급되는데, 그 이유는 카피레프트 저작물로부터 연유한 저작물은 무엇이든지 그 자체로 카피레프트가 되어야 하기 때문이다. 카피레프트는 그 근원이 소프트웨어 업계에 있지만 크리에이티브 커먼즈 라이선스에 특히 영감을 주었다. 카피레프트에 대한 추가 정보는 www.gnu.org/copyleft에서 찾아볼 수 있다.

크리에이티브 커먼즈

크리에이티브 커먼즈Creative Commons(CC)는 철저한 반저작권 운동은 아니다. 그것은 미국의 학술 공동체 내에서 유래한 모델로서, 그 목적은 아이디어와 자료를 풍부히 하고 창작자가 특정한 여건하에서 그들의 저작물이 무료로 사용될 수 있게 허용하는 것이다. 그것은 자유 소프트웨어 재단Free Software Foundation의 GNU 일반 공중 사용허가서로부터 영감을 얻은 것이다. 이 운동이 주장하는 바는 '크리에이티브 커먼즈는 저작권 시스템 내에서 작동하며 창작성에 대한 장벽을 줄여준다'는 것이다. 이 운동은 2001년 '공유저작물을 위한 센터Center for Public Domain'의 지원을 받아 로런스 레식과 여러 사람들이 처음으로 확립했다. 본부는 현재 캘리포니아의 마운틴 뷰Mountain View에 자리 잡고 있다. 레식은 CC의 목적이 창조자가 어떤 권리를 통제할지를 결정할 수 있게 하고, 저작권의 극단적인 견해—모든 권리는 통제되어야 한다는 주장과 모든 것이 자유 이용이어야 한다고 하는 다른 주장—들 사이의 중간 지대를 창조할 수 있도록 하는 것이라고 썼다. 여섯 개의 공통적으로 사용되는 라이선스 모델이 있는데 적용 대상은 어문저작물, 음악, 사진, 영화 및 웹사이트이지만 컴퓨터 소프트웨어는 아니다. 라이선스의 범위로부터 조건을 '짜맞추는' 기능이 있다. 라이선스는 원래 미국 법에 기초하지만 70개 이상의 사법 관할지역에서 이용 가능하다. 영국판은 이용 가능한 상태다(www.creativecommons.org). 또한 CC는 이미 공유저작물에 속하는 저작물을 식별하기 위한 도구인 공유저작물 마크를 가지고 있다.

여섯 개의 공통적으로 사용되는 라이선스는 다음과 같다.

① 저작자 표시(BY): 라이선시는 저작물을 복제, 배포, 전시, 공연할 수 있으며 2차적 저작물을 만들 수 있다.
② 저작자 표시-변경 금지(BY-ND): 라이선시는 원저작물 그대로의 복제물만 복제, 배포, 전시, 공연할 수 있다.
③ 동일조건 변경 허락(SA): 라이선시는 원저작물에 적용되는 라이선스와 동일한 라이선스하에서만 2차적 저작물을 배포할 수 있다.
④ 저작자 표시-동일조건 변경 허락(BY-SA): 라이선시는 재료를 복제하고 배포할 수 있으며 또한 어떤 목적을 위해 그것을 개작할 수 있다.
⑤ 저작자 표시, 비영리, 변경금지(BY-NC-ND): 라이선시는 어떤 매체 또는 어떤 형태로든 재료를 복제하고 재배포할 수 있지만 상업 목적으로 사용할 수 없으며 2차적 저작물을 생산할 수 없다.
⑥ 저작자 표시, 비영리, 동일조건 변경 허락(BY-NC-SA): 라이선시는 재료

를 복제하고 배포할 수 있지만 상업적 목적으로 사용해서는 안 된다. 2차적 저작물은 원래의 라이선스와 동일한 조건으로만 생산되고 사용될 수 있다.

개발도상국의 사용을 위한 차원에서 마련되어 논란을 일으켰던 한 CC 라이선스는 2004년에 '퇴역했다'. 모든 CC 라이선스는 원래의 창조자에 대한 저작자 표시를 요구하며 라이선시는 어떤 CC 라이선스를 사용하는지 명확하게 밝혀야 한다. 학술 연구에 자금을 대고 연구물이 오픈 액세스(뒤의 "오픈 액세스 운동" 참조) 조건하에서 출판될 것을 요구하는 다수의 과학연구 재단들은 연구자들에게 CC 저작자 표시(BY) 라이선스를 사용할 것을 요구한다.

CC 라이선스의 사용은 복잡한 형식적 절차 없이 저작물을 진정으로 가능한 한 광범위하게 공유하고자 하는 사람들에게 유익을 준다고 할 수 있지만 창작에 대한 인정을 일정 부분 유지하고 있다. 결과적으로 "모든 저작권 보유All rights reserved"에 대한 반대로서 "일부 저작권 보유Some rights reserved"라는 슬로건이 사용된다. 하지만 부정적인 측면도 있다. 즉, 창작자는 저작물을 사용하는 사람들로부터 피드백을 받지 못할 것이다. 그리고 콘텐츠가 2차적 저작물을 포함한 저작물의 사용을 허용하는 라이선스 형태하에 있다면 원창작자의 저작인격권에 대한 어떠한 보호도 없을 것이다. 그래서 저작물이 법적 조치의 대상이 될 수도 있는 2차적 저작물의 일부로서 사용된다 해도 시정할 도리가 없다. CC 라이선스는 저작권의 전 기간 동안 인정될 수 있다. 이것은 제3자가 그 기간 내내 저작물을 사용하면서 원창작자의 평판에 문제를 일으킬 수도 있음을 의미한다. 또한 CC 라이선스의 인정은 창작자가 동일한 재료를 가지고 나중에 배타적인 상업적 라이선스를 허용하는 것을 불가능하게 할 것이다.

현재 하버드 대학교 법학 교수이며 CC의 설립자이고 이사인 로런스 레식은 자신이 설파한 것의 실천 사례로 다음과 같은 책을 포함하여 다수의 책을 출간했다. 『아이디어의 미래The Future of Ideas』, 『자유 문화: 대형 미디어는 어떻게 문화와 창조성을 제한하기 위해 기술과 법률을 사용하는가Free Culture: How Big

Media Uses Technology and the Law to Lock Down Culture and Creativity』, 『코드: 버전 2.0Code: Version 2.0』과 『리믹스: 하이브리드 경제에서 예술과 문화를 번창하게 만들기Remix: Making Art and Culture Thrive in a Hybrid Economy』. 이런 책들은 전통적인 상업 출판 형태뿐만 아니라 여러 형태의 CC 라이선스를 통해 이용 가능하다.

오픈 액세스 운동

최근 수년 동안 학술 출판사들, 특히 과학, 기술, 의학scientific, technical and medical(STM) 저널 출판사들이 보인 핵심적인 관심 대상은 오픈 액세스Open Access (OA) 운동이다. 이 운동은 1980년대의 오픈 아카이브Open Archives 운동에서 성장했으며 아직도 학자, 사서, 대학 행정가, 정부 관료 및 학술 출판사와 상업 저널 출판사 사이에 논란이 많은 주제이다. 오픈 액세스에 관한 초기 정의는 '부다페스트 오픈 액세스 이니셔티브Budapest OA Initiative'의 결과로 나왔다. 이 이니셔티브는 2001년 12월 1~2일간 오픈 소사이어티 인스티튜트Open Society Institute가 소집한 콘퍼런스에서 발의한 것이며 오픈 액세스를 다음과 같이 기술했다. "이러한 문헌들에 대한 오픈 액세스는, 공공 인터넷을 자유롭게 이용하여 사용자들이 누구나 논문 전체를 읽고 내려받고 복사하고 배포하고 인쇄하고 검색하거나 링크할 수 있으며, 색인 작업을 위해 그것들을 긁어오고, 소프트웨어에 대한 데이터로서 넘기거나 여타의 합법적인 목적을 위해 사용할 수 있게 하는 것을 말하며, 인터넷 자체에 접근하는 데 필요불가결한 것을 제외하고는 금전적, 법적 또는 기술적 장애를 받지 않는 것을 말한다. 이런 영역에서 복제와 배포에 대한 유일한 제한과 저작권의 유일한 역할은 저자에게 그들의 저작물의 동일성에 대한 통제권과 적절하게 인정받고 인용될 수 있는 권리를 주는 것이어야 한다." 영국의 합동정보시스템위원회Joint Information System Committee (JISC)는 오픈 액세스에 대해 다음과 같은 정의를 제공했다. "오픈 액세스는 저널 논문의 전문이 다른 연구 정보와 함께 …… 온라인상에서 자유스럽게 이용될 수 있을 때 발생한다. 오픈 액세스를 달성하는 한 가지 방법은 자유롭게 접속할 수 있는 디지털 저장소에 보고서나 데이터를 보관하는 연구자들에게 기대고 있다." 주목해야 할 점은 이 정의가 위에서 언급한 카피레프트와 크리에이티브 커먼즈의 철학과는 달리 자유로운 접근을 말할 뿐 자유로운 재사용을 말하지는 않는다는 것이다.

저작권에는 여전히 핵심적으로 중요하고 오픈 액세스 환경에 할당될 수 없는 측면이 있다. 위에서 대강을 밝힌 바와 같이 저작권은 과학연구 논문의 저자인 학자들이 학술 발전에 핵심적으로 요구되는 저작물의 저자로 신임을 받는 데 매우 중요하다. 또한 학자들은 자기 저작의 내용상 동일성의 측면에서 저작인격권을 보존하는 데 관심이 있다. 저작물의 출처와 신뢰성은 독자들에게도 매우 중요하다. 추가적인 저작권 이슈는 누가 실제적으로 저작물의 저작권을 소유하느냐이다. 최근 수 년 동안의 추세를 보면 학술 기관이 피고용자가 정상적인 업무의 일환으로 만들어낸 저작물의 소유권을 주장하는 움직임이 있다. 특히 대학 시설의 사용이 관련될 경우 그렇다. 한편, 연구 기관의 자금 모금 조항은 오픈 액세스 논란에서 핵심적인 이슈가 되고 있다.

지금까지 어떠한 진전이 있었는가? 이 운동은 2000년에 본격적으로 시작되었다. 당시 미국의 한 오픈 액세스 옹호 그룹은 공공 과학 도서관Public Library of Science이라는 이름으로 전자 공개서한을 발송하여 과학 출판사들에게 모든 연구논문을 그것이 그들의 저널에서 최초 발표된 이후 6개월 내에 무료로 공공 온라인 아카이브에 넘겨줄 것을 촉구했다. 이런 이니셔티브는, 저널들에서 나오는 재료에의 접근을 확실하게 하고자 국립 생명공학 센터National Center for Bio-technology가 세우고 연구논문 전문을 무료로 찾아볼 수 있는 전자 아카이브 펍메드 센트럴PubMed Central이 지지부진한 데 대한 반응이었다. 2만 9000명의 학자들이 서명한 호소문에 의하면, 서명자들은 이런 요구에 부응하지 않는 출판사의 저널을 위해 글을 쓰지 않을 것이며 편집위원으로 일하거나 구매하지 않을 것이라고 했다. 이런 이니셔티브가 상업적인 출판사와 저널로부터의 수입에 의존하는 학회들로부터 저항에 부딪친 것은 놀랄 일이 아니다. 양측은 저널의 유료 수입이 감소하고 연구자들이 재래의 출판 과정을 전면적으로 우회하는 방안을 모색하여 저작물을 직접 온라인상에 맡기게 될 것으로 예상했다.

이에 반대하는 출판사들의 주장은 전문가 검토를 통해 제공하는 부가가치, 최고 품질의 재료 선택, 정평이 나 있는 저널 브랜드하에서의 출판, 그들이 투자한 배송과 검색 시설이 모두 저널 운영을 통해 나오는 수익의 일부를 가져가는 데 대한 정당성을 갖게 한다는 것이었다.

이런 주장에도 불구하고 몇몇 과학, 기술, 의학(STM) 출판사들은 어떤 경우에는 '저자 지불author-pays' 방식—개별 저자, 연구 펀딩 기관 또는 학술 기관이 출판사를 대신하여 논문 출판에 소요되는 비용을 지불하는—을 기반으로 오픈 액세스 출판 모델을 가동했다. 이렇게 되면 논문들은 온라인에서 자유롭게 이용할 수 있다. 비용 지불은 저자가 경제적으로 어렵거나, 특히 저자가 개도국 출신이면 종종 보류되었다. 어떤 저널은 전적으로 오픈 액세스 기반으로 구축된 반면, 어떤 논문은 전통적으로 출판하고 어떤 논문은 저자 지불을 기반으로 하면서 복합 모델을 취하는 저널도 있다. 또한 콘텐츠를 무료 또는 최저 비용으로 제공하는 이니셔티브들이 있다. 가령 세계보건기구 프로그램인 히나리HINARI와 같은 프로젝트가 그런 것이다. 이 프로젝트는 생물학 분야에서 1만 3000종의 저널과 2만 8000종의 전자책을 100개 이상의 개도국이 이용할 수 있도록 한다. 또한 UN의 식량농업기구가 추진하는 아고라AGORA는 농업, 식량, 영양학 분야의 저널 3500종과 전자책 3300종을 116개국이 이용할 수 있게 하고 있다.

논란은 2003년까지 열기를 더해 오픈 액세스 지지자들은 전통적인 유료구독 기반의 출판이 접근을 제약한다는 주장을 폈다. 그들은 지식은 자유롭게 이용할 수 있어야 한다는 도덕적 주장과 학술 도서관 예산이 점차 늘어나고 있다는(주요 12개 출판사가 발간하는 저널에 대한 도서관 구독료가 2000년 이래 50%까지 상승) 경제적 주장, 그리고 결과적으로 납세자들이 과학연구에 돈을 대기 때문에 그런 연구에 자유롭게 접근할 수 있는 자격이 있다는 정치적 주장을 폈다.

그해 말까지 영국 의회는 과학 출판물에 대한 과학기술선별조사위원회를 설치하여 과학 공동체 내에서 저널의 가격과 이용 가능성 그리고 오픈 액세스가 문제의 해결책인지 여부를 집중적으로 다루게 했다. 이해 당사자들이 준비한 의견이 제출되었으며, 주요한 저널 출판사들, 학술협회 출판사들, 사서들, 학자들, 연구 펀딩 기구들 및 오픈 액세스 지지자들이 조사에 대한 증거를 제출했다. 유료구독 모델 대 저자 지불 모델에 대한 상세한 논의가 있었다. 출판사들은 편집 독립을 보장하는 것으로서 전자를 지지하고 저자 지불 모델은 품질을 저하시킨다고 주장했다. 또한 누가(학술 저자, 학술 기관 또는 학술 연구작업에 자금을 대는 제약회사) 지불해야 할 것인가에 대한 문제가 검토되었다. 그리고 저자 지불 모델 방식의 비용 조달이 편집 독립에 미칠 영향이 검토되었다.

2004년 7월 발행된 선별위원회의 보고서인 「과학 출판: 모두에게 무료로 제공?Scientific Publishing: Free for All?」은 오픈 액세스의 원칙에 명시적이지는 않아도 묵시적인 지지를 보내는 것으로 보였으며 저자 지불 모델의 추가적인 실험을 지지했다. 하지만 보고서는 정부 기관이 자금을 댄 학계의 작업물을 오픈 액세스 저널에 강제로 싣는 것을 촉구하지 않았으며, 그 대신 그런 작업물이 기관의 보관소에 맡겨져야 한다고 제안했다. 이 보고서의 여파로 무역산업부는 분명하게 출판업계를 지지하게 되었고 정부가 단호하게 거부한 저자 지불 모델을 실험하기 위한 법률적 지원이나 자금 지원을 하게 되었다. 이런 상황에서도 2009년까지 오픈 액세스 저널의 숫자는 계속해서 증가했다. 그때까지 완전히 오픈 액세스인 저널이 약 3500개가 있었지만 바이오메드 센트럴BioMed Central과 공공 과학 도서관에 포함된 것들을 제외하면 일류 저널은 상대적으로 얼마 되지 않았다.

2009년 1월 영국 합동정보시스템위원회(JISC)는 「대안 학술 출판 모델의 경제적 함의: 비용과 편익 탐구Economic Implications of Alternative Scholarly Publishing Models: Exploring the Costs and Benefits」라는 보고서를 발간했다. 이 보고서는 오픈 액세스를 가장 비용 효율이 높은 모델로 지지하면서 저널에서 책 출판에까지 확장하도록 권장했다. 영국출판협회가 발표한 논평은 이 보고서가 출판사들의 기여를 최소화하고 오픈 액세스 환경에서 출판사들이 부가하는 가치에 대해 지불하는 자금이 불충분하다는 것을 지적한다.

2009년 5월 20일 국제출판협회International Publishers Association(IPA), 국제 과학, 기

술, 의학 출판협회International Association of Scientific, Technical and Medical Publishers(STM), 국제도서관협회연맹International Federation of Library Associations and Institutions(IFLA)은 공동 성명서를 발표하여 오픈 액세스에 관해 좀 더 합리적이고 증거에 기초한 토론을 벌일 것을 요구했다. 이 성명서에서는 서로 다른 학제와 출판 전통이 상이한 접근방법과 모델을 유발할 것이 틀림없다는 사실을 널리 알리는 한편, 새로운 비즈니스 모델을 시험적으로 추진할 것을 권장했다.

영국에서 가장 중요한 요인은 웰컴 재단Wellcome Foundation 같은 펀딩 기관들이 취한 조처였다. 이 기관은 CC 저작자 표시 라이선스(BY)에 따라 자신들이 자금을 댄 연구는 오픈 액세스를 기준으로 이용할 수 있어야 한다고 요구했다. 이 책을 쓰고 있는 시점에 다음과 같은 두 개의 오픈 액세스 모델에 논의가 집중되고 있다.

① 그린 오픈 액세스Green OA는 저자가 자신의 웹사이트 또는 (좀 더 통상적으로) 기관의 보관소에 스스로 수록하는 것에 중심을 둔다. 다수의 대학교는 교수들이 이에 따르도록 요구한다. 다수의 저널 출판사는 이런 식으로 수록되는 논문은 출판 이전 판, 즉 출판사가 편집 과정을 거치기 이전의 것이어야 한다고 명기한다. 출판된 판본은 정해진 기간 동안(통상 6개월 또는 12개월) 유료로 이용한 후 오픈 액세스 상태가 된다. 그래서 이 오픈 액세스 버전은 지속적인 유료구독 모델에 의존한다.
② 골드 오픈 액세스Gold OA는 독자들이 자유롭게 접근할 수 있는 저널 속의 논문을 포함한다. 이런 경우 출판 비용은 제출 요금—비록 논문이 출판용으로 받아들여지지 않을지라도 지불 가능한—과 논문 처리 비용으로 나누어질 '저자 지불' 형태로 부담된다. 실제로 이런 비용은 저자의 학술 기관이 지불하거나 또는 연구 지원비로 충당된다.

골드 모델의 채택은 증가해왔다. 주요 저널 출판사인 엘스비어Elsevier, 와일리 블랙웰Wiley Blackwell, 스프링어Springer는 일부 오픈 액세스 저널과 아울러 전통적인 유료구독 기반 저널 및 몇몇 혼합 모델을 제공한다. 현재 스프링어는 300개의 오픈 액세스 저널을 제공하고 있다. 엘스비어는 40개를 제공하고 있는데 그중 어떤 것은 완전히 오픈 액세스이거나 혼합 모델이다. 탁월한 오픈 액세스 저널 중에는 ≪브리티시 메디컬 저널British Medical Journal≫이 있다. 이 저널은 요약본 판매를 통해 이 이니셔티브를 후원했다. 이와 대조적으로 ≪사이언스Science≫와 ≪뉴잉글랜드 저널 오브 메디신New England Journal of Medicine≫과 같은 저널은 오픈 액세스 방식을 제공하지 않는다.

완전히 오픈 액세스 방식인 저널 가운데 인기 있는 것에는 플로스 원PLoS ONE(공공 과학 도서관이 발행하는), 이라이프ELife, 피어제이PeerJ 그리고 바이오메드 센트럴이 발간하는 약 250개의 저널이 있다. 이런 저널에서 좋은 논문을 가려내기 위한 전문가 검토 시스템이 전통적인 저널이 채택한 것보다 신속성과 투명성이 훨씬 높다는 주장이 있다. 어떤 오픈 액세스 저널은 논문 자체와 더불어 전문가 검토 의견을 발행한다. 비록 좀 더 새로운 오픈 액세스 저널에 실린 논문이 인용이 더 많이 되는 결과를 내고 있다는 주장이 있다고 할지라도 대부분의 연구자들이 여전히 자기들의 학술적인 평판을 높인다는 면에서 오래된 기존의 주요 저널을 선호하리라는 것은 분명하다.

오픈 액세스와 관련해서 제기된 문제 중에서 우려를 낳고 있는 것은 골드 '저자 지불' 모델이 출판이 채택된 콘텐츠의 품질에 영향을 미치지 않을까 하는 것이다. 또한 주요 자금 제공 기관이 선호하는 주제가 저널을 지배하게 되지 않을까 하는 우려가 있다. 왜냐하면 그런 저널들이 보조금을 받고 인문사회과학 주제보다 STM 콘텐츠를 선호할 가능성이 높아지기 때문이다. 또 다른 우려는 만약 논문 처리 비용이 외부 자금 제공 기관이 아니라 저자의 학술 기관으로부터 제공된다면 대학 행정 당국자들이 자기들 기관이 출판한 저작물에 대한 통제를 할 수 있고 이에 따라서 학계의 출판 자유에 악영향을 끼칠 수 있다는 것이다.

영국에서 매우 중요한 진전 사항은 데임 재닛 핀치Dame Janet Finch가 2012년 6월 18일 발행한 「접근성, 지속성, 우수성: 연구 출판물 접근 확장 방법Accessibility, Sustainability, Excellence: How to Expand Access to Research Publication」에 나타나 있다. 이 보고서는 더 많은 사람들이 연구물을 이용할 수 있고 오픈 액세스 발전을 가속화하기 위한 균형 잡힌 활동 프로그램을 건의했다. 이 보고서는 골드 모델과 그린 모델 모두를 지원하는 체계를 건의하면서도 일반적으로 골드 모델을 지지했으며 또한 보관소의 인프라 개선을 건의했다. 2012년 7월 16일 영국 정부는 이러한 건의사항들을 받아들이기로 했다고 확인했다. 정부는 영국 자금 제공 기관들과 연구위원회가 대학, 연구소, 연구자 및 출판사와 협의하에 이를 시행할 것이라고 기대했다.

뒤이어 영국연구위원회Research Councils UK는 2013년 4월 1일까지 출판을 신청한 모든 자금 지원을 받은 연구에 오픈 액세스가 적용된다는 정책을 발표했다. 하지만 이에 대한 비판이 만만치 않았다. 상원의 과학기술위원회는 영국연구위원회가 2014년 가을 회기에 이 정책을 검토하고 또한 출판 엠바고embargo 기간에 대해, 논문 처리 비용이 영국의 저널에서 발표되는 해외 저자의 논문 숫자를 줄이지는 않을지에 대해, 전문가 검토 절차에 대해, 그리고 영국의 오픈 액세스 정책이 타국과 조화를 이루고 있는지에 대해 더욱 상세하게 살펴볼 것을 권고했다. 또한 이 위원회는 정부가 골드 오픈 액세스 모델의 비용/편익 분석을 완벽하게 실시할 것을 권고했다. 2013년 1월 29일 이 위원회가 실시한 오픈 액세스에 대한 공청회에서는 정부가 골드 모델을 선호하는 움직임이 주로 STM 부문에 기초한 것인 반면 인문사회과학 부문의 여러 이슈들을 간과하고 있다는 문제가 제기되었다.

2009년 미국 의회는 국립보건원National Institute of Health이 지원하여 생산된 연구는 오픈 액세스 기준으로 이용 가능해야 한다는 국립보건원의 요구사항을 지지했다. 2013년 2월에는 상하 양원이 「과학기술 연구에 대한 공정한 접근 법안Fair Access to Science and Technology Research Bill」을 도입했다. 같은 달 오바마Barak Obama 대통령은 연간 연구개발 예산이 1억 달러를 상회하는 연방 기관들은 공공 예산의 지원을 받는 과학연구에 기초한 저널 논문을 온라인에서 무료로 접속할 수 있어야 한다는 지시를 내렸다. 이런 논문은 12개월의 엠바고를 거친 후에 이용할 수 있게 했는데, 그런 오픈 액세스 모델을 지향한 경향이 보인다. 유럽에서는 2012년 7월 유럽위원회가 공공 예산의 지원을 받는 과학연구에 대한 공개적인 접속을 지지한다고 확인했다.

오픈 액세스 논의는 주로 학술 잡지 논문에 적용되었지만 도서 오픈 액세스 모델의 실행 가능성에 관한 토론들도 열리고 있다. 어떤 영국 출판사들은 이미 이 모델을 실험했다(예를 들면 블룸즈버리 아카데믹Bloomsbury Academic의 오픈 콘텐트Open Content 프로그램). 대영도서관에서 2013년 7월 1~2일 영국 합동정보시스템위원회 주최로 열린 콘퍼런스에서는 이 주제를 다루면서 광고, 크라우드 소싱crowd sourcing, 기부, 유료 가입 및 '저자 지불' 모델과 같은 자금 조달 방법을 논의했다.

2014년 2월 '공공 연구 도서관에 대한 접근Access to Research Public Libraries'이라는 이니셔티브가 출범했다. 이로 인해 여기에 참여하는 공공 도서관을 통해 8000개 이상의 저널에 실린 150만 개의 논문에 도서관 내에서 접근할 수 있게 되었다.

아델피 헌장

창작성, 혁신 및 지적재산권에서 흥미로운 이니셔티브 가운데 하나는 2005년 10월 13일 발표된 아델피 헌장Adelphi Charter이다. 이 헌장은 저작권과 특허에 대한 새로운 원칙을 세우고자 하며 창작성과 투자를 인정하고 보상하는 한편, 타인의 아이디어, 학문, 문화에 대한 접근에서 균형을 맞출 것을 요구한다. 이 헌장은 저작권과 특허의 합리적인 보호 조건을 위해 개도국의 필요 그리고 오픈 소스 소프트웨어 라이선싱과 과학 문헌에 대한 오픈 액세스를 포함한 광범위한 정책이 고려되어야 한다고 주장한다. 하지만 이런 정책은 콘텐츠의 접근과 창작자 및 개발자의 권리 사이의 균형을 평가하기 위한 자문과 논의의 맥락 안에 있어야 한다. 이 헌장—www.adelphicarter.org에서 볼 수 있다—은 예술가, 과학자, 법률가, 정치인, 경제 전문가, 학자 및 사업 전문가로 구성된 국제적인 그룹이 작성했다.

'공짜'면 어떤가?

여기서 (디지털 시대에 콘텐츠는 공짜로 접속할 수 있어야 한다는 사용자들의 기대에 관한 수많은 언급들의 여파로) 크리스 앤더슨Chris Anderson(베스트셀러 『롱 테일The Long Tail』의 저자)이 2009년에 발간한 『공짜: 파격적인 가격의 미래Free: The Future of a Radical Price』를 언급할 가치가 있을 것이다. 앤더슨은 저작권에 직접적인 공격을 가하려고 하지는 않으면서 어떤 경우에는 온라인 장터에 의해 촉진되는 몇몇 비즈니스 모델을 상정한다. 이러한 모델들은 기업들이 아이템을 공짜로 제공하면서 다른 곳에서 실질적이거나 부수적인 이득을 얻는 창조적인 거래를 할 수 있게 한다. 아주 초기의 예는 질레트Gillette이다. 20세기 초에 질레트는 다른 제품과 함께 면도기를 묶음으로 판매하는 한편 이익은 면도날을 팔아서 챙겼다. 좀 더 최근에는 사무실에 커피 기계를 무료로 설치해주고 이익은 그 회사에 1회용 커피를 판매하는 모델이 나왔다. 모바일폰은 무료일지 모르지만 이익은 월간 사용 패키지에서 나올 것이다. 구글과 같은 검색엔진은 어문 저작물의 '스니펫snippet'에 무료로 접근할 수 있도록 하고 수익은 부수적인 광고에서 얻을 것이다. 신문사들은 신규 독자를 끌어들이기 위한 인센티브로서 도서, CD, DVD를 무료로 점점 더 많이 제공하고 있다(이런 행위가 연재 권리의 판매에 주는 부정적인 영향에 대해서는 제12장 참조). 이런 예들은 출판업계가 최근 수년 동안 다양한 형태—예를 들면 판매 촉진을 위해 웹사이트에서 신간의 일부를 무료로 다운로드할 수 있게 하는 것—로 적용하기 시작한 흥미로운 모델이다.

개도국의 로비 활동

최근 몇몇 개도국—칠레 및 일부 아프리카 국가들이 그중에서 가장 눈에 띈다—이 교육 및 학술 재료의 무료 이용을 개발 의제에 포함시켜달라고 WIPO에 로비하는 그리 환영받지 못하는 일이 벌어지고 있다. 이런 움직임은 어느 정도는 1960년대 말 제기되었던 이슈들이 재등장한 것이다. 당시 베른협약의 1971년 파리 개정과 세계저작권협약을 배경으로 하여 교육적 목적을 위한 강제허락 조항의 도입이 이루어졌다. 하지만 그런 조항들은 라이선스가 허가되고 그런 라이선스에 대해 지불—비록 개도국들이 많이 오해해온 측면이지만—이 이루어지기 전에 따라야 할 철저한 절차들을 명확히 하고 있었다. 현재의 이니셔티브는 완전한 무료 이용을 추구하는데, 그렇게 되면 해당 시장에서 자사의 도서가 사용되고 있는 외국 출판사들에 치명적인 영향을 미칠 뿐만 아니라 관련 국가들의 교육 출판사들에게도 같은 영향을 미칠 것이다. 국제출판협회는 WIPO 조약에 교육적 목적의 저작권 예외를 포함하자는 제안을 강력하게 반대하는 로비 활동을 지속하고 있다.

저작권 비즈니스의 발전

20세기 중반까지 출판권의 거래는 비교적 한산했다. 대서양 양안과 서부 유럽에 있는 대부분의 출판사들은 이 업무에 풀타임 직원을 배치할 정도로 활성화된 비즈니스 환경에 있지는 않았다. 오래된 출판사의 기록 속에 있는 교신을 찾아보면 그런 거래가 발생했을 때 사장에서 이름 없는 직원까지 여러 사람의 손을 거쳤다. 1950년대에 이르러서야 거래의 양이 증가하기 시작하여 특별한 주목을 요하는 부문이 되었으며, 그런 때에도 많은 경우 이 업무는 사장의 비서가 처리했다. 이것이 아마도 이 분야와 관련된 직원 대부분이 여성인 역사적인 이유일 것이며, 실제적으로 이 분야는 여전히 대서양 양안에서 여성들이 독차지하는 경향이 있다.

어문저작물의 권리 판매는 여러 가지 이유로 20세기에 발전했다. 이는 저작권의 상호 인정이 금전적으로 가치가 있고 폭넓은 협상을 가능하게 한 사실과는 별개로 이루어졌다. 여행의 측면에서 그리고 미디어를 통한 국제적인 커뮤니케이션의 발달은 다른 국가들의 문화적·경제적 삶에 대한 인식을 대폭적으로 향상시켰다. 그래서 한 나라에서 인정받게 된 작가는 여러 다른 국가들의 독자층도 관심을 갖게 되었다. 이와 같이 국경을 넘나드는 관심은 서유럽에서 특별히 강했으며, 그런데도 대륙의(또는 사실상 절대다수의 외국어) 책이 영국에서 번역서로 성공한 예가 별로 없다는 데 대해서는 많은 추측이 있었다.

역사적으로 보면 영국 내에서 번역서가 차지하는 비중은 도서 총생산의 3%에 불과했다. 다만 이 숫자는 최근 수년 동안 개선되고 있는데, 그 이유는 러시아의 보리스 아쿠닌Boris Akunin, 노르웨이 작가 요 네스뵈Jo Nesbo, 스웨덴의 스티그 라르손Stieg Larsson 그리고 헤닝 만켈Henning Mankell 같은 작가들의 범죄소설에 대한 번역 출판이 인기를 얻고 있기 때문이다. 또한 대서양 양쪽의(어느 방향으로든) 세계적으로 거대한 영어권 시장에서 모두 베스트셀러가 된 책이 별로 없다는 것은 주목할 점이다.

외국 문학에 대한 관심이 높아진 초기의 예는 중남미 작가들이 1980년대에 쓴 '마술적 사실주의magic realism'(실제 사건과 환상이 뒤섞인 글을 쓰는 방식—옮긴이) 소설들이 인기를 얻은 것이었다. 1990년대 초에는 잠깐이기는 했지만 중유럽과 동유럽 작가들에 대한 관심이 일었다. 이는 그런 나라들을 서방에서 더욱 쉽게 접근할 수 있게 되었기 때문이다. 그리고 이제는 중국 작가에 대한 관심이 꽤 높아지고 있다. 펭귄Penguin과 하퍼콜린스HarperCollins 같은 출판사들은 장룽姜戎의 베스트셀러 『늑대 토템狼圖騰』과 같은 중국의 현대 소설을 번역 출판하는 프로그램을 적극적으로 추진했다.

경제적인 발전도 저작권 시장에 영향을 미쳤다. 어쩌면 가장 명백한 예는 선진국에서 도서 가격이 크게 오른 점일 것이다. 이에 따라서 개도국들은 그런 책들을 점점 더 손에 넣을 수 없게 되었다. 여기서 핵심 부문은 학교와 대학 교재이다. 관련국들은 오랫동안 서방의 책을 사용했다. 어쩌면 이전에 식민지였기 때문일 것이며, 그래서 모국에 기초한 교육 시스템을 갖고 있기 때문일 것이다. 영국의 경우 영연방 국가들은 영국의 교육 및 학술 타이틀의 주요 수출시장인 반면, 프랑스 출판사들은 상당한 양의 책을 프랑스어를 주로 사용하는 아프리카 국가들에 수출했다. 가격이 상승했기 때문에 개도국이 원판을 대량으로 수입하기는 점점 더 어렵게 되었으며, 그 결과 관련국에서 저가판을 리프린트하는 사례가 크게 늘어났다. 어떤 국가에서는 국내 법안—어떤 것은 파리 개정에 따르고 어떤 것은 따르지 않는—에 관련 조항을 도입함으로써 교육적 목적을 위해 필요하지만 원판의 가격이 너무 높다고 생각되는 책에 대해 출판사들이 강제적인 리프린트 또는 번역 라이선스를 획득할 수 있게 되었다. 이는 부자 나라들의 교재 출판사들이 취하는 라이선싱 정책에 필연적인 영향을 미쳤으며 이에 대해서는 제10장과 14장에서 상세하게 다룰 것이다.

20세기 출판에서 가장 중요한 발전 중 하나는 아마도 앨런 레인Allen Lane이 1935년 7월 30일 최초로 펭귄북 10권을 출판하여 대량 판매용 페이퍼백paper-back을 탄생시킨 사실일 것이다. 이것이 염가의 리프린트 시리즈 개념이 시도된 최초의 사례는 아니었다. 이런 예는 17세기까지 거슬러 올라갈 수 있으며 19세기에는 여행과 식자율의 증가로 영국에서 '도서관' 또는 '고전' 시리즈의 숫자가 급등했다. 그리고 대륙에서는 타우흐니츠Tauchnitz 문고본이 대단한 성공을 거두었다. 펭귄은 뭔가 다른 것으로 인식되었다. 권당 6펜스(당시 담배 한 갑 가격)로 등장한 이 책은 최초에 서적상들로부터 폭풍과 같은 거센 항의를 불러일으켰다. 그들은 싸구려 책을 팔아봐야 손해만 볼 것이라고 생각했다. (조지 오웰을 포함한) 일부 저자들로부터도 반발이 있었다. 그들은 인세를 적게 받을 것으로 생각했던 것이다. 하지만 사실은 정반대의 현상이 나타난 것을 역사에서 알 수 있다. 펭귄의 도서 목록이 늘어나자 젊은이들과 노동자들이 픽션과 논픽션의 고전을 구입할 수 있게 되면서 중요한 사회적 영향을 미쳤다. 이전 같으면 그런 사람들이 책을 소유한다는 것은 자기 계급과 주머니 사정을 생각하면 언감생심이었다. 수십 년 동안 펭귄이라는 이름은 페이퍼백 판의 일반 용어로 사용되었다. 다수의 다른 페이퍼백 임프린트가 증가했고 특히 1960년대에 그러했다. 현재 이 부문에 속한 출판의 상업적 가치는 엄청나고 저작권 수입도 한때 상당한 액수에 달했다. 하지만 최근에는 동일한 출판사가 최초에 하드백hardback(양장본)을 출판하고 약 1년의 간격을 두고 염가의 페이퍼백 판을 내는 '수직 출판'이 선호됨에 따라 상당수의 라이선싱이 포기되었다. 최근 수년 동안 크게 감소한 라이선싱의 또 다른 분야는 북클럽과 우편 주문이다. 이 분야는 영국에서 정가제가 철폐되고 주요 서점 체인과 대형 마트를 통해 그리고 아마존Amazon과 같은 온라인 소매상을 통해 할인가로 책을 손쉽게 구입할 수 있게 됨으로써 심각한 타격을 받았다. 이 글을 쓰는 시점에서

≪리더스 다이제스트Reader's Digest≫의 영국 회사는 매각되었으며 축약 도서 분야에서 사업을 지속하지 않을 것이다.

어떤 분야의 저작권이 쇠퇴하고 있는 것과 달리, 어쩌면 가장 흥미로운 발전 동향은 오랫동안 판매될 수 있는 다른 형태의 저작권이 확장되었다는 점일 것이다. 출판사들의 기록 보관실에 있는 역사적인 기록들을 들춰보면 20세기로 진입하던 시기에 어린이책에 기반을 둔 봉제 인형의 상품화 계약을 볼 수 있을지도 모른다(예컨대 플로렌스 업턴Florence Upton의 골리워그Golliwogg 캐릭터). 그리고 1930년대에는 영화 제작에 활용되었다. 하지만 50년 전에 오늘날 벌어지고 있는 다음과 같은 일들을 상상할 수 있었던 사람은 별로 없었을 것이다. SF 소설이 컴퓨터 게임으로 개작되고 있고, 유명한 저자의 책을 오디오북 형태로 아이팟iPod 또는 스마트폰에 다운로드하여 들을 수 있으며, 바쁜 변호사가 법률 책을 전자 데이터베이스로 검색하여 활용할 수 있고, 의사가 병동에서 스마트폰이나 태블릿을 통해 의료 데이터에 손쉽게 접근할 수 있고, 학생과 학자들이 PC, 노트북, 또는 독서 전용 단말기를 통해 온라인 도서 선집과 저널에 접속하며, 또는 책을 원작으로 한 영화의 파생상품 수입이 매표소 판매를 초과한다. 복사 기계는 점점 더 정교해지고 있고 늘 쉽게 이용될 수 있다. 하지만 여러 나라에서 이와 같이 대규모로 벌어지고 있는 복제 사용이 중앙의 저작권 관리 기관을 통해 통제를 받는 것은 일부에 지나지 않는다. 전자 복사는 증가 추세를 보이고 있으며, 인터넷의 기하급수적인 성장으로 새로운 플레이어들이 콘텐츠 시장 진출을 모색함에 따라 저작권물의 사용이라는 면에서 기회와 위협이 함께 도래했다. 구글의 사례는 기술 회사가 출판업계에 영향을 미치는 극적인 예이며(제18장 참조), 그런 일련의 사건은 결코 끝나지 않았다.

전자책의 인기 상승, 특히 영어 상용 시장에서의 인기는 종이책 판매와 오프라인 서점의 장래에 커다란 영향을 미쳤다. 단행본 부문에서 아마존, 코보Kobo 및 반스 앤 노블Barnes & Noble의 전자책 단말기 그리고 애플 아이패드iPad 같은 태블릿의 등장으로 전자책 판매가 촉진되었다. 여기서 주목해야 할 점은 출판사와 전자책 소매상 사이에 이루어지는 대부분의 거래가 저작권 담당자보다 영업 담당 직원에 의해 처리되는 경향이 있으며, 저자에 대한 지불은 저작권의 라이선스로서가 아니라 전자책 판매의 순수입에 대한 인세로 처리되고 있다는 것이다.

이와 같이 전개되는 여러 가지 기술 발전 동향은 어문저작물을 다양한 형태로 이용할 수 있게 하여 시장을 잠재적으로 확대하는 데 긍정적이었다. 하지만 적정한 보호 수준을 보장하기 위해 뉴미디어는 국내 및 국제 수준에서 새로운 지적재산권 법안을 도입하는 가운데 고려되어야 한다. 저자와 계약을 체결하고자 하는 출판사가 현명하다면, 기본계약서의 단어 선택을 할 때 이런 측면이 출판사 자체에 의해 또는 제3자에 대한 라이선싱 수단을 통해 여러 가지 가능한 전자적인 사용 형태를 포함하도록 상당히 주의를 기울여 논의해야 할 것이며, 저자가 상이한 형태의 사용에 대해 어떻게 보상을 받을 것인지도 확실하게 다루어야 할 것이다. 계약서는 현재 존재하는 권리만이 아니라 향후 존재하게 될 권리도 포함하도록 해야 한다.

출판 계약 02

누가 권리를 통제해야 하는가?

어문저작물에 대해 누가 권리를 통제해야 하는가의 문제는 여전히 골치 아픈 사안이며, 저자와 출판사 사이에, 출판사와 저작권 에이전트 사이에 의견이 분분한 경우가 다반사이고 단행본 출판사와 학술 출판사 간에도 의견이 갈린다.

거의 모든 경우 저작물의 최초 저작권 소유자가 저자라는 데는 의문의 여지가 없다. 저자가 저작물을 저술해야 하며 그 저작물이 원작이어야 한다는 것이 저작권의 조건이다. 대니얼 디포Daniel Defoe의 주장에 따르면 "책은 저자의 재산이다", "그것은 그가 발명한 자식이며 그의 뇌가 낳은 자녀이다". 제1장에서 언급한 바와 같이 영국의 저작권법 조항에서 저작권 소유권의 주요한 예외는 저자가 정규적인 피고용활동의 결과로 저술한 저작물이다. 미국의 저작권법에도 '피고용자가 집필한 저작물'은 집필을 위임한 당사자에 속한다는 조항이 있다. 하지만 대부분의 경우 저자는 최초의 저작권 소유자이며 그렇기 때문에 소유권을 보유하든지 또는 몇몇 방식으로 또 다른 당사자에게 넘길 것인지를 선택할 지위를 지닌다. 두 가지 가장 일반적인 상황은 저자가 저작권을 보유하고 정해진 시장에서의 독점적인 출판권을 승인하거나 저작권을 완전히 양도하는 것이다.

저작권의 보유

단행본 출판에서 통상적인 관행은 저자가 자신의 이름으로 저작권의 소유권을 보유하는 것이다. 그런 다음 저자는 지정된 지역에서 정해진 기간 동안 특정한 형태로 책을 출판하는 독점적인 라이선스를 한 출판사(또는 여러 시장에서 여러 출판사)에 승인한다. 저자는 해당 지역에서 각 출판사에 일차적인 출판권을 비롯한 여타의 권리를 선택적으로 승인할 수도 있고 안 할 수도 있다.

한 예를 들면 한 명의 저자가 영어로 한 권의 책을 출판하는 데 두 개의 별도의 계약을 할 수 있다. 하나는 영국 출판사와 하고 또 하나는 미국 출판사와 할 수 있는 것이다. 각 출판사는 저작물의 한 판본을 파는 특정한 지리적 영역 리스트를 가지고 있을 것이다. 해당 출판사에 독점적인 중요한 영역도 있고 비독점적인 추가 영역('오픈 마켓')도 있을 것인데, 후자의 경우 두 출판사의 판본이 모두 판매될 수 있다. 각 출판사는 독점 지역 내에서 특정한 권리에 대해 2차 라이선스를 줄 수 있는 권리를 허락받을 수도 있을 것이며, 아마도 대량 판매용 페이퍼백 권리, 북클럽 권리 및 신문과 잡지의 초록 연재에 대한 권리가 여기에 해당할 것이다. (영국 출판사이든 미국 출판사이든) 한 출판사가 추가로 전 세계에 걸쳐 번역권을 라이선싱하는 권리를 허락받을 수도 있고, 또는 양쪽 다 독점 지역 내의 국가에서 번역권을 라이선싱하는 권리를 허락받을 수도 있다. 그렇지 않으면 저자―저자를 대신하여 저작권 에이전트가 활동할 가능성이 높다―가 번역권을 보유하고 별도로 판매할 수도 있다. 위상이 확실한 저자의 경우 영화, 상품화 권리 및 텔레비전 권리, 최초 연재 권리(신문과 잡지에 라이선스를 주는 출판 이전 초록 권리)는 종종 출판사에 허락되지 않고 저자의 저작권 에이전트가 처리한다. 저자가 보유할 다른 권리에는 녹음·녹화권과 전자적 권리가 있다. 이 전자적 권리에 해당하는 영역은 차세대 전자책 단말기, 태블릿 컴퓨터의 부상, 점차 정교해지는 스마트폰용 애플리케이션, 디지털 오디오 다운로드와 팟캐스팅podcasting의 여파로 더욱 복잡해졌다. 구글, 애플, 아마존과 같은 비전통적인 업체들의 영향이 의미하는 바는 이제 권리의 범위가 훨씬 더 광범위하게 고려될 필요가 있으며 좀 더 주의 깊게 정의되어야 한다는 것이다(제18장 "검색엔진, 온라인 소매상 및 기타 업체들: 위협인가 아니면 기회인가?" 참조).

에이전트와 출판사 사이에서 협상되는 권리의 패키지는 다양한 요인에 의존할 것이다. 특히 에이전트가 요구하는 금액 대 출판사가 제시하는 액수, 출판사가 시장에서 저작물을 판촉하고 판매하는 능력(모든 주요 영어 사용 국가에 출판과 마케팅 능력을 갖고 있는 다국적 그룹에 대한 핵심적인 고려사항), 그리고 출판사가 다른 권리들을 처리하는 능력에 달려 있을 것이다. 에이전트는 개별 시장에서 소형 출판사들과 각각 거래하는 이익과 다국적 기업과의 단일 거래에 따른 가능한 이익 사이에서 균형을 취하는 일이 필요할 것이다. 특히 저자가 2차 라이선스 합의에 따른 몫보다 각각의 판본에 대한 별도의 선인세와 전체 인세를 받음으로써 더 많은 이익을 취할 수 있느냐를 따져보아야 할 것이다.

에이전트들은 저작권의 전체 기간에 걸친 라이선스보다 기간이 고정된 라이선스를 확보하려는 로비 활동을 점점 더 많이 전개하고 있다. 특히 타이틀이 더 이상 인쇄되지 않을 때 권리를 회복시킨다는 전통적인 조항이 주문형 출판과 디지털 출판의 증가로 의의를 잃어가면서 라이선스를 제한할 필요성을 언급하면서 그렇게 하고 있다.

에이전트 캐롤 블레이크Carole Blake가 쓴 『피칭에서 출판까지From Pitch to Publication』(Macmillan, 1999; 제2판 준비 중)은 저작권 에이전트의 역할과 저자-에이전트 관계에 관해 훌륭한 정보를 제공한다.

저작권의 양도

출판사라면 저작권을 양도받고자 하며 그렇게 함으로써 저작권 기간 동안 저작물의 모든 출판권과 부차권을 포함한 완전한 소유권을 획득하려고 하기 마련이다. 기간이 종료되기 전에 저자에게 모든 권리 또는 일부 권리를 돌려주어야 할 이유가 없는 한 그러할 것이다. 대부분의 경우 저자는 오리지널 판본의 판매에 대한 선인세와 인세에 더하여 부차권 수입의 합의된 몫을 받는다. 그렇기 때문에 이는 19세기 말과 20세기 초에 통상적이었던 출판사에 의한 저작권의 완전 구매와는 대단히 다른 유형의 계약이다. 당시 저자는 저작권에 대해 일시에 모두 지불을 받았다. 통상적으로 출판사가 저작권의 소유권을 가지고 있는 특정한 분야는 사전, 안내 도서, 백과사전이다. 여기서 저작물은 회사 내의 종업원들이 편찬하거나(그렇기 때문에 영국의 저작권법하에서 업무상 저작물로 분류된다), 또는 개별 섹션을 저술하도록 위임을 받은 프리랜서 저술가들이 쓴 글이다. 후자의 경우 통상적으로 각 기고가에게 보수가 전액 지불될 것이다.

또한 저작권의 양도는 교육, 학술 및 전문 출판에서 상대적으로 흔한 일이다. 비록 그런 행위가 때에 따라서는 불공평한 일로 간주되지만 그렇게 할 만한 실질적이고 정당한 이유가 많다. 우선적이고 가장 중요한 이유는 출판 산업의 이 분야에서 발간한 책들이 빈번하게 해적행위(국제 저작권 협약에 하나 이상 서명한 국가에서 원서를 무허가로 번역, 리프린트 혹은 인터넷상에서 사용하는 것)의 대상이 되거나 (동일한 유형의 사용이지만 협약에 가입하지 않아 저작권을 인정하지 않는 국가에서) 허가받지 않은 판본이 출판되고 있다는 것이다.

오랫동안 영국, 미국, 유럽대륙 국가들의 학술 출판사들은 출판물의 권리를 방어하기 위해 아시아, 중남미, 터키, 그리스와 같은 지역에서 돈을 많이 들여 소송을 제기하지 않을 수 없었다. 그런 경우 방어를 잘해내느냐 여부는 저작권의 소유권을 입증하는 능력에 달려 있다. 출판사 자체가 저자로부터의 양도를 통해 저작권을 소유하는 경우는 방어하기가 쉬운 것으로 판명되었다. 저자가 저작권을 보유하고 있는 몇몇 경우 저자가 사망하거나 침해자에 대해 법적 조처를 신속하게 취할 수 있게끔 저자를 찾지 못하면 방어를 제대로 할 수 없다. 원저자가 사망하고 수년간에 걸쳐 연달아 편집자가 책을 개정한 주요 교재의 경우 문제가 특히 심각하다. 후속판들에 대해 매번 새로운 계약서가 준비되고 저작권이 출판사에 분명하게 양도되면 통상적으로 적절한 방어를 할 수 있을 것이다.

출판의 이 분야에서 또 다른 요인은 여러 저자가 관련된 저작물의 숫자가 많다는 것이다. 만약 주요한 외과수술 참고 도서에 대해 출판사가 라이선스 계약을 체결하고자 하는 경우 매번 204명의 기고자 전원과 협의를 할 필요가 있다면, 이는 조금도 과장하지 않더라도 실행이 불가능할 것이다. 그런 저작물의 경우 각 기고자가 그의 저작물에 대한 저작권을 출판사에 양도하는 것이 관행이다. 그런 다음 각 기고자에게 원고료가 한번에 일괄 지불되고 저자 측의 총괄 편집자는 판매에 대한 적당한 인세율을 기준으로 선금을 받는다. 또한 다수의 학술 저널 출판사가 각 기고자로부터 저작권의 양도를 요구하는 것은 흔히 있는 일이다. 하지만 이런 일은 열띤 논쟁거리로 남아 있고 저널 출판사들이 통상적으로 논문 기고자들에게 돈을 지불하지 않는 사실과 연계되어 있다. 신뢰받는 전문가 검토 과정을 통한 학술 저널의 출판은 학술 발전에 필수불가결한 것으로 오랫동안 인정되어왔다.

현실적으로 저작권의 소유권 문제는 저자와 출판사 간 협상의 초기 단계에서 논의해야 할 일이다. 그리고 합의된 입장은 당사자 간 기본계약서에 명확하게 구체화되어야 한다. 또한 요구되고 있는 다른 권리들을 논의하는 것은 출판사의 책무이다. 왜냐하면 이런 것들은 출판사가 그런 것을 이용할 적절한 능력을 가지고 있어야만 부여받을 수 있기 때문이다. 어떤 저자 혹은 그들의 에이전트는 출판사가 허락받은 저작권을 적극적으로 이용하기 위해 최선의 노력을 기울일 것을 요구하는 문구를 넣기를 바랄 것이다. 어떤 영국 단행본 출판사들이 받아들인 최소 조건 약정은 이런 내용을 제공하고 저자에 의한 모든 주요한 권리 거래의 승인을 조건으로 내걸었다(최소 조건 약정은 1980년 저자협회와 작가조합이 개발한 것이다). 저작권의 양도가 요구되면 그 이유가 신중하게 설명되어야 한다. 양도한다고 해서 저자의 생득권이 도둑맞는 것처럼 생각하는 견해는 부정확한 것이다. 저자와 평판이 좋은 출판사 사이에 체결한 계약은 출판사가 계약을 파기했거나 허락된 권리의 사용을 종료했다면 저자가 권리의 반환을 요구할 수 있게 할 것이다. 설령 디지털 저장, 전자 출판 및 주문형 출판을 통한 도서의 이용 가능성이 증대하여 도서가 언제 '이용 가능하고' 정말로 '절판이 되는지'에 관한 질문이 제기되고 있다고 해도 그렇다. 책의 존재 양식이 이런 단계에 도달한 환경에서 판매 수량을 예측하기가 곤란한 점을 감안할 때 어떤 두 회계 연도 중에 합의된 수준 이하로 수익이 떨어지면 권리를 반환하는 것이 좀 더 현실적인 기준이 될 것이다.

이에 못지않게 중요한 것은 출판사가 올바른 저작권 소유자와 계약을 체결하고 있다는 것을 확실하게 하는 것이다. 근년에 대학 당국이 학내 교수들이 생산한 저작물의 저작권을 소유하려는 움직임이 있어왔다. 이 경우에는 많은 것이 상황에 달려 있을 것이다. 예를 들면, 저작물이 근무시간 내에 작성되고 대학이 제공하는 설비를 이용했는가 또는 자기 집에서 학자 자신의 개인 시간을 활용한 것인가 등이다. 또한 저작물이 제약회사와 같은 외부 기관이 자금을 댄 연구결과로 발생한 것이라면 복잡한 문제가 될 것이다. 이런 경우에 저자 자신들은 출판사와 직접 계약을 체결하기 이전에 고용주 또는 외부 기관과 명확하게 문서화된 합의를 확보해야 할 것이다. 또 기억해야 할 점은 영국의 「1988년 저작권, 디자인, 특허 법」이 저자의 저작인격권에 대한 조항을 도입했다는 것과, 성명 표시권 주장의 문제 또는 저작인격권(일부 또는 전부)의 포기는 계약 단계에서 논의되어야 한다는 것이다.

저자와 출판사 간에서든지, 출판사와 라이선시 간에서든지 간에 출판 계약의 좀 더 상세한 논의와 사례에 대해서 살펴보려는 독자들은 내가 편집한 『클라크 출판 계약: 사례집Clark's Publishing Agreements: A Book of Precedents』(제9판, Bloomsbury Professional, 2013)을 참조하기 바란다.

권리 판매 수익의 분배

합의된 지역에서 기본적인 출판권에 추가하여 어떤 권리가 출판사에 허락되는가? 그리고 저자는 권리를 판매해서 무엇을 받는가? 이런 측면들은 최초 기본 계약에 대해 저자와 출판사 사이에 직접 또는 저작권 에이전트-저자를 대리하여 활동하는-와 출판사 사이에 협상이 이루어질 때 논의되어야 한다. 원칙적으로 누가 특정한 권리들을 다루든지 간에 판매 대상 저작물에 대한 지불로서 그런 권리의 판매에서 비롯된 수익의 일부를 가져가기를 기대할 것이다. 가져가는 비율과 저자에게 지불할 비율은 몇몇 요인을 반영할 것이다.

과거 저작권 에이전트는 자기들이 한 일에 대한 수수료로서 수익 전액에서 일정한 비율을 가져갔다. 전통적인 비율은 10%였다. 이제 에이전트는 출판사와 맺은 기본 출판 계약에 의거하여 10% 또는 15%를 가져가지만 외국어 판매의 경우 20%에 달할지도 모른다. 외국어 판매의 경우 어떤 때는 현지 위탁중개인이 개입되어 수수료를 요구할 것이기 때문이다. 저작권 에이전트가 거래하는 의뢰인 중에는 에이전트가 신뢰하지만 소설을 처음 내보는 작가도 있고 자기 이름으로 베스트셀러를 많이 낸 유명 저자도 있다. 에이전트가 소득을 크게 의존하고 에이전시 운영 경비를 충당할 수 있는 것은 물론 후자이다. 저작권 관리를 출판사가 한다면 다른 고려사항이 있는 것일 수 있다. 출판사는 물론 최초로 해당 도서를 출판하는 데 큰 투자를 하고 이에 따른 리스크 수준은 프로젝트별로 다양하다. 출판사가 저작권 수입으로부터 취하는 몫은 이러한 투자를 상쇄할 것이다.

장기간 베스트셀러를 낸 성공한 저자가 펴낸 책이라면 출판사는 다른 출판사들과 경쟁을 통해 권리를 획득하고, 상당한 선인세를 지불할지도 모른다. 출판사가 권리를 통제하고 있다면 신문사에 연재할 권리를 팔거나 해외 출판사에 권리를 판매함으로써 이러한 선인세를 상당 부분 정당화할 수 있을 것이다. 저자가 전혀 알려지지 않은 무명인사일 경우, 출판사는 저자가 명성을 얻게 될 것이라는 희망을 품은 채 리스크를 안고 투자를 할 것이다. 그러나 이러한 기대는 동일한 저자가 몇 권의 책을 출판할 때까지 현실화되지 않을 수도 있다.

여타의 고위험 분야는 교육 및 학술 출판인데, 예를 들면 비용은 상대적으로 많이 드는 데 비해 판매부수는 저조한 학술 논문 출판이다. 고등학교용 과학 과정을 완전히 새로 개발하거나 의과대학의 핵심 교재를 새로 개발하는 데 드는 비용은 엄청날 수 있다. 이런 프로젝트는 시장에서 경쟁이 치열하고 막대한 개발과 디자인 비용을 발생시킨다. 이런 경우 권리 판매는 대규모 투자

비용을 상쇄하는 데 도움이 될 수 있다.

그렇기 때문에 출판사와 저자가 저작권 수입을 나눠 갖는 방식이 다양하게 실행될 가능성이 있다. 단행본 출판에서는 일반적으로 저자가 권리 판매 수입으로부터 더 높은 비율을 받고 있다. 출판 이전에 신문사에 최초 연재할 권리를 판매할 때는 90%를 받는 경우가 드물지 않다. 한편 번역권에 대한 배분 비율은 주요 저자의 경우 80% 또는 90%까지 높을 수도 있다. 미국 시장에 대한 페이퍼백 라이선스 또는 리프린트 라이선스의 경우 저자는 라이선스 수익의 50%에서 90% 사이를 받을 수 있으며, 출판사가 공동출판 형태로 권리를 판매하는 거래를 포함하기 위해 특수한 계약이 이루어질 수 있다. 여기에는 미국 출판사에게 영어 판본을 판매하는 것이나 해외의 공동출판 파트너에게 외국어 판본을 판매하는 일이 포함될 수 있다. 그런 경우 저자는 권당 가격을 기초로 하여 인세를 받을 수 있다. 교육 및 학술 출판에서는 출판사가 관습적으로 권리 판매 수익에서 더 높은 비율을 가져가는데, 번역권과 리프린트권 모두 저자와 출판사 사이의 수익 분배 비율은 통상 50 대 50이다. 하지만 유명 저자의 경우 저자쪽 비율은 60% 또는 75%까지 올라갈 수 있다.

단행본과 학술 출판사들 사이에 실질적으로 차이가 있는 두 가지 주요한 이유가 있다. 첫째, 학술 서적은 판매될 수 있는 권리들의 범위가 훨씬 좁다. 둘째, 발생한 권리 수입이 단행본 출판과 비교할 때 통상적으로 얼마 되지 않는다. 출판사가 저작권 비즈니스를 관리하기 위해 풀타임 직원을 두고자 한다면 합리적인 수익이 요구된다. 한편, 교육 및 학술 출판사들은 실력 있는 전문 저자의 인세를 확보하는 데 특히 의존하며, 권리 판매는 그러한 저자들이 저술을 지속할 수 있도록 설득할 수 있을 것이다. 어떤 학술 저술가들은 수지맞는 것과는 거리가 멀고 순손실을 발생시킬 수도 있는 권리 판매에 열을 올린다. 한 예를 들면, 조산술 관련 교재를 우르두어로 번역하는 계약이 체결되었을 때 저자는 라이선스로부터 얻게 되는 수입보다 그 책을 필요로 하는 곳에서 현지 언어로 구할 수 있느냐에 더 관심이 있을지도 모른다. 그런 계약으로부터 얻게 되는 저작권 수입은 아마도 그 일을 추진하는 데 수반된 업무 비용을 충당하지 못하겠지만 저자는 만족할 것이다. 교육 및 학술 저작물의 권리를 취급해서 번 돈으로만 사업체를 운영할 수 있는 저작권 에이전시가 별로 없다는 사실 때문에 경제성은 종종 문제가 된다.

단행본 권리 거래와 학술 타이틀 권리 거래 사이의 차이는 베스트셀러 저자가 쓴 신간 소설의 번역권과 개도국에서 아마도 1000부를 인쇄하게 될 학술 교재의 저가 영어 리프린트 권리 신청에 대해 전화로 이루어지는 경매를 대조함으로써 실증될 수 있을 것이다. 전자는 선불로 수십만 또는 수백만 파운드의 수입을 발생시킬 수 있다. 후자는 라이선스 기간 동안 총수입이 몇 백 파운드에 불과할 수 있지만 해적행위 또는 관련 시장에서의 강제허락과 이에 따른 도서의 통제 상실을 방지하기 위한 신속한 조치, 복잡한 법률적 문서 작업, 현지법의 숙지가 요구된다. 이는 물론 극단적인 예이다. 부자 나라로 판매되는 유명 교재들 중의 어떤 라이선스는 수지가 맞을 수 있는데, 특히 책이 연속적인 판본을 통해 정기적으로 번역될 경우 그렇다. 그런 경우 저자가 해당 책의 갱신된 판을 제공하면서 새로이 계약을 협상할 때 권리 거래의 수익 비율을 재협상하기를 원하는 것은 당연하다고 할 수 있다.

누가 전자 권리와 멀티미디어 권리를 통제해야 하는가

누가 이런 권리를 통제해야 하는가에 대한 논란은 지속되고 있는데, 특히 새로운 세대의 전자책 전용 단말기의 도래와 태블릿 및 스마트폰용 전자책 앱의 이용 가능성 면에서 그렇다. 출판사들은 있는 그대로의 전자 권리, 즉 오디오나 비디오 요소 및 여타 개작을 추가하지 않은 전자적인 저작물의 복제는 출판사가 해야 한다고 오랫동안 주장해왔다. 왜냐하면 그런 권리에 별도로 라이선스를 주는 것은 직접적으로 경쟁하는 판본을 낳는 결과를 초래하기 때문이다. 그리고 다수의 출판사들은 스스로가 저작물을 이런 형태로 자사의 서버를 통해 직접 또는 오버드라이브OverDrive 같은 중개자, 아마존과 애플과 코보 같은 전자책 소매상, 서점 체인이나 도서관 통합자aggregator를 통해 이용할 수 있게 하기를 바라고 있다. 현재 많은 저작권 에이전트들은 이런 주장을 비교적 잘 받아들이고 있다. 하지만 기존의 저자들이 쓴 오래된 저작물의 전자책 버전을 출판하기 위해 여러 에이전트들이 자체 전자책 출판 사업을 구축하는 사례가 잘 알려져 있다. 이런 저작물들의 경우 기본계약서에 전자 권리가 포함되어 있지 않다(앤드루 와일리Andrew Wylie 사의 '오디세이 에디션스Odyssey Editions'와 에드 빅터Ed Victor 사의 '베드퍼드 스퀘어 퍼블리케이션스Bedford Square Publications').

저자와 체결한 기본계약서에 어떤 계약이 인세를 기준으로 한 판매로 간주될 것인지, 어떤 것이 저자가 권리 수입의 합의된 몫을 받는 진정한 라이선스 계약으로 간주될 것인지를 명확하게 정의하는 것이 중요하다. 저자협회는 당초 단행본 타이틀에 대해 전자책을 판매해서 받은 순수입의 적어도 25%를 인세로 책정해야 한다고 권고했으며, 이 책을 저술하고 있는 시점에 인세 요율을 더 높이라는 압력을 계속 가하고 있다. 또한 협회와 몇몇 저작권 에이전트들은 전자 권리가 2년 또는 3년 동안 허락되어야 하며 시장의 발전에 따라 정기적으로 검토되어야 한다고 권고했다. 출판사가 제대로 이용하지 못하면 권리는 환원되어야 할 것이다. 또한 출판의 형식과 목적(상업성과 수익 창출용인지 또는 홍보용인지)에 그리고 저작물이 더 큰 전체 저작의 일부인지와 저자가 전자 형태의 출판을 지원하는 추가적인 업무를 수행하는 것이 요구되는지 등에 많은 것이 달려 있다.

초기에는 일부 저자와 에이전트 측에서 전자 출판은 비용이 별로 들지 않는 선택지라는 인식이 있었다. 그 이유는 제조와 재고 비용이 거의 또는 전혀 들지 않고 유통 비용이 낮기 때문이다. 그러나 출판사가 디지털화 작업을 하는 데는 상당한 비용이 발생하고, 어떤 경우 고객에게 직접 공급하기 적합한 형태로 대량의 콘텐츠—예를 들면 학술 저널의 신구 발행물들과 재고 서적 목록—를 유지하고 백업 및 문제해결 서비스를 제공하기 위해서는 비용이 엄청나게 많이 든다. 대형 단행본 출판사들이 콘텐츠를 대량으로 디지털화하는 작업에 착수했기 때문에 인식은 바뀌기 시작하고 있다. 2006년 1월 영국출판협회, 저자협회, 저자에이전트협회Association of Author's Agents가 회의를 열어 디지털 권리를 계약서에 어떻게 포함할지에 관해 논의했다. 양측은 새로운 디지털 기회를 이용하고 자율적인 가이드라인을 모색하기 위해 태도와 관행이 바뀔 필요가 있다는 것을 인정했다. 또한 에이전트들과 단행본 출판사들 사이에 관련된 논의가 있었다. 도서가 인쇄본 형태로는 구할 수 없지만 전자 형태로 여전히 존재하거나 출판사의 자체 주문형 출판 프로그램을 통해 공급될 수 있을 때 저작물의 권리가 환원될 수 있는지 여부에 관한 논의가 이루어진 것이다. 주문형 출판은 학술 출판사들이 판매가 별로 없어 소량이라도 창고에 보관할 필요가 없을 때 채택해온 오래된 공급 방식이다. 계약 용어인 '절판out of print'은 아마 '거래 중단out of commerce'이나 '어느 형태로든 입수 불가능unavailable in any form'으로 대체될지 모른다. 또한 출판사들은 특정한 회계 기간 중에 도서 판매 그리고/혹은 전자 판매를 통해 저자에게 돌아가는 수익의 최저 수준을 보고 그들의 실적이 어떠한지가 더 잘 판단될 수 있을 것이라고 시사해왔지만 아직까지 이 분야는 여전히 미해결 상태이다.

어떤 저자들—특히 컴퓨터 도서 분야의—은 동료와 잠재 독자들로부터 논평을 받기 위해 자신들의 웹사이트에서 다음에 출간할 책의 초록을 미리 올리려 한다. 다른 저자들은 그들 학술 기관의 인트라넷에서 학습 목적으로 초록 또는 책 전체를 이용할 수 있기를 바랄 것이다. 그런 계획은 어느 것이나 저작권과의 관계에 비추어, 그리고 이런 방식으로 대량의 재료를 올리는 일이 도서의 부수적인 판매에 미칠 잠재적인 영향에 비추어 저자와 출판사 사이에 미리 논의가 되어야 한다. 저자-출판사 계약은 저자에게 인쇄 및 전자 형태 양쪽에서 자기 저작물의 일부에 대해 어떤 형태의 사용이 허용될 것인지를 명확하게 구체적으로 밝혀야 한다.

출판사는 제3자, 예를 들면 문서 보존 센터 같은 곳에 전자적인 수단에 의한 저작권 저작물의 저장을 허가하고 그 센터가 메일 또는 팩스에 의한 출력본 형태로, 혹은 라이선스가 허용한다면 전자적 수단에 의해, 선택된 재료의 복제본을 배포할 수 있게 하고 싶어 할 수도 있다. 또 다른 형태의 라이선스는 학술 기관이나 그런 기관들의 컨소시엄에 사이트 라이선스site licence를 주어 직원과 학생들이 재료를 검색하고 인쇄할 수 있도록 한다. 이런 것들은 단지 전자적 복제의 두 가지 형태일 뿐이다. 또한 '온라인 미리보기 권리' 분야가 있는데, 예를 들면 구글과 같은 검색엔진을 통해 재료의 스니펫이 나타나도록(사용자에게 무료로 제공되지만 약간의 광고 수익이 발생하는 기능) 허용하거나 또는 전자 소매상의 웹사이트(예를 들어 아마존의 내지 검색 기능)를 통하는 것이다. 이와 같은 사용은 이러한 회사들에게는 홍보로 보이겠지만 오리지널 판본의 판매에 영향을 미칠 것이며, 특히 구글은 더욱 상업적인 사용을 모색하고 있다. 출판사들이 이러한 프로그램에 참여한다면 저작물 전체를 전자적으로 허가할 뿐만 아니라 다른 회사에 초록을 사용하고 전자적 마케팅을 수행하도록 허락할 수 있는 권리를 확실하게 통제할 필요가 있다. 문제는 텍스트에 포함된 제3자의 저작권물과 관련해서도 발생하고 있다.

부차권subsidiary rights의 범주에 속하는 다른 사용이 있을 수 있다. 예를 들면, CD-ROM 또는 온라인으로 이용 가능한 대량의 전자 데이터베이스에 있는 저작물의 일부나 전부를 제3자가 포괄할 수 있게 하는 라이선스이다. 제3자가 취득할 경우 라이선스 계약의 대상이 되어야 하는 여타의 부차권은 디지털화, 스크린 디스플레이, 퍼포먼스(예를 들면 변호사가 자기 사무실에 온 고객들 앞에서 하는 것과 같이 몇 사람 앞에서 스크린 디스플레이가 이루어지는 경우), 전송, 네트워킹, 다운로딩, 저장, 출력물을 이용한 인쇄, 텍스트를 다른 재료의 맥락에서 '잘라 붙임cut and paste'으로써 바꾸거나 이용할 수 있는 조작 가능성(이는 저작물에서 저자의 동일성 유지권에 함의를 지닌다) 등이 있다.

있는 그대로의 전자책

전자책의 초기 공급은 랩톱과 팜파일럿PalmPilots 같은 PDA 등의 다양한 기기에서 아마존이 운영하는 것과 같은 웹사이트를 통해 저작물에 접속하는 형태로 이루어졌다. 1세대 독서 전용 단말기인 로켓 이북Rocket eBook, 아이렉스 일리아드iRex iLiad, 프랭클린Franklin 사의 이북맨eBookman은 성공을 거두지 못했지만 소니 리더Sony Reader, 아마존의 킨들Kindle, 반스 앤 노블의 누크Nook, 코보의 전자책 단말기류, 그리고 정교한 스마트폰과 태블릿의 도래로 새로운 가능성이 열렸다. 이 분야에 대해서는 제19장에서 상세하게 다룬다. 대부분의 출판사들은 전자책 출판이 기본적인 출판권으로서 도서의 콘텐츠 배포를 위한 대안적인 형식을 구성하고, 만약 그것이 다른 곳에서 통제된다면 가장 중요한 판본의 판매에 타격을 줄 수 있다는 생각을 견지하고 있다. 이런 생각은 저자가 부차권 사용료에 대한 지분보다는 전자판에 책정된 순가격을 기준으로 하여 인세율을 적용받아야 한다는 견해를 따를 것이다. 설령 전자책이 아마존, 애플, 코보 또는 도서관에 전자책을 공급하는 통합자와 같은 중개자를 통해 배포된다고 해도 그렇다. 인세율 수준을 얼마로 할 것인가는 여전히 논란거리이다.

전자책 대 종이책에 대한 가격 정책은 출판사마다 다르다. 어떤 회사는 전자판에 고가를 매기고(검색이 가능하다는 유리한 점이 있기 때문에) 다른 회사는 종이책에 비해 1/3에서 1/2 낮은 가격을 매긴다. 영국에서 종이책은 여전히 부가가치세가 없지만 전자책은 부가가치세율 20%가 고스란히 매겨져 출판사들이 대정부 로비를 전개하고 있는 실정이다.

멀티미디어 출판

일러스트레이션, 애니메이션, 음향 효과, 음악, 영상 클립 또는 (인핸스트 전자책과 앱에서 포함되는) 상호작용 기능을 추가로 가진 형태의 전자 출판 또는 라이선싱에 관해 권리를 누가 통제할 것이냐 하는 문제는 저자(또는 저자의 에이전트)와 출판사가 협상을 통해 결정해야 할 것이다. 본격적인 멀티미디어를 개발하는 데는 비용이 많이 들기 때문에 이 분야에 뛰어드는 출판사들은 상대적으로 소수에 불과하다. 그리고 실제로 어떤 출판사들은 초기에 뛰어들었다가 완전히 철수했다. 하지만 시대가 바뀌어 이제 수많은 출판사들이 이 분야에 뛰어들 방안을 모색하고 있다. 어떤 출판사들은 소프트웨어 회사와 같은 외부 파트너와 투자 및 개발을 위한 제휴에 들어가기를 원할지 모른다. 다른 회사들은 소프트웨어 회사들에 위탁하여 일시불 정산을 조건으로 출판사의 주문대로 개발하게 하거나 디지털 개발을 전담할 직원을 채용한다. 모든 권리와 마찬가지로 최선의 통제는 그런 권리를 적극적으로 그리고 양 당사자에게 이익이 되게끔 이용할 위치에 있는 자의 의무이다. 해결책은 한정된 권리를 그리고 상대적으로 단기간의(예를 들어 2년이나 3년) 권리를 승인하고 권리가 제대로 이용되지 않으면 회수하는 것이 될 것이다.

인핸스트 전자책

지난 5년 동안 발전된 한 분야는 인핸스트 전자책enhanced e-book이다. 이는 원래의 텍스트가 오디오 및 비디오 재료로 보충되는 것이며, 어쩌면 저자가 텍스트를 읽거나 책에 대해 토론하는 비디오가 포함될 수도 있다. 다른 프로젝트에는 저자가 관련되지 않은 외부 저작권물이 포함될 수 있다. 그런 권리는 청산이 되어야 할 것이다. 인핸스트 전자책에 관해 더 자세한 내용은 제19장에서 기술한다.

앱

애플리케이션('앱app')은 종이 출판물의 콘텐츠에 기반할 수 있지만 완벽한 텍스트를 제공하지 않을 수도 있다. 그 대신 상호작용의 경험을 좀 더 제공하는 방식으로 고안될 것이다. 출판사들은 외부 소프트웨어 회사와 함께 앱을 개발하는 선택을 할 수 있다. 어떤 경우에는 저자들이 종이책 출판사와 상관없이 앱을 개발할 수도 있으며, 제이미 올리버Jamie Oliver가 그렇게 했다. 더 자세한 내용은 제19장을 참조하라.

권리의 허락

기본계약서에 전자 권리가 포함된다면 출판사가 이 권리를 직접 이용하는지 아니면 제3자에게 라이선스를 주는지 또는 양쪽 다를 할 수 있도록 허가하는지에 대해 주의 깊게 논의해야 한다. 출판사는 다음과 같은 일을 할 수 있는 전자 또는 디지털 출판권을 허락받을 수 있다.

저작물을 전부든지 일부든지, 개작하든지 축약하든지, 그 자체로든지 다른 저작물(들)과의 결합을 통해서든지 간에 전자/디지털 형태로 수반되는 사운드 및 이미지와 더불어 생산하고 복제하고 저장하고 출판하여 공연, 전시, 스트리밍, 다운로드, 방송, 전송이 이루어지게 하는 것 그리고 저작물의 전자/디지털 판에 대해 앞서 말한 권리들을 허가하는 것.

출판사가 재료를 전자 형태로 이용하는 것은 계약서에 구체화되어 있거나(이 경우 조건이 현재의 거래 관행에 맞다는 것을 보장하기 위해 정기적으로 검토하는 것이 바람직하다) 전자적 이용의 성격이 분명해졌을 때(예를 들면 저작물의 일부만 더 큰 전자 프로젝트의 일부로서 이용될 수 있다) 합의가 되도록 놓아둔 지불 요율에 달려 있을 것이다. 출판사들은 일반적으로 나중에 '합의하는 데 동의하는 것'보다는 계약서에 있는 조건의 형태로 동의하는 것을 선호한다.

전자 권리에 따른 라이선싱 수입의 배분이 기본계약서에 명시될 수도 있다. 이 경우 관련된 재무 모델에 따라 수입의 상이한 배분을 정당화하는 여러 형태의 라이선싱들을 명확히 하는 것이 현명할 것이다. 한 가지 대안은 라이선싱 사용의 정확한 형태와 범위가 분명해질 때 배분 비율을 저자와 합의하도록 남겨두는 것이다. 가능하다면 계약서에 수입의 배분을 어떤 비율로 할 것인지 합의하는 것이 바람직하다.

'전자 형태electronic form' 또는 '디지털 형태digital form'라는 용어의 정의를 포함시키는 것이 필요할 것이며, 이는 다음과 같은 내용이 될 것이다.

전자/디지털 형태는 다음과 같은 것을 포함하지만 그것에 제한을 받지 않을 것이다. CD-ROM, DVD, DVD-ROM, 콤팩트디스크, 비디오, 집적 회로를 포함한(하지만 여기에 국한되지는 않는) 디지털적, 광학적 또는 자기적 특성을 지닌 오프라인 전자 저장 및 정보 검색 시스템, 모바일 및 휴대용 기기, 위성 및 기타 통신 수단에 의한 온라인 전송, 현재 존재하든지 앞으로 알려지거나 개발되든지 간에 여타의 복제용, 출판용, 배포용, 전송용 전자/디지털 수단(스트리밍과 다운로드를 통해 이용할 수 있는 온라인 방송 포함).

새로운 개발 동향에 비추어 권리의 범위는 정기적으로 검토가 되어야 할 것이다.

전자/디지털 및 멀티미디어 권리의 재무적인 거래는 출판사 자체가 전자 형태로 한 제품을 출판할 것인지 또는 여러 제품을 출판할 것인지, 합작을 할 것인지 또는 독립된 라이선시에게 라이선스를 줄 것인지에 따라 상당히 달라질 수 있을 것이다. 또한 관련 저작물이 전자 제품의 주된 기초를 형성하는지 또는 큰 프로젝트의 작은 부분에 불과한지에 크게 달려 있을 것이다. 아울러 저자가 전자적인 형태의 출판을 지원하기 위해 추가적인 작업을 해야 하는지 여부에 관한 조건을 고려해야 할 것이다. 이런 일은 저자가 비전통적인 형태로 이루어지는 저작물의 잠재적 이용이나 개작에 대해 충분히 협의를 받아야 할 정도로 급속도로 변모하는 분야이다.

출판사들은 미국의 중요한 사례인 타시니 대 뉴욕타임스 사Tasini vs. The New York Times Co. 소송의 지속적인 함의를 무시해서는 안 된다. 1999년 10월 제2순회항소법원은, 출판사가 저자들로부터 명시적인 허가를 받지 않고 온라인 데이터베이스 또는 CD-ROM에 있는 프리랜서 신문 기고자들의 기사 전문을 재사용할 권리가 있다고 한 지방법원의 1997년 판결을 뒤집었다. 이 판결은 오직 종이 형태의 출판에 쓸 자료들을 생산하기 위해 필자들을 고용해왔을 백과사전과 참고 저작물 출판사들에 특히 함의를 지닌다. 출판사들은 전자 출판권이 계약서에 암묵적으로 내포되어 있다고 상정해서는 안 된다. 만약 지난 계약들에 어떤 불확실한 점이 있다면 관련 저자와 합의에 도달하는 것이 무엇보다 중요하다. 새로운 행위자들이 이 분야에 진입하고 있기 때문에 이미 승인된 권리가 새로운 형태의 이용을 포함하는지 여부를 점검하는 것이 바람직하다. 예를 들면, 출판사가 오디오북 권리를 허락받았다면 여기에 오더블Audible과 같은 웹사이트를 통한 오디오북의 디지털 다운로딩이 포함되는가?

저자의 권리 거래 승인

저자는 거래가 종결되기 전에 권리 거래를 승인할 계약상의 권리를 항상 가져야 하는가? 이 경우 출판 산업의 여러 부문별로, 출판사에 따라 그리고 실제로 저자에 따라 관행이 가지각색일 것이다.

교육 및 학술 출판에서 전통적인 권리 거래를 진행시키기 이전에 저자로부터 공식적인 승인을 받아야 한다는 요구는 상대적으로 많지 않다. 그러한 요구는 비실용적인 것으로 판명될 수 있다. 특히 저자가 다수이고 해적행위와 강제허락의 인가를 미연에 방지하기 위해 신속하게 협상을 해야 하는 라이선스가 관련된 저작물의 경우가 그렇다. 출판사가 양도 계약을 통해 저작권 소유자가 되는 것이 아마 당연할 것이다. 설령 저작권을 양도받지 못한다고 할지라도 2차 라이선스 계약에 의해 완전한 통제를 허락받을 수도 있다.

다수의 학술 저자들은 오랫동안 동일한 출판사에서 책을 펴내왔으며 그 출판사들의 저작권 부서가 최상의 가능한 거래를 협상했을 경우에만 라이선스를 준다고 신뢰한다. 그럼에도 불구하고 권리 거래가 마무리될 즈음에는 저자에게 미리 알려주는 것이 예의이다. 만약 근본적인 수정 또는 갱신과 같은 특별한 문제가 있다면 이런 것들은 거래가 마무리되기 이전에 알려질 수 있다. 설령 라이선싱을 완전히 통제하도록 허가를 받았다고 할지라도 새롭고 특이한 형태의 라이선싱에 대해서는 저자와 협의하는 것이 언제나 현명하다. 예를 들면, 저작권 라이선싱 에이전시(CLA)와 같은 기관에 기존의 권한을 확장하여 새로운 종류의 라이선스를 허락하도록 하는 것이다(제17장을 참조하라).

'최소 조건 약정'—통상적으로 단행본 부문에서—을 지지하는 영국 출판사들은 모든 권리 거래에 대해 저자와 협의하는 데 동의한다. 예외는 선집 및 인용 권리, 북클럽 권리, 복제권, 독서 장애인(시각 장애인과 독서 능력에 영향을 미치는 신체적 장애를 가진 사람)들의 사용을 위해 자선 기관에 허가하는 권리이다. 또한 영국 출판사들은 저자에게 마무리된 라이선스 거래 계약서 사본을 제공하는 데 동의했다.

설령 출판사가 최소 조건 약정을 지지하지 않는다고 할지라도 어떤 주요한 저자들은 모든 또는 어떤 유형의 권리 거래는 사전 승인을 받아야 함을 계약서에 기재해야 한다는 입장을 취한다. 일부 그런 저자들은 특정 국가에서 자신의 저작물이 지정된 출판사에 의해 출판되기를 원한다는 것을 추가로 명시할지 모른다. 라이선스를 받아 출판되는 번역물의 경우 어떤 주요 저자들은 지정된 번역자를 명시하는 권리를 요구할지 모른다. 이는 번역에서 작가의 스타일을 정확히 포착하기가 곤란할 수 있는 문학 저자의 경우 이해할 만한 일일 것이다. 학술 서적의 번역에 대해서는 기준이 다소 다를 것이다. 이 경우에는 기본적인 관심이 언어적으로 실력이 있을 뿐만 아니라 도서의 주제에 대해 잘 아는 번역자를 확보하는 것이다. 문학 부문이든 학술 부문이든 간에 원고 단계에 있는 번역 텍스트를 승인하는 권리를 요구하는 것이 당연하다는 주장이 있을 수 있다. 또한 이러한 요구는 도서의 텍스트가 변경될 수도 있는 어떤 라이선스에도(어쩌면 신문 연재의 정황에서 또는 특정 시장을 위한 개작판에서) 적용될 수 있다. 승인을 받아야 한다는 이러한 요구사항은 계약 문구에 들어가야 할 것이며 이 책의 관련 부분에서 더욱 상세하게 다루어질 것이다. 영국 저작권법에서 동일성 유지권을 포함한 저작인격권의 도입은 저자가 자기의 저작인격권을 포기하기로 동의하지 않는 한 영국 출판사들의 책무로서 유사한 요구사항을 라이선시에게도 부과해야 한다. 하지만 유럽대륙 국가와 여타의 다수 국가들은 저작인격권의 포기를 허용하지 않는다는 것을 기억해야 한다.

인수, 합병 및 처분

변화무쌍한 출판계에서는 회사 전체가 정기적으로 인수·합병되거나 회사의 일부를 다른 출판사에 넘기는 결정도 이루어지고는 한다. 지적재산권은 회사 가치의 주요한 부분을 차지하며 실사를 진행하는 기간에 평가가 될 것이다. 이로 인해 권리 통제의 이전 문제가 제기된다. 요즈음 가장 잘 작성된 저자 계약은 저자 계약과 이에 따르는 2차 라이선스가 자동적으로 새로운 소유주에게 양도된다는 조항을 담고 있다. 이런 경우 저자와 라이선시는 모두 통보를 받을 필요가 있을 것이다. 하지만 주요 저자 중에는 이전을 자동적으로 허가하지 않는 계약을 하는 경우도 있다. 특히 해당 저자가 원출판사의 특정한 편집자에게 의리를 지킬 경우 그렇다. 반면에 어떤 핵심적인 저자들은 선호하는 편집자가 다른 출판사로 옮기면 '배를 갈아타고' 싶어 할 것이다.

회사가 처분되는 경우 저작권 담당 직원은 저작권 파일과 기록을 새 소유주에 양도해야 하는 업무를 처리해야 할 것이며, 인수 시에는 파일과 데이터를 통합하는 일을 수행해야 할 것이다.

확장되는 가능성의 범위 03

라이선스를 받을 수 있는 권리의 범위는 해가 가면서 지속적으로 확장되었다. 이는 정치적·경제적 환경이 바뀜에 따라 상이한 국가 사이에 거래가 확대되는 것과 도서 공급의 새로운 통로와 쓰인 글을 다양한 방식으로 이용할 잠재성을 가진 새로운 기술의 발전을 반영한다. 전면적인 인터넷 보급의 영향, 유튜브Youtube(영상물), 플리커Flickr(사진), 텀블러Tumblr(블로깅), 세컨드 라이프Second Life, 그리고 현재 페이스북, 트위터Twitter, 링크드인LinkedIn이 지배하고 있고 점점 더 중요해지고 있는 소셜 네트워킹 사이트들, 아울러 전자책과 다운로드할 수 있는 오디오북과 같은 새로운 플랫폼과 새로운 형태의 출판의 도래는 아마도 지난 25년 동안 가장 의미심장한 발전 동향일 것이다. 한편 좀 더 전통적인 라이선싱 분야는 축소되었다. 특히 독립적인 라이선시에 대한 페이퍼백 권리의 라이선싱(이제 동일한 그룹 내의 수직적 출판으로 대부분 대체), 북클럽 권리(전통적인 서적상과 대형 마트, 온라인 서점에 의한 할인으로 중요성이 감소), 최초 연재권리(신문의 광고 수입 감소와 온라인 출판으로의 이행에 영향을 받음), 그리고 어느 정도는 저가 리프린트 권리의 허가(어떤 시장에서 원출판사가 특별 가격으로 자체 판본을 직접 공급하는 것으로 대체)에서 이러한 현상이 나타났다. 다국적 출판사 그룹의 숫자가 증대함에 따라 기업 내 라이선싱은 지속적으로 늘어나고 있다.

과거 어문저작물에 귀속되는 권리는 편의를 위해 도서 권리volume rights와 부차권으로 나누어지는 경우가 종종 있었으나 이런 차이는 특히 다양한 형태의 전자 출판 및 라이선싱과 더불어 점점 흐려지고 있다.

도서 권리

여기에는 전통적으로 원출판사에 승인된 패키지에 포함된 권리들이 해당된다. 이는 자체의 임프린트하에서 이용하거나 또는 타사(예를 들면, 그나마 남아 있는 몇몇은 이제 통상적으로 출판사 자체의 재고를 처리할 뿐인 북클럽, 대형 활자책 출판사, 저가로 리프린트를 찍는 개도국 출판사, 외국어 출판사)에 라이선스를 주기 위한 것이다. 이런 권리는 전통적으로 현행 인세 기준으로 허가되었다. 하지만 원출판사는 해당 책에 도해가 많다면 미국 출판사, 북클럽 또는 외국어 출판사를 위해 기타 비용 및 인세 포함 기준으로 생산하는 선택을 할 수도 있다. 다만 해외에 공동출판 권리를 판매하는 일의 성공 가능성은 환율의 영향을 받는다.

이런 권리에 추가하여 합의된 판매 지역에 대한 권리를 획득한 출판사는 초기 일시불 정산을 기준으로 지불을 받을 추가적인 권리들(다이제스트 및 축약 권리, 선집 및 인용 권리, 정기간행물 단발 게재 권리, 2차 연재 권리, 라디오 및 텔레비전에서의 단일 음성 낭독, 복사기를 이용한 복사 및 스캐닝과 같이 매체를 통한 텍스트의 복제를 허용하는 복제본의 복제권)도 통제할 수 있을 것으로 예상할 것이다.

부차권

몇몇 다른 권리는 자동적으로 도서 권리에 포함되지는 않는다. 여기에 포함되는 것은 최초 연재 권리, 드라마, 영화 및 텔레비전 권리 그리고 상품화 권리이다. 이런 권리들은 위에 열거한 권리들과 함께 출판사에 허가될지도 모르지만 점점 더 저자가 직접 처리하기 위해 보유할 가능성이 높다(또는 저자의 에이전트가 그렇게 할 가능성이 더 높다).

전자 권리를 어떻게 통제할 것인가 하는 문제와 여기에 무엇이 포함되어야 하는지에 대한 정확한 정의를 내리는 것은, 비록 최근에 출판사와 에이전트 사이에 생각이 좀 더 수렴되고 있다고는 할지라도 골치 아픈 일이다. 특히 웹사이트는 물론 컴퓨터, 태블릿, 전용 전자책 단말기 또는 스마트폰 상에서 완전한 텍스트에 접속하게 하는 기능을 가진 전자책의 도래는 이것이 라이선스인지 또는 단순히 최종 고객에게 배송해주는 대체 형태, 즉 판매 형태의 일종인지에 대한 의문을 제기한다. 대부분의 출판사들이 후자의 견해를 선호하는 것은 이해할 만하다. 출판사들은 그런 권리가 출판 패키지에 포함되어야 하고 이런 공급 방법으로부터 발생한 순수입에 대해 저자가 완전한 인세를 받아야 한다고 생각한다. 서점에서 종이책을 살 것인지, 아마존과 같은 전자 서적상을 통해 종이책을 주문할 것인지, 또는 랩톱, 태블릿 그리고 킨들, 누크, 코보 같은 독서 전용 단말기나 스마트폰을 통해 있는 그대로의 전자책 판본에 접근할 것인지를 결정하는 것은 고객의 선택에 달려 있다. 하지만 이미지, 사운드 또는 상호작용 기능의 추가를 포함한 멀티미디어 제품으로 개작하기 위해 제3자에게 도서의 권리를 허가하는 것은 상당히 다른 시나리오이고 협상의 대상이 되어야 할 것이다(제2장 참조).

권리의 범주들

이전 판에서와 같이 다음의 점검표는 완전하다고 주장할 수 없는데 그 이유는 권리의 범위가 지속적으로 확장되며 변경되고 있기 때문이다. 이런 각각의 범주에 대해서는 관련된 장들에서 좀 더 구체적으로 다룰 것이다.

영어 지역 출판권

이 권리는 원출판사 자체가 도서를 원래의 언어로 전 세계적으로 유통시키지 않는다면 독립적인 출판사에 허가될 것이다. 이에 대한 대안으로 다국적 그룹은 자회사에 라이선스를 주어 동시에 현지 판을 생산하고 시장 환경에 맞는 가격을 책정할 것이다.

영어책의 경우 핵심적인 시장은 미국, 오스트레일리아, 남아프리카공화국, 캐나다이다. 캐나다는 영연방이나 미국과는 별도로 단행본의 자체 판본을 소화할 수 있는 지역으로 인식된다. 거래는 두 가지 방식 중 하나로 처리된다. 즉, 환율이 유리하다면 원출판사가 공동출판을 추진하고 아니면 관련 시장에서 라이선시가 리프린트권을 갖고 생산하는 것이다. 이런 식의 권리 허가가 발생하는 다른 언어는 스페인어, 포르투갈어, 프랑스어이다.

북클럽 권리

이는 북클럽 운영을 하도록 허가된 권리인데 주로 우편 주문 수단을 통해 통상 출판사의 정가보다 훨씬 낮은 가격으로 회원에게 책을 제공한다. 영국에서 북클럽은 과거 상당히 번창했지만 도서 정가제가 사라진 다음 서점과 온라인 소매상과 대형 마트의 할인 판매로 큰 타격을 받았으며, 이제는 폐업을 하거나 아니면 단순히 온라인 서적상으로 활동하면서, 클럽 임프린트의 브랜드를 가진 라이선스 도서를 구매하거나 리프린트하기보다는 출판사 자체의 재고에서 책을 확보하고 있다. 이런 이유로 이제 북클럽 거래는 저작권 담당 직원보다는 영업 직원이 처리할 때가 종종 있다.

페이퍼백 권리(제9장)

전통적으로 이 권리는 하드백 출판사가 그 자신의 책을 제작할 독립적인 페이퍼백 출판사에 라이선스를 주었다. 그리고 이러한 라이선스는 원출판사가 페이퍼백 임프린트를 갖고 있지 않거나 대량 판매 시장에서 활동하는 출판사가 판매를 극대화시킬 수 있다고 생각한다면 여전히 발생한다. 하지만 현재 다수의 단행본 타이틀은 동일한 출판 그룹 내에서('수직 출판') 하드백과 페이퍼백 모두를 아우르고 있다. 페이퍼백은 다양한 판형으로 출판되고 있다.

리프린트 권리(제10장, 제11장)

이 권리는 다양한 여러 환경을 아우를 수 있다. 원 페이퍼백 출판사로부터 하드백 권리를 획득하는 것은 어쩌면 소규모 도서관 시장에 공급하기 위함일 것이다. 전문 출판사에 이 권리를 허가함으로써 장기간 절판된 타이틀을 소생시키기도 하며, 원래의 하드백 판을 출판하고 일정 기간이 지난 다음에 시장을 광역화하기 위해 저가의 특별 '판촉'판에 대한 라이선스를 주기도 한다. 개도국에 대한 저가판 교재에 라이선스를 주는 경우도 여기에 해당된다. 또한 여기에는 교육상의 권리들이 포함된다. 이는 저작물의 텍스트가 비판적 소개와 주석 같은 편집 작업물의 추가와 더불어 학교에서 사용될 수 있도록 리프린트되는 것이다. 분량이 통제되는 간소화된 판본을 위한 권리, 외국어로서 영어를 배우는 학생들의 사용을 위한 권리 그리고 시각 장애인을 위해 책이 대형 활자로 리프린트되는 큰활자본 출판권 등이 여기에 속한다.

연재 권리(제12장)

이 권리는 최초 연재 권리(도서 자체의 출판 이전에 연재가 시작되도록 신문 또는 잡지에 라이선스를 준 초록 권리) 및 2차 연재 권리(도서의 출판 이후 연재가 시작되는 초록 권리)로 구성된다.

정기간행물 단발 게재 권리(제12장)

이 권리는 신문이나 잡지의 1회 발행물에 포함되기 위한 도서 전체(통상적으로 소설)의 라이선스를 말한다. 이 권리는 도서 자체의 판매에 미칠 잠재적인 영향 때문에 상대적으로 허가되는 경우가 드물다.

다이제스트 및 축약 권리(제13장)

이 권리는 ≪리더스 다이제스트≫와 같은 잡지에 요약된 형태로 저작물을 출판하거나 몇몇 소설의 해설서와 같이 축약된 형태로 저작물을 출판하는 권리를 망라한다.

번역권(제14장)

이 권리는 저작물을 다른 언어로 번역하고 합의된 판매 지역에서 출판하는 권리를 말한다. 거래가 이루어지는 기초는 각각의 라이선시를 대신하여 원출판사가 인쇄하는 공동출판(특히 풀컬러 일러스트레이션을 가진 책에 적합), 또는 라이선시에 의한 현지 제작을 포함한 라이선스이다. 또 적절한 경우 번역권은 관련된 언어로 다른 권리들(예를 들면 페이퍼백 권리, 북클럽 권리, 연재 권리 등)에 대한 부차권을 부여할 권리를 포함할 것이다.

연관된 권리 유형은 2개 언어 권리bilingual rights이다. 이 경우 원텍스트가 번역된 텍스트와 함께 제시된다. 이는 사전 및 몇몇 언어 교재물 범주에 해당할 것이다. 어떤 과학 출판사는 몇몇 언어로 병행되는 텍스트와 함께 도해가 많은 책—예를 들면 의학 도해서—을 출간하여 해당되는 각각의 시장에서 유통시킬 수 있다.

연재만화 또는 사진 권리

이 권리는 기존의 출판물을 캡션이나 말풍선으로 스토리를 전하는 연재만화 또는 사진 시리즈 형태로 출판하는 권리를 말한다.

선집 및 인용 권리

도서 거래에서 통상적으로 '퍼미션permission'이라고 하는데 이 권리는 어떤 저작권 소스에서 나오는 텍스트의 일부, 사진, 일러스트레이션, 지도, 차트 또는 다이어그램을 또 다른 저작물의 맥락에서 종이인쇄 형태나 전자 형태로 복제할 권리를 말한다. 상대적으로 최근에 신청되는 유형은 맞춤 출판의 맥락에서 좀 더 장문의 초록을 사용하거나 많은 출처에서 나오는 재료를 담고 있는 데이터베이스의 일부로서 사용할 수 있게끔 승인을 받는 것이다. 맞춤 출판은 특정한 대학 과정의 필요들을 충족시키는 것을 목적으로 하며 통상적으로 그 과정을 운영하는 학자들의 작업물을 포함한 여러 출처로부터의 재료를 담은 제본된 책으로 구성된다. 이와 대조적으로 전자 강의집electronic coursepack은 통상적으로 저작권 집중관리 계약을 통해 처리된다.

독서 장애인을 위한 권리

이 권리는 점자로 된 저작물 판본, 특수 카세트 리코딩, 확대된 스크린 디스플레이, 컴퓨터용 음성 지원(텍스트를 말로) 버전을 망라한다. 독서 장애 사용자들에는 난독증을 가진 사람들이나 전통적인 방식으로 독서하는 능력에 영향을 미치는 신체적 장애를 가진 사람들이 포함된다.

단일 음성 낭독 권리

이는 라디오나 텔레비전에서 극화하지 않은 형태로 저작물의 텍스트를 낭독할 권리를 말한다. 현재 이 분야는 팟캐스팅으로 영향을 받기 시작하고 있는데, 컴퓨터를 통해 방송을 다운로드하는 것이 가능하며 그렇기 때문에 아이팟과 같은 MP3 플레이어 또는 스마트폰으로 녹음본을 이전시킬 수 있다.

오디오북 권리

이 권리는 저작물을 축약하든 축약하지 않든 그리고 단일 음성 낭독 형태로든 극화된 형태로든 녹음된 형식으로 생산하는 권리이다. 현재 물리적인 형태의 오디오북은 카세트가 아니라 CD로 많이 생산되고 있으며 전자적으로, 예를 들면 오더블을 통해 다운로드하는 서비스의 인기가 높아지고 있다.

극화 및 다큐멘터리 권리(제15장)

이 권리는 무대나 라디오나 텔레비전이나 영화에서 극화된 형태로 저작물을 공연하는 권리를 망라한다. 라이선시가 요구하는 권리의 범위도 확장되어 모바일폰, 아이팟, 여타 MP3 플레이어와 같은 플랫폼에 오디오 및 비디오 콘텐츠를 다운로드하는 것과 팟캐스팅을 점점 더 많이 포함하고 있다.

상품화 권리(제16장)

이 권리는 저작권이 있는 캐릭터나 디자인을 의류, 벽지, 문구, 도자기류, 가정용품과 같은 아이템으로 복제하기 위한, 또는 완구, 보드 게임, 전자 게임 형태로 이용하기 위한 라이선싱을 말한다. 또한 스낵, 패스트푸드 및 드링크 등의 서비스를 보증하기 위해 캐릭터에 대해 라이선스를 주기도 한다. 라이선싱되는 콘셉트는 도서, 매체에 실리는 연재만화, 영화, 텔레비전 쇼로부터 또는 어쩌면 자신이 캐릭터로 등장하는 도서를 출현시킨 완구로부터 유래할 수도 있다. 영화나 텔레비전 거래에서 이런 권리가 포함되는 것은 아주 중요한 요소가 될 것이다.

복제 및 전자 복제 권리(제17장, 제18장, 제19장)

여기에는 복사기를 이용한 복사에 의해 또는 접속과 검색을 위한 전자적인 수단에 의해 저작물을 복제하는 권리가 포함된다. 문서의 배포와 같은 활동 그리고 저작권 저작물의 축약 사용은 종이인쇄 형태로든 전자적 형태로든 간에 저작권자로부터 직접 라이선스를 받거나 영국 저작권 라이선싱 에이전시와 같은 복제권 기구reproduction rights organization(RRO)의 저작권 집중관리를 통해서 취해질 수 있다.

전자 출판과 멀티미디어 권리(제18장, 제19장)

이는 저작물을 있는 그대로 이용하거나 인핸스트 콘텐츠를 추가시켜서 이용하는 것이다. 그 방법으로는 디지털이거나 광학적이거나 자기적인 특성을 지닌 다양한 저장과 검색 시스템, 컴퓨터와 함께 사용하는 CD-ROM과 같은 고정된 오프라인 전자 매체나 휴대용 기기, 또는 인터넷상의 다양한 플랫폼이나 위성 및 여타의 통신 시스템을 통해 콘텐츠를 전부 혹은 부분적으로 온라인에서 제공하는 것이 있다.

지난 20년간 전자책 분야는 장족의 발전을 했다. 오프라인 전용 제품—예를 들면 CD-ROM 형태의 사전이나 백과사전—과 도서의 텍스트 그대로를 웹사이트를 통해 랩톱, 태블릿, 전자책 전용 단말기 또는 스마트폰에서 접근하는 것 사이의 구분을 할 필요가 있다. 후자는 2차 라이선스의 부차권이라기보다 1차적인 출판권으로 간주될 가능성이 있다. 또한 구글이나 아마존 같은 회사에 허락된 전자 권리의 문제가 있다(제18장 참조). 이런 회사들은 책 전체를 몽땅 디지털화하기를 바라겠지만 사용자들이 검색 기능을 통해 단편적으로만 이용할 수 있게 하거나 그들에게 책의 전체 또는 일부를 적극적으로 판매하기를 원할 수도 있다.

출판사의 권리(판면권)

이 권리는 개별 국가의 국내법에 점점 더 많이 도입되고 있는데 기간은 나라마다 다르다(영국에서는 최초 출판부터 25년). 저작물의 인쇄상 디자인 및 레이아웃과 관련한 별도의 권리로서, 저작물의 저작권 콘텐츠와는 상당히 구분되는 태생적인 가치를 지닌다. 그래서 라이선시가 저작물의 오리지널 레이아웃을 복제하기를 원하고 이것이 여전히 저작권으로 보호를 받는다면 원출판사는 이런 사용에 대해 별도의 사용료를 부과해야 할 것이다. 이 사용료는 작품이 최초로 출판될 때 발생한 디자인과 조판에 대한 기여를 나타내기 때문에 저자와 나눠 갖지 않는다.

공공 대출권: 저자의 권리

공공 도서관이 이용자들에게 저작물을 대출해주는 데 따라 해당 저작물의 저자가 보상을 받을 권리는 저자 개인에 대한 것이며, 출판사는 이런 수입으로부터 나눠 가질 몫이 없다. 이 제도는 영국에서 저자들이 상당한 로비를 벌인 후 1979년 도입되었다(www.plr.uk.com). 이 제도가 도입된 이후 지불액은 1억 4400만 파운드에 달한다. 저자들은 혜택을 받기 위해 본인 저작물이 이 제도에 포함되도록 등록을 해야 한다. 도서관 대출 기록은 선정된 공공 도서관들로부터 매년 집계되어 연간 지불을 위해 통계를 낼 수 있게끔 합쳐진다. 2013년 10월 영국 문화미디어스포츠부의 발표에 의하면 (저자들의 반대에도 불구하고) 공공 대출권에 대한 제반 책임은 대영도서관으로 이전되었다. 하지만 일상적인 업무는 여전히 스톡턴온티스Stockton-on-Tees에 소재한 사무소에서 처리된다. 이 책을 쓰고 있는 시점에 정부는 이 예산을 줄일 의향임을 밝혔다. 2013/2014년 중앙기금은 708만 4000파운드였는데 2014/2015년에는 674만 5000파운드로 감소했으며 2015/2016년에도 동일한 수준에 머물러 있을 것이다. 2013년에 도서의 권당 대여 요금은 6.20펜스로 2012년의 6.05펜스보다 올랐으나 2011년의 6.25펜스보다는 싼 것이었다. 어떤 한 저자에게 지불될 수 있는 최대 금액은 연간 6600파운드이다. 최고 액수를 받는 저자들은 성인용 및 어린이용 인기 픽션 작가인데 그럴 만하다고 생각된다. 2012/2013년에 대출이 가장 많이 된 성인용 픽션 저자 중에는 제임스 패터슨James Patterson, J. K. 롤링, 힐러리 맨틀Hilary Mantel이 고정적으로 들어가 있고 E. L. 제임스E. L. James가 최초로 이 목록에 올랐다. 논픽션 저자 중에 대출이 가장 많이 된 저자들은 제이미 올리버, 휴 편리 휘팅스톨Hugh Fearnley Whittingstall, 클레어 볼딩Clare Balding, 폴 오그레이디Paul O'Grady, 미란다 하트Miranda Hart이다. 어린이용 저서 부문에서 대출이 많이 된 저자는 줄리아 도널드슨Julia Donaldson, 에릭 힐Eric Hill, 믹 잉크펜Mick Inkpen, 제프 키니Jeff Kinney(『윔피 키드Wimpy Kid』의 저자)이다. 한편 '고전' 리스트에서 대출이 가장 많이 되는 저자는 로널드 달Ronald Dahl, 이니드 블라이튼Enid Blyton, 애거서 크리스티Agatha Christie, 조젯 헤이어Georgette Heyer, 찰스 디킨스Charles Dickens이다.

2009년 8월에 영국 문화미디어스포츠부가 발간한 「디지털 브리튼」 보고서는 공공 대출권을 확대하여 전자책 및 오디오북과 같은 비인쇄물을 포함시키겠다는 것을 시사한 바 있다. 이런 기획은 저자협회의 지원을 받았지만 출판협회는 이의를 제기했다. 그 이유는 이런 새로운 형식이 아직 태아기에 있고 출판사가 상당한 투자를 해야 하는 실정에서 이러한 확대가 불법 복사를 유발할 수 있다는 것이다. 2013년 가을 문화미디어스포츠부는 공공 자문을 받았으며, 2014년 5월 정부의 대응이 발표되었다. 요지는 이미 체결된 도서관과의 계약은 그대로 진행되도록 허용되어야 한다는 것이다. 편집자들, 번역자들, 생산자들과 (예를 들면 오디오북의) 내레이터들은 저자들과 더불어 공공 대출권으로 할당되는 몫을 받을 자격이 있을 것이다. 받게 된다면 저자가 60%, 여타의 당사자들이 40%가 될 것이다. 논란이 되고 있는 원격 전자 대출—도서관 내의 단말기에서 접속하는 것이 아닌—은 적어도 초기에는 허용이 되지 않을 것이다. 이 책을 쓰고 있는 시점에 공공 대출권의 규정이 2014년 7월 1일 확장되어 최초의 지불은 2016년 2월에 시행될 것으로 예상되었다.

2013년 6월 저자협회가 다음 사항에 대한 질의를 했을 때 별도의 논의가 촉발되었다. 즉, 다수의 단행본 출판사들이 현재 공공 도서관에서의 전자책 대출에 대해 부차권 수입의 일부로서가 아니라 판매에 대한 인세로(통상적으로 순수입의 25%의 요율로) 회계 처리하고 있는 것이 아니냐는 것이다. 통계에 의하면 전자책 대출이 2010/2011년에 20만 8000건에서 2012/2013년에 97만 2650건으로 증가하면서 이런 논의는 지속되고 있다.

권리 판매의 배후 요인 04

에이전트나 출판사가 다양한 권리의 처리를 허락받았다면 그러한 권리를 가능한 한 광범위하고 신속하게 이용할 것으로 추정할 수 있으며 대부분의 경우 실제로 그렇게 되고 있다. 하지만 권리 판매자가 항상 유념해야 할 것은 라이선싱은 해당 도서의 전반적인 판촉과 관련 당사자들을 위한 수익의 한 측면에 불과하다는 것이다. 저작권 전략은 어느 것이든지 간에 저자와 출판사 모두의 이익을 극대화하기 위해 여타의 판매와 마케팅 활동을 신중하게 계획하고 조정해야 한다.

출판 과정에서 권리의 역할

전반적인 도서 출판 과정에서 권리의 중요성은 관련 도서의 유형에 따라 다양할 것이다. 대부분의 교육, 학술 및 전문 저작물의 경우 도서는 권리 판매를 염두에 두고 기획되지 않는다. 이런 책들은 영어권 시장에서 필요를 충족시키는 것이 목적이며 교재의 경우 주로 책이 쓰인 국가의 교육과정을 위한 것이다. 영국에서 다수의 학술 출판사들은 영연방 국가들과 영어 구사능력이 높은 유럽 국가들의 대학 수준 도서 판매에 크게 의존하고 있다. 어떤 특정 분야에서는 이런 출판사들이 미국 시장에서 미국 출판사들과 경쟁을 모색할 것이다.

하지만 미국 자회사 또는 정규 유통업자가 없다면 미국 출판사에 권리를 인가하는 것이 필요할 수 있다.

초등학교와 중등학교 수준의 도서는 영국 이외의 지역에서 영어로 사용된다면 현지 교육과정에 맞도록 수정해달라는 요청을 받을 가능성이 높다. 영국 출판사가 출판 기능을 가진 해외 자회사를 갖고 있다면 이런 식으로 주요한 프로젝트를 개작할 준비가 되어 있을 수 있으며 그렇지 않으면 개정 작업을 수행할 태세가 되어 있는 현지의 라이선시를 찾을 것이다. 미국이나 오스트레일리아 교재 출판사들은 현지 교육과정에 친숙한 현지 저자와 자체 교재를 개발하는 일이 더욱 보편적일 것이다. 이런 일은 종종 외국어 출판사가 취하는 사례이다. 하지만 어떤 출판사는 교재나 교과과정의 기본 개념이 현지에서 구할 수 없는 종류의 것이라고 생각될 경우 개작을 할 태세가 되어 있을 것이다.

교재의 경우 권리의 판매는 통상적으로 가외적인 것이다. 권리의 판매는 최초에 저작물을 의뢰할 것인가를 정하는 데 결정적으로 중요한 것은 아니다. 그럼에도 권리 판매를 통한 가외의 수입은 환영할 만한 일이며, 저자들은 통상적으로 자기 책이 더욱 광범위하게 이용되고 있다는 것을 알고 기뻐한다. 어떤 경우에는 권리 판매가 특정 시장에, 특히 번역물로 접근하는 유일한 방법일 것이다. 하지만 수입은 극히 미미할 수도 있다. 학교 도서관에서 선호하는 도해가 가득한 참고 도서는 잠재성이 더 클 수 있다.

단행본 출판의 경우 권리의 전반적인 중요성은 매우 다르다. 어떤 프로젝트에 대한 최초 투자는 규모가 클 수 있는데 그 이유는 권리 확보를 위한 선지불이 많거나 해당 도서가 그림, 아트워크artwork, 사진의 사용 의뢰와 컬러 작업 비용 면에서 투자를 많이 해야 할 요소가 있기 때문이다. 둘 중 어느 경우에도 권리를 판매할 수 있느냐 하는 전망은 해당 프로젝트가 성공 가능한지 여부를 가늠하는 중대한 요소가 될 것이다. 최초의 비용을 부담하기 위해 미국과의 거래, 연재 권리 및 외국어 권리를 위한 계약을 준비할 필요가 있을 것이며, 출판사의 저작권 담당 부서는 이 프로젝트에 확실하게 들어가기 이전에 이런 라이선스로부터 발생할 수입이 얼마나 될지 산정하라는 지시를 받을 것이다.

그런 다음 이런 정보는 저자의 에이전트 또는 해외 출판사가 참여하는 이 프로젝트에 대한 경매에 주요한 요소가 될 것이다. 하지만 많은 것은 신청되는 권리의 묶음에 달려 있을 것이다. 저자의 에이전트가 출판 지역이나 허가되는 권리의 범위 모두에서 이러한 패키지를 제약하는 경향이 커지고 있다.

생산비용이 높으면 도서의 생존 가능성은 단위당 생산비용을 낮추기 위해 다양한 파트너들과 대규모의 공동인쇄를 협의하는 데 달려 있을 것이다. 이런 거래가 구체화되지 못한다면 도서의 전반적인 수익성은 타격을 받을 것이다. 그런 경우 권리 판매는 매우 중요하다. 하지만 어떤 경우에는 이러한 거래가 첫 인쇄 시에 전부 협의되지는 않을 것이며 많은 것이 환율 상황에 따라 라이선서가 라이선시에게 받아들일 수 있는 가격을 제시하느냐에 달려 있다. 영국에서 최초의 공동인쇄는 원출판사용과 미국 출판사용 도서로 구성될 수 있는 반면 외국어 공동출판은 인쇄를 별도로 하게 될 것이다. 이런 양상에 대해서는 관련된 장에서 더욱 자세하게 살펴볼 것이다.

최근 수년 동안 회사의 전략과 조화를 이루는 적극적이고 성공적인 권리 운용이 회사의 전반적인 수익성 향상에 지대한 기여를 한다는 것이 분명해졌는데, 특히 단행본 출판 부문이 그렇다. 특히 제조비용이 들지 않는 거래들로부터 발생한 이익 잉여금은 최종 결산 결과를 상당 부분 개선시킬 것이다. 하지만 저작권 관리를 위한 경비—직원 인건비, 여행 경비, 판촉비용, 컴퓨터화된 기록시스템에 대한 투자 포함—가 고려되어야 한다. 저작권 수입은 총 매상고와 직접 비교될 수 없다. 직접 판매의 이익과 권리 거래에서 발생한 이익을 비교하는 것이 정확한 비교라 할 것이다. 이상하게도 영국은 출판권 판매의 숫자와 금액에 대한 완벽한 산업 통계가 없었다. 2004년 영국출판협회는 출판사와 에이전트로부터 좀 더 정확한 데이터를 수집·분석하기 위한 계획을 지원했고, 무역산업부도 첫 시범 제도에 자금을 지원했다. 이 제도는 2006년에 시작되어 2년마다 데이터를 수집하다가 2012년부터는 연간 단위로 시행했다. 영국 출판사들은 대부분 참여했고, 2010년 이래 대부분의 저작권 에이전트들도 부차권 거래에 관한 데이터를 제출했다.

저작권 담당 부서의 정확한 재정적 지위는 출판사마다 다르다. 어떤 출판사는 사업부제로 운영할 것이며 다른 출판사들은 특정한 편집부 또는 임프린트에 보고하는 체계일 것이다. 어떤 저작권 담당 부서는 그룹의 서비스 부서로 운영된다. 이때 수익은 관련 도서를 생산한 편집부 또는 임프린트에 속한 '기타 거래 수입'으로 할당되며 경상비는 그런 고객의 편집활동비로 분담된다.

판매할 것인가 판매하지 않을 것인가

저자와 출판사 모두의 이익을 위해서 어떤 범주의 권리는 판매하지 않거나, 적어도 그것의 판매에 따른 함의를 매우 주의 깊게 생각해보고서 판매하는 것이 바람직한 경우가 있다.

저자/에이전트가 출판사를 상대할 때

기본적인 수준에서 우선 저자 또는 저자를 대신해서 활동하는 에이전트가 본래의 언어로 책을 발간할 출판사를 언제 찾을 것인가 하는 문제가 제기된다. 영어의 경우 다행인 것은 두 개의 큰 시장을 갖고 있다는 것이다. 하나는 영국과 오랜 수출시장인 영연방이고, 다른 하나는 영국보다 국내 인구가 다섯 배 많은 미국 시장이다. 어떤 범주의 책은 양국 시장에 적합하지 않을 것이다. 교재는 대폭 수정하지 않고서는 대서양을 건너는 일이 별로 없다. 한편, 다른 타이틀들은 주제, 영역, 범위 면에서 또는 저작 스타일과 비주얼 디자인 때문에 제한된다. 양 시장에서 잠재성이 있는 도서의 경우 저자나 에이전트가 당면하는 즉각적인 문제는 전 세계를 포함하는 영어판 권리를 대서양의 어느 한편에 있는 단일 출판사에 승인할 것이냐(이 경우 해당 출판사는 모회사나 자회사, 현지 유통업자나 권리 판매를 통해 다른 한편의 시장에 접근하는 것이 양해된다), 또는 처음부터 대서양 양쪽의 출판사들과 별도 계약을 모색하고 독점적 판매 지역과 (통상적으로 오픈 마켓으로 알려지는) 일부 공유 지역의 부여에 합의할 것이냐 하는 것이다. 또한 어떤 경우 캐나다나 오스트레일리아와 같은 개별적인 영어 사용 국가에 별도의 라이선스를 주기 위한 논의가 있을 수 있다.

이런 문제에 당면한 저자나 에이전트는 권리의 허락을 결정하기 전에 몇 가지 사항을 고려해야 한다. 학술 서적의 시장은 너무 규모가 작아서 두 개 이상의 영어판을 별도로 내는 것이 타당하지 않지만 단행본 시장은 훨씬 더 클 수 있다.

먼저 해야 할 일은 관련된 특정 출판사 또는 여러 출판사들이 적합한지 여부를 평가하는 작업이 될 것이다. 대서양 양안에 있는 다수의 출판사들은 이제 다국적 미디어 복합기업의 일부이기에 외부 회사에 2차 라이선스를 주지 않고도 양 시장에서 도서를 판매할 수 있는 능력을 이미 갖고 있다. 그런 출판사에 전통적인 국내 시장만을 제의하는 것은 해당 책을 취급하고자 하는 의욕을 크게 떨어뜨릴 것이다. 설령 대서양의 다른 쪽에 있는 관련 회사가 해당 책을 취급하는 데 적합하지 않다고 할지라도 다수의 출판사들은 권리 허가를 통해 적당한 파트너들과 오랜 기존의 연계를 갖고 있다. 그리고 동일한 일이 대서양 양안에 연관된 회사를 갖고 있지 않은 출판사에 적용될 수 있다. 그러므로 처음에 에이전트가 책을 국내 시장 밖에서 마케팅하는 방법을 규정해두는 것이 필수적이다. 그 이후에 도서를 다른 시장에서 별도로 판매할 것인지에 대해 결정해야 한다. 또한 각 출판사에서 위임을 맡은 편집자의 지위와 평판이 핵심 요소가 될 수 있다.

과거에는 페이퍼백에 대한 2차 라이선스를 주는 권리가 원래의 하드백 출판사에 허락된 권리 패키지에 포함되었다. 현재는 출판사가 하드백과 페이퍼백 권리를 획득하기 위해 가격을 제시할 가능성이 높다. 그리고 페이버백 판은 동일한 출판 그룹('수직 출판') 내의 페이퍼백 임프린트가 출판할 가능성이 높다. 그런 역량이 존재하지 않는다면 하드백 출판사는 페이퍼백 출판사와 제휴하여 출판권에 대한 가격을 제시하는 선택을 할 것이다.

영국에서 저자나 에이전트가 출판사를 최초로 접촉할 때 매우 중요한 것은 출판사가 미국 권리, 페이퍼백 권리, 연재 권리, 번역 권리 및 여타의 핵심적인 권리를 처리한 경험과 자원을 갖고 있는지, 또는 그런 것을 가장 잘 보유하고 각각 잘 판매하는지 여부에 대한 현실적인 평가를 해야 한다는 점이다. 에이전트들은 최초 연재 권리와 번역권 판매를 유보하고 있다가 해외의 위탁판매자subagent 네트워크를 통해 넘기는 경우가 종종 있다. 또한 그들은 이러한 해외 에이전시가 해당 지역에 특별한 전문성을 갖고 있다면 영화, 텔레비전, 상품화 권리 등의 판매를 유보하고 싶어 할 것이다.

하지만 하드백 출판사에 제공되는 권리의 전체 패키지가 그 출판사가 저작물을 완전히 맡을 것인지 여부를 결정하는 데 틀림없이 영향을 미치리라는 점을 기억해야 할 것이다. 저작권 담당 부서가 설치되어 적극적으로 일하는 출판사는 통상적으로 가능한 한 광범위한 권리를 확보하려고 노력할 것이며 핵심 분야의 권리를 넘기지 않는 것은 부정적인 결정을 낳을 수도 있다.

같은 책을 놓고 상이한 당사자가 다른 권리들을 통제하는 것은 주의 깊게 고려해야 한다. 계획이 신중하게 조정되지 않으면 문제가 발생할 수 있기 때문이다. 예를 들면, 영국과 미국에 별도의 판본이 존재하고, 양 출판사가 모두 오픈 마켓 지역에 접근하는 경우 그렇게 될 수 있다. 만약 연재 권리를 원래의 하드백 출판사가 아니라 저자의 에이전트가 보유하고 있다면 시기의 문제가 논의됨으로써 출판 이전 초록을 제공하는 일정이 책을 위해 최대한의 홍보 가치를 제공해야 한다. 또한 미국에 연재 권리를 판매할 때는 영국 내 거래를 위한 시기와 비밀 유지에 악영향을 끼치지 않는다는 것을 보장하는 일이 대단히 중요하다. 번역권 판매도 시기에 대해 신중하게 고려할 필요가 있다. 예를 들면, 원래 영어로 된 하드백을 출판한 뒤 바로 이어서 네덜란드어 번역판을 출시하면 오픈 마켓에서 영국 페이퍼백 판의 초기 수출판 판매에 악영향을 미칠 수 있다. 동전의 뒷면과 같이, 네덜란드의 단행본 출판사들은 초기 영어 수출판이 영어 독해 능력이 높은 자국 시장에 등장한다면 번역권에 상당한 금액을 지불하기를 꺼릴 것이다.

출판사가 라이선시를 상대할 때

출판사와 직접 상대하는 다수의 교육 및 학술 부문 저자들은 권리 협상을 진행할 시간이나 경험이 없을 것이다. 그런 경우 저자들은 통상적으로 출판사에 권리를 통째로 허락한다. 그런 출판사에 근무하는 저작권 담당 직원은 직접 판매를 담당하는 동료와 철저하게 협의하지 않고 권리를 판매하면 위험한 상황에 처할 수 있음을 인식해야 한다. 스칸디나비아 또는 네덜란드에 있는 핵심 지역에서 대학생 교재의 번역권을 생각 없이 팔아버리면 그런 시장의 대학에서 어렵사리 따낸 영어판의 채택을 무위로 돌릴 수 있다. 똑같은 상황이 전통적으로 영국 학술 출판사의 아주 유망한 수출시장인 인도에서 주요 의학 교재의 힌디어판 저작권 라이선스에 적용될 수 있다(비록 가격에 대한 현지의 우려 때문에 현재는 특별히 가격이 낮은 학생판을 공급하거나 신뢰할 수 있는 현지 파트너에 저가 리프린트를 허가하는 것이 바람직할 수 있다고 할지라도). 권당으로 놓고 보면 원출판사는 라이선싱된 판의 판매에 의한 것(인세에서 출판사가 취하는 몫)보다 원래의 영어판(수출 할인가가 적용된 도서 가격)으로부터 항상 더 높은 수익을 얻을 것이다. 전반적인 결정은 라이선싱된 판이 훨씬 더 많이 팔릴 것이냐에 달려 있을 수 있다. 그러므로 영어 독서 능력이 높은 국가에서 번역권을 허가할 때는 어떤 영향을 미칠 것인지를 정말로 잘 생각해야 하는데, 특히 번역권이 출판사의 통제하에 있지 않을 경우 더 그러할 필요가 있다.

극도로 신중을 기할 것이 요구되는 다른 핵심 영역은 개도국들과 신흥국들이 국내 시장에서 특히 영어 교수 재료와 주요한 학술 교재의 저가 영어 리프린트를 요구하는 경우이다. 판매에 미치는 영향을 신중하게 논의하지 않는 한 그런 라이선스를 자동적으로 승인하지 않는 것이 매우 중요하다. 이런 시장에서는 원출판사가 생산하는 특별 저가판을 통해 혹은 이용 가능한 보조금 지원 제도를 통해 정말로 필요한 수요에 부응하는 것이 더 좋은 방법이 될 수도 있다. 이 복잡한 영역은 제10장에서 상세하게 다룰 것이다.

회사 내부 라이선스

영국, 미국, 유럽의 출판계에서 많은 출판사들이 대형 다국적 그룹으로 통합되는 현상이 필연적으로 저작권 시장에 영향을 미친다는 점을 염두에 두는 것이 중요하다. 어떤 출판 그룹이 한 도서를 세계의 모든 언어로 출판할 수 있는 권리를 통제한다면, 이 회사는 외부 파트너에게 라이선스를 허가하지 않고 대신에 산하 기업을 통해 다양한 형태와 언어로 발간하는 선택을 할 수 있다. 영어가 점점 더 국제어가 되어가고 있기는 하지만 특히 학술 출판에서 현지어판의 필요성은 사라지지 않았다. 1990년대부터 몇몇 영국의 학술 출판사들은 유럽에서 외국어 출판 활동을 시작했다. 그 방법은 맥그로힐McGraw-Hill, 하커트Harcourt, 존 와일리John Wiley, 프렌티스 홀Prentice Hall과 같은 미국의 대형 출판사들이 보여준 것처럼 기존 회사를 합병하거나 자회사를 설립하는 것이었다. 하지만 보유한 모든 타이틀을 번역 출판할 의향이나 능력을 갖춘 출판사는 별로 없었다. 일반적인 경향은 정해진 주제 영역의 핵심 교재에 집중하는 것인데, 이는 필연적으로 독립적인 라이선시와의 관계에 영향을 미쳤다. 이런 라이선시들은 별로 성공하지 못한 타이틀의 권리를 제의받고 있다고 생각했을 것이다. 단행본 출판사 중에는 이런 정책을 취한 회사가 별로 없었다. 하지만 펭귄사의 해외 지부가 2005년 인도에서 소규모 힌디어 출판에 착수했다. 영국을 돌아보면 어린이책 출판사 어스본Usborne은 상당히 다른 길을 택해서 이제 자체 타이틀을 프랑스어, 네덜란드어, 이탈리아어 및 스페인어를 포함한 몇몇 언어로 번역, 출판하고 있다.

산하 기업에 라이선스를 허가하는 것에 관한 재무 정책은 회사마다 다양하다. 자회사가 독립적인 라이선시와 다를 바 없이 상업적인 대가를 지불하는 경우도 있고, 권리가 유리한 조건으로 양도되는 경우—새로 설립한 자회사의 타이틀 목록을 구축하는 수단으로 종종 사용된다—도 있다. 후자의 과정을 따르게 되면 저자에게 미치는 영향을 고려하고 아마도 '내부적인' 라이선스에 대해 저자에게 특별한 비율의 인세를 적용하는 정책 결정을 취하는 것이 현명할 것이다.

몇몇 유럽 출판 그룹은 자국어 지역 밖의 시장으로 진출하는 데 반대의 경로를 택했다. 독일과 네덜란드의 주요한 과학 및 법률 출판사 대부분은 여러 해 동안 영어로 된 책을 광범위하게 출판했으며, 영국과 미국에 지사를 설치했다. 베르텔스만Bertelsmann, 홀츠브링크Holtzbrinck와 같은 출판 그룹은 대서양 양안에서 회사를 인수하고 자회사를 설립했다. 이런 모든 상황 전개는 권리 판매 가능성에 영향을 미치고 있다.

권리 판매 I

05

누가, 어떻게 하는가?

누가 권리를 운용해야 하는가?

이상적인 답변은 전문 담당 직원이 해야 한다는 것이다. 저작권 에이전시에 채용되어 있든지 출판사 내에서 일하고 있든지 간에 그렇다. 앞에서 언급한 바와 같이 권리 판매의 중요성은 1960년대 이래 크게 증가했다. 다만 그 중요성은 다음과 같은 상황 변화에 의해 필연적으로 영향을 받았다. 즉, 하드백과 페이퍼백의 수직 출판, 동일한 출판 그룹 내에서의 다국어 출판, 에이전트가 특히 단행본 부문에서 출판사에 허가하는 권리에 대한 제약의 증가 등이다. 긍정적인 측면은 디지털 시대에 저작권 비즈니스의 새로운 대로가 열렸다는 것이다.

저작권 에이전시의 피고용자는 당연히 전문 직원이다. 그들의 개인적인 책임 분야는 기능에 의해(예를 들면 번역권, 영화권) 또는 저자에 의해 구분될 수 있다. 중형 출판사에서부터 대형 출판사에 이르기까지 사내의 전문 저작권 부서는 직원 한 명이 컴퓨터 한 대에 단순한 기록 시스템만을 가지고서라도 시작하는 것이 바람직하다. 저작권 부서의 적정 규모는 타이틀 목록의 규모와 판매 가능한 권리의 범위 및 회사 내에서 저작권이 얼마나 중요하게 인식되는지에 달려 있을 것이다. 규모가 대단히 작고 또는 생긴 지 얼마 되지 않는 신규 출판사일 경우 한 사람의 직원이라도 저작권 업무를 전담한다는 것은 불가능할 것이다. 그런 경우 권리 거래는 그때그때 임시적으로 처리되어야 할 것이다. 담당은 주로 편집, 판촉, 영업 또는 어쩌면 제작 부문의 직원이 맡게 될 수도 있다. 하지만 저작권 비즈니스의 규모가 커지면 이 분야에서 선제적인 작업을 하기 위해 시간과 자원을 더 투입하는 것이 중요하다. 저작권을 누가 처리하든지 간에 어떤 권리가 이용될 수 있는지 그리고 권리 판매가 복잡해질지(저작물의 허가가 원래의 판에 포함되는 것으로 제한되고, 라이선스가 계속되려면 재청산이 이루어져야 할 제3자의 저작권물을 포함하는 경우) 여부에 관한 핵심적인 계약 정보에 접근하는 것이 중요하다. 이런 정보는 복잡하고, 통상적으로 관련 도서의 최초 출판 장소에서 보관하고 있다. 이 정보는 각 타이틀의 저작권 현황에 관한 상세한 배경 지식 없이 지역 내에서의 권리를 신청하는 데 대한 책임을 해외 직원—예를 들면, 다국적 출판 그룹의 현지 사무실에서 일하는 영업 담당 직원—에게 위임하는 것이 현명한 일인지를 판단하는 데 영향을 미칠 것이다.

저작권 담당 직원이 업무의 지속성을 유지하는 것이 중요한데 그 이유는 이 일 역시 계약의 한 분야이기 때문이다. 내부적으로 회사의 기록과 아카이브에 있는 정보에 접근하는 방법에 대한 기억과 지식은 지극히 귀중하다. 외부적으로 라이선시들은 정기적인 파트너로서 시장을 이해하고 어떤 프로젝트가 그들에게 관심이 있을지를 알고 있는 권리 판매자와 관계를 구축하고 싶어 한다. 그들은 직원이 수시로 교체되면 당혹스러워한다.

어떤 직무 능력이 요구되는가?

직무 능력은 종류가 많고 다양하여 때에 따라서 한 개인이 다 지니기가 어려울 정도이다.

① 다양한 형태와 시장을 지닐 수 있는 프로젝트의 판매 가능성에 대한 직관적이고 정보에 입각한 판단을 내리는 것은 매우 중요하다. 이는 단행

본 출판에서 특별히 중요한 능력일 수 있다. 단행본은 권리 거래가 출판 과정의 주요한 부분이며 저작권 담당 직원의 견해가 프로젝트의 콘텐츠와 디자인을 형성하는 데 핵심적인 요소일 수 있다. 새로운 환경에 적응하는 능력은 필수적인데, 특히 새로운 미디어와 시장이 추가적인 라이선싱 가능성을 제공하기 때문이다.

② 처리될 프로젝트의 범위에 관한 상세한 지식을 갖추면 개별 고객의 광범위한 요구사항을 충족시킬 수 있다. 구간舊刊을 포함해서 타이틀 목록이 많으면 많을수록 신속하고 정확하게 적합한 타이틀을 받아들일 필요성이 더 크다.

③ 핵심적인 라이선싱 시장에 관한 상세하면서도 최신의 지식을 구비할 수 있는 능력이 있어야 한다. 여기에는 특정 시장의 경제 및 정치 환경을 파악하기에 적합한 출판물에 대한 정기적인 독서, 상이한 저작권 배경(예를 들면 상이한 보호조건)을 가진 시장에 대한 지식, 적합하지 않은 타이틀이나 콘텐츠를 제의하지 않기 위한 해당 시장의 문화적 기대에 대한 인식, 해당 지역에서 또는 국제 도서 전시장에서 해당 시장의 라이선시들을 만나고 뉴미디어 발전에 관한 자신의 지식을 갱신하는 활동이 포함된다.

④ 비록 판매 기법이 제품의 성격, 목표 시장, 판매자와 구매자의 개성에 따라 다양할 수밖에 없다고 할지라도 권리 판매에서 진정한 재능과 열정은 필수적이다. 같은 저작권 매니저라도 미국 출판사와 중국 출판사를 거래할 때 아마도 상당히 다르게 활동해야 할 것이다. 강력하고 적절한 협상 기술이 필수적이다. 단행본 권리 담당자가 재능 있는 젊은 소설가의 데뷔 작품이나 기발한 일러스트레이션을 가진 어린이책에 대해 열성적으로 의사소통을 하고자 하는 것은 당연하다. 이와 대조적으로 학술서 권리 판매자는 어떤 타이틀이 다루는 콘텐츠의 범위, 전문 용어 및 경쟁 관계에 있는 다른 출판사의 타이틀들에 관해서 정통할 필요가 있다.

⑤ 비록 저작권의 모든 영역이 언어적 기술을 요구하지 않는다고 할지라도 해당 영역에서 일하는 저작권 담당 직원은 적어도 적절한 출판 용어를

구사할 수 있을 정도는 외국어를 말할 수 있어야 한다.

⑥ 다양한 저자와 에이전트는 물론 자기 출판사 내부의 모든 수준에 있는 다양한 직원—사장에서 배송 담당 직원에 이르기까지—을 효과적으로 다룰 줄 아는 능력이 있어야 한다. 이렇게 하려면 훌륭한 커뮤니케이션 기술이 필요하다.

⑦ 편집 및 제작 과정에 관해 정통한 지식이 중요하다. 공동출판 프로젝트를 추진할 때 제작 과정에 대한 지식은 특히 중요하다. 이를 위해 제작 부서와 정기적으로 소통해야 할 것이다.

⑧ 건실한 수리 감각은 필수적이다. 분주하거나 스트레스를 받는 상황에서 재무적인 계산을 해야 할 때가 종종 있다. 예를 들면, 소란한 도서전에서 그럴 경우가 있다. 이는 특히 공동출판 거래를 취급하는 직원에게 중요하다.

⑨ 저작권 담당 직원은 광범위한 협상을 동시에 수행할 수 있어야 하는데 서로 다른 단계에 있는 각각에 대한 통제를 잃지 말아야 한다. 업무의 우선순위를 정하고 마감일을 지키는 것이 매우 중요하다.

⑩ 상이한 라이선시들의 이익 사이에 충돌이 없게 하고 오리지널 판본의 직접적인 판매에 부정적인 영향을 미치지 않으면서 권리 거래를 빈틈없이 해내기 위해 프로젝트를 분명하게 개관할 줄 아는 능력이 필요하다.

⑪ 빈틈없는 계약과 함께 거래의 모든 측면을 조율하는 능력은 필수적이다. 세세한 계약 업무를 단순히 즐거워서 하는 경우는 드물다.

⑫ 또한 기억력이 뛰어나야 한다. 상세한 내용을 잘 기억하고 시스템(과 부하 직원이 있다면 그들)을 조직하는 능력을 갖춰야 한다. 이런 능력을 갖춘 직원은 불가피하게 일상적이고 지루한 절차들을 따르는 복잡한 업무를 효과적으로 처리할 수 있을 것이다.

⑬ 대부분의 사무실 업무와 마찬가지로 이제 키보드에 대한 숙달과 데이터베이스를 처리하는 능력은 저작권 담당 직원에게 필수적이다. 소셜 미디어를 사용하는 능력은 점점 더 유용할 것이다.

⑭ 저작권 업무는 통상적으로 매년 봄, 가을에 집중적으로 개최되는 주요 도서전 때문에 계절적인 압박을 받게 된다. 한 사람의 저작권 담당 직원이 3월에는 볼로냐에서 비교적 여유 있게 식도락을 즐기고 9월에는 모스크바나 베이징으로 이동하여 교통지옥을 견디다가 그 뒤 10월에 바로 프랑크푸르트 도서전에서 홍역을 치르려면 상당한 인내력과 홍정 수완, 신체적이고 정신적인 스태미나와 적응력이 필요할 것이다. 업무 여건은 다양할지 모르지만 저작권 담당자의 역할은 동일하다. 적절한 파트너에게 최상의 조건으로 권리 판매를 성공시키는 일이다.

⑮ 저작권 활동에 대해 저자, 저자의 에이전트 그리고 출판사 내부 담당 직원과 경영층에 보고를 효과적으로 하는 것이 중요하다.

이런 특성(판매를 위해 요구되는 외향적 측면, 계약 작업을 위해 필요한 꼼꼼한 눈 그리고 저작권 활동이 계속 진행되도록 하는 데 필요한 조직력)을 골고루 갖춘 사람은 드물다. 저작권 업무에 전문화된 출판계의 인력은 상대적으로 얼마 되지 않는다. 영국에서 그리고 어느 정도는 미국에서도 이 분야는 여전히 여성이 대부분 차지하고 있다. 그래도 저작권 에이전시 업계의 경우는 편중이 덜한 편이다.

훈련

훈련은 통상적으로 '직장 내에서 실무를 통해' 하게 된다. 하지만 영국의 대학(특히 스코틀랜드의 스털링 대학교University of Stirling와 네이피어 대학교Napier University, 옥스퍼드 브룩스 대학교Oxford Brookes University, 케임브리지의 앵글리어 러스킨 대학교Anglia Ruskin University, 러프버러 대학교Loughborough University, 킹스턴 대학교Kingston University, 런던의 시티 대학교City University, 런던 칼리지 오브 커뮤니케이션London College of Communication 및 유니버시티 칼리지 런던University College London)에서는 저작권 부문이 포함된 전문적인 출판 과정이 늘어나고 있으며 통상적으로 외부의 저작권 전문가를 데려다가 가르친다. 영국의 출판계는 런던에 위치한 북하우스Book House의 출판훈련센터Publishing Training Centre를 통해 다수의 훈련 코스를 운영한다(Ground Floor, Crowne House, 56-58 Southwark Street, London E1 1UN; tel. 0208-874-2718; www.train4publishing.co.uk). 과정은 분명히 편집, 마케팅, 직접 판매 직원을 위해 설계되었으며 때때로 간단하게 저작권 요소가 포함되는데 이는 다른 출판 기능과 관련하여 그 역할을 이해하기 위함이다. 또한 이 센터는 오랫동안 연간 2~3회에 걸쳐 권리 판매에 관해 정규 3일 과정을 운영했으며 강사는 저작권 부서, 저작권 컨설턴트 회사, 저작권 에이전시에서 일하는 사람들을 초빙했지만, 현재는 이 프로그램이 제공되지 않고 2014년 7월부터 유니버시티 칼리지 런던의 정보연구학과의 후원하에 권리 판매에 관한 2일 코스가 제공된다(자세히 알아보려면 infostudiesenquiries@ucl.ac.uk로 문의하라). 현재 출판훈련센터는 1일 코스로 세 개의 관련 분야 강의를 제공하는데, 저작권에 관한 기초 소개, 수익을 내는 허가, 그리고 저작권과 디지털 시대 법률 준수에 관한 강의가 있다. 이는 출판사에서 일하는 직원용 사내 강의이다.

퍼블리싱 스코틀랜드Publishing Scotland(137 Dundee Street, Edinburgh EH11 IBG; tel. 0131-228-6866; www.publishingscotland.org)도 저작권, 계약 및 라이선싱에 관한 강의를 때때로 주최한다.

국가 직업 자격National Vocational Qualification(NVQ) 제도가 없어진 이후 저작권 담당 직원이 이용할 수 있는 공식적인 자격은 없다.

저작권과 라이선싱에 관한 몇몇 과정은 해외(특히 중국, 중유럽 및 동유럽 국가들 그리고 최근에는 아랍 국가들)의 출판사들을 위해 운영된다. 후원기관은 영국문화원British Council, 소로스 재단Soros Foundation, 세계지적재산권기구, 프랑크푸르트 및 런던 도서전과 국제출판협회이다. 어떤 경우에는 현지어로 된 핸드북이 제공된다. 과정은 현지 수요에 맞게 조정되며 관련 국가에서 운영된다.

저작권 전문 경력?

앞에서 언급한 바와 같이 저작권 분야는 작지만 인기가 있다. 특히 대학에서 출판학을 전공하고 졸업한 사람들에게 그렇다. 저작권 담당 부서에서 충원이 필요할 때 경영층은 분명히 유경험자를 선호할 것이므로 타사 직원을 채용하려고 하거나 내부 직원으로 채울 것이다. 하지만 공채를 한다면 출판 학위를 취득하는 데 시간과 돈을 투자한 후보자가 유리한 입장에 설 것이다. 직접 해본 경험은 실무 연수에 불과하다고 할지라도 말이다. 저작권 분야에 정말로 발을 들여놓고 싶은 사람은 타이틀 목록이 특별히 관심을 끄는 회사를 찾아서, 비록 현재는 충원 계획이 없다고 할지라도 정보가 서류철에 보관되어 있도록 저작권 담당 부서장에게 자기소개서와 함께 이력서를 보내놓는 것이 좋을 것이다. 누구든지 출판계에서 일하고 싶은 사람은 시간을 들여서 자기가 어떤 유형의 출판을 선호하는지 생각해보는 것이 현명하다. 왜냐하면 단행본 출판사나 교육 혹은 학술 출판사에서 일하는 것은 큰 차이가 있기 때문이다.

업무 처리

06

기초 업무

기본적인 기록 관리

초기에 저작권 부서가 얼마나 작든지 간에 그런 활동의 중심은 각 프로젝트의 정확한 상태와 언제 어디로 누구에게 오퍼가 이루어졌는지가 기록되는 중앙집중화된 시스템이어야 한다.

타이틀 목록이 매우 적을 경우 직원 한 명이 머릿속으로 오퍼 중이거나 판매된 각 프로젝트의 상세한 내용을 기억하는 것이 가능하겠지만, 사무실을 떠나 있거나 주요한 도서전을 앞두고 병에 걸리게 되면 별 소용이 없을 것이다.

기록 시스템의 유형은 다양하지만 기본적인 목적은 동일해야 한다. 각 시장에서 각각의 타이틀에 발생하고 있는 것―판매될 수 있는 저작권에 대해 지역적으로나 기간적인 제한에 의해 또는 저작권의 범주에 의해 가해지는 제한을 포함하여―을 요약하여 신속하게 이용할 수 있게 하는 것이다. 또한 그것은 각 저작권 고객에게 판매되었거나 오퍼가 이루어진 모든 타이틀의 요약을 제공해야 하는데, 그것은 사실상 고객의 관심 분야와 구매 패턴을 보여주는 프로필에 해당한다. 또한 기록 시스템은 저자에게 직접 혹은 에이전트를 통해 지불해야 할 저작권 수입의 범주별 요율을 상세히 보여줄 수도 있다.

기록이 기록 카드를 통한 수기 시스템으로 유지된다면 이는 데이터에 대한 복식 기입을 포함할 것이다. 따라서 어느 책이 덴마크 출판사에 번역 출판을 고려하도록 제안된다면 그 상세한 내용은 해당 타이틀과 관련된 도서 기록 카드와 함께 덴마크 고객과 관련된 고객기록 카드에 기입하게 될 것이다. 타이틀 기록은 해당 도서의 저작권 상황에 대한 간략한 개관을 제공하는 데 필수적이다. 저자가 전화해서 진행 상황을 묻거나 또는 특정 시장에서의 저작권 상황에 대해 질문을 할 경우 매우 중요하다. 고객 프로필은 그 고객을 대면하는 미팅을 준비할 때 매우 유용하다.

대부분의 저작권 에이전트와 출판사들은 1980년대 말과 1990년대 초에 컴퓨터화된 권리 거래 시스템을 도입했으며, 이는 데이터의 유지와 검색에 혁명을 가져왔다. 그런 시스템은 메일머지mailmerge 기능(문서 중에 기입되는 주소나 성명 등을 다른 파일의 실제 데이터로 바꾸어 여러 다른 문서를 한꺼번에 완성시킬 수 있는 기능—옮긴이)을 가진 파일에 일련의 기본 서식들을 링크시키면, 가령 교정쇄를 보내고 잠재적인 라이선시에게 검토할 도서나 전자 파일을 발송하며 결정 사항을 추적하고 기한이 지난 계약과 지불에 대한 후속 조치를 취하며 시효가 만료되는 라이선스를 찾아내는 것과 같은 일상적인 절차들을 완전히 바꾸어놓을 수 있다.

저작권 데이터베이스는 사내에서 생산된 단순한 스프레드시트로 구성될 수 있지만 보고 방법과 추가 기능 면에서 정교화 정도가 다양한 몇몇 전문가 시스템이 이용될 수 있다. 영국에서 적정한 가격의 저작권 기록 시스템 패키지(라이츠매니저RightsManager)는 브래드버리 필립스 인터내셔널 사Bradbury Philips International Ltd.(www.bradburyphilips.co.uk)에서 구할 수 있다. 이 시스템은 아마도 대형 학술 출판사보다 중소형 출판사나 에이전시에게 더 적합할 것이다. 퍼미션을 관리하고 산정하는 또 다른 패키지들을 이용할 수 있으며, 이 중에는 저작권 에이전트를 위한 특수 회계 패키지가 있다(에이전시매니저AgencyManager). 판매와 더불어 권리 획득을 처리할 수 있는 다른 시스템은 '댓츠라이츠!That's Rights!'(www.thatsrights.com)이다. 이는 인세 관리를 위한 기능도 제공한다. 또한 브라이트아이 인터내셔널 라이츠 데이터베이스Brighteye International Rights Database(www.

brighteye.ltd.com)가 있는데 이는 공동출판과 라이선싱 거래와 '더 라이츠 매니저The Rights Manager'(www.therightsmanager.co.uk)를 포함한 판촉과 판매 과정을 포함한다. 다양한 출판 소프트웨어 솔루션을 생산하는 몇몇 회사들은 그러한 솔루션이 지니는 기능의 일부로서 저작권 관리를 포함한다. 포커스 온 퍼블리싱 소프트웨어Focus on Publishing Software(www.focusservice.co.uk)는 스티손Stison(www.stison.com) 및 퍼블리싱 테크놀로지Publishing Technology(www.publishingtechnology.com)와 마찬가지로 저작권 관리 모듈을 포함한 출판 및 회계 통합 시스템을 제공한다. 한편 SAP 올인원 퍼블리셔스 포트폴리오SAP All-in-One Publishers Portfolio(www.ciber-uk.com/media/publishing)에는 SAP IPMIntellectual Property Management이 포함된다.

좀 더 광범위한 출판 요구사항을 포함하고 사내 부서들을 연결시키는 값비싼 대안은 클로포텍 CR & RKlopotek Contracts, Rights and Royalties 시스템이다. 이는 계약서 작성-맞춤화될 수 있는 파일에 다양한 템플릿으로 기본계약서 및 라이선스 계약서 제공-과 함께 오리지널 판본 계약과 라이선스 계약 둘 다를 위한 저작권 관리와 인세 관리를 아우르는 통합 패키지를 제공한다(www.klopotek.com). 또한 버투세일즈Virtusales(www.virtusales.com)가 개발한 출판 솔루션 소프트웨어 프로그램인 비블리오3Biblio3에도 저작권 요소가 있다. 이런 패키지에 들어있는 저작권 요소는 통상적으로 각 출판사의 특정한 요구사항을 충족하기 위해 조정될 필요가 있으며 상당한 투자가 필요할 것이다.

어떤 대형 출판사는 내부에서 자체의 컴퓨터 시스템을 개발하거나 또는 전문적으로 설계된 시스템-통상적으로 부서 직원 개개인을 위한 워크스테이션을 가진 독립적인 네트워크-을 개발하기 위해 외부 컨설턴트를 이용한다. 또한 이러한 시스템은 출판 프로그램, 일정, 홍보 자료, 비용, 재고 수준 등에 관한 최신 정보를 알아보기 위해 회사의 메인 시스템에 연결될 수 있다.

잘 설계된 컴퓨터 시스템은, 절차마다 데이터가 한 번만 입력되고 그런 다음 타이틀별로 또는 고객별로 검색될 수 있는 수기 시스템보다 장점이 많다. 절차들(옵션 또는 제안에 대한 결정, 제시된 금액에 대한 동의, 계약의 무효화, 계약의 유효 여부가 달려 있는 선인세나 일시불과 같은 핵심적인 지불의 송금 등)에 대한 추적을 편리하게 하기 위해 보고서들이 핵심 단계에서 협상이 어떻게 진행되는지를 파악하는 데 이용될 수 있다. 또 다른 좋은 기능은 도서전과 다른 미팅에서 사용할 수 있는 상세한 고객 프로필을 제공할 수 있다는 것이다. 이러한 정보는 고객들의 이름과 핵심적인 접촉자의 담당 업무, 이미 종료된 거래의 간단한 상세 내역, 오퍼 또는 협상 중인 타이틀 목록, 아직 출판되지 않았거나 다른 곳에서 오퍼 중인 도서들을 위해 그동안 고객이 관심을 보여온 타이틀들에 대한 상세한 내용을 포함할 수 있다. 또한 복잡한 시스템들은 라이선스 유형별, 시기별, 언어별, 지역별, 독자 수준별, 주제 분류별 권리 판매 분석을 제공한다. 표준 서식(예를 들면 제안서, 옵션 독촉장 등)이 운영되고 고객 주소 데이터베이스와 메일머지 기능으로 연결될 수 있다. 저작권 데이터베이스가 권리 거래에 관한 재무 정보를 완전히 포함시킬 것인지 여부에 관한 문제는 회계 기록이 저작권 부서 자체에서 관리되는지에 달려 있을 것이다(소규모 회사에서는 통상 그렇다). 대형 회사에서는 저작권 시스템이 라이선스의 유효성이 달린 최초 선인세나 일시금 지불의 수령만을 기록하도록 설계하고 다만 저작권 담당 직원이 라이선스 수익을 관리하는 인세 담당 부서의 데이터베이스에 접근하는 것을 허용하는 방식을 선호할 것이다. 이러한 링크–읽기전용을 기반으로 하는–를 통해 저작권 담당 직원은 예상된 수입을 받았는지 여부를 점검할 수 있고 또한 인세 담당 직원은 신원을 확인할 수 있는 충분한 데이터가 없는 라이선시로부터 들어온 수익을 계상하는 데 도움을 받을 수 있을 것이다. 시스템이 랩톱에서 운영된다면 손쉽게 도서전이나 세일즈 여행에 가지고 다닐 수 있을 것이다. 하지만 여러 저작권 담당 직원이 도서전에서 현장 데이터를 입력하기 위해 동시에 접속할 수 있는 기능을 갖춘 시스템을 가지고 다니는 것은 꽤 까다로운 문제일 수 있다.

컴퓨터화된 저작권 데이터베이스를 구축하기 위한 정확한 가이드라인을 제공하는 것은 어려운 일이다. 왜냐하면 정확한 요구사항이 저작권 담당 부서나 저작권 에이전시의 필요에 따라 크게 다를 것이기 때문이다. 예를 들면, 통상적으로 출판물의 권리를 완전히 통제하고 있는 출판사를 위한 시스템은 권리 항목 각각의 소유권을 목록화하는 기능을 요구하지 않을 것이다. 반면, 제한된 범위의 권리만을 승인받은 출판사나 에이전트는 이런 기능을 필요로 하는 것이 당연하다. 삽화가 들어간 책의 공동출판 거래에 전문화된 출판사는 학술 출판사—자기 타이틀의 후속 개정판을 위해 권리 거래들을 추적하고 그것들과 관련을 맺을 필요가 있는—로부터 아주 다양한 요구들을 받을 것이다. 거의 전적으로 옵션option 기준으로 활동하는 출판사들—예를 들면 대다수의 교육 및 학술 출판사들, 후술할 "옵션, 복수 제안 또는 경매?"를 참조—은 '대기queueing' 기능이 유용한 것을 알게 될 것이다. 이를 통해 몇몇 출판사가 특정한 언어로 책을 출판할 수 있는 권리 획득에 관심을 보일 때 최적의 옵션 순서가 매겨지고, 1순위인 출판사가 해당 도서를 거절하면 자동적으로 리스트가 조정될 수 있다. 보고 요구는 상당히 다양할 것이다. 대형 출판사는 임프린트별, 편집부별 또는 어쩌면 시리즈나 주제 부문별—예를 들면 특정 시장에서 모든 컴퓨터 타이틀의 저작권 현황—로 보고를 할 필요가 있을 것이다.

시스템 설계의 책임을 누가 지든지 간에 저작권 활동에서 정확히 필요한 것들이 고려되어야 하고 매우 상세하게 논의되어야 할 것이다. 몇몇 문제는 실제 데이터를 올리고 검색이 요구되는 형태로 되는지 여부를 테스트하는 과정에서만 나타날 가능성이 있다. 모든 컴퓨터화 프로젝트에는 (시간과 비용 면에서) 이에 대한 대비가 있어야 한다.

한 가지 경고를 해두자면, 저작권 시스템이 컴퓨터화되면 전체 활동은 언제나 적절하게 기능하는 하드웨어와 소프트웨어 모두에 의존할 것이다. 둘 중 어느 하나가 기능을 제대로 발휘하지 못하면 저작권 기능을 마비시키는 결과를 초래할 것이다. 아주 가능성이 작기는 하지만 도서전이나 세일즈 여행에서 손으로 수많은 데이터 목록을 뒤져야 할 수도 있다. 데이터는 매일 업무 종료 시에 백업을 해야 한다. 하드웨어의 사용 시한은 구매 또는 임대를 위해 예산을 책정할 때 고려되어야 하며, 하드웨어와 소프트웨어 모두 다 완전한 유지관리가 매우 중요할 것이다. 또한 시스템을 의뢰하는 출판사들은 도서전이나 세일즈 여행에서 한 명 이상의 직원이 사용하기 위해 랩톱에 다운로드할 수 있는 데이터베이스를 원하는지 여부를 고려해야 한다(제8장 참조).

시스템을 업그레이드할 생각도 해야 한다. 용량을 늘리고 보고에 대한 새로운 요구사항들을 수용하고 새로운 운용 시스템과 소프트웨어를 가능한 한 신속하게 이용할 수 있어야 하기 때문이다. 이런 일이 외부 제공자에 의해서만 행해질 수 있는지(수반되는 비용을 고려해야 한다) 아니면 회사 자체적으로도 할 수 있는지 여부에 대한 결정을 내려야 할 것이다. 현재 대부분의 저작권 시스템은 윈도우Windows 기반이다.

인수와 처분

요즈음과 같이 출판사 전체 또는 출판 목록의 일부가 빈번하게 인수되고 처분되는 때에 저작권 담당 직원들은 인수된 회사로부터 저작권 데이터를 양도받거나, 처분의 경우 자신들의 데이터를 양도하는 일에 관여하게 될 것이다.

데이터의 양도가 동일한 또는 호환 가능한 저작권 데이터베이스 시스템을 사용하는 회사들 사이에 일어나면 업무는 단순하게 이루어질 것이다. 시스템이 호환되지 않으면 양도하는 데 문제가 많을 것이다. 어느 경우든 간에 데이터의 실제적인 기술적 양도는 아마도 시스템 중 하나를 공급한 회사 또는 회사 내부 IT 직원에 의해 수행될 것이다. 어떤 경우 한 회사가 기록한 데이터 수준에 차이가 있을 수 있다. 예를 들면, 어떤 회사는 다른 회사에 비해 권리 협상 단계마다 더욱 상세하게 기록을 할 것이다. 아무튼 인수 회사는 판매된 또는 오퍼 중에 있는 권리의 핵심 데이터를 되도록이면 손으로 재입력하지 않고서 획득할 필요가 있을 것이다.

권리 거래와 관련된 물리적인 사무 파일은 라이선싱된 판의 파일과 더불어 인수 회사에 양도될 필요가 있을 것이다. 저작권 담당 직원은 그들이 인수하는 회사가 발생시킨 저작권 수익의 상세한 내용을 필요로 할 것이며 인수를 고려하여 자체 예산을 검토할 필요가 있을 것이다. 인수의 다른 측면, 예를 들면 주식, 편집 파일 및 제작 파일, 저자 계약서 및 인세 기록의 양도는 전반적인 인수 과정의 일부로 처리될 것이다.

또한 인수 회사의 저작권 담당 직원은 새로운 목록을 신속하게 파악함으로써 저작권 기능을 가능한 한 원만하게 인수할 필요가 있을 것이다.

직원 확보

소형 회사에서는 저작권 업무를 직원 한 명이 담당하거나 어쩌면 그조차 저작권 업무에 전념하지 않을 수도 있으며 키보드 작업과 서류 잡무도 스스로 해야 할지 모른다. 다음 단계에서는 두 명으로 구성되어, 한 명은 권리 판매를 담당하고 다른 한 명은 보조 업무로 비서에 해당하는 일이나 문서 처리를 담당하거나 검토용 책자를 발송하고 기록 시스템을 유지하는 일상적인 업무를 처리할 수도 있을 것이다. 직원 수가 더 많으면 업무 분장을 잘하도록 결정할 필요가 있을 것이다.

어떤 저작권 부서와 에이전시는 지역별로 판매를 구분하여 각 직원에게 지정된 지역에 대한 판매를 담당하도록 한다. 이런 업무 분장은 부서 내에 언어에 능숙한 직원들이 있으면 잘 돌아갈 수 있다. 그들이 자신이 능통한 언어 사용 지역에 대한 업무를 처리할 수 있기 때문이다. 이는 또 해외 출판사들을 위한 일러스트레이션 도서의 공동생산에 전문화된 출판사가 흔히 쓰는 방법이다. 그런 고객들은 통상적으로 주요한 국제 도서전이 아니더라도 정기적으로 세일즈 여행을 할 만한 가치를 지녔기 때문이다. 이런 조직 방법은 담당 직원이 그 시장에 대해 정통하게 되는 이점이 있다. 단점은 모든 직원이 자기 출판사의 타이틀 목록 전체를 잘 알아야 한다는 점과 어떤 직원도 특정한 도서의 세계적인 저작권 상황을 즉각적으로 개관할 수 없다는 것이다.

또 다른 방법은 기능별로 업무 분장을 하는 것인데 한 직원은 번역권을, 다른 직원은 미국 내 판매 권리를, 또 다른 직원은 연재 권리 등을 전문적으로 담당하는 것이다. 이런 접근 방법이 분명하게 정당화되려면 다루어지는 타이틀 목록이 각 영역에서 직원 한 사람 한 사람의 풀타임 노동을 정당화하기에 충분한 업무를 발생시켜야만 한다.

그런데 또 하나의 방법은, 특히 목록이 대단히 방대할 때 주제 부문별로, 수준별로, 또는 각 임프린트가 분명한 독자성을 갖는 출판 그룹의 경우 임프린트별로 업무를 분장하는 것이다. 이 경우는 직원이 각양각색의 수많은 고객을 파악할 시간이 별로 없는 상황에서 방대한 목록을 가지고 활동할 필요가 없는 이점이 있다. 직원들은 타이틀 목록의 특정 영역을 세부적으로 집중할 수 있지만 그런 타이틀들의 권리를 전 세계적으로 취급할 수 있고, 따라서 동료 직원의 자문을 구하지 않고 각 타이틀에 대해 개관할 수 있다.

어떤 다국적 기업이 사용하는 다른 방법은 핵심적인 지역별로, 예를 들면 미국, 캐나다 및 중남미, 유럽, 중동 및 아프리카, 아시아 같은 곳에 저작권 부서를 두는 것이다. 각 저작권 부서는 그룹이 세계 곳곳에서 만든 제품을 취급하지만 지정된 지역 내의 라이선시만 상대한다. 이는 현지 시장에 정통하다는 이점이 있지만 어쩌면 그룹 내의 타 지역에서 만든 제품에 대해 상세하게 알지 못하고 라이선싱에 영향을 끼치는 부수적인 계약이나 퍼미션에 문제가 있을 수 있다. 책이 출판된 국가의 저작권 담당 직원은 여전히 퍼미션 청산, 계약 준비 및 저자 연락에 관여해야 할 수 있다.

이런 방법은 모두 장점과 단점을 안고 있다. 저작권 업무가 확장됨에 따라, 효율성을 극대화하기 위해 정기적으로 업무의 구조와 양을 검토하는 것이 현명하다. 일반적으로 책이 원래 생산된 출판지에서 일하는 저작권 담당 직원이 권리들을 처리하는 것이 선호된다. 모든 필요한 정보를 손쉽게 건네줄 수 있고 저자에게 도서에 관한 라이선싱 활동을 신속히 개관해줄 수 있기 때문이다.

판매 활동

권리 판매는 통상적으로 능동적 판매와 수동적 판매가 혼합하여 이루어진다. 수동적 판매와 능동적 판매가 각각 차지하는 비중은 가용 직원, 출판 사업에서 저작권이 지닌 중요성, 타이틀 목록의 성격과 판매 가능한 권리의 범위에 따라 다양할 것이다. 다수의 라이선스는 능동적인 판매의 결과이며, 이는 직원과 시간을 이런 활동에 적절하게 배치할 필요성을 말해준다.

수동적 판매

어떤 저작권 활동은 성격상 수동적이다. 예를 들면, 선집 및 인용 권리 그리고 시각 장애인용 권리가 그런 것이다. 또한 어떤 저작권 비즈니스는 직원이 특별한 노력을 기울이지 않아도 저자나 출판사 자체-대학 출판부는 가장 명백한 예이다-의 지위를 통해 발생될 수 있다. 또한 상당한 양의 저작권 비즈니스가 특별한 프로젝트를 위한 구체적인 활동이 아니라 카탈로그를 우송하는 산발적인 방법으로 발생될 수 있다. 최근 수년 동안 많은 출판사들은 자사 웹사이트에서 완벽한 카탈로그를 이용할 수 있도록 했다. 저작권 담당 직원을 어떻게 접촉할 것인지에 대한 정보가 추가되면 이는 신간과 구간 모두를 위해 대단히 유용한 추가적인 판촉 도구가 될 수 있다. 어떤 출판사들은 또 분기마다 혹은 특정한 도서전이나 세일즈 여행을 위해 핵심적인 신간 타이틀들을 선별한 저작권 가이드를 만들며, 이런 목록은 회사 웹사이트나 저작권 전용 웹사이트에서 이용될 수도 있다.

능동적 판매

이는 시장에서 인지도를 얻기 위한 다음과 같은 다양한 활동과 더불어 시작될 것이다.

1. 다음 사항에 대한 전반적인 시장 조사
   ① 개별 시장의 경제적/정치적/재정적 현황
   ② 각 시장의 독서 취향
   ③ 각 시장의 상이한 교육 커리큘럼
   ④ 각 시장에서 판매 가능성에 영향을 미칠 사회정치적, 문화적 차이

⑤ 시장 격차
⑥ 각 시장에서 신기술 발전 속도와 이것이 어떻게 라이선싱 기회를 제공하는가.

2. 다음과 같은 특정한 시장 조사
① 개별 출판사와 그 전문성, 현지 실정과 실적
② 개별 의사결정자와 그들의 취향
③ 가능성이 있는 라이선시의 구매력
④ 생산 품질에 비춰본 신뢰성, 관련이 있다면 번역 품질, 출판 일정을 지킬 능력, 마케팅 능력과 지불 기록. 일반적으로 신규 고객은 그들이 거래한 다른 출판사 그리고/혹은 은행으로부터 신용증명서를 요청받을 것이다.
⑤ 신청되는 추가 권리를 이용할 수 있는 능력. 예를 들면, 종이책 권리와 함께 신청되는 전자책 권리 이용 능력

이런 정보의 출처는 조사의 목적이 되는 라이선스의 유형에 따라 다양할 것이지만 『리터러리 마켓플레이스Literary Marketplace』(미국과 캐나다의 출판사, 북클럽 및 저작권 에이전트 목록) 그리고 『인터내셔널 리터러리 마켓플레이스International Literary Marketplace』(세계 나머지 국가의 유사한 목록)와 같은 관련 도록都錄이 포함될 것이다. 이 두 권은 매년 인포메이션 투데이Information Today가 발간하고 인쇄본으로 구할 수 있으며(2014년 가격은 첫 주문 시 각각 341.10US$, 269.10US$, 운송료 별도), 온라인으로도 이용 가능하다(현재 유료 사용료는 연간 1인당 399US$이고 다수 사용자들을 위한 사이트 라이선스를 이용할 수 있다). 인쇄와 온라인 패키지도 이용 가능하다(custserv@infortoday.com).

다른 유용한 정보 출처는 웹사이트이다(www.publishersglobal.com). 이 사이트는 구글을 통해 광고로 자금을 충당하고 나라별, 언어별, 주제별로 광범위한 출판사 목록을 제공한다. 출판사들은 상세한 내역의 목록을 무료로 올릴

수 있다. 주제 분야, 회사 주소 및 웹사이트 정보를 포함한 기초 정보에 무료로 접근할 수 있다. 개별 출판사 담당자의 정보에 접근하려면 유료 가입을 해야 한다.

여타의 출처에는 다음과 같은 것이 있다. 영국과 아일랜드의 출판사를 포함하는 『디렉토리 오브 퍼블리싱Directory of Publishing』은 매년 블룸즈버리 퍼블리싱Bloomsbury Publishing이 발간한다(2014년 가격 108파운드). ≪더 북셀러The Bookseller≫와 같은 업계 잡지가 있고 온라인으로 매일 뉴스 서비스를 하는 북브런치Book-Brunch가 있다. 해외 주요 시장의 경우 미국에는 ≪퍼블리셔스 위클리Publishers Weekly≫, 독일에는 ≪뵈르센블라트Börsenblatt≫가 있다. 영국과 해외 모두의 일반 신문, 관련된 전문 출판물, 잠재적인 라이선시들의 카탈로그. 영국과 해외 도서전의 참가자 현황, 도서전의 카탈로그, 프랑크푸르트와 볼로냐 도서전에서 이용할 수 있는 후즈후Who's Who와 같은 개별 전시자 수록 데이터베이스(원래는 인쇄물로 이용 가능했지만 이제는 온라인으로 등록한 전시자를 확인할 수 있음). 매년 출간되는 『작가와 아티스트 연감Writers' and Artists' Yearbook』(블룸즈버리 퍼블리싱)은 전국 및 지역 신문과 잡지(연재 권리와 연관하여 유용하다) 그리고 영화 및 텔레비전 프로그램 생산업체의 목록을 제공한다.

저작권 담당자의 목표는 잠재적인 라이선시를 신속하고 정확하게 확보하는 데 일조할 적합한 지식의 집합체를 구축하는 것이어야 한다.

근간 출판물에 대한 정보 입수

저작권 담당 직원은 출간이 예정된 도서의 정보를 완벽하게 파악할 필요가 있으며 이런 정보는 다양한 방법으로 입수할 수 있다. 출판사의 저작권 담당 직원은 미래 프로젝트에 대한 제안들을 논의하는 편집회의에 참석할 수도 있고, 어떤 경우 단행본 권리 담당자가 권리 판매의 가능성에 대한 의견을 제시할 수 있을 것이며, 실제로 권리 판매 가능성을 극대화하기 위해 프로젝트의 초기 형성 단계에 어떤 관여를 할 수 있을 것이다[예를 들면, 알파벳순으로 구성된 어린이용 도서는 번역권을 판매하는 데 문제가 있을 수 있다. 일러스트레이션 맥락에서 컬러로 된 음영 문자는 외국어 공동출판에 문제를 발생시킬 수 있다. 어떤 요소들은 특정 시장에서 문화적인 문제를 야기할 것이다. 예를 들면, 무슬림 시장에서(심지어 어린이용 책에서도) 돼지 캐릭터가 등장하거나 미국 시장용 도서에서 어린이용 물놀이터에서라도 제대로 옷을 입지 않은 어린이가 묘사된다면 그러하다]. 이와 대조적으로 저작권 담당자가 교육 또는 학술 타이틀을 위한 출판 결정에 영향을 미칠 가능성은 크지 않다.

또 다른 유용한 정보 출처는 어떤 타이틀을 출판하기로 결정했을 때 저작권 담당자가 출판 제안 서류의 사본을 자동적으로 받는 것이다. 이는 모든 출간 예정 타이틀에 관심을 갖게 할 것이다. 비록 출판하는 데 몇 년이 걸리고 타이틀 모두가 권리 판매 가능성이 있는 것은 아니라고 할지라도 그렇다. 또한 저작권 담당자는 편집부원들과 정기적으로 회합하고 출판이 임박한 프로젝트가 논의되는 영업회의에 참석하여 정보를 입수할 수 있다.

저자가 추가적인 정보 출처가 될 수도 있다. 저작권 담당자가 프로젝트마다 추가 정보를 입수하기 위해 모든 저자를 접촉하지는 않겠지만, 어떤 저자들은 새로운 프로젝트마다 일반적인 질문서에 답변을 기재함으로써 도움이 되는 정보—예를 들면 이전에 다른 출판사를 통해 출판한 도서의 권리 판매 현황—를 제공할 수도 있다. 학술 서적 또는 전문 서적 저자는 특정한 해외 시장에서 가르치고 강의를 하는 데 시간을 보냈을 수 있으며 그 나라에서 유용한 접촉자를 가지고 있을 수 있다. 그렇기는 하지만 어떤 저자들은 어김없이 자기 책의 저작권 잠재성을 부풀리기 때문에 현실에 입각해서 기대치를 낮출 필요가 있다.

프로젝트 평가

권리 판매자는 해당 시장의 전반적인 배경을 고려하여 프로젝트마다 사전에 평가를 해야 한다. 해당 권리의 유형에 따라 관련 요인은 다양할 것이다. 여기에는 다음과 같은 사항이 포함될 것이다.

① 판매 가능한 권리의 범위. 이미 위임을 받은 프로젝트의 경우 저자와 기본계약서를 점검할 필요가 있을 것이며 또는 아직 고려 중인 프로젝트의 경우 어떤 권리가? 허락될 가능성이 있는지를 확인해야 할 것이다. 데이터베이스가 구축되면, 관리되는 권리의 범위는 저작권 데이터베이스 상에 있는 타이틀에 입력될 수 있다.

② 판매될 권리의 최적의 조합. 어떤 잠재적인 라이선시들의 이익은 상충할 수 있으며(예를 들면, 페이퍼백 출판사가 때에 따라서 그러하다) 이런 현상은 권리 판매 캠페인 계획을 짤 때 고려해야 한다. 어떤 권리의 판매는 영국이나 해외에서 원출판사 판본의 판매와 충돌하지 않을까?

③ 국내 시장, 영어 사용 시장과 여타 지역에서 저자(들)의 지위

④ 도서의 콘텐츠가 다른 시장에도 적합한가? 특정 시장에 더 잘 맞도록 필요하다면 저자, 원출판사 또는 라이선시가 수정할 수 있는가?

⑤ 도서의 모양새. 즉, 길이, 판형, 디자인, 일러스트레이션의 수와 유형, 제본, 생산의 품질과 가격. 여기에 추가하여 라이선시에 의해 또는 라이선시를 대신하여 생산에 영향을 미칠 수 있는 기술적인 문제(예를 들면, 일러스트레이션에 직접 글자를 넣는 것은 책이 번역된다면 문제를 야기할 수 있다).

⑥ 라이선시의 요구사항과 관련된 오리지널 판본의 발행 시기. 예를 들면, 주요한 도서전이나 세일즈 여행에 맞춰 선판매재료를 적절한 시점에 준비할 것인가? 만약 원출판사가 해외 라이선시 같은 파트너를 위해 공동 인쇄를 한다면 그런 인쇄본이 필요한 배송 날짜를 맞추기 위해 적기에 준비될 수 있는가? 이는 크리스마스 선물용 시장이나 신학기에 맞춰서 공급해야 하는 학술 교재와 같은 계절적인 시장을 갖는 도서의 경우 특히 중요하다.

⑦ 공동출판의 경우 도서나 인쇄물이 관련 시장에 적합한 가격으로 제조되고 공급될 수 있으며, 거래하는 과정에서 환율의 변동에 대처하기 위해 거래 내에 보호 수단이 마련될 수 있는가?

시의성

프로젝트를 평가할 때 마케팅 계획은 저작권 잠재성을 가진 각 프로젝트별로 작성되어야 하지만 그런 계획의 시의성과 정확한 성격은 거래를 위해 이용 가능한 권리, 도서 유형 및 라이선싱의 잠재성에 따라 크게 달라질 것이다. 예를 들면, 영국의 원출판사가 전 세계의 영어 사용 국가에 유통시키는 학술 도서는 번역권의 판매 이외에는 권리 판매 가능성이 별로 없을 것이다. 그런 책이 레이아웃이 매우 복잡할 경우 해외 판을 공동인쇄할 가능성은 별로 없다.

이는 외국 출판사가 책에 대한 평가를 완성된 도서를 기준으로 하거나 혹은 아마도 페이지 조판 교정쇄page proofs 단계에서 하고 싶어 한다는 것을 의미할 수 있다. 전체적으로 그런 책이 원고 단계에서 평가되는 일은 별로 없지만 현재는 이메일로 첨부하여 원고의 PDF 파일을 보낼 수 있다. 이런 일은 최종본이 나오기까지 기다리는 편이 선호될 것이다. 하지만 해적행위가 무성한 시장에서 검증되지 않은 고객에게 완성된 책의 파일을 보내는 것은 신중하게 생각해야 한다. 어떤 출판사는 잠재적인 라이선시에게 평가용 파일을 보낼 때 비밀 유지 확약서에 서명할 것을 요구한다. 다른 출판사들은 파일에 워터마크를 하고 보안이 유지되는 사이트를 통해서만 접속을 가능하게 한다. 평가를 위한 사전 재료의 제공은 권리 판매에 의해 발생할 가능성이 있는 수익에 손실을 끼칠 수도 있다. 과거에는 학술 논문의 경우 10부의 추가 조판 교정쇄를 주문하는 것이 비경제적이었겠지만, 오늘날에는 전자 파일의 제공이 출판에 앞서서 작업물을 신속하고 값싸게 공급하는 대안이 되고 있다. 그런데 도서의 콘텐츠가 동시적인 출판을 할 필요가 없는 것이라면 그런 책의 번역권 거래는 책이 출간되고 나서 몇 달 후에 마무리되는 경우가 종종 있다.

한편, 국제적인 명성이 있는 주요 저자의 신간 소설의 권리를 판매할 때는 담당 직원이 철저한 계획을 수립하는데, 때에 따라서는 저자의 에이전트로부터 도서의 최종본을 획득하기 이전에 그렇게 한다. 번역권(그리고 오퍼 중인 패키지의 일부로 들어가 있을 수 있는 미국 내 판매 권리와 연재 권리) 거래로부터 발생할 수익의 평가가 들어 있는 상세한 저작권 계획은 경매에 붙여진 도서에 경쟁적인 가격을 제시하는 데 매우 중요한 역할을 할 것이다. 그런 타이틀의 경우 거래는 저술 과정이 끝나기 훨씬 전에 마무리가 될 것이다.

예술, 정원 가꾸기, 요리 같은 주제에 관한 멋진 풀컬러 책은 창작 비용이 만만치 않을 것이며 그런 투자를 상쇄하기 위해 다각적인 공동출판 거래가 필요할 것이다. 외부 저작권자에 속하는 일러스트레이션은 라이선스 판에 실릴 수 있도록 허가를 받아야 하고 돈을 지불해야 한다. 초기의 시각적인 작업물과 텍스트 작업물은 관심도를 평가하고 이를 통해 프로젝트의 실행 가능성을 평가하기 위해 잠재 파트너에게 보여질 것이다. 전자 파일을 이용할 수 있음에도 불구하고 잠재적인 구매자들은 여전히 이런 작업물을 실물로 보기를 선호하고는 한다. 공동출판 판매는 투자가 상당히 진척된 다음 일이 잘못되는 것을 피하기 위해 가능한 한 생산의 가장 초기 단계에서 적극적으로 나서는 것이 필요하다.

구체적인 저작권 판촉 방법은 제7장에서 더욱 상세하게 다룬다.

옵션, 복수 제안 또는 경매?

권리의 거래를 제안하는 방법은 시기 문제와 연계되어 있으며 이는 도서의 형태, 저자의 위상, 주제의 시사성, 잠재적인 시장 및 확보하려는 권리 유형에 많은 것이 달려 있을 것이다.

학술 및 교육 도서에서는 잠재적인 구매자에게 옵션option을 부여하는 것이 전통이다. 이런 방법은 여전히 광범위하게 사용되고 있는데, 특히 번역권을 판매하고자 할 때 그러하다. 옵션은 잠재적인 라이선시가 프로젝트를 평가할 수 있는 배타적인 기간이다. 옵션 기간은 다양하지만 학술 타이틀의 경우 3개월 정도이다. 이런 시스템이 정당화되는 것은 다음과 같은 일을 하기 위해 시간이 필요하기 때문이다. 즉, 이 분야 전문가로부터 해당 프로젝트에 관한 한 개 이상의 학술 보고서를 입수하고 시장에서 해당 도서의 필요성이 있는지 여부, 개작이 필요한지 여부 그리고 적합한 전문 번역가를 찾을 수 있느냐 하는 문제 등을 살피기 위해서이다. 동일한 책을 몇 개의 다른 출판사에 동시에 제안하면 각 출판사는 학술적인 자문을 받고(아마도 동일한 전문가로부터) 조사를 수행하면서 이런 절차를 종료하고도 권리를 확보한다는 보장 없이 시간과 돈을 써야 할 것이다.

그러므로 이런 출판 분야에서 옵션 시스템을 없애고자 하는 시도는 별로 성공하지 못했다. 하지만 동일한 언어로 권리를 확보하고자 하는 여러 출판사가 관심을 지대하게 보인다면 옵션 기간을 줄일 수 있을 것이다. 아니면 한 출판사에 옵션을 부여하고 경쟁하는 출판사들에게 해당 책에 관한 재료를 보내면서 그들이 경쟁의 우위에 있지 않다는 것을 분명히 알릴 수 있을 것이다. 과거에는 다수의 학술 출판사가 도서의 완성본을 근거로 평가를 했기 때문에 해당 도서의 값이 비싸다면 복수 제안multiple submission에 따른 비용이 매우 높을 수밖에 없었다. 하지만 이제 전자 파일의 제공은 값싼 대안이 되고 있다.

잠재적 라이선시에게 프로젝트가 정확하게 어떻게 처리되는지를 잘 알려주는 것이 기본 원리이다. 공동출판의 가능성을 지닌 책의 경우 저작권 담당자의 목표는 통상적으로 원출판사의 최초 출판에 훨씬 앞서 권리를 파는 것이다. 평가는 미리 제공된 재료를 근거로 해야 한다. 그러므로 옵션 시스템은 부적합할 가능성이 있다. 왜냐하면 최초의 인쇄를 공동으로 하려면 적기에 주문을 조정하기 위해 잠재적인 라이선시로부터 특정한 날짜까지 결정들이 내려져야만 제작 일정에 차질이 빚어지지 않기 때문이다. 관심 있는 당사자들이 줄을 설 시간이 없는 것이다. 동일한 저작권을 확보하고자 하는 몇몇 출판사에 재료가 동시에 제시되면 각 당사자가 이런 사실을 알고 있는 것이 매우 중요하다.

복수 제안의 기법은 단행본 출판에서 훨씬 더 흔하게 사용되며 이용 가능한 잠재적인 구매자의 폭넓은 선택을 반영할 수 있다. 복수 제안을 기준으로 재료를 수령한 출판사들은 '블라인드 최고가 응찰blind best bid'을 하도록 요청받을 수 있을 것이다. 이런 판매 방법은 교정쇄나 검토용 도서가 여러 부 필요하여 비용이 더 들어간다. 그 대안으로 저작물의 일부 또는 전부의 전자 파일을 제공할 수 있다. 하지만 이런 방법은 그 자체로, 만약 디지털 형태로 완벽한 저작물을 제공받는 다수의 고객이 특히 해적행위가 기승을 부리는 국가에 속해 있다면 보안의 문제를 야기할 것이다.

최근 수년 동안 주요 프로젝트의 권리를 파는 데 '경매'의 이용이 상당히 증가했다. 이 기법은 영국 출판사가 미국 저작권 권리를 팔 때(또는 이 역도 성립한다) 또는 최초 연재 권리와 같은 주요 영어 권리를 팔 때 특히 사용된다. 이것은 또한 번역권에 사용되는 기법이며 저작권 에이전트가 지역권을 팔 때도 사용한다.

경매의 기본 원칙은 프로젝트별로 다양할지 모른다. 그래서 참가자 각자가 경매가 실시되는 조건을 충분히 파악하는 것이 매우 중요하다. 예를 들면, 프랑크푸르트 도서전에서 경매에 붙여질 주요한 프로젝트는 개요, 원고, 샘플 재료를 근거로 시행되거나 또는 주요 저자나 인물이 어떤 책을 저술하고 있다는 뉴스에만 근거하게 될 것이다. 특정한 출판사들이 선정될 것이며 정보나 재료가 제공된 다음 경매 조건과 가격 제시 마감날짜가 통보될 것이다. 요구되는 오퍼의 모든 사항이 사전에 구체적으로 알려질 것이다. 허가되는 판형, 판매 지역, 선인세, 인세 및 거래에 포함될 부차권 등이 여기에 해당된다. 추가 요구사항들이 있을 수 있는데, 특히 책의 시사성이 높다거나 베스트셀러 저자가 신간을 내놓을 때 그렇다. 여기에는 해당 도서를 위한 판촉 활동 수준의 보장이 들어갈 것이다(어쩌면 텔레비전 광고와 저자의 관련 시장 방문을 후원하는 일이 들어갈 것이다).

경매에 넘어가게 될 타이틀에 대해 경매 개시 이전이나 경매의 초기 단계에서 어떤 한 출판사로부터 선제적인 제의가 있을지 모른다. 이런 제의가 받아들여진다면 판매자는 이 오퍼가 이미 받았거나 예상되는 다른 제의보다 금액이 높을 것이라는 계산된 위험을 감수하는 셈이다.

경매에서 입찰가의 수준은 다른 방식으로 결정될 수 있다. 판매자는 가격을 미리 제시할 수 있는데, 그 이하인 최초입찰opener이 제시가 받아들여질 가능성은 없다. 아니면 어쩌면 판매자나 좀 더 보편적으로는 한 참가자가 '최초입찰가floor'를 정하게 될 수도 있다. 그렇게 함으로써 그 참가자는 '토핑topping'권, 즉 자신의 최종 오퍼에 대해 합의된 비율—이상적으로는 10%이지만 대개 5%가 받아들여질 것이다—만큼 가산 적용을 받을 권리를 확보하게 될 것이다.

도서전이 아닌 경우 경매는 전화나 이메일로 실시될 것이다. 경매는 경매 조건을 알리는 '종료 문구closing letter'와 함께 시작되는데 여기에는 모든 입찰은 특정한 날짜의 특정한 시간까지 이루어져야 한다는 요구사항이 있다. 만약 관련 책의 콘텐츠가 민감한 것이라면 참가 출판사가 비밀 유지 협약에 서명할 것이 요구될지 모른다. 최초 단계는 블라인드 오퍼로 구성되어 참가자 누구도 다른 제안자가 어떤 준비를 하고 있는지, 얼마를 걸었는지 전혀 모를 수 있다. 두 번째 단계에서는 참가자들에게 최고가가 얼마인지를 알려주고 더 높은 가격의 제시를 요청할 것이다. 경쟁이 치열하면 최종 결과가 발표되기 전에 몇 차례 더 입찰 단계를 거칠 수 있고 구체적인 입찰 상황—예를 들면, 첫 단계의 최고 가격 제시자가 두 번째 단계에서도 최고가를 제시했다는 식의—을 공개할 수도 있다. 최종 단계에서는, 최종 오퍼가 받아들여지고 상세한 내용이 판매자 또는 경매의 낙찰자에 의해 문서로 확인되기 전에 '토핑'권을 가진 참가자를 고려해야 한다. 그런 다음 경매에서 탈락한 참가자에게 통보가 이루어져야 한다.

경매에서 낙찰되는 출판사를 정하는 데 저자의 선호가 매우 중요할 수도 있다. 만약 저자의 승인이 결정 요인이라면 이는 경매 조건을 정할 때 분명히 해야 한다. 최고가 입찰이 반드시 최상의 오퍼인 것은 아니다. 제시된 전반적인 패키지를 근거로 결정이 내려질 수 있다. 고려되는 사항은 출판사 타이틀 목록의 성격과 권리를 구입하는 편집자의 명성 그리고 해당 프로젝트에 전반적으로 얼마나 적극적으로 참여하느냐이다.

만약 최초입찰가격이 한 출판사에 의해 정해지고 더 나은 오퍼가 없을 경우 그 가격을 받아들여야 한다는 점을 기억하는 것이 중요하다. 몇몇 잘 알려진 프로젝트의 경우 최초입찰가격 이상을 제시한 출판사가 하나도 없었다(어떤 경우 그 가격조차도 제시되지 않았다). 또 어떤 경우에 경매 주최 측은 최초입찰가격을 합당하지 않은 수준으로 '과대하게 제시'했다는 비난을 받았다. 막대한 비용을 지출하고 경매를 통해 따낸 어떤 프로젝트들은 결과적으로 경매 비용만큼도 거두어들이지 못한 것이 분명하다. 어떤 경우 이런 식의 대규모 지출은 해당 출판사가 파산하거나 그 뒤에 타 출판사에게 인수되는 데 한몫을 했다. 다른 경우 이러한 초기 투자는 연재 권리 또는 번역 권리를 판매함으로써 거의 즉시 회수되었다. 경매는 유명한 기존 저자 또는 유명한 공공 인물이 쓴 신간의 경우 정당화되고 있지만, 상대적으로 잘 알려지지 않은 저자가 저술한 책에 대해서도 점점 더 많이 사용되고 있다. 이 기법은 비현실적인 지출을 피하려면 인색하고도 신중하게 활용해야 할 것이다. 이런 식으로 '타격을 받은' 출판사는 다음 번 경매 참가에 더욱 신중하게 될 것이며 특히 프로젝트가 과열되는 감이 있을 경우 그러할 것이다.

비밀 유지 협약

어떤 경우 권리 판매자는 출판사에 비밀 유지 협약의 체결을 요구할 것이다. 대형 신규 프로젝트의 경우 프라이머리 에이전트primary agent(저자를 자기 나라에서 직접 대표—옮긴이)들이 이를 요구하는 추세가 늘어나고 있으며 해당 출판사는 원고를 네트워크로 연결된 컴퓨터에 저장해서는 안 된다는 요구가 들어 있을 것이다. 이 협약은 또 통상적으로 최초 연재 권리 판매에 사용된다(제12장 참조). 복수 제안 기준으로 프로젝트를 제시하는 권리 판매자들도 이런 협약을 요구할 수 있다.

조건 협상

경쟁이 덜 치열한 권리 거래의 경우 잠재적인 라이선시가 어떤 프로젝트에 적극적인 관심을 표명할 만큼 충분한 재료를 보았을 때 협상 과정이 시작될 것이다. 목적은 거래의 재무적 조건에 관한 것뿐 아니라 라이선시가 종이책과 전자책 형태로 모두 출판을 할 것인지, 양 당사자가 책무를 다하는 기간, 라이선시가 자신들의 판본을 위해 가하기를 원할 수 있는 수정들, 허락되는 기간과 지역, 당사자 간에 발생할 분쟁의 해결 절차에 대한 규정이나 계약 종료에 대한 규정 등 다른 측면들에 관해서도 합의에 도달하는 것이다. 또한 주요 프로젝트의 경우 라이선스 판을 위해 지출되는 판촉 수준에 대한 약속이 있을 수 있다. 나중에 오해나 갈등을 피하기 위해 협상 단계에서 가능한 한 거래의 모든 측면을 철저히 고려하는 것이 중요하다. 한쪽 당사자가 불공평하다고 느끼는 거래는 만족스러울 리가 없다. 물론 조건 협상을 위한 결정적인 규칙들을 제공하는 것은 어려운 일이다. 왜냐하면 많은 것이 해당 프로젝트, 허락될 라이선스 유형, 요구되는 시장, 라이선서와 라이선시의 협상력, 협상 시기의 시장 여건에 달려 있을 것이기 때문이다. 또한 협상의 실제적인 스타일은 오퍼 중인 프로젝트가 스릴 넘치는 신간 범죄소설이냐 또는 800쪽짜리 경제학 교재냐에 따라 크게 다를 것이다. 그리고 잠재적인 라이선시와의 관계 및 문화적 고려 또한 감안해야 한다. 예를 들면, 아시아 출판사와 협상하는 것은 스페인이나 이탈리아 출판사와 협상하는 것보다 더욱 형식을 중시할 가능성이 있다. 라이선스의 특정한 유형을 다루는 이후의 장들에서 기본적인 가이드라인을 제공할 것이다. 어떤 권리 판매자들에게는 언제나 최고의 재무적 조건을 확보하는 것이 동기일지 모르지만 어떤 판매자들에게는 각 타이틀을 위한 최상의 '안주처'를 찾는 것, 즉 라이선스가 유효한 기간 동안 해당 시장에서 이 프로젝트를 위해 최상의 노력을 경주할 최적의 라이선시를 찾는 것이 목표이다. 그런 라이선시가 최초 오퍼 시 반드시 가장 높은 가격을 제시한다는 법은 없을 것이다.

계약의 매듭

권리 거래가 크든지 작든지 간에 합의사항을 담은 계약이 매우 중요하다. 도서전에서 혹은 경매가 끝날 때 전화로 극적인 거래를 성사시키는 것으로는 충분하지 않다. 각 당사자는 계약이 합의사항에 대해 그들이 이해하는 바를 잘 반영하고 있다고 느껴야 한다. 거래는 양측이 서명할 때까지 마무리되지 않는다. 그렇다 해도 상세한 내용에 주의를 제대로 기울이지 않고 계약이 서명되었다가 수년이 흘러 당사자 간에 문제가 불거지고 나서야 결점이 명백하게 드러나는 사례가 많다. 라이선시와 최초로 작업을 할 때 특정한 문구에 대한 라이선시의 구체적인 질의가 있을 경우 또는 특별한 수정이 필요하다면 계약서 초안을 미리 이메일로 보내는 것이 현명할 것이다.

이 책은 이전 판과 마찬가지로 샘플 계약서를 제공하려고 시도하지 않았다. 왜냐하면 이런 사례는 내가 편집한 다른 책 『클라크 출판 계약: 사례집』에서 다루었기 때문이다. 또한 전자 및 멀티미디어 라이선스 같은 분야에 대해서는 여타의 좀 더 전문적인 출판물들이 있다. 하지만 모델 계약서는 출발점으로만 간주해야 한다. 왜냐하면 계약서마다 거래의 개별적인 환경에 맞도록 조정되어야 하기 때문이다.

최근 수년 동안 러시아, 폴란드, 중국을 포함한 몇몇 나라의 라이선시들은 라이선스 계약서가 라이선서 국가의 언어와 아울러 자국 언어로도 작성될 수 있어야 한다는 입장을 보여왔다. 하지만 그런 정책은 다소 일관성 없이 적용되고 있는 것 같다. 다수의 라이선서들은 정확하다고 입증된 번역 텍스트 없이 그런 계약서에 서명하기를 싫어할 것이다. 권리 판매자가 이런 나라에서 큰 비즈니스를 한다면, 영어 또는 숫자를 기입하여 완성될 수 있는 추가 약정서에 삽입되는 계약의 가변적인 측면–저자명, 도서 타이틀, 재무 조건, 출판일–을 반영할 수 있고 관련 언어로 준비되는 라이선스 계약서 견본을 보유하는 것이 좋을 것이다.

다른 부서와의 소통

저작권 담당 직원은 회사 내의 다른 부서 직원과 끊임없이 접촉할 필요가 있다. 이런 부서에는 저작권 부서와는 별도의 법률 또는 계약 부서, 편집 부서, 제작 부서, 직접 판매 담당 직원, 마케팅 직원, 인세 회계 부서, 창고 및 선적 부서 등이 포함된다. 계약 담당 직원은 기본계약서에서 저자가 승인하는 권리의 범위에 대한 정보를 제공할 수 있으며, 만약 이런 것들이 저작권 부서 자체 내에서 준비되지 못한다면 라이선스 계약을 작성하는 업무를 수행할 것이다. 편집부는 새로운 프로젝트에 관한 정기적인 정보의 출처이며, 만약 저작권 담당자의 직접적인 책임이 아니라면 저자와 연락을 주고받는 일을 할 것이다. 제작 부서는 공동생산이나 복제생산재료의 공급이 관련된 경우 핵심적인 접촉처가 될 것이다. 직접 판매 담당 직원은 오리지널 판본의 수출과 상충할 수도 있는 자기 지역 내의 도서 라이선싱에 관해 자문을 받을 필요가 있을 것이다. 마케팅 직원은 프로젝트의 성공에 대한 자료 일체를 모으면서 권리 판매에 관한 정보를 환영할 수 있다. 인세 담당 직원은 저자에게 정해진 몫을 넘겨주기 위해 라이선스마다 재무 기록을 만들 필요가 있다. 거래에 검토용 도서 또는 라이선시에게 보낼 공동출판본의 선적과 같은 물리적인 상품 공급이 따를 경우 창고와 선적 담당 직원이 관련된다.

저자에게의 통보

저작권 에이전트와 다수의 내부 저작권 담당자는 권리 판매 활동에 관해 저자와 직접 접촉을 한다. 저작권 에이전트들이 대리하는 주요 단행본 저자들은 권리 판촉 활동을 어떻게 전개하고 있는지에 관해 정기적으로 보고해주기를 요구할 것이다. 계약에 의해 권리 거래를 승인할 권리를 갖고 있는 저자들과는 최종 조건이 라이선시에게 확인되고 라이선스 계약이 작성되기 이전에 협의를 거칠 필요가 있을 것이다. 각각의 권리 거래가 종결될 때 승인이 요구되지 않는다 해도 저자들은 직접 또는 국내 저작권 에이전트를 통해 신속하게 정보를 제공받아야 한다. 이런 일이 거래가 합의되자마자 이행되어야 하는지 또는 라이선시가 계약을 체결했을 때만 행하는 것이 안전한지에 대해서는 의견이 분분하다. 통보에 포함될 상세한 내역은 여러 가지이지만 대부분의 저자들은 라이선시에 관한 상세한 정보, 라이선스의 전반적인 재무 조건, 기본계약서에 기재된 조건에 따라 받을 수익의 배분, 최초 지불과 라이선스 판의 완성본을 받을 수 있는 일정 등을 알고자 할 것이다. 저작권 담당자는 저자와의 이러한 연락을 통해 라이선시의 특정한 요구사항을 전달할 수 있고(예를 들면, 저자가 라이선스 판을 위한 특별한 저자 서문을 쓰게 하거나 아니면 번역자가 용어에 대한 기술적인 질의가 있을 경우 저자와 접촉하게 할 수도 있다) 저자가 어떤 사안을 분명히 하게 할 수 있을 것이다(예를 들면, 원판에 있었던 오류에 대한 수정이 라이선스 판에 확실히 포함되도록 한다).

지불의 모니터링

라이선스를 허락하는 주목적 중 하나는 소득을 발생시키는 것이기 때문에 모든 지불이 신속하고 정확하게 이루어지도록 보장하는 것이 매우 중요하다. 저작권 수입을 모니터링하는 책임은 회사마다 다르다. 선인세 또는 일시불과 같은 핵심적인 지불은 어쩌면 저작권 담당 직원이 확실하게 맡아야 할 것이다. 왜냐하면 라이선스 계약의 유효성이 지불을 합의된 기간 내에 받는 것에 달려 있기 때문이다. 대형 회사에서는 후속 인세 회계를 별도의 인세 회계 부서에서 모니터링하는 것이 타당할지 모른다. 이 부서는 각각의 라이선스로부터 인세를 영수한 기록을 계속 유지하고 기한이 지난 지불을 추적하며 각 기본계약서의 조항에 따라 저작권 수입의 적정한 몫을 저자에게 지불한다. 소규모 회사에서는 저작권 담당 직원이 모든 모니터링과 추적 절차를 수행할 것이다. 별도 부서에서 모니터링을 수행할 경우 저작권 담당자가 초기 책무를 이행하지 않은 라이선시와 계약 거래를 더 이상 하지 않기 위해 정보를 받는 것이 매우 중요하다.

이와 같은 기록 관리는 기록 카드에 수작업으로 기재될 수도 있지만 요즘은 가급적 전자 인세 시스템을 써서 지불을 받을 때마다 입력하게 될 것이다. 인세를 기반으로 하는 거래의 경우 라이선스 판의 누적 판매에 대해 기록이 유지되어야 할 것이며, 판매에 대한 인세가 최초에 받은 선인세를 충족하고 추가 지불이 치러져야 하는 시점을 알려주어야 하고, 아울러 합의된 부수 이상의 판매로 라이선시에게 더 높은 인세 요율을 적용해야 할지 여부를 알려주어야 한다. 컴퓨터화된 기본적인 인세 회계 시스템은 브래드버리 필립스(이 장 앞의 "기본적인 기록 관리" 참조)에서 구할 수 있으며 또한 인세 기능은 클로포텍과 비블리오3와 같은 다른 도서 출판 소프트웨어 시스템을 통해서도 이용할 수 있다. 대형 출판사는 전반적으로 컴퓨터화된 인세 시스템을 통해서 부차권 수입을 계상할 것이다. 재무제표가 발송될 때 저자에게 제공되는 기본적인 사항들은 관련 부서와 함께 점검하는 것이 현명하다. 예를 들면, 저자에게 보내지는 내역서가 라이선스 판에 대한 인세 지불액만을 보여줄 것인가 또는 그에 대한 판매부수와 같이 상세한 내용을 제공할 것인가?

기본계약서의 조건은 모든 저작권 수입에 대한 저자의 몫이 판매 수익이 들어오는 즉시 지불할 것인지, 통상적인 회계일까지 유보할지 또는 원출판사가 저자에게 지불한 최초 선인세에 의해 상쇄될 것인지를 정할 것이다.

최근에는 라이선시가 송금을 할 때 라이선스 계약서와 아울러 인보이스invoice를 요구하는 경향이 증가하고 있다. 이는 선인세와 일시금뿐만 아니라 정기적으로 진행되는 인세 지불에도 적용될 수 있다. 인세 내역서가 제출되었기 때문에 지불이 순조롭게 진행 중이라고 상정해서는 안 된다. 인보이스를 종종 요구하는 국가들은 이탈리아, 중유럽 및 동유럽 국가들, 러시아와 중국이다. 출판사에 따라서는 라이선서가 도장을 찍고 서명한 인보이스를 요구할 것이다. 이러한 요구사항들은 라이선시와 함께 점검을 해야 한다.

많은 경우 라이선시가 송금한 지불은 원천과세 공제 대상이 될 것이다. 정확한 세율은 관련 국가의 과세 규정과 계약 양 당사자의 국가 간 조세 관계에 달려 있다. 외국의 라이선시는 영국의 라이선서에게 공제 양식을 완성하거나 거주사실증명서를 제공해달라고 요청할 것이다. 이를 통해 라이선시는 양국 간에 이중과세 면제 협정이 발효 중이면 전액을 송금할 수 있거나 혹은 세금 공제율을 낮출 수 있을 것이다. 이런 종류의 조세 문제에 대한 질의는 영국 국세청 비거주자 센터HM Revenue Customs Center for Non-Residents(www.hmrc.gov.uk/non-residents)에 하면 된다.

법인세를 지불하는 영국 회사들은 통상적으로 라이선시가 적절한 입증 서류를 제출하면 법인세에서 이런 종류의 원천과세 공제를 차감할 수 있을 것이다. 그러므로 저자들은 원천과세 공제 이전에 지불되는 금액에서 부차권 수입의 몫을 받아야 한다. 법적 지위가 공익 활동 기반인 출판—여기에 옥스퍼드 대학교와 케임브리지 대학교 출판부가 포함된다—은 법인세가 없으므로 라이선스 수입에 대한 세금 감면을 다시 요구할 수 없다.

어떤 나라에서는 해외에 송금한 인세에 대해 다른 형태의 세금을 부과하기 시작했다. 중국은 10%의 원천과세를 공제하기 이전에 이러한 모든 지불에 5%의 영업세를 추가로 부과하며 라이선서는 영업세를 환급받을 수 없다. 여타의 국가—예를 들면 2004년 러시아—들은 해외로 송금되는 인세에 부가세를 부과하기 시작했다. 예상되는 지불액에 의거한 공제를 회피하기 위해 선인세, 인세, 일시불은 관련된 국가에서 지불해야 할 순부가가치세를 반드시 함께 송금해야 한다는 라이선스 계약 문구가 있어야 한다. 즉, 라이선시는 이러한 세금을 계약서에 특정된 지불액에서 공제하는 것이 아니라 더하여 지불해야 한다.

라이선시의 회계 보고는 면밀하게 검증되어야 하고(예를 들면 계산이 정확한지, 인세율 인상이 제대로 적용되었는지 등) 명백하게 이상한 사항이 발견되면 즉각적으로 의문을 제기해야 한다. 어떤 것은 현지 규정으로(예를 들면 구 사회주의 국가에서 국유 기업과 민간 회사 사이의 상이한 과세 상황) 또는 환율의 변동으로 설명이 될 것이다. 이런 일은 환율이 불안정한 나라에서 특히 흔하다. 라이선시에게 언제 인세 보고서를 제출해야 하는지 미리 상기시키는 시스템을 도입하고, 각 라이선시가 새로운 거주사실증명서를 요구하도록 기다리는 것보다 매년 1월이 되면 그것을 제공하는 것이 도움이 될 것이다.

기한이 지난 지불을 추적하기 위해 정기적인 점검 절차가 있어야 할 것이다. 이는 물론 컴퓨터화된 시스템의 도움을 받으면 훨씬 용이하다. 이런 시스템은 선인세 지불, 일시불이나 정기적인 인세 지불이 이행되지 않은 채 있을 때 이를 표시하는 정기적인 보고서를 내도록 프로그램이 되어 있을 것이다. 별도의 회계 부서에서 추적 절차를 처리한다면 지불이 되지 않은 인세에 대해 두 개의 추적 공문을 작성하여, 하나는 저작권 담당자에게 보냄으로써 라이선스 판본의 절판에 따라 라이선스가 만료된 것인지 아니면 라이선스가 여전히 유효한지를 확인하게 하고 다른 하나는 회계 책무를 다하지 않은 라이선시에게 보내야 할 것이다. 저작권 담당자는 기한이 만료된 라이선스의 공식적인 종료를 확인하는 조처를 취하거나 지불이 이행되지 않았을 경우 계약을 종료하겠다는 통보를 할 수 있을 것이다.

내부 보고

대형 출판사에서 저작권 담당 직원은 권리 거래 실적과 연간 저작권 예산에 대비한 누적 수익을 보고하고 아울러 업무상의 목적들을 위해 수입을 추적해야 한다. 보고는 컴퓨터화된 시스템 덕분에 훨씬 수월해졌다. 설계가 잘된 시스템은 임프린트별로 또는 부서별, 언어별, 지역별로 보고할 수 있으며, 필요시에는 상세한 개별 타이틀의 보고서를 생산할 수 있다. 보고가 공식적인 요구사항은 아니라고 할지라도 권리 판매의 월간 또는 분기별 요약은 관련된 편집, 판촉 및 영업 사원과 개별 거래에 대해 소통할 때 분명히 유용할 것이다.

결국 권리 판매 담당 직원은 권리 거래로 들어온 수입을 기록하는 인세 부서로부터 품목별 정기 보고를 받을 필요가 있을 것이다. 통상적으로는 라이선시별, 국가별, 언어별, 라이선스 유형별(예를 들면 번역, 리프린트, 연재), 지불 유형별(예를 들면 선인세, 일시금, 정기 인세 지불) 수입을 나타내는 월간 보고서가 생산된다. 저작권 담당 직원이 파악할 수 있도록 월간 미지불 보고서가 제공되면 도움이 될 것이다.

권리 판매 II

07

다양한 방법

제품의 성격과 요구되는 결과에 따라 몇 가지 다른 권리 판매 기법이 있다. 인터넷과 이메일은 권리들의 판촉과 판매를 크게 촉진했다.

우편에 의한 일반적인 판촉: 카탈로그

인쇄를 활용하는 경우 카탈로그 형태로 어느 정도의 전반적인 판매 정보가 보내질 수 있다. 잠재적인 라이선시는 정기적으로 관련 정보를 받아야 하며 또한 판매자의 출판 현황에 관한 어떤 감을 잡아야 한다.

다수의 단행본 출판사는 연간 1회 또는 (좀 더 일반적으로) 봄과 가을에 출간되는 신간을 알리기 위해 연간 2회 단일한 카탈로그를 제작한다. 회사에 따라서는 구간들의 간단한 목록을 포함시킨다. 다양한 임프린트를 거느리고 각 사가 명백한 시장 정체성을 갖고 있는 출판 그룹은 임프린트별로 개별 카탈로그를 만들 수도 있을 것이다. 단행본 출판사, 특히 일러스트레이션을 많이 활용하는 회사는 풀컬러 카탈로그를 제작할 가능성이 있다. 교육 및 학술 출판사들은 구간과 신간('NEW'로 표시) 모두를 포함한 다양한 주제별 카탈로그를 제작할 수도 있다. 출판사에 따라서는 계절별 카탈로그도 제작할 것이다. 전통적으로 다수의 학술 도서 카탈로그는 흑백으로 제작되지만 이제는 풀컬러로 생산되는 것이 많다. 어떤 저작권 부서는 어쩌면 개별 도서전이나 계절에 맞춰 제작되는 핵심적인 신간을 다룬 선별적인 저작권 가이드를 제작하는 선택을 할 것이다. 또한 이런 것들은 회사 웹사이트의 저작권 섹션에서 PDF 형태로 다운로드할 수도 있으며 라이선시들은 도서전에 앞서 이에 대해 통보를 받고 도서전에서 미팅이 이루어지기 전에 사전 검토를 할 수 있다.

알맞은 주제 코드가 달린 고객의 메일링 리스트를 구축하는 것이 매우 중요한데 이 리스트는 접촉자의 성명 또는 주소의 변경이나 관심 주제의 확장을 반영하기 위해 정기적으로 갱신되어야 한다. 고객이 대형 출판사라면 여러 편집자에게 그들의 특정 관심 분야에 따라 다른 카탈로그를 보낼 필요가 있을 것이다. 어떤 해외 출판사는 적합한 타이틀을 찾기 위해 출간 목표 국가 내에서 직원을 발굴하여 채용하며 이들 또한 적합한 메일링 리스트에 추가되어야 한다.

대형 출판사에서 메일링 리스트는 이보다 더 큰 전반적인 시스템의 일부로서 통상적으로 컴퓨터에 저장되어 있으며, 카탈로그를 실제적으로 발송하는 것은 전문 부서에서 처리하거나 또는 계약을 맺은 외부 메일링 회사에서 할 것이다. 소규모 회사에서는 저작권 부서가 자체의 컴퓨터에 메일링 리스트를 유지하는 것이 필요하며 직접 카탈로그를 포장하여 발송할 수도 있다.

출판사가 카탈로그나 저작권 가이드에 수록된 타이틀의 권리 모두 또는 대부분을 통제한다면, 함께 우송할 어떤 형태의 추가 설명서를 통상적으로 제공할 필요가 없다. 다만 저작권 부서의 관련 직원에 대한 상세한 정보를 제공하면 도움이 될 것이며 특히 그들이 특정한 지역 시장을 담당하고 있을 경우 그렇다.

하지만 카탈로그에 포함된 상당한 숫자의 타이틀 중 일부 또는 전체 권리가 저작권 에이전트나 또 다른 출판사(예를 들면 영국 출판사가 미국 출판사나 외국 출판사로부터 권리를 획득한 경우)와 같은 외부 당사자에 의해 통제된다면, 각 카탈로그에 관련된 타이틀과 저작권 상황과 신청 시 필요한 성명 및 주소를 수록하면서 권리 리스트를 포함시키거나 이런 정보와 더불어 개별 카탈로그 기재사항에 추가 설명을 다는 데 소요되는 상당한 시간을 절약할 것이다. 권리가 별도로 취급될 수 있는 해외 회사에서 만든 타이틀이 카탈로그에 들어 있는 다국적 출판사는, 권리 신청자를 적합한 부서로 유도하는 코드 체계로 이를 표시하고자 할 수 있다.

어떤 출판사는 이미 판매된 권리나 여전히 이용 가능한 권리를 카탈로그에 기재하는 방법을 이용한다. 하지만 카탈로그의 수명이 6개월이나 1년에 달할 수 있기 때문에 권리의 이용 가능성은 그 기간에 변동이 심하고 그런 정보가 신속하게 낡은 것이 될 수 있다.

카탈로그는 여전히 권리 판촉의 핵심적인 도구이다(후술할 "온라인 판촉 및 권리 판매" 참조).

특별 판촉: 사전 정보 및 판촉 재료

책의 종류가 많기 때문에 관심을 불러일으키려면 명확하고 상세한 정보 자료를 발송해야 할 것이다. 이런 활동에서는 이메일 첨부물이 우편물과 팩스를 대체해왔다. 이는 특히 특정한 학술 타이틀에 적합하다. 이런 재료가 이러한 도서의 주제와 수준에 특별한 관심을 가진 잠재적인 라이선시를 대상으로 할 수 있기 때문이다. 이 분야의 기획편집자는 핵심적인 주제의 특정한 타이틀에 관한 상세한 정보를 환영한다. 개별 타이틀의 콘텐츠에 관한 설명이 별로 없거나 아주 없는 훨씬 더 방대한 카탈로그를 훑어봐야 하는 시간을 절약해주기 때문이다. 이메일로 판촉 활동을 하는 신속하고 편리한 방법은 맞춤형 프로모션 레터를 발송하는 것인데, 여기에는 회사의 관련 도서에 대한 기술을 볼 수 있는 URL 또는 전용 저작권 웹사이트에 대한 정보가 포함되어 있다. 이는 잠재적인 라이선시가 대형 웹사이트에 접속해서 검색을 하지 않고도 적절한 설명을 통해 직접 클릭할 수 있게 한다.

하지만 이런 형태의 판촉 재료는 카탈로그에 간단하게 수록될 수 있는 소설에는 적합하지 않은 것이다. 추가 평가를 하자면 시놉시스와 샘플 재료가 필요할 것이다. 일러스트레이션이 들어가 있는 어린이책의 경우 일러스트레이션의 스타일은 매우 중요하다. 그런 경우에는 도판의 스캔본, 샘플 펼침면을 포함한 견본 또는 도서의 일부를 인쇄한 블래드blad: brief layout and design와 같은 좀 더 정교한 세일즈 재료가 출판 전에 요구될 것이다. 그리고 오리지널 아트워크는 도서전에 가지고 갈 수도 있다. 샘플 그래픽은 이메일의 첨부물로 발송될 수 있을 것이다. 원본이 출간된 다음 권리 판촉이 이루어지는 도서의 경우 유리한 서평이나 언론의 특별 보도가 큰 도움이 될 수 있다.

소셜 미디어

출판사와 저작권 에이전트는 권리 판촉 활동 수단으로 소셜 미디어 사용을 고려할 것이다. 트위터나 블로그는 이를 위한 가장 확실한 매체가 될 것이다. 이런 업무를 정기적으로 수행하여 팔로워를 구축할 수 있는 열정, 재능, 기술, 시간을 가진 특수한 직원이 있는지 생각해볼 필요가 있다.

광고

추가로 고려해볼 만한 판촉 활동은 유료 광고의 활용이다. ≪더 북셀러≫는 프랑크푸르트와 볼로냐 같은 도서전이 열리기 전에 권리 프로모션 섹션을 제공하며 ≪퍼블리셔스 위클리≫도 도서전 이전에 특별 섹션을 제공한다.

온라인 판촉 및 권리 판매

웹사이트

출판사와 저작권 에이전트 모두 다 권리 판촉에서 점점 더 웹사이트를 유용한 추가 통로로 사용하고 있다. 다수의 교육 및 학술 출판사는 회사의 주요한 웹사이트에서 모든 카탈로그의 완전한 콘텐츠를 이용할 수 있도록 한다. 그렇게 하는 주된 목적은 구매자들이 온라인으로 주문하는 기능을 통해 직접 판매를 촉진하는 것이다. 하지만 출판사가 타이틀 대부분의 저작권을 통제하고 있다면 별도의 저작권 웹사이트를 만들 필요는 없을 것이다. 잠재적인 라이선시를 위해 저작권 부서의 담당자 이름을 올리면 족할 것이다. 권리 운용 면에서 회사 웹사이트의 사용 편리성은 그 규모와 복잡성에 달려 있을 것이다. 예를 들면, 다국적 회사의 웹사이트에는 대서양 양안에서 모두 발간된 책들이 수록되어 있지만 권리의 운용은 영국과 미국의 저작권 부서에서 별도로 할 수 있다. 그런 경우 타이틀의 수록은 문의사항이 정확하게 안내되도록 코드화되는 것이 필요하다.

대안은 접촉할 직원에 관한 상세한 내역이 들어 있는 저작권 부서 전용 웹사이트를 만드는 것이다. 이것은 선별적인 전자 저작권 가이드 또는 핵심적인 신간 타이틀의 권리 판매 가능성—아마도 저작권이 이용 가능한 타이틀과 이미 판매된 타이틀의 세부 정보—을 다룬 전자 가이드에 해당할 것이다. 이런 종류의 웹사이트는 권리 판매와 보조를 맞추며 낡은 타이틀을 내려놓고 새로운 후보로 대체하기 위해 정기적으로 갱신할 필요가 있다.

전용 저작권 웹사이트는 단행본 출판사와 에이전트에 특히 도움이 될 것이다. 이들은 자기들이 통제하지 못하는 타이틀 또는 권리 범주에 대한 세부적인 소개를 추가할 수 있다. 이를 실천하기 시작한 출판사들은 다른 곳에 문의해야 하는 질의에 대한 행정적인 시간을 상당히 절약한다고 한다.

하지만 온라인 정보를 선호한다고 해서 인쇄 카탈로그를 완전히 없애버리는 것은 극도로 비생산적일 수 있다는 점을 유념해야 한다. 인쇄 카탈로그는 출판사의 '명함'이며 가까운 장래에도 여전히 그럴 것이다. 인쇄 재료는 잠재적 신규 고객을 맨 처음 접근할 때 특히 중요하다. 새로운 접촉자에게 방대하고 시간이 걸리며 검색하기가 쉽지 않은 웹사이트를 보라고 하는 것은 판매에 그다지 유리하지 않다. 또한 많은 고객들은 어쩌면 도서전에서 최초로 접촉한 때나 그 이후에 참고용으로 지니고 관심 있는 아이템에 표시도 하기 위해 인쇄 정보를 선호할 것이다. 잠재 고객들이 예상치 못한 정보를 찾아내는 데는 종이 카탈로그가 분명히 대형 웹사이트보다 낫다.

온라인 권리 거래

출판사와 에이전트는 대부분의 일상적인 비즈니스를 이메일로 처리하며 이는 우편, 팩스, 전화 서비스에 의존할 수 없는 국가의 라이선시들과의 커뮤니케이션을 크게 촉진했다.

지난 20년 동안 인터넷 매체를 통해 권리 판매자와 구매자에게 서비스를 제공할 것을 목적으로 한 몇몇 이니셔티브가 있었다. 프랑크푸르트 도서전은 권리 거래 서비스를 제공하여 권리 판매자가 도서전 개최 이전과 이후에 한동안 도서전 웹사이트에 구매 가능한 타이틀의 상세한 내역을 올려놓을 수 있게 했다. 이 서비스는 중단되었지만 현재 프랑크푸르트는 업계 플랫폼과 저작권 카탈로그 서비스를 제공한다. 프랑크푸르트 도서전에 등록된 전시자는 도서전 웹사이트를 통해 상호 접촉할 수 있으며, 설령 관련 출판사가 물리적으로 도서전에 참석하지 않았다 할지라도 등록할 수 있는 기능이 있다. 런던 도서전도 이그지비터 웹사이트Exhibitor Website 패키지를 통해 권리 판촉 서비스를 제공한다. 표준 패키지에 해당하는(40제곱미터까지의 부스에는 모두 의무적으로) 전시자는 권리가 판매 가능한 5개 타이틀의 상세한 내용을 올릴 수 있으며 회사 웹사이트와 연결되는 링크를 걸 수 있다. 프리미엄 패키지에 해당하는(40제곱미터 이상의 부스 모두에 의무적으로) 전시자는 회사 웹사이트와 연결되는 링크를 걸 수 있고 권리를 오퍼 중인 50개 타이틀을 올릴 수 있다. 전시자는 일 년 내내 정보를 갱신하고 변경할 수 있다(제8장 "도서전" 참조).

1999년에는 몇몇 상업적인 온라인 중개 권리 거래 서비스가 시작되었다. 특히 라이츠센터 사RightsCenter Inc.(www.rightscenter.com)가 문을 열었다. 뉴욕의 저작권 에이전트인 존 브로크먼John Brockman의 아이디어에 기반을 둔 이 서비스는 판매자가 보안된 네트워크에 그들의 재료를 올릴 수 있게 한다. 재료 중에는 타이틀당 요금을 받는 카탈로그 카피, 저자 정보, 샘플 텍스트, 그래픽 또는 저작물의 전문이 포함될 수 있다. 선택된 잠재적 라이선시는 사이트에서 정보를 이용할 수 있다고 알려주는 이메일을 받는다. 라이츠센터는 아직도 존재하지만 현재는 판매 가능한 어문저작물 저작재산권에 속한 영화 및 텔레비전 권리를 수록하는 영화 권리 목록 서비스를 제공한다.

또한 1999년에 개설된 서브라이츠닷컴Subrights.com은 2000년 런던 도서전에서 서비스를 개시했다. 그 서비스는 도서 시장과 이미 출판하기로 계약된 타이틀로 한정되었다. 출판사와 에이전트는 원하는 만큼 많은 타이틀을 수록할 수 있으며 안내문, 그래픽, 그리고 PDF 양식으로 본문 전체를 올릴 수 있다. 이 서비스는 해당 시스템의 지원을 받아 이루어진 부차권 판매 소득에 8~10%의 수수료를 부과했다. 하지만 2000년 11월 서브라이츠닷컴은 충분한 지원이 없어 폐쇄한다고 발표했다.

이 무렵 몇몇 다른 온라인 권리 거래 벤처 기업이 설립되었다. 모두 다 주요한 이점으로 신속한 접촉, 종이 형태의 재료를 복사하고 발송하는 데 따른 시간과 돈의 절약을 들었다. 하지만 몇몇 핵심적인 요인 때문에 출판사와 에이전트들은 실질적으로 이런 중간 서비스를 이용하기가 어려웠다. 대형 회사들은 수많은 타이틀에 관한 데이터를 올리고 갱신하는 데 수반된 작업을 꺼렸다. 또한 어떤 책이 목록에 수록되는지에 관한 기준을 설정하는 데 대한 우려가 있었다. 저작권 판매 잠재성이 큰 타이틀은 정상적인 방법으로 판촉될 수 있다. 그렇다면 이런 서비스는 잘 팔리지 않는 타이틀만을 위해 사용될 것인가? 직접 시장에서 경쟁을 벌이는 출판사들, 특히 학술 출판사들은 보안 측면을 우려했는데, 특히 직접적으로 경쟁관계에 있는 자들이 조기에 공개된 정보에 접근할 수 있다는 점을 염려했다. 판촉 재료를 온라인으로 입수할 수 있게 하는 움직임과 원고나 페이지 조판 교정쇄를 PDF 파일로 제공할 수 있게 되었다는 점은 출판사와 에이전트가 중개인을 필요로 하지 않고 전자적으로 소통할 수 있게 했다. 어쩌면 권리 거래의 중심에서는 대면 접촉과 전화 통화가 여전히 가장 중요할 것이다. 그럼에도 2007년 프란체스카 스프란지Francesca Spranzi는 소규모 출판사들이 자사 타이틀을 국제적으로 마케팅하는 데 비용 대비 효율이 높은 방안으로서 가상 도서전이라고 이름 붙인 것을 구축했다. 이 사이트는 검색은 무료이며 타이틀을 제공하고자 하는 출판사는 현재 작은 형태의 타이틀로(1만 픽셀까지) 올리는 데 1주일에 권당 5파운드를 지불해야 하며 더 큰 형태의 타이틀로(2만 픽셀) 1주일 동안 올리는 데 권당 10파운드를 지불해야 한다. 더 상세한 내용은 www.bookfaironline.net에 있다.

1999년에 했다가 출판사들로부터 적극적인 호응을 받지 못한 온라인 권리 거래 회사들은 물론 디지털 환경하에서 너무 일찍 서두른 벤처 기업들이었다. 좀 더 최근에는 미국에서 펍매치Pubmatch(Rights@Pubmatch)와 영국에서 IPR 라이선스IPR License가 새로운 서비스를 시작했다.

펍매치(www.pubmatch.com)는 2008년에 최초로 만들어졌으며 2010년 이래 US 컴바인드 북 이그지빗US Combined Book Exhibit과 ≪퍼블리셔스 위클리≫ 간의 합작 사업이 되었다. 2013년 4월 이 회사는 미국의 복제 권리 기구인 저작권 청산 센터Copyright Clearance Center(CCC)와 파트너십을 형성하여 CCC의 라이츠링크RightsLink 거래 엔진으로 작동하는 자동화된 웹 기반 권리 거래를 제공하게 되었다. 펍매치는 2014년 런던 도서전에서 업그레이드된 판을 출시했다. 이 책을 쓰고 있는 시점에 펍매치는 회원사가 8000개에 달하고 15개국에 관련 회사를 가지고 있으며 2만 개의 우수 타이틀을 다루고 있다. 이 시스템은 출판사, 에이전트, 저자들에게 메시징 서비스를 제공하고 개별 타이틀의 프로필을 제시할 기회를 제공하며, 온라인으로 협상을 진행할 목적에서 다양한 권리의 이용 가능성을 보여준다. 조건이 합의되면 표준 계약 서식이 제공되고 이는 라이선서 자신의 계약에 의해 대체될 수 있다. 권리 구매는 온라인으로 클릭 몇 번만 하면 완료될 수 있으며 지불은 신용카드로 할 수 있다. 펍매치는 거래가 부가가치세/원천징수세에 대한 의무를 완전히 이행할 것임을 보장하기 위해 국제 회계법인 딜로이트Deloitte의 서비스를 이용했다. 펍매치의 서비스는 PDF 업로드를 통해 '본문 보기' 기능과 도서전에서 오퍼가 이루어질 타이틀의 카탈로그를 작성할 기능을 제공한다. 이 책을 쓰고 있는 시점에 펍매치는 제한적인 무료 시험판으로 무료 회원이 100개의 타이틀까지 상세 내역을 올릴 수 있는 기능을 제공한다. 프리미엄 회원 요금은 연간 79.99달러이고 5000개 타이틀의 상세 내역을 올릴 수 있다.

IPR 라이선스(www.iprlicense.com)는 기업가 로저 샤슈아Roger Shashoua가 후원하고 톰 웰던Tom Weldon이 사장으로서 온라인 권리 거래 서비스를 제공한다. 회원들은 지역별, 저자별 또는 주제별 분류에 따라 타이틀을 찾을 수 있다. 2013년 초에 이 회사는 크리스티Christie와의 협약을 통해 그 경매 회사의 소프트웨어를 사용할 수 있게 되었고 온라인으로 권리 경매를 할 수 있게 되었다. IPR 라이선스는 회원 출판사와 저작권 에이전트가 팔고자 하는 타이틀을 목록으로 올릴 뿐만 아니라 BDS가 제작한 글로벌 데이터베이스로부터 비회원 타이틀과의 링크 또한 제공한다. 수익 모델은 회원제로서, 이 책을 쓰고 있는 시점에 매출이 50만 파운드 미만으로 연간 249파운드를 내야 하는 회원부터 1000만 파운드 이상의 매출로 1999파운드를 내야 하는 회원까지 요금 체계가 다양하다.

양 서비스는 비용을 생각해봐야 되겠지만 권리 판매를 위한 자원이 제한적인 소형 회사에 유용할 것으로 보인다. 초기에 이러한 벤처 회사들에 유보적인 태도를 보인 대형 출판사들은 여전히 그러할 듯하다.

온라인 뉴스 서비스

권리 판매자에게 (거래 서비스보다 오히려) 흥미 있는 유용한 온라인 뉴스 서비스는 퍼블리셔스 런치Publishers Lunch(www.publisherslunch.com)이다. 이는 무료로 날마다 전달되는 이메일 서비스로 출판사는 중요한 권리 거래 또는 오퍼에 관한 뉴스를 올릴 수 있다. 이것은 퍼블리셔스 마켓플레이스Publishers Marketplace 서비스의 일부(www.publishersmarketplace.com)로서 월간 25달러를 지불하는 회원들에게 좀 더 상세한 뉴스를 제공한다. 이 뉴스 서비스는 영국과 미국의 단행본 출판사들과 에이전트들이 주로 이용한다. 영국의 주간 도서 거래 저널인 ≪더 북셀러≫도 유료 가입자에게 일간인 북브런치BookBrunch 서비스(www.bookbrunch.co.uk)와 마찬가지로 핵심적인 권리 거래를 포함한 일간 온라인 서비스를 제공한다. 헤드라인은 누구나 접속이 가능하지만 좀 더 상세한 콘텐츠에 접속하려면 3개월간 30파운드, 6개월은 55파운드, 12개월은 99파운드의 사용료를 내야 한다. 일간 이메일 서비스를 제공하는 북 트레이드 뉴스Book Trade News(www.booktrade.info)와 퍼블리싱 퍼스펙티브스Publishing Perspectives(www.publishingperspectives.com)도 유용한 정보를 제공하며 현재 사용자들은 무료로 등록할 수 있다.

위탁판매자 활용

하지만 중개인이 중요한 역할을 수행할 수 있다. 많은 저작권 에이전트와 일부 단행본 출판사는 해외 시장에서 권리를 판매하기 위해 위탁판매자sub-agent들을 활용하기를 좋아한다. 이는 목록이 방대하고 저자가 국제적인 인사이며 따라서 금액이 클 때 특히 유용하다. 해당 시장에 자리를 잡고 있는 현지 에이전시의 지식과 접촉 범위는 그들이 원격지의 에이전시보다 더 유리한 거래 협상을 할 수 있도록 한다. 위탁판매자가 자주 활용되는 주요 국가는 일본(터틀모리 에이전시Tuttle-Mori Agency, 디 잉글리시 에이전시The English Agency, 저팬 유니Japan Uni, 디 아사노 에이전시The Asano Agency가 주요한 회사들이다), 스페인과 라틴 아메리카(카르멘 발셀스Carmen Balcells와 인터내셔널 에디터스 사International Editors Co.), 이탈리아(EULAMA와 아젠치아 레테라리아 인테르나치오날레Agenzia Letteraria Internazionale), 이스라엘(더 북 퍼블리셔스 어소시에이션 오브 이스라엘The Book Publishers Association of Israel, 더 데보라 해리스 에이전시The Deborah Harris Agency), 한국(에릭양과 신원) 그리고 타이완(빅 애플 터틀모리Big Apple Tuttle-Mori, 그레이호크Grayhawk, 바든Bardon)이다. 위탁판매자가 여럿 있는 시장에서는 어떤 기준으로 권리를 운용할 수 있는지에 대해, 즉 목록 전체에 대해 명백하고 배타적인 통지를 하는지(이 경우 계약의 최초 기간을 합의하고 합의에 의해 연장하는 것이 현명하다) 또는 타이틀별로 개별 책에 대한 권리를 운용할 것인지에 대해 분명히 하는 것이 중요하다. 제6장에서는 옵션 대 복수 제안 문제를 다루었다. 위탁판매자의 세계에서 조건을 끌어올리고 위탁판매자들을 억지로 경쟁시키고자 동일한 국가에서 동일한 프로젝트를 여러 에

이전시에 제의하는 것은 전반적으로 대단히 역효과를 낸다. 그것은 필연적으로 일을 이중으로 하게 하고 결국에는 나쁜 감정을 낳게 될 것이다.

이전에 동유럽 국가에서는 통상적으로 국영 저작권 에이전시를 통해 비즈니스를 수행하는 것이 필요했다. 이 지역이 정치적 격변을 거친 이후 그런 에이전시의 독점은 사라졌다. 그중 (러시아의 RAO를 포함한) 몇몇은 매우 축소된 형태로 존재하며 현지 저자와 저작권 개혁 문제의 법률 자문으로서, 그리고 공연 권리 같은 분야에서 수금 대행사로 활동한다.

1990년대 초에 이 지역을 방문하는 데 익숙하지 않은 서방 출판사들은 특히 소설과 인기 있는 논픽션 타이틀 분야에서, 예를 들면 베오그라드의 조반 밀란코비치Jovan Milankovic(프라바 이 프레보디Prava i Prevodi) 같은 전문 위탁판매자와 라이선싱에 대한 하도급 계약을 체결하는 방식을 선택했다. 이는 어떤 나라의 출판사들이 경화를 송금하는 데 애로를 겪고 국영 출판사들이 민영화되며 새로운 민간 출판사가 매일같이 나타났다가 이에 못지않은 속도로 (어떤 경우에는 갚지 못한 큰 부채를 남긴 채) 사라지는 등 출판 산업이 과도기와 변동기를 거치는 동안에는 적절한 것이었을지 모른다. 이제 이 지역의 출판사들은 과거보다 국제 도서전에 훨씬 많이 참가하지만 일부 서방 출판사들은 신규 라이선시의 신뢰성을 더 잘 평가할 수 있다는 이유로 여전히 위탁판매자 서비스를 이용한다. 또한 서방의 표준으로 보면 개별 라이선스로부터 거둬들이는 수익이 얼마 되지 않는다는 규모의 경제라는 이유가 있다. 프라바 이 프레보디는 이 지역에서 아직도 왕성한 활동을 하고 있다. 런던에 본부가 있는 앤드루 뉘른버그 에이전시Andrew Nurnberg Agency도 해외 지사를 러시아에서 불가리아(이 지사는 세르비아, 코소보, 마케도니아, 알바니아, 루마니아에 대한 라이선싱 처리), 체코 공화국(슬로바키아 및 슬로베니아도 처리), 헝가리(크로아티아도 처리), 라트비아(에스토니아 및 리투아니아도 처리) 및 폴란드까지 늘렸다. 타이완의 빅 애플 터틀모리Big Apple Tuttle-Mori 및 바든 차이니즈 미디어 에이전시Bardon Chinese Media Agency는 중국이 국제적인 저작권 협약들에 가입한 이후 활동 영역을 중국 본토의 출판사까지 넓혔다. 빅 애플 터틀모리는 상하이에 사무실을 두고 있다. 또한 주요 도시와 지방에 몇몇 국영 저작권 에이전시가 있는데 이들은 본토 출판사들이 해외로부터 권리를 확보하는 것을 지원하기 위해 설립된 것이다. 앤드루 뉘른버그 에이전시도 중국 본토(베이징)와 타이완에 사무실을 두고 있다.

또한 에이전트들은 미국에서 고용될 수도 있는데, 특히 저작권 수입이 매우 많은 주요 저자들의 경우가 그렇다. 하지만 공동인쇄가 관련된 타이틀의 경우에는 에이전트의 활용이 진정으로 추천할 만한 것은 되지 못한다. 왜냐하면 그런 거래를 하기 위한 절차가 복잡하고 공동출판 파트너 간에 직접적이고 정기적인 접촉이 요구되기 때문이다.

일반화하는 위험이 있지만 영국과 기타 국가에서 저작권 에이전트는 전통적으로 단행본 타이틀에 비해 교육 및 학술 저작물의 권리를 운용하는 데 관심이 적으며, 여기에는 정당한 경제적 이유가 있다. 그런 타이틀을 팔아서 얻는 수익은 상대적으로 얼마 되지 않는 경우가 많으며 이는 에이전시가 벌어들여야 하는 수수료 수입에 영향을 미친다. 그런 타이틀의 권리는 원출판사의 산하에 있는 담당 부서가 더 효과적으로 처리할 수 있다. 이 부문은 어느 정도 해외 위탁판매자의 활용에 적합하다. 해외에서는 자체의 시장 조사를 수행하고 권리를 직접 판촉하는 것이 선호될 때가 종종 있기 때문이다.

그럼에도 불구하고 일본에서는 출판사를 직접 접촉하면 회신이 올 수도 있고 위탁판매자를 통해 오퍼로 돌아올 수도 있다. 그 이유는 일본 출판사가 영어로 서신을 주고받는 자사의 능력을 자신할 수 없기 때문이다. 원출판사와의 직접 접촉에 의해 최초의 이익이 발생하면 에이전시는 라이선서에게 송금되는 지불로부터 수수료를 공제하기보다는 일본 측으로부터만 10%의 수수료를 취하는 협상을 하는 것이 통상적일 수 있다.

대면 판매

권리 판촉 활동이 연간 내내 우편, 이메일, 전화를 통해 많이 전개되고 있지만 판매 희망자가 잠재 구매자의 반응을 가늠할 수 있는 직접 만남을 대체할 만한 것은 없다. 그런 만남은 권리 판매가 가능한 도서전에서 일어날 수 있으며, 영국에서는 페이퍼백 출판사, 신문사, 잡지사 같은 잠재적인 라이선시와 원출판사 사이에서, 또는 해외에서 방문하는 출판사를 통해 일어날 수 있다. 도서전과 별개로 해외 시장에 직원이 세일즈 여행을 가서 만남을 가질 수도 있다. 일반적으로 말해서 권리 판매의 생명선은 이런 미팅이다. 판매자와 구매자 사이에 친밀한 관계가 (때에 따라서 수년간에 걸쳐서) 구축되어 있다면 많은 거래가 신속하게 마무리될 수 있다. 하지만 그런 미팅이 모두 즐거운 일이라고 해서는 안 될 것이다. 프랑크푸르트와 같은 주요 도서전에서 직원은 정말로 붙잡혀 있는 듯이 보일 경우가 있으며, 또는 차라리 만나지 않았으면 나았을 것 같은 고객과 고성을 지르며 대화를 하기도 한다. 다행스럽게도 그런 만남은 수년 동안 만나면서 개인적인 친구가 되기도 하는 단골 고객과 비교하면 얼마 되지 않는다.

도서전과 세일즈 여행에 대해서는 다음 장에서 상세하게 다룬다.

도서전과 세일즈 여행 08

준비, 현장 활동 및 후속 조치

도서전

도서전은 시장 조사를 하고 새로운 고객을 만나며 기존 고객을 보고 문제가 있으면 해결을 하며 진행 중인 거래를 마무리짓고 미래의 협력을 위한 가능성을 논의하는 데 이상적인 기회를 제공한다.

매년 전 세계적으로 30개 이상의 도서전이 열린다. 현재 저작권 거래를 중시하는 주요한 도서전은 다음과 같다.

① 볼로냐 도서전은 매년 3월 말에 개최되며 어린이 도서와 교육도서 전문 전시회이다(www.bookfair.bolognafiere.it).

② 아랍 에미리트의 아부다비 국제 도서전은 매년 4월 말/5월 초에 열리는데 권리 구매 비용에 대한 보조금을 제공한다(www.adbookfair.com).

③ 런던 도서전은 매년 4월에 개최되며 권리 거래 장소로 매우 중요시된다. 하지만 프랑크푸르트보다 규모가 작고 범위가 한정되어 있다(www.londonbookfair.co.uk).

④ 예루살렘 도서전은 2년마다 2월에 개최된다. 원래는 미국과 이스라엘의 출판사들이 만나는 장소였지만 이제는 국제화가 되었다(www.jerusalembook

fair.com).

⑤ 프라하 도서전(현재는 북월드Bookworld란 명칭을 사용)은 매년 5월에 개최되며 교육과 학술보다 단행본에는 더 유용할 것이다(www.bookworld.cz).

⑥ 바르샤바 도서전은 매년 5월 말에 개최되며 중부 및 동부 유럽에서 가장 큰 도서전으로서 현재 전시자들은 주로 폴란드인이다. 하지만 이 지역의 다른 나라 출판사들도 참석한다(www.book-expo.pl).

⑦ 북엑스포 아메리카BookExpo America(BEA), 구 미국서적상협회 컨벤션American Booksellers Association Convention은 매년 5월 말이나 6월 초에 개최된다. 전통적으로 뉴욕과 다른 미국 도시 사이에 돌아가면서 열렸는데 이제는 뉴욕에서 개최된다. 이 도서전은 핵심적인 미국 출판사를 방문코자 하는 해외 방문객에게 매력적이다. 이 도서전의 주 의도는 새로운 미국 출판물의 소개이지만 미국, 라틴 아메리카, 해외의 몇몇 출판사들이 저작권 포럼으로 사용하기도 한다(www.bookexpoamerica.com).

⑧ 스페인 도서전은 매년 9월 말이나 10월 초에 개최되는데 짝수 해에는 바르셀로나에서, 홀수 해에는 마드리드에서 번갈아가며 열린다. 스페인어 사용 국가들에게는 권리 판매에 유용한 시장이지만 프랑크푸르트 도서전에 너무 임박해서 열린다(www.liber.ifems.es).

⑨ 베이징 국제 도서전은 과거에는 격년제로 열렸지만 이제는 매년 9월 초에 개최된다. 서방 도서전에서 만나지 못할 지방 출판사를 포함하여 중국 본토의 출판사를 광범위하게 만날 수 있는 매우 중요한 기회이다(www.bibf.net).

⑩ 모스크바 도서전은 마찬가지로 과거에는 격년제로 열렸으나 이제는 매년 9월 상순에 개최된다. 소련 시절에는 전 공화국이 참석한 대행사였지만 이제는 러시아 중심으로 외국 참가자가 비교적 많지 않다(www.mibf.ru/english). 11월 말/12월 초에 소규모의 픽션/논픽션 프리미엄 전시회가 열린다(www.moscowbookfair.ru/eng).

⑪ 프랑크푸르트 도서전은 모든 도서전시회 중에서 가장 큰 것으로서 매년

10월에 열리며 모든 국가, 모든 주제, 모든 수준의 출판물을 망라한다 (www.frankfurt-book-fair.com).

⑫ 샤르자 국제 도서전은 아랍 에미리트에서 매년 11월 초 열리며 번역 비용을 지원하는 프로그램이 있다(www.sharjahbookfair.com).

⑬ 멕시코의 과달라하라 도서전은 매년 11월 말, 12월 초에 개최되는데 점점 더 저작권에 초점을 맞추고 있으며 더 많은 국제 출판인들이 모여들고 있다(www.fil.com.mx).

지난 25년 동안 새로운 도서전시회가 우후죽순처럼 등장했다. 특히 중유럽과 동유럽에서, 그리고 라틴 아메리카, 중동, 아시아 같은 지역에서도 그러했다. 비록 많은 도서전들이 국제 전시회라는 딱지를 붙였지만 책을 할인 가격으로 방문객들에게 직접 팔아치우는 것을 주요 활동으로 하는 지역 행사로 변모한 것이 적지 않다. 중유럽과 동유럽에서는 연례적인 전시회가 부다페스트(4월), 상트페테르부르크(4월), 부쿠레슈티(6월 초), 발트 3국(2월/3월, 빌뉴스, 탈린, 리가 사이에 돌아가면서 열림)에서 개최된다.

독일이 통일된 다음 유럽에서는 라이프치히 도서전이 개편되어 동서 간 미팅을 위한 기회로 새롭게 부상하고 있다. 이 전시회는 매년 3월에 열린다. 1996년에 베오그라드 도서전은 구 유고슬라비아가 수년 동안의 정치적 혼란을 겪은 이후 소생했다. 이 전시회는 매년 10월에 열린다. 파리 도서전Salon du Livre은 매년 3월 파리에서 열린다. 토리노 도서전은 매년 5월에 열리며 스웨덴의 예테보리 도서전은 9월 말/10월 초에 열린다. 비즈니스 측면에서 이런 전시회는 모두 서적상과 사서에게 주요 관심 대상이며 일반 공중도 입장이 가능하기 때문에 저작권보다는 문화적인 부문에 초점을 맞추고 많은 저자 행사를 개최한다. 4월에 개최되는 테살로니키 전시회는 발칸 반도의 저작권 행사로 진흥되고 있다.

라틴아메리카에서는 부에노스아이레스 도서전(4/5월)이 스페인어 출판사와 서적상 간의 직접 판매와 거래에 집중하는 경향이 있다. 방콕 도서전은 3월 말/

4월 초에 개최된다. 매년 7월에 개최되는 도쿄 도서전은 권리 거래 중심으로 성장하겠다는 약속을 아직 실현하지 못했다. 1월에 개최되는 타이페이 도서전은 좀 더 성공적인 것으로 판명되었다. 6월에 개최되는 서울 도서전은 권리 거래보다는 국내 판매에 더 집중하고 있다. 중국 본토에서는 2013년 11월 상하이 국제아동도서전이 권리 거래에 역점을 두고 처음 개최되었다.

다수의 대형 도서전에는 여러 종류의 전시자들과 참가자들이 등장할 것이다. 특히 구글과 코보 같은 회사들이 나타날 가능성이 있으며, 어떤 도서전은 디지털 전시자들과 행사를 위한 특별 구역을 지정한다. 어떤 도서전에는 비디오 게임 제조업체들이 참가하기도 하고 어떤 특별 행사에는 텔레비전과 영화 산업 대표들이 참석하기도 한다.

판매 가능한 프로젝트를 가지고 있는 저작권 담당자는 모나코 영화문학국제포럼Monaco Cinema and Literature International Forum(4월), 칸에서 개최되는 MIPCOM (MIPTV/MILIA)(10월)과 같은 미디어 전시회에 참석하는 것을 고려해봄 직하다. 이제 프랑크푸르트, 런던, 북엑스포 아메리카는 전자 출판과 영화 및 텔레비전 저작권에 더 많은 공간을 배정하고 있다. 2010년에는 뉴욕에서 이틀간에 걸친 디지털 북 월드Digital Book World 콘퍼런스가 열렸다. 이 행사는 연례행사가 되었으며 1월 중순에 열린다. 프랑크푸르트는 영화와 텔레비전에 관한 연례적인 포럼을 개최하며 런던 국제 도서전은 출판사와 에이전트가 영화 및 텔레비전 프로듀서와 접촉할 목적으로 도서전 웹사이트에 포함시킬 3개 타이틀의 세부 내용을 제출할 수 있는 서비스를 제공한다.

어떤 도서전에 참가할 것인지 하는 문제는 몇몇 요인에 의해 영향을 받는다. 도서전 자체의 중요성, 관련된 출판 형태, 회사가 특정한 시장에서 라이선싱에 전념하는 정도, 권리 판매 잠재성, (물론) 담당 직원의 가용한 시간과 예산 등이 그러한 요인에 들어갈 것이다. 도서전은 돈이 많이 드는 행사이며 새로운 도서전을 한번 방문하고 나서 저작권의 관점에서 평가한다는 것은 언제나 어렵다. 도서전 참가를 처음으로 고려하는 사람은 누구나 이전의 도서전에 대한 언론 보도를 읽어보는 것이 좋을 것이며 해당 도서전에 참가한 다른 회사 저작권 담당 직원의 견해를 조사하는 것이 좋을 것이다. 불황이 닥치면 출판사가 참석할 행사들을 선별하게 되므로 도서전 참가 인원이 필연적으로 영향을 받을 것이다.

프랑크푸르트는 여전히 도서전 개최 일정에서 핵심적인 행사이다. 출판의 모든 영역을 망라하고 전 세계로부터 전시자들이 모여들기 때문이다. 외국 도서전에 참가하고자 하는데 경화가 부족한 나라의 출판사들은 분명히 프랑크푸르트를 선택할 것이다(2013년의 경우 전시업체의 수는 7500개였다). 볼로냐는 어린이책 출판사를 위해 여전히 필수적인데, 일부 교육 출판사에도 인기가 있다. 대부분의 외국 구매자가 런던 도서전을 부스 없이 '떠돌이 상태'로(그리고 때에 따라서는 사전 통고 없이) 방문하는 경향을 보인다는 사실은 영국의 저작권 담당자에게 좌절감을 줄 수 있다. 왜냐하면 이로 인해 부스를 떠날 수 없기 때문이다. 그럼에도 저작권 비즈니스는 지난 수년 동안 크게 증가했으며, 런던은 이제 프랑크푸르트 다음으로 저작권 거래의 중심지가 되었다. 런던 도서전은 런던의 올림피아Oylmpia에서 열리며, 프랑크푸르트가 런던 중심가에 라이벌 전시장을 세우고자 하는 계획으로 논란을 불러일으키는 바람에 2007년부터 2014년까지는 얼스코트Earl's Court에서 열리기도 했다.

1990년대에 중유럽과 동유럽에서 새로운 도서전이 우후죽순처럼 늘어나자 처음에는 이 시장을 잘 모르는 서방 출판사들의 관심을 끌었다. 하지만 참가에 따른 비용이 많이 들고 범위가 국제적이기보다는 국가적이었으며 저작권보다 국내 판매에 더 집중했다. 이제는 이 지역의 더 많은 출판사들이 프랑크푸르트, 볼로냐, 런던 도서전 등에 참가할 수 있다. 그래도 이런 종류의 지역 도서전을 방문하면 해당 국가의 출판 산업 실태를 잘 파악하게 될 때가 있다.

현재 많은 도서전은 매년 다른 국가 또는 지역을 주빈국–런던 도서전에서는 마켓 포커스Market Focus에 해당–으로 정하여 대규모 출판 전시회를 열면서 저자 초빙, 세미나, 문화행사를 병행한다. 이는 권리 판매자들이 아직 진출하지 못한 시장에 매우 가치 있는 진출 기회가 될 수 있다. 그런 행사는 일반적인 관련 도서전보다 더 많은 숫자의 출판사를 주관 국가와 지역으로부터 유치할 수 있기 때문이다. 새로운 접촉이 이루어지면 후속 조치로 관련 시장에 대한 방문이 당연시될 수 있을 것이다. 어떤 도서전—예를 들면 아부다비, 샤르자—은 해당 도서전을 방문한 출판사들이 관심 분야가 유사한 현지 출판사와 만날 수 있는 '매치메이킹matchmaking' 행사를 여는데, 이는 도서전에 설치된 부스가 비로마자로 표기되어 외국 출판사 관계자들이 돌아다녀도 내용을 파악할 수 없는 시장에서 특히 유용하다.

출판사가 도서전에 참가하는 최적의 방법은 회사 부스를 갖는 것이다. 큰 회사는 저작권 담당자뿐만 아니라 편집 및 영업 담당 직원도 상담 장소를 가질 수 있을 것이다. 부스에는 회사의 신간을 보여주는 전시대가 있고 대형 다국적 회사의 경우 도서와 더불어 대형 LCD 디스플레이를 갖출 것이다. 소형 출판사가 확보한 부스는 좀 더 초라하겠지만 도서와 세일즈 재료를 보여줄 수 있는 고정된 장소를 확보하고 예약 없이 찾아오는 관련 인사를 만날 수 있는 기회를 제공할 것이다. 에이전트들은 저작권 센터에 있는 테이블을 차지하고 있을 가능성이 높다.

개별 부스를 확보하는 데 따른 모든 비용을 지출하지 않고 도서전에 참가하려면 자국의 출판협회가 조직하는 국가관에 참가하여 부스 일부를 차지하는 방법도 있다(영국출판협회는 볼로냐, 북엑스포 아메리카 및 새로운 상하이 국제아동도서전을 포함한 몇몇 해외 도서전에 공동 부스를 운영한다). 다른 출판사와 부스를 공유할 수도 있다. 출판사가 이용하는 것이 허락된다면 도서전의 저작권 센터에 공간을 차지할 수도 있다(어떤 도서전은 에이전트만 이용할 수 있도록 제한하거나 전시를 하지 않는 출판사에는 더 높은 요금을 부과한다). 아니면 부스 없이 도서전에서 특히 중요한 첫 며칠 동안만 참가할 수도 있을 것이다. 시간과 재원에 압박을 받기 때문에 이런 여러 가지 방안 중에서 선택하는 것이 중요하다.

각 도서전의 진행 속도는 규모와 성격에 따라 다양하다. 프랑크푸르트에서 일정표는 점점 더 빡빡해져 왔으며 대부분의 참가자들은 하루 종일 30분 간격으로 약속을 잡아놓고 있다. 비즈니스는 아침 식사와 저녁 미팅까지 연장될 수 있다. 역설적으로 2004년부터 전시회가 하루 단축되어서 수요일부터 일요

일까지만 개최되고 월요일에는 열리지 않는 탓에 많은 단행본 출판사와 저작권 에이전트는 도서전이 시작되기 며칠 전에 도착하여 호텔에서 비즈니스를 한다. 스페인 도서전의 분위기는 훨씬 더 느긋하고 업무는 늦게 시작하며 점심시간은 길고 저녁 식사는 진짜 지중해 식으로 늦게까지 지속된다. 중동 전시회도 오후 휴식 시간이 길고 전통적인 기도일인 금요일 오전에 문을 닫으며 어떤 도서전에는 여성 방문객에게만 허용되는 기간이 있다. 동유럽과 아시아 전시회는 규모가 작고 대부분의 경우 운영은 향상되었다. 처음 방문하여 현지 출판의 범위와 표준에 대한 인상을 알아보고자 부스들을 훑어보려는 저작권 담당자에게 그런 규모는 좀 더 유리할 것이다. 베이징 도서전의 업무 시간대는 상대적으로 짧은 경향이 있어(오후 4:30 종료) 전시자들은 전시장 밖에서 열리는 초저녁 행사들에 참가할 수 있다.

어느 전시회든지 새로 참가하는 사람이든 여러 번 참가 경험이 있는 사람이든지 간에 준비를 철저히 해야 한다. 저작권 비즈니스가 성장할수록, 준비하는 데 필요한 시간과 노력은 증대할 것이다. 물론 경험이 있으면 어떤 정보와 자료를 준비하는 것이 가장 좋은지를 판단하기가 쉬울 것이다.

어떤 출판사는 ≪더 북셀러≫나 ≪퍼블리셔스 위클리≫ 같은 업계 잡지가 도서전을 앞두고 발행하는 특별판을 이용하여 특정한 타이틀을 광고하고 선전할 것이다(제7장 "광고" 참조).

현재 몇몇 도서전은 출판사들에게 도서전이 개최되기 이전이나 개최 기간 중이나 개최된 이후에 웹사이트에 판매 가능한 권리를 올릴 수 있는 온라인 권리 정보 서비스를 제공한다. 프랑크푸르트 도서전과 런던 도서전은 모두 1997년에 그런 서비스를 앞장서서 마련했다. 프랑크푸르트 도서전 웹사이트(www.book-fair.com)에는 전시자 카탈로그, 프랑크푸르트 저작권 카탈로그, 그리고 핵심적인 출판 관련 인사들을 수록한 '후즈후'가 포함되어 있다. 또한 이 웹사이트에서는 등록된 전시자가 온라인으로 네트워크를 할 수 있고 약속을 잡을 수 있다. 이런 서비스들은 연간 내내 이용할 수 있다. 런던 도서전은 이그지비터 웹사이트 프로그램의 일부로서 연간 내내 저작권 진흥 서비스를 제공한다. 이 프로그램으로 출판사는 회사의 전 프로필, 연락처, 전반적인 제품 설명을 올리고 이에 더하여 자사의 웹사이트 링크를 제공할 수 있다. 2014년에 표준 패키지(40제곱미터까지의 모든 부스)는 부가세 별도로 260파운드인데 5개 타이틀을 올릴 수 있다. 프리미엄 패키지(40제곱미터 이상 모든 부스)는 부가가치세 별도로 310파운드이고 50개 타이틀의 저작권 세부 내용을 올릴 수 있다.

또한 북페어 온라인Book Fair Online, 펍매치, IPR 라이선스와 같은 몇몇 업체는 연간 내내 서비스를 제공하고 있다(제7장 "온라인 권리 거래" 참조).

사전 약속

앞에서 언급한 바와 같이 저작권을 다루는 주요 도서전들에서는 도서전 참가 기간 동안 시간을 절약하기 위해 주요 약속을 모두 사전에 예약하는 경향이 있다. 이메일이나 우편으로 약속 편지를 발송하는 시기는 관련 도서전과 만나야 할 고객 숫자에 따라 다르겠지만 확고부동한 상담 대상자를 갖고 있는 출판사는 볼로냐, 런던 및 프랑크푸르트 도서전 같은 주요 도서전이 개최되기 대략 10주 내지 12주 전에 이메일로 접촉을 하는 것이 바람직하다. 가장 효과적인 초대는 참석하는 저작권 담당자의 성명과 참가일자—도서전 내내 참석하는 것이 아니라면—를 알려주는 것이다. 또한 편지를 통해 부스 번호와 홀의 위치를 알려주어야 한다. 단순히 고객이 언제 방문할 것인지를 묻기보다는(이럴 경우 첫째 날 아침에 약속을 잡자는 요구가 쇄도할 것이다) 약속 날짜와 시간을 제시하고 약속을 담당한 특정 직원의 이름을 알려주는 것이 훨씬 더 좋다.

도서전 이전에 최초로 약속을 잡기 위해 출판사를 접촉하려면 약속의 목적을 분명히 하는 것이 필수적이다. 즉, 권리 구매가 아니라 판매가 목적임을 밝히는 것이다(양쪽 다를 할 입장이 아니라면). 우편으로 편지를 발송한다면 출판사에 대한 간단한 정보와 카탈로그 한 부 또는 논의할 특정 프로젝트에 관한 간략한 정보를 동봉하면 도움이 될 것이다. 이것을 보고 수신인은 약속을 잡을 가치가 있는지 여부를 평가할 수 있을 것이다. 타이틀 목록이 그리 적절하지 않고 제안한 프로젝트가 기존의 타이틀과 경쟁관계에 있거나 접촉한 출판사가 권리를 구매할 의사가 없다면 미팅을 할 의미가 별로 없다. 가능하다면 『리터러리 마켓플레이스』나 『인터내셔널 리터러리 마켓플레이스』 같은 출판 도록에서 적합한 인물을 찾을 수 있는 경우 지정된 편집자를 대상으로 하는 것이 좋을 것이다. 프랑크푸르트와 볼로냐는 양쪽 다 온라인으로 개별 전시자에 대한 정보를 후즈후에서 구할 수 있다.

타이틀 숫자나 단일 프로젝트에 관한 자료 면에서 새로운 거래 담당자가 원치도 않는 자료를 너무 많이 보내지 않는 것이 중요하다. 간단한 정보가 선호되며 통상적으로 최초로 관심을 가진 대상을 밀고 나가는 것이 적절하다.

전통적으로 권리 판매자는 자기 부스에서 활동하고 잠재 구매자는 부스를 이리저리 돌아다닌다. 이런 방식은 논리적이다. 왜냐하면 판매자는 보여주어야 할 책과 카탈로그, 사전 정보 및 세일즈 재료를 가까이에 두고 있어야 하기 때문이다. 하지만 우리가 처음 권리 판매를 시작한다면, 특히 새로운 회사나 잘 알려지지 않은 회사의 직원일 때는 '혹시나 해서' 부스를 방문한 잠재 구매자를 설득하는 데 난관에 처할 것이다. 그래서 시작은 책과 세일즈 재료를 들고 전시장을 돌아다니며 잠재 구매자를 방문하고 정기적인 간격을 두고 부스로 되돌아오는 것이 중요하다. 만약 혼자서 그렇게 한다면 피곤하고 어색하기가 이를 데 없겠지만 아마도 이것이 정기적인 파트너가 생길 때까지 접촉자를 만드는 유일한 방법일 것이다. 소규모 회사가 개별 부스를 갖는 비용을 댈 수 없다면 그룹 부스에 참가하거나 동료 출판사의 주선을 통해 개인적인 소지품을 맡기고 메시지를 받을 수 있는 물리적인 장소를 사전에 마련하는 것이 매우 중요하다. 어떤 도서전에서는 요금을 받고 저작권 센터 또는 에이전트 센터 형태로 공동 미팅 시설을 제공한다. 하지만 중요한 것은 누가 그런 시설을 사용할 수 있도록 허용되는지 사전에 확인하는 것이다. 프랑크푸르트 도서전에서는 에이전트만이 그러한 센터들을 이용할 수 있으며 런던 도서전에서는 에이전트들이 비非전시 출판사들보다 우선권을 갖기 때문에 공간은 아주 제한적일 수 있다.

어떤 전시장에서는 잠재 구매자가 판매자의 부스를 방문하도록 설득하는 것이 어려울 수 있다. 그 이유는 그러한 구매자들이 자기 부스를 운영할 인원도 부족한 소형 출판사이기 때문일 수 있다. 그런 경우에는 구매자의 부스를 방문하는 것이 예의지만 적절한 방문 시간을 허락받는 것이 필요한데, 특히 프랑크푸르트와 같은 대규모 도서전에서 그렇다.

일정표

프랑크푸르트와 같은 대규모 전시회에서는 한 고객을 만나는 데 30분 이상 할애할 출판사는 한 군데도 없다고 상정하는 것이 맞다. 어떤 경우에는 활용할 수 있는 시간이 이보다도 짧을 것이다. 이를 근거로 대략의 일정표를 작성해야 할 것이며 약속이 확인될 때마다 표시를 해야 할 것이다.

일정표를 작성할 때 몇몇 요인을 고려해야 한다. 예를 들면, 프랑크푸르트에서 많은 독일 출판인들은(점점 더 많아지는 외국 출판인들도) 금요일에 귀가하기 때문에 전시회가 열려도 주말에는 만날 수가 없다. 어떤 출판인들은 주중에는 사무실에서 일하고 주말에 전시회를 방문할 수도 있다. 도시 중심에서 멀리 떨어진 곳에 체류하는 출판인(때에 따라서는 가난한 국가의 출판인)들은 약속 시간이 너무 이르면 제시간에 맞춰 오지 못할 수도 있다. 상주 전시자 패스 없이 '떠돌아다니면서' 일하는 사람들은 정해진 시간이 지나면 입장하지 못할 수도 있으며, 길어지는 보안 검사 때문에 오전 9시 이전의 약속을 지키지 못할 수도 있을 것이다.

한편, 일찍 업무를 개시하는 전통을 가진 국가의 전시 출판사들은 통상적으로 아침 식사 미팅이나 8시 혹은 8시 30분에 부스에서 만나는 약속을 잡을 수 있다. 전통적으로 점심 식사가 늦은 출판사들, 예를 들면 라틴계 국가들의 출판사들은 이 시간에는 약속을 할 수 없을 것이다. 초저녁 리셉션들로 분주한 사람들은 오후 5시 이후에 전시장에 머무르기를 싫어할 것이다. 독실한 가톨

릭 출판인은 예배에 참석하기 위해 일요일 아침에는 전시회에 참석하지 않을 것이다. 한편, 몇몇 주요한 유대교 종교 행사가 열리는 달에 개최되는 프랑크푸르트 도서전의 시기는 오랫동안 논쟁거리가 되어왔으며 도서전 참가에 영향을 미칠 수 있다. 프랑크푸르트 도서전 조직 당국은 날짜를 확정할 때 이런 점들을 고려해야 했다. 수많은 단행본 출판사와 저작권 에이전트는 도서전 개막일에 앞서서 프랑크푸르트에 도착하여 호텔에서 약속을 잡는다. 통상적으로 프랑크푸르터 호프Frankfurter Hof와 헤시셔 호프Hessischer Hof 같은 호텔의 로비는 사람들로 붐빈다.

정기적인 접촉이 늘어갈수록 이런 요인을 모두 고려하는 것이 가능하며, 또한 시간을 잘 지키고 신뢰할 만한 고객과 그렇지 못한 고객을 분별할 수 있게 된다. 바쁜 일정 속에서 판매자는 방문하기로 약속해놓고 나타나지 않는 사람 때문에 극도의 좌절감을 맛볼 수 있는 반면, 전시회에 새로 온 구매자는 이 부스에서 저 부스로 돌아다니는 거리를 정말로 대수롭지 않게 생각할지도 모른다. 근무 시간이 긴 권리 판매자에게 매일의 마지막 약속은 문제가 많은 고객보다 마음이 맞는 거래선과 함께하는 것이 바람직하다.

저녁을 다양한 방법으로 보낼 수도 있을 것이다. 주요 도서전에서(그리고 호경기를 맞이할 때) 대형 출판사들은 고객을 위해 리셉션이나 공식적인 만찬을 개최할 것이다. 다른 참석자들은 형식에 얽매이지 않은 인적 네트워크를 형성하는 기회를 가질 수 있을 것이다. 파티 참석은 잠재 고객과 함께할 수 있는 진정한 기회를 제공할 수 있으며 프로젝트, 출판계 동향, 업계 내부의 움직임에 대해 듣는 계기가 된다. 다음날 머리가 아픈 가운데 전시회를 시작하는 것이 바람직하지 않다는 것은 두말할 필요가 없다.

기존 또는 잠재 고객에 관한 정보

만나게 될 각 출판사에 대한 데이터 자료를 준비하는 것은 극히 중요하며 이는 미팅의 기초 자료로 사용될 수 있다. 권리를 처음 판매하기 시작하는 것이라면 이 자료에는 기껏해야 출판사명, 국가명, 개별 접촉 대상자의 이름과 관심 주제의 영역 정도가 포함되어 있을 것이다. 이런 정보는 『리터러리 마켓플레이스』, 『인터내셔널 리터러리 마켓플레이스』와 같은 소스로부터 구할 수 있을 것이며, 일단 이런 데이터를 구할 수 있다면 도서전의 후즈후에서 정보를 추가할 수 있다. 거래가 확립되면 자료는 마무리된 권리 거래의 상세한 내용, 고려되고 있는 도서와 미래 프로젝트에 대한 관심까지 포함하게 될 것이다. 정보는 단순히 권리가 판매되었다는 언급으로만 남길 수도 있으며 또는 합의된 재무적 조건, 계약이 발송되고 회송되는 날짜, 기타 협상의 핵심적인 단계와 같은 정보를 훨씬 더 많이 포함할 수도 있다.

이 정보에 미팅 시 논의되어야 할 중요한 포인트나 문제가 포함될 수 있다. 가령 복제생산재료의 세부 명세, 공동출판 가격 조항 또는 미결된 선인세나 인세 지불 문제 등이다. 또한 최근에 제안되었으나 거절된 프로젝트 목록을 포함하는 것이 현명할 것이다. 이는 재오퍼를 위함이다. 그리고 고객이 관심을 가질 만한 핵심적인 새로운 프로젝트에 관한 언급도 포함될 수 있을 것이다.

저작권 비즈니스의 규모가 크면 클수록 기억에 의존하는 것은 현실성이 떨어지며 인쇄 형태로 관련 정보를 이용하는 것이 매우 중요하다. 이런 식으로 정리가 잘된 정보는 돌발적인 상황에서 종종 가치가 있다. 저작권 담당자가 병에 걸리거나 도서전에 참가하지 못하고 또는 조기 귀국을 하게 되더라도 적어도 다른 직원이 대신 들어가서 주요 고객과 핵심 사항들을 확실하게 해둘 수 있기 때문이다.

컴퓨터화된 저작권 데이터베이스의 이점은 시스템이 제대로 프로그래밍되면 이런 고객 정보 중 많은 것이 자동으로 선택될 수 있으며, 피상적인 정보는 제거되고 최신 정보가 워드프로세싱 작업으로 추가되며 전시장에 인쇄된 형태로 가져갈 수 있다는 것이다. 한 가지 대안은 전부 또는 편집된 형태로 탑재된 데이터베이스를 갖춘 랩톱을 가지고 가는 것이다. 하지만 저작권 담당자가 관련 정보에 접근하기 위해 끊임없이 키보드를 두들긴다면 이는 즉석 미팅을 위한 일이 되지 못할 것이다. 또한 콘센트나 충전된 배터리를 이용할 필요가 있다. 특히 작업이 실제로 전시장에서 처리될 경우 그렇다(예를 들면, 옵션을 기록하거나 판매를 마무리할 때). 전시회에서 함께 일하는 다른 저작권 담당 직원이 갱신된 데이터를 필요로 할 때 랩톱을 들고 옮기는 것은 문제가 될 수 있기 때문에 랩톱은 제자리에서 네트워크로 연결되어야 할 것이다. 전시장에서 데이터베이스에 확정된 옵션이나 약속을 기록할지(관심의 기록이 아닌) 여부의 문제는 복잡하다. 몇몇 저작권 담당자가 동일한 시장에서 다른 고객으로부터 동일한 책에 대해 관심을 유발할 수 있는 가능성이 있다면, 또는 더 좋은 잠재 구매자가 전시회의 후반부에 나타났는데 조기에 타이틀을 약속해버렸다면, 그렇게 하는 것은 통상적으로 현명치 못한 처사이다. 또한 전시회에서 전력투구하여 분주하게 뛰는 저작권 담당자는 미팅을 거듭하면서 대화하고 메모하느라 눈코 뜰 새 없이 바빠, 이런 유의 '관리'에 전념할 시간이 별로 없는 것도 사실이다. 저작권 담당자가 공책을 사용하는 대신 랩톱을 켜고 기록하는 동안 고객이 부스의 다른 편에 보이는 책을 살펴보기 위해 미팅 테이블을 잽싸게 빠져나가는 곤란한 상황이 펼쳐질 수도 있다. 공책에 수기로 적는 편이 미팅의 흐름을 완전히 중단시키지 않고 고객을 따라갈 수 있다!

사무실에 있는 수기 기록 시스템을 통해 고객 정보를 키보드나 수기에 의해 서류철, 작은 색인 카드, 공책, 또는 개인용 수첩과 같은 휴대 형태로 옮겨야 할 것이다. 각 도서전에서 필요로 하는 데이터의 양에 많은 것이 달려 있다. 고객 정보는 미팅을 할 때마다 기초 자료로 사용되기 때문에 판매자와 구매자의 사전 준비 기록이 꼭 들어맞으면 그보다 더 좋을 수는 없을 것이다!

우리가 랩톱, 태블릿, 서류철 또는 공책을 갖고 일할 때 중요한 것은 일과 속에서 자료를 잘 보존하는 일이다. 도서전 기간 동안 또는 (최악의 경우) 도서전이 끝나고서 그런 자료를 잃어버린다면 일이 엉망진창이 되고 말 것이다.

판매된 또는 오퍼 중인 권리에 관한 정보

도서전을 준비할 때 이미 판매되었거나 오퍼 중인 권리의 목록을 작성하거나 그것을 아직 준비 중이지만 관심을 받아온 프로젝트들과 한데 묶는 것은 현명한 일이다. 이는 몇 가지 방식으로 할 수 있을 것이다. 단행본 출판사들은 6개월 앞을 내다보고 작업해야 한다는 것을 잘 알고 있다. 전년 가을에 열린 도서전에서 춘계 목록을 판매한 뒤 봄 도서전 기간 동안 추계 목록을 거래한다. 어떤 출판사는 현재의 목록에 있는 타이틀마다 '판매집계표sales sheet'를 가지고 다니는데 여기에는 언어별 또는 시장별 저작권 현황에 관한 상세한 내용이 수록되어 있다. 또 다른 출판사들은 견본 도서에 해당 타이틀에 대한 저작권 현황을 기재한 종이를 삽입하는 시스템을 유지한다. 선호되는 방법은 저자명에 따라 알파벳순으로 정렬하고 권리가 판매된 것과 상담 중이거나 오퍼 중인 것 또는 장차 관심이 있을 만한 것을 언어별로 보여주는 타이틀의 목록을 만드는 것이다. 또한 관심을 받을 만한 타이틀의 세부사항에는 권리의 통제를 다른 곳에서 하고 있는지가 포함될 수 있다.

마찬가지로, 적절하게 프로그래밍된 저작권 데이터베이스는 이와 같은 목록들을 자동으로 발생시켜야 한다. 그렇지 않으면 수기로 적은 기록을 데이터로 옮겨야 한다. 도서전에서 그런 정보—수기 형태이거나 인쇄되었거나 랩톱에 있는—를 갖는 것은 특정한 시장을 위해 특정한 타이틀의 저작권 상황에 관한 질의에 응답이 가능하다는 것을 의미한다. 데이터베이스는 도서전이 개최되기 직전 상황까지도 파악하고 있기 때문이다. 하지만 도서전 기간 중 가진 논의는 물론 상황이 바뀔 수 있다. 도서전 기간 동안 사무실에 남아 있는 저작권 담당 직원에게 자신들이 도서전에서 나타난 관심들을 조정할 수 있을 때까지 어떤 잠정적인 문의도 처리하지 말고 놓아두라고 지시하는 것이 바람직하다.

세일즈 정보와 재료

도서전에서 사용되는 재료는 출판사, 출판 유형, 저작권 비즈니스 규모 및 각각의 프로젝트가 도달한 단계에 따라 다양하다. 학술 목록의 경우 다음을 기초로 하여 작업하는 것이 통상적으로 적절하다. 즉, 신간과 구간 모두를 보여주는 완전한 주제 카탈로그, 개별 정보 자료, 요약, 완성된 도서 및 특히 일러스트레이션을 핵심적인 특징으로 하는 경우(예를 들면 의학 서적) 아마도 주요 프로젝트의 조판 교정쇄 또는 샘플 페이지 등이다. 이 부문에서 표지 디자인의 그림은 통상적으로 별로 중요하지 않으며, 어떤 경우에는 순전히 타이포그래피로만 되어 있다. 일부 학술 출판사는 핵심적인 신간만 골라서 저작권 가이드를 만든다. 카탈로그나 저작권 가이드가 항공이나 선박을 통해 보내진다면 그것이 안전하게 부스에 도착하리라고 상정해서는 안 된다. 직접 손가방에 한 세트를 가지고 가는 것이 현명한 사전 조처이다.

권리 판매 정책이 출판에 앞서서 관심을 끌고자 하는 것이라면 권리가 위임되자마자 각 프로젝트에 대한 정보를 조기에 갖출 가치가 있다. 이는 출판을 위한 사내 편집자의 제안서 사본으로 구성될 수 있지만 도서의 단위당 비용, 예상 판매 및 총 이익 전망과 같은 비밀 사항은 뺄 필요가 있을 것이다. 또한 어떤 출판 부문의 경우(특히 과학, 기술, 의학) 잠재적인 라이선시가 직접 경쟁자가 될 수도 있음을 기억해야 하는데, 영어로 쓰인 책의 경우 특히 독일 시장에서 그렇다.

세일즈 정보는 주제별로, 그리고 사실상 준전문분야별로 주의 깊게 분류하는 것이 중요하다. 그래야 고객이 부스를 방문할 때 신속하게 관심이 되고 있는 특정 주제로 돌아올 수 있다. 어떤 출판 분야는(특히 의학과 과학에서) 그 특성상 설령 프로젝트가 향후 수년이 걸린다고 할지라도 잠재 구매자가 관심을 표명할 태세가 되어 있으며 프로젝트가 진행됨에 따라 좀 더 상세한 정보와 재료를 받기 위해 기다릴 것이다.

일반 출판의 경우 출판사들은 신간과 함께 어쩌면 구간도 간략하게 수록할 수 있는 카탈로그를 연간 1회 혹은 2회 제작하는 경향이 있다. 사전 재료의 경우 많은 것은 책의 유형에 달려 있다. 삽화나 사진이 주요 특성인 도서의 경우, 그리고 특히 저작권 비즈니스의 기초가 해외의 파트너와 공동출판을 하는 데 있는 경우, 정교하고 값이 비싼 제시물에 투자하는 것이 필수적일 것이다. 여기에는 삽화의 스캔, 샘플 펼침면, '샘플 인쇄본(블래드blad)', 교정쇄, 랩톱에서 보여주기 위해 스캔된 표지 및 본문의 시각적 작업물 또는 크기와 외양 모두를 보여주기 위한 견본 등이 포함된다. 샘플 재료는 주요 프로젝트에 상당히 앞서 만들어진 실제 페이지를 보여줄 수 있으며, 또는 임의의 텍스트에 수반하는 전형적인 일러스트레이션을 보여주기 위한 실물 크기의 샘플이 될 수도 있다. 때에 따라서는 인쇄소의 라틴어와 유사한 기호로 도서의 의도된 레이아웃을 보여주기도 한다. 핵심 시장의 경우 그런 재료를 여러 세트 준비하는 것이 현명한데 이는 잠재 고객에게 빌려줄 수 있거나 몇몇 저작권 담당자들이 동시에 어쩌면 지리적으로 다른 곳에서 이용할 수 있을 것이기 때문이다. 또한 공동출판 비즈니스에 의존하는 저작권 활동에는 재료를 복원하고 주고받는 까다로운 작업이 포함될 수 있다.

어떤 경우 도서전에 오리지널 아트워크를 가지고 가는 것이 가능할 것이다. 유명한 아티스트의 작업물이라면 아티스트도 함께 갈 수도 있을 것이다. 오리지널 아트워크는 세일즈 도구로서 의심할 여지없이 인상적이지만 그런 재료를 도서전에 운반하여 부스에 두거나 잠재 고객을 방문할 때 가지고 다니는 데 따른 위험이 높다는 것도 인식해야 한다. 주의를 잘 기울이지 않는 동안 귀중한 아트워크가 영원히 사라지는 경우가 많다. 볼로냐 도서전에서 오리지널 아트워크가 정기적으로 없어진 사건은 출판사들이 상담이 진행되는 주중에 어린이의 도서전 참가를 허락하지 않는 문제를 몇 년 전 투표에 부친 주요인이기도 하다. 아트워크의 컬러 사진 또는 스캔본은 오리지널 아트워크만큼 인상적이지는 못할 수도 있지만 잃어버려도 분명히 손실이 그리 크지는 않을 것이다. 물론 시각적인 재료는 랩톱, 태블릿 또는 심지어 스마트폰으로도 보여질 수 있으며, 이런 기기들은 표지 디자인을 보여주는 데 유용하다. 하지만 고객들은 '손에 잡히는' 재료와 지닐 수 있는 샘플을 보기를 선호하는 것 같다.

어린이용 도서를 위한 다른 유용한 재료에는 책 속 캐릭터를 나타내는 봉제인형, 판지 모형, 캐릭터가 그려진 카드나 상자가 포함된다. 한편 잘 구축된 캐릭터나 디자인의 경우 상품화에 대한 라이선스를 준 아이템의 전시가 부스를 매력적으로 꾸미면서 잠재적인 라이선시에게 인센티브를 제공할 수 있다.

공동출판에 전문화된 출판사의 경우 정확한 제조 가격대를 가지고 도서전에 참가하는 것이 필요하다. 그렇게 하면 요구되는 제품(예를 들면 변경 사항이 단순한 동일 언어판인지 아니면 전면적인 변개가 불가피한 번역판인지), 수량, 제본, 포장 및 배송 요구사항을 근거로 상담을 할 수 있다. 복제생산재료의 가격이 권리 거래에서 핵심 요소가 될 가능성이 있다면 이를 산출해보아야 한다. 이러한 생산재료는 점점 더 전자 파일 형태로 제공되고 있기 때문에 가격과 이를 위해 이용 가능한 상세한 정보는 필수적이다. 하지만 가격에 대한 마크업 mark-up[(원가에 대한)가산액, 원가에 대한 가격인상폭 미국 국세청 영한세무용어사전－옮긴이]은 어떤 시장에서는 문제가 될 수 있다(제20장 참조).

현장 활동

도서전이 개최되는 물리적 여건은 다양하다. 프랑크푸르트 도서전은 고도로 효율적인 설비를 갖추었고 볼로냐는 전시장이 고상한 기운을 풍기며 식도락을 즐길 수 있다. 그런가 하면 솔직히 말해서 암울한 데도 있다. 하지만 최악이었던 장소 중 어떤 곳은 최근 여건이 크게 개선되었다. 바르샤바 도서전은 스탈린 시대의 음울한 분위기를 간직하고 있고 억압의 상징이기도 한 문화궁전에서 오랫동안 열렸지만 이제는 국립 경기장에 있는 현대식 설비로 옮겼다. 부쿠레슈티 도서전과 베이징 도서전은 90년대의 분위기를 나타낼 것 같은 기간에 열린다. 베이징 도서전은 2012년에 공항 근처의 좀 더 현대적인 시설로 옮겼는데, 도시 중심에서 벗어나 불편하다. 모스크바 도서전은 2009년 러시아 종합전시센터에 새로운 시설을 갖춘 전시관을 지어 가을 전시회를 여기서 연다.

중유럽과 동유럽의 일부 도서전에서 특히 신경이 쓰이게 하는 일은 세미나, 도서 출시 행사 및 신간을 위한 광고와 전시장 내에서의 방송이다. 이런 일이 너무 시끄럽게 이루어지고 자주 일어나 대형 스피커 가까이에 부스를 가지고 있는 전시자는 상담을 제대로 진행시킬 수 없을 지경이다. 베이징에서 중국의 어린이책 출판사와 언어 학습물 출판사 중 일부는 자신들의 부스에서 요란하게 방송을 해댄다.

유감스럽게도 많은 도서전에서 절도 조직이 기승을 부린다. 중요한 여행 서류가 들어 있는 핸드백이나 서류가방을 잃어버리는가 하면(특히 러시아와 중국에서 문제가 되므로 신분증으로 여권을 소지하고 다니는 것이 좋다) 랩톱, 태블릿, 모바일폰을 잃어버릴 수 있다. 부스에 잠금 장치가 있는 보관 시설이 없다면 특별한 주의를 기울일 필요가 있으며, 여행 서류와 여권(비자 포함)은 관련 페이지를 사진으로 찍은 사본을 소지하고 사고에 대비하여 호텔에 보관하는 것이 좋다.

모스크바와 베이징 도서전에 참가하는 출판사가 바쁜 일정 중에 전시장에서 맛 좋은 음료수를 구할 수 있는 여건은 크게 개선되었다. 하지만 세정 설비는 아직도 의심스럽거나 형편없는 수준이다. 화장지를 개인적으로 확보하는 것이 현명할 것이다.

좀 더 발달된 설비를 갖춘 전시장에서 점심 식사를 하는 방법은 다양하다. 어떤 출판사는 부스에서 나가 방해를 받지 않고 간단한 식사를 할 것이며, 다른 출판사는 전시장 안팎에 있는 음식점에서 스케줄에 따라 점심 미팅을 가질 것이다. 일부 대형 단행본 출판사는 전시장보다는 호텔에서 미팅을 가질 것이다. 프랑크푸르트와 런던 도서전에서는 그런 미팅이 전시회 직전 며칠 동안 수도 없이 열린다. 일부 대형 출판사들은 부스에서 직원과 방문객에게 기본적인 다과를 제공한다. 다른 출판사들은 짬이 나면 전시장에 있는 스낵바 시설에 의존한다. 아무리 일정이 바쁘더라도 먹을 것을 제대로 챙겨 먹지 않고 일하는 것은 현명하지 못하다. 편안한 부스에서가 아니라 '돌아다니면서' 일하는 저작권 담당자의 경우 속도를 조절하고 수시로 앉아서 쉬거나 그날의 비즈니스를 점검하는 것이 중요하다.

과거에는 동유럽이나 중국에서는 외부 세계와의 통신이 신뢰할 수 없거나 존재하지 않았다. 이제는 통신 설비가 대폭 개선되었으며 통상적으로 서방이 직접 경영하거나 합작한 호텔은 방에서 직접 국제전화 다이얼을 돌릴 수 있고 인터넷에 접속할 수 있다. 하지만 이런 서비스는 값이 비싼 편이다. 대부분의 대형 호텔은 비즈니스 센터를 갖고 있다. 현지에서 통화할 때는 현지 요율로 모바일폰을 사용하기 위해 현지 SIM 카드를 사는 것이 좋다. 이메일을 주고받을 수 있는 블랙베리나 스마트폰은 여행할 때 유용하다. 하지만 현재까지는 대형 이메일 첨부물을 제대로 처리하지 못하고 기기의 값이 비쌀 수 있다.

이와 같은 개선의 대가로 호텔과 서비스 전반의 비용이 대폭 상승했다. 여기에는 신뢰할 만한 교통편, 통역 및 식사 설비가 포함된다. 러시아나 중유럽과 동유럽의 어떤 국가에서는 범죄율이 급상승하여 보안 시설을 갖추고 서방 기업이 운영하는 호텔에 머무는 것이 바람직하다. 과거 외국인에게 안전한 국가였던 중국은 이제 그렇지 않으므로 물정을 잘 살펴야 한다.

비즈니스 활동

어떤 도서전이고 간에 두 가지 주요한 이점은 시장 조사를 수행할 가능성과 잠재 구매자와 미팅을 가질 수 있는 기회가 주어진다는 것이다.

시장 조사

도서전은 다양한 출판사의 제품을 위한 전시 공간을 제공한다. 시장 조사를 하는 데 주요 제약은 시간이다. 이상적이라면, 다른 출판사가 잠재적인 신규 고객이 될 수 있을지 여부를 평가하기 위해 이들의 부스를 방문할 수 있는 적절한 시간이 저작권 담당 직원에게 있어야 한다. 저작권 비즈니스를 처음부터 구축할 때는 핵심적인 접촉자를 찾기 위해 이런 식으로 시간을 투자하는 것이 필수적이다.

이때 유용한 조사 방법은 도서전 카탈로그를 확보하는 것인데 가능하다면 전시회 개최 이전에 수집하는 것이 좋다. 프랑크푸르트 도서전 카탈로그는 제한된 숫자가 전시자에게 우편으로 사전에 발송되는 반면, 다른 전시회의 카탈로그는 도서전 개막 전날 또는 어쩌면 시작된 다음에야 구할 수도 있다. 대형 도서전은 카탈로그를 온라인 형태로 제공한다. 도서전 카탈로그는 주제에 대한 관심이 일치할 수 있는 출판사를 찾고 그런 다음 부스를 방문하여 전시된 출판물의 범위와 스타일을 조사하는 출발점이다. 관련 도서전에서 참가하는 핵심적인 개인의 명단을 제공한다면(예를 들면 프랑크푸르트와 볼로냐의 후즈후 데이터베이스) 관련된 적절한 접촉자를 찾을 수 있을 것이다. 부스를 잠깐 들러보는 것만으로도, 잠재성이 있는 접촉자의 초기 목록에서 적합하지 않은 출판사를 즉각적으로 가려낼 수 있다. 예를 들면, 도서전 카탈로그에 수의학 도서 출판사로 등재된 부스를 방문해보면 실제로 발간된 책은 개의 수술에 관한 것이라기보다 애완동물을 보살피는 일에 대한 것임을 알게 될 수 있다. 카탈로그에 있는 서술의 정확성은 출판사가 스스로 카탈로그 기재사항을 편집할 때는 출판사에 달려 있을 것이며 또는 카탈로그 기재 양식에 표시된 제한된 숫자의 주제 범주에 의해 한정될 수 있다.

다른 경우 넓은 주제 분야에서는 서로 맞을지 모르지만 구체적으로 들어가 보면 차이가 드러나는 경우가 있을 수 있다. 예를 들면, 건축학 전문으로 목록에 올라 있는 출판사는 쇼핑몰의 디자인에 관한 실질적인 도서나 건축 프로젝트에서 컴퓨터를 활용한 설계에 관한 도서가 아니라 개별적인 건축가의 작품에 대한 컬러 사진이 많이 실린 연구물을 출판할 수 있다.

한편, 몇 시간을 내서 부스를 방문해보면 콘텐츠와 스타일 모두 다 서로 맞는 출판사를 리스트에서 찾을 수 있을 것이다. 그런 경우 나중에 살펴보기 위해 카탈로그를 받아오거나 약속을 잡으려고 시도해보거나 또는 부스에 만날 수 있는 장소의 주소와 접촉할 수 있는 휴대폰 번호가 담긴 명함이나 메모를 카탈로그 혹은 정보와 함께 남겨놓을 수 있다. 일정이 바쁜 저작권 담당자는 하루 종일 자신들의 부스에 묶여 있고 가능성이 있는 신규 접촉자의 부스를 들여다볼 수 있는 유일한 시간은 전시장이 문을 연 직후임을 알게 될 것이다. 9·11 참사 이후 2001년에 미국 전시자의 프랑크푸르트 참가가 크게 줄어들었으며 현재까지 보안이 강화되었다(2015년 전시회부터 미국 및 영어를 모국어로 사용하는 국가를 8번 홀에 집중 전시한 것을 변경하여 다른 전시장에 분산 배치하고 별도 보안 조처도 해제함—옮긴이). 하지만 정식으로 등록된 전시자는 오전 7시부터 전시장 빌딩에 들어가 그날의 핵심 일정이 시작되기 전에 한동안 부스들을 살펴보는 데 시간을 보낼 수 있다.

어떤 이유로 약속을 잡기가 불가능하다면 도서전이 종료된 다음 후속 이메일을 보내면 될 것이다. 이제 주요 도서전은 매우 분주한 행사가 되어 임의적으로 방문한 사람은 약속을 잡기가 쉽지 않다. 약속 요구가 거절되면 그 이유를 알아보려고 시도하는 것이 도움이 된다. 해당 출판사가 외부에서 권리를 획득하는 일이 별로 없다면 전시장에서든지 또는 그 이후에 지속적으로 접촉하려고 할 가치가 없을 것이다. 해당 지역에서 도서를 획득하는 책임을 맡은 직원이 전시회에 참가하지 않았다면 우편이나 이메일로 접촉할 수 있도록 접촉 대상자의 성명과 연락처를 확보하는 것이 중요하다. 단순히 방문했을 때 부스에 담당자가 없거나 또는 다른 약속 때문에 만나지 못했을 경우, 중앙 로비 데스크에서 일정 조율이 가능하다면 전시회의 후반부에 약속을 잡을 수 있을 것이다. 그렇지 않으면 부스를 다시 방문할 필요가 있을지를 판단하는 것이 중요하다.

도서전 전시장에 미리 알리지 않고 방문하는 사람이 언제나 환영받지는 못한다는 것은 서글픈 사실이며 냉대를 받는 것은 대단히 실망스러운 일이 될 수 있는데, 특히 권리 판매를 막 시작하고 소규모의 잘 알려지지 않은 출판사에서 근무하고 있을 경우 그렇다. 최초의 도서전 방문은 학습 경험이어야 한다. 그리고 이는 전시회와 전시회 사이의 기간에 이루어지는 상호 연락을 통해 보강될 수 있으며, 그렇게 함으로써 진정한 접촉 범위는 해가 갈수록 늘어날 것이다.

약속 잡기

만날 약속을 하는 주된 목적은 현안을 논의하고 걸려 있는 거래를 마무리지으며 잠재적인 새로운 비즈니스를 논의하는 것이다. 그렇기 때문에 고객과 타이틀의 이용 가능성 모두에 관한 필수적인 사항들을 다룰 수 있게 철저히 준비하는 것이 중요하다.

기존 거래선과의 전형적인 대화는 도서전 이전부터 고려되어오던 프로젝트의 재무 조건을 합의하는 것으로 시작될 것이다(전시회가 끝난 이후 계약서가 준비될 것이다). 풀컬러 프로젝트의 경우 샘플 재료와 공동출판 가격을 고려하고 고객이 요구하는 복제 생산을 위한 상세한 내용을 제시하여 정확한 가격을 산정할 수 있게 해야 할 것이다. 또한 관심이 있는 향후 프로그램에서 적합한 타이틀을 선택해야 할 것이다. 적합한 타이틀을 선정하는 것이 얼마나 중요한지는 아무리 강조해도 지나치지 않다. 자기네 목록과 시장에 전혀 적합하지 않은 프로젝트가 너무 많아서 잠재적인 구매자가 흥미를 잃게 되는 경우는 비일비재하다. 관계가 구축되면 가능성 있는 타이틀을 더 신속하고 정확하게 밀고 나가기가 더 쉬워진다. 하지만 어떤 고객과의 대면 접촉은 도서전에서 일 년에 한 번만 일어나기 때문에 설령 정기적인 고객이라 할지라도 그들이 새로운 분야로 다양화할 계획이 있는지, 또는 목록의 부족한 부분을 채우기 위해 특정한 주제의 책을 찾고 있는지를 물어볼 가치는 언제나 있을 것이다.

출판의 어떤 분야에서 많은 것은 구매자의 개인적인 취향에 달려 있을 것이며 숙련된 권리 판매자는 특정한 소설이나 어린이용 책이 특정한 편집자 개인에게 어필할 것임을 본능적으로 아는 때가 종종 있다. 학술 출판의 경우 권리 판매는 판매자와 구매자의 개인적인 취향에 별로 의존하지 않는다. 여기서 기준은 저자의 학술적 지위, 책이 다루는 주제, 해당 책이 시장의 필요를 충족시키는지 여부, 해당 책을 현지의 경쟁 도서보다 선호하도록 만드는 주요 특성, 크게 개작할 필요 없이 구매자 시장에서 유통될 수 있는지 여부일 것이다.

세일즈 기법

프리젠테이션 스타일

세일즈 기법과 관련해서 결정적으로 이렇게 해야 한다는 규칙을 제공하는 것은 불가능하다. 각 개인은 자신의 개성을 갖고 있으며 이는 필연적으로 판매 스타일에 영향을 미칠 것이다. 하지만 단행본과 학술 서적 간에는 접근방법에서 근본적인 차이가 있다. 예를 들면, 유명 저자가 쓴 흥미진진한 신간 정치 스릴러의 권리를 확보하려 한다면 핵심적인 문제는 이런 특정한 스토리의 완성도나 저자의 저술 스타일에 관한 판매자나 구매자의 개인적인 견해가 아니라 저자의 이전 기록을 감안한 거의 확실한 상업적인 전망일 것이다. 그런 경우 저작물의 우수성에 관한 논의가 아니라 재무적인 논의가 선호될 것이다. 하지만 오퍼 중인 저작물이 젊은 무명작가의 유망한 데뷔작이라면 많은 것은 콘텐츠와 스타일 양쪽 모두에 걸쳐서 이 작품에 대한 개인적인 열정을 전달하고자 하는 판매자의 능력에 달려 있을 것이다.

이런 개인적인 관여는 머리와 목 수술에 관한 여러 권으로 된 핸드북이나 용접 기술에 관한 책의 경우는 거의 적합하지 않을 것이다. 여기서 판매자의 주요 목표는 어째서 이 프로젝트가 필요를 채우는지 또는 시장에서 기존 도서를 능가하는지를 전달하는 것이다. 판매자는 저자가 그 분야의 권위자인지, 신기술이나 새로운 접근방법이 다루어지는지, 어째서 이 책이 이 주제에 관해 기존 책이나 새로 나올 경쟁 도서보다 우수한지에 관한 정보를 잘 파악할 필요가 있다. 판매자가 자사의 학술 도서들이 다루는 여러 학제의 영역에서 자격 있는 전문가가 될 수 없다는 것은 분명하지만 중요한 것은 잠재적인 고객에게 단순화된 용어로 설명할 수 있을 만큼 핵심적인 기술 용어들을 이해하고 있어야 한다는 것이다.

권리 판매의 세계에서 생존하려면 담당자가 적어도 자신이 다루는 목록의 품질에 상당 부분 자신감을 갖고 활동하는 것이 필수적이다. 하지만 우수한 책만 팔릴 수 있다고 상정하는 것은 어리석은 일이다. 저작물의 품질이 우수하다고 해도 반드시 잘 팔릴 것이라는 보장은 없다. 그리고 과거 가장 성공한 책 중에서 어떤 것은 스타일의 장점보다 가장 저급한 테마에 어필한 것으로 유명하다. 하지만 때에 따라서는 구매자로부터 혐오감을 일으켜 나중에 역효과를 볼 수도 있는 판매는 회피하는 것이 좋다. 라이선시와 장기간의 관계를 구축하고자 하면 구매자를 오도할 정도로 프로젝트를 과잉 판매하지 않는 것이 중요하다. 출판계에서 기억은 오래가기 때문에 거래를 무리하게 성사시키려 하면 담당자가 이 회사 저 회사로 옮겨 다녀도 그에 대한 평가가 따라다닌다. 어떤 특정한 국가에서 잠재 고객의 범위는 한정되어 있다. 완성도는 떨어지지만 그럼에도 불구하고 판매가 잘될 수 있는 프로젝트라면 걸작이라고 포장하기보다는 판매 가능성을 강조하는 편이 훨씬 낫다.

비록 복수 제안과 경매 기법이 유효한 거래 방법이라고 할지라도 중요한 것은 잠재적인 구매자가 거래 조건을 완전히 파악하고 있어야 한다는 점이다. 잠재적인 구매자에게 경쟁사로부터 이미 높은 오퍼를 받았다고 암시함으로써 그들이 의도한 것보다 더 많은 오퍼를 하게 하여 오도한 데 따른 장기적인 피해는 즉각적인 금전상의 이익보다 훨씬 더 크다. 왜냐하면 이로 인해 발생한 악감정이 향후 비즈니스에 영향을 미칠 것이기 때문이다.

좀 더 평범한 주의를 주자면, 만났을 때 키보드를 두들기면서 대화를 하려고 하는 것보다 통상적으로 손으로 메모를 하는 것이 더 낫다.

언어 능력

앞에서도 언어 능력 문제를 언급했다. 현재 많은 국가에서 영어가 광범위하게 사용되고 있으며, 이것이 영국과 미국의 많은 산업 분야에서 종사하는 직원들의 언어 능력 부족에 대한 변명이 되고 있는 것은 유감스러운 일이다. 비록 기술적으로 영어만 가지고 활동할 수 있다 할지라도 한 개 이상의 외국어를 유창하게 구사하는 것은 권리 판매에 큰 도움이 된다. 권리 판매를 담당하는 몇 명의 직원이 있다면 많은 것은 책임이 어떻게 할당되느냐에 달려 있을 것이다. 예를 들면, 담당을 지역별로 나눈다면 미국, 영연방 제국, 네덜란드 또는 스칸디나비아에 외국어에 능통한 직원을 배치할 필요는 없을 것이다. 하지만 전 세계적인 번역권의 판매가 권리 비즈니스의 핵심 부분일 경우 다양한 외국어 능력을 가진 직원이 선호된다. 프랑스어, 독일어, 이탈리아어, 스페인어는 어쩌면 가장 유용하고 판매자와 구매자가 각자의 모국어를 구사하지 않는다고 할지라도 양자에게 공통적인 제3의 언어가 될 수 있을 것이다. 예를 들면, 아르헨티나 출판인이 프랑스어를 말할 수도 있고 브라질 출판인이 독일어를 구사할 수도 있다. 각각의 고객과 소통할 수 있는 최적의 언어로 된 문서를 보유하고, 이런 상세한 정보를 도서전을 위해 준비된 고객 정보에 포함시키는 것이 좋다. 이것은 바쁜 일정을 소화하는 중에도 고객이 부스에 나타나면 즉시 그에 알맞은 언어를 선택하고 약속을 할 때도 해당 고객과 의사를 잘 소통할 수 있는 직원을 배치하기 위함이다.

고객이 사용하는 언어를 유창하게 구사하면 판매에 아주 유리할 수 있는데, 특히 러시아어나 표준 중국어처럼 다의성이 풍부한 언어가 그렇다. 이탈리아인과 스페인인들은 자국어로 말하려는 시도를 즐거워하거나 매력적으로 느끼는 반면, 프랑스인과 독일인은 꼭 그렇지는 않다는 것을 기억할 필요가 있다. 프랑스어나 독일어 같은 외국어는 유창하게 구사할 수 없다면 그런 언어로 의사소통하려고 시도하지 않는 것이 현명하다. 어떤 해외 출판인들은 영어를 유창하게 구사하지만 영국에 있을 때는 예의상 영어로 말하고 자국에서 상담할 때는 자국어로 하기를 기대한다. 과거에는 모스크바와 베이징 도서전에 참가할 때는 통역을 쓰는 것이 바람직하다고 했지만 이제는 그런 시장에서 출판사 대부분의 대표자들이 영어를 탁월하게 잘한다. 일반적으로 고객의 언어를 사용해보려고 어설픈 시도를 하여 오해를 불러일으킬 위험을 감수하느니 자기 자신의 언어로 명확하게 말하는 것이 언제나 바람직하다.

도서전 행사

비록 도서전을 방문하는 저작권 담당자의 1차적인 목적이 언제나 권리를 판촉하고 판매하는 것이라고 할지라도 도서전이 다른 미팅과 흥미 있는 행사에 참가할 수 있는 기회를 제공한다는 것을 잊어서는 안 된다. 한 장소에 수많은 출판사가 존재함으로써 전문가들의 미팅이 열리는 계기가 만들어진다. 가령 국제과학기술의학출판협회의 전문가 그룹은 프랑크푸르트 도서전이 열리기 직전과 런던 도서전 직후에 미팅을 갖는다. 아울러 국제출판협회가 개최되고 위원회 미팅이 열린다. 런던 도서전에서는 작가 세미나가 열리며 (영국출판협회와 협력하여) 도서전 개최 이전 일요일 오후에 반나절 동안 저작권 워크숍이 열리고 전시회 첫날에 조찬 행사가 있다(업계의 핵심 인사들이 참석한다). 아울러 전시회 기간에 많은 세미나, 행사 및 시상식이 열린다. 주빈국 행사(영국의 경우 마켓 포커스 행사)를 하는 도서전은 전시회 기간 동안 해당 국가에 관한 몇몇 행사를 열고 또한 전시장 밖에서 부수적인 문화 행사가 열린다. 2013년에 프랑크푸르트에서는 도서전 기간 중이나 그 전후로 3600개의 행사가 열렸다. 어떤 것은 전시회가 열리기 전에 개최된다. 예를 들면, 툴스 오브 체인지 Tools of Change 콘퍼런스를 대체하여 신설된 CONTEC 세미나, 정기적인 저작권 담당 책임자 미팅 및 미국 저작권 청산 센터가 후원하는 몇 개의 세미나가 도서전 이전에 개최된다. 여타의 정기적인 행사에는 '해적행위 퇴치를 위한 조찬Anti-Piracy Breakfast'(국제출판협회, 영국출판협회, 미국출판협회와 공동으로 개최)과 "~을 보자"나 "~를 만나자"와 같은 기치하에 특정 시장에 집중하는 몇몇 행사가 있다.

다른 도서전에서는 자국 시장의 도서 거래와 특정한 도서상을 수여하는 것과 같은 일에 초점을 맞춘 행사를 개최할 수도 있다.

후속 조치

도서전 참가 이후 신속하고 효율적인 후속 조치가 매우 중요하다. 잠재 구매자가 추가 정보나 자료를 받는 데 수 주일 또는 몇 달씩 기다려야 한다면 도서전에서 어떤 프로젝트에 관한 관심을 제고하려고 노력을 기울여도 별 소용이 없을 것이다. 물론 후속 조치의 속도는 운용되는 목록의 크기와 전시장에서 만난 고객의 숫자에 크게 달려 있지만 이메일을 통해 신속한 처리를 도모하면서 상대적으로 타이트한 기한을 스스로 정하는 것이 현명하다. 후속 조치를 취하기로 약속한 대상이 100명이라고 하면 전시회 종료 후 1~2주 내에 이런 작업을 완료할 수 있어야 한다.

이메일이나 우편으로 하는 후속 연락을 통해 재무적 조건의 제안, 합의된 조건의 확인, 공동출판 샘플 재료와 가격과 같은 기술적인 문제, 복제생산재료의 공급에 대한 합의 등 거래의 구체적인 사항에 관한 논의를 확인해야 할 것이다. 새로운 협상의 경우 출판사가 현재 어떤 프로젝트에 옵션을 갖고 있는지, 만일 그렇다면 권리의 판매를 고려하기 위해 제출될 재료의 양식과 마감일을 출판사들에게 알려주어야 한다. 프로젝트가 복수 제안 형태의 오퍼로 진행된다면 각 당사자에게 이런 사항들을 분명하게 알려주어야 한다.

특정한 주제 분야에서 여러 저작권 담당자가 동시에 활동한다면, 동일한 국가 또는 동일한 언어권에서 경쟁하는 출판사들이 동일한 프로젝트에 관심을 표명하는 중복 현상이 나타날 수 있을 것이다. 그런 경우 전시회 기간에 확정된 옵션을 할당하는 것은 현명하지 못하다. 오히려 관심을 기록으로 남기고 전시회가 끝나자마자 기록을 비교한 다음 가장 좋은 순서로 옵션을 할당하는 것이 좋을 것이다. 고객들은 이런 방식에 대해 설명을 들으면 통상적으로 반대하지 않는다. 결국 만약 도서전 첫날에 관심을 표명한 이탈리아 출판사에게 옵션을 주는 것이 단순히 도서전 셋째 날까지 적합한 이탈리아 출판사가 나타나지 않았기 때문이라면 이는 적절한 조치가 아닐 것이다.

어느 책의 프로젝트가 아직 출간 단계에 이르지 않았다면 관련 재료를 손에 넣을 수 있게 되었을 때 시스템이 어떻게 작동하는지를 모든 고객에게 알려주어야 한다. 어떤 출판사들은 순서에 비추어 볼 때 가장 적합한 미래의 옵션을 예약하고 각 출판사는 현재 어떤 상황에 처해 있는지를 통보받는다. 다른 출판사들은 최초의 옵션만 예약하고 경쟁사들에게 그들이 이 프로젝트에 관심이 있다는 것을 통보한 뒤 권리가 이용 가능하게 되면 공지받기를 선호한다.

후속 조치 연락에는 약속한 정보나 재료가 뒤따라야 한다. 카탈로그, 선별적인 저작권 가이드, 정보 자료, 요약, 샘플 본문, 원고 사본, 샘플 일러스트레이션 작업물, 공동출판 가격, 교정본, 전자 파일 또는 검토용 도서 등이 제공되어야 한다. 이제 많은 재료가 이메일 첨부물로 제공될 수 있기 때문에 결정 과정을 신속하게 진행할 수 있다. 어떤 아이템을 아직 구할 수 없다면 구할 수 있을 것으로 추정되는 일정을 알려주어야 한다.

전시회가 끝난 다음 후속 서비스를 신속하고 효율적으로 제공한다는 평판이 저작권 비즈니스에 중대한 차이를 낳는 경우가 종종 있다. 어느 회사가 고객에 대한 서비스가 더디다는 악평이 자자하다면 잠재 구매자는 다른 곳으로 눈을 돌리게 될 것이다. 특히 다른 소스로부터 대안이 되는 책을 구할 수 있는 경쟁 시장에서 그렇다. 비록 처음 만나서 확정적인 비즈니스 결과를 거두지 못했다고 할지라도 시간을 내준 데 대해 감사를 표해야 한다. 향후 함께 일할 수 있는 기회가 올 수도 있기 때문이다.

전시회가 끝난 다음 전시회 카탈로그를 버리지 않는 것이 중요하다. 전시회 기간에 만나지 못한 잠재적인 추가 고객을 찾아 연락을 취할 수 있기 때문이다. 어떤 카탈로그는 광범위한 분류—예를 들면 교재, 어린이용 도서—를 사용하지만 프랑크푸르트 도서전 카탈로그는 주제별 관심 분야를 상세하게 분류하여 특히 유용하다. 한편, 이제 연중 언제라도 온라인으로 구해볼 수 있는 후즈후는 핵심 직원에 대한 유용한 목록을 제공한다.

실제 또는 가상 도서전?

이메일과 전화, 스카이프 또는 화상 회의로 연락을 즉각 취할 수 있는데도 불구하고 기존의 도서전을 계속 개최할 필요가 있는가? 이런 설비들 덕분에 저작권 업무량이 일 년 내내 더 일정해진 것은 틀림없지만 대규모의 상업적인 온라인 권리 거래 서비스업체들이 사라진 것은(제7장 참조) 고객과의 대면 미팅을 실제로 대체할 만한 것이 없음을 확인해주는 것 같다. 주요 전시장에서 개인적인 관계가 구축될 수 있으며 고객들은 심리적으로 구매할 '준비가 되어 있다'. 도서전이 권리 판매자가 활동을 확장하고자 하는 시장에서 열린다면 추가적인 이점이 있다. 현지에서 열리는 도서전 자체와 현지 서점 및 출판사 사무실 방문은 제3국에서 만나는 것보다 현지 도서 거래의 분위기를 훨씬 더 잘 파악할 수 있다. '실제' 도서전은 한동안 계속 개최될 것으로 보이며, 개인적인 직접 접촉은 성공적인 권리 거래의 핵심이다. 프랑크푸르트 도서전이 과거 수요일에서 다음 주 월요일까지 개관하던 것을 하루 단축하기로 정한 이후 많은 단행본 출판사와 저작권 에이전트들이 호텔에서 비즈니스를 하기 위해 개관 며칠 전에 프랑크푸르트에 도착하기 시작했다는 것은 역설적이다.

세일즈 여행

여기서 이야기한 도서전 참가와 관련된 준비사항, 세일즈 활동 재료와 후속 절차의 많은 것은 도서전의 정황 밖에서 이루어지는 저작권 세일즈 여행에도 똑같이 필요하다. 이런 세일즈 여행은 출판사 자체적으로나 출판협회가 조직하여 중국, 대만, 일본, 인도, 멕시코 같은 국가를 방문하는 무역 사절단의 일원으로 실시될 수 있다. 이런 사절단은 판매 담당자와 저작권 담당자가 현지의 도서 거래를 위한 공동 상담에 참여하고 아울러 개별 비즈니스 미팅을 가질 수 있는 아주 좋은 기회를 제공한다. 사절단은 잘 모르는 시장을 최초로 방문하는 좋은 방법이 되고는 한다.

세일즈 여행을 계획할 때 가능한 한 많은 출판사에 방문 사실을 알려주는 것이 현명하다. 또한 약속을 잡을 때 만날 수 있는 가능성–예를 들면 평일 근무시간, 휴일, 종교 축제, 핵심적인 세일즈 콘퍼런스 등–에 영향을 미치는 요인들을 점검해보는 것이 바람직하다. 방문할 도시의 지도를 미리 확보하고 동일한 날짜에 동일한 지역에 있는 출판사들을 방문하고자 한다면 시간을 많이 절약할 수 있을 것이다. 이는 뉴욕, 도쿄, 모스크바, 베이징과 같은 도시에서 특히 효과적이다. 그런 도시에서는 계획을 잘 수립하면 택시를 타고 이리저리 돌아다니느라 허비하는 시간 낭비를 피할 수 있을 것이다.

여행을 위해 선택하는 교통수단은 목적지에 따라 다양할 것이다. 서유럽의 경우 자동차로 여행하는 것이 이점이 있을 것이다. 특히 몇 개 도시를 방문하고 무거운 재료를 운반해야 한다면 그렇다. 하지만 그렇게 하려면 관련된 도시의 도로 체계와 주차 시설을 잘 알아야 할 것이다. 미국에서 여행하려면 도시와 도시 사이는 비행기로 이동하는 것이 통상적으로 더 간편하다.

세일즈 여행에 시간 투자와 비용 지출을 얼마나 할 것인지는 저작권 비즈니스의 잠재적인 가치에 달려 있다. 어떤 나라에서는 출판 산업이 거의 완전히 한 도시에(예를 들면 파리와 도쿄), 또는 두 개의 중심지에 집중되어 있다(예를 들면 중국의 경우 베이징과 상하이. 러시아의 경우 모스크바와 상트페테르부르크). 어떤 나라에서는 출판 산업이 광범위하게 산재해 있다(독일의 경우 베를린, 쾰른, 뮌헨, 슈투트가르트, 하이델베르크, 뒤셀도르프 및 프랑크푸르트. 이탈리아는 로마, 밀라노, 볼로냐, 토리노, 피렌체). 그러므로 종합적인 여행을 하려면 여러 도시를 방문해야 할 것이다. 어떤 세일즈 여행이든 간에 관련국 언어를 구사할 수 있다면 도움이 많이 될 것이다.

세일즈 여행을 계획할 때 기억해야 할 핵심적인 포인트는 방문하고자 하는 도시에서 사무실 시설을 구할 가능성이 없다면(구할 수 있는 경우 어떤 재료를 미리 보내고 사무실을 베이스캠프처럼 사용할 수 있을 것이다) 여행에 필요한 모든 것을 가지고 가야 한다는 것이다. 설령 사무실을 구할 수 있다 해도 매일 다양한 재료를 지니고 다녀야 할 수 있으며 여기에는 여러 부의 카탈로그, 교정쇄, 검토용 도서 또는 무거운 견본 등이 포함된다(출판사들은 스크린상에 나타나는 정보보다 유형의 재료를 선호하는 것 같다). 이렇게 하자면 기본적인 체력과 적절하게 짐을 나를 수 있는 가방—바퀴가 달려 있으면 더 좋다—이 필요하며 택시를 쉽게 잡을 수 있어야 할 것이다. 짐이 별로 무겁지 않으면 대중 교통수단을 이용하는 것이 생산적일 수 있다. 특히 현지 지하철 시스템이 효율적일 경우 그렇다. 어떤 도시에서는 이제 지하철 표지판의 내용을 현지어와 아울러 영어로 제공하지만 어떤 도시에서는 그렇지 않다. 모스크바가 그렇게 불친절한 도시 가운데 하나인데 모든 역의 이름과 방향 표시가 키릴 문자로 되어 있고 역사의 입구와 출구가 다르다.

언어(와 글자)가 생소한 국가에서는 이메일로 고객에게 사무실 위치를 알아보고 주요 건물을 확인하는 것이 현명하다. 도쿄와 같은 도시에서는 어느 정도 시간이 지나면 도로 번호와 참고할 만한 빌딩의 독특한 시스템을 파악할 수 있는 반면 모스크바, 베이징, 상하이 같은 도시에서는 이동 거리가 상당히 길고 교통 시설을 믿을 수 없다. 러시아와 중국 모두 다 개인의 차 소유가 대폭 늘어나 교통이 주기적으로 정체 상태에 빠진다. 자동차 임대의 공식적인 비용과 택시 기사가 외국인에게 요구하는 요금은 터무니없을 수 있다. 경험 있는 방문객은 믿을 수 있는 인맥을 통해 개인적인 약속을 잡고 일간 기준으로 기사를 고용하여 대기시킴으로써 한 약속장소에서 다음 약속장소로 이동할 수 있다. 접촉할 회사의 인사와 주소 리스트는 현지어/글자로 되어 있어야 하며, 전화번호도 가져가야 주소지 찾기가 어려울 때 고객에게 연락을 취할 수 있을 것이다.

아니면 호텔에 비즈니스 회의 설비, 편안한 로비 공간이나 음식점이 있으면 그런 곳에서 고객을 만나도 될 것이다. 이는 고객의 출판사나 사무실에서 고객을 만나보는 이점을 포기해야 한다는 점을 고려할 필요가 있다.

어떤 국가에서는 전화 설비의 비효율성이 이루 말할 수 없을 지경이며 좌절감에 빠지게 한다. 통역을 이용하는 것이 바람직한 장소도 있다. 기존 접촉자가 적합한 서비스를 추천할 수도 있지만 비용이 높은 경우가 종종 있다. 일본에서는 저작권 에이전트나 현지 자회사가 자문을 해주거나 도움을 줄 수 있을 것이다.

마땅한 사무실 설비가 없으면 호텔방을 사무실로 써도 좋을 것이며 여행에 익숙해진 사람들은 각지에서 직통 전화, 이메일(호텔 로비와 같은 공동의 장소에서만이 아니라 객실에서도 인터넷 사용이 무료인 호텔이 선호된다), 신뢰할 만한 메시지 서비스와 비즈니스 센터 같은 좋은 설비를 제공하는 호텔을 찾으려고 노력한다. 해당 도시에 우수 고객이 있다면 가격이 적정할 뿐만 아니라 편리하고 안전한 장소에 위치한 적합한 호텔을 추천해줄 수도 있을 것이다.

미국 달러가 선호되는 국가들—예를 들면 중유럽 및 동유럽, 러시아와 중국—에서는 여행자 수표를 현금화하는 편의 시설이 제한적이며 팁을 주기 위한 소액을 포함하여 적당하게 현금을 들고 가는 것이 현명하다. 어떤 나라에서는 최근의 훼손되지 않은 화폐만 받으므로 은행에서 확인을 해야 한다. 이런 나라 중 일부에서는 안전 문제가 상당히 우려되기 때문에 환전소에서 현금을 많이 갖고 나오는 것은 현명하지 않다. 어떤 호텔에서는 현금 자동인출기 또는 달러를 현지 화폐로 환전해주는 기계를 제공한다. 많은 곳에서 귀중품과 중요한 여행 서류의 복사본을 호텔 금고에 맡기는 것이 바람직하다.

명함을 많이 가져가고 계산기, 여분의 공책, 스테이플러와 같은 물건을 갖고 가는 것이 현명하다. 또한 주소와 전화번호가 적혀 있는 방문할 고객의 간략한 리스트를 몇 부 가져가는 것이 바람직하다(현지어로 작성된 리스트가 필요할 만한 곳도 있다). 고층 빌딩에 사무실이 있는 미국 출판사를 방문할 때는 층수를 알고 가면 도움이 된다. 이 약속에서 저 약속으로 이리저리 옮겨 다닐 적에는 찾기 쉽도록 고객 리스트 한 부를 호주머니나 핸드백에 가지고 다녀야 한다. 전 세계적으로 작동하는 스마트폰은 현지의 SIM 카드를 제공받으면 유용할 것이지만 로밍 요금이 비싸다는 것을 유념해야 한다. 랩톱 컴퓨터나 태블릿은 후속 편지와 여행 보고서를 작성하기 위한 기록을 해두는 데 유용할 것이다. 비록 이런 작업은 아마도 호텔방에 머물러 있을 때 가장 많이 하겠지만, 저작권 담당자들은 기차를 타거나 공항 라운지에서 혹은 비행기를 타고서도 자판을 두들기고는 한다.

세일즈 여행 기간에 본사와 연락할 일이 있을 것이다. 하지만 연락 빈도는 다루는 타이틀 목록의 유형에 달려 있을 것이다. 공동출판 출판사는 여행하는 동안 받은 주문을 확인하거나 가격에 대한 추가 데이터를 확보하기 위해 전화나 이메일로 정기적으로 연락할 필요가 있을 것이다. 또한 세일즈 재료를 이리저리 옮기고 다녀야 할 필요가 있을 것인데, 특히 세일즈 여행이 장기간에 걸치고 여러 나라를 방문하게 될 때 그렇다.

문화적 관습

이 책의 의도는 여행 가이드나 비즈니스 에티켓에 관한 핸드북을 제공하는 것이 아니다. 저작권 담당자가 문화적·정치적 배경이 다양한 고객을 대하게 될 수 있고, 특히 해외를 다니면서 다양한 문화적 감수성을 고려할 수도 있음을 말해두는 정도로 그치고자 한다. 이는 옷을 입는 데 영향을 미칠 수 있는

데, 특히 여성의 경우가 그렇다(예를 들면, 중동의 어떤 나라에서는 여성이 머리나 팔을 감싸지 않는 것과 짧은 치마는 용납되지 않는다). 어떤 나라를 최초로 방문할 때는 비즈니스 예절을 조사하는 것이 사려 깊은 자세이다. 예를 들면, 일본과 중국에서는 시간을 철저히 준수할 필요가 있으며 중국에서는 저녁 접대를 일찍 시작해서 일찍 끝내는 경향이 있다. 반면 러시아 같은 나라에서는 극도로 늑장을 부리는 것과 계획이 마지막 단계에서 급격하게 바뀌는 것을 예상해야 한다. 어떤 국가를 여행하는 사람은 그들이 연회에서 먹는 음식을 너무 세세하게 묻지 않는 것이 좋을 것이다. 예를 들면, 한국이나 중국 같은 나라에서 그렇다. 러시아의 출판사와 좋은 비즈니스 관계를 발전시키고자 하는 인사들은 돼지비계 덩어리를 잘 먹고 보드카를 (시간과 상관없이) 잘 마실 필요가 있다.

유럽과 라틴 아메리카에서는 고객과의 관계가 인사를 나눌 때 껴안고 볼에 입맞춤을 하고(횟수는 국가에 따라 다르다) 이름을 부를 정도로 상당히 급속도로 진전될 수 있는 반면, 다른 국민들은 비즈니스를 하면서 그런 신체 접촉을 별로 하지 않고 아시아 고객에게 이런 식으로 인사하는 것은 현명하지 못한 일임을 기억하는 것이 중요하다. 일본 사람들은 여전히 90도로 허리를 굽혀 절을 하고 악수를 한다.

아시아에서 명함은 소지자의 신분을 나타내는 방식에서 특별한 의미를 지닌다. 명함을 제시하고 받으며 살펴보는 데 형식이 있다(예를 들면, 중국에서는 명함을 두 손으로 주고받으며 세밀하게 살펴본다). 고객의 명함에 끼적거리거나 그것을 공책에 스테이플러로 붙이는 것은 전혀 용납되지 않는다. 적어도 고객이 있는 자리에서 그렇게 해서는 안 된다. 하지만 특히 중국에서는 이름으로는 즉각 성별이 구별되지 않기 때문에 명함을 받고 난 후에 성별을 적어두는 것이 현명할 것이다. 어떤 국가에서는 우리 자신의 명함이 현지 언어로 번역되는 것이 도움이 된다. 다만 서양식 이름이 상서로운 뜻을 지니게끔 번역되는 것이 바람직하다.

특별히 협조적이거나 따뜻한 관계로 발전된 고객에게 조그만 선물을 제공하면 도움이 될 것이다. 어떤 나라에서는 스카치위스키 한 병이나 향수가 환영을 받겠지만 다른 나라에서는 개인적으로 부담을 느끼게 하는 선물로 여겨질 수도 있다. 이런 경우 포켓 사전이나 잘 포장된 펜 세트가 좀 더 외교적일 것이다. 전형적으로 '영국적'인 아이템인 차, 포장이 잘된 비스킷 또는 초콜릿도 좋은 선물이 될 것이다.

사내 보고

도서전에 참가할 때마다 또는 세일즈 여행을 할 때마다 하는 사내 저작권 보고는 편집, 마케팅 및 직접 판매 부서의 동료들에게 정보를 제공할 뿐만 아니라 저작권 담당 직원들 자신에게도 유용한 정리의 기회를 제공할 것이다. 보고의 스타일과 범위는 다양할 것이다. 어떤 회사는 행사 또는 방문한 시장의 독특한 느낌을 전달하는 비공식적인 이야기를 선호할 것이며, 어쩌면 핵심적인 타이틀에 대한 일반적인 추세와 관심에만 초점을 맞출 수도 있을 것이다. 상이한 임프린트 또는 편집 부서를 갖고 있는 대형 출판사의 경우 만난 고객의 명단과 관심이 표명되었거나 거래가 마무리된 타이틀들의 개별 보고서와 함께 분야별로 더 상세한 보고서를 작성하는 것이 유용할 것이다.

또한 프랑크푸르트와 같은 주요 전시회에서 행해진 저작권 비즈니스가 지닌 중요성을 강조하거나 어쩌면 신설된 도서전 또는 지금까지 방문하지 않았던 도서전에 참석한 결과에 대한 이런 종류의 보고서를 생산하는 것은 저작권 활동에 대한 홍보 활동의 한 형태로서 나쁘지 않다고 말할 수 있다. 저작권 담당 직원이 새로운 시장을 개척하고 있다면 정치, 경제 및 무역 여건에 대한 최신의 평가가 수출 담당 직원을 위해 유용할 수 있다.

페이퍼백 권리

09

단행본 시장과 일반 미디어에서 모두 다 대량 판매용 페이퍼백의 권리 판매가 주목을 받은 적이 있다. 바로 이 출판 분야에서 라이선싱 수입이 획기적으로 증대했기 때문이다. 이런 추세는 1970년대에 미국에서 시작되었으며 밴텀Bantam이 주디스 크란츠Judith Krantz가 쓴 『프린세스 데이지Princess Daisy』에 선인세로 320만 8875달러를 지불했는데 이는 당시 소설에 대한 금액으로는 사상 최고였다. 1990년대에는 선인세가 그리 높지 않은 경향을 보였다(하지만 포켓북스Pocket Books는 테리 맥밀런Terry McMillan의 작품인 『웨이팅 투 엑세일Waiting to Exhale』에 260만 달러를 지불한 것으로 알려졌다). 지난 25년 동안 하드백/페이퍼백 판의 전반적인 전략에 상당한 변화가 있었다.

과거에 페이퍼백 권리 판매는 하드백을 발간하는 원출판사가 대량 판매 시장에서 활동하는 독립적인 페이퍼백 출판사에 저작권의 라이선스를 부여하는 것이었다. 이제 거의 모든 임프린트는 대형 출판 그룹—그중 다수가 다국적 회사이다—의 산하 기업이다. 이와 같이 출판사들이 통합함으로써 페이퍼백 권리에 큰 영향을 미쳤다. 이런 그룹 중 다수는 외부의 라이선시로부터 페이퍼백 권리를 회수하고 자체의 페이퍼백 임프린트가 도서를 출판하는 체계를 갖추기 시작했다. 단행본을 하드백으로만 출판하는 것은 현재의 경향을 볼 때 별로 이익이 나지 않는다. 현재 신간의 경우 에이전트들과 저자들은 좀 더 종합적인 권리 패키지를 선호하고 있으며 현재 다수의 타이틀은 동일한 그룹의 산하에 있는 하드백 임프린트와 페이퍼백 임프린트가 출판하고 있다. 즉, '수직' 출판 거래가 이루어지고 있는 것이다. 따라서 저자의 에이전트가 주요 저작물을 경매에 붙인다면 동일한 그룹의 하드백 임프린트와 페이퍼백 임프린트가 권리를 확보하기 위해 함께 참여하는 것이 당연할 수 있다. 이런 종류의 구매는 저자에게 더 유리할 것이다. 저자는 통상적으로 2차 라이선스가 부여된 페이퍼백 판으로부터 계약에 의한 몫을 인세로 받는 것이 아니라 하드백과 페이퍼백 전체에 대한 인세를 받을 것이다. 특히 미국에서 오리지널 하드백 가격을 50~70% 할인하는 코스트코Costco와 같은 체인은 페이버백 판매 규모에 큰 영향을 미쳤다.

수직 출판 거래가 개입되지 않으면 하드백 출판사는 권리 입찰에 참여하기 위해 외부의 페이퍼백 출판사와 제휴를 모색할 것이다. 그런 경우 하드백 출판사는 페이퍼백 출판사에 2차 라이선스를 발급할 것이며, 수익의 합의된 몫 —적어도 50%이지만 때때로 90%에 이른다—은 저자에게 넘겨진다. 아니면 양 출판사가 모두 선인세를 지급할 것이며 저자는 하드백 판과 페이퍼백 판에 대해 각각 별도로 인세를 지불받을 것이다. 또한 대형 소매점에 제대로 접근을 하지 못하는 소형 출판사가 최초로 발간한 타이틀은(하드백이든지 또는 단행본 페이퍼백 형태이든지 간에) 대량 판매 시장에서 활동하는 페이퍼백 임프린트에게 흥미를 불러일으킬 수 있으며, 라이선싱이 이 책이 광범위하게 팔릴 수 있는 합리적인 길이 될 수 있다.

설령 2차 라이선스 페이퍼백 판이 하드백 판이 출판된 이후 얼마 있다가 나오는 것이 정상적이라고 할지라도, 라이선싱 정책을 적극적으로 추진하여 초기 단계에서 해당 편집자가 가능성이 있는 타이틀들에 대해 정보를 받는 것이 중요하다. 원고 사본 한 부에 뒤이어 제공되는 개요는 통상적인 판매 재료이다. 최근에는 페이지 교정본이나 전자 파일이 활용된다. 도서나 저자가 무명인데도 불구하고 하드백 판이 예기치 않게 성공적이었다면 출판 이후 페이퍼백 출판사의 관심을 유발하는 것이 가능할 것이며 호의적인 서평 자료와 초기

하드백 판매의 상세한 수치와 더불어 검토용 도서가 제공될 것이다.

페이퍼백 출판사에 판촉을 벌일 때 개별 출판사의 프로필을 잘 파악하는 것이 필수적이다. 그렇게 하려면 카탈로그와 웹사이트를 살펴보고, 서점과 도서전에서 책을 검토하며 발간 예정인 페이퍼백의 특성에 대한 업계 보도, 광고 및 인수 관련 뉴스(그리고 가능하다면 지불되는 액수)를 조사해보아야 한다. 또한 편집자 각자의 취향을 알아보는 것이 매우 중요하다.

어느 프로젝트가 페이퍼백 출판사에 제안되면 무엇을 기준으로 하여 진행되고 있는지를, 즉 개별 제안인지, 몇몇 출판사에 대한 복수 제안인지 또는 완전한 경매인지를 명확하게 하는 것이 중요하다(제6장 참조). 페이퍼백 라이선스와 관련하여 큰돈이 걸려 있을 수 있지만, 미래의 구매자와 좋은 관계를 유지하고자 한다면 판매에 지나치게 열을 올리는 것은 십중팔구 잘못된 일이다. 처음에 높지 않은 선인세 지불을 토대로 협상한 라이선스가 해당 도서에 마케팅과 세일즈 인력을 투입할 준비가 된 출판사에 팔린다면 수년간에 걸쳐 돈을 잘 벌어들일 수 있을 것이다.

거래가 합의에 도달하면 페이퍼백 출판사는 통상적으로 라이선서의 방식을 따르기보다 자기 회사 자체의 양식을 따르는 계약서를 제출할 것이다. 하지만 일반적으로 라이선스의 내용과 타이틀의 중요성에 따라 어느 정도 변경할 수 있는 여지는 있다.

페이퍼백 출판사들은 영어로 된 '모든 페이퍼백 판'의 권리를 획득하고자 하는 경우가 종종 있다. 페이퍼백 판으로서 자동적으로 규정되는 판형은 없다. 다만 해설용 각주를 포함하는 교육판의 경우 대체로 전형적인 판형이 존재한다. 여러 해 동안 모든 영국의 페이퍼백 판은 175×111mm의 전통적인 포켓북 판형이었다. 이 사이즈는 'A판형'이라고 한다. 어떤 타이틀을 위해서는 더 큰 198×129mm의 'B판형'이 도입되었다. 대형 판형의 단행본 페이퍼백—때에 따라서는 포켓북 판과 구별하기 위한 마케팅 목적으로 'C판형'이라고 한다—은 출판사에 따라서 로열판(250×150mm) 또는 디마이 8절판(222×143mm)으로 출판하는데, 오리지널 하드백 판의 판형을 따르는 경우가 종종 있다. 계약서에 판형을 구체적으로 적지 않고 놓아둘 경우 페이퍼백 출판사가 판형에 대한 선택권을 가지며 양쪽 판형에 대한 시장이 있다고 생각한다면 동일한 책을 먼저 판형이 더 크고 값이 비싼 단행본 페이퍼백으로 출판하고 그 뒤에 값싼 포켓북 판으로 낼 수 있을 것이다. 라이선서는 모든 페이퍼백 판에 대한 권리를 허가할 경우, 설령 라이선시가 나중에 전통적인 포켓북 판형으로만 생산을 한다고 할지라도 단행본 페이퍼백 판을 생산할 수 있는 권리를 포기하게 된다는 것을 유념해야 한다.

페이퍼백 출판사에 허가되는 라이선스 기간은 페이퍼백 판이 절판되거나 라이선시가 계약 위반 행위를 하는 경우 계약을 종료하는 조항을 단서로 하여 저작권의 전체 기간이 될 수 있다. 사전과 같은 참고도서의 경우 계약은 현재의 판으로 한정되어야 하며, 그럼으로써 하드백 출판사가 개정판을 내면 새로운 계약을 협상해야 한다. (저자 계약의 경우) 최근 수년 동안의 추세는 라이선스 허용 기한을 한정하는 것이었다. 영국의 페이퍼백 출판사는 통상적으로 페이퍼백 판의 최초 출간으로부터 8년 동안을 최소 기한으로 수용할 태세가 되어 있다. 기한 연장을 협의하는 것에 관한 조항이 있으면 추가로(아마도 5년 동안) 기간을 갱신할 가능성이 있다. 이 경우 추가 선인세를 지급하는 것이 통례이다. 그러므로 페이퍼백 라이선스를 허가하는 하드백 출판사는 허가된 라이선스 기간은 물론 페이퍼백 라이선스를 계약하고 나서 페이퍼백 판이 실제로 출판되는 사이의 기간을 포함하는 충분한 기간 동안 권리들을 확실하게 통제하는 것이 중요하다. 현재 어떤 페이퍼백 출판사들은 라이선스 기간이 종료될 경우 자신들과의 협의를 거치지 않고 다른 곳에 동일하거나 원래의 라이선스보다 더 저렴한 조건으로 오퍼를 넣지 말 것을 하드백 출판사에 요구한다. 라이선스가 종료되면 페이퍼백 출판사는 재고 처분을 위해 일정 기간(통상 1년)을 요구할 것이다. 이 기간 내에는 리프린트를 찍도록 허용되어서는 안 된다.

페이퍼백 판이 최초로 독점 시장에서 시판되는 것은 적어도 하드백 판이 나오고 나서 1년 후이며 이는 하드백 출판사가 판매 목표를 달성하게 하기 위해 통상적으로 부여되는 합리적인 기간이다. 따라서 라이선스가 새로운 하드백

판 출판을 위해 허가된다면 페이퍼백 판은 '빠르지도 늦지도' 않게 발간되어야 한다는 것을 계약서에 명기하는 것이 바람직하다. 어떤 페이퍼백 라이선시들은 통제할 수 없는 환경 때문에 날짜를 지키는 데 '방해를 받지 않는다면' 출판 날짜를 지킬 것이라고 단서를 달기를 원할 것이다. 출판이 지연되면 한 번 이상의 선인세 지급분이 타격을 받으리라는 점을 기억해야 할 것이다. 분할 지급이 특정한 날짜보다 '출판일'과 연계될 경우 그렇다.

페이퍼백 출판사에 허가되는 시장은 그 시장이 라이선서의 독점적인 통제하에 있는지, 수요를 충족하려면 페이퍼백 출판사와 그 능력이 요구되는지, 그리고 이미 계약이 성사되었는지 또는 세계 시장의 다른 지역에서 다른 페이퍼백 판 출판 계획이 있는지와 같은 몇몇 요소에 좌우된다. 페이퍼백 출판사는 영국과 영연방 제국 그리고 지정된 유럽 시장에서 독점적인 권리를 받아내려 할 수 있다. 전 세계 권리보다 작은 무엇인가가 허가된다면 그런 지역 모두가 계약서에 첨가되어야 한다.

미국을 판매 지역으로 포함하고 있는 영국의 페이퍼백 출판사는 전 세계에서 판매가 가능한 페이퍼백 권리를 확보하려고 시도할 수 있다. 하지만 라이선서가 이미 미국 출판사와 미국 판본에 대한 계약을 했다면 미국 페이퍼백 판을 생산하거나 2차 라이선스를 줄 권리가 그 라이선스에 포함될 것이다. 이런 경우 영국 페이퍼백 출판사의 라이선스에 부여될 수 있는 권리는 제한적일 것이다. 설령 미국 하드백 거래가 마무리되지 않았다고 할지라도, 미국 페이퍼백 권리가 빠진 상태로 권리에 대한 오퍼를 넣는 것은 미국 시장에 책을 진출시킬 수 있는 기회를 줄이게 될 것이다. 그러므로 미국 출판사 및 영국 페이퍼백 출판사와 거래를 맺는 시기는 주의 깊게 생각을 해야 한다.

만약 미국 내 페이퍼백 권리를 획득할 수 없다면 영국의 페이퍼백 출판사는 영국과 영연방에서의 독점권을 받아들일지 모른다. 하지만 만약 두 개의 경쟁적인 페이퍼백 판이 있다면 오픈 마켓의 경우 문제가 제기될 것이다. 특히 유럽 시장은 여전히 논란거리이며 페이퍼백 판은 민감한 부문이다. 어떤 페이퍼백 출판사는 적어도 독점권 시장의 일부로서 유럽연합의 15개 원래 회원국(제

1장 참조)을 확보하려고 할 것이다. 또한 오픈 마켓 지역은 계약서 부록에 첨부되어야 한다.

유럽이 오픈 마켓이라면 많은 영국 출판사들은 때에 따라서 영국의 페이퍼백 판보다 싼 미국 페이퍼백 판이 EU 국가 간에 상품이 자유로이 이동할 수 있다는 조항에 따라 영국에 들어올 수도 있다는 점을 우려할 것이다. 그리고 이런 종류의 병행 수입은 대서양 양안의 미국 출판사, 도매상, 중개자, 인터넷 서적상의 활동이 활발해짐에 따라 증가해왔다. 이러한 공급자들이 지역적인 제약에 관한 분명한 정보를 제공받음으로써 구매자가 올바른 출처를 알게 되는 것이 중요하다.

영국 페이퍼백 출판사들은 미국 판과 경쟁하기 위해 오픈 마켓 지역에서 조기 수출판을 출간하기 위한 조항을 넣으려 할 수 있다. 그러므로 이 수출판은 계약서에 구체적으로 명기된 최초 출판일에 앞서서 발간될 수 있다. 생각을 좀 해야 할 문제는 영어 구사 능력이 뛰어난 어떤 해외 시장(가령 네덜란드와 스칸디나비아 제국)에서 원래 계획된 것보다 빠르게 값싼 영어판이 등장한다면 그런 시장에서 라이선스를 받은 번역본의 출판 계획에 악영향을 미칠 수 있다는 것이다. 특히 네덜란드 출판사들은 잠재적인 베스트셀러의 조기 수출판에 반대하는 로비를 벌여온 것으로 알려졌다.

페이퍼백 판을 조기에 발간하는 또 다른 이유는 해당 책이 영화나 텔레비전 프로그램에서 이용될 가능성이 있을 경우이다. 그런 경우 페이퍼백 출판사는 그런 매체를 통한 노출에 의해 발생할 판매를 극대화하기 위해 조기 발간을 위한 조항을 포함시킬 것이다. 그런 다음 해당 출판사는 영화나 TV 프로그램과 연계된 표지를 가진 판본을 출판하려 할 것이다. 어떤 페이퍼백 출판사는 해당 책을 원작으로 하는 영화나 텔레비전 프로그램의 제목이 원작의 제목과 다를 경우 하드백 출판사가 그런 제목을 사용할 권리를 확보하기 위해 최선의 노력을 경주해야 한다는 요구사항을 계약서에 포함시킬 것이다.

이제 페이퍼백 출판사들은 마케팅 목적으로 '적절한 초록'을 인쇄물이나 온라인 형태로 무료로 공개할 수 있는 권리를 통상적으로 요구하고 있다.

페이퍼백 권리에 대한 지불은 판매분 인세에 대한 선인세 지불을 근거로 한다. 선인세 지불은 통상적으로 분할해서 한다. 선인세는 보통 수천 달러 수준이지만(통상적으로 라이선스 계약 서명 시 절반을 지불하고 페이퍼백 판 출간 시 나머지 절반을 지불한다) 주요 저자의 경우 수십만 달러에 이르기도 한다. 이러한 고액의 경우 선인세는 계약서 서명 시 1/3, 출판 시 1/3, 나머지 1/3은 합의에 따라 출판 후 몇 개월 뒤에 지불할 수도 있다. 페이퍼백 라이선싱이 호경기를 누렸을 때 추세를 보면 선인세가 대단히 높은 수준으로 치솟았는데, 특히 페이퍼백 권리가 경매에 넘겨졌을 때 그렇게 되었다. 하지만 페이퍼백의 후속 판매가 최초의 경비를 충당하지 못할 때가 종종 있으며 이로 인해 동일한 구매자는 같은 판매자로부터의 미래 오퍼에 좀 더 신중을 기하게 된다.

또한 페이퍼백 라이선스에 대한 인세율은 도서의 성격과 저자의 위상에 따라 다양하다. 영국의 경우 적정한 최초 인세율은 국내 시장에서 판매되는 권장 소매가의 7.5%이며 합의된 숫자의 부수가 판매된 이후 10%까지 올라갈 수 있다. 라이선스가 저작권의 전 기간 동안 허가되고 페이퍼백 판 판매가 장기간 지속될 것으로 예상되면 추가적으로 인세율이 인상되는 판매부수가 설정될 수 있다. 우수한 저작물의 경우 최초 인세율은 더 높을 수 있으며 15%까지 올라갈 수 있다.

현재 통상적으로 수출 판매에 대한 인세 지불은 페이퍼백 출판사가 수령한 총액을 기준으로 계산되며 10%에서 시작될 수 있다. 대형 도서 체인, 대형 마트, 온라인 소매상은 할인을 많이 하라고 압력을 가하는데, 그렇게 판매되는 부수에 대해서는 틀림없이 특별한 협약이 마련될 것이다. 어느 정도가 높은 할인인지에 대한 정의는 당사자 간에 합의가 이루어져야 되겠지만 55% 이상일 수 있다. 높은 할인 판매에 대한 인세는 페이퍼백 출판사가 수령한 총액을 기준으로 계산하거나 또는 계약서에 그렇게 판매된 부수에 대한 인세는 완전 인세에 대해 일정 비율로 산정될 수 있다고 명기될 수도 있다(예를 들면, 55% 이상 할인가로 판매된 부수에 대해 완전 인세 요율의 4/5나 그 이상, 그리고 60%나 62.5% 이상의 할인가로 판매된 부수에 대한 완전 인세 요율의 3/5). 또한 정상적인 유통망

밖에서 판매되는 부수에 대한 특별 합의가 있을 것이다. 이를테면 통신 판매나 여타 상품 또는 서비스와 연계된 프리미엄이 이런 경우에 해당한다(수령한 총액의 5%를 지불할 때가 종종 있다).

페이퍼백 출판사들은 얼마 남아 있지 않은, 스컬래스틱Scholastic이 운영하는 것과 같은 북클럽 중 하나와 계약하기를 종종 바란다. 도서는 통상적으로 재고에서 공급되며 페이퍼백 출판사는 북클럽으로부터 받은 금액을 기준으로 원출판사에 인세를 지불한다(정상적인 내수 판매에 대해 지불하는 기본 인세율과 동등할 때가 종종 있다).

페이퍼백 라이선시가 전자책 권리를 확보하려 할지 여부는 흥미로운 문제이다. 라이선서는 오리지널 판본이 여전히 출간되는 동안에는 전자책 권리를 허가하지 않겠지만, 어떤 페이퍼백 출판사는 원래의 하드백 판이 오래전에 절판된 라이선스에 대해 전자책 권리를 추가로 확보하려 한다. 어떤 페이퍼백 출판사는 현재 전자책의 인세로 순수입의 25%를 원출판사에 제공하고 있다. 전자책 판은 페이퍼백 출판사의 자체 웹사이트나 아마존과 같은 온라인 소매상을 통해 제공되며 이와 같은 두 가지 공급 방법은 페이퍼백 출판사에 의해 2차 라이선스보다는 판매로 분류될 것이다. 여기서 수령하는 총액은 부가가치세와 할인가를 뺀 전자책 가격을 기준으로 할 것이다. 하지만 다수의 저자와 저작권 에이전시는 전자책 판매에 대해 인세를 올리라고 압력을 가하고 있다(제2장 참조).

전통적으로 다수의 페이퍼백 출판사들은 계약서에 소량의 리프린트 조항을 포함시키려고 했다. 이 조항은 그들이 누적 판매로 인한 인세율 상승을 야기하지 않고 소량의 추가 인쇄를 할 수 있게 한다. 이런 조처를 정당화하는 것은 대량의 리프린트를 찍어내는 것이 비경제적일 때뿐이기는 하지만 어떤 페이퍼백 출판사들은 이제 이런 요구사항을 포기했다. 그 이유는 기술 향상과 주문형 출판이 소량 인쇄를 훨씬 더 손쉽게 하기 때문이다. 만약 이 조항이 포함된다면 1년의 기간 동안에 단 한 번만 그런 인쇄를 해야 한다고 명기함으로써 제한을 가하는 것이 바람직하다.

페이퍼백 인세는 통상적으로 1년에 두 번 계산되지만 판매되지 않고 소매상으로부터 반품되는 비율이 높아(때에 따라서 50% 이상) 대부분의 페이퍼백 계약은 반품에 대한 참작이 있어야 한다는 것을 명기할 것이다. 그렇게 함으로써 판매되지 않은 부수에 대해 정산이 될 수 있을 때까지 인세의 일부를 지불하지 않게 될 것이다. 3차 인세 지불 이후까지도 유보되는 경우가 종종 있다. 어떤 페이퍼백 출판사들은 유보율을 구체적으로 명시하는데 25~30%에 달할 수 있다.

페이퍼백 출판사는 계약서 상에서 하드백 출판사에게 특정한 요구를 할 수 있다. 인도를 페이퍼백 판의 주요 수출시장으로 간주하는 경우 하드백 출판사가 해당 시장에 대한 저가판 라이선싱을 고려한다면 페이퍼백 라이선시와 협의를 해야 한다는 조항이 포함되어야 한다. 왜냐하면 인도판 가격이 페이퍼백 가격과 경쟁이 될 것이기 때문이다. 과거 대형 페이퍼백 출판사들은 원출판사가 동일한 타이틀 또는 프리미엄 거래를 위한 특수한 판매 계약을 하지 못하도록 제한했다. 하지만 이제 이런 제한은 경쟁법을 위반하는 것으로 여겨질 수 있다.

페이퍼백 출판사는 하드백 출판사가 페이퍼백 출간 이후 6개월 안에 오리지널 판본을 할인가로 판매하지 않도록 요구할 수 있다. 페이퍼백 출판사는 최초 출간 이후 합의된 기간 내에 할인가로 판매해서는 안 된다는 제한을 받지만 현재 대부분은 어느 때고 할인하여 판매하고 낮은 인세율—책이 손익 분기를 넘지 못했다면 그런 판매로부터 수령한 총액에 대한 5%로 종종 책정된다—로 인세를 지불할 권리를 획득하려고 한다. 페이퍼백 출판사는 페이퍼백 도서를 하드백 형태로 제본하여 고의로 판매해서는 안 된다. 이는 도서관 시장에 대한 하드백 판의 판매를 보호하고자 함이며 페이퍼백 판의 속표지 뒷면에 있는 공지—어떤 형태로든 재제본 작업을 못하게 하는—에 의해 통상적으로 더욱 효과적인 보호가 가능해진다.

라이선서는 통상적으로 페이퍼백 출판사에 다음과 같은 사항의 철저한 보장과 면책을 확실히 할 것이 요구된다. 즉, 저작물이 원작이어야 하고 저작권을 침해하지 않으며 음란물이 아니며 추잡하지 않고 명예를 훼손하지 않아야 하며, 책 속에서 사실이라고 주장한 서술은 진실이어야 한다. 어떤 출판사는 (이전에 보안 부서에 근무한 개인의 회고록 출판 같은 경우) 콘텐츠가 공직자 비밀엄수법의 요건에 저촉되지 않을 것을 요구한다. 따라서 라이선서는 기본계약서에서 저자가 그런 보증과 면책을 제공한다는 것을 확인할 필요가 있다. 계약서에 어떤 요소가 포함되지 않았다면 보증과 면책 관련 조항의 문구는 수정되어야 할 수도 있다. 페이퍼백 출판사는 해당 문구가 소송을 야기할지 모른다고 생각하면 수정을 요구해야 할 것이다. 이에 대해 하드백 출판사와 합의에 도달하지 못하면 계약은 취소되어야 할 것이며 지불된 선인세는 반환되어야 할 것이다. 페이퍼백 출판사는 통상적으로 책에 포함된 제3자의 저작권물을 추가 지불 없이 복제할 권리가 라이선스에 포함될 것으로 기대한다. 그러므로 하드백 출판사는 텍스트와 일러스트레이션의 사용을 위해 확보된 원래의 허가가 일반적으로 라이선스 판까지 확장되는지 아니면 특정한 인쇄부수, 단일 판본이나 자사의 임프린트로 제한되는지 여부를 점검할 필요가 있을 것이다.

페이퍼백 출판사들은 종종 오리지널 하드백 판의 판면 배열typographical setting을 복제하며 하드백 판 10부를 작업용으로 요구할지도 모른다. 아니면 전자파일의 이용을 원할지 모른다. 이는 저작물이, 예를 들면 사전과 같이 축약되거나 편집될 경우 그리고 사용료를 받아야 할 것이라면 특히 유용하다. 하드백 판 도서에서 직접 복제하기를 원한다면 상계비용offset fee이 부과될 수 있다. 이 책을 쓰는 시점에 페이지당 3파운드 또는 4파운드는 드문 일이 아니다. 하드백 출판사와 페이퍼백 출판사가 공동으로 권리 경매에 참여한다면 디지털 파일 전환origination 비용을 분담하는 데 합의할 수 있을 것이다.

페이퍼백 출판사는 동일한 라이선서가 권리를 통제할 경우 통상적으로 동일한 저자가 다음에 출간할 책(또는 사전과 같은 참고서적의 다음 판)에 대한 옵션을 그 무렵 합의될 재무 조건을 바탕으로 확보하려 할 것이다. 옵션 조항은 통상적으로 새로운 타이틀을 검토하기 위한 적합한 재료를 수령하는 기간을 명시할 것이다. 그리고 여기에는 조건에 대해 합의에 도달하지 못하면 라이선서가 옵션 보유자의 원래 오퍼와 동일하거나 낮은 오퍼를 받아들이지 않을 것이라는 전제하에서 다른 곳에서 오퍼를 받을 수 있다는 설명이 포함될 것이다. 이런 종류의 옵션 조항에 동의할 것인지 여부의 결정은 저자의 위상에, 그리고 그다음 저작의 권리에 대한 오퍼가 이런 종류의 단일 제안을 기준으로 이루어질지 아니면 경매에 의해 이루어질지에 달려 있을 것이다. 다음에 발간될 책에 대해 경매 방식이 채택될 계획이면 현재의 타이틀을 발간하는 페이퍼백 출판사가 가장 먼저 책을 볼 수 있거나 '토핑' 권리를 가질 수 있다고 합의할 수 있을 것이다.

현재와 같이 페이퍼백 라이선스를 단기간 허가하는 추세의 의미는 라이선스가 만료될 때 페이퍼백 출판사가 상당히 높은 조건으로 재계약을 하거나 라이선스의 갱신을 위해 경매에서 경쟁을 하거나, 또는 페이퍼백 권리가 다른 회사에 넘어간 것을 발견하게 될 수도 있다는 것이다. 페이퍼백 권리가 다른 회사에 넘어가는 사례는 많이 있는데, 특히 원래의 하드백 출판사가 동일한 출판 그룹 내에 자체의 페이퍼백 임프린트를 인수하거나 설립했을 때에 그렇다. 라이선시로부터 타이틀을 제거하는 장기적인 효과는 권리를 다른 곳에 주거나 '계열사'에서 출판하기 위해 권리를 회수하는 데서 연유하는 이득과 균형을 이루어야 한다. 라이선스가 종료되면 페이퍼백 출판사에게 기존 재고의 처분을 위한 유예 기간(통상 1년)이 허용되어야 한다.

적절한 때 적합한 전략을 수립하기 위해 페이퍼백 권리 운용 담당자는 필수적으로 라이선스의 만료 시기를 주의 깊게 모니터해야 한다. 컴퓨터화된 데이터베이스는 이런 실행을 아주 쉽게 한다. 특정한 기간 내에 만료될 예정인 모든 라이선스에 관한 보고서가 작성될 수 있어야 하고 이에 따라 만료일 이전에 적절한 행동이 취해져야 한다. 또한 관련 타이틀의 전반적인 권리 통제에서 어떤 변화가 있었는지 또는 그런 가능성이 있는지 여부를 점검하는 것은 매우 중요하다. 만약 하드백 출판사 자체가 저자와 체결한 출판 계약이 만료될 예정이고 갱신되지 않을 가능성이 있다면 이는 2차 라이선스의 갱신 가능성에 영향을 미칠 것이다. 계약이 종료될 때는 2차 라이선스가 할당된 기간 동안 잘 운용될 수 있게끔 계약 기간 내에 적절히 협상을 진행한다는 조항이 통상적으로 마련되어 있어야 한다.

저가 리프린트 권리 10

어쩌면 단행본보다 교육 및 학술 출판사에 더 적합한 라이선싱 부문은 원출판사 판본의 가격이 너무 비싼 것으로 인식되는 국가의 출판사에 저가 영어 리프린트권을 라이선싱하는 부문일 것이다. 그런 라이선스의 1차적인 대상은 대학 교재이다. 하지만 교과과정이 영국을 모델로 하는 국가에서는 초등학교와 중등학교 수준에서도 리프린트에 대한 수요가 있을 것이다. 영어가 점점 더 국제어가 되고 있기 때문에 영어 학습물과 사전의 저가판이 점점 더 많이 필요하다.

저가판이 필요한 주 시장은 개도국들과 신흥국가들이다. 특히 인도 아대륙, 아시아와 일부 아프리카 국가들이 주 시장이다. 또한 중부 유럽과 동부 유럽, 러시아 그리고 구소련 연방 공화국들의 현지 출판사에 어떤 범주의 책을 라이선싱해줄 이유가 있을 때가 있다.

개도국과 신흥국

이런 국가들에게 저가 영어 리프린트권을 허가할 것인가 여부는 오래된 문제이다. 핵심 대상은 통상적으로 기반이 튼튼한 대학 교재이지만 교재, 사전 및 영어 학습물도 요구될 것이다.

리프린트 라이선싱은 이런 나라들의 출판사에 저작권을 적극적으로 판촉하지 않고 일반적으로 요청이 있으면 반응을 보이는 식으로 이루어진다. 하지만 인도와 같은 시장에서 자회사를 거느리고 있는 다국적 출판사들은 회사 내 라이선싱 프로그램을 적극적으로 추진할 것이다. 이런 조직을 갖고 있지 않은 출판사들의 경우 원출판사는 라이선스를 준 리프린트에 대한 인세보다 자체 판본의 판매로부터 언제나 더 많은 수익을 거두어들일 것이다. 영국의 학술 출판사들은 중요한 수출시장인 이런 국가들에 오랫동안 의존해왔다. 그 때문에 이러한 출판사들은 제3자에게 라이선스를 주기로 합의하는 데 불안감을 갖고 있지만, 그럼에도 불구하고 관련국의 법적 환경 또는 시장 환경 때문에 라이선스를 허가하도록(반드시 신청하는 출판사에 할 필요는 없지만) 요구를 받을 것이다. 동일한 의학 교재의 현지 리프린트 라이선스가 인도, 파키스탄, 필리핀, 말레이시아, 타이완, 중국, 인도네시아 출판사에 별도로 허가된다면 원출판사의 자체 인쇄부수는 줄어들 것이며, 이는 결국 다른 시장에서의 가격과 판매에 그리고 출판사가 새로운 책의 개발에 투자할 능력에 영향을 미치기 시작할 것이다.

관련 국가들은 크게 두 개의 범주로 나뉜다. 즉, 국제 저작권 협약에 가입한 국가와 가입하지 않은 국가이다. 현재 세계의 다수 국가들은 하나 이상의 주요 국제 저작권 협약에 가입하고 있다. 이 책을 저술하고 있는 시점에 가입하지 않은 주요 국가들은 타이완, 미얀마(버마), 이란, 이라크, 아프가니스탄과 일부 아프리카 국가들(앙골라, 부룬디, 에리트레아, 에티오피아, 시에라리온, 소말리아, 우간다)이다. 저작권 협약에 가입해 있지 않은 국가에 대한 리프린트권을 라이선싱하는 문제는 이 장의 뒤에서 다루어진다.

영어 리프린트권과 번역권 모두 다 어느 국가의 출판사에 라이선싱을 주는 것을 고려할 때는 그 나라의 저작권 배경을 필수적으로 파악해야 한다. 개도국의 경우, 특히 중요한 점은 다수 국가가 하나 이상의 저작권 협약국일 때조차 저작권 문제를 지속적으로 야기한다는 것이다. 협약국이 되면 관련 국가가 다른 회원국 저작물에 자국 국민의 저작물에 부여하는 것과 동일한 보호기준을 제공할 것(자국민 대우)을 요구받는다. 하지만 이런 보호기준이 저작물의 원산국에서 적용되는 수준에 미치지 못할 것임을 기억하는 것이 중요하다. 국제협약이 회원국에 최저 보호기준을 부과하려고 모색하지만 국제 저작권법과 같은 것은 없다는 점이 강조되어야 한다. 각국에서 저작권에 대한 규제는 국내 법제의 지배를 받는다. 다수의 이런 국가들에서 현재 상황은 만족스럽지 못하다. 어떤 나라에서 해적행위는 그 국가가 하나 이상의 협약에 가입했더라도 여전히 큰 문제이다.

강제허락

수년 동안 개도국으로부터의 압력이 있은 다음, 1971년 베른협약과 세계저작권협약(UCC)의 조문이 개정되었다. 이는 개도국이 교육과 학술 목적으로 필요한 도서를 좀 더 쉽게 이용할 수 있게 하고자 함이었다. 이를 가리켜 파리 개정Paris Revisions이라고 한다. 개정된 조문을 모든 국가가 다 비준한 것은 아니다. 영국은 파리 개정에 의해 바뀐 세계저작권협약 조문을 1974년 7월 10일에, 베른협약 조문을 1990년 1월 2일에 비준했다.

본질적으로 파리 개정은 어떤 국가가 개도국으로서의 지위를 주장할 수 있는 기회를 제공하며, 그리하여 만약 저작권 보유자로부터 라이선스를 자발적으로 협상을 통해 얻을 수 없다면 필요한 저작물에 대해 강제적인 현지 리프린트 또는 번역 라이선스를 획득할 수 있는 절차를 이용할 기회를 제공한다. 관련 국가는 공식적으로 UN에 의해 개도국 지위의 자격이 있는 것으로 인정되어야 하며(그런 지위는 10년마다 UN이 검토한다), 해당 국제 협약을 관리할 책임이 있는 기관에 강제허락compulsory licensing을 이용할 의도가 있다는 선언문을 제출해야 한다. 강제허락 취득에 관한 실질적인 절차를 빼어나게 잘 설명한 책은 데니스 드 프레이타스Denis de Freitas가 쓴 『저작권 시스템: 개도국에서의 실행과 문제점The Copyright System: Practice and Problems in Developing Countries』(Commonwealth Secretariat, 1983)인데 현재는 절판 상태이다.

요약하면 현지 리프린트 라이선스의 신청자는 해당 도서가 교육 또는 학술 목적으로 필요하고 관련국의 시장에서는 적정한 가격으로 구할 수 없다는 것을 실증해야 한다. 또한 신청자는 저작권 소유자를 찾기 위해 모든 노력을 경주했으나 실패했다거나[출판사와 원산국의 지정된 청산 기관(영국의 경우 출판협회)에 보냈음에도] 또는 저작권 소유자를 찾았지만 적절한 이유 없이 라이선스를 거절당한 것을 입증해야 한다.

그러고 나면 오리지널 판본의 초판이 출간된 후 특정한 기간이 흐른 다음 리프린트 강제허락을 신청할 수 있다. 이 기간은 도서의 범주에 달려 있다. 소설, 시, 희곡, 음악 및 예술 도서의 경우 이 기간은 7년이다. 수학과 기술 도서를 포함한 자연 및 물리 과학 저작물의 경우 3년이고 다른 범주의 경우 5년이다. 번역물 강제허락 규정은 이와는 차이가 있다(제14장 참조).

이러한 기간들이 만료되면 라이선스 시스템을 관리할 책임을 지고 있는 현지 기관에 신청할 수 있다(교육부인 경우가 종종 있다). 3개월부터 9개월까지의 유예 기간 동안 권리자와 협상을 해야 한다. 그 이후에도 합의에 도달하지 못하면 강제허락이 내려질 수 있다. 관리 기관은 저작권 소유자 또는 저작권자 대리자의 소재지를 알아냈을 경우 그에 대한 지불 수준을 결정할 것이다. 지불은 신속하게 환전이 가능한 화폐로 한다는 것을 분명히 할 책임이 있으며, 베른협약에 대한 파리 개정[부록 I, 제IV조(5)(i)]은 저작권 소유자에 대한 '정당한 보상'이 있어야 하고 지불 수준은 자발적인 라이선스를 위해 자유롭게 협상한 조건과 모순되지 말아야 한다고 명시하고 있다.

저자, 타이틀, 출처를 제대로 인정해야 한다. 강제허락은 비배타적이며 라이선스 판의 도서들은 관련국 밖으로 수출되어서는 안 된다.

실제적으로 파리 개정 조항은 오해가 많아 어떤 신청자는 라이선스가 무료로 허가될 수 있다거나('자유롭게 협상할 수 있다'는 말을 잘못 해석) 또는 우대 요율로 허가될 수 있다고 상정한다. 영국의 학술 출판사들은 수출시장에 대한 의존율이 매우 높기 때문에 영어 리프린트권 부문에서 피해를 가장 많이 입는다. 라이선스 신청 과정에 시간 제약이 부과된다는 사실은 협상이 강제허락의 위협하에 진행될지 모른다는 것을 의미한다. 실제로 진정한 강제허락이 시행되는 경우는 상대적으로 얼마 되지 않으며, 더 많은 라이선스가 '자발적으로' 허가되어온 것은 거부하면 강제허락을 유발할 것을 알기 때문이다.

몇몇 국가는 국내 법제에 강제허락 형태를 도입하고 파리 개정에 명시된 규정보다 자체의 법규에 의해 운영한다. 어떤 국가들의 법제—예를 들면 인도 1983년 저작권(수정)법의 조항—는 파리 개정과 대충 병행하는 반면, 다른 국가들은 어떤 식으로도 파리 개정과 일치하지 않는 법제를 도입했다. 두 개의 가장 명백한 예는 필리핀과 파키스탄으로서, 양국은 베른협약 서명국이며 필리핀은 WIPO 조약을 비준했다.

여러 해 동안 필리핀은 악명 높은 마르코스 법령Marcos Decree(PD1203)을 시행했다. 이에 따라 교육 목적으로 필요하며 필리핀에서 가격이 250페소 이상인 책의 경우 현지 출판 가격의 8% 인세 또는 원출판사 가격의 3% 인세를 기준으로 강제허락하에 리프린트가 이루어질 수 있다. 영국 책의 경우 교육용 저가도서 제도Educational Low-Priced Books Scheme(ELBS) 또는 출판사의 저가판을 통해 이미 이용 가능한 타이틀에 많이 적용되고 있다. 1997년 중반 지적재산권법의 제정으로 PD1203 조항은 폐지되었다. 그런데 실제로는 PD1203 조건하에 인쇄한 것으로 생각되는 도서의 '매각 처분'에 대한 묵인으로 필리핀 출판사들은 마치 PD1203이 아직도 실행되고 있는 것처럼 지속적으로 행동했다. 그리고 국제지적재산권연맹(IIPA)의 2009년 2월 보고서는 이런 상황을 지속적인 문제로 부각시켰다. 1997년 6월 18일 필리핀은 베른협약하에서 강제허락 조항을 이용하겠다는 의도를 비쳤다.

파키스탄은 베른협약과 세계저작권협약에 모두 가입한 회원국이지만 둘 중 어느 것에 대해서도 파리 개정에 의해 바뀐 조문을 비준하지 않았다. 1962년 파키스탄의 '저작권 법령 10절 세부항목 2A'는 다음과 같이 명시했다. "저작권은 리프린트, 번역, 개작 또는 출판과 관련하여 교육기관의 학습, 조사, 연구 목적을 위한 텍스트로서 연방 정부의 권한에 의해 또는 권한하에 세부항목(2)에서 언급된 저작물에 유효하지 않다." 그렇기 때문에 원출판사 또는 저작권 보유자로부터 허가를 얻거나 지불을 할 필요가 없는 셈이다.

2000년의 새로운 입법은 추가로 염려할 만한 원인을 제공한다. 저작권 법령에 대한 1986년 개정안인 36항(3)은 인세 없는 강제허락 조항을 포함하도록 했다. 이로 인해 파키스탄 정부는 국립도서재단(교육부 산하)을 포함한 어느 기관에게든지 저작권 소유자로부터 허가를 받거나 지불을 하는 일 없이 리프린트 또는 번역권을 허가할 수 있게 되었다. 이 조항은 TRIPS의 요구사항을 뻔뻔스럽게 위배하고 있으며, 2010년에 국제지적재산권연맹은 파키스탄 정부가 이를 철회하도록 지속적인 노력을 기울였다.

1970년대 초 이래 파키스탄 국립도서재단은 영국과 미국 대학 교재의 주요 영어판 리프린트 프로그램을 수행했는데 이 중 많은 것은 이미 파키스탄에서 저가로 구해볼 수 있는 것이었다. 대부분의 경우 허가를 받으려 하지도 않았고 지불도 전혀 이루어지지 않았다. 국립도서재단은 한동안 동면 상태에 있는 것처럼 보였지만 주기적으로 일단의 리프린트물이 나타나고 있으며 국립도서재단 직원은 간헐적으로 국제 도서전에 얼굴을 내밀고 있다. 2000년대 중반 영국의 두 출판사가 저작권 침해로 파키스탄 국립도서재단을 제소했으며 한 출판사는 법원의 금지명령을 받아냈으나 실제적으로 국립도서재단은 관련 도서 생산을 지속했다. 이 출판사는 현지 에이전트에게 동일한 저작물을 더 낮은 가격으로 개작하여 출판할 수 있게 허가하는 대응 조치를 취했다.

중국은 장기간 국제적인 저작권 협약에 가입하지 않고 서방의 지적재산권을 허가받지 않은 채 사용했지만 결국 1992년 10월 15일에 베른협약에, 1992년 10월 30일에는 세계저작권협약에 가입했다. 그래서 이제 중국 출판사들은 여타 회원국 저작물의 권리에 대해 허가를 받고 대금을 지불해야 할 법적인 의무를 지고 있다. 비록 현재까지는 중국에서 강제허락이 신청된 실제적인 증거는 없지만 중국은 국제 저작권 협약들에 가입하면서 파리 개정을 이용하겠다는 의도를 밝혔다. 2001년 개정된 「국내 저작권법」 제23조는 초등학교와 고등학교 및 국정 교과서의 선집에서 초록 또는 단편 저작물의 사용을 허락한다. 하지만 이것이 대학 교재와 외국 저작권물에도 적용될지 여부는 불투명하다. 중국은 1996년 12월 20일 WIPO 저작권 조약에 가입했다.

중국에서는 영어 학습 교재, 사전, 비즈니스 서적—해외의 방문 교수가 가르치는 주요 대학 과정에서 사용되는—의 현지 영어 리프린트권에 대한 특별한 수요가 있다. 아울러 오리지널 판본의 가격이 하도 높아 대규모로 수입할 수 없는 고급 과학 서적과 저널에 대한 수요가 있다. 중국이 협약에 가입한 후에도 국영 기관인 광화光輝가 2500종 이상의 외국 학술 저널에 대한 불법 리프린트를 지속했지만, 영국과 미국 출판업계에 의한 정부 차원의 항의가 있은 다음 2001년 11월 갑자기 중단되었다. 하지만 저널에 대한 대규모 인터넷 해적행위와 교재의 복제는 대학 캠퍼스에서 여전히 지속되고 있다. 영국출판협회와 미국출판협회는 중국 국가판권국과 공동으로 그런 행위를 단속했고 몇몇 주요 대학들은 상당한 벌금을 물었다.

중국에 리프린트권을 허가하는 문제는 전반적으로 심사숙고할 필요가 있다. 왜냐하면 홍콩(정가로 원판을 수입할 수 있는 시장)이 1997년 7월 1일 특별행정지역으로 중국에 반환되고, 뒤를 이어 1999년 12월 20일 마카오가 반환되었기 때문이다. 계약상 그런 라이선스를 '홍콩과 마카오를 제외한 중국 본토'로 제한하는 것이 매우 바람직하다. 하지만 어떤 중국 출판사들은 정치적인 이유로 리프린트 판에 특히 표지에 이런 시장 제한 표시를 인쇄하는 것을 꺼린다. 저가판이 특히 홍콩으로 유출된 경우들이 있었기 때문에 라이선서들은 시장 제한 표시를 분명하게 할 것을 강력하게 요구해야 한다. 또한 어떤 라이선서들은 라이선시에게 라이선스 판에 부착할 홀로그램을 구입하도록 요구하기도 한다.

신청자가 강제허락 가능성을 언급한다면 관련국이 그런 조항을 도입했는지 여부를 점검하는 것이 언제나 현명하다. 베른협약 서명 국가인 남아프리카공화국은 「1978년 저작권법」에 강제허락 조항을 도입했다.

저작권에 대한 교육적 예외 조치 압력

여러 개도국들이 저작권에 교육적 예외를 두려는 압력을 행사하리라는 것이 예상되지 못한 것은 아니다. 그리고 지난 수년 동안 몇몇 아프리카 국가들,

브라질과 칠레 등 중남미 국가들이 WIPO를 상대로 지속적인 로비 활동을 전개했다. 이런 활동이 성공한다면 현지 교육 및 학술 출판사의 영업에 영향을 미칠 뿐만 아니라 선진국 출판사들이 수출과 라이선싱을 통해 부유하지 못한 시장에 자사의 콘텐츠를 판매하는 데 심각한 타격을 입힐 것이다.

재정 조건

현지의 저작권 환경을 숙지함은 물론이고 금융 제약과 같은 현지의 재정 여건을 파악하는 것이 매우 중요하다. 예를 들면, 인도 출판사들은 500달러 이상의 선인세 또는 인도중앙은행Reserve Bank of India의 특별 청산 없이는 소매가의 15% 이상 되는 인세의 송금이 허용되지 않는다. 중국 출판사들은 때에 따라서 10% 이상의 인세율에 동의하는 것이 허용되지 않는다고 주장하지만 어떠한 정부 규정도 이런 주장을 뒷받침하기 위해 인용된 적은 없다.

개도국에서 리프린트를 신청할 때 지금까지 해당 시장에 진출한 적이 없는 신간을 찾지 않는다는 것은 중요한 점이다. 신청되는 책은 항상 원출판사가 [종종 교육용 저가 도서 제도(ELBS)와 같은 외부 기금의 지원을 받는 판본을 통해 또는 출판사 자체의 국제 학생판을 통해] 관련 시장에서 후속판들을 판매하면서 또는 이미 무허가 판본과 해적행위에 의해 널리 공급되면서 오랫동안 수요가 입증되어온 주요 교재와 사전이다. 또한 현지 판본의 제작비 절감은 원출판사에 지불을 적게 하기보다 현지에서 저렴한 비용으로 제작하는 데 달려 있다는 것과, 관련 책이 시장에서 오리지널 판본을 통해 잘 알려져 있을 것이기 때문에 집중적인 판촉 활동을 벌이는 데 돈을 지출할 필요가 별로 없다는 사실을 인식하는 것이 중요하다. 그러므로 낮은 요율의 인세를 지불해야 한다는 라이선시의 주장은 근거가 희박하다. 도서가 단순히 오리지널 판으로부터 재생산되는 것이기 때문에 편집 작업도 필요 없다. 그러므로 합리적인 인세율은 온당한 선인세와 더불어 현지 판매가의 10~20% 정도가 되어야 한다. 아마도 선인세는 최초 인쇄부수의 전량 판매를 가정하고 총 인세의 1/3에서 1/2 정도가 되어야 할 것이다. 현지 가격이 낮기 때문에 총수입은 얼마 되지 않을 가능성이 있다. 실제로 어떤 경우에는 총수입이 라이선스 처리 비용도 충당하지 못할 것이며, 양허 인세율을 요구하는 신청자가 이 점을 항상 고맙게 생각하지는 않을 것이다. 그런 국가에서 대부분의 출판사들은 생산재료를 중복 구입하거나 상계비용을 지불하는 추가 비용을 발생시키지 않으려고 한다.

유출

다수의 다국적 학술 출판사들은 인도와 필리핀 같은 시장에서 자체의 산하기업에 리프린트권을 허락함으로써 해적행위, 무허가 판이나 허가받은 라이선스 판의 유출 위험을 최소화하고자 한다. 특히 ELBS 프로그램이 종료된 이후 이런 경향은 뚜렷하게 나타나고 있다. 그렇다 할지라도 이러한 비정상적인 판본들은 미국과 같은 부자 시장의 웹사이트상에서 중간상의 판매를 통해 제공될 수 있으며, 출판사들은 그런 사이트를 열심히 모니터해야 할 것이다. 출판사들은 커트생 대 와일리Kirtsaeng v. Wiley 사건에 대해 미국 대법원이 2013년 3월 내린 판결의 함의를 인식해야 한다[2008년 와일리는 미국 밖에서 생산된 교재를 미국에 수입하여 판매한 태국인 커트생을 저작권 침해로 고소했다. 와일리는 1심과 2심에서는 승소했으나 대법원에서 패소했다. 대법원은 미국 내 거주자가 합법적으로 구입한 물품(교재)을 저작권 소유자의 허가를 받지 않고 판매한 행위는 적법하다고 판결했다—옮긴이]. 이 사건은 최초 판매의 원리와 권리 소진의 원칙을 지지함으로써 미국에서 와일리 자사의 저가 아시아판의 수입과 판매를 허가했다. 이는 또한 저가 라이선스 판에 적용될 수 있다.

계약

리프린트 라이선스 계약을 할 때 라이선스를 가능한 한 현재 판에 국한하는 것이 현명하다. 최초 인쇄부수를 명기하고 계약이 만족스러우면 이를 갱신한다는 내용을 포함시킬 수 있다. 또한 그런 라이선스를 기한을 두어, 아마도 계약일로부터 2~3년의 단기간으로 제한하는 것이 현명할 것이다. 허가되는 지역은 명확히 한정되어야 하며 라이서스 판본들에 시장 제한 표시가 분명하게 보이도록 요구하면서 그것의 정확한 자구와 위치를 적시해야 할 것이다. 관련된 지불 수준에 따라 인세는 연간 두 번 계산되거나 또는 일시불 지급을 적용할 수 있다. 어쩌면 계약서 서명 시 절반을 지불하고 출간 시나 합의된 날짜에 절반을 지불할 수도 있다. 이런 국가들에서 다수의 라이선스 계약은 성가신 추가 서류작업이 수반된다. 인보이스는 도장과 사인을 받아야 하고 또는 저작권 보유자의 진짜 신분을 확인하기 위해 공증 서류가 있어야 한다. 많은 것은 관련국의 규정에 달려 있다.

중유럽 및 동유럽, 러시아 및 구소련 공화국

이런 시장 중 다수는 이제 과거보다 더 안정화되었고 서방의 관행에 따라 작동한다. 하지만 1998년 8월 러시아의 루블화 붕괴, 우크라이나와 그루지야의 정변, 2008~2009년에 발생한 불황이 이 지역에 미친 여파는 이런 시장이 변동성이 강하다는 것을 보여주었다. 이런 상황은 수출과 라이선싱 정책에 영향을 미친다.

과거에는 서방의 도서와 현지 도서 간 가격 수준에 큰 차이가 있었지만 종이와 제조 비용이 이 지역 전체에 걸쳐 상승했고, 이로 인해 리프린트권을 허가할 인센티브가 줄어들었다. 서방 출판사들은 적절한 곳에서 시장에 내놓을 가격을 홍정하면서 유통업체나 현지 업체를 통해 영어 학습물과 사전의 자체판을 시장에 내왔다. 하지만 해적행위와 불법 복제는 여전히 큰 문제이며 이는 국가가 인쇄 산업을 통제하던 공산주의 체제 시절—당시 복사기는 전혀 존재하지 않거나 지하 출판에 사용되는 것을 막기 위해 엄격하게 관리되었다—에는 별로 발생하지 않던 상황이다.

공산 치하에서 각급 학교의 교재 출판은 국영 출판사가 교수 내용과 관계된 언어로 이행했다. 이 지역에서 대부분의 학교 출판사들은 국가 통제하에 남았으며, 1990년대의 정치적 변화 이래 설립된 다수의 민간 출판사 중 상대적으로 소수의 출판사만이 전문적인 교육 출판의 길을 가고 대부분은 금전적인 이익을 빨리 보려고 대량 시장 타이틀을 선택했다. 하지만 러시아에서 2013년 1월 민간 기업인 올마 미디어 그룹Olma Media Group은 오랫동안 러시아의 주요 국영 교재 출판사였던 프로스베셰니에Prosveshchenie를 인수했다.

현지 출판사와 협력해야 교육부가 관장하는 교육과정에 따른 기준을 충족하는 데 유리하고, 서방 출판사가 대규모로 배포하기 어려운 국가에서(예를 들면 러시아 및 구소련의 여타 공화국) 영어 학습물과 사전 같은 분야의 선별된 타이틀들을 위한 리프린트권의 허가를 고려할 만한 정당한 이유가 여전히 있을 수 있다. 또한 현지 교육과정 때문에 재료를 개작할 필요가 있을 수 있다.

리프린트권이 허가되면 리프린트 판에는 판매를 합의된 지역으로 한정하는 명확한 시장 제한 표시가 있어야 한다. 하지만 이 지역에서 정치적 자유의 환영받지 못하는 결과 중 하나는 훨씬 더 자유롭게 국경을 넘나드는 상품과 더불어 유출의 문제이다. 이는 라이선스를 줄지 말지를 결정할 때 주요한 고려사항일 수 있다. 모스크바나 키예프에 있는 출판사에 라이선스를 준 사전이 원출판사가 자체 판본을 직접 마케팅해야 할 폴란드나 발트 공화국에서 시장 가판대에 수북하게 쌓여 있을 수 있다.

이 지역의 또 다른 문제는 라이선시들의 복제생산재료 판매에서 비롯된다. 상당한 양의 인쇄물이 제대로 보고되지 않고 판매되는 사례들이 있다.

이 지역의 일부에는 정치적, 경제적 변동성이 상존한다. 저작권 담당자는 이런 상황을 모니터해야 하며, 직접 판매를 담당하는 동료 및 현지 대표와 긴밀하게 연락을 취해야 한다. 정기적으로 라이선싱과 직접 판매 중 어느 쪽이 더 이득인가를 평가하는 것이 중요하며, 라이선스는 한정적이고 단기간을 기준으로 하여 정책이 바뀌면 직접 판매로 대체될 수 있어야 한다.

비저작권 국가에 대한 라이선싱

이 책을 쓰고 있는 시점에 아직도 국제 저작권 협약의 회원이 아닌 국가는 타이완(특이한 정치적 지위 때문에 가입을 저지당했다), 이란, 미안마(버마), 이라크,

소말리아, 앙골라, 부룬디, 에리트레아, 에티오피아, 모잠비크, 시에라리온, 우간다이다. 북한과 베트남은 오랫동안 합류하지 않다가 결국 2003년 4월 28일과 2004년 10월 26일 베른협약을 각각 비준했다.

중유럽과 동유럽 그리고 구소련에서는 정치적 변화에 뒤이어 많은 신생 독립국들이 협약에 가입하는 조처를 취했는데, 가장 최근에는 우즈베키스탄이 2005년 4월 19일 베른협약에 가입했다. 구소련의 공화국인 투르크메니스탄은 아직도 가입하지 않았다.

저작권 보유자의 입장에서 볼 때 어느 쪽의 국제 협약에도 속하지 않은 국가의 출판사가 외국 책을 리프린트하거나 번역하여 사용한다면 해당 판본이 관련국 내에 있을 경우 범법자를 처벌할 법적 근거가 없다. 이런 식으로 생산된 판본은 해적판이라기보다는 무허가 판이다. 하지만 그런 판본이 국제 저작권 협약 회원국인 국가에 수출될 때가 종종 있다. 이란에서 생산된 영어 학습물의 무허가 판은 아르메니아, 그루지야와 다수의 아랍 국가에서 발견될 수 있다. 그런 경우 관련국에서 수입업자와 소매상에 대한 제재 조처가 취해질 수 있다. 어떤 경우 두 국가 간의 조약이 약간의 보호를 제공하며 또는 적어도 침해당했을 경우 법적 조처를 취할 수 있는 근거를 제공한다. 타이완은 미국 및 영국과 그런 조약을 체결했고 베트남은 베른협약에 가입하기 이전인 1997년 4월 미국과 조약을 체결했다.

비록 국제 저작권 공동체에 가입하지 않은 국가 수가 줄어들고 있다고 할지라도 저작권에 이론적이고 실질적인 관심을 갖고 있는 사람들은 결국 모든 국가가 저작권 영역에 들어오기를 희망한다. 한편 이런 시장에 라이선스를 판매하고자 하는 사람은 누구나 국가별 저작권 상황을 파악하고 라이선싱 절차에 영향을 미치는 진전 상황을 계속 추적하는 것이 매우 중요하다.

라이선싱이 최상의 해결책인가?

가난한 국가에서 합리적인 가격으로 책이 공급될 필요가 있다는 것을 부정할 사람은 별로 없을 것이다. 특히 그런 책이 교육적, 학술적, 전문적인 목적으로 필요할 때는 그렇다. 그러나 유념해야 할 것은 라이선싱이 언제나 이런 요구사항을 충족할 최선의 방법은 아니라는 것이다. 현지 라이선시가 원출판사의 자회사가 아니라면 리프린트 판은 생산 품질이 불량할 때가 많다. 제시되는 재무 조건은 낮고 때에 따라서는 현지법이나 금융 제약으로 제한을 받는다. 송금은 제때에 이루어지지 않으며 무거운 세금이 부과되고 때에 따라서는 송금이 전혀 이루어지지 않는다. 더구나 리프린트 판은 다른 시장으로 유출되어 원출판사의 판본이나 또 다른 라이선시의 판본이 판매되는 데 추가로 손해를 끼칠 수 있다.

라이선싱을 요구하지 않고 필요한 책을 저가판으로 제공하는 대안적인 방법이 있을 수 있으며, 이런 방법은 사례별로 먼저 분명하게 검토가 이루어져야 한다. 오랫동안 영국의 학술 교재 출판사들은 영국 정부의 해외개발청Overseas Development Agency(ODA)으로부터, 현재는 국제개발부Department for International Development(DFID)로부터 자금을 지원받는 교육용 저가 도서 제도(ELBS)의 혜택을 받았다.

이 제도에 따라 출판사는 원판의 약 1/3 가격으로 특정 개도국에 판매되기 위한 특수한 표지의 사용을 받아들이고 특수한 저가 영어판을 생산할 수 있다. ELBS 판을 보급할 수 있으면 통상적으로 이 제도에 해당되는 국가로부터 라이선스 신청을 거부하고 강제허락 가능성에 반대하여 투쟁할 수 있는 타당한 이유가 생긴다. 유감스럽게도 정책 변경으로 1997년 제도가 종료되는 결과가 나타났으며 액세스 북Access Book이라는 명칭으로 사하라 남부 아프리카를 위해 유사한 제도를 수립하고자 하는 시도는 영국 정부의 승인을 확보하지 못했다.

다음 이니셔티브는 영국의 학술 출판사들이 1996년 12월 등록된 자선단체 형태로 신탁기관을 세운 것이었다. 처음에는 교육용 저가 후원 도서Educational Low-Priced Sponsored Texts(ELST)라는 명칭으로 시작해서 나중에는 북파워Book Power가 되었다. 아프리카, 남아시아 및 카리브 해 지역의 대학교와 직업학교 학생들에게 핵심 과목의 교재를 공급하여 ELBS를 부분적으로 대체하려 한 북파워는 고만고만한 기금에 의존하고 ELBS가 종료되기 이전에 제공된 작은 범위의 타이틀들에만 국한되었다.

다음과 같은 대체 가능성이 있다.

① 국제 학생판International Student Editions(ISE). 이는 외부의 보조 혜택 없이 출판사가 생산하는 저가판이다. 이런 책들은 알아볼 수 있는 색깔의 표지로 생산될 때가 종종 있다. 가격은 대충 원판의 절반이며 개도국과 신흥국가에서 판매된다. 몇몇 다국적 출판사들은 아시아 시장용으로 특별판을 생산한다. 이런 책들은 약간 저급 종이에 인쇄가 되고 제본도 원판과 다르다. 저자와 출판사 모두 이런 판매를 통해서 얻는 수익은 작다. 하지만 2013년에 있었던 커트생 대 와일리 사건 판결로 지역적인 제한이 적용되면서 발생하는 문제들 때문에 출판사들이 저가판 생산을 단념하게 되었다.

② 몇몇 서방 출판사들은 인도의 수출가공지역에서 인쇄함으로써 해당 시장에 저가판을 공급할 수 있게 되었다. 서방 출판사는 지정된 수량을 인쇄할 수 있으며 승인된 인도 도매상에 해당 시장을 위한 저가 도서—통상적으로 원판과 별도의 ISBN을 사용—를 판매하도록 전량을 배송하거나 또는 수출가공지역에서 인쇄한 더 많은 부수의 일부를 도매상에게 합의된 수량만큼 공급할 수 있다.

③ 낱장 또는 꼭지 거래. 추가적인 대안은 원출판사가 인쇄한 낱장 또는 꼭지를 현지에서 제본할 수 있도록 현지 연관 회사나 유통업체에 판매하는 것이다. 이는 일러스트레이션의 품질이 매우 중요한 타이틀에 적합할 것이다.

이런 가능성들은 라이선시보다 원출판사의 통제하에 도서의 인쇄를 지속하고 그럼으로써 생산의 합리적인 표준을 유지할 수 있는 이점을 갖고 있다. 또한 판매부수당 수익이 라이선스 판에서 지불되는 인세보다 더 높을 것이다. 또한 기억해야 할 것은 특정 지역의 리프린트 허가가 원판의 시판을 즉시 종료함으로써 원출판사의 이해에 영향을 미칠 뿐만 아니라 다른 라이선시들에게도 영향을 미칠 수 있다는 점이다. 어떤 페이퍼백 출판사는 페이퍼백 판의 첫 인쇄부수가 소진되기 전에 영국의 원출판사가 인도에 저가 리프린트 라이선스를 허가해서는 안 된다는 조건을 분명히 한다.

이런 국가들과 거래할 때는 여러 가지 결과가 발생할 수 있기 때문에 라이선스를 자동적으로 허가하지 않는 것이 매우 중요하다. 이런 국가들은 출판사의 저작권 담당자가 정보 교환 없이 고립된 상태에서 활동하는 것이 지극히 바람직하지 않은 시장이다.

이런 국가들로부터 라이선스 신청을 받으면 언제나 관련 시장을 관장하는 수출 담당 직원과 이미 저가판이 팔리고 있는지 여부를 점검하기 위해 상의하는 것이 매우 중요하다. 이를테면 국제 학생판을 구할 수 있거나 그것의 발간이 계획되어 있는지를 알아보아야 한다. 자회사 또는 현지 유통업체가 있는 시장에서 이런 대리자들은 시장에서 특별히 낮은 가격으로 판매할 목적으로 원판을 수입함으로써 또는 스스로 현지 리프린트권을 획득함으로써 도움이 될 수 있을 것이다. 이들과 협의하지 않고 제3자에게 권리를 부여하는 것은 이들의 판매에 영향을 미치기 때문에 분명히 재앙이 될 것이다.

시장에서 이미 저가판을 구할 수 있거나 저가판 보급이 계획되어 있다는 것을 보여줄 수 있다면 강제허락 신청은 미연에 방지될 수 있다. 하지만 라이선스를 부여하는 것 이외의 대안이 없다면 적합한 라이선시를 선택해야 하며, 어쩌면 그 라이선스를 확보하려 하는 신청자 이외의 누군가가 선택될 수도 있을 것이다. 다음과 같은 사항을 고려해야 할 것이다. 즉, 라이선시가 현지 환경이 허락하는 한 고품질의 책을 생산할 수 있는 능력(복제생산재료의 구입은 이런 시장에는 값이 너무 비쌀 때가 종종 있다. 전자 파일이 낮은 가격으로 제공될 수 있다면 믿을 수 있는 라이선시가 필수적이다), 도서를 효과적으로 판촉하고 유통시킬 수 있는 능력, 송금의 신뢰성, 지정된 시장 내에서 판본을 통제할 수 있는 능력(도서의 표지와 내지 모두에 명백한 시장 제한 표시가 있어야 한다. 예를 들면 "인도에서만 판매하도록 허가됨. 수출용이 아님") 등이다. 이런 통제에도 불구하고 현지판은 허가받은 시장을 벗어날 수 있다. 남아시아 판은 동아프리카, 중동, 말레이시아, 러시아 및 일부 서방 시장에 빈번하게 나타나지만, 적어도 제한 표시가 있다면 그런 책을 알아볼 수 있으며 수출입상을 찾을 수 있다면 제재 조처를 취할 수 있다. 중국에서 생산되는 무허가 리프린트 판도 탐지되어왔지만 처리하기가 만만치 않다.

새로운 신청자와 거래할 때는 항상 신용이나 은행 거래 조회를 해보아야 한다. 요구되는 조건을 원래의 신청자가 이행할 수 없다고 믿을 충분한 이유가 있다면 대안을 찾는 것이 바람직하다. 어쩌면 원출판사의 자회사나 연관 회사, 또는 정기적인 유통업체가 대안이 될 수도 있을 것이다. 합작 임프린트하의 출판은 신뢰할 만한 라이선시에 한해 허가되어야 한다.

기타 리프린트 권리 11

개도국을 위한 주요 지역권, 북클럽 권리, 페이퍼백 권리, 저가 리프리트 권리 외에 기타 형태의 리프린트 권리에 포함되는 것은 판촉판, 커버마운트cover mount(도서를 신문이나 잡지와 함께 제공—옮긴이), 교육판, 장기간 절판된 타이틀의 리프린트 및 큰활자본이다.

판촉판

이 개념은 미국에서 비롯되었다. 미국에서 판촉판('염가'), 재고본 및 반품('훼손')은 소매 판매의 중요한 부분을 형성한다. 이런 책들은 통상적으로 대량 판매 시장용으로 이전에 출판된 타이틀의 하드백 판으로서 판형이 크고 컬러 일러스트레이션이 많은 경우가 종종 있다. 인기 있는 주제에는 요리, 정원 가꾸기, DIY, 공예품, 일러스트레이션이 포함된 아동용 및 성인용 일반 참고 도서가 있다. 또한 단독 또는 몇몇 유명 저자가 쓴 소설이나 단편의 요약 선집에 대한 상당한 규모의 시장이 있다. 이런 종류의 라이선스를 획득하고자 하는 출판사들은 종종 대형 출판 그룹의 판촉 전문 임프린트이다(예를 들면 옥토퍼스Octopus의 바운티 북스Bounty Books 임프린트와 소형 출판사인 하이드 파크 에디션스Hyde Park Editions).

미국 시장의 주역들은 북 세일즈 사Book Sales Inc., 월드 퍼블리케이션스 사World Publications Inc., 북클럽 오브 아메리카Book Club of America, 반스 앤 노블 산하에 있는 스털링 퍼블리싱Sterling Publishing의 임프린트 메트로 북스Metro Books, 랜덤하우스 밸류 퍼블리싱Random House Value Publishing과 같은 단행본 출판사 임프린트와 예술 출판사인 해리 N. 에이브럼스Harry N. Abrams의 임프린트 에이브러데일Abradale이다. 미국 시장은 경쟁이 치열하며 매년 11월에 개최되는 자체 도서전Chicago International Remainders and Overstocks Book Exposition(CIROBE)이 있다. 영국에서는 치아나(CIANA)가 매년 1월과 9월 런던에서 재고판과 판촉판 도서전을 개최한다. 또한 재고판과 판촉판 출판사들은 런던 국제 도서전에도 참가한다.

재고가 너무 많이 남아 있는 책이 수요가 꾸준하다면 뒤이어 판촉판으로 리프린트될 수 있다. 미국에서 이런 방식은 '풋put'으로 잘 알려져 있다. 여기서 판촉 회사는 좀 더 비싼 단행본을 할인가로 판매하여 과잉 재고의 개선을 보장하고 그런 다음 저가로 판매하기 위해 더 많은 부수를 계속 인쇄할 수도 있다. 사전에 '풋'을 추진하는 것은 일러스트레이션이 많은 타이틀의 미국 공동판 주문을 처음 확보하고자 할 때 유용한 경우가 가끔 있다.

판촉판은 통상적으로 하드백 원판이 출판된 다음 몇 년 후에 원판의 판매가 감소하거나 완전히 중단되었을 때 출간된다. 해당 책이 낮은 가격으로(예를 들면 원래 권당 19.99파운드 하던 것을 7.99파운드로) 다시 등장하면 책의 판매 수명은 연장된다. 인쇄부수는 대량일 때가 종종 있으며 '높이 쌓아놓고 값싸게 파는' 원칙으로 판매된다. 지불은 통상 인세 차감 방식의 선인세를 기준으로 한다. 선인세는 수천 파운드에 달할 수 있으며 몇 번에 걸쳐 분할 지불할 수 있다. 인세는 5%에서 10%에 이르며 통상적으로 소매가격이 아니라 라이선시의 순수입액을 기준으로 계산한다. 소매가격은 판촉판이 시판되는 동안 변동될 수 있다. 판촉 출판사는 해당 도서의 생산재료를 확보하고자 할 수 있다.

출판사의 오리지널 판본이 절판되지 않거나 판매가 저조하면 지속적인 수익의 근원으로서 판촉 라이선스를 고려할 가치가 충분히 있을 것이다. 하지만 그런 라이선스의 허가가 아직도 효력이 있는 다른 라이선스 계약, 특히 판촉판이 동일한 책에 대해 자사가 판매하는 다른 판본과 가격 면에서 경쟁을 하게 되리라고 느낄 페이퍼백 출판사가 있는 경우 점검을 잘 해야 한다. 이런 라이선시는 원출판사가 사전에 협의하지 않고 할인가로 팔거나 저가 하드백 판에 대한 라이선스를 줄 수 없음을 분명히 하고 그런 계약을 거부할 것이다. 주요 라이선시의 이익이 피해를 입을 수 있다면 분명히 이들의 뜻에 반해서는 안 된다.

판촉 라이선스 계약에 허가된 판매 지역을 철저히 정의하고 지정된 시장 밖으로 수출되었을 경우 신속하게 행동하는 것이 매우 중요하다. 판촉판을 승인받지 않은 지역으로 '덤핑'하는 경우가 있기 때문이다.

특별 직접 판매

여기서 영국의 성공적인 회사 운영 사례를 언급할 가치가 있다. 더 북 피플The Book People(TBP)이라고 하는 회사는 영업 담당자가 사무실과 일터를 방문하는 직접 판매 활동을 한다. 카탈로그와 샘플은 그런 곳에 남겨지게 되고 주문은 회사 직원이 확인하여 처리한다. 카탈로그는 개인 고객에게 우송되기도 한다. TBP는 정상적인 인쇄부수에 추가하기 위해 출판사에 주문하는 경우가 종종 있다. 그러나 임프린트를 바꾸지 않는다. 이런 종류의 특수 판매는 저작권 담당 직원보다 판매 담당 직원이 처리한다. 2014년 5월부터 TBP는 오스트레일리아, 뉴질랜드, 미국, 캐나다 및 유럽의 고객에게 공급하는 서비스를 시작했다. 물론 영국 이외 지역에 대한 공급은 이런 시장에 다른 판본이 이미 존재한다면 지역적인 함의를 지니게 될 것이다. 또한 TBP는 북클럽에 관심이 있다. 2002년에는 레드 하우스Red House 어린이 북클럽과 스쿨링크School Link 북클럽을 운영하기 위해 스컬래스틱과 합작 사업을 벌였다. 이 사업은 2009년 6월에 종료되었지만 TBP는 여전히 레드 하우스 우편 주문 서비스를 운영한다. 2007년에는 퍼핀Puffin 북클럽을 인수했지만 이 클럽은 2012년 말 펭귄에 넘겨졌다.

커버 마운트

또 한 가지 기타 리프린트권에 해당되는 것으로 커버 마운트cover mount가 있다. 이 경우 도서를 신문이나 잡지와 함께 주거나 구독자에게 특가로 공급한다. 계약은 라이선시가 그러한 용도로 특별판을 제작할 수 있도록 허가를 받으면 권리 거래로서 처리될 것이다. 예를 들면, 고전 현대 소설의 특별 하드백 시리즈를 권당 4.99파운드에 관련 신문 독자들이 수집할 수 있도록 하는 것이다. 그런 계약은 선인세와 인세 기준으로 체결되며 저자가 라이선스 수익의 정해진 비율을 받는다.

하지만 관련된 특정 도서나 여러 도서들이 원출판사의 재고이거나 잡지사나 신문사를 위해 원출판사가 인쇄한 것이라면, 이는 통상적으로 관련 영업 부서에서 특별 판매로서 취급될 것이다. 저자는 원래의 기본 계약 조건에 따라 대폭적인 할인 판매에 대한 인세를 받을 것이다.

또한 출판사의 마케팅 부서가 여성 잡지사와 계약을 체결하여 잡지와 함께 책을 보급하는 경우가 있다. 이는 출판사가 도서 비용을 부담하는 순전한 판촉 활동으로 여겨진다. 저자는 인세를 받지 않지만 홍보의 결과로서 향후 책 판매가 호조를 보임으로써 혜택을 보기를 희망할 수 있다.

교육판

통상적으로 이런 권리는 적극적으로 모색되지는 않지만 학교 시장용으로 어떤 소설 전체, 또는 어쩌면 기존의 단편 선집을 재출판하고자 하는 교육 출판사의 신청에 대한 응답으로 허가가 날 수 있다. 따라서 라이선스를 받고자 하는 타이틀은 교과과정의 요구에 달려 있다.

교육판은 원래의 텍스트만으로 구성될 수 없다. 적어도 도서의 20%는 추가적인 학습지원재료로 구성되어야 한다. 여기에는 저자에 대한 전기식 소개 및 비평적 서문, 용어 해설, 저작물의 콘텐츠와 어문학적 스타일에 대한 주석과

질의 또는 연습 문제가 포함될 것이다. 이 추가 재료는 라이선서인 원출판사나 저자의 에이전트의 승인을 받아야 할 때가 많다.

교육판에 대한 지불은 통상적으로 판매되는 부수의 인세로 차감되는 선인세를 근거로 한다. 인세율은 라이선시 출판사의 순수입의 6%에서 10%에 이른다. 라이선서가 라이선시의 순수입을 근거로 한 인세를 받고 싶어 하지 않을지도 모른다. 또한 라이선시는 추가적인 학습 재료의 저자와 어쩌면 시리즈 편집자에게 소액의 인세를 지불할 것이다.

교육판 권리에 대한 신청을 처리할 때 라이선서는 원판의 판매와 2차 라이선스를 준 페이퍼백 판의 판매에 미칠 잠재적인 영향을 고려해야 한다. 왜냐하면 교육판은 페이퍼백보다 낮은 가격으로 시판될 가능성이 있기 때문이다. 대량 판매 시장을 공략하는 페이퍼백 출판사가 교육 라이선스 허가에 강력하게 반대하고 나서는 경우가 있는데, 그 이유는 자사의 판본이 학교 시장에서 판매되고 있기 때문이다. 그런 경우 에이전트나 하드백 출판사는 교육 라이선스를 허가하기 싫어할 수 있다. 하드백과 페이퍼백 모두가 동일한 출판 그룹 내에서 통제되는 경우도 있으며 이런 그룹은 그런 라이선스의 허가가 자체의 이익에 반한다는 느낌을 가질 수 있다.

과거 대량 판매 시장용 페이퍼백 판과 교육판은 판이하게 다르게 보였다. 후자는 시각적으로 별로 어필하지 않았다. 현재는 표지 디자인이 훨씬 더 매력적이지만 교육판은 여전히 일반적으로 학교 시리즈의 기존 상징색으로 출판된다. 내지에는 위에서 언급한 학습 재료가 포함될 것이다. 이런 판본은 할인율이 높지 않고 서점에 대량으로 내놓지 않는다. 통상적으로 교재 공급상을 통하거나 출판사로부터 직접 학교에 공급된다.

교육 출판사로부터 받게 될 또 다른 형태의 신청은 소설의 요약되고 단순화된 텍스트, 단편 또는 희곡의 선집을 생산할 권리이다. 그런 판본은 통상적으로 영어 학습 시장을 위한 것이며 조지 오웰이나 퍼트리샤 하이스미스Patricia Highsmith 혹은 피터 벤츨리Peter Benchley와 같은 좀 더 현대의 작가가 쓴 소설 전문을 파악할 수 없는, 영어를 모국어로 구사하지 않는 사람들을 위한 것이다.

모국어 구사자를 위한 보충 자료로서 단순화된 텍스트를 생산할 권리에 대한 요구를 받게 될 수도 있다. 어느 쪽이든지 간에 출판은 통상적으로 잘 알려진 교육 시리즈의 맥락에서 이루어진다. 영어를 모국어로 구사하지 않는 사람들을 대상으로 하는 경우 다량의 판매는 영국 밖에서 이루어진다.

단순화 작업을 통해 만들어지는 텍스트는 어휘 수준과 문법적인 복잡성에서 주의 깊게 통제된다. 라이선서는 생략되고 단순화된 텍스트를 승인할 권리를 요구할 수 있다. 그런 판본의 판매는 오랜 기간에 걸쳐 상당히 많을 수 있지만 통상적으로 저가에 판매된다. 그런 판본은 텍스트 전체를 수록한 판본의 판매에 영향을 끼쳐서는 안 된다. 지불은 일반적으로 소매가격 또는 판매된 각 권의 순수입에 입각한 인세 차감 방식의 선인세 지불을 기준으로 한다. 그런 권리를 요구하는 출판사도 단순화 작업을 하는 필자와 아울러 시리즈 편집자에게 인세나 수수료를 지불해야 할 것이다. 정의상 단순화된 텍스트는 새로운 저작권을 가질 것이며, 그래서 단순화 권리를 획득하고자 하는 출판사들은 그들의 라이선스가 단순화된 판에 대한 2차 라이선스를 다른 곳에 주는 권리를 포함해야 할지에 대해 숙고할 가능성이 크다. 하지만 이는 전체 텍스트를 수록한 판본을 판매하는 원출판사의 승인을 받아야 할 것이다.

절판 타이틀

1960년대 중반 다년간 절판된 학술 및 전문 타이틀을 단기간 동안 고가로 리프린트하는 주요한 산업이 있었다. 붐은 미국에서 시작되었으며 이 기간 동안 신설된 수많은 대학교와 대학의 도서관이 필요로 하는 수요를 충당하기 위한 것이었다. 주역은 아콘Archon, 그린우드 프레스Greenwood Press, 크라우스 리프린트Kraus Reprint, 슈스트링 프레스Shoestring Press와 같은 리프린트 출판사들이었다. 신청된 타이틀에 추가하여 다수의 영국 타이틀이 허가를 받지 않고 리프린트되었는데 그 이유는 이런 타이틀들이 저작권 등록을 갱신하지 못하고 미국 시장에서 공유저작물에 들어갔기 때문이다. 도버Dover와 같은 출판사는 예술, 건축과 같은 분야에서 타이틀들의 리프린트를 지속하고 있다.

또한 영국에는 몇몇 전문 출판사가 설립되어 인류학, 고고학, 산업사 및 여행과 같은 분야에서 고전을 리프린트했다. 데이비드 앤 찰스David & Charles도 사업의 일부로서 리프린트를 했다. 인쇄부수는 종종 수백 권으로 제한되었기 때문에 통상적으로 조건은 뚜렷하게 좋을 것은 없었지만 책의 판매 수명이 연장되었다.

이제 그런 붐은 사라졌으며 리프린트 회사가 모두 살아남은 것도 아니다. 하지만 워즈워스 에디션스Wordsworth Editions, 더 컬렉터스 라이브러리The Collector's Library와 같은 출판사는 문학 고전 리프린트 분야에 뛰어들었고 앨런 서튼Alan Sutton이 2008년에 세운 앰벌리 프레스Amberley Press와 같은 출판사는 역사 분야에서 타이틀을 소생시키고 있다. 오리온Orion의 피닉스Phoenix 페이퍼백 임프린트도 그런 일을 한다. 그러므로 장기간에 걸친 구간 목록을 갖고 있는 출판사들은 도서가 소생해서 이익을 낼 수 있을 것으로 생각하는 다른 출판사에서 리프린트권을 허가해달라는 요청을 여전히 받을 수 있다.

그런 라이선스는 종종 소극적으로 처리된다. 왜냐하면 신청자들이 그들의 특수한 관심 분야에 대한 시장 조사를 스스로 수행하기 때문이다. 하지만 출판사와 출판물의 아카이브 내에서 좋은 역사적 기록물에 접근할 수 있다면 적합한 출판사에 리프린트권을 제공할 목적으로 구간 목록을 검토하는 것이 가치가 있을 것이다. 책을 준비해놓지 않고 적극적으로 판촉 활동을 전개하는 것은 문제가 될 것이다. 리프린트 업자에게 구간 목록에서 보석 같은 책이 있다고 알려주고 나서 그들에게 스스로 도서를 찾으라고 요구하는 것은 효과적인 판매 방식이 될 수 없기 때문이다.

출판사가 장기간 절판된 어느 타이틀을 리프린트할 권리를 요구하는 신청을 받으면 첫 번째 취할 조치는 요구되는 시장(들)에서 저작권이 아직 살아 있는가 그리고 누가 권리를 통제하고 있는가를 분명히 하는 것이다. 현재의 영국 저작권 법률하에서 저자 사후 70년이 넘었다면 저작물은 영국에서 공유저작물로 넘어갈 것이며 허가나 지불 없이 리프린트될 것이다. 하지만 리프린트

업체는 관례상 리프린트로 생산한 최종본 몇 부를 제공할 수도 있다.

영국 타이틀에 대한 리프린트 신청이 미국에 소재한 리프린트 업체나 타 지역에 소재했으되 미국을 판매 지역에 포함하고자 하는 리프린트 업체로부터 이루어졌다면 미국에서 해당 저작물의 저작권 상태를 점검하는 것이 매우 중요하다. 과거에 영국 출판사나 승인받은 미국 2차 라이선시sublicensee가 저작물이 보호를 받도록 의회 도서관에 재등록하지 않음으로써 다수의 영국 타이틀이 공유저작물에 들어가게 되었다. 1996년 1월 1일 이래로 이러한 저작물의 다수는 GATT의 우루과이 라운드에 부응하여 미국에서 국내 저작권법이 변경된 이후 회복된 저작권의 보호를 받았다. 일반적인 원칙을 보자면, 1925년 이후 베른협약 회원국에서 저작되어 지금까지 미국에서 공유저작물로 있던 저작물은 미국 저작권법의 보호를 더 오래 받을 수 있다. 다만 저자가 베른협약 회원국 시민이거나 거주자이고 관련된 저작물이 1996년 1월 1일을 기준으로 원산지에서 저작권이 있는 것이어야 한다. 또한 기억해야 할 일은 미국이 이제 자체의 저작권 보호기간을 저자 사후 70년까지 연장했다는 것이다. 이는 영국과 여타 EU 국가들의 보호기간과 병행하는 것이다(좀 더 상세한 내용은 제1장 "미국의 저작권 입법" 참조).

영국에서 「1911년 저작권법」의 적용을 받지만 「1956년 저작권법」이 발효된 1957년 7월 1일 이전에 발간되고 저자 사후 70년이 되지 않은 영국 책의 경우, 원래 출판사에 주어졌던 권리는 저자 사후 25년이 된 뒤 저자의 상속자들에게 귀속될 수 있다. 그럼에도 불구하고 수익의 합의된 비율을 받는 것을 조건으로 상속자들이 원한다면 이들을 대신하여 리프린트권 협상을 제안할 수 있을 것이다. 사망한 저자의 상속자들을 찾는 작업은 해당 도서가 절판된 지 오래되었는데 접촉이 없었다면 문제가 될 수 있다. 저자가 학술 기관이나 대규모 상업회사에 고용되었다면 그 인사 부서에서 도움을 줄 수 있을 것이다. 다른 정보 출처는 저자협회(문학 저자에 더 적합), 저자 라이선싱 및 징수 협회 Authors Licensing and Collecting Society(ALCS) 또는 영국의 리딩 대학교와 연계하여 텍사스 대학교에서 해리 랜섬 연구소Harry Ransom Research Center가 운영하는 WATCH

웹사이트이다(http://tyler.hrc.utexas.edu). 어느 영국 저자의 사망일이 알려져 있다면 유언을 찾아서 어떤 정보를 알아낼 수도 있다.

또한 조사를 하다 보면, 설령 저작물에 아직 저작권이 있다고 할지라도 원판이 절판되었다면 권리가 저자나 저자의 대리자에게 반환된 것을 알게 될 수 있다. 오래전에 체결된 일부 계약들은 저자에게 권리를 자동적으로 반환시키지만, 합법적으로 2차 라이선스를 준 판본이 원판이 판매 종료된 다음에도 인쇄될 수 있고 판매가 잘될 수 있기 때문에 이런 상황은 오랫동안 비현실적인 것으로 간주되었다. 이제 대부분의 기본 계약은 출판사가 주요 판본이 절판되었을 때 저자에게 알릴 것과 저자가 자신의 권리를 되찾으려는 의도를 문서로 통고할 것을 요구한다. 그럼에도 불구하고 기존의 2차 라이선스가 저작권의 전 기간 동안 존속한다는 조항이 있을 수 있다. 단행본 타이틀을 위한 다수의 기본계약서는 더 이상 저작권의 전 기간에 걸쳐 권리를 부여하지 않으며 대신에 한정된 기간만 권리를 부여하면서 기간을 추가로 연장할 수 있는 갱신 조항을 두기도 한다.

모든 방법을 강구했음에도 저자나 저자의 상속인을 찾을 수 없다면 저작물은 결과적으로 고아저작물이 된다. 그럼에도 어떤 출판사는 저작물을 그들 스스로 다시 발간하거나 제3자에게 리프린트 라이선스를 주는 선택을 할 것이다. 어쩌면 저작권 소유자를 찾을 수 없었고 찾을 수 있는 정보가 있다면 출판사에 알려주기를 바란다는 말을 책 속에 삽입할 수도 있다. 이런 행위는 계산된 리스크를 지는 것이며 이를 실행한다면 결국 저작권자를 찾을 때를 생각해서 별도로 지불액을 떼어놓는 것이 좋을 것이다.

고아저작물을 어떻게 쉽게 이용할 수 있는가 하는 문제는 현재 국가와 국제 수준에서 많은 논란거리이며(제1장 참조), 구글 합의안의 맥락에서도 그렇다(제18장 참조). 제안을 하나 하면 고아저작물은 고아저작물의 사용 희망자가 우선 권리자를 찾으려고 온갖 노력을 경주하게 하고, 그런 다음 권리자를 결국 찾을 경우 지불할 돈의 기탁소 역할을 할 복제권 기구와 같은 신뢰할 만한 중개 기구를 통해 처리될 수 있으리라는 것이다. 영국에서는 저작권 라이선싱

에이전시가 이런 길을 고려하고 있다(제17장 참조).

라이선스가 허가되면 통상적으로 지불은 주 시장에서 권장 소매가 판매에 의해 발생할 인세에서 차감되는 선인세를 기준으로 하게 된다. 하지만 어떤 신청자는 대량 수출 판매나 할인 판매에 대한 순수입을 기준으로 한 인세를 지불하고자 할 것이다. 전 세계를 대상으로 하는 권리가 요구되면 리프린트 판본이 국내 시장 이외에서 어떻게 판매될 것인지를 확정해야 한다. 라이선스는 종종 3년 동안의 단기간으로 제한되며 그 시점에서 해당 책에 대한 수요가 지속되고 있다면 갱신한다는 조항이 포함될 수 있다.

리프린트 출판사는 원출판사가 일정 기간 절판 상태에 있던 오래된 책의 필름이나 전자 파일을 보유하고 있을 가능성이 없을 것 같을 때 자신들의 판본을 만들기 위해 원판 도서 한 부를 보내달라고 요청하는 경우가 빈번하다. 1957년 6월 30일 이전에 출판된 책의 경우 상계비용을 요구할 법적인 정당성은 없다. 왜냐하면 판면권에 대한 저작권 보호가 영국에서 「1956년 저작권법」이 1957년 7월 1일 발효되었을 때 최초로 확립되었고 최초 발행일로부터 25년간 보호되는 것으로 제한되었기 때문이다. 그런 용도로 요구되는 도서가 초판본이고 원출판사가 소유한 유일한 도서라면 중요한 가치를 가질 것이다. 어떤 리프린트 출판사들은 책 페이지의 사진 촬영을 좀 더 쉽게 하기 위해 책을 해체하는 것으로 알려져 있으며 제본을 불완전한 상태로 대체하거나 완전히 다르게 제본할 수도 있다. 그래서 유일한 도서를 빌려주거나 런던 도서관 같은 출처로부터 대여한 도서를 빌려주는 것은 바람직하지 않다. 설령 책을 잘 다루겠다는 보장을 받았다고 해도 그렇다. 라이선시가 자신이 만들 책을 찾도록 설득될 수 있다면 그런 리스크는 회피될 수 있다.

어느 도서가 휴면기를 거쳐 새로운 생명을 갖게 되었음을 의미하는 리프린트 신청이 받아들여지면 사내의 편집부 동료들에게 해당 도서가 라이선스의 수단을 통하기 전에 원출판사에 의해서 소생할 수도 있었다고 느끼게 하면서 경종을 울리는 좋은 예가 될 것이다. 세태가 변함에 따라 저자와 주제는 다시 유행할 수 있으며 리프린트 라이선스 신청자는 틀림없이 이를 평가하기 위한 조사를 할 것이다. 한편, 원출판사가 해당 저작물이 처음 발간된 이래 출판의 방향을 바꾸었다면 해당 분야에 특화된 목록을 개발하고 목표 시장에 더 잘 도달할 수 있는 출판사에 라이선스를 허가하는 것이 더욱 합리적일 것이다.

큰활자본

큰활자본 권리는 독서 장애인을 위한 권리의 범주에 포함되지 않았다. 그 이유는 영국에서 큰활자본이 울버크로프트 그룹Ulvercroft Group(www.ulverscroft.co.uk)—이 회사의 산하에는 마그나 라지 프린트Magna Large Print, 이시스 퍼블리싱Isis Publishing 임프린트가 있다—과 같은 출판사에서 그런 독자들을 위해 상업적으로 생산되기 때문이다. 최근까지 오디오고AudioGO—이전에 BBC 오디오 북스BBC Audio Books였으며 산하에 쉬버스Chivers, 갤럭시Galaxy 임프린트를 두고 있다—도 그런 출판을 했다. 오디오고는 2013년 10월 법정관리 대상 기업이 되고 2014년 2월 15일 폐업했다. BBC 타이틀에 대한 권리는 BBC 월드와이드BBC Worldwide로 귀속되었다. 아마존의 오더블과 랜덤하우스 오디오Random House Audio는 몇몇 오디오북 라이선스에 대한 계약을 체결했다. 하지만 이 책을 쓰고 있는 시점에 오디오고의 큰활자본 라이선스를 위한 계약은 체결되지 않았다. 미국에서 큰활자본 출판사에는 다음과 같은 회사들이 있다. 블랙스톤Blackstone, 휠러 퍼블리싱Wheeler Publishing과 크리스천 라지 프린트Christian Large Print 임프린트, 펭귄 랜덤하우스Penguin Random House, 사이먼 앤드 슈스터Simon & Schuster, 하퍼콜린스HarperCollins, 더블데이Doubleday, 워커 앤드 코Walker & Co.도 자체의 큰활자본 사업을 운영하고 있다.

큰활자본은 통상적으로 하드백이며 원판보다 더 큰 판형으로 생산된다. 보통 원래의 조판 배열로부터 확대된다. 설령 서점을 통해 큰활자본이 조금 팔린다고 할지라도 판촉은 카탈로그를 통해서 이루어지고 대부분 공공 도서관, 병원 도서관, 노인이 있는 가정 및 부분적 시각 장애인이 있는 학교에 팔린다. 하지만 부분적 시각 장애인들이 도서관에 하는 문의는 큰활자본 출판사에 넘겨지며 이들은 이러한 개인의 성명과 주소를 회사의 카탈로그 발송 주소록에 추가시킨다. 또한 개인들은 큰활자본 출판사로부터 직접 우편 주문으로 책을 구할 수 있다. 2006년도에는 큰활자본 타이틀과 오디오북을 위한 온라인 서점이 활동을 개시했다(www.largeprintbookshop.co.uk).

큰활자본을 위해 요청되는 대부분의 권리는 인기 있는 픽션과 논픽션에 대한 것이지만 사전과 같은 일부 참고 서적도 이 프로그램에 포함된다. 적정한 타이틀에 대한 정기적인 사전 정보는 전문 회사에 발송되어야 한다. 비록 대부분의 획득된 권리가 이미 출간된 책에 대한 것이라고 할지라도 큰활자본은 이름 있는 저자가 새로 쓴 책의 단행본 판이 출간된 직후 출간될 수 있으며, 그런 경우 출간 여부에 대한 판단은 최종본보다 페이지 조판 교정쇄나 전자 파일을 기준으로 하게 될 것이다. 베스트셀러 작가가 쓴 신간의 선인세는 상당한 액수가 될 수 있으며 미국에서는 수십만 달러에 이를 때도 있다. 하지만 인쇄물 형태의 큰활자본 시장이 전자책을 위한 폰트 사이즈를 크게 할 수 있는 기능을 가진 전자책 단말기와 태블릿의 도래로 영향을 받는 것은 필연적일 것이다.

큰활자본 라이선스를 허가할 때 독자층을 시각 장애인이라고 지정하여 명기하는 것이 중요하며 최저 활자 크기도 명기되어야 한다(통상적으로 16포인트). 시장도 주의 깊게 정의되어야 한다. 핵심적인 큰활자본 업체들은 그들이 주요 영어권 시장을 아우를 수 있는 능력을 구비한 상태이기 때문에 전 세계에 걸친 권리를 요구할 것이다. 일러스트레이션이 있는 책은 라이선시가 더 큰 판형으로 만족스럽게 재생산할 수 없다면 일러스트레이션을 생략하기를 원할 수 있다. 지불은 통상적으로 영국 판매의 경우 권장 소매가를 기준으로 하고 수출 판매의 경우 순수입을 기준으로 하여 산정되는 인세 차감 방식의 선인세를 기본으로 할 것이다. 최근 수년 동안 큰활자본 출판사들은 더욱 신중해졌다. 이 책을 쓰고 있는 시점에 영국에서 선인세가 5000파운드를 상회하는 경우는 드물다. 어떤 경우 지불은 지정된 인쇄부수에 해당하는 일시금을 기준으로 하며 절반은 계약서 서명 시에 지불하고 나머지 절반은 출판 시에 지불할 수 있다. 라이선스는 큰활자본의 출판 날짜로부터 합의된 수년간으로 제한될 것이다. 통상적으로 5년이면 받아들일 만한 것으로 생각된다.

때에 따라서는 큰 글자 크기에 맞춰 판형이 확대됨에 따라 제목의 변화가 필요할 수 있다는 점을 고려해야 한다. "포켓 영문법"은 250×170mm 판형으로 확대된 책의 제목으로 적합하지 않다.

영국에서는 독서 장애인들에게 선택의 폭을 넓혀주자는 운동에 대한 응답으로 2009년 4월 큰활자본을 위한 FOCUS 프로그램이 착수되었다. 왕립 시각 장애인 기관과 출판사 라이선싱 협회가 시작하고 자금을 대어 50개 이상의 베스트셀러 타이틀이 단행본 포맷은 권당 12.99파운드, 하드백은 16.99파운드로 번화가 서점에서 판매되는데, 왕립 시각 장애인 기관이 인쇄 관련 행정을 맡고 있다. 참여한 출판사들은 하퍼콜린스, 펭귄 랜덤하우스, 팬 맥밀런Pan Mac-Millan, 아셰트 리브르 UKHachette Livre UK, 쉬버스Chivers 임프린트이다. 현재 FOCUS 캠페인은 TIGAR 프로젝트로 대체되었다.

연재 권리와 정기간행물 단발 게재 권리 12

통상적으로 연재 권리에는 잡지나 신문에 저작물의 초록을 판매하는 것이 포함된다. 그런 권리는 최초 연재 권리와 2차 연재 권리로 나뉜다. 정기간행물 단발 게재 권리에는 신문이나 잡지의 1회 발행물에 저작물 전체를 싣는 것이 포함된다.

모든 경우에서 판촉 활동에는 그런 권리를 구입하는 신문과 잡지의 관련 특집 또는 문학 편집자들과 정기적으로 교류를 하는 일이 포함될 것이다.

가능성이 있는 타이틀에 대한 접근은 해당 도서 자체가 출간되기 훨씬 전에 이루어질 수 있다. 왜냐하면 이런 출판물은 해당 재료가 실릴 발행물이 나오기 수개월 전에 구매되어야 할 것이며 출판사들은 가장 중요한 봄과 가을의 타이틀들이 선정되게 하기 위해 경쟁하기 때문이다. 일요판 신문의 다양한 부록과 특집 섹션에는 1년 전부터 연재가 예약되며 다수의 월간 잡지는 적어도 출간 6개월 전에 미리 연재를 확정한다. 그러므로 언론사의 편집자는 책의 출간일에 대한 믿을 수 있고 구체적인 사항과 더불어 정보와 재료를 필요로 한다. 이전에 권리 판매를 위한 이런 분야의 중요성이 주목을 받은 것은 런던 도서전의 2005년 전시회에서 ≪타임스The Times≫ 및 ≪데일리 메일Daily Mail≫의 문학 편집자와 출판사 간에 '미팅'의 기회를 제공했을 때였다. 하지만 이 책을 쓰고 있는 시점에 연재 권리 시장은 경기 침체와 그 여파로 인해 여전히 타격을 받고 있다. 여러 요인 중에는 얄팍해진 신문, 유료구독자 감소, 신문의 도서 보도 감소, 광고 수익 감소 및 신문이 웹사이트와 4색 인쇄에 상당한 금액을 투자하고 있다는 사실이 있다. 또한 신문사나 잡지사들은 독자를 끌어들이기 위해 CD, DVD, 책과 포스터를 공짜로 제공하고 있다.

연재 권리 구입에 대한 결정은 타자기로 작성한 원고나 조판 교정쇄를 기준으로 하게 될 것이다. 일러스트레이션이 주요 특성이라면 비주얼 재료도 미리 제공되어야 할 것이다. 잠재적인 베스트셀러에 대한 재료는 비밀 유지를 조건으로 제공될 것인데, 비밀 보장 협약이 선행되는 경우가 종종 있다. 특히 경쟁사로부터 '스포일러spoiler'(주요 내용이나 관련 재료를 미리 배포하여 재미를 떨어뜨리는 일—옮긴이)의 위험이 있을 경우 더욱 이러한 경향이 있다.

그런 권리를 판매하는 책임을 진 사람은 누구나 연재물의 유형에 대한 깊이 있는 지식을 갖추고 편집자와 독자의 취향을 파악하며 또한 출판물의 구매 정책에 영향을 끼치는 일반적인 추세를 가늠하기 위해 다양한 일간지, 주간지, 월간지를 상세하게 조사하는 것이 매우 중요하다.

최초 연재 권리

이것은 책 자체의 출판에 앞서서 책의 초록 또는 그것을 연재 형식으로 발표하는 권리로 정의된다. 약 반세기 전 ≪선데이 타임스Sunday Times≫와 ≪옵저버Observer≫는 대표적인 연재 권리 구매자들이었다. 당시 ≪선데이 타임스≫의 편집자 해럴드 에번스Harold Evans는 거물 정치인의 회고록들을 연재하기 위해 거액을 지불했다. 그때 이래로 일간지—타블로이드판과 일반판 신문 또는 구 일반판 신문—들이 이 시장에 진입하여 수년 동안 ≪익스프레스 뉴스페이퍼스Express Newspapers≫와 ≪어소시에이티드 프레스Associated Press≫(메일Mail 계열 신문들) 사이에 정기적으로 경쟁이 벌어졌는데 ≪오케이!OK!≫ 및 ≪헬로!Hello!≫와 같은 유명 잡지도 이 난투에 뛰어들었다.

최초 연재 권리에 대한 지불액은 몇 백 파운드부터 경기가 좋은 때는 수십만 파운드에까지 이르렀다. 전 영국 총리 마거릿 대처Margaret H. Thatcher는 1993년 ≪선데이 타임스≫에 『다우닝가 시절Dawning Street Years』의 최초 연재 권리를 100만 파운드에 판매한 것으로 유명했다. 그런 권리는 관련 타이틀에 따라 여전히 매우 가치가 있을 수 있으며 경매에 넘겨질 수 있다. 수익이 설령 변변하지 않다고 할지라도 관련된 타이틀에 대해 귀중한 사전 홍보를 제공할 수 있다. 구매자에게 이러한 권리의 주요한 매력은 그것을 구매하지 않으면 관련 매체가 입수할 수 없는 재료에 접근할 수 있다는 것이다. 전기와 (특히 센세이셔널한 것이라면) 자서전이 연재의 유력한 후보가 될 터인데 대상은 정치인, 연예계 스타, 스포츠 인사들이 될 수 있다. 당사자의 허락 없이 쓰이는 전기는 별로 매력이 없는 감이 있으며 소송 사태가 벌어질 위험이 있다. 왕족은 영원히 인기 있는 주제이며 다이애나 왕비의 경우 그녀가 1997년 사망한 이후에도 오랫동안 관련 책들의 연재가 이루어졌다. ≪선데이 타임스≫는 앤드루 모턴Andrew Morton의 『다이애나: 그녀의 진정한 스토리Diana: Her True Story』에 25만 파운드를 지불한 것으로 유명하다. 이 전기의 첫회 연재분이 실려 발행되었을 때 이 신문은 21만 명의 구독자를 추가로 확보했다. ≪선데이 타임스≫는 다이애나의 전 개인 비서인 패트릭 젭슨Patrick Jephson이 쓴 『왕비의 그림자Shadow of a Princess』에 40만 파운드를 지불한 것으로 알려졌다. ≪데일리 텔레그래프Daily Telegraph≫는 2000년 트레버 리스-존스Trevor Rees-Jones가 쓴 『경호원의 이야기The Bodyguard's Story』를 연재했으며 ≪선데이 타임스≫는 2002년 켄 와프Ken Wharfe가 쓴 『다이애나: 철저하게 지켜진 비밀Diana: Closely Guarded Secret』에 5만 파운드를 지불한 것으로 알려져 있다.

수명이 한정된 다른 주제들 중에는 영국 특수부대(SAS), 이라크 및 아프가니스탄 전쟁과 관련된 서적(예를 들면 ≪데일리 텔레그래프≫에 연재된 마이클 잭슨Sir Michael Jackson 장군의 『군인: 자서전Soldier: The Autobiography』) 등이 있으며 흥미로운 휴먼 스토리에 대한 수요도 지속되고 있다. 예를 들면, ≪타임스≫가 연재한 셰일라 핸콕Sheila Hancock의 『우리 둘: 존 소와 나의 생애The Two of Us: My Life with John Thaw』, 그리고 존 브렛John Brett의 『빼앗긴 순수: 샐리 클라크 스토리, 정의를 위한 어머니의 투쟁Stolen Innocence: The Sally Clark Story: A Mother's Fight for Justice』이 있다. 최근에는 '비참한 삶의 회고록'도 인기가 있는 것으로 판명되고 있다.

주요 저작물에 대한 최초 연재 권리를 획득한 신문이나 잡지가 얻게 되리라고 여겨지는 이득은 완성된 책이 출간되기 이전에 게재를 시작하고, 연재가 이루어지는 동안 신문이나 잡지의 판매를 증대시키며, 어쩌면 연재가 종료된 다음에도 늘어난 독자를 유지할 수 있는 기회일 것이다. 사례들을 보면 주요 연재가 이루어지는 동안 늘어나는 신문 독자의 수는 5만 명에서 25만 명에 달한다. 에드위나 커리Edwina Currie의 『다이어리즈 1987~1992Diaries 1987~1992』—이에 대해 ≪타임스≫는 15만 파운드를 지불한 것으로 유명하다—의 경우 연재물이 게재되는 동안 13만 명의 독자가 추가로 증가했다. 한편 2003년 다이애나 왕비의 전 집사 폴 버렐Paul Burrell이 쓴 『왕족의 의무Royal Duty』—≪데일리 밀러Daily Miller≫가 50만 파운드를 주고 연재—는 단 6일간의 연재로 100만 명의 독자를 추가로 확보했지만 이 숫자는 계속 유지되지는 못했다. 2010년 ≪타임스≫에서 연재된 피터 맨들슨Peter Mandelson의 『세 번째 남자The Third Man』는 3일 동안 10만 명의 신규 독자를 확보한 것으로 추정되며 신문사가 권리 대금으로 35만 파운드를 지불했다는 소문이다. 하지만 어떤 연재는 추가 독자를 끌어들인다는 면에서는 실망스러웠다. 예를 들면, ≪데일리 메일≫이 연재한 폴 개스코인Paul Gascoigne의 『가자: 나의 이야기Gazza: My Story』, ≪데일리 메일≫과 ≪가디언≫이 연재한 정치인 데이비드 블렁킷David Blunkett의 『블렁킷 테이프Blunkett Tapes』가 그러한 경우이다. 블렁킷은 25만 파운드를 받은 것으로 알려져 있다.

전국지들은 1면에서 연재에 대해 예고할 수도 있으며 연재의 시작을 홍보하기 위해 라디오나 텔레비전의 광고 시간을 잡을 수도 있다. 이런 종류의 적극적인 홍보 활동은 연재 권리의 경매에 결정적인 요인이 될 수 있다.

지난 수년 동안의 진전 상황을 보면 다수의 일간지와 일요 신문이 '별도의' 도서 주문 서비스를 도입했다. 그 덕분에 독자들은 서평이나 연재분을 읽어본 다음 출판사의 정가보다 할인한 가격으로 주문할 수 있게 되었다. 신문 ≪텔레그래프Telegraph≫와, ≪메일 온 선데이Mail on Sunday≫가 발행하는 잡지 ≪유

You≫는 연재물들이 발간되면서 판매고가 상당히 증가했다고 주장했다. ≪데일리 메일≫은 하루에 6000부까지 도서의 판매부수가 올랐다고 했지만 이는 예외적인 경우이다. 그런데 이런 서비스를 하지 않는 신문도 판매를 촉진하기 위해 출판사 자체의 관련 부서 전화번호 등 상세한 정보를 추가할 태세가 되어 있을 수 있다.

최초 연재 권리 판매에 따른 저자와 출판사의 이익은 판매 자체로부터의 소득뿐만 아니라 초록 및 이에 수반한 광고가 제공하는 책에 대한 대규모 사전 광고일 것이다. 이상적인 시나리오는 책이 출판되기 직전 세 번에 걸쳐 주요 일요 신문의 서평 섹션 전면에 각각 5000단어의 판촉용 초록이 게재되는 것이다. 이 책을 쓰는 시점에서 신문사들이 예산을 긴축하고 있기 때문에 일요 신문에 초록을 여러 번 실리게 하기는 어렵다. 하지만 일간지는 주요 타이틀에 대해 며칠에 걸쳐 여러 회의 초록을 실을 수 있다. 이상적이라면 초록의 선택과 신문사가 행하는 편집이 라이선서의 사전 승인을 받아야 하지만 이는 항상 그렇게 될 수 있는 것은 아니다. 초록마다 저자 성명, 도서의 제목, 출판사명, 소매가격, 출판일과 저작권 표시가 수록되어야 한다.

최초 연재 권리와 관련한 출판의 시기는 매우 중요하며 출판사들은 도서의 홍보 가치를 극대화하기 위해 그러한 권리를 자사의 통제하에 두기를 선호한다. 지난 30년 동안 주요 저자를 대리하는 저작권 에이전트가 그런 권리를 보유하는 것이 통상적이었던 반면, 출판사에 허가되는 패키지의 일부로서 가치가 떨어지는 2차 연재 권리가 포함되고는 했다. 이는 센세이셔널한 도서의 경우 출판사에 문제가 될 수 있다. 왜냐하면 에이전트가 독점적으로 신문사와 협의한 일정에 대한 안배를 위해 출판사의 사전 홍보 활동은 금지될 것이기 때문이다. 현재 일부 대형 단행본 출판사들은 그런 권리를 통제하고자 압력을 넣고 있다. 이것이 확보되면 출판사들은 거의 틀림없이 상당한 프리미엄을 지불할 것이다. 이렇게 되면 해당 프로젝트에 대한 출판 결정이 내려질 때 저작권 담당 직원은 그런 권리의 가치를 현실적으로 평가해야 하는 추가적인 압력을 받게 된다. 저자의 에이전트가 최초 연재 권리를 확보하고 있으면 적절한 출간 시기를 보장하고 홍보 가치를 극대화하기 위해 긴밀하게 소통하는 것이 매우 중요하다.

저자에 지불되는 수입 비율은 종종 90%에 이른다. 저자의 관점에서 보면 출판사와 체결한 기본계약서에 권리 판매에 따른 수입이 주 선인세에서 차감되도록 정해져 있는지 아니면 수입이 들어오는 즉시 저자의 몫이 지불되도록 명기되어 있는지 여부에 많은 것이 달려 있을 것이다.

재료의 분량과 특성을 주의 깊게 관찰하는 것이 최초 연재 권리를 판매할 때 중요하다. 센세이셔널한 전기에서 너무 많은 내용이 노출되거나 너무 많은 핵심 요소가 알려진다면 신문이나 잡지의 독자들은 책을 사볼 필요가 없다고 생각할 것이다. 하지만 이런 원칙에 유명한 예외가 있다. 1984년 제프리 아처Jeffrey Archer는 막대한 대금을 받고(75만 파운드에서 100만 파운드에 달한 것으로 알려진다) ≪메일 온 선데이≫에 4회에 걸쳐 『다우닝가 10번지First Among Equals』 전체의 연재를 허가함으로써 전통을 깨뜨렸다. 해당 도서가 뒤이어 출판되었을 때 역효과는 분명히 없었다. 하지만 이는 하드백 권리와 페이퍼백 권리를 동일한 출판 그룹에서 통제할 때 있었던 사례이다. 프레더릭 포사이스Frederick Forsyth의 『소련 KGB: 제4의 핵The Fourth Protocol』이 유사한 경우였지만 페이퍼백판의 판매에 피해가 있을 것이라고 생각한 페이퍼백 출판사의 반응이 좋지 않아 좌절되었다. 좀 더 이례적인 경우로는 톰 울프Tom Wolfe가 쓴 『허영의 불꽃The Bonfire of the Vanities』이 1984년에 ≪롤링스톤Rolling Stone≫ 잡지에 27회에 걸쳐 처음 발표된 것을 들 수 있다. 하지만 그것은 책으로 출간되기 전에 대폭 수정되었다.

앞서 살펴본 바와 같이 최초 연재 권리에 지불되는 금액은 저자의 위상, 주제 및 도서의 화제성, 일반적으로 신문에서 볼 수 없는 것을 볼 수 있는 점, 연재물이 실릴 출판물의 판매에 예상되는 효과, 그리고 구매자의 예산에 따라 크게 달라진다. 금액은 컬러 잡지나 일반 신문의 일요 특집(예를 들면 요리 또는 비즈니스 부록)에 게재되는 짧은 초록의 경우 수백 파운드부터 책정될 것이며 1980년대와 1990년대 초의 호경기 시절에는 수십만 파운드 또는 일간지나 일요판

타블로이드에서 연재하는 논쟁적인 전기에 대해서는 100만 파운드가 넘기도 했다. 이 시기에 신문사들은 연재 권리를 사들이는 데 매년 1000만 파운드에서 1500만 파운드를 쓰고는 했다. 정치인의 회고록은 금액이 많아 ≪메일 온 선데이≫는 앨런 클라크Alan Clark의 『다이어리즈Diaries』에 25만 파운드를, ≪선데이 타임스≫는 로빈 쿡Robin Cook의 회고록 『출발점The Point of Departure』에 40만 파운드를 지불했다. 유료 독자 수가 줄어들고 신문 광고 수입이 침체에 빠진 1990년대 중반 이후 연재 권리를 구매하는 데 이용할 수 있는 금액은 크게 줄어들었다. 2008년부터 크지 않은 거래는 2만 5000파운드에 이루어졌지만 6만~8만 파운드의 중간 시장mid-market거래는 확보하기가 더 어려워졌다. 2011년에는 ≪선데이 타임스≫에 월터 아이작슨Walter Isaacson이 쓴 애플 사장 스티브 잡스Steve Jobs의 전기—베스트셀러로 그해 10월 스티브 잡스가 사망하여 판매고가 치솟았다—가 연재되며 주목을 받았으며, ≪선Sun≫은 케이트 매캔Kate McCann이 쓴 딸의 실종에 관한 이야기 『매들린Madeleine』을 연재했다. 팝 음악과 록 음악에서 유명한 인사들의 전기와 자서전은 지속적으로 인기가 있다. 2012년에는 ≪타임스≫에 기타리스트 피트 타운센드Pete Townsend의 자서전 『후 아이 앰Who I am』의 초록이 게재되었고 ≪메일 온 선데이≫에는 블러Blur의 베이스 주자 알렉스 제임스Alex James가 팝 음악인에서 치즈 제조업자가 된 자신의 이야기를 쓴 『모든 치즈는 위대하고 작다: 흐릿하지 않은 삶All Cheeses Great and Small: A Life Less Blurry』이 실렸다. ≪데일리 메일≫은 『리처드 버튼의 일기The Richard Burton Diaries』의 권리를 확보한 반면 ≪선데이 타임스≫는 헌터 데이비스Hunter Davies가 편집한 『존 레넌의 편지들John Lennon Letters』의 초록을 실었다.

2013년에는 다양한 연재물이 선을 보였다. ≪옵저버 푸드 먼슬리Observer Food Monthly≫는 전속 필진인 나이절 슬레이터Nigel Slater가 쓴 『이트Eat』의 장문 초록을 실었으며 ≪메일 온 선데이≫의 잡지 ≪유≫와 ≪엠M≫은 귀네스 팰트로Gwyneth Paltrow와 줄리아 터셴Julia Turshen이 공동 저술한 요리책 『잇츠 올 굿It's All Good』의 초록을 실었다. ≪데일리 메일≫은 데이비드 제이슨David Jason이 쓴 『마이 라이프My Life』, 페니 주너Peny Junor가 쓴 『윌리엄 왕자: 왕이 되기 위해 태어난 자, 개인적인 초상Prince William: Born to be King, An Intimate Portrait』 그리고 조디 그레그Geordie Greig가 자기 친구인 예술가 루치안 프로이트Lucian Freud와의 우정을 이야기한 『루치안과의 아침 식사Breakfast with Lucian』와 같은 책들의 초록을 지속적으로 게재하는 중요한 구매자이다. 이 신문은 데이미언 맥브라이드Damian McBride가 노동당 정치에 관해 쓴 『권력 여행: 정책, 음모, 추락의 10년Power Trip: A Decade of Policy, Plots and Spin』을 연재하는 데 13만 파운드를 지불한 것으로 알려졌다. 이 연재를 따내기 위한 경매에는 7개 신문사가 참여했다. ≪선≫은 샤론 오즈번Sharon Osbourne의 세 권짜리 자서전 『언브로큰: 나의 새 자서전Unbroken: My New Autobiography』을 연재했다. ≪선≫과 ≪뉴스 오브 더 월드News of the World≫는 데이비드 베컴David Beckham의 자서전을 연재했고 ≪데일리 텔레그래프≫는 코미디언 미란다 하트Miranda Hart가 쓴 『미란다처럼Is it Just Me?』을 연재했다. ≪선데이 타임스≫는 파키스탄에서 소녀 교육을 위해 투쟁한 용기 있는 10대 소녀 말랄라 유사프자이Malala Yousafzai가 쓴 『나는 말랄라I am Malala』를 연재한 반면 ≪텔레그래프≫의 토요판은 『폴 세잔의 편지들The Letters of Paul Cezanne』의 초록을 실었다. ≪데일리 텔레그래프≫는 마크 루이손Mark Lewisohn이 쓴 『비틀즈: 세월 속에서The Beatles: All These Years』 그리고 니나 스트리브Nina Stribbe가 캠던 타운Camden Town에서 1980년대에 ≪런던 리뷰 오브 북스London Review of Books≫의 부편집장 메리-케이 윌머스Mary-Kay Wilmers의 자녀들의 보모로서 생활하며 겪은 일을 토대로 한 기발한 이야기 『러브, 니나Love, Nina』의 초록을 실었다.

정치적 주제는 여전히 매력적이다. ≪선데이 타임스≫는 2014년 3월 노동당 정치인 토니 벤Tony Benn이 사망했을 때 세 권짜리 일기의 초록을 실었다. 이 신문이 제시 베링Jessi Bering이 쓴 『성도착: 우리 모두에게 있는 성적 비정상성Perv: The Sexual Deviant in All of Us』의 초록을 컬러 증보판으로 실은 것은 특기할 만하다. ≪데일리 메일≫은 존 캠벨John Campbell이 쓴 『힐헤드의 젠킨스 경Lord Jenkins of Hillhead』, 『로이 젠킨스: 균형 잡힌 삶Roy Jenkins: A Well-Rounded Life』의 저작권을 확보했다. ≪타임스≫는 힐러리 클린턴Hillary Clinton이 쓴 『힘든 선택들Hard Choices』을 연재했다. ≪가디언≫은 존 브라운John Browne 경이 쓴 비즈니스 회고록 『유리

벽장The Glass Closet』의 연재권을 획득했다. ≪옵저버≫는 베스트셀러 『괴짜경제학Freakonomics』의 저자인 스티븐 레빗Steven Levitt과 스티븐 더브너Stephen Dubner가 쓴 『괴짜처럼 생각하라Think Like a Freak』의 초록을 실었다.

오늘날 사정이 더 어려워진 시장에서 신문은 책 자체에 나타나지 않는 추가 재료를 포함하는 오퍼를 받는다면 권리를 더 확보하고 싶어 할 수 있다. 예를 들면, 일러스트레이션, 저자와의 단독 인터뷰 혹은 책을 주제로 하여 독자가 다운로드할 수 있는 팟캐스트가 제공되거나 한정된 기간 동안 신문의 웹사이트에 관련 내용이 게재되는 것 등이다.

잡지는 일반적으로 연재 권리에 대해 지불을 많이 하지 않는 경향이 있지만 주요 '유명' 잡지는 예외이다. 구독자를 늘리기 위한 전쟁과 타블로이드 및 일반 신문에서 문학 편집자의 교체는 어떤 저작에 대해 상당한 금액이 지불될 수 있다는 것을 의미한다. 특히 논쟁적인 전기와 자서전이 그렇다. ≪데일리 메일≫과 ≪메일 온 선데이≫는 전통적으로 가장 많은 예산을 투입해왔으며 지금도 영국에서 지출되는 연재 권리에 대한 총액의 절반가량을 차지하는 것으로 추정된다.

또한 돈이 많은 몇몇 신문사 간의 경쟁이 치열해지며 나머지 구매자들은 별 볼 일 없는 범주에 속할 수 있다. 몇몇 신문사가 동일한 저작을 놓고 싸움을 벌이면 가격은 치솟을 수 있다. 여기에는 동일한 그룹에 속하는 일간지와 일요 신문 사이에 벌어지는 경쟁이 포함될 수 있다. 하지만 그런 신문사들은 권리를 확보하기 위해 공동 전선을 펼 수도 있다.

또한 다양한 독자층을 가진 신문들이 최초 연재 권리를 공동으로 확보하기 위해 함께하는 사례가 있다. 알렉스 퍼거슨 경Sir Alex Ferguson이 쓴 『무한 인생경영Managing My Life』(이에 대해 ≪타임스≫와 ≪선≫이 45만 파운드를 지불한 것으로 알려진다), 그레그 다이크Greg Dyke가 BBC를 떠난 다음 쓴 『인사이드 스토리Inside Story』(≪메일 온 선데이≫와 ≪옵저버≫가 30만 파운드를 지불한 것으로 생각된다), 그리고 ≪타임스≫와 ≪선≫이 연합한 셰리 블레어Cherie Blair의 『나 자신을 위해 말하기Speaking for Myself』가 이런 경우에 해당한다. 메일Mail 산하 신문사들의 소유주인 어소시에이티드 프레스(AP)는 ≪헬로!≫ 잡지와 팀을 구성하여 빅토리아 베컴Victoria Beckham이 쓴 『날기 위한 배움Learning to Fly』에 총 75만 파운드를 지불했는데, 이 중 신문사는 45만 파운드를 지불했다. 전 워싱턴 주재 영국 대사인 크리스토퍼 마이어 경Sir Christopher Meyer의 회고록 『DC 콘피덴셜DC Confidential』의 출판과 ≪데일리 메일≫과 ≪가디언≫의 공동 연재에는 논란이 많았다. 크리스토퍼 경이 언급한 금액인 25만 파운드는 자선단체에 기부되었다.

이전에 소설의 연재 권리 판매는 어려움이 많았는데 다수의 잡지사가 단편, 특히 별도로 의뢰한 저작물의 출판을 선호했기 때문이다. ≪메일 온 선데이≫, ≪데일리 텔레그래프≫, ≪인디펜던트Independent≫에 소설이 연재되었는데 이 중에는 다바 소벨Dava Sobel이 쓴 『경도Longitude』, 마틴 아미스Martin Amis가 쓴 『더 인포메이션The Information』, 루이스 드 베르니에르Louis de Bernières가 쓴 『코넬리의 만돌린Captain Cornelli's Mandolin』이 있다. ≪데일리 텔레그래프≫는 제이디 스미스Zadie Smith의 『아름다움에 관하여On Beauty』를 구매했으며 ≪타임스≫는 살만 루슈디Salman Rushdie의 『광대 샬리마르Shalimar the Clown』, 서배스천 폴크스Sebastian Faulks의 『휴먼 트레이시스Human Traces』의 초록을 실었다. 2013년에 ≪데일리 메일≫은 댄 브라운이 쓴 『인페르노Inferno』의 권리를 획득한 반면 ≪선데이 타임스≫는 헬렌 필딩Helen Fielding이 쓴 『브리짓 존스는 연하가 좋아Bridget Jones: Mad about the Boy』의 초록을 컬러 증보판에 실었다. 일반적으로 소설의 연재 권리는 하나의 초록으로 구성되고 논픽션보다 신문 판매에 미치는 영향이 적은 것으로 생각된다. 하지만 이런 발행은 신문의 정체성을 강화한다. 잡지에 연재 권리를 판매하는 일은 여전히 다소 어렵다. 중요한 신간 문학 소설을 홍보하는 ≪뉴요커New Yorker≫ 잡지만 한 것이 없기 때문이다. 시의 연재는 여전히 드물다. 하지만 ≪타임스≫는 테드 휴스Ted Hughes가 쓴 「생일 편지Birthday Letters」의 초록을 실었으며 그가 실비아 플래스Sylvia Plath와 결혼한 이후의 인간적인 면모에 대한 흥미로운 내용을 추가했다. 그리고 문학 관련 타이틀의 연재는 여전히 인기가 있다. ≪선데이 타임스≫는 『T. S. 엘리엇의 편지들The Letters of T. S. Eliot』 제2권의 초록을 연재했으며 2012년에 수재나 클랩Susannah Clapp이 쓴 『앤절라 카터에게서 받은 카드A Card from Angela Carter』의 초록을 실었다.

최초 연재 권리 판매로부터 얻는 수익이 떨어졌음에도 불구하고, 경쟁관계에 있는 몇몇 신문사들이 관심을 표명하면 경매를 통해 처리될 수 있다. 일반적으로 참여자들은 비밀 유지 협약을 체결하도록 요구될 것이며, 평가를 위해 제공된 재료는 보안이 유지되는 환경하에서 발송될 것이고 때에 따라서는 통제된 환경하에서 읽힐 것이다. 경매는 다양한 방법으로 시행될 수 있는데, 하나의 응찰자가 남을 때까지 계속되거나 또는 각 참여자가 합의된 마감 시간까지 자신이 제시할 수 있는 최고가를 제시하는 봉인된 입찰을 기준으로 할 수도 있을 것이다.

경매가 실시된다면 누가 주요 저작물의 최초 연재 권리를 확보할 것인가를 결정하는 데 가장 중요한 고려사항은 지불 금액이겠지만, 때에 따라서는 최고가 오퍼보다 약간 금액이 적더라도 언론 그리고/또는 텔레비전 광고에 대한 더 나은 지출을 보장하는 다른 오퍼를 택하는 것도 타당한 이유를 지닐 것이다. 연재를 위한 발행 수단의 선택도 중요한 요인이다. 특히 저자가 초록이 어디에 게재될 것인지에 대한 의견을 가지고 있을 경우 그렇다. 신문 독자의 평판은 가장 적합한 구매자를 선택하는 데 매우 중요하다. 주목도가 떨어지는 타이틀의 경우 지불 규모는 이차적인 고려사항이 되며 제공되는 홍보 활동 및 그 결과로 도서의 판매에 미칠 영향과 엇비슷하게 여겨질 수 있다. 시작부터 잠재적인 구매자에게 이런 점을 분명히 하는 것이 중요하다. 특히 저자가 발행물의 선택에 최종적인 결정권을 가지고 있을 경우 그렇다.

현재의 경제적 제한점들에도 연재에 이상적인 후보가 될 것으로 보이는 도서가 사실상 이런 식으로 이용되지 않는 이유들이 있을 수 있다. 2007년 앨러스테어 캠벨Alastair Campbell과 그의 에이전트는 『블레어 시대The Blair Years』의 연재에 반대하기로 하고, 그 대신에 캠벨 자신의 웹사이트를 통해 도서를 홍보하기로 결정했다. 2009년 버킹엄 궁전으로부터의 제한 조처 때문에 윌리엄 쇼크로스William Shawcross가 쓴 『엘리자베스 여왕: 공식 전기Queen Elizabeth the Queen Mother: The Official Biography』는 연재할 수 없게 되었지만 저자와의 인터뷰가 있었고 서평이 집중적으로 게재되었다. 2013년에 알렉스 퍼거슨의 베스트셀러인 『나의 자서전My Autography』은 연재 권리에 대한 오퍼가 이루어지지 않았다.

주요 저작물의 최초 연재 권리를 하나 이상의 구매자에게 판매하는 것은 통상적으로 가능하지 않다. 이 권리의 중요한 판매 특성은 독점권일 것이다. 하지만 이미 언급한 바와 같이 때에 따라서 단일 신문 그룹 내에서 또는 특수한 환경하에 있는 서로 다른 그룹에 속하는 신문사들이 『DC 콘피덴셜』의 경우처럼 공동 작업을 선택하기로 하면 최초 연재 권리를 분할하는 것이 가능하다. 타블로이드 신문은 특별한 에피소드에 기초한 좀 더 짧고 센세이셔널한 내용을 내보내는 반면 일반 신문은 심도 있는 초록을 싣는다. 또한 잠재적으로 다양한 시장을 가진 책의 경우, 예를 들면 전국지와 특수 잡지를 상대로 하나 이상의 거래가 이루어지는 것도 때에 따라서 가능하다. 그런 경우 선택되는 초록은 상이해야만 할 것이며 잠재 구매자마다 이해가 상충하지 않는 것을 보장하기 위해 각각 다른 협상이 진행되어야 할 것이다.

주요 저작물의 연재 권리 판매에 특히 영향을 미치는 몇몇 문제가 발생할 수 있다. 첫째는 '스포일러'의 문제, 즉 주요 연재물의 최초분을 발행하기에 앞서 라이벌 신문사가 도서의 주제에 관한 특집이나 저자와의 인터뷰를 내보내는 것이다. 이제 스포일러는 라이벌 신문사의 웹사이트를 통해 훨씬 더 즉각적으로 나타날 수 있다. 이에 따른 비밀 유지의 필요성 때문에 공개 경매에 의해 판매되는 최초 연재 권리의 수가 줄어들었으며, 서평용 도서를 언론사에 배포하고 저자 인터뷰를 발표하는 시기에 신중을 기해야 하게 되었다. ≪선≫이 유포한 스포일러 때문에 제임스 휘터커James Whitaker가 쓴 『다이애나 대 찰스Diana v. Charles』에 대해 ≪데일리 미러Daily Mirror≫가 전체 요금의 지불을 거부하는 사태가 발생했다. ≪선데이 타임스≫는 미국 내 연재 권리를 갖고 있던 잡지 ≪피플People≫이 앤드루 모턴Andrew Morton의 『다이애나: 그녀의 새로운 생활Diana: Her New Life』의 초록을 내보낸 이후 몇몇 다른 신문이 이 초록을 게재했을 때 15만 파운드를 회수했다. 또한 영국 출판사가 발간하는 책의 미국판을 아마존의 영국 웹사이트를 통해 이용할 수 있다면 스포일러의 위험이 있다.

두 번째 문제는 조기 판매의 문제라고 할 수 있는데, 서적상이 출판사가 정한 출판 날짜에 앞서서, 어떤 경우에는 주요 연재에 의해 출간 전 초록의 최초분이 실리기도 전에 도서를 판매 상태로 두는 것이다. 뉴스 가치가 있거나 센세이셔널한 프로젝트에 대해 최초 연재 권리를 구매하는 신문은 비밀 유지를 강조하고 연재가 되기까지 어떤 책도 출시하지 말라고 요구할 것이다. 여기에는 출판사가 창고에서 보안을 철저히 유지하고 아울러 인쇄소를 단속하는 것은 물론 심지어 저자 및 교열 담당자와 조판 교정쇄를 주고받는 데도 철저한 보안을 유지하는 것이 포함된다. 서평용 도서는 데드라인이 지날 때까지 보내서는 안 되며, 그렇지 않으면 신문은 거래를 취소할 수 있다. 만약 도서가 유출이 되어 미국과 같은 시장에서 별도로 나타나게 되면 문제가 될 수 있다. 이런 것은 모두 최초 연재 권리를 효과적으로 판매하기 위해 출판사들이 전 세계적으로 권리를 통제할 필요가 있다는 다수 출판사들의 견해에 힘을 실어준다. 미국이나 외국어 출판사에 대한 라이선스의 일부로서 연재 권리가 포함되어 있다면 이런 점은 기억되어야 한다. 국내 시장에서의 거래가 위태롭지 않으려면 시기에 대한 소통이 매우 중요하다.

또 다른 진전 동향은 대부분의 주류 신문사들이 만약 최종 결과물이 구매자의 기대에 부응하지 못하면 지불되는 가격을 삭감할 수 있는 문구가 계약서에 삽입될 것을 강조한다는 점이다. 오늘날에는 시장에서 대부분의 신문사들이 전망이 보이지 않는 연재 권리에 위험을 무릅쓰기를 싫어한다.

최근 수년 동안 추가적인 문제는 몇몇 신문사들에 의한 '과잉구매'—종종 라이벌 신문사들의 거래를 막기 위한—가 일정의 혼선과 연재의 불발이나 중단을 야기할 수 있다는 것이다. 이는 권리 판매자에 대한 지불이 출판 시에 이루어져야 한다거나 또는 특정한 날짜까지 이루어져야 한다는 주장에 힘을 실어준다. 이렇게 되면 연재가 되지 않더라도 적어도 약간의 금전적인 보상이 있을 것이다. 하지만 대형 연재가 사전 홍보 활동의 중핵을 이루는 출판사의 경우 적절한 보상은 사실상 불가능할 것이다.

2차 연재 권리

이는 도서 자체가 출판된 이후에 신문이나 잡지에서 초록을 실을 수 있는 권리이다. 그러므로 이런 권리는 구매자에게는 가치가 떨어지지만 해당 도서를 위해서는 여전히 훌륭한 홍보 수단을 제공한다. 여기서 각각의 구매자가 다른 계약의 존재를 인지하고 초록의 내용이 겹치지 않는다면 다양한 발행물과 상이한 계약을 하는 것이 가능하다. 예를 들면, 상류층 여성잡지와 ≪하우스 앤드 가든House and Garden≫ 같은 특수 월간지에서 동일한 인테리어 디자인 도서의 초록을 싣는 것이 가능할 것이다. 인기 있는 자서전은 최초 연재 권리와 2차 연재 권리 모두를 판매할 수도 있을 것이다. 샤론 오즈번의 자서전 『익스트림Extreme』은 최초 연재 권리가 ≪선≫에 20만 파운드에, 2차 연재 권리가 ≪데일리 메일≫에 판매되었다.

계약

연재 권리 상담은 전화로 이루어질 때가 많으며 경매도 같은 방식으로 이루어질 수 있다. 입찰을 위한 최초입찰자가 있고 오퍼를 위한 기한도 있을 수 있다. 경매는 거래가 성사되기 전에 몇 라운드를 거칠 수 있다. 가격에 합의가 이루어지면 계약을 공식화하기 위해 계약서에 서명을 하게 된다. 대부분의 주류 신문은 자체의 계약서를 제공한다. 최초 연재 권리든지 2차 연재 권리든지 간에 여기에는 저자명, 저작물의 제목, 권리를 획득한 신문이나 잡지의 명칭, 허가되는 언어와 시장이 명기되어야 한다(통상적으로 국내에 대해서는 독점권으로 정의되지만 국내 이외의 지역에 대해서는 해외 신문사들에 권리를 판매하기 위해 독점권을 주지 않는다). 이제 대부분의 영국 신문은 웹사이트 판과 다운로드할 수 있는 앱을 위해 재료를 전자적으로 사용할 수 있는 권리를 요구한다. 텍스트 그리고/또는 일러스트레이션을 위해 확보된 제3자 퍼미션이 이러한 사용에까지 확장되는지를 점검하는 것이 중요하다. 계약은 공식적으로 신문 연재가 시작되기 전에 웹에서 저작물이 공개되어서는 안 되지만 그 이후에는 신문의 이전 호들에 접근이 가능한 웹상에서 보유될 수 있음을 분명히 해야 한다. 신문사는 재료의 선택을 더 쉽게 하기 위해 그것을 전자 파일 형태로 공급할 것을 요구할 수도 있다.

또한 계약서에는 사용될 단어의 숫자, 출간될 초록의 숫자(또한 관련된 일러스트레이션의 숫자) 및 각 초록의 게재일을 명기해야 한다. 최초 연재 권리의 경우 도서의 출판 날짜와 관련하여 시기가 매우 중요하다. 지불 총액은 지불 기일과 함께 명기되어야 한다(계약 서명 시에 전액을 지불한다거나 혹은 서명 시에 절반을 지불하고 첫 연재일에 나머지 절반을 지불하거나 하는 식으로). 앞에서 언급한 바와 같이 어떤 이유로 초록의 일부 또는 전부가 게재되지 못할 경우 지불 일정을 명기하는 것이 바람직하다. 신문사는 지불 대금을 송금하기 위해 부가가치세 내역을 포함한 인보이스를 요구할 것이다.

권리의 사용은 단일 연재로 한정되어야 한다. 재정 조건에 대한 그리고 라이선서의 사전 승인과 같은 여타 요구사항에 대한 합의가 이루어지지 않는 한 여타의 신문이나 잡지에 대한 신디케이션 권리가 포함되어서는 안 된다.

또한 계약은 모든 연재분에 저자, 타이틀, 출판사에 대한 분명한 표시가 있어야 하며 출판 날짜와 도서의 가격이 저작권 표시와 함께 분명하게 드러나야 한다는 것을 명기해야 한다.

초록의 선택, 모든 형태의 편집, 신문사에서 추가하는 부가적인 작업물은 민감한 문제이며, 특히 영국의 「1988년 저작권법」에 의해 현재 보장되고 있는 저작인격권에 비추어 그렇다. 이 법으로 인해 저자는 저작인격권이 공식적으로 포기된 저작물이 아니라면 그것을 훼손한다고 생각되는 변경을 거부할 수 있다. 이것은 민감한 내용을 포함하는 책의 경우 특히 중요한 문제일 수 있다. 저자가 아마도 저자와 출판사 간의 기본계약서에 의해 승인권을 갖고 있다면 신문의 발행 일정을 지연시키지 않도록 초록을 매우 신속하게(아마도 24시간 내에) 체크하는 것이 필요할 것이다. 하지만 저자의 승인권 확보가 언제나 가능한 것은 아니다. 저자의 위상과, 어쩌면 라이벌 신문사와의 치열한 경쟁에 처해 있을 수 있는 신문사가 연재 권리를 확보하고자 하는 인센티브에 많은 것이 달려 있다. 승인이 불가능하면 정확성을 점검하기 위해 연재 권리 담당자가 초록을 사전에 볼 수 있는 권리를 요구하는 것이 현명하다. 최근 연재가 행해지는 방식에 대해 반대하는 저자의 사례가 몇몇 있었다. 특히 재닛 스트리트 포터Janet Street-Porter가 쓴 『여행 가방: 나의 어린 시절Baggage: My Childhood』의 초록 게재, 그리고 존 콜드스트림John Coldstream이 쓴 배우 더크 보가드Dirk Bogarde에 대한 전기 연재가 그런 경우이다. 콜드스트림은 ≪데일리 메일≫의 연재를 중단시키려고 노력했으며 그 이후 ≪더 북셀러≫에 기사를 썼다. 여기서 그는 자기가 쓴 책의 초록을 '혹평'했다. 그는 연재로 받은 대금을 자선단체에 기부했다. 마이클 만Michael Mann이 쓴 배우 데이비드 니븐David Niven에 관한 논쟁적인 전기 『풍선 뒤의 남자The Man behind the Balloon』가 ≪선데이 타임스≫에 게재되자 니븐의 가족과 동료들로부터 비난이 일었다.

신문사는 라이선서에게 연재되는 내용에 대한 보증과 면책의 제공을 요구할 것이다. 이러한 것은 기본계약서에서 저자가 제공하는 것과 일치해야 할 것이다. 명예훼손은 연재 분야에서 민감한 문제일 것이다. 만약 거래에 저자나 출판사의 승인권이 포함되어 있다면 신문사에 의한 모든 종류의 수정 그리고/또는 추가물에까지 보증과 면책이 확대된다고 상정될 수도 있다. 그러므로 계약에 그러한 확대 적용이 불가하다고 명확하게 하는 것이 중요하다. 또한 텍스트와 일러스트레이션에 확보된 제3자 퍼미션이 연재에서의 사용에까지 확장된다는 점을 보장하는 것이 중요하다.

연재 권리의 판매는 통상적으로 상업적 가치가 큰 저작물과 연관되어 있으나, 그런 권리를 구매할 태세가 되어 있는 적절한 신문, 저널이나 잡지가 있다면 좀 더 전문적인 타이틀에 대해서 판매하는 것이 가능할 때가 있다. 이런 판매에는 시간과 창의력이 필요할 수 있다. 과거의 예를 보면 쿡 선장Captain Cook의 편집된 항해 일지를 발췌하여 연재한 것이 있는데, 두 개의 오스트레일리아 신문이 항해 일지가 들어오는 날짜에 맞춰 몇 개월 동안 매일 게재했다. ≪옵저버≫는 신 영역 성서New English Bible의 텍스트를 컬러 증보판에 게재하면서 적절한 현대 팔레스타인 사진을 곁들였다. 또한 연재 권리는 요리법과 아동 도서 부문에서도 매입되며, 시사와 관련된 비즈니스 타이틀 혹은 경제 타이틀의 초록은 일반 신문의 경제면에 판매될 수 있다. ≪선데이 타임스≫는 제프리 S. 영Jeffrey S. Young과 윌리엄 L. 사이먼William L. Simon이 쓴 『아이콘: 스티브 잡스, 비즈니스 역사의 위대한 제2막iCon: Steve Jobs, the Greatest Second Act in the History of Business』, 크리스 브래디Chris Brady와 앤드루 로렌즈Andrew Lorenz가 쓴 『길의 끝: 로버 몰락의 진실End of the Road: The True Story of the Downfall of Rover』, 그리고 벤 메즈리치Ben Mezrich가 쓴 『우연한 억만장자: 섹스, 돈, 배신, 그리고 페이스북의 설립The Accidental Billionaires: Sex, Money, Betrayal and the Founding of Facebook』의 초록을 실었다.

때때로 연재 권리를 판매할 의도로 신문사나 잡지사에 접근한 것이 결국 도서 본문의 직접적인 연재보다는 확장된 서평이나 저자에 대한 특집 기사로 이어질 수도 있을 것이다. 이것이 수익성이 보이는 연재 권리를 다른 곳에 팔 가능성을 없애지 않는다면 그런 특집 기사는 훌륭한 사전 홍보를 제공하고 가볍게 퇴짜를 놓아서는 안 될 것이다. 이런 이유로 때에 따라서 판촉과 연재 권리 사이의 경계선이 흐려질 수 있다. 이로 인해 출판사 내의 저작권 담당 부서보다 판촉 부서에서 연재 권리가 처리될 수도 있을 것이다.

온라인 연재 권리

1998년 미국에서는 온라인으로 출판 예정 도서의 초록을 제공하는 몇몇 초기 실험이 있었다. 더글러스 쿠퍼Douglas Cooper의 소설 『섬망Delirium』이 워너 일렉트로닉 퍼블리싱Warner Electronic Publishing에 의해 분할해서 제공되었으며 다만 마지막 장은 빠졌다. 뒤이어 ≪와이어드Wired≫ 잡지의 전자판인 핫와이어드Hotwired가 실험에 나섰다. 이러한 사용을 위한 재무적 모델은 다양하다. 저자에게 직접 요금을 지불하고 사용자가 무료로 다운로드를 받는 데서부터 '유료 보기' 모델까지 있다. 이 모델은 저자가 웹 출판사와 수익원을 공유한다. 가장 유명한 사례는 2000년 3월 발생했다. 당시 스티븐 킹Stephen King은 65페이지짜리 중편 소설 『총알차 타기Riding the Bullet』 전편을 사이먼 앤드 슈스터의 웹사이트를 통해 '히트'당 2.50달러로 볼 수 있게 했다. 이 재료가 불법 복제되고 무료로 유통되기 이전 처음 이틀 동안 40만 명이 이 사이트에 접속했다. 킹은 뒤이어 7월에 중편 소설 『더 플랜트The Plant』의 연재분들을 자기의 웹사이트에서 다운로드당 1달러로 제공했다. 여기에는 조건이 있었는데, 다음의 연재분은 이 사이트를 접속하는 사람들의 75%가 아마존닷컴Amazon.com 지불 서비스를 통해 요금을 지불하거나 또는 향후 그렇게 할 것을 동의하는 경우에 공개된다는 것이었다. 첫 주에 '히트'가 약 15만에 달했다. 저자는 4회차 연재분에 대한 요금 계획을 발표하여 금액을 2.50달러로 올리고 분량은 5000단어에서 2만 5000단어까지 늘린다고 밝혔다. 전체 연재는 7회나 8회로 계획되어 있었다. 2000년 12월 킹은 다운로드에 대한 지불이 50% 이하로 떨어지자 6회차까지만 공개하고 연재를 중단할 것이라고 발표했다. 하나의 브랜드로서 위상을 가진 저자가 해본 재미있는 실험이었다.

이런 방식에는 여러 가지 변형이 있다. 엠피스리릿닷컴MP3lit.com은 아미스테드 모핀Armistead Maupin의 소설 『더 나이트 리스너The Night Listener』의 완전한 오디오북 버전을 웹에 연재하기 시작했다. 인쇄 버전이 나오기 한 달 전에 저자가 낭독하는 새로운 연재분이 매주 추가되었다. 청취자는 이 재료에 무료로 접근할 수 있었으며 이것이 이 사이트에 방문하게 하는 인센티브가 되었다.

이제 몇몇 저자들은 19세기에 인기가 높았던 연재 출판물의 현대적인 버전으로 온라인상에 연재 형식으로 글을 쓰고 있다. 마거릿 애트우드Margaret Atwood의 과학 소설 『포지트론Positron』은 바일라이너Byliner 사이트에 연재되었으며, 아마존은 킨들 시리즈 프로그램을 실험하고 있다.

모든 주요 신문은 자체 웹사이트를 가지고 있기 때문에 온라인 연재는 종이책의 판매에 부정적인 영향을 끼치는 것으로 느껴지지 않는다면 더욱 보편화될 가능성이 있다. 리틀 브라운은 최근 퍼트리샤 콘웰Patricia Cornwell이 쓴 『더 프런트The Front』의 라이선스를 ≪타임스≫에 주었고, ≪타임스≫는 이 작품을 2주간에 걸쳐 신문지상에 매일 한 개 장章씩 게재하고 전날 게재된 장은 온라인에 올려놓았다. 그러므로 결국 전체 책이 신문의 웹사이트에 공개되었다. 그런 다음 재료는 도서가 출판되기 며칠 전 웹사이트에서 제거되었다. 2009년 9월 알렉산더 매콜 스미스Alexander McCall Smith가 쓴 『추운 곳에서 온 개The Dog Who Came in from the Cold』는 ≪데일리 텔레그래프≫에 의해 주중에 온라인으로 연재되었다. 인쇄 연재물은 토요일 주말 증보판에 게재되었다.

정기간행물 단발 게재 권리

이 권리는 신문이나 잡지의 단일 호에 책의 본문 전체를 싣는 것을 말한다. 그렇게 사용하는 데 따른 요금은 저자의 위상과 해당 책의 시사성에 따라 다양할 것이다.

이런 유형으로 라이선스를 판매하는 것은 말썽이 많은 것으로 판명되었으며 1980년대 초 ≪컴플리트 베스트셀러스Complete Bestsellers≫라고 하는 잡지의 창립은 페이퍼백 출판사들로부터 상당한 반발을 샀다. 페이퍼백 출판사들은 그들이 라이선스를 받은 타이틀이 이런 형태로도 허가되면 일회적인 것이라고 할지라도 자신들의 권리가 침해된다는 생각을 지녔다. 현재 랜덤하우스의 산하 기업인 조너선 케이프Jonathan Cape는 오스트레일리아 주간지인 ≪콘솔리데이티드 프레스Consolidated Press≫가 주간지에 초록이 아니라 내용 전체를 게재하자 책 전체를 도서 형태로 출판하는 자기들의 권리와 상충한다고 제소했다. 이 사례는 단발 게재 권리가 연재 권리 형태라기보다는 도서 권리의 일부를 구성한다는 것을 확고부동하게 했다. 최근 수년 동안 이런 형태의 라이선싱 사례는 별로 없었다.

다이제스트 및 축약 권리 13

양 권리에는 어문저작물의 텍스트를 축약하는 것이 포함된다. 다이제스트 권리digest rights는 신문이나 잡지의 단일 호에 저작물의 전체 또는 일부의 축약된 판을 게재하는 권리이다. 도서 축약 권리book condensation rights는 책 형태로 된 완전한 텍스트의 축약된 판을 출판할 권리를 말한다. 여기에는 여러 저작물들의 축약된 텍스트가 수반될 때가 종종 있다. 양쪽 분야 모두에서 주요 업체는 리더스 다이제스트인데 동일한 명칭의 잡지와 축약본 선집을 갖고 있다. 리더스 다이제스트 어소시에이션Reader's Digest Association은 미국에서 1922년 창립되었으며 세계적인 브랜드로 성장했다. 독자는 언론 광고를 통해서보다는 거의 전적으로 직접적인 대량 우편 발송을 통해 확보된다. 이 회사는 또한 자체 제품을 선전하는 웹사이트를 갖고 있다.

2009년 8월 이 미국 회사는 막대한 부채를 줄이고 연금 기금의 적자를 해소하기 위한 목적으로 연방도산법 제11장에 의해 자발적인 파산 보호를 신청했다. 2011년 2월 22일에는 구제 금융의 지원과 새 임원진 선임에 의해 연방도산법 제11장에서 벗어났다. 2013년 2월 17일 다시 연방도산법 제11장을 신청했으나 현재는 부채 4억 6500만 달러 대부분을 주식으로 교환하고 사업을 지속하고 있다.

2010년 2월 17일 영국 회사는 법정관리를 신청했으며 그해 4월 사모투자회사인 베터캐피털Better Capital의 지원을 받아 경영진이 자사주를 매입했다. 베터캐피털은 도서 출판 활동을 중단시켰는데 하드백 축약본 선집인 셀렉트 에디션스Select Editions와 페이퍼백 축약본 선집인 러브 앤드 라이프Love and Life 시리즈가 여기에 포함되었다. 잡지 ≪리더스 다이제스트≫의 영국 내 발행부수는 20만 부 미만으로 떨어졌으며 2014년 2월 베터캐피털은 투자금 2300만 파운드를 탕감한 후 1파운드라는 명목상의 가격으로 미디어 거물 마이크 러크웰Mike Luckwell에게 이 영국 회사를 매각했다. 이 책을 쓰고 있는 시점에 새로운 소유주가 어떻게 사업을 지속할 의향인지는 명확하지 않지만 이 잡지는 여전히 출판되고 있다. 새 소유주는 온라인 서비스를 위해 투자할 계획이며 웹사이트를 유료화하고 50대 이상을 위해 금융 서비스를 제공할 계획이라고 했다.

따라서 리더스 다이제스트는 최근 수년 동안 변화무쌍한 경험을 했지만 잡지와 축약본은 여전히 몇몇 국가에서 출판되고 있으며 다이제스트와 축약 권리는 저자-출판사 계약에서 지속적으로 중요한 위치를 점하고 있다.

출판의 양 형태를 위해 획득되는 권리 대부분은 대중적 기반이 튼튼한 인기 저자의 작품을 위한 것이다. 여기에 포함되는 저자는 댄 브라운, 존 그리샴John Grisham, 바버라 테일러 브래드포드Barbara Taylor Bradford, 리 차일드Lee Child, 제임스 패터슨James Patterson, 데이비드 발다시David Baldacci, 앤 클리브스Anne Cleeves와 딕 프랜시스Dick Francis 그리고 전도 유망한 신인 작가들이다. 장르에는 스릴러, 범죄, 로맨스, 가족 드라마 및 역사적 픽션이 포함된다. 도서 축약 권리는 픽션과 논픽션 작품을 대상으로 획득되며 잡지 다이제스트 권리의 대부분은 논픽션 작품을 대상으로 한다.

다이제스트 권리

미국에서 최초로 창간된 ≪리더스 다이제스트≫ 잡지는 21개 언어로 된 판본이 발간되었으며 구독자에게 우송되지만 신문 가판대에서도 판매된다. 이 잡지는 게재하기에 적합한 논픽션 발췌물을 찾으며 기사 말미의 여백에 주요 서적의 짤막한 하이라이트를 싣는 것이 특징이다.

도서 축약 권리

이 책을 쓰고 있는 시점에 미국 리더스 다이제스트 어소시에이션 사는 축약본 시리즈인 '셀렉트 에디션스'를 하드백과 페이퍼백 형태로 발간하고 있다. 또한 오스트레일리아에서도 발간되는 시리즈가 있으며 뉴질랜드, 말레이시아 및 싱가포르에까지 유통되고 있다. 또한 축약판은 현재 아르헨티나, 브라질, 핀란드, 프랑스, 독일, 헝가리, 멕시코, 폴란드, 포르투갈, 러시아, 슬로바키아와 슬로베니아에서 현지어로 발행되는데, 대부분 프랜차이즈 운영을 통해서 이루어진다. 권수로 따지면 매년 3~7종이 출판되는데 국가에 따라 다르다. 이런 책은 소비자에게 직접 판매되고 있다. 오스트레일리아, 프랑스 및 독일도 이야기식 논픽션을 생산하며, 때에 따라서 어떤 국가들은 범죄소설 같은 특수 장르의 축약본들을 엮어서 일회적인 특별판을 내거나 또는 단일 저자가 저술한 몇 개 타이틀을 묶어서 발간하기도 한다.

비록 이제 영국에서는 '셀렉트 에디션스'가 출판되지 않지만 런던의 페가수스 리저널Pegasus Regional 사는 리더스 다이제스트의 국제 부문에 속한다. 이 회사는 영국 권리자에게 속하는 타이틀의 축약본 권리를 취득하고 협상을 진행하며 라이선스 계약을 취급하는 것을 중심적인 업무로 하고 있다. 외국어판에 대해서는 관련된 국가의 현지어 출판사와 권리 관계가 정리되어야 할 수도 있다. 출판사에는 인세 차감 방식의 선인세를 기준으로 지불하고 아울러 계획된 인쇄부수를 기준으로 한 선인세로 지불하기도 한다. 도서 축약 권리로부터의 수익은 통상 저자와 50 대 50을 기준으로 공유한다.

선집에 포함된 각 타이틀에는 특별히 위임된 타이틀 페이지가 추가된다. 축약 작업은 사내 편집자가 위탁하여 숙련된 프리랜서 편집자가 실무를 담당한다. 작업 기준은 상당히 까다로운 편이다. 일단 하나의 타이틀이 리더스 다이제스트 프로그램에 포함되면 판심은 조직의 여타 영어 사용 부분으로부터 발생할 것이며, 추가 권리를 협상하게 될 수 있다. 추가로 리더스 다이제스트의 외국어 사업 부문은 축약본의 번역권 획득을 모색할 수 있다. 이 경우 저작물의 본문 전체에 대한 외국어 라이선스를 지닌 라이선시들과의 사이에서 권리에 대한 청산이 이루어져야 할 것이다. 미국 리더스 다이제스트는 외국어 회사들이 선택할 수 있는 축약 타이틀의 '풀'을 유지한다. 타이틀이 선택되고 나면 해당 권리들이 청산될 필요가 있을 것이다.

과거 축약본은 단행본 판매에 영향을 끼치지 않는 것으로 생각되었다. 축약본은 분명히 가외의 수익을 발생시킬 수 있으며 축약본을 본 독자들이 특정 저자의 작품에 친숙하게 될 경우 단행본에서 상당한 추가 수익을 발생시킬 수도 있을 것이다. 축약본 서적들은 관련 시장에서 발행된 원래 단행본의 저자, 제목, 출판사를 모두 명시하고 있다. 이런 책들은 원래 단행본 표지의 사진을 싣기도 한다. 에이전트가 어떤 책을 제의하고 있다면, 리더스 다이제스트의 축약 권리에 대한 강한 관심이 단행본 권리를 구매하게 하는 데 일조를 할 때가 종종 있다. 권리가 이미 판매되지 않았다면 말이다.

번역 권리

14

공동출판과 라이선스

번역권 판매는 출판사 저작권 부서 업무의 큰 몫을 차지한다. 페이퍼백 권리, 북클럽 권리, 연재 권리 등의 분야로부터 라이선싱 수입이 감소하고 변동이 심해짐에 따라 번역권의 중요성은 더 커지고 출판사의 전반적인 권리 패키지의 일부로서 모색되는 경향이 있다. 특히 저자나 저자의 에이전트가 많은 선인세를 요구할 경우 그렇다. 하지만 번역권이 언제나 허가되지는 않을 것이다. 특히 에이전시가 그런 권리를 취급하는 전담 부서를 갖고 있을 경우 그렇다. 저작권 에이전트는 개별 해외 시장에서 위탁판매인 네트워크를 통해 일할 경우가 종종 있다. 그런 경우 현지 위탁판매인에게 추가 수수료를 주기 위해 저자들과 20%의 수수료 공제에 대해 합의할 수 있다.

영어 도서 번역이 시장을 지배하는 경향이 있다. 어쩌면 2004년 보커Bowker의 조사에 의해 모든 번역서 신간의 40%가 영어로 쓰인 원 타이틀을 지닌다는 것이 확인된 것은 놀라운 일이 아닐지도 모른다. 이 책을 쓰는 시점에 갱신된 조사는 없지만 이 숫자는 여전히 정확하다고 생각된다. 영어의 접근 가능성은 영어책을 다수의 다른 언어 책보다 더 쉽게 평가하게 하고 영어 번역자들을 찾기가 더 쉽다. 여기에다가 영어권 출판사들은 오랫동안 그들의 권리를 해외에 판매해온 경험을 가진 이점이 있으며, 문학과 인기 있는 소설의 유명 저자는 물론 논픽션과 학술 분야에서도 저자를 안정적으로 확보하고 있다. 이와 대조적으로 3%라는 숫자는 영국과 미국에서 영어로 출판되는 번역 타이틀을 나타내는 숫자로 인용될 때가 종종 있다. 하지만 2012년 이래 번역된 스칸디나비아의 범죄소설들이 인기가 상승하면서 이 수치가 약간 올랐다.

번역권을 판매하는 목적은 분명히 추가 수익을 발생시키는 것이지만 해당 도서를 광범위한 독자층에 알리게 하려는 동기도 있다. 여기서 학술 출판사와 단행본 출판사 사이에는 영업 방법에서 몇몇 차이가 있을 수 있다.

어떤 학술 저자들은 재정적인 이유보다 '말을 퍼트리기 위해' 번역을 허가하는 데 적극적이다. 특히 그들이 해당 정보가 더 가난한 국가에서 아주 요긴한 것이라고 생각하는 분야–예를 들면 의약, 경제개발, 새로운 비즈니스 기법 및 기술 동향과 같은–에서 저술을 했다면 그렇다. 그러므로 학술 출판사의 저작권 담당 부서는 네팔에 육아 도서, 몽골에 물류 도서, 또는 말레이시아에 농촌 개발에 관한 도서의 라이선스를 판매하는 데 시간을 투자할 태세가 되어 있을 수 있다. 이런 것은 저자가 접촉을 주선한 데 따른 후속 조처일 때가 종종 있다. 이런 판매는 명목상의 요금을 기준으로 할 수 있으며 라이선스를 관리하는 비용도 되지 못할 수 있다. 하지만 출판사가 이런 일을 하면 통상적으로 저자와의 관계가 상당히 좋아지며 해당 저자와 장기적인 관계를 유지하는 데 기여하게 된다.

또한 학술 출판사들은 재원의 제약 때문에 지불을 제대로 하지 못하는 국가 또는 강제허락 형태를 도입한 개도국과 신흥국으로부터 들어오는 라이선스 신청을 처리하는 데 상당한 시간을 쏟을 수도 있다. 이런 출판사들은 또 국제적인 저작권 협약에 가입하지 않았거나 저작권을 제대로 지키지 않는 국가들의 출판사와 거래를 해야 할 수 있다. 그런 경우 라이선싱은 해적행위, 강제허락 및 무허가 판본을 추방하는 수단으로서 자발적인 활동이기보다는 '방어적인' 것으로서 간주되어야 한다.

다양한 국가들과 거래할 때 저작권에 대한 지식의 중요성은 아무리 강조해도 지나치지 않다. 주요 선진국은 유사한 저작권 보호 환경하에서 활동한다고 상정하는 경향이 있지만, 보호의 기간과 표준 양쪽 모두에서 여전히 변칙이 있을 것이다. 예를 들면, 이 책을 저술하는 시점에서 일본은 저작권 기간이 저자 사후 50년 동안이지만 이를 70년 또는 75년으로 연장할 계획이다. EU의 기간 지침은 회원국 간 보호기간의 차이를 없앴으며 현재 저자 사후 70년으로 조정된 상태이다(상세한 내용은 제1장 참조). 하지만 다수의 여타 국가들은 보호기간이 이보다 짧다. 그 의미는 영국의 어떤 저작물이 영국에서 보호를 받고 있는데 유럽연합의 여타 국가에서는 공유저작물에 속할 수 있다는 것이다. 지난 20년 동안 저작권의 주요 수입국이었던 중국도 저자 사후 50년 동안 저작권을 보호한다. EU의 입법은 라이선스 계약의 지역적인 측면에 영향을 줄 수 있다. 예를 들면, 독일어로 번역할 수 있는 권리를 독일 지역에만 허가하는 것은 지역 내 자유무역을 방해하는 것으로 여겨질 수 있는 반면, 독일 내 출판사에게 세계 전 지역에 대한 독일어본 판매 권리를 허가하는 것은 용인될 수 있을 것이다.

기타 해외 지역의 저작권 입법 조항은 영국의 저작물에 대해 문제가 될 수 있다. 예를 들면, 1971년 1월 1일 일본에서 도입된 저작권법은 그 날짜 이전에 출판된 외국 타이틀의 경우 원판이 최초로 출판된 지 10년 내에 승인받은 일본어 번역본이 출간되지 않았다면 번역권과 관련해서는 공유저작물에 속하는 것으로 본다. 이집트, 인도네시아, 스리랑카 및 유고슬라비아—구 유고슬라비아의 법제는 여전히 세르비아와 몬테네그로에서 유효하다—도 강제적인 번역 법률을 갖고 있다. 1995년 이래 베른협정국인 러시아는 1973년 5월 27일(소련이 세계저작권협약에 가입한 날짜) 이전에 원산지에서 최초로 출판된 외국 저작물은 여전히 공유저작물에 속하고 러시아에서 무료로 사용될 수 있다는 단서를 달고 가입했다.

외국어 출판사에 번역권을 판촉하는 데는 통상적으로 다음과 같은 다양한 기법이 동원된다. 즉, 일반적인 카탈로그나 핵심적인 신간 타이틀에 대한 선택적인 저작권 가이드의 우편 발송, 특정 프로젝트에 대한 정보 및 재료 지원, 관련된 국제 도서전 참가, 그리고 저작권 판매 잠재력이 높을 경우 개별 국가의 고객을 방문하기 위한 별도의 세일즈 여행 등이다. 저작권은 이제 회사나 저작권 전담 부서 웹사이트를 통해, 그리고 그런 웹사이트에 특정한 도서에 대한 기술을 담은 URL을 링크시킨 이메일 알림을 통해 판촉이 이루어질 수 있다(구체적인 내용은 제7장 "특별 판촉: 사전 정보 및 판촉 재료" 참조).

대부분의 경우 업무 관련 연락은 영어로 이루어지지만 일부 처음 받은 연락의 경우 영어 이외의 언어로 되어 있을 수 있다. 고객과의 대면 접촉과 아울러 여기서도 언어에 대한 전문지식이 얼마나 귀중한지가 입증될 것이다.

어떤 외국어 출판사는 유럽, 영국, 미국에서 조사요원을 채용하여 자신들에게 적절한 타이틀을 찾기 위해 카탈로그, 웹사이트와 업계 잡지를 자세히 조사하게 한다. 일부 서방의 출판사와 저작권 에이전트들은 일본, 한국, 타이완, 중국, 중유럽 및 동유럽과 같은 시장에서 위탁판매인을 고용하는 방법을 채택한다. 만약 그들이 생각할 때 이런 방법이 그런 시장을 직접 방문하거나 판촉 대상으로 삼는 것보다 나을 경우 그렇게 한다(제7장 "위탁판매자 활용" 참조).

어떤 시장에서 번역될 잠재성이 높은 타이틀이라고 할지라도 다른 나라에서는 재고할 가치가 없을 수 있다는 것은 말할 나위도 없다. 이는 우리가 국가별로 문화적·사회적·정치적·경제적 관점이 크게 다를 수 있는 다양한 라이선시와 거래할 때 당연한 일이다. 저작권 판매자가 여러 시장의 추세를 모니터하는 것이 매우 중요하다. 최근 수년 동안의 예를 보면 마음이나 육체나 정신의 수련과 관련한 책, 뱀파이어 소설과 디스토피아 사회를 상정한 스토리가 각광을 받아왔다. 어떤 타이틀이 번역하기로 되었다고 할지라도 라이선시는 현지의 문화와 디자인 요구사항을 반영하고자 표지를 적극적으로 바꾸려 할 수 있다. 라이선시가 자체 판본을 제작한다면 손쉽게 할 수 있겠지만 공동출판의 경우는 비용 때문에 문제가 많을 수 있다(이 장 뒷부분의 "공동출판" 참조).

정치적 고려

1990년대까지 현대의 역사, 정치, 경제, 경영 분야를 다룬 다수의 서방 책은 공산정권이 지배하는 국가에서는 전혀 수용할 수 없었으며, 이런 제약은 또

민감한 이데올로기 문제를 다룬 소설에까지 확장되었다. 역설적으로 러시아의 정치적·경제적 변화의 문턱에서 최초로 러시아에서 촬영된 서방 영화 중 하나가 〈러시아 하우스The Russia House〉이다. 이 영화는 러시아에서 1990년에 개봉했는데 구소련에서 오랫동안 금지된 작가였던 존 르 카레John Le Carré가 쓴 소설에 기초한 것이다.

이제 제한조처는 해제되었으며 과거라면 도서전에서 몰수되거나 우체국에서 '행방불명'되었을 책에 대한 수요가 많다. 하지만 중국에서는 몇 가지 문제에 여전히 봉착하게 된다. 2008년 베이징 올림픽 대회 준비 기간 중에 중국 세관당국은 론리 플래닛Lonely Planet이 발간한 『중국 여행자 가이드China Tourist Guide』를 몇몇 여행객들로부터 압수했다. 그렇게 한 이유는 책 속에 소개된 대만에 대한 정보가 부정확하다는 것이었다.

장융張戎이 쓴 『대륙의 딸Wild Swan』 그리고 장융과 존 할러데이Jon Haliday(장융의 영국인 남편—옮긴이)가 공동 저술한 마오쩌둥 전기는 아직까지도 중국에서 출판될 수 없다. 중국 당국은 어떤 도서가 타이완의 지위, 티베트인과 위구르인 같은 소수민족의 대우, 1989년에 발생한 천안문 사태와 같은 주제를 언급했는지 여부를 알아보기 위해 정기적으로 검열한다. 번역하는 과정에서 검열을 당한 데 대해 불만이 제기된 유명한 사례 중에는 힐러리 클린턴의 자서전 『살아 있는 역사Living History』가 포함되어 있다.

중국에서 공식적인 출판 산업은 여전히 사실상 국가 통제하에 있으며, 2008년에 중국 당국은 국영 출판사들이 이른바 '제2통로'로 일컬어지는 민간 출판사—때에 따라서 '문화 스튜디오'라고 언급된다—의 인수를 장려하는 조처가 있었다. 그런 회사들은 국가 당국의 승인을 받지 못했으며 ISBN을 획득하려면 국영 출판사로부터 '구입해야 한다'.

또한 베트남에서 어떤 정치적인 이슈는 여전히 민감하다. 이 나라는 상대적으로 최근에 베른협약국이 되었는데 출판사들이 현재 해외로부터 저작권을 사들이는 데 열을 올리고 있다.

교육, 학술 및 전문 타이틀

번역을 하고자 하는 타이틀이 지니는 매력에는 다른 요인이 영향을 미칠 수 있다. 교육 부문에서 영국의 국가교육과정National Curriculum으로 고안된 전 과정을 사용하도록 하기는 어렵다. 하지만 보충 재료는 전망이 더 밝아 보인다. 일반적으로 외국어 출판사들은 현지 교과과정의 요구에 친숙한 자국의 교사들로부터 강좌 재료를 위임받기를 선호한다. 하지만 영국 내에서도 웨일스어와 게일어로의 번역권 판매 가능성이 있다. 대학 수준의 타이틀들은 또 다른 나라로 이전될 기회가 더 많을 것이다. 통상적으로 과학책이 영국 또는 영어권 세계에 더 적합할 수 있는 인문사회과학 도서보다 더 쉽게 채택된다. 어떤 주제 분야는 특정한 문제를 갖고 있다. 예를 들면, 규제(예컨대 건축 엔지니어링) 또는 (예컨대 콘크리트 제조를 위한) 규범적 표준을 포함하는 기술 도서는 너무 작업이 까다로울 수 있고 따라서 현지 실정에 맞추려면 너무 큰 비용이 들어갈 수 있다.

유의해야 할 점은 다수의 영국과 미국 대학 교재가 상당히 많이 채택되어 사용되고 있다는 것이다. 유럽에서는 베네룩스, 스칸디나비아 국가들에서 그렇게 사용되고 있지만 훨씬 더 멀리 떨어진 동남아시아와 남아시아에서도 사용되고 있다. 그러므로 그런 나라에 있는 출판사에 핵심적인 교재의 번역권을 집중적으로 판촉하는 것은 현명하지 못하다. 판매부수당 수익은 번역판 판매에서 비롯된 인세보다 영어판의 판매에서 항상 더 많이 올릴 수 있을 것이다. 이러한 시장에서 영어판의 판매고가 줄면 번역판의 단가를 높인다고 해도 보상받기 어려울 것이다. 이런 시장에서 판매되는 이런 유형의 책에 대해서는 저작권 담당자와 수출 담당자 사이에 정기적으로 소통이 있어야 한다. 하지만 라이선싱 대 직접 판매의 상대적인 이득은 책별로 그리고 시장별로 평가되는 것이 중요하다. 때때로 저작권 부서와 수출 담당 부서 사이에 관할 문제가 있을 수 있으며 판매고가 (부적절하게) 저작권 수익과 비교될 위험이 있다.

이해의 충돌 없이 교재에 대한 라이선스를 줄 수 있는 국가에서 기억해야 할 일은 라이선시가 최초 영어판의 번역을 할 때 필연적으로 내재되어 있는 리스크에 대해 불안해하는 경우가 종종 있다는 것이다. 그들은 최초 영어판의 성과를 평가하기 위해 기다릴 가능성이 매우 높으며, 판매 실적이 좋으면 후속판의 저작권을 판촉할 때 패키지로 구매할 가능성이 매우 높다. 통상적으로 고급 논문은 상대적으로 제한적인 시장이다. 서구에서는 이런 논문이 영어 원문으로 읽힐 것이다. 하지만 영어 독해능력이 그리 높지 않은 곳에서는 인쇄 부수가 적다고 할지라도 번역권을 허가할 기회가 있을 것이다.

단행본 타이틀

아동 도서는 일러스트레이션이 없는 픽션과 그림책 양쪽 모두가 종종 번역권의 좋은 시장을 제공한다. 아동용 고전 도서는 광범위하게 번역되었다. 베아트릭스 포터가 쓴 『피터 래빗 이야기The Tale of Peter Rabbit』는 30개 언어로, 에릭 칼Elic Carle의 『배고픈 애벌레The Very Hungry Caterpillar』는 45개 언어로 번역되었다. 어떤 작품은 문화적 경계를 초월한다. J. K. 롤링의 『해리 포터』가 그런 경우이다. 이 책은 유럽과 미국에서만큼이나 일본과 태국에서 열풍이 일었다. 이 책을 저술하는 시점에 『해리 포터』는 라틴어와 고전 그리스어를 포함하여 67개 언어로 발간되었으며 영화로도 제작되어 이익을 더 많이 발생시켰다. 제프 키니의 "윔피 키드" 시리즈는 41개 국어로 번역되었으며 영화로도 몇 편이 만들어졌다.

이 분야에서는 저자(와 일러스트레이션이 들어간 일부 도서의 경우 일러스트레이터)의 위상에 많은 것이 달려 있다. 하지만 일러스트레이션 도서의 경우 국가 간 스타일에서 많은 차이가 있을 것이다. 예를 들면, 프랑스와 벨기에는 연속 만화 스토리북bandes dessinées을 선호한다. 중유럽 및 동유럽과 중국의 책은 종종 현지의 민속예술 스타일을 반영한다. 일본은 섬세한 수채 일러스트레이션이 있는 그림책을 갖고 있지만 어린이와 어른 할 것 없이 인기 있는 코믹북인 망가manga의 전통이 있다.

또한 일러스트레이션의 실제 콘텐츠는 판매 가능성에 영향을 미칠 수 있다. 예를 들면, 영국의 어린이 도서에서 나타나는 사람들의 혼성적인 민족 구성은 덴마크나 중남미의 출판사에는 잘 맞지 않을 수 있다. 어떤 나라에서는 어린이책에 대해서까지 젠더 요구가 있다. 스웨덴에서 일러스트레이션은 남성과 여성 캐릭터를 같은 숫자로 보여주어야 하며, 그들은 정형화된 젠더 활동을 수행해서는 안 된다. 영국의 2층 버스와 도로의 좌측통행을 보여주는 거리 풍경은 해외 라이선스 판매 기회를 줄일 수 있다. 종교적, 문화적으로 민감한 영역이 있다. 예를 들면, 어린이책에 돼지 캐릭터가 나오면 무슬림 국가에서는 용납될 수 없을 것이다.

성인 픽션 분야에서 저자의 위상과 장르적 서술의 우수성은 핵심 요소이다. 존 그리샴, 로버트 러들럼Robert Ludlum, 다니엘 스틸Danielle Steele, 스티븐 킹, 존 르 카레의 작품은 구 사회주의 국가를 포함하여 광범위하게 번역되었다. 그리고 애거서 크리스티는 여전히 인기가 높다. 옛 사회주의 지역에서는 1990년대 초에 검열법이 폐지됨으로써 좀 더 센세이셔널한 외국 픽션의 번역이 폭발적으로 늘어났다. 1990년대 중반 러시아에서 합법적으로 출판된 모든 책의 90%는 외국 타이틀의 번역물이었던 것으로 추산된다. 처음에는 값싼 통속소설의 번역물이 물밀듯이 발간되었고 뒤를 이어 성인과 어린이를 위한 인기 있는 논픽션들이 나타났다. 그중 많은 것은 일러스트레이션이 들어간 정보 책자였고, 더 부유한 독자층을 대상으로 하며 요리법, 정원 가꾸기 및 인테리어 디자인 같은 주제에 관한 호화판 대형 서적이었다. 또한 이 기간에는 서방 타이틀들에 대한 해적판이 대량으로 유통되었으며 하나의 타이틀에 대해 여러 판본이 돌아다니기도 했다.

2000년 이래로 서방에서 획득한 저작권의 숫자는 눈에 띄게 줄어들었으며, 인쇄부수도 크게 감소했다. 그렇게 된 데는 여러 요인이 작용했다. 처음 접할 때의 신기함은 사라지고 서방이 시장을 지배하는 데 대한 반발 같은 것이 있었으며 어떤 시장, 특히 러시아 같은 시장에서는 불황의 여파가 있었다. 러시아에서는 1998년 외환위기 이후 고급 도서 시장이 급속히 위축되었으며 최근의 경제적인 불황으로 다시 타격을 받았다. 이 지역의 어린이책 출판사들은 자체적으로 고급 일러스트레이션 도서를 생산하고 있으며(서방 타이틀의 영향을 받은 것은 의심할 여지가 없다), 국내에서 생산한 작품의 저작권 라이선스를 적극적으로 판매한다.

일반적으로 무명작가가 쓴 최초의 소설은 라이선스 판매가 어렵다. 어느 작가가 국내 시장에서 두세 권을 통해 명성이 구축되거나 아마도 문학상을 수상하거나 최종 후보자 명단에 오를 때까지 외국 출판사들은 관심을 보이지 않을 것이다. 명성을 얻고 나면 전에 나온 책도 선정이 될 수 있을 것이다. 문학 픽션 쪽에서 치누아 아체베Chinua Achebe의 1958년 소설 『모든 것이 산산이 부서지다Things Fall Apart』는 50개 언어로 번역되어 치누아 아체베는 아프리카 작가 중 전무후무하게 번역이 많이 된 작가가 되었다. 그리고 '무명작가'가 홀대받는 관례에 예외가 있을 수 있다. 비카스 스와루프Vikas Swarup의 2003년 소설인 『큐 앤 에이Q & A』는 현재까지 42개 언어로 번역되었다(오스카 상 수상 영화 〈슬럼독 밀리어네어Slumdog Millionaire〉의 혜택을 받은 것으로 인정되고 있다). 그리고 2009년 프랑크푸르트 도서전에서 오스트레일리아 작가 레베카 제임스Rebecca James의 데뷔 소설 『아름다운 악의Beautiful Malice』는 30개 이상의 언어로 번역이 결정되기도 했다.

자서전과 전기 분야도 저자나 대상이 국제적으로 잘 알려져 있지 않으면 어려운 실정이다. 하지만 국제적으로 중요한 인사가 쓴 책은 잠재성이 매우 높다. 넬슨 만델라Nelson Mandela가 쓴 『나 자신과의 대화Conversations with Myself』와 데이비드 베컴의 『마이 사이드My Side』가 그런 예이다.

어린이 도서와 마찬가지로 텔레비전이나 영화로 개작된 책의 전망은 매우 밝다. 마이클 온다체Michael Ondaatje의 『잉글리시 페이션트The English Patient』는 30개 언어 이상으로 라이선스 계약이 체결되었다. 톨킨J. R. R. Tolkien의 『호빗The Hobbit』과 『반지의 제왕Lord of the Rings』 3부작은 40개 언어로 번역되었다. 댄 브라운의 『다빈치 코드The Da Vinci Code』도 영화가 2006년 5월 개봉하기 이전에 40개 이상의 언어로 번역되었으며, 그의 베스트셀러 『천사와 악마Angels and Demons』,

『로스트 심벌』도 라이선스 계약이 많이 체결되었다. 스테프니 메이어Stephenie Meyer의 "트와일라잇Twilight" 시리즈는 38개 언어로 번역되었다. 수잰 콜린스Suzanne Collins의 3부작 중 첫 번째 책 『헝거 게임The Hunger Games』은 26개 언어로 번역되었고 이는 2012년 영화 개봉에 힘입은 바 컸다. 픽션만 성공한 것이 아니다. 조던 벨포트Jordan Belfort의 자서전 『월가의 늑대The Wolf of Wall Street』(마틴 스코시지Martin Scorsese 감독이 2013년 영화로 제작)는 18개 언어로 번역되었다. 하지만 책의 세계에서는 예기치 않은 일도 종종 발생할 수 있다. 예를 들면, 어빈 웰시Irvine Welsh가 쓴 『트레인스포팅Trainspotting』은 저자가 유명하지도 않고 영화로 만들어지기도 전에 일본어로 번역되었다. 번역 작품의 주제가 논쟁적이고 에든버러 방언을 사용했는데도 불구하고 성공한 것은 더욱 놀라운 일이다. 제이디 스미스Zadie Smith가 쓴 『하얀 이빨White Teeth』과 모니카 알리Monica Ali가 쓴 『브릭 레인Brick Lane』은 영국 사회에 대한 다문화적인 견해를 보여주면서도 번역 작품으로 성공했다. 마티나 콜Martina Cole이 쓴 불편함을 주는 소설들도 29개 언어로 번역되었다. 독특한 영국식 유머를 보여주는 도서도 성공할 수 있다. 더글러스 애덤스Douglas Adams가 쓴 『은하수를 여행하는 히치하이커를 위한 안내서The Hitchhiker's Guide to the Galaxy』는 30개 언어로 번역되었다.

시는 그 자체의 자명한 문제를 지니고 있다. 번역문에서 원문의 스타일과 특질을 정확히 포착하기란 어려운 일이다. 그렇기 때문에 라이선싱은 가장 잘 알려진 저자의 작품으로 한정될 수 있다.

분량은 번역권을 판매하는 데 난제 중의 난제로 판명될 수 있다. 번역은 새로운 제품을 획득하는 값비싼 (그리고 종종 문제가 많은) 방식이다. 다니엘 스틸이나 매브 빈치Maeve Binchy가 쓴 블록버스터 소설은 아무런 걸림돌이 없는데, 그 이유는 그리 길지 않고 판매 성공이 보장되기 때문이다. 한편 750쪽짜리 학술서적은 중요한 주제에 관한 것이거나 국경을 초월하여 독자를 모을 수 있는 저자가 쓴 것이 아니라면 매우 다른 문제가 될 것이다(여기서 한 예가 이언 커쇼Ian Kershaw의 두 권짜리 히틀러 전기이다). 다수의 논픽션 타이틀이 독자에게 매력적인 것은 저자 때문이라기보다 정보가 좋아서인 경우가 아주 빈번하다. 많은 경우 라이선시의 시장에 있는 현지 출판사들과 여타의 외국 업체들이 뛰어들면서 경쟁이 치열할 수 있다. 현재 제40판이 발행되고 있고 아마 세계에서 가장 유명한 의학 서적일 『그레이 인체 해부학Gray's Anatomy』은 1576쪽에 달하지만 그 명성은 번역권의 오퍼를 받는 데 별 문제가 없을 정도이다. 다만 현지의 의학 출판 산업이 장기간 확고하게 자리 잡은 시장에서는 경쟁이 치열하여 예외이다. 이와 유사하게 극히 중요한 주제에 관한 '필수적인 서적'은 설령 여러 권으로 나눠지고 쪽수가 3000쪽에 달한다 해도 라이선스 계약이 성사될 수 있다.

물론 번역권 거래는 관련 시장의 환경 변화에 영향을 받을 수 있다. 출판시장을 막 개방한 국가들은 한 차례 구매 붐이 인 다음, 신선함의 요인이 사라졌을 때 정체기에 들어갈 것이다. 이런 상황은 1990년대 말 중유럽과 동유럽에서 발생했다. 경제 불황이 발생하면 거래가 저조할 것이다. 이런 현상은 동아시아에서 1990년대 중반에 분명하게 나타났으며, 마찬가지로 스페인, 이탈리아, 그리스와 같은 몇몇 시장에서는 최근 경제 불황의 결과로 그러한 모습이 나타나고 있다. 브라질에서는 라이선스가 갑자기 증가했다가 2012년 이래 감소했다. 현재 출판사들은 아랍 지역에서 번역권에 대한 라이선스 계약이 증가하고 있다고 보고하고 있다. 하지만 이 시장은 파편화되어 있으며 이 지역의 어떤 국가들은 커다란 정치적 불안정을 겪고 있다.

거래 방법

동일 언어 지역 출판권과 마찬가지로 번역권을 처리하는 데는 두 가지 방식이 있다. 첫째, 공동출판이 있다. 원출판사가 프로젝트를 개발하고 그것을 여러 외국 파트너에 사전 판매하며 그들을 위해 인쇄하는 것이다. 이 모델은 주로 컬러 일러스트레이션이 많은 책을 위해 사용된다. 둘째는 직접적으로 라이선스 계약을 체결하는 것이다. 여기서 외국의 라이선시는 자체 판본을 제작한다. 양쪽 모두 적합한 번역자를 물색할 책임과 번역 업무 비용은 통상적으로 라이선시가 맡는다.

동일 언어 지역 출판권과 같이 라이선서는 2차 라이선시의 임프린트하에 출판된 외국어판에서 외부 저작권 보유자에게 속한 텍스트 또는 (표지 이미지를 포함하여) 일러스트레이션 재료의 재사용에 대해 퍼미션이 명확하게 되었는지를 반드시 점검해야 한다. 처음부터 국제적 공동출판으로 계획된 프로젝트의 경우 모든 언어로 된 전 세계 출판권의 정리가 수반될 것이다. 여기에는 다른 임프린트하의 출판을 위한 2차 라이선스를 주는 권리가 포함될 것이다. 성공 가능성이 신통치 않은 타이틀의 경우 그런 청산 비용이 손을 댈 수 없을 만큼 높을 수 있을 것이다. 그러한 경우 개별 언어에 대한 라이선스가 주어질 때만 퍼미션 재청산에 필요한 시간이 많이 걸리고 비용이 훨씬 많이 들어갈 수 있다.

청산 작업의 책임과 요금 지불을 라이선스에게 이전하는 것이 가능할 수도 있다. 이 경우 관계자들의 이름과 주소의 최신 리스트를 제공하는 것이 필요할 것이다. 개인적인 인맥에 대한 최신 이메일 주소가 있다면 더 바람직할 것이다. 청산이 만족스럽게 완료되었다는 증거를 요구하는 것이 현명하다. 라이선서가 라이선시를 대신하여 청산 작업을 한다면 비용은 라이선시에게 물리게 될 것인데 전체 금액의 15% 정도의 처리 비용이 추가된다. 빈한한 국가의 라이선시라면 대체로 더 광범위한 시장에 대해 원출판사에 부과되는 것보다 훨씬 낮은 특혜 요율을 협상할 수 있을 것이다. 하지만 모든 외부 저작권 소유주가 이에 동의하지는 않을 것이다. 한 가지 해결책—일러스트레이션이 매우 중요하고 공동출판 거래보다 라이선스의 경우—은 라이선스를 받은 판본에 저작권이 외부에 있는 일러스트레이션을 선별적으로만 포함시키거나 라이선시가 스스로 찾은 일러스트레이션으로 대체하도록 허용하거나 또는 일러스트레이션을 모두 생략하는 것이다. 모든 경우에 저자의 승인을 받기 위해 협의를 해야 한다. 이상적인 시나리오는 물론 타이틀의 모든 내용물과 관련된 권리를 출판사가 통제하는 것이다.

다시 한 번 기억해야 할 점은 라이선시에게 복제생산재료를 공급하는 것은 외부 그림 공급자와의 계약을 파기하는 결과를 가져올 수 있다는 것이다. 라이선시의 재사용을 위한 퍼미션이 관련 시장에서 청산되지 않았을 경우 그렇게 될 수 있다.

공동출판

다수의 출판사는 외국어 공동출판이 라이선싱 비즈니스의 상당한 부분을 차지하며, 실제로 돌링 킨더슬리Dorling Kindersley와 미첼 비즐리Mitchell Beazley 같은 영국 출판사들은 공동출판 시장을 위한 고급 컬러 콘텐츠를 가진 책들을 생산하며 사업을 구축했다. 또한 포장 업체들(영국에서 최초로 나타난 현상)이 이 분야에 전문화되어 있다.

공동출판의 진정한 경제적 이점은 인쇄부수를 늘리고 이에 따라 최초 생산비용이 많이 들어가는 도서—사실상 이는 컬러 일러스트레이션 책을 의미한다—의 단위당 비용을 절감하는 데 있다. 흑백으로만 된 도서를 공동출판하는 일은 진정한 이득이 별로 없을 것이다. 공동출판 잠재력을 가장 명백하게 가진 책은 어린이 그림책, 예술, 건축, 수집품, 공예품, 요리, 정원 가꾸기, DIYdo-it-yourself, 인테리어 디자인과 같은 주제의 책과 일러스트레이션이 핵심 특성인 성인용·어린이용 종합정보 책자이다. 또한 해외에 라이선스를 준 텔레비전 시리즈와 연계된 책은 진정으로 이득을 볼 것이다(예를 들면 이 책을 쓰고 있는 시점에 제이미 올리버의 요리책은 30개 이상의 언어로 번역되었다). 하지만 외국어 공동출판을 해외 방송과 연계시키도록 출판 시기를 맞추는 것은 복잡다단한 일일 것이다.

최근 수년간 노벨티 북novelty book(헝겊, 향기, 스티커, 퍼즐 등의 요소를 첨가한 책—옮긴이)도 인기를 끌었다. 예를 들면 팝업북pop-up book(펼치면 입체 그림이 '튀어나오는' 책—옮긴이), 유아를 어린이 침대와 유모차에 부착시키는 나선형 플라스틱 줄이 있는 유아용 대형책, 목욕 책, 청각적 요소가 있는 책(책에 있는 어떤 부분을 누르면 소리가 난다거나 책을 '읽어주는' 오디오펜이 있는) 그리고 타로 카드, 룬 문자가 새겨진 돌이나 아로마테라피 오일이 함께 포장된 책 등이 있다.

많은 경우 이런 종류의 프로젝트 개발 비용은 대규모 공동출판 인쇄로 진행해야만 지속 가능하다. 위탁판매인을 개입시키는 것은 공동출판 거래가 복잡하다는 점 때문에 현명하지 못하다. 판매자와 구매자 사이의 일대일 커뮤니케이션이 매우 중요하다.

공동출판 판매는 불황기에 특히 환율 변동에 영향을 받아서 타격을 받을 때가 있다. 환율이 변동함으로써 라이선시가 자신들의 판본을 좀 더 값싸게 인쇄할 수도 있는 것이다. 하지만 곤란한 지경에 처해 있을 때 공동출판 판매가 이득이 되는 경우도 있다. 높은 초기 제작 투자비용이 드는 복잡한 책을 전체 인쇄비용을 분담함으로써 획득하기 위한 경제적인 방식으로 공동출판이 인식된다면 그렇다. 2012년에 아시아 시장에 대한 공동출판 판매는 증가했지만 브라질과 중유럽 및 동유럽에 대한 판매는 감소했다. 영국출판협회가 발간한 2013년 통계연감에 의하면 공동출판 판매 수입은 2012년의 4900만 파운드에서 2013년에 4100만 파운드로 줄었다. 2013년에 영국의 공동출판 수입은 총 저작권 수익의 약 28%를 차지했다.

공동출판 협상

라이선서는 통상적으로 개발의 극히 초기 단계부터 프로젝트의 개요와 샘플 텍스트, 그리고 비주얼 재료를 가지고 잠재 구매자에게 접근할 것이다. 이때 아트워크, 슬라이드, 사진 또는 컬러 프린트, 컬러 스캔, 책의 레이아웃, 페이지 조판 교정쇄, 책 표지의 레이아웃, 샘플 페이지들을 풀로 붙인 견본 또는 '블래드blad: brief layout and design(콘텐츠와 품질을 미리 보기 위한 원래 책의 8쪽 또는 16쪽 부분 인쇄분)가 이용될 수 있다. 비록 랩톱이나 태블릿으로 볼 수 있게 하기 위해 재료를 스캔하고 잠재 구매자에게 전자 파일을 발송할 수 있다고 할지라도 대부분의 잠재 구매자들은 최종 결정을 하기 이전에 어떤 형태의 물리적인 재료를 보고 싶어 할 것이다.

각국에 있는 몇몇 잠재 구매자들에게 동시에 접근이 이루어질 수도 있으며 정기적인 관계가 존재한다면 재료를 해당 파트너에게 바로 넘겨줄 수도 있다.

인쇄 일정의 조정에서 기일을 맞추는 것이 매우 중요하기 때문에, 계속적인 독점 옵션(예를 들면 3개월 동안)을 주는 것은 공동출판에 적절하지 않다. 원출판사가 판형과 스타일이 표준적이고 신뢰할 만한 품질의 책을 내는 것으로 인정받는다면 정기적인 파트너는 재료 전체를 보자고 하지 않을 수 있다. 신규 구매자나 값비싼 프로젝트의 경우 텍스트와 일러스트레이션의 많은 부분을 철저히 검토할 때까지 결정을 내릴 수 없을 것이다.

프로젝트가 생명력이 있는지 여부를 평가하기 위해 아주 초기 단계에 잠재 구매자의 관심 수준이 얼마나 지대한지를 측정하는 것이 라이선서의 목표가 되어야 한다. 동일 시장에서 몇몇 출판사가 관심이 있다면 해당 책은 주문량이 가장 많은 출판사에 가거나 아니면 그것에 최대의 관심을 기울일 만한(반드시 동일할 필요는 없다) 출판사에 가게 될 것이다. 라이선서는 공동출판 인쇄를 함께할 해외 파트너로부터 가능한 한 많은 주문을 획득하는 것을 목표로 한다. 이는 라이선서 자신들과 미국 출판사 같은 여타의 영어 파트너를 위한 영어판 초기 인쇄와 결합될 수 있다. 이에 대한 대안으로 공동출판에 오랜 경험이 있고 사업 비중을 많이 두고 있는 출판사들은 영어판을 우선 인쇄하고 그다음에 외국어판을 별도로 공동출판하는 것을 선택할 수도 있다. 공동출판에 전문화되어 있는 대부분의 출판사들은 프로젝트가 진행 가능하느냐를 근거로 최저 인쇄부수를 정한다. 추가 물량은 보너스이다.

공동출판 가격은 (인쇄용) 흑색판 교체에 의해 영어 텍스트를 번역 텍스트로 대체하는 비용을 고려해야 한다. 그 의미는 공동출판 프로젝트가 영어 텍스트를 갖고 있지만 흑색 일러스트레이션 요소는 갖고 있지 않은 두 번째 흑색판을 허용하도록 처음부터 계획되어야 한다는 것이다. 영어판이 인쇄되었을 때 이 판은 제거될 것이며 외국어판 텍스트를 담고 있는 흑색판으로 대체될 것이다. 연속적인 인쇄판 변경은 상이한 언어 판본이 계속 인쇄될 수 있도록 할 것이다. 그러므로 일러스트레이션 안의 맥락—예를 들면 거리명, 말풍선, 표시 또는 과학 일러스트레이션에서 단일 문자—에서 영어 단어 또는 단일 문자는 시작부터 별도의 흑색판에 중첩되는 방식으로 제공되어야 한다. 단일 문자 표시는 일러스트레이션의 캡션에 설명되는 문구의 최초 문자와 일치할 수 있다. 하지만 번역판에서 캡션의 문구는 동일한 문자로 시작하지 않거나 동일한 텍스트에조차 있지 않을 수 있다. 이런 특수한 문제는 문자 대신 숫자 표시를 사용함으로써 피할 수도 있다. 어떤 책은 각각의 장 표제지가 컬러 문자로 꾸며져 있다. 랠프 스테드먼Ralph Steadman은 자신이 삽화를 그린 『보물섬Treasure Island』 판본에서 각각의 알파벳을 별도로 그려 제공함으로써 이 문제를 산뜻하게 해결했다. 그런 다음에는 필름이 외국어 라이선시에게 제공되어 필요시 대체 문자를 선택할 수 있게 했다.

가능하다면 공동출판 판매용으로 개발된 도서는 어두운 배경에 연한 색 글자로 된 제목이나 문구를 지닌 표지를 피해야 한다. 이는 외국어판을 위해 표지를 변경하기보다 흑색판만 바꾸는 편이 훨씬 더 저렴하기 때문이다. 공동출판은 통상적으로 각 파트너가 동일한 표지 디자인을 사용할 것으로 상정한다.

도서가 아랍어나 히브리어와 같이 사실상 '오른쪽에서 왼쪽으로' 읽히는 국가들의 공동출판은 어떻게 될 것인가? 이 문제는 때때로 책등이 왼쪽이 아니라 오른쪽에 있게끔 제본함으로써 극복될 때가 있다. 이 경우 좌우 양면 사이의 여백의 넓이가 중요해진다.

여기서 2중 또는 다중 언어판에 대해 언급을 해야 할 것 같다. 이런 것은 컬러 일러스트레이션을 주요한 특징으로 하는 의료 해부도와 같은 책에 취해질 때가 있다. 텍스트와 캡션이 예를 들면 영어, 프랑스어, 독일어로 인쇄되고, 해당 도서는 관련된 세 개 출판사의 임프린트에서 판매될 수 있다. 이는 오직 하나의 판본이 세 파트너 모두가 판매하도록 생산되기 때문에 '규모의 경제'의 매력이 있다. 하지만 이런 타이틀은 전문적인 단일 언어판보다 구매자에게 매력이 떨어지는 때가 종종 있다.

텍스트의 번역을 의뢰하는 책임은 라이선시에게 있으며, 정상적인 절차는 라이선시가 라이선서가 요구하는 정확한 명세에 따라 기존 일러스트레이션 레이아웃에 잘 들어맞게 번역된 텍스트의 필름이나 전자 파일—이 가능성이 더 높다—을 공급하는 것이다. 영어 텍스트가 번역될 때 어떤 경우에는 30%까지 길이가 늘어날 수 있다는 것을 반드시 고려해야 하며, 이 경우 책의 전반적인 디자인을 고려해야 한다. 한 가지 방법은 라이선시가 번역된 텍스트를 원본보다 작은 글자크기로 배치함으로써 공간 문제에 대처하는 것이지만 이것은 때로 가독성을 해칠 수 있으며 어린이책의 경우는 바람직하지 않다.

비용 산출

대부분의 외국어 공동출판은 외국 라이선시의 판매용을 위한 양장본을 대상으로 한다. 공동출판 비용을 산출하는 방법은 출판사마다 다르고 책마다 다르다. 어떤 출판사는 모든 공동출판에 대해서 제작비용과 고정 이익률을 추가하여 초기 비용을 분할 상환할 것이다. 다른 출판사들은 비용이 많이 들어가는 프로젝트의 경우 인쇄부수를 늘려 규모의 경제를 기하기 위해 파트너에게 사실상 연속 비용run-on cost으로 공급할 계획을 세울 수 있다. 각 판본마다 외부 퍼미션의 재확보 비용이 포함되어야 하는데 라이선서가 그런 작업을 할 경우 그렇다.

공동출판에 포함되는 고정비용은 편집 비용, 디자인 비용, 아트워크 요금, 외부 재료의 퍼미션 요금, 디지털 파일 전환비용, 내지 및 표지의 조판 및 교정 비용이다. 이런 비용은 공동출판 인쇄 전 기간에 걸쳐 전부 또는 부분적으로 분할 상환될 수 있다.

변동비용에는 종이 비용과 표지 재료 비용, 각 외국어판에 대한 인쇄판 변경 비용, 인쇄와 제본 비용, 가격에 따라 산정될 저자의 인세 그리고 래미네이션 비용, 수축 포장 및 선적 따위의 추가 비용이 포함된다.

고정비용 부분과 해외 거래 시 발생하는 변동비용을 포함하여 단가를 계산할 때 적정한 이익 요소가 추가되면 이상적이다. 이는 특정 시장에서 출판사가 적정한 소매가를 책정하기에 무리가 없이 지불할 만한 최대 가격을 고려해야 할 것이다.

외국어판의 가격을 매길 때 수량에 따라 차등을 두어 매기는 것이 현명하다. 주문량이 많으면 단가는 당연히 내려간다. 해당 가격은 언명된 공동출판 판본의 최저 수량을 달성하느냐에 달려 있음을 명기하는 것이 필수적이다. 그 후에 이상적인 최저 부수가 달성될 수 없다면 산정된 가격의 인상을 허용해야 할 것이다. 또한 가격은 세트용 상자와 같은 특수 포장 요구사항—이런 것이 표준이 아니라면—을 고려해야 한다. 공급량의 초과나 미달에 대해서는 5%까지의 가변성은 받아들여야 한다.

영어 공동출판의 경우 가격을 산정할 때 인세를 포함할 것인지 또는 포함하지 않을 것인지 결정할 필요가 있을 것이다. 가격에 인세가 포함되면 라이선시가 외국어판을 얼마나 많이 판매하든지에 상관없이 인세의 전액 지불이 미리 보장될 것이다. 가격이 시장에서 받아들여질 수 있는 수준이 되기 위해 고객의 현지 판매 가격과 요구되는 마크업을 추정할 필요가 있다. 마크업 요인은 최초 제작 출판사가 매긴 단위당 가격의 4배에서 6배까지 다양할 것이다. 현지 시장 환경에 따라 동일한 번역서의 최초 판매 가격이 시장마다 크게 다를 수 있다. 가령 스웨덴어 판본은 포르투갈어 판본보다 소매가가 훨씬 높을 수 있다. 그렇기 때문에 인쇄량이 동일하다고 할지라도 스웨덴어 판본이 공동출판의 단가가 더 높을 수 있다. 인세 배제 계약은 인세가 부가가치세 요인을 빼고 완전한 현지 가격으로 확실하게 지불되는 것을 목표로 하지만 지불은 라이선시가 판매한 부수에 따라서만 하게 될 것이다. 인세 배제 거래의 선인세 지불은 분할해서 하게 될 수 있다. 예를 들면, 계약서 서명 시에 1/3, 공동출판 제작 개시와 함께 1/3, 라이선스 판본의 출판 이후 30일 뒤에 1/3을 지불하는 식이다. 서명 후 분할 지불에 대해 날짜를 명기하거나 '또는 늦어도 ~까지는'이란 문구를 넣는 것이 현명하다.

가격을 제시할 때는 환율 문제도 고려해야 한다. 특히 공동출판 책이 라이선서의 국가 밖에서 인쇄될 경우 그렇다(예를 들면 홍콩, 중국, 콜롬비아, 스페인 또는 이탈리아). 경험 있는 생산 부서라면 인쇄업자에게 제시된 가격이 유효한 동안 환율변동을 참작해야 한다는 점을 설명해줄 것이다. 어떤 국가(예를 들면 중유럽과 동유럽 및 '아시아와 남아메리카')의 고객들은 미화로 송금하는 것이 좀 더 용이할 수 있다. 만약 달러가 정상적인 가격제시 화폐로 사용되지 않는다면 이런 상황은 상담 단계에서 논의되어야 한다. 공동출판 비즈니스는 유로화로 많이 진행되고 있는데 이런 프로젝트가 가장 잘 이루어지는 것은 구매자와 인쇄소가 모두 유로존 내에 있을 때이다.

외국어 공동출판의 저자에 대한 지불은 원래의 기본 계약 조건에 달려 있을 것이다. 인세 포함 거래의 경우 저자가 순수입 기준으로 인세를 받는다는 조항이 있을 것이다. 한편 인세 배제 거래의 경우 저자의 몫은 번역권에 대한 수익을 나누는 조항으로 처리될 것이다. 이는 협상된 선인세와 인세의 50%에서 80%에 이를 수 있다.

또한 포장에 대한 요구사항과 선적 및 보험 비용에 대한 책임을 고려할 필요가 있다. 대금은 공장도 가격(라이선시가 수송, 보험 및 세관 통관 비용을 모두 지불), 인쇄소가 있는 국가의 항구로의 본선인도Free of Board(FOB) 가격(라이선서의 책임은 선박에 실을 때 종료되며 라이선시가 이후 모든 비용을 지불), 라이선시 국가의 항구로의 운임보험료포함Cost, Insurance and Freight(CIF) 가격(라이선시가 세관 통관 및 그 뒤의 수송을 처리함) 또는 라이선시의 창고까지 배송하는 최종목적지 인도Deliverd at Place(DAP) 가격으로 산정될 수 있다. 최종목적지 인도 방식은 도서가 유럽 내에서 인쇄되고 인도될 때 가장 흔하게 사용되고 있으며 세관 통관 비용은 라이선시가 지불한다. 선적에 필요한 사항들과 요구되는 서류들은 각 라이선시로부터 확보되어야 한다. 지불의 시기와 방법 문제도 지불 지연에 대한 이자와 같은 페널티를 포함하여 합의가 이루어져야 할 것이다. 이러한 페널티는 종종 라이선서의 국가의 기본 요율보다 2~3% 높게 책정된다.

공동출판 전문 출판사들은 지불 총액 중 상당한 비율을 선인세로 요구할 가능성이 있다. 지불은 공동출판의 생산단계에 상응하여 몇 단계로 이루어질 수 있다. 그 이유는 공동출판 거래가 본질적으로 라이선스 거래보다 더 부담이 크며 라이선서들은 라이선시를 대신하여 종이 구매와 인쇄비 같은 실질 비용을 부담하기 때문이다. 이런 이유로 인해, 특히 새로운 접촉자와 거래할 때는 라이선시가 거래하는 은행과 그들이 거래하는 다른 출판사들에게 모두 다 신용 관련 조회를 요구하는 것이 타당하다. 또한 지불은 런던 은행에서 발행하는 취소불능 신용장을 기반으로 할 것을 요구하는 것이 현명하다.

기술적 사항과 일정

외국어 공동출판의 기술적 측면은 임프린트만 달라질 수도 있는 영어 공동출판보다 더욱 복잡하다.

재료의 지원

판매하기로 합의가 이루어지면 라이선서는 각 라이선시에게 재료를 지원하기 위한 일정을 확정해야 한다. 과거에 공동출판에 경험이 많은 출판사들은 각 파트너에게 본문 펼침면의 디자인과 라이선시가 번역한 텍스트를 삽입하는 데 이용 가능한 공간을 지정해주기 위해 레이아웃 격자layout grid를 제공했다. 그런 다음 외국 출판사들은 그들이 번역 작업에 착수할 수 있도록 영어 텍스트의 정판整版 교정쇄를 제공받았다. 오늘날 공동출판 파트너는 이 재료를 PDF로 받을 수 있으며 이를 통해 레이아웃을 보여주는 저해상도의 이미지를 확인할 수 있다. 파일이 대단히 클 경우 CD로도 받을 수 있다. 인쇄물도 제공받을 수 있을 것이다. 그런 다음 라이선시는 번역된 텍스트를 동일한 방식으로, 일러스트레이션에 맞게 넣을 수 있다. 파트너들은 또 표지를 위해 필요한 재료를 제공할 필요가 있을 것이다. 전자 파일로 제공하는 것은 편리한 반면 인계받은 재료를 저작권 담당자가 점검하는 것이 쉽지 않아서 일반적으로 생산부서로 바로 넘겨질 것이라는 단점이 있다.

기한

라이선서는 번역본마다 필름이든 전자 형태로든지 간에 합의된 최종 기한까지 받는다는 것을 확실히 해야 한다. 참가 출판사들 중 한 회사가 지연되면 전체 공동출판 일정에 차질이 발생할 위험이 생길 것이다. 어떤 라이선서는 이런 일이 발생하면, 다른 파트너들에게 제시한 가격을 유지하는 데 요구되는 최저 공동출판 수량을 충족하기 위해, 잘못한 출판사가 텍스트 없이 인쇄해야 한다는 조항을 둘 것이다. 그런 다음 일정을 지키지 못한 그 출판사는 공동출판이 완료된 뒤 텍스트 없이 인쇄된 그 인쇄지에 텍스트를 덧인쇄하는 방식을 택할 수 있다. 하지만 그렇게 하는 것은 그들에게 비용이 훨씬 더 드는 일이 될 것이다. 지연을 방지하기 위해 시도되는 한 가지 방안은 계약 조항에 잘못을 저지른 출판사가 더 높은 단가를 지불해야 하며 지연으로 인해 발생한 추가 비용에 대해 다른 공동출판 파트너에게 보상해야 한다는 내용을 넣는 것이다.

라이선서는 확인을 위해 통상적으로 외국 출판사 판본의 전자 파일을 제공하면서 완전한 책의 표지 교정쇄 및 본문 컬러 교정쇄를 함께 제공할 것이다. 컬러의 정확도 점검은 스크린상이나 현지의 인쇄를 통해서는 효과적으로 이루어질 수 없기 때문이다. 각 참여자가 마감일을 엄격하게 준수하여 승인을 해야만 최종 인쇄가 진행될 수 있을 것이다. 그런 다음에야 최종 인쇄본이 각 공동출판 파트너에게 선적될 수 있을 것이다.

공동출판 출판사들은 인쇄할 때 규모의 경제를 달성하기 위해 텍스트 없이 인쇄하는 모험을 할 때가 있다. 이런 것들은 외국 출판사에 공급되어 현지에서 덧인쇄와 제본을 하거나, 영어 텍스트가 덧인쇄되어 미국 파트너에게 판매되거나, 라이선서 자체의 판본으로 사용될 수도 있다. 하지만 이는 추가 부수를 확보하는 데는 값비싼 방법이다.

또한 공동출판은 출판의 전문성이 높은 영역에서 행해질 수 있다. 명백한 분야는 지도 출판이다. 여기서 출판사는 처음부터 바다, 호수, 강을 푸른 색깔의 글씨로 표시하는 전통적인 방식보다 흑색판 위에 표시하는 방식을 사용한다는 것을 분명히 해야 한다.

또 다른 영역은 과학 도판이다. 주로 짧은 캡션 형태의 텍스트와 함께 컬러 일러스트레이션으로 가득한 책이 해당된다. 여기서 핵심적인 분야는 의학(예를 들면 혈액학, 조직학 또는 해부학), 생물학 및 지리학일 수 있다. 그런 책들은 새로 제작하는 데 돈이 많이 들고 시작부터 공동출판을 염두에 두고 계획될 수 있다. 동일한 사항이 고려될 필요가 있을 것이다. 즉, 표시나 문자는 확실히 별도의 흑색판에 넣고 번역 텍스트의 분량이 늘어날 가능성에 대비하여 넉

넉한 공간을 확보해야 한다.

이런 출판 영역에서는 제본된 외국어판보다 텍스트 없는 인쇄지flat textless sheet의 공급을 기준으로 공동출판이 취해지는 것이 보통이다. 이런 종류의 책 가운데 다수가 대학생 시장을 겨냥한 것이며, 그러므로 신학기 초의 적기에 책이 준비되는 것이 매우 중요하다. 공동출판 파트너가 번역된 텍스트의 필름이나 전자 파일을 늦게 제공하여 출판이 지연되면 원출판사에 막대한 손해를 초래할 것이다. 이 출판사는 당해 학기에 해당 도서의 오리지널 판본을 위한 시장을 상실할 뿐만 아니라 만약 경쟁 타이틀이 적기에 나타나면 영구히 시장을 상실할 것이다. 또 다른 고려사항은 출판의 어떤 분야, 특히 의학 분야에서 파트너 중 일부는 자기 회사를 상징하는 색깔의 표지가 들어가는 제본을 요구한다는 것이다. 이것은 각 공동출판 파트너들이 상이한 제본 사양을 가질 수 있음을 의미한다.

이런 종류의 거래를 위해 가격을 제시할 때 텍스트 없는 인쇄지를 구입하는 라이선시는 그들의 판을 덧인쇄하고 제본하느라 상당한 비용이 발생할 것이며, 이는 최적의 현지 소매가격을 책정하기 위해 그들이 요구할 마크업에 영향을 미치리라는 점을 기억하는 것이 중요하다. 종이에 대한 마크업 요인은 판매용으로 제본된 책의 마크업 요인 4에서 6에 비해 6.5에서 8에 이를 수 있다. 상담의 초기 단계에 종이 치수의 상세한 내역을 잠재적인 라이선시에게 제공하는 것이 현명하다. 이는 그들이 덧인쇄를 위해 적합한 기계를 이용할 수 있도록 보장하기 위한 것이다. 덧인쇄 과정에서 손상되는 분량을 감안하여 10%의 추가 종이가 '무료free over'로 제공되는 경우가 빈번하다.

영어 공동출판의 경우 라이선시가 라이선서에게 탁송을 위한 완전한 선적 및 문서 사항들을 제공해야 한다. 여기에 포함되는 것은 해당 통관항, 라이선시가 이용하는 배송업자 및 물품의 최종 도착지이다. 배송은 해운을 이용하는 경우가 많으며 라이선시의 국가가 육지에 둘러싸여 있다면 트럭으로 다른 나라나 여러 나라를 통과하게 될 것이다. 요구되는 문서 사항들이 상세하게 제공되어야 한다. 여기에는 원산지 증명서와 아울러 상업송장, 포장 명세서가 들어 있을 수 있다. 어떤 나라는 국내의 인쇄산업을 보호하기 위해 수입 제한을 가한다는 것을 기억해야 한다. 이런 나라에서는 공동출판에 의한 수입이 곤란할 수 있으며 특히 중남미 국가들이 문제가 될 수 있다.

공동출판 거래는 개도국 출판사와 거래할 때 문제가 될 수 있다. 왜냐하면 현지 가격이 통상적으로 너무 낮아서 더 값비싼 인쇄지역으로부터 수입을 할 수 없을 정도이기 때문이다. 중국의 상황은 복잡하다. 중국에서는 아직도 도서 가격이 매우 낮은데, 공동출판 프로젝트에 대해서는 관심이 높아지고 있다. 지난 5년간 가격 상승에도 불구하고 여전히 서방 출판사들이 자사 도서의 인쇄 장소로 중국을 선호하고 있지만, 서방 출판사들이 발주하는 책들은 중국 출판사들이 국내 출판을 위해 견적을 낼 때보다 더 높은 가격으로 수출 단지에서 생산된다. 이 때문에 중국 라이선시에 대해 실행 가능한 공동출판 비용을 산정하는 데 어려움이 있다. 어떤 서방 출판사들은 국가가 이런 유형의 사업을 하도록 승인한 지정된 인쇄소를 가진 공인된 중국 파트너들과 작업함으로써 해결책을 찾았다.

중유럽과 동유럽에서 정치·경제 환경이 바뀌었을 때 일러스트레이션이 들어간 논픽션 타이틀에 대한 관심이 폭발적으로 늘어나 그 영향으로 공동출판도 증가했다. 1990년대 초에 공동출판으로 제작된 책들이 인기를 끈 덕에(이 시장에 새로 진출한 서방 출판사들은 종종 신규로 설립된 민간 출판사와 일을 같이 했다) 일부 출판사들은 사업에 대성공을 거두었다. 다른 경우 양편 모두 열성이 지나쳐 대량 구매가 이루어진 결과, 지불이 제대로 되지 않은 경우도 많았다. 어떤 경우에는 이로 인해 막대한 부채를 떠안게 되고 구매 회사가 망하고 말았으며 서방의 출판사들은 이 지역에서 거래하는 데 좀 더 신중을 기하게 되었다. 이 지역 대부분의 국가에서 지금도 서방 타이틀의 번역본이 넘쳐나기는 하지만 이 시장은 여전히 모든 가능한 사전 주의 조처를 취해야 할 만큼 변동성이 높다. 가능하다면 서방의 다른 출판사에 이전의 거래에 대해 문의해보는 것이 좋다. 인쇄와 선적 전에 총 대금 중 상당한 비율을 먼저 지불하게 하고 은행 조회를 하며 신용장을 개설해야 한다. 그렇게 한다고 해도 환경은 예측불

허일 수 있다. 1998년 8월 러시아 루블화의 가치가 급락함으로써(일주일 사이에 달러당 8루블에서 28루블로 떨어졌다) 서방의 공동출판 업체들은 막대한 부채를 지게 되었는데 심지어는 건실한 고객들을 두고 있는 업체들도 그런 처지가 되었다. 이 지역의 모든 국가들은 최근의 경제위기로 심각한 타격을 받았으며 이제 막 회복하기 시작했다.

원출판사가 공동인쇄가 이루어지는 지역에 있을 때 여러 출판사들에게 한 가지 긍정적인 면은 인쇄부수의 통제가 보장된다는 것이다. 라이선스 계약을 위해 필름 사본이나 전자 파일이 제공될 때 라이선시나 인쇄업체들이 보고하지 않고 엄청나게 과다 인쇄하는 경우가 많다.

리프린트의 조정

자국어 공동출판과 마찬가지로 외국 출판사에 대한 후속 인쇄 발주의 조정은 더 많은 인쇄부수의 경제적인 이점을 유지하는 데 매우 중요하다. 원출판사는 추가 부수가 필요하다면 임박한 리프린트에 대해서 언제 제작하는 것이 좋은지를 각 파트너에게 신속하게 알려줄 것이다. 자국어판 리프린트의 경우 이러한 시간 계획이 항상 필요하지는 않다. 몇몇 외국어판 발주를 조정하면 매력적인 가격을 산출할 수 있는 충분한 수량을 확보할 수 있을 것이다. 외국 파트너들(특히 공동출판 참여 경험이 없는 파트너들)에 대해서는 적기에 재발주가 이루어지기 위해 재고를 점검하라고 재촉을 해야 한다.

만약 당장 인쇄가 계획되지 않았는데 특정한 외국 출판사가 책을 요구하면 가능한 대안이 몇 가지 있다. 그들 자신의 언어로 된 판본을 단독으로 인쇄하면 비용이 너무 많이 들 것이다. 그들은 조정에 의해 다음 번 인쇄가 실시될 수 있을 때까지 기다리거나 또는 텍스트 없는 인쇄지를 이용할 수 있으면 그것이 값비싼 선택지이기는 해도 현지에서 덧인쇄와 제본을 하기 위해 이를 구입하려고 할 것이다. 그들이 자체적으로 필요한 부수를 인쇄할 수 있도록 복제생산재료를 제공한다고 해도 라이선시가 라이선서의 인쇄 장소보다 인쇄비가 훨씬 더 저렴한 국가에 위치해 있지 않을 경우 문제가 해결되지 않을 수 있다. 어떤 경우에도 생산재료는 최후의 수단으로만 제공되어야 한다. 왜냐하면 생산재료를 소유하면 라이선시가 영구히 공동출판 파트너 관계로부터 이탈하여 향후 인쇄부수의 잠재적인 규모에 영향을 미칠 것이기 때문이다.

라이선스 거래

번역 거래의 큰 부분은 자체 판본을 제작하는 라이선시와의 직접적인 라이선스 계약을 기초로 행해진다. 이렇게 하는 것은 일러스트레이션이 없는 책, 일러스트레이션이 극히 적은 책 또는 일러스트레이션이 흑백인 책에 적합하다. 이런 책들은 공동출판을 해도 규모의 경제를 별로 기하지 못할 것이다. 이런 경우 라이선서는 라이선시에게 복제 재료를 제공할 수 있다. 아니면 라이선시가 원판을 기초로 직접 일러스트레이션을 재생산할 수도 있다. 이는 흑백의 선화line drawing나 도표에는 만족스러울지 모르지만 중간색조부의 인쇄물에는 좋은 결과를 내지 못할 것이다. 그런 경우 라이선서는 이런 식으로 재생산되는 책의 일러스트레이션 샘플을 보자고 요구해야 한다. 그리고 라이선시의 인쇄 성과를 테스트하기 위해 선명도가 떨어지는 예를 미리 확인해두어야 한다. 품질이 제대로 나오지 않을 경우 라이선서는 복제생산재료의 구입이 이루어지지 않는 한 라이선시에게 제작 과정의 진행을 허가하지 않을 수 있다. 하지만 어떤 시장에서는 출판사가 이를 구입할 능력이 없다는 것을 받아들여야만 하고, 현지의 생산 기술이 선진국과 비교될 수 없다는 것을 인정해야 한다.

번역권에 대한 오퍼가 이루어질 때는 통상적으로 옵션 방식이 채용된다. 하지만 유명 저자들이 쓴 주요 타이틀의 권리에 대해서는 경쟁하는 출판사들이 동시에 오퍼를 넣거나 경매에 넘겨질 수 있다(제6장 "옵션, 복수 제안 또는 경매?" 참조). 판매 재료에 포함되는 것은 개요, 샘플 장chapter, 전체 원고, 교정쇄, 전자파일 또는 제본된 책이며 도서의 화제성이 중요하다. 도서가 이미 출판되어 좋은 서평을 받았다면 이는 강력한 추가 판매수단이 될 수 있다.

어떤 언어로 번역권을 허가할 때 한 출판사에 해당 언어로 전 세계에 판매할 수 있는 권리를 허가할 것인지 또는 동일한 언어를 사용하는 여러 시장에서 각각 라이선스 계약을 할 수 있을 것인지 생각해보아야 할 것이다. 여기서 명백한 예는 포르투갈과 브라질, 그리고 스페인 본토와 중남미의 스페인어 사용 국가들이다. 퀘벡에 대해서는 프랑스어 권리를 별도로 허가할 가능성이 있다. 학술 타이틀의 경우 대서양 양안의 어느 출판사도 이런 식으로 제한된 권리를 받아들일 태세가 되어 있을 것 같지 않다. 왜냐하면 그런 책의 경우 인쇄부수는 상대적으로 적고 이 분야의 출판사 대부분이 수출시장에 의존하기 때문이다. 하지만 픽션이나 일반적인 논픽션의 경우 적합한 독립적인 시장이 있을 수 있다. 전 세계 판매 권리를 요구하는 잠재적인 라이선시들은 대서양 양안 시장에 어떻게 판매할 계획인지를 알려달라는 요청을 받을 것이며, 적절한 유통 계획이나 또 다른 출판사와의 제휴가 존재하지 않는다면 권리가 제한되어야 할 것이다. 또한 대서양의 양편에 실질적으로 언어적 차이가 있다는 점을 기억해야 한다. 일반적으로 스페인 본토에서 발간된 표준 스페인어판은 중남미판이 스페인 본토에서 받아들여지는 것보다 멕시코와 아르헨티나 시장에서 더 잘 받아들여진다고 생각된다. 똑같은 상황이 포르투갈과 브라질의 판본들에 적용될 것이다. 또한 기억해야 할 것은 표준 스페인어가 스페인에서 사용되는 유일한 언어가 아니라는 점이다. 권리는 카탈루냐, 갈리시아, 발렌시아 및 바스크 판본을 위해 별도로 허가되고 북미 시장의 라틴계를 대상으로 하는 판본을 위해 허가될 수 있다.

소련 붕괴 이후 발생한 특이한 문제는 러시아어 권리가 허가되어야 하는 시장이다. 본사가 모스크바에 있는 출판사는 러시아어판을 전 세계에 판매할 수 있는 권리 또는 러시아 외에 구소련 공화국 중 지정된 국가들에 판매할 수 있는 권리를 요구할 것이다. 현실적으로 소련의 국가 유통 시스템의 붕괴로 인해 번역판은 모스크바와 상트페테르부르크에서만 구할 수 있는 실정이다. 한편 모든 구소련 공화국에는 여전히 상당히 많은 러시아인이 살고 있다는 것을 기억해야 한다. 그리고 벨로루시, 우크라이나 같은 공화국의 출판사들은 자국 내의 판매를 극대화하기 위해 자국어로 번역할 권리보다는 오히려 러시아어로 번역할 권리를 신청할 수 있다. 잠재적인 라이선시는 유통 능력에 대해 현실적인 평가를 받아야 한다.

또 어떤 나라가 분리될 때 험난한 과정을 거쳐서 그렇게 되는 경우가 많은데 그런 나라의 출판사들을 대할 때는 상당한 요령이 있어야 한다는 점을 기억하는 것이 중요하다. 우리는 더 이상 세르보크로아티아어 번역 권리를 언급해서는 안 되며 과거 유고슬라비아를 형성한 국가들—세르비아(키릴 알파벳 사용), 크로아티아(로마 알파벳 사용), 보스니아(키릴 또는 로마 알파벳 사용 가능)—에서 사용되는 언어들을 확실하게 구분해야 한다. 마케도니아는 여전히 키릴 문자를 사용한다.

한 가지 유명한 경우는 존 파울즈John Fowles의 동일한 소설에 대해 루마니아와 몰도바 양국에서 사용되는 언어가 동일한데도 불구하고 전 세계 판매 권리가 양 국가의 출판사에 각각 허가되었다는 것이다(몰도바는 이제 키릴 문자를 버리고 로마자를 쓴다). 이 경우 몰도바의 출판사가 먼저 발행을 했고 이를 루마니아에 유통시킴으로써 루마니아 라이선시의 장사에 많은 악영향을 끼쳤다.

중국어 번역 권리의 문제는 복잡다단하다. 방언이 많아서 다른 방언을 말하는 사람을 이해하지 못할 수 있다(예를 들면 만다린과 광둥어). 타이완, 홍콩, 마카오에서는 전통적인 (복잡한) 번체자를 쓰고 있다. 홍콩과 마카오는 중국의 특별행정지역이지만 본토보다 구매력이 훨씬 높다. 단순화된 간체자는 중국 본토, 말레이시아, 싱가포르에서 사용되고 있다. 중국 내외의 잠재적인 라이선시는 때때로 '중국어판을 전 세계에 판매할 수 있는 권리'를 신청할 수 있지만 중요한 것은 각 라이선시가 어떤 시장을 실질적으로 어떻게 관장할 것인가를 정확하게 확립하는 것이다. 이 책을 쓰고 있는 시점에 중국 본토 출판사들은 그들의 판본을 중국 이외에 수출할 충분한 능력을 갖고 있지 않다. 그래서 그 시장을 위한 라이선스는 홍콩, 마카오를 제외하고 본토 시장에 판매하기 위한 간체자의 중국어에 대한 것임을 명기하는 편이 현명할 것이다. 이 정의는 타이완을 외교적으로 제외한다. 중국 정부가 보는 타이완은 중국을 배반한 일개 성에 불과하다. 이런 명시 조항은 전통적인 번체자를 사용하는 지역에 별도로 라이선싱을 허가하고 말레이시아와 싱가포르에 간체자 판본을 별도로 라이선싱하는 것을 가능하게 할 것이다.

장차 간체자가 홍콩과 마카오에 도입될지 두고 볼 일이다. 어떤 중국 출판사들은 라이선스 계약 시 앞서 언급한 지역 제한을 받아들일 태세가 되어 있지만 라이선스 판본에, 적어도 겉표지에 그런 결과를 인쇄하여 고지하는 것을 꺼린다. 중국의 출판 산업에서 정치적 민감성은 여전히 대단한 힘을 발휘한다.

타이완의 출판사들과 에이전트들은 라이선스에 중국 본토도 포함시킬 것을 요구할 때가 종종 있으며, 과거 어떤 서방의 권리자들은 본토 출판사와 직접 계약을 하지 않았을 경우 이에 동의했다. 그런 다음에 간체자 중국어판 판매 권리의 2차 라이선스는 타이완으로부터 부여되었던 것이다. 하지만 기억해야 할 점은 정치적 민감성 때문에 본토 출판사들은 타이완을 통해 권리를 획득하는 것에 대해 부정적이라는 것과, 이제는 본토 출판사들과의 접촉이 훨씬 더 빈번하다는 것이다. 그들이 해외 도서전을 많이 방문하고 서방의 많은 저작권 소유자가 중국을 방문하기 때문이다. 이 시장에서 위탁판매인의 활동은 활발하다. 원래 타이완에서 창립한 빅 애플 터틀모리 에이전시는 1997년 말 중국에 사무실을 열었다. 타이완 소재의 바든 에이전시도 중국에서 활발하게 움직이고 있으며 타이완에서 활동해온 영국 에이전트 앤드루 뉘른버그는 현재 베이징에도 사무실을 두고 있다.

조건

라이선스의 지불은 두 가지 방법으로 한다. 인세를 기준으로 한 선인세 거래와 일시불 거래이다.

선인세와 인세 거래

대부분의 라이선스는 인세로 차감되는 선인세에 기초하는 경향이 있으며 지불은 통상적으로 번역판의 소매가격 또는 권장 소매가격을 기준으로 계산한다. 서유럽에서 대부분의 국가들은 벨기에, 핀란드, 스웨덴–그리고 물론 영국과 아일랜드–을 예외로 하고 도서정가제를 시행하고 있다. 인세는 라이선시 국가에서 도서 가격에 부가가치세가 적용되어 있다면 이를 뺀 가격을 기준으로 계산해야 한다. 지불이 소매가 또는 권장 소매가가 아니라 순수입을 기준으로 계산된다면 소매가와 권장 소매가 사이의 불일치를 고려하여 더 높은 쪽으로 인세율이 협상되어야 한다. 이는 정가제가 시행되고 있지 않은 국가에서 필요할 수 있으며 중유럽과 동유럽의 많은 출판사에 라이선스를 허가할 때 나타나게 되는 특성이다. 이 지역에서는 도서 가격이 판매처마다 차이가 클 수 있다. 이 지역의 출판사들에게 종종 가격이라고 하는 것은 그들 스스로가 유통업체로부터 '출판사 가격'이라는 명칭으로 받은 금액을 말한다. 이 가격은 평균 소매가격보다 25~50% 낮을 만큼 어처구니없을 수 있다. 그러므로 잠재 라이선시에게 예상되는 가격을 명확히 하라고 압박하는 것이 현명할 것이다.

인세 수준에 관한 구체적인 정보를 제공하는 것은 어려운 일이다. 도서의 형태, 저자의 위상, 주제의 화제성, 라이선시의 재정 상태 및 시장 환경에 따라 크게 달라질 수 있다. 일반적인 지침을 제공하자면, 어린이책에 대한 최초의 인세율은 소매가 또는 권장 소매가의 4%에서 7% 수준으로 낮을 수 있다는 것이다. 각 사례별로 합의된 부수가 판매된 이후 인세율은 오를 것이다. 4%는 저율이지만 그것이 수명이 길고 실적이 입증된 도서 시리즈에 지불하는 표준 인세라면 받아들일 가치가 있을 것이다.

학술 도서의 경우 최초의 인세율은 소매가 또는 권장 소매가의 7~7.5%에 달하고 합의된 부수가 판매된 이후 점증한다. 관련 책자가 포켓북 시리즈로 발간되면 인쇄부수가 평균 부수보다 많을 수 있으며 합의된 부수가 판매된 이후 요율을 올리는 것으로 하고 6~6.5%의 낮은 최초 인세율을 받아들이도록 합의할 가치가 있을 것이다. 인세가 순수입에 기초한다면 더 높게 정해서 소매상과 도매상에게 할인 판매를 고려하게 해야 할 것이다. 어쩌면 초기 요율이 10%에 달할 수도 있다. 다국적 기업의 사내 라이선스는 특혜 요율에 대한 합의에 이를 수 있을 것이다.

인세 기반 거래에서 인세율 상승 단계의 숫자는 다양할 수 있다. 전체적으로 도서의 예상 수명이 길면 길수록 상승 단계도 많다. 논픽션 타이틀의 경우 개정판이 새로운 라이선스의 대상이 될 것이기에 하나 또는 두 개의 상승 단계가 적절할 것이다.

픽션이나 인기 있는 논픽션의 경우 결정적인 고려사항은 저자의 위상과 관련 시장에서의 예상 판매량일 것이다. 시장에서 기반이 이미 구축된 베스트셀러 작가의 새로운 소설은 최초 인세율이 매우 높고 선인세도 많이 지불해야 할 것이다.

라이선시는 번역권을 허가받을 때 번역 작업을 진행하는 데 많은 비용이 발생할 수 있다는 점을 기억해야 한다. 많은 번역자들은 작품의 길이를 기준으로 일시불로 받지만 입증된 번역자의 경우 인세가 정기적으로 지급될 것이다. 특히 인기 있는 외국 저자의 작품을 정기적으로 번역한 경험이 있는 번역자는 그렇게 할 것이다. 일반적인 경험을 통해서 보면 다수의 외국 라이선시들은 최초 인세 요율로서 소매가 또는 권장 소매가의 10%까지를 예산으로 잡아두고 라이선서와 번역자에 대한 지불을 충당하려 할 수 있다. 유명 문학 번역자가 더 높은 인세를 요구하면 외국 출판사는 라이선서에 대한 초기 인세율의 인하를 모색할 수 있다. 이런 이유로 일본과 한국 출판사들은 초기 인세 요율을 낮게 제시할 때가 많다. 학술 전문 번역자가 채용되면 그들은 인세를 6~7%까지 요구할 수 있으며 이런 작업을 하기 위한 어느 다른 적합한 번역자를 구할 수 없을 경우가 있다. 대부분의 경우 (저자와 원출판사에 영향을 미치는) 이런 종류의 양보를 해서는 안 된다. 하지만 합의된 부수가 판매된 다음 요율이 급격하게 상승하는 것을 조건으로 초기의 낮은 요율에 합의하는 것이 적절한 경우가 있다.

선인세 지불도 개별 상황에 따라 크게 달라질 수 있다. 일반적인 규칙을 보자면 학술 도서에 대한 선인세는 최초 인쇄부수의 전량 판매를 가정한 총 인세 수입의 25% 내지 50%에 상당하면 현실적일 것이다. 하지만 베스트셀러 과학 교재나 경제학 교재의 번역서는 이 이상의 선인세가 가능할 것이다. 현재 몇몇 서방의 권리자들은 중국 본토의 출판사에 대해 선인세는 최초 인쇄분에 대한 전체 인세라고 명기하는 경향이 있다. 그 이유는 중국 출판사로부터 정기적인 보고서를 받기가 어려울 때가 종종 있기 때문이다. 통상적으로 선인세는 환불되지 않는다.

그러므로 구매자가 될 상대자에게 제일 먼저 물어볼 질문은 제안하는 최초 인쇄부수가 얼마나 되는지와 현지 판매 예정가가 얼마인지이다. 그러고 나서 조건이 계산될 수 있다. 인세가 유통가(순수입액)로 가장 잘 계산된다면 이것을 분명히 하고 더 높은 인세율을 협상해야 할 것이다.

베스트셀러가 될 잠재성을 가진 단행본은 선인세가 엄청나게 높을 수 있다. 가령 알렉산드라 리플리Alexandra Ripley가 쓴 『스칼렛Scarlett』(『바람과 함께 사라지다Gone with the Wind』의 위탁된 속편)은 프랑스어판 권리로 벨퐁드Belfond가 100만 달러를 지불했으며, 살만 루슈디Salman Rushdie가 쓴 『무어의 마지막 한숨The Moor's Last Sigh』의 프랑스어판 권리를 위해 플롱Plon은 45만 달러를 지불했다. 독일 출판사 벡Beck은 미국 정치 실화 소설 『프라이머리 컬러스Primary Colors』에 대해 120만 독일 마르크를 지불했다. 그리고 베이징 대학 출판부는 빌 게이츠Bill Gates가 쓴 『미래로 가는 길The Road Ahead』에 5만 달러(중국이 지불한 조건으로는 거액)를 지불했다. 2009년에 로볼트Rowohlt는 최근 오스트레일리아 저자 레베카 제임스의 데뷔 소설 『아름다운 악의』의 독일어판 권리를 확보하기 위해 선금으로 25만 2000유로를 지불했다.

선인세는 계약서 서명 시 전액 지불될 수 있고 또는 두 차례 이상 분할해서 지불할 수도 있다. 어쩌면 계약서 서명 시 절반을 하고 출판 시 절반을 지불하거나 또는 서명 시 1/3, 출간 시 1/3 그리고 출간 후 6개월 뒤 1/3을 지불할 수도 있을 것이다. 만약 출판이 제대로 되지 않을지도 모른다고 생각된다면 지불일은 "출판 시 또는 ~(날짜)까지, 어느 쪽이든 빠른 날짜에"와 같이 명기될 수 있다.

번역 라이선스의 존속기간은 다양할 수 있다. 오늘날 저작권 전 기간 동안 라이선스가 허가되는 경우는 매우 희귀하며 단행본 타이틀의 라이선스는 수 년 동안에 걸칠 수 있다(예를 들면 5년 또는 8년). 기간은 계약일로부터 또는 라이선스 판본의 발행일로부터 시작될 수 있으며 합의에 따라 기간이 갱신될 수 있다는 조항이 들어 있을 수 있다. 교육 및 학술 타이틀의 경우, 또는 사실상 정기적으로 개정될 가능성이 있는 논픽션 타이틀의 경우 라이선스는 현재의 판본으로만 제한될 것이다.

일시불 계약

인쇄부수와 가격에 관한 정보는 일시불을 기초로 허가된 라이선스 조건을 계산하는 데도 필요할 것이다. 이 방법은 부수가 적어서 연간 기준으로 계산하는 것이 마땅치 않은 라이선스에 유용할 수 있다. 또한 송금하는 데 절차상 지연되는 경우가 많거나 판매량을 정확하게 조사하기가 곤란한 국가의 출판사를 대할 때 선호되는 방법이 될 수 있다.

이때 계산의 기초는 소매가, 권장 소매가 또는 거래의 도매가격을 근거로 한 인세 비율이 될 것이지만 협상된 수량을 초과한 인쇄부수에 대한 지불을 포함하여 합의된 인쇄부수에 대한 일시불로서 송금이 이루어질 수 있다. 계약서 서명 시 전액 지불될 수 있고 또는 서명 시 절반, 출간 시 절반을 지불하는 방식이 될 수도 있다. 아니면 특정한 날짜마다 여러 번 지불이 이루어질 수도 있을 것이다. 때에 따라서 라이선시들은 전통적인 선인세와 인세 계약에서 협상되었을 것보다 약간 낮은 인세율에 해당하는 일시불을 받아들이겠다는 주장을 제기한다. 그 이유는 라이선서가 조기에 전액 지불을 받기 때문이다.

일시불 기준으로 라이선싱을 줄 때 오늘 산출한 계산이 최종적인 소매가, 권장 소매가 또는 유통 가격에 대한 개산概算에 기초한 것임을 고려해야 한다. 실제로 최종 가격은 훨씬 높을 수 있는데, 특히 출판이 늦어지면 그렇다. 이는 선인세와 인세 거래에는 문제가 되지 않지만 일시불 지불의 가치는 크게 감소시킬 것이다. 그러므로 계약서에 도서의 최종 출판가격의 상승에 비례한 인플레 방어 문구—이런 요인이 알려질 때 출판에 대한 추가 지불을 요구할 수 있는—를 포함시키는 것은 필수적이다.

제한된 인쇄부수의 라이선스를 받은 라이선시가 그런 숫자를 고수할 것인지 여부에 대한 의혹이 있을 것이다. 하지만 동일한 상황은 인세 기반의 거래에서도 발생할 수 있다. 대체로 우리는 믿을 수 없는 이유가 나타날 때까지 대부분의 라이선시를 신뢰한다. 어떤 라이선서들은 인쇄업자로부터 정확한 부수가 나타나 있을 라이선시의 청구서 사본 한 부를 받도록 계약서에 적어 넣기를 바란다.

여기서 유럽대륙의 몇몇 국가에서 발전해온 특별 저가판 시장에 관해 언급할 가치가 있을 것이다. 이탈리아의 경우 ≪라 레푸블리카La Repubblica≫, 독일의 경우 ≪쥐트도이체 자이퉁Süddeutsche Zeitung≫, ≪벨트빌트Weltbild≫, ≪빌트Bild≫ 같은 신문과 함께 판매되는 특별 저가판이 있고 네덜란드에서는 대형 마트와 주유소를 통해 특별 저가판이 판매된다. 이는 어느 정도 정가제에 대한 반동이다. 가격은 4~5유로 정도로 염가이고 인쇄부수는 상당히 많을 수 있다(이탈리아의 경우 50만 부에서 100만 부에 이른다). 이런 경우의 오퍼는 통상적으로 신문이나 잡지 독자들이 모으게 될 시리즈 도서에 대한 것이다. 또한 어떤 출판사들은 특별 저가 가판대판을 생산하겠다고 신청할 수도 있다. 이런 판본들의 생산가는 단행본 판본의 생산가보다 더 낮을 것이다. 이런 모든 경우 인세율은 저가인 점을 감안하여 낮을 가능성이 있지만(어쩌면 4%에 불과할 것이다) 이런 판본의 인쇄부수는 상당할 수 있다. 인세는 통상적으로 합의된 수량에 대해 1회의 일시불 지불로 협상될 수 있다.

여타의 고려사항

번역 라이선스를 위해 어떤 화폐를 이용할 것인가 하는 문제가 제기될 수 있다. 영국 책에 대한 다수의 번역 라이선스는 파운드화로 지불이 이루어지지만, 다른 화폐로의 지불을 명기하는 타당한 이유가 있을 수 있다. 예를 들면, 유럽 국가들에서 유로를 채택한 국가는 유로로 지불할 수 있을 것이다. 어떤 국가들—예를 들면 브라질 및 중남미 국가들—은 미국 달러를 더 자연스럽게 생각하며, 계약서에 그 화폐로 지불을 하도록 명기되어 있다면 송금이 더 손쉬울 것이다. 일본, 한국, 중국, 타이완, 중유럽 및 동유럽 출판사들도 달러로 지불하는 것을 선호할 수 있다. 파운드화 이외의 화폐가 선정된다면 그 화폐와 파운드화 사이의 환율 변동 리스크가 있다. 이득을 볼 때도 있고 손해를 볼 때도 있을 것이다. 그리고 권리에 대한 라이선스 비즈니스를 할 것인가 아니면 외환 투기에 몰입할 것인가를 결정할 필요가 있다.

라이선시가 도서의 일러스트레이션을 재생하기 위해 복제생산재료를 주문할 필요가 있다면 계약이 마무리되기 전에 관련 재료의 예상 비용과 활용가능성을 논의할 것을 강력하게 추천한다. 설령 계약이 체결된 후에 정식 주문이 들어오지 않는다고 할지라도 그렇다.

저자에 대한 지불

번역권으로 저자에게 지불되는 라이선스 수익의 몫은 기본계약서의 조항에 달려 있을 것이다. 주요 저자가 받는 몫은 50%에서 75~80%에 이를 수 있다.

전자책 권리

전자책의 인기가 상승하면서 해외 출판사들이 번역서의 종이책 권리와 함께 전자책 권리도 확보하려 할 가능성이 커졌다. 서유럽의 큰 나라를 포함한 다수 시장에서 전자책의 이용 비율은 영어사용자 시장에 비해 훨씬 지지부진하며 권리 판매자들은 번역 라이선스에 그런 권리를 자동적으로 포함시키기로 동의하기 전에 신중할 필요가 있다. 신청자가 이미 전자책 프로그램을 구축하고 운영하고 있는지 또는 장차 사용하려고 권리를 요청하는 데 불과한지 여부를 확인하는 것이 매우 중요하다. 후자의 경우 나중에 종이책 라이선스에 전자책 권리를 추가시키거나 혹은 라이선시가 전자책 프로그램을 구축했을 때 전자책 권리를 획득할 수 있는 우선권을 허가하는 것이 현명할 것이다.

이미 전자책 프로그램을 갖고 있는 라이선시의 경우 전자책 판의 판매를 위해 별도의 매출원에 대한 조건을 협상할 필요가 있을 것이다. 라이선스 계약이 단일 선인세를 명기했는지 또는 종이책 판매와 전자책 판매에 대해 별도의 선인세를 명기했는지에 따라 실제 상황은 다양해진다. 다수의 시장에서 이런 것을 예측할 수는 없을 것이다. 일반적으로 전자책 인세는 소매가 또는 권장 소매가격보다 순수입액(부가가치세 제외)을 기준으로 할 것이다. 그러므로 요율은 동일한 타이틀의 종이책 판본에 대해 합의되는 것보다 훨씬 더 높을 가능성이 있다. 심지어 25%까지 책정된 사례도 등장했다. 하지만 그러한 순수입액이 어떻게 계산될 것인지를 심의하고 확정하는 것이 매우 중요하다. 이를 위해서는 라이선시가 전자책을 자사 웹사이트로부터 직접 고객에게 공급할 수 있는지, 전자책 소매상 또는 전자책 도서관 통합자를 통해 공급할 수 있는지, 그리고 (가능하다고 하면) 이런 중개상들이 수익 배분을 얼마만큼 가져가게 될지를(어떤 시장에서는 50%에 이를 수 있다) 물어보아야 할 것이다. 또한 라이선시의 가격 모델을 이해하는 것이 중요하다(어떤 시장에서는 전자책 가격이 해당 종이책 판본보다 훨씬 싸다). 전자책이 DRM 보호장치를 갖고 있는지 그리고 또 실수요자가 전자책으로 무엇을 할 수 있는지 알아야 한다. 저장을 할 수 있는가? 하나 이상의 기기에서 사용할 수 있는가? 대여해줄 수 있는가? 자료를 출력할 수 있는가?(그렇다면 얼마나 많이 할 수 있는가?)

전자책 권리를 독자적으로 허가하면 어떻게 될 것인가? 기존의 종이 번역서가 존재한다면 종이책 라이선시가 이미 번역 텍스트에 투자를 했기 때문에 이런 선택은 가능하지 않을 것이며(이 장 뒤의 "번역된 텍스트의 저작권" 참조) 전자책 버전의 경쟁자가 나타나는 것이 달가울 리가 없을 것이다. 설사 전자책 라이선시가 번역 텍스트를 다시 사용하는 데 대해 지불할 태세가 되어 있다고 할지라도 그렇다.

전자책 형태의 번역권에 대해서만 최초로 신청을 받았을 때는 신중하게 생각할 필요가 있다. 그런 라이선스가 진행된다면 종이 형태의 번역권에 대해 별도의 라이선스 계약이 성사될 가능성은 없다. 다수의 저자들은 자기가 저술한 책의 유일한 번역이 상대적으로 단명의 형태가 되는 것에 대해 걱정스러워

할 것이다.

전자책 권리에 대해서는 이 장의 "계약서" 부분에서 더 상세히 다룰 것이다.

조건을 특수한 환경에 맞게 조정하기

특이한 라이선스를 달라는 요구를 받을 가능성이 가장 큰 것이 번역권 분야이다. 그것은 관련 시장의 특수한 환경 때문이거나 신청자 측에서 상업적인 출판 경험이 일천해서일 수 있다.

무료 라이선스 허가

번역권을 완전히 무료로 허가해달라는 요구는 흔히 들어올 수 있다. 그 이유는 경제적인 환경 때문이거나 번역이 (어쩌면 대학 학과의 학생들에게, 관련 업계의 피고용자들에게, 또는 신청자의 고객들에 대한 판촉용 선물로서) 무료로 배포되어야 하기 때문일 수 있다.

또한 만약 저자들이 볼 때 시장에서 자기들 책의 번역본을 특별히 필요로 한다면 자발적으로 라이선스 소득 몫을 포기하는(그리고 출판사에도 똑같은 일을 하도록 촉구하는) 사례가 있을 것이다(전형적인 예로는 발칸반도 역사서에 대한 세르비아어 번역 요청이 있었다). 물론 지불을 포기하는 것은 저자의 특권이고 사례별로 라이선싱 정책을 결정하는 것은 라이선서의 특권이지만, 일반적인 원칙을 말하자면 저작권이 있는 작품에 대한 권리를 완전히 무료로 제공하는 것은 향후의 계약에 선례가 되고 원작의 출판과 관련된 전문 기술, 노력 및 실제 비용을 평가절하하는 경향이 있다는 것을 알아야 한다. 이는 저작권을 제대로 지키지 못한 기록들을 갖고 있는 국가에서 특히 강조되어야 할 원칙이다. 순전히 명목상의 요금을 받는 것도 적절한 타협책이 될 수 있을 것이다.

진짜로 무료 배포되는 번역서의 경우 해결책은 관련국의 경제 환경과 상응하는 명목 가격을 정하고 이를 기준으로 합의된 인쇄부수에 대한 요금을 계산하는 것이 될 수 있다. 일반적으로 무료 배포는 라이선시 조직에 일정한 홍보

가치를 지니며 이는 인정을 받아야 한다.

옛 공산국가들

이 책의 이전 판들은 정치적, 경제적인 변화가 급격하게 진행되고 있는 국가에 라이선스를 줄 때는 유연성을 가져야 한다는 것을 강조했다. 중유럽, 동유럽과 구소련 공화국들은 이제 일부가 EU 회원국이 되었는데 발전단계가 다양하며 출판 산업과의 관계가 이전보다는 훨씬 좋게 확립되었다. 하지만 완전히 새로운 계약을 하게 될 때는 신중을 기하는 것이 현명한데, 해당 지역의 출판사들은 출판의 특정한 분야로부터 갑자기 철수하는 경우가 있으며 그 결과 계약이 취소될 수 있다. 이런 일은 특히 최근과 같은 경제 불황기에 현저하다.

현재 이 지역에서 라이선시가 유효한 계약과 적절한 현지 자금을 보유하고 있으면 해외의 라이선서에게 경화를 송금하는 데 큰 장애가 있는 국가는 별로 없다. 일반적으로 지불을 할 때는 언제나 도장이 찍히고 서명이 된 인보이스를 제공하는 것이 바람직하다. 이 지역의 일부 출판사들은 명시된 판매부수에 도달했을 때 일시불로 지불하는 것을 여전히 선호한다. 이는 재고가 신속하게 소진되고 종이는 부족하며 리프린트가 불확실하던 공산주의 시절에 통용되던 시스템이다. 다수의 출판사들은 현금 흐름 때문에 특히 대량 판매 시장 부문에서 출판 후 수개월 내에 전 재고를 유통업체에 팔아 치우는 것을 여전히 목표로 한다. 인플레이션이 발생하고 현지 화폐가 평가절하될지 모른다는 우려도 지불을 신속하게 해버리는 동기가 될 것이다.

하지만 이 지역의 출판사 다수는 서방 스타일의 선인세와 인세 계약을 지향해왔다. 비록 이것이 국영 네트워크가 붕괴된 다음 유통이 여전히 문제가 많은 이들 국가에서 도서의 실제 판매를 추적할 수 있다고 상정하고, 일부 서방 라이선서가 최초의 선인세를 초판 인쇄부수의 전량 판매를 가정한 인세 수입 총액과 동등한 액수로 받으려 한다고 해도 그렇다. 한 가지 타협책은 합의된 부수에 대한 일시금을 기준으로 하면서도 몇 번에 걸쳐 분할 지불이 이루어지게 하는 것이다. 아마도 총액의 50%는 계약 체결 시에, 나머지는 발간 시에 지불하거나 출판이 지연될 경우 합의된 일자에 지불하는 식이 될 것이다.

중유럽과 동유럽 그리고 구소련의 일부 출판사들은 번역을 하는 데 후원자를 찾으려 한다. 예를 들면, 의학 서적에 대해서는 제약회사나 의료 설비 회사로부터, 경영 서적은 투자회사 또는 은행으로부터, 또는 여행이나 관광에 관한 책자는 호텔로부터 후원을 받으려 한다. 중요한 것은 라이선서가 이를 미리 알고 또한 후원에 대한 대가로 어떤 것이 포함되는지를 알아야 한다는 것이다. 표지와 속표지에 들어가는 후원자의 로고 또는 후원해주는 회사에 대한 광고나 특정 제품 및 서비스에 대한 광고가 이러한 대가가 될 수 있다. 후자가 제시되면 저자와 상세한 내용을 점검하는 것이 현명하다. 특히 도서가 특정한 상품을 보증하는 것처럼 보일 수 있는 약품 광고 분야에서 그렇다. 후원받은 판본이 라이선시의 고객들에게 무료로 배포된다면 합의된 부수에 대해 일시불 요금을 계산하기 위해 명목 가격을 산출할 필요가 있을 것이다.

중국어 시장

오늘날에는 1990년대 초보다 중국 출판사에 라이선스를 제공하는 데 문제가 훨씬 적다. 여전히 공식적인 출판 산업은 완전히 국가 통제하에 있지만 중국 출판사가 라이선스를 받기 위해 해외에 경화를 송금하는 데는 문제가 없다. 단, 유효한 라이선스 계약서와 지불할 금액에 대해 인지가 붙고 서명된 인보이스와 적절한 현지 자금이 마련되어야 한다. 얄궂게도 서방 출판사들은 라이선스 계약서에 보증과 면책에 관한 조항이 포함되어 있음에도 중국 출판사들이 저작권의 소유권이 저자 이름으로 되어 있는 경우 서방 출판사가 라이선스를 다룰 권한을 가지고 있다는 증거를 요구한다는 것을 알게 될 수 있다. 통상적으로 기본계약서 사본의 제공을 요구하거나 적어도 해당 문서의 관련 부분을 요구할 것이다. 지불액의 송금은 더디게 이루어질 수 있다. 그 이유는 부분적으로 중국 출판사가 등록 번호를 획득하기 위해 지방의 저작권 당국에 모든 라이선스 계약을 등록해야 하기 때문이다. 이 절차가 완료될 때만 은행 이체와 조세 감면을 처리할 수 있다. 그 의미는 계약 날짜와 선인세의 영수 사이에 몇 달간의 시차가 있을 수 있다. 이런데도 1990년대 말과 금세기 초에 걸쳐 라이선스 비즈니스는 붐을 이루었다. 중국 출판사들은 최근 수년 동안 외국 권리 소유자로부터 연간 1만 건 이상의 라이선스를 구입했다. 권리의 획득이 중국 타이틀의 권리 판매를 10 대 1로 능가하자 중국의 출판당국은 불균형을 시정하고자 2005년에 해외 진출 프로그램을 만들었다. 이에 따라 중국 타이틀을 획득하는 외국 출판사에 보조금을 지불하고 중국 출판사에 출판권의 판매를 촉진하기 위한 인센티브를 제공했다.

설령 뻔뻔스러운 종이책 해적행위가 중국에서 이전보다 줄어들었다고 하더라도 어떤 서방 출판사들은 보고되지 않은 추가 부수가 인쇄되는 것에 대해 여전히 우려하고 있다. 어떤 서방의 라이선서는 중국 출판사에게 합법적인 도서에 붙이기 위해 계약된 양의 홀로그램hologram을 구입할 것을 요구한다. 하지만 홀로그램 자체의 해적행위가 있었다는 사례가 보도되었다. 또한 온라인 해적행위가 크게 증가하여 영국출판협회가 중국 출판 당국에 시정을 요구했다.

어떤 서방 출판사와 도서저작권 에이전트는 최초의 권리를 타이완에 있는 출판사에게 주거나 위탁판매인에게 통제권을 위임하고 그 후에 이들이 중국 본토의 출판사에게 2차 라이선스를 제공하게 하는 선택을 했다. 그리고 타이완에 있는 몇몇 에이전트는 이런 종류의 거래를 전문으로 하고 있다. 그러나 다수의 중국 출판사들이 타이완을 통해 권리를 획득하는 데 대해 계속해서 분노를 표시하고 있음을 인식하는 것이 중요하다. 특히 문자상의 차이(본토에서는 단순화된 간체자를 쓰고 대만에서는 전통적이고 복잡한 번체자 사용), 두 시장의 인구와 구매력 그리고 본토와 타이완 간의 지속적인 정치적 긴장상태를 고려할 때 그렇다.

교육 및 학술 출판사들은(자사가 출판하는 책에 대해 2개 국어 판본으로 라이선스를 주고자 하는 영어학습물 출판사들을 포함하여) 시장을 완전히 분리하기를 원할 가능성이 더 높다. 어떤 출판사는 타이완에 번역권의 라이선스를 주고 싶어하지 않고 에이전트나 현지 자회사를 통해 직접 원판을 판매하기를 선호한다. 중국 본토에 원판을 대규모로 직접 판매하는 것은 도서 가격과 유통 경로에 대한 접근 면에서 여전히 문제가 많다. 그래서 라이선스를 주는 것이 바람직할 것이며 어떤 영어학습물 출판사들은 시장 수요에 내용을 맞추기 위해 중국 파트너와 긴밀한 업무 추진 관계를 갖는다. 라이선스는 전문 국영 출판사에 주어질 가능성이 크다.

비록 라이선스가 있는 판본을 제한된 숫자만 인쇄하도록 허가해달라는 신청이 전문 학술 기관으로부터 접수된다고 할지라도 완전히 무료로 허가해서는 안 될 것이다. 이는 중국이 국제 저작권 협약에 가입하기 전에 팽배했던, 외국 저작물은 손에 넣으면 그만이라는 옛날의 개념을 강화시키는 데 불과하다. 중국에서 학술 공동체가 협약 가입을 강력하게 반대한 세력이었음을 기억할 가치가 있을 것이다. 오랫동안 도서와 저널을 무허가로 번역하고 리프린트해온 중국의 학술 공동체는 이런 움직임을 외국 출판물에 대한 접근을 불가능하게 하는 것으로 보았다. 일부 중국 출판사들과 학술 기관은 계속해서 전문 저작물의 번역권을 돈을 주고 구입하려 하지 않는다. 그 이유는 인쇄부수가 얼마 되지 않고 '이익이 남지 않는다'는 것이다.

번역자의 신청

저작권 담당자들은 기존의 출판사 또는 출판시설을 갖춘 학술 기관이 아니라 개인으로부터 번역권 신청을 받을 때가 종종 있다. 그런 신청은 특히 중국 학계로부터 내도하지만 다른 나라로부터, 특히 원저자와 동일한 분야에서 일하는 개인으로부터 받을 수도 있다.

일반적으로 개인 번역자와 직접 상세한 협상을 진행하는 것은 바람직하지 않다. 개인은 번역물을 인쇄하고 판촉하며 유통시킬 설비를 갖고 있지 않다. 라이선스 계약은 오직 그런 설비를 갖춘 기관하고만 맺을 수 있다고 설명하는 것이 바람직하다. 유감스럽게도 번역자가 있다고 해서 해당 책을 출간할 적합한 출판사를 반드시 찾을 수 있다는 것을 의미하지 않으며, 또는 (찾는다고 해도) 해당 출판사가 동일한 번역자에 반드시 의뢰한다고 볼 수도 없다. 외국 출판사들은 정기적으로 작업을 같이 하는 전문 번역자 풀을 갖고 있는 때가 많다. 만약 원저자의 동료나 제자인 잠재적 번역자가 신청을 해온다면 곤란한 문제가 발생할 수 있다. 저자가 종종 번역자의 제안을 받아들여야 한다는 책임감을 갖기 때문이다.

저자와 친숙한 번역자의 존재는 외국 출판사가 결정을 내릴 때 국면을 일변시킬 수 있다. 출판사와 번역자가 의기투합한다면 금상첨화다. 하지만 잠재적인 출판사에 번역자에 관한 상세한 정보를 넘겨주는 것 이상의 무언가를 약속하는 일은 현명하지 못하다.

출판 관행을 잘 모르는 번역자가 접근해올 수 있다. 그들은 원출판사가 그들의 작업에 대해 지불을 해주고 번역 작품을 출간해줄 것이라고 공통적으로 기대한다. 그런 경우 번역 계약은 통상적으로 원출판사—만약 원출판사가 번역권을 통제한다면—와 관련 국가의 적합한 출판사 사이에 맺어진 라이선스를 기초로 이루어진다는 것 외에는 설명해줄 말이 없을 것이다.

권리를 신청하기도 전에 번역자가 번역작업에 착수했다면(또는 완성했다면) 까다로운 문제가 발생할 수 있다. 권리가 이미 다른 출판사에 넘어갔다면 실망이 이만저만이 아닐 것이다. 가끔은 중국 본토의 번역자들이 학술 서적의 최신 판본이 존재하는 것도 모르고 아주 오래전의 판본을 가지고 수년간 번역작업에 매달리는 경우도 있다. 중국에서는 더 복잡한 문제가 일어나기도 하는데, 번역자가 저작권 소유자와의 어떠한 접촉도 있기 전에 현지 출판사와 이미 접촉하고 번역 출판 비용을 해당 출판사에 지불했을지도 모른다. 저작권에 대한 지불을 해야 한다고 하면 번역자는 지불 수단이 없고 중국 출판사는 통상적으로 저작권에 대한 지불을 하기보다 번역자와의 합의를 취소하려고 한다. 국제 협약의 회원국이 된 지 20년 이상이 되었는데도 중국에서 저작권 교육은 아직도 요원하다. 번역할 가치가 있는 저작물은 현지 상황에 맞도록 조정된다고 할지라도 지불할 가치가 있다는 개념을 강조하는 것이 매우 중요하다.

개도국과 신흥국가

이런 국가들의 출판사들은 종종 교육 및 학술 교재의 번역권 확보를 모색한다. 이 경우 지불은 대단히 낮은 현지 가격에 근거를 둘 것이 거의 확실하다. 어떤 경우 라이선스를 팔아서 벌어들이는 수입 총액이라고 해봐야 사무처리 비용도 충당하지 못한다. 학술 출판사들은 통상적으로 그런 라이선스에 대해 적극적인 판촉활동을 벌이지 않지만 신청자가 신뢰할 만하면 관련 도서가 단순히 좀 더 광범위하게 이용될 수 있게 하기 위해 라이선스를 허가할 태세가 되어 있다.

그런 거래에 낮은 인세율을 받아들일 타당한 이유가 없다는 것을 강조해야 한다. 왜냐하면 인세가 원판보다 훨씬 낮은 현지 가격에 근거할 것이기 때문이다.

과거 저가 ELBS 판본으로 생산 보조금을 받은 영어 타이틀은(제10장 참조) 그런 제도가 적용되는 국가의 현지 언어로 번역하기 위한 라이선스를 받을 수 없었다. ELBS 계획은 1997년 봄 종료되었지만 저작권 담당 직원들은 출판사가 저가의 국제학생판을 생산하기로 결정하면 관련 시장에서 현지 번역권을 판매하는 것—예를 들면, 인도에서 힌디어판 권리를 판매하는 것—이 그런 국제학생판의 판매에 영향을 미칠 수 있음을 기억해야 한다.

보조금 제도

미국, 프랑스, 독일, 이탈리아, 스웨덴, 핀란드 같은 국가들은 오래전부터 자국 출판물의 번역을 지원하는 국가 보조금 제도가 있었으며 이제는 몇몇 중유럽과 동유럽 국가들이 유사한 제도를 도입했지만 영국은 그런 제도를 시행한 적이 없다. 하지만 영국 예술위원회는 특정 유형의 외국 문학을 영어로 번역하는 데 대한 지원 제도를 운영하고 있다.

지난 25년 동안 재정적인 지원을 제공할 가치가 있다고 생각되는 국가에서 특정한 범주의 영국 도서에 대한 번역서를 출간하기 위한 각종 소규모 지원 제도가 시행되었다. 영국 문화원은 러시아와 중국에서 제한된 숫자의 교육 및 학술 서적과 문학 픽션을 번역하기 위해 두 개의 단기 제도를 운영했다. 대량 판매 시장 출판물은 해당이 되지 않았으며 이제 두 제도에 대한 자금 지원은 종료되었다.

1998년 영국 정부의 노하우 펀드Know-How Fund가 설립되고 그 이후 국제개발부가 자금을 댄 영국 경영자 도서 번역 제도British Books for Managers Translation Scheme는 선정된 분야의 책자가 특정한 국가에서 번역되는 것을 허가했다. 해당 분야는 회계, 금융 및 재정, 경영, 환경 및 에너지 관리, EU 관련 주제, 비즈니스의 정보기술, 시장 기반 경제의 법률 및 법제, 사회복지 관리 및 공공 행정이었으며 관련국은 알바니아, 아르메니아, 벨로루시, 보스니아-헤르체고비나, 불가리아, 크로아티아, 우크라이나, 유고슬라비아(세르비아 및 몬테네그로)였다. 이 제도는 2001년 9월 30일까지 지속되었으며 대단히 성공을 거두어 이런 과도기 시장들에서 상당한 숫자의 타이틀을 구할 수 있게 했는데, 이러한 제도가 없었다면 불가능한 일이었다.

때에 따라서 번역을 지원하는 몇몇 다른 제도가 있었다. 특히 소로스 재단(www.soros.org) 오픈 소사이어티 연구소Open Society Institute의 부다페스트 사무소에 있는 출판개발센터는 중유럽 대부분의 국가에서 현지 활동을 통해 이 제도를 운영하여 민주주의, 경제개발, 우수한 거버넌스와 관련된 타이틀들(개방사회를 위한 도서)이 번역될 수 있도록 한다. 이 제도는 소로스의 자문관들이 타이틀의 목록을 지정하여 작성하던 시스템에서 라이선시 지망자가 스스로 제안할 수 있는 시스템으로 바뀌었다. 2001년 이래 이 제도는 인포메이션 프로그램Information Program의 일부가 되었다.

중유럽 및 동유럽 도서 프로젝트 기금The Fund for Central and East European Book Projects(CEEBP)은 네덜란드의 암스테르담에 위치하고 있다(Nieuwe Prinsengracht 89, 1018 Arsterdam, www.ceebp.org). 이 기금은 고급 문학 및 학술 도서를 해당 지역의 언어로 번역하고 전파하는 일을 지원한다.

중동에서 번역을 지원하는 최근의 제도에는 아부다비 문화유산 당국Abu Dhabi Authority for Culture and Heritage(ADACH)이 후원하는 칼리마Kalima(www.kalima.ae)의 프로그램이 포함된다. 이 프로그램은 고전과 현대 어문저작물(픽션 및 논픽션)을 아랍어로 번역하는 데 대한 지원을 제공한다. 두 개의 보조금 제도는 이 지역에서 개최되는 도서전과 관련이 있다. 첫째, 스포트라이트 온 라이츠 Spotlight on Rights는 2009년에 KITAB(프랑크푸르트 도서전과 ADACH의 파트너십)가 만든 제도이며 도서를 아랍어로 그리고 아랍어에서 타국어로 번역하기 위한 라이선싱 비용을 보조하고 아부다비 국제 도서전에 참석한 구매자와 판매자가 진행하는 협상과 연계되어 있다.

이 프로그램은 최초 3년 동안 자금을 대는 것이었지만 2014년에도 활동을 지속했다. 더 상세한 정보는 www.kitab.ae/en/projects/spotlight-on-rights에서 볼 수 있다. 둘째, 샤르자 국제 도서전은 2012년에 보조금 제도를 시작하여 외국어를 아랍어로, 아랍어를 외국어로 번역하는 비용을 지원하고 있다. 그 외의 언어로 번역하는 비용에 대해서도 일정한 자금 지원이 있다(www.sharjahbookfair.com/content/pdf/Translation-grant-E.pdf 참조).

강제허락

어떤 나라에서는 베른협약의 파리 개정과 세계 저작권 협약에 따라 또는 국가-예를 들면 일본, 인도네시아, 이집트 같은-의 법률 제정에 의해 가능한 번역의 강제허락을 미연에 방지하기 위해 신속하게 행동할 필요가 있을 것이다(파리 개정의 강제허락 조항에 대한 상세한 내용은 제10장 참조). 번역권의 경우 관련 국가에서 관련된 언어에 대한 승인된 번역을 구할 수 없다면 교육적인 또는 학술적인 목적으로 요구되는 도서에 대해 강제허락이 취해질 수 있다. 하나 이상의 선진국에서 사용되지 않는 언어의 경우 원래의 언어로 도서가 출판된 후 1년이 지나서 강제허락이 적용될 수 있다. 이는 주제 분야와는 상관이 없으며 신청자가 지정된 절차를 따른다면 가능하다.

하나 이상의 선진국에서 사용되는 언어 라이선스의 경우(예를 들면, 프랑스어나 스페인어. 두 언어는 프랑스어권 아프리카나 중남미와 같은 개도국에서 사용됨) 라이선스는 원어로 최초로 발간된 후 3년 동안 신청될 수 있을 것이다. 이런 라이선스를 관리하는 현지 기관은 통상적으로 교육부이다.

라이선스 신청에 관한 조건들은 영어 라이선스의 그것과 유사하다(제10장 참조). 실제로 진정한 강제허락이 내려진 적은 별로 없지만 강제허락을 가능하게 하는 조항의 존재로 인해 훨씬 더 많은 '자발적인' 라이선스가 발급되었다. 번역본은 원출판사 판본의 판매를 완전히 끝장낼 현지의 저가 영어 리프린트만큼 직접적인 영향을 미치지는 못하지만, 그러한 영어 타이틀을 수입해온 국가에서 현지어로 번역된 주요 영국 교재의 등장은 영어판의 판매에 영향을 미칠 것이 분명하다.

비저작권 국가에 대한 라이선싱

비저작권 국가가 관련되는 한 무허가 판본이 횡행하는 문제는 계속된다(아무런 협약에도 속하지 않은 국가에 대해서는 제1장 참조). 그런 책은 저작권의 보호를 받는 국가로 수출되지 않는 한 법적 제재 조처를 취할 방도가 없다. 그리고 그러한 수출은 번역본보다 영어 리프린트에 발생할 가능성이 더 높다. 그럼에도 불구하고 어떤 출판사들은 지불 비용이 그리 높지 않는 한 권리를 구입하기 위한 협상에 임할 태세가 되어 있을 수 있다.

국제 저작권 협약에 가입했다고 해서 자동적으로 저작권법을 따르는 것은 아니다. 아랍 국가 대부분이 이제 한 개 이상의 협약에 가입했음에도 불구하고(현재 이라크만 제외) 불법적인 아랍어 번역이 대규모로 자행되고 있으며, 동일한 책이 이 지역의 다른 국가에서 별도로 번역의 대상이 될 수도 있다. 타이완은 외교적인 지위 때문에 저작권 협약에 가입할 수 없지만 영국, 미국과 양자 간 저작권 조약을 체결했다. 불법 번역이 완전히 제거되지는 않았지만 외교적인 압력과 강력한 법적 조처, 특히 미국에 의한 조처로 최근 많이 줄어들었다. 구소련 공화국 중에서 오직 투르크메니스탄만 협약에 가입하지 않았다.

각국의 출판협회, 국제출판협회 및 국제지적재산권연맹은 아직 국제 저작권 공동체에 가입하지 않은 모든 국가들이 가입하도록 설득하는 압력을 지속적으로 가하고 있다.

계약서

거래가 공동출판에 관한 것이든지 또는 직접적인 번역 라이선스에 관한 것이든지 간에 명성이 이미 잘 확립된 출판사가 아닌 한 최초로 출판사와 거래할 때는 신용 조회를 요청하는 것이 언제나 바람직하다. 이런 자료는 거래관계가 있는 다른 출판사 또는 은행으로부터 구할 수 있다. 조회 결과가 만족스러운 것으로 판명될 때에만 계약을 마무리해야 한다. 질의가 있거나 특수 조건이 포함될 필요가 있다면 새로운 라이선스 파트너에게 초안을 미리 이메일로 보내는 것이 현명하다.

계약서는 합의사항의 모든 측면을 기술해야 한다. 미국에서 공동출판의 경우, 계약서 내에 또는 계약서에 부수된 구매 주문의 형태로 양 당사자에 의한 재료 공급을 위한 일정과 명세가 포함될 것이다. 공동출판 계약과 번역 라이선스 계약의 다른 많은 조항은 동일할 것이다.

번역권 계약 시 라이선서가 계약서를 제공하게 될 가능성이 높으며 어떤 요소는 현지 실정에 맞게 조정될 것이다.

기간

논픽션 타이틀의 경우 라이선스를 현재의 판본으로 한정하는 것이 현명하다. 만약 라이선시가 나중에 다음 판본의 번역을 원한다면 조건을 재협상할 필요가 있을 것이다. 설령 합의사항이 만족스러워서 후속판을 통해 동일한 출판사가 그런 타이틀을 지속적으로 출간하게 하는 것이 통상 선호된다고 할지라도, 이런 식으로 계약을 제한하는 것은 번역된 텍스트의 품질, 생산 품질이나 송금에 문제가 있을 경우에 라이선서가 다른 상대와 계약을 진행할 수 있게 한다. 어떤 라이선시는 다음 판본에 대한 우선권 조항의 삽입을 요구할 것이다. 특히 문제의 책이 전공 교재라면 그러할 것이다. 이것이 합의되면 우선권 기간은 빡빡하게 정해져야 한다. 기억해야 할 사항은 만약 다음 판본에 대한 권리가 다른 회사에 주어진다면 이전 판본의 라이선시는 남아 있는 재고를 처리할 수 있는 시간을 필요로 할 것이며 이런 시나리오를 위한 조항이 계약서에 작성되어야 한다는 것이다. 또한 양 판본 모두에 공통된 번역 재료의 재사용을 위해 이전 라이선시로부터 분명하게 허가를 받을 필요가 있다.

단행본 타이틀의 경우 어떤 외국 출판사는 동일한 저자의 차기 저작물에 대한 우선권 조항을 포함시켜달라고 요구할 수도 있다.

번역 라이선스는 또한 시간의 제약을 받을 것이며, 여기서 저작권의 전 기간 동안 부여할 것인지, 단기간 동안 부여할 것인지 선택할 수 있다. 모든 라이선스 계약과 마찬가지로 라이선서 자체가 저작권의 전 기간 동안 권리를 통제할 경우에만 전 기간에 걸친 권리가 허용될 수 있다. 그리고 번역판이 절판되는 경우를 대비해 권리의 회복을 위한 조항이 마련되어야 한다. 2차 라이선스 과정을 위해 관련 언어로 적절하게 허가되는 2차 라이선스에 대한 조항이 만들어져야 할 수도 있다. 허가된 기간이 저작권의 전 기간보다 짧다면 기간은 협상 가능하지만 도서 번역이 고비용 작업이라는 점에 비추어 보면 5년 미만의 기간은 라이선시가 받아들일 수 없을 것이다. 추가 기간을 위한 갱신 조항이 합의 조건에 포함될 수 있다.

언어와 판매지역

번역 계약서는 허가받을 언어와 지역을 명기해야 한다. 지정된 언어로 전세계에 판매할 수 있는 권리를 주거나 또는 별도의 라이선스들이 허가되고 있는 경우 더 제한적인 지역에 대해서 권리를 부여하게 될 것이다. EU 국가들에 라이선스를 줄 때 기억해야 할 일은 시장의 일부에만 허가하는 것–예를 들면 독일에 한해 독일어판 라이선스 부여–은 EU 내에서 국경을 넘어 상품의 자유로운 이동을 허가하는 로마 조약의 조항을 기술적으로 위배한다는 것이다.

라이선시는 때에 따라서 그들의 국내 시장에서 영어판이 판매되지 않도록 해줄 것을 요구하기도 한다. 이는 특히 삽화가 많은 책이나 대량 판매 시장의 픽션 분야에서 때때로 발생한다. 이에 동의할 것인지 여부의 결정은 라이선서와 라이선시 간의 관계가 얼마나 돈독하냐에 달려 있을 것이다. 영국 출판사가 자사 타이틀 목록 대부분에 대해 관련국의 단일 파트너에게 라이선스를 주었다면 그 관계는 이러한 양허를 해줄 만한 정도로 가깝다고 할 수 있다. 관계가 소원하다면 번역 거래로부터 거둬들이는 수익이 영어판 판매의 손실보다 많을 것인가 하는 문제를 잘 생각해봐야 할 것이다. 다시 기억해야 할 문제는 EU 회원국 중 한 국가의 상품 판매를 금하는 것은 로마조약을 위배하는 행위라는 것이며 이는 시장 장벽market bar에 동의하기를 거부하는 타당한 이유가 될 수 있다.

임프린트

대부분의 경우 라이선시의 임프린트로 번역 출판을 할 것이 요망된다. 하지만 라이선시가 라이선서와 공동 임프린트로 출판하기를 원하는 경우가 있을 것이다. 이는 종종 사전의 2개 국어판의 경우에, 또한 라이선서의 브랜드명이 라이선서의 시장에서 유용한 추가 판매 포인트가 될 컴퓨터 책과 경영 도서의 경우에 그러할 것이다. 라이선서의 이름 그리고/또는 로고의 사용은 항상 미리 합의되어야 하며, 특별히 가치 있는 브랜드를 지닌 회사들은 이름 사용에 대해 추가 인세나 요금을 물린다.

표지

라이선시가 원타이틀의 표지 디자인을 복제하는 문제가 제기될 수 있다. 어떤 라이선서는 이를 허용할 수 있음을 미리 명기하는 반면 다른 라이선서는 표지 디자인은 사전 허가 없이는 사용할 수 없다고 명기할 것이다(왜냐하면 표지에 외부 저작권 보유자에 속하는 이미지가 포함될 수 있기 때문이다). 다수의 외국어 라이선시는 자체 시장에 적합한 표지 디자인을 선택하고자 한다.

재정 조건

계약서는 재정적인 합의사항을 기술해야 한다. 이는 공동출판을 위한 것이 될 수도 있고, 선인세 및 인세에 근거한 라이선스, 또는 합의된 부수에 따른 일시불 합의를 위한 것이 될 수도 있다. 선인세 및 인세 거래를 위한 계약은 인세의 기준이 소매가, 권장 소매가 또는 순수입액으로서 부가가치세를 뺀 것임을 명기해야 한다. 어떤 공동출판 출판사들은 계약서 본문에 단가의 상세 내역, 재료 공급과 지불 시기를 포함하는 반면, 다른 출판사들은 계약서에 첨부된 구매 주문에 이런 상세한 내역을 포함시킨다. 라이선스 계약에서 복제생산재료의 구입을 위한 합의는 상세한 내용이 마무리되면 계약에 포함될 것이다. 아니면 부록이나 별도의 서신과 인보이스에 의해 다루어질 수도 있으며, 아마도 이편이 선호될 것인데 이는 그런 재료로 얻은 수입은 저자와 나눠 갖지 않는다는 내부 운영 방침에 부합하기 때문이다. 또한 라이선시의 요청에 따라 선인세와 인세 지불은 미국 달러로 한다고 명기되었지만 생산재료에 대한 비용은 파운드화로 지불된다면 계약상 문제가 복잡해질 때가 있다.

번역의 품질과 완전성

계약서는 텍스트가 정확하게 번역되어야 하고(어떤 라이선서는 번역자와 그의 자격에 관해 상세한 정보를 알고자 할 것이다) 라이선서의 사전 허가 없이는 변경을 해서는 안 된다는 점을 명기할 것이다. 이러한 변경에 포함되는 것은 텍스트나 일러스트레이션의 첨삭 또는 대체이다. 라이선시가 해당 도서를 좀 더 현지 시장에 적합하도록 변경하고자 하는 타당한 이유가 있을 때가 종종 있다(예를 들면, 인테리어 디자인에 관한 도서의 경우 현지 공급자 리스트를 대체하거나 의료에 관한 책의 경우 영국 국가의료제도에 관한 설명을 제거하고 현지 의료제도에 관한 상세한 내용으로 대체). 그러나 바람직하지 못한 변경을 건의하는 학술 출판의 예가 있다. 종종 저자와 같은 분야의 학자인 번역자가 자신의 이론을 포함시키고자 할 수 있으며 심지어는 공동저자로서 자기 이름을 올리려고 할 수도 있다. 이런 작업물은 저자의 승인을 받지 못할 것이기 때문에 모든 의도적인 변경사항은 자문을 받기 위해 라이선서에게 (필요시 영어로) 제출되어야 한다. 변경사항은 서문에 특별히 언급함으로써 또는 번역된 텍스트에 주석이나 부연 설명을 포함시킴으로써 분명하게 알 수 있어야 한다.

제안되는 변경의 다른 유형에는 텍스트에 익살스러운 일러스트레이션을 부가하고 해당 도서의 배경이 되는 이론을 비판하는 서문을 추가하며 라이선시의 나라에서 받아들여질 수 없다고 생각되는 일러스트레이션이나 본문 구절을 삭제하는 것 등이 포함된다. 최근의 정치사와 지도상의 국경 구분선과 같은 사항들의 취급은 민감한 분야일 수 있다. 이와 관련된 변경 건의는 중유럽, 동유럽 및 구소련에서 공산주의 시대에 특히 통상적이었으며 중국과 베트남에서는 여전히 나타날 수 있다. 만약 그런 변경이 협의 없이 이루어진다면(그리고 발견될 수 있다. 하지만 이를 번역본에서 찾아내기는 쉽지 않은 경우가 많다) 라이선시는 계약을 위배한 것이 될 수 있으며 라이선서는 책을 거둬들이라는 요구를 할 수 있을 것이다. 하지만 실제로 이런 일은 도서가 출간된 후 곧바로 전량 판매되는 나라에서는 실시되기 어려울 것이다. 번역의 대상이 될 어떤 책이 민감한 내용을 포함하고 있다면 계약이 체결된 다음 논란이 일어나는 것을 회피하기 위해 협상을 마무리하기 이전에 그 문제를 처리하는 것이 좋다. 어떤 출판사는 라이선스 계약서에 라이선시가 번역 과정 중의 내용 변경으로 인해 발생하는 문제에 대해 또는 부정확한 번역에 대해 책임을 진다는 표현을 넣고 싶어 한다.

계약서에는 라이선서가 번역된 텍스트를 생산이 시작되기 전에 승인할 권리를 보유한다는 조항이 들어 있어야 한다. 실제로 이런 권한은 얼마 안 되는 사례—예를 들면 저자나 원출판사의 직원이 관련 언어를 구사하는 경우—에서만 행사될 것이다. 서방의 비즈니스 관행이 생소한 과도기 국가에서는 경영학 용어의 번역에 문제가 있어왔다. 그런 관행에 해당하는 그 나라 자체의 용어가 아직 개발되지 않은 탓이다. 라이선시가 승인을 받지 않고 변경을 할 수도 있다는 의혹이 있다면, 특히 어떤 콘텐츠가 관련 국가에서 정치적으로 민감한 도서일 경우 번역을 점검해야 할 타당한 이유가 있다. 또한 원저작물의 부정확한 번역에서 발생한 법적 조처에 대한 책임 문제가 있다(이는 의학 서적의 경우 중요할 수 있다). 정상적인 보호방법은 정확한 번역과 라이선서 자신의 보호에 대한 계약상의 요구가 될 수 있다. 번역된 판본마다 정확성을 점검한다는 것은 분명히 비현실적이기 때문이다.

외부 재료

관련성이 있다면 계약서에는 제3자가 통제하는 저작권 재료의 재사용을 다시 정리하고 이에 대해 지불하는 책임을 누가 질 것인지가 명기되어야 한다.

저작자 표시와 저작권 문구

계약서에는 원저자의 이름이 번역서에 뚜렷하게 나타나야 한다는 것을 명기하는 것이 중요하다. 현지 번역자의 이름이 더 큰 글자로 표시되는 경우나 어쩌면 공동저자로 표시되는 경우가 많다. 특히 번역자가 유명한 학자일 경우에 그렇다. 브라질에서 책등에는 역자의 이름만 기재되고 두 영국 저자의 이름은 앞표지와 속표지에서 번역자 아래에 작게 기재된 경우가 있었다. 라이선서는 그런 부수를 회수할 수 있는 권한을 가지며 도서의 잘못된 부분은 수정되고 재인쇄되어야 할 것이다. 책이 비로마자—예를 들면 러시아어, 일본어 또는 중국어—를 사용하는 언어로 번역되면 저자명이 영어와 현지어로 나타나도록 요구하고 라이선시가 가능한 한 정확하게 옮기게 하기 위해 저자명의 정확한 발음 표기를 제공하는 것이 현명할 것이다. 로마자를 사용하는 언어에서조차 저자가 여성일 경우 여성형으로 변형되어 바뀐 표기가 나타날 수 있다(라트비아가 그런 사례이다). 최근에는 중국 정부가 라이선스 판본의 표지에 외국 저자의 국적이 나타나도록 요구한다는 기이한 소식이 들려오기도 했다.

원래의 영어 텍스트와 관련된 저작권 문구는 속표지 뒷면에 포함되도록 명기되어야 한다. 어떤 라이선시는 그들의 판본에서 이런 저작권 구절로부터 의도적으로 날짜를 생략하기도 한다. 이는 특히 출판이 지연되는 경우에 나타나는데, 그렇게 함으로써 책의 나이를 숨기는 것이다. 이런 일은 그냥 넘어가서는 안 된다. 번역된 텍스트에 대한 저작권을 포함하는 별도의 저작권 문구가 당연히 있어야 한다. 이는 아마도 라이선시의 이름으로 되어 있을 것이지만 현지의 저작권 법규가 번역자의 이름을 표기할 것을 요구하는 국가에서는 번역자의 이름으로 되어 있을 수 있다.

제품 품질

어떤 라이선스 계약이고 간에 제품의 품질이 용인할 수 있는 수준에 달해야 한다고 요구하는 문구를 삽입하는 것이 현명하다. 대부분의 라이선서들은 이런 요구가 시장에 따라 달라질 수 있고 해당 문구가 현지 여건하에서 가능한 최선의 품질에 대한 고려여야 한다는 점을 받아들일 것이다.

기한

번역서 출판 기한의 명시는 해당 도서와 라이선시의 전반적인 출판 계획에 따라 다양할 것이다. 완성된 도서의 공급을 포함하는 공동출판을 위한 기간은 상대적으로 짧을 수 있다. 번역 작업을 영어 원고나 교정쇄를 가지고 하게 되는 화제성이 높은 도서도 영어판이 나온 뒤 바로 번역본이 출간될 수 있다. 하지만 라이선서는 번역서의 출판이 관련 시장에 대한 자체 판본의 조기 수출판에 미칠 영향을 고려할지 모른다. 네덜란드, 덴마크—최근에는 프랑스—와 같은 국가의 출판사들은 영국과 미국 출판사들이 베스트셀러의 조기 수출판을 출간하는 데 대한 불평을 늘어놓을 때가 종종 있다. 그런 출판사들은 이러한 조기 수출판이 자신들의 번역서 시장에 악영향을 미친다고 주장하며 시장을 확보하기 위해 단기간 내에 번역판을 출판하려고 한다.

학술 도서는 번역 출판하는 데 번역작업의 속도, 책의 분량과 시장 환경에 따라 1년에서 5년까지 걸릴 수 있다. 원칙적으로 기간을 적당히 잡는 것이 좋다(가령 18개월). 그리고 번역작업이 진짜 난관에 봉착하게 되면 기한을 연장할 준비를 해야 한다. 출판이 계속해서 지연되는 것은 기한을 단기적으로 연장해 주는 조건으로 추가 선인세를 물릴 타당한 이유가 될 수 있다.

책을 정기적으로 개정하는 학술 출판사들은 번역 일정이 많이 지연된 상태에서 새 판본의 출간이 임박해 있다면 딜레마에 빠지게 될 것이다. 개정의 성격과 정도에 많은 것이 달려 있다. 외국의 라이선시가 옛 판본을 가지고 이미 진행을 많이 했다면 새로운 재료가 별도의 장으로 포함되지 않는 한 새로운 판본으로 전환하는 것이 가능하지 않을 것이다. 그런 문제를 피하기 위해서는 담당 편집부에 새로운 판본의 출간 계획을 조기에 알려야 한다. 새로운 판본에 대해 변경되는 조건의 문제는 협상에 따라야 한다. 학술 출판사는 정기적으로 개정을 해야 하는 책의 경우 5년의 기간이 주어진다고 할지라도 시한이 정해진 라이선스를 받지 않으려 할 수 있다.

보증과 면책

라이선서는 라이선시에게 저작물이 원작이고 자신에게 라이선스를 제공할 권한이 있으며 저작권 침해나 여타의 법적 문제가 없다는 데 대한 보증과 면책을 제공할 필요가 있을 것이다. 법적 문제와 관련해서는 영국법으로 제한하는 것이 현명하다. 왜냐하면 영국 시장에서 법적으로 완벽하다고 생각되는 재료가 다른 곳-예를 들면 중국-에서는 불법적인 것으로 생각될 수 있기 때문이다. 보증 조항의 정확한 문구는 기본계약서에서 저자가 라이선서에게 제공한 보증 조항의 문구와 들어맞아야 할 것이다. 여기에는 명예훼손, 외설적인 표현, 사실이라고 주장된 정보의 정확성에 대한 책임 등의 문제들이 포함된다.

부차권

외국 출판사에게 학술 타이틀의 부차권을 모두 부여하는 것은 부적절할 수 있는 반면, 외국의 라이선시는 소설이나 인기 있는 논픽션 작품에 대해 그들 자신의 언어에 관한 부수적인 권리를 획득하려고 하는 것이 당연할 것이다. 여기에 포함되는 것은 페이퍼백 권리, 북클럽 권리, 신문사와 잡지에 대한 연재 권리, 라디오에서의 낭독 권리, 선집 및 인용 권리 등이다. 라이선시는 통상적으로 이러한 권리를 활용하기에 유리한 위치에 있기 때문에, 이러한 권리가 합의된 수입 분배를 조건으로 하여 부여될 수 있다. 이때 라이선서가 받는 비율은 50%에서 90%에 이를 수 있다. 구분해야 할 것은 대량 판매 시장용 페이퍼백 번역권을 독립적인 페이퍼백 출판사에 2차 라이선싱하는 것과 번역권의 주요 라이선시로서 동일한 그룹 내의 페이퍼백 임프린트가 그런 판본을 출판하는 것이다. 후자의 경우 1차적인 번역 라이선스의 일부로서 다루어지는 것이 이상적이며 이 경우 페이퍼백 판매에 대한 완전인세가 지불될 수 있다. 구분해야 할 것은 전자책 권리—라이선시가 이용할 것이고 인세 기준으로 고려—를 허가하는 것과 수익의 일부가 라이선서에게 지불될 어떤 형태의 전자 권리—예를 들면 상업적인 웹사이트에서 사용될 번역 텍스트의 초록—에 대한 2차 라이선스를 줄 수 있는 권리이다. 모든 2차 라이선스 거래는 라이선서의 사전 승인을 받아야 한다고 명기하는 것이 현명하다.

전자책 권리

이 장의 초반부에서 언급한 바와 같이 중요성이 점차 증대되는 한 분야는 전자책 권리 또는 다른 형태의 전자 출판 권리가 번역권 허가에 포함되어야 하는가 하는 문제이다. 전자책 권리에 대한 인세는 종이책 판본을 위해 합의된 것과는 별도로 명기되어야 하며 소매가격보다 순수입액에 기초를 둘 것이다. 어떤 출판사들은 종이책과 전자책 판매에 대해 별도의 선인세 지불을 명기하기를 바라는 반면, 다른 출판사들은 이 두 형태의 인세율이 어떻게 설정될지를 고려하여 통합된 선인세 지불을 명기할 것이다.

인세 산정

번역에 대한 인세 산정 보고는 일 년에 한 번이나 두 번 요구될 것이다. 단행본의 경우 두 번이 더 흔하다. 라이선서가 산정일을 명시할 수 있지만 라이선시가 상이한 산정일을 전산화하여 사용한다면 이를 변경하는 것이 필요할 때가 있다. 통상 3개월은 예정된 산정일이 지난 다음 송금이 이루어지기까지 충분한 기간으로 여겨진다. 하지만 스칸디나비아의 출판사들은 지불하는 데 9개월까지도 요청할 때가 있는데 이는 과도해 보인다. 2차 라이선스로부터 수입이 발생하면 라이선시가 이를 영수하고 송금하기로 합의한 수주일 내에 송금할 것을 명기하는 것이 바람직하다. 이렇게 하는 것이 그런 수입이 연간 한 번 또는 두 번의 인세 보고에 포함되어 지불이 지연되는 것보다 낫다.

도서 가격에 인세가 포함되는 공동출판 계약 거래는 별도의 인세를 지불하지 않아도 되기 때문에 라이선시에게 정기적인 보고서를 제출하도록 요청하지 않는다. 하지만 공동출판 라이선시가 판매와 재고에 관한 보고를 정기적으로 제출하도록 명기하는 것은 유용하다. 그렇게 해야 라이선서가 향후 동일한 도서의 리프린트에 대한 조정자로서 재주문이 언제 도래할지 판단할 수 있기 때문이다.

지불을 어떤 화폐로 할지를 계약서에 명기해야 한다. 또한 현지 규정이 라이선시가 부가가치세 이외의 세금을 원천징수하도록 요구하면 라이선서에게 모든 서류가 제공되어야 한다. 라이선서는 법인세의 감면을 요구할 수도 있을 것이다(옥스퍼드 대학교 출판부와 케임브리지 대학교 출판부 같은 영국 회사는 자선기관으로 설립되었으며, 그렇기 때문에 이런 식으로 감면을 요청할 수 없다). 조세 요건은 라이선시의 국가에 달려 있고 영국과의 이중과세 방지협약이 시행되고 있는지 여부에 달려 있다.

부가가치세가 인세 지불 시에 부과되는지 여부의 문제는 복잡한 것이며 나라마다 다르다. 이는 라이선스가 주어진 판본의 가격에 적용되는 것이 아니며 몇몇 나라에서 해외로 송금되는 인세에 적용되는 세금이다. 러시아는 2004년에 18%의 부가가치세를 인하하는 조항을 도입했으며 러시아의 라이선시들이 이를 처리하는 방식에서 상당한 차이가 있었다. 어떤 라이선시는 외국 라이선서가 예상한 계약 금액과 별도로 세금을 지불하고 다른 라이선시들은 계약된 지불액에서 그것을 빼려고 시도했다. 예상되는 지불 금액—최초의 선인세나 선인세 및 후속 인세—은 부가가치세가 부가가치세 포함 금액에서 차감된 후 라이선서에게 지불되어야 할 총액임을 명기하는 것이 현명하다. 다시 말하면 라이선시는 관련 총액을 공제 전 액수로 올림으로써 라이선서가 예상 금액을 받게 해야 한다. 그 의미는 라이선서가 각 지불에 대해 공제 전 액수를 보여주는 인보이스를 제공해야 하며 그런 다음 계약된 금액에서 18%를 차감하게 된다는 것이다.

계약이 현지의 위탁판매인을 통해 협상되면(예를 들면 일본, 한국 또는 타이완) 이는 계약서에 명기되어야 한다. 모든 지불이 에이전트를 거쳐서 이루어질 것이기 때문이다. 에이전시에 대한 수수료를 지불해야 하면 이 역시 명기되어야 한다. 저자는 에이전시 수수료를 빼고 라이선서가 수령한 총액에서 자기 몫을 받을 것이다. 하지만 영국 출판사가 도서를 외국 출판사에 직접 판촉활동을 했는데 그 출판사가 에이전트를 통해 반응을 보인다면, 에이전트는 라이선서가 받아야 할 금액에서 수수료를 공제하는 것이 아니라 외국 출판사로부터만 수수료를 받겠다는 합의에 도달할 수 있다.

귀속

종이책 번역물이 절판되거나 혹은 어떤 형태로든지 간에 라이선시로부터 전혀 이용될 가능성이 없을 때 권리를 회복할 수 있는 조항이 만들어져야 한다. 하지만 만약 부차권이 계약서에 포함되어 있다면 기존의 2차 라이선스는 계약 기간 동안 유효하도록 허용되어야 한다. 만약 전자책 권리가 라이선스에 포함되어 있다면 라이선시가 자신의 웹사이트에서 전자책을 내리고 전자책 소매상 같은 중개인도 그렇게 하도록 요구할 수 있는 조항이 포함되어야 한다.

비양도

계약서에서는 제3자에게 라이선스의 이득을 양도할 수 없다고 명기해야 한다. 다만 라이선서가 허락한다면 적절하게 허가된 2차 라이선스 계약을 통해서 가능하다.

취소

라이선시가 계약을 위반했는데 개선되지 않는다면 라이선스를 취소하는 조항이 포함되어야 한다. 이때 라이선서에게 지불되기로 되어 있던 금액은 그대로 지불되어야 한다는 조항이 있어야 한다.

중재 및 적용 법률

통상적으로 계약은 분쟁 발생 시 영국의 방식을 따르고 합의는 영국법에 의해 다루어질 수 있다고 명기하지만, 특정한 국가들은 이런 것을 받아들이는데 동의하지 않을 수 있다. 사회주의 국가와 구 사회주의 국가들은 역사적으로 자본주의 국가의 법규를 받아들이는 데 신경질적이며, 가능한 타협안은 스톡홀름과 같은 중립지역에서의 중재에 동의하거나 또는 분쟁이 발생할 경우 소환된 당사자의 국가 법률하에서 계약을 다루는 데 동의하는 것이다. 최근 수년 동안 중유럽, 동유럽 및 구소련의 출판사들은 라이선서 국가의 법규하에 계약의 처리를 받아들일 태세를 갖추었다. (중국과 같은) 어떤 국가에서 합의된 계약이 유효하고 그래서 지불이 이루어지려면 라이선시의 국가 법률에 따라 처리되어야 한다. 중국은 또 자국의 중재 규칙을 적용할 것을 요구한다.

일시불 거래

일시불 계약의 경우 인쇄될 부수가 명기되어야 하는데, 이는 재고가 바닥이 나자마자 라이선시가 라이선서에게 보고하도록 요구된다. 그런 다음 계약은 설령 추가 물량을 위한 조건이 계약서 뒤의 부록에 의해 협상되고 다루어질 수 있다고 할지라도 종료될 것이다. 또한 이런 종류의 계약에는 번역서의 추정 소매가나 도매가가 포함되어야 하고 최종 가격이 이를 초과하면 지불 금액도 출판 시 가격에 비례하여 높아져야 한다는 요구사항이 들어 있어야 한다.

특수 요구사항

어떤 국가에서 출판사들은 계약서 외에 송금을 위한 인보이스를 요구할 것이다. 어떤 시장—예를 들면 중유럽과 동유럽—의 경우 인보이스마다 라이선서를 대표하는 도장과 서명이 필요하다. 또한 라이선시로부터 현지 규정에 의해 부과되는 특수한 요구사항이 있을 수 있다. 과거 폴란드는 (주로 은행의 요구 때문에) 영어와 폴란드어로 된 계약서를 요구했으나 계속적으로 요구되는 것 같지는 않다.

이제 어떤 러시아 출판사들은 두 개 언어로 된 계약서를 요구하며 또한 외국의 라이선서들에게 '제공되는 서비스 문서'라고 하는 추가 문서의 제공을 요구한다. 이것은 관련된 권리들을 허가하는 별도의 계약이 발효되었음을 결과적으로 명기한 문서이다. 우크라이나의 경우 자기 나라 출판사에게 라이선서로부터 모든 지불을 정히 수령했음을 확인하는 서명된 증명서를 확보할 것을 요구한다.

계약 이후

계약이 체결되고 서명과 동시에 받기로 되어 있는 금액을 수령하면 라이선서는 번역물의 출판 시까지 현행 번역 라이선스에 대해 추가적인 조처를 요구하지 않을 것이다. 하지만 어떤 경우 라이선시는 일러스트레이션에 대해 복제생산재료를 주문하고 싶어 할 것이다(제20장 참조). 저자는 번역되는 텍스트에 포함될 수정사항을 가지고 있을 수 있으며 번역판에 대해 특별 서문이나 추가적인 재료를 쓰도록 요청받을 수 있다. 저자들이 특히 해외 판본을 위해 책을 상당한 정도로 고쳐 쓰는 일은 없도록 해야 할 것이다.

공동출판 거래의 경우 계약서에 서명하고 난 후 그리고 최종본이 마지막으로 라이선시에게 도달하기 이전에 저작권 담당 직원이 수행할 추가 업무가 많을 것이다.

번역권 판매 여건은 나라마다 크게 다르다. 적합한 타이틀과 발생할 수익 양쪽 모두에 비추어 그렇다. 라이선서는 각 지역에서 작동하는 저작권과 라이선싱 배경을 알아야 하고 반드시 신뢰할 수 있는 파트너하고만 거래하기 위해 적절한 사전 조처를 취해야 한다.

다시 한 번 언급하지만 라이선스 만료 일자를 주의 깊게 모니터해야 하고 이때 컴퓨터화된 데이터베이스가 얼마나 중요한지를 알게 될 것이다.

라이선스가 잘못되면 무슨 일이 벌어지는가?

이상적인 세계에서는 모든 라이선스 계약이 원만하게 진행될 것이다. 인세가 신속하게 지불되고 고품질의 라이선스 판본이 일정대로 출판되어 판매가 성공적으로 이루어질 것이다. 하지만 현실에서는 도처에 함정이 있으며 이런 함정들은 번역권 분야에서 가장 빈번하게 불쑥 나타나는 경향이 있다. 다음은 공통적으로 일어날 수 있는 일들과 완벽하지는 않지만 이를 처리하는 방법의 대강이다.

① 조건이 합의되고 계약서가 준비되었지만 라이선시가 서명을 하지 않는다.

빈번하게 상기시켜주는 것 말고는 양측이 서명한 계약서 없이 할 수 있는 일이 별로 없다. 라이선서들은 대체 라이선시를 너무 늦게 찾지 않도록 이러한 상태를 오래 끌지 않을 필요가 있다.

② 조건이 합의되고 양 당사자가 라이선스 계약을 체결했지만 라이선시가 서명 시 해야 할 최초 지불을 이행하지 못했다.

라이선서는 지불 이행을 계속 촉구할 수 있다. 그때 알려주어야 할 사실은 법적 구속력이 있는 계약이 유효하며 지불 불이행은 계약 위반사항이므로 계약이 취소될 수 있다는 것이다. 때에 따라서 라이선시의 행위를 해당국 출판협회에 보고하겠다고 위협하면 성과가 있을 수 있다. 라이선서가 라이선시에 대해 다른 출판사에 긍정적인 추천을 할 수 없다는 사실을 언급하는 것도 효과를 거둘 수 있다.

③ 조건이 합의되고 양 당사자가 계약서에 서명하고 서명 시 지불이 이행되었지만 라이선시가 라이선스 판본의 출판을 하지 못했다.

이런 상황은 매우 복잡하며 라이선시가 출판 의도는 갖고 있지만 환경이 바뀌었고(예를 들면 최근의 경기 불황) 출판을 진행시킬 수 없는 형편일 때 일어날 수 있다. 만약 거래를 중단할 의도라면 대체 라이선시를 찾을 수 있는 초기 단계에 이를 확인하는 것이 좋다. 주의할 점은 어떤 라이선시는 선인세를 미래의 라이선스 거래에 이전하는 것이 가능한지 또는 기존 라이선스에 지불하기로 되어 있는 인세에 대해 적용할 수 있는지를 문의할 수 있다는 것이다. 어느 쪽도 용납될 수 없다. 왜냐하면 관련된 타이틀의 저자가 이미 선인세의 몫을 받았을 것이며, 어느 쪽이든지 간에 출판을 하지 못할 시에는 저자가 받은 선인세가 몰수될 것이기 때문이다.

④ 라이선스 판본이 출판되었지만 문제가 있다. 예를 들면 저자 또는 원출판사에 대한 부정확한 표시가 있다.

이런 문제들은 때에 따라서 책 내부에 스티커를 붙이거나 라이선시에게 표지갈이를 요구함으로써 해결될 수 있다.

⑤ 라이선스 판본이 출판되었지만 더 중요한 문제가 있다. 예를 들면, 표준 이하의 생산 품질, 번역의 질에 대한 독자들의 불만 또는 사전 허가 없이 변경된 내용이 있다.

이런 경우 라이선시에게 책을 회수하고 자기들이 가지고 있는 판본의 모든 재고를 없애라고 요구할 타당한 이유가 있을 수 있다. 이때 그들이 그렇게 한 것에 대해 라이선서에게 증거를 제공하게 해야 한다. 문제가 시정되지 않는다면 계약 위반의 책임을 물어 라이선스 계약을 취소할 수 있다.

⑥ 라이선스 판본은 만족스럽게 출판되었지만 라이선시가 판매 및 인세 보고를 정기적으로 하지 않는다.

정기적으로 촉구해도 결과를 얻지 못하면 라이선시에 제소하겠다고 위협하고 그들의 행동을 여타 출판사에 알리겠다고 경고하면 효과가 있을 것이다. 라이선시가 부도가 나면 이는 계약서에 따라 다루어지고 라이선스는 취소될 것이다. 하지만 받아야 할 금액을 받을 가능성은 낮을 것이다.

⑦ 라이선스 판본은 적기에 출판되었고 품질이나 재정적인 문제도 없지만 판매가 실망스럽다.

처리하기가 매우 어려운 문제는, 특히 라이선시의 판매가 라이선서의 기대에 미치지 못할 경우이다. 문제를 제기하고 판매 부진의 이유를 질문하는 것 외에 라이선서는 계약 기간을 거의 채운 어느 시점에 대체 라이선시를 찾는 것이 가능할 것이다.

⑧ 라이선스 기간의 어느 시점에서 라이선시가 단순히 사라져 버린다.

유감스럽게도 이런 일은 변동성이 높은 시장에서 흔히 발생할 수 있다. 관련 국가에 출판협회가 있으면 정보를 파악하기 위해 접촉하거나 또는 다른 주소를 찾거나 사라진 출판사가 폐업을 했는지 확인하기 위해 동일한 시장의 신뢰할 만한 라이선시에게 도움을 구하는 것도 좋을 것이다.

특수한 라이선싱 분야

제약회사에 대한 라이선싱

제약회사에 대한 라이선싱 분야는 의학 출판사에 여전히 중요하다. 지난 40년 동안 이 분야는 중요한 비즈니스로 발전했으며, 여기에는 특히 제약업계의 고객을 위해 재료를 특별하게 포장하거나 그들을 위한 영어본을 인쇄하는 일(제11장 참조) 또는 해외 제약회사의 판촉용 사용을 위한 번역물을 생산하거나 라이선싱을 주는 일이 포함될 수 있다. 영국의 어떤 의학 출판사들은 이런 시장을 위한 외국어 재료를 생산하는 데 전문화된 해외 자회사를 갖고 있다.

해당 재료가 번역을 위해 라이선스를 주어야 할 것이라면 제약회사가 직접 접근해올지 모르지만 좀 더 통상적으로는 의약품 포장공급자packager를 통해 또는 현지 제약 산업에 대한 재료 공급에 전문화되어 있는 해외 출판사를 통해 거래가 된다. 이런 종류의 포장공급자는 이탈리아, 스페인, 중남미 및 일본에서 특히 활발하다. 이런 회사들은 권리를 위해 상담을 하고 번역을 하며 저작물을 생산하고 제약업계 고객에게 책을 판매한다. 의학 해부도처럼 일러스트레이션이 많은 저작물의 경우 이들은 텍스트 없는 인쇄지 또는 번역판의 완성된 도서에 대한 공동출판 가격을 요구할 수도 있다. 라이선스가 있는 판본에는 포장공급자/출판사 이름만 있거나 제약업체명과 포장공급자명이 함께 있거나 또는 제약업체명만 있을 수 있다. 또한 제약업계 고객을 위한 일반적인 광고 또는 고객이 제조한 제품(들)을 위한 특정한 광고를 포함시켜달라는 요청이 있을 수 있다.

이런 종류의 거래를 하는 데 가장 적합한 후보는 작은 포켓 사이즈의 도서(컬러 해부도 또는 편리한 참조용 타이틀은 특히 인기가 있다), 분책되어 시리즈로 생산될 수 있는 더 큰 책 또는 조그만 책자로 생산될 수 있는 개별적인 저널 기사가 될 것이다.

어떤 경우 포장공급자/출판사는 제약업계 고객에게 지속적으로 판매하기 위해 상당한 양을 생산할 것이다. 여기에 전통적인 도서 유통망을 통해 판매될 소량의 부수가 추가로 생산된다. 기억해야 할 일은 이런 종류의 책자나 분책이 의약품 시장을 위해 생산되면 별도의 단행본 판본이 전통적인 도서 출판사에 허가될 가능성이 없다는 것이다. 대부분의 시장에서 이런 책자나 분책이 판촉활동을 위해 무료로 배포될 것이기 때문이다.

표준 단행본 판본을 출간하고 나서 제약업계와의 거래를 주선하는 것이 가능할 경우가 있다. 이것은 단행본 라이선시를 통해서든지 또는 번역된 텍스트를 재사용하도록 포장공급자를 단행본 출판사에 소개함으로써 이루어진다.

제약업계의 고객은 언제나 책자를 초저가로 구매하기를 원할 것이다. 그들이 관련국에서 판촉 형태로 의료 전문직에게 무료로 배포할 것이기 때문이다. 가격은 정상적인 경로를 통해 단행본을 판매하는 가격보다 훨씬 낮을 것이며, 이런 이유로 제약업계와의 거래에 대한 (공동출판 가격을 포함하거나 별도로 명기된) 인세율은 이에 상응하여 더 높아야 한다. 이는 아마도 제약회사가 포장공급자에게 지불하는 권당 가격의 10~12%가 될 것이다. 판매는 단일 주문이 될 가능성이 있기 때문에 지불은 명기된 인쇄부수에 대한 합의된 인세에 상응하는 일시불 형태로 할 수 있다. 이는 계약 체결 시 일정 비율을 지불하고 고객으로부터 지불을 받는 포장공급자가 합의된 날짜까지 나머지 전체를 지불하는 방식이 될 수 있다. 단행본 유통망을 통해 포장공급자가 판매한 책자에 대한 지불은 소매가격에 대한 좀 더 통상적인 인세율—예를 들면 7.5%—에 기초한 일시불로 계산될 수 있다. 번역 거래가 스스로 제품을 만들어내는 제약업체—통상적으로 관련된 저널 기사들을 내기 마련이다—와 직접 협상되면 판매 가격

자체가 없을 것이며 지불은 명목 가격을 기준으로 계산되어야 할 것이다.

처음부터 제약회사가 확약한 판촉활동의 정확한 성격을 분명히 하는 것이 중요하다. 이는 단순한 임프린트나 로고를 구성하는 것일 수도 있고 해당 도서가 의료전문직에 대한 서비스로서 무료로 제공되는 설명서일 수도 있다. 아니면 몇 장 안 되는 삽입물 형태로 또는 도서 자체 내에 인쇄된 재료의 형태로 특정한 제품을 광고하는 것이 될 수도 있다(표지 뒷면이나 뒤표지에 인쇄되는 경우가 종종 있다). 후원을 받고 특정한 광고가 포함된다면 저자가 자신의 저작물이 이런 종류의 광고와 연관되기를 원치 않을 경우에 대비하여 거래를 마무리 짓기 전에 저자와 협의를 거칠 것을 강력하게 권고한다. 도서의 텍스트 내에 이미 특정한 의약 제품이 나타나 있지 않다면 이를 언급할 수 있는 허가는 어느 경우에도 주어져서는 안 된다. 왜냐하면 이는 저자가 적극적으로 제품을 보증한다는 인상을 주기 때문이다. 합의된 광고 재료는 무엇이든지 간에 텍스트와 분명히 구분이 되어야 한다. 저자가 정보에 근거한 판단을 하게 하기 위해, 포장공급자가 광고할 어떤 제품에 대한 데이터 시트와 같은 분명한 정보를 제공한다면 시간을 절약할 수 있을 것이다. 모든 시장에서 모든 제품이 정부로부터 승인을 받는 것은 아니다. 제약업계와의 거래는 수지맞는 거래일 수 있지만 책이 이런 식으로 사용됨으로써 저자가 감정이 상하고 적대감을 갖도록 할 만한 가치는 없다. 제약업계와의 거래는 2000부에서 5만 부에 이를 수 있으며 번역되는 저널 기사의 인쇄부수도 대단히 많을 수 있다.

정상적인 번역판과 마찬가지로 통상적인 저작권 정보와 더불어 저자와 원출판사가 분명하게 명기되어야 한다. 개별적인 저널 기사의 경우 기사가 처음 실린 저널의 연도, 권호, 발행번호를 기재해야 한다.

저널 라이선싱

제약회사에 개별 저널 기사를 라이선싱하는 데 대해 언급했지만 과학과 기술 저널에 대해서도 번역권을 라이선싱하는 계약이 많이 이루어질 수 있다. 이는 외국 저널 출판사에 발행분별로 전체 저널을 번역 생산할 수 있는 직접 라이선스를 주는 것을 의미할 수 있다. 일부 현지 재료를 추가하거나 어쩌면 기존의 외국어 저널에 있는 기사를 선택적으로 번역하여 발간하는 것도 가능할 것이다. 가장 분명한 시장은 의학 학술지인데, 이런 저널의 발간을 위한 예산은 유료구독에만 의존하든지 제약회사나 의료설비회사들의 광고를 통한 일부 또는 전액 후원에 의존할 수 있다.

첫 번째로 고려해야 할 사항은 저널 전체에 대해 라이선스를 주면 관련 시장에서 오리지널 저널의 유료구독 수준에 악영향을 미칠 것인가 하는 것이다. 또 다른 중요한 점은 외국의 라이선시가 저널의 원래 명칭을 영어명이나 번역명으로 또는 양쪽 다로 사용할 수 있도록 허용할 것인가의 여부이다. 이는 오리지널 저널에 있는 재료의 전체 또는 상당한 비율이 번역될 경우에만 허가되어야 한다. 오리지널 저널의 편집진은 추가적인 현지 재료의 삽입을 허가할 수 있으며 허가가 되면 이런 재료는 명백하게 식별이 되어야 한다. 라이선스를 받은 판의 각 발행분에 오리지널 저널과 편집진 및 원출판사에 대한 표시가 있어야 한다. 발행분 사이의 기사들을 재구성하거나 연간 발행 횟수를 조정하는 등의 변동이 있다면 승인을 받아야 한다.

저널 라이선싱의 특히 중요한 측면은 신속성인데 이는 재료가 해당 분야의 연구성과에 대해 빠르게 뒤처지는 것이 될 수 있기 때문이다. 저널 전체를 라이선싱할 때 라이선시가 새로운 발행분의 재료를 원고나 인쇄교정쇄 형태로 받도록 보장하는 것이 필요할지 모른다. 이는 원어로의 발행과 번역어로의 발행 사이의 시간적인 공백을 줄이기 위한 것이다.

번역된 텍스트의 저작권

앞에서 언급한 바와 같이 번역된 텍스트에는 완전히 별개의 저작권이 있으며 이것의 소유권은 라이선시와 번역자(들) 사이의 계약상 합의 조건에 달려 있을 것이다. 앵글로색슨 국가들에서는 통상적으로 번역을 위임하는 출판사가 번역된 텍스트의 저작권을 자신이 가질 것을 요구하며 이는 다른 국가에서도 가능할 것이다. 그 의미는, 만약 소설과 같은 타이틀에 대해 특정한 출판사에 번역을 위한 라이선스가 주어지고 동일한 타이틀에 대해 추후 또 다른 출판사에 다시 라이선스를 주게 되면 새로운 라이선시는 번역된 텍스트의 재사용을 위한 협상을 위해 원래의 라이선시에게 신청을 해야 한다는 것이다.

하지만 기억해야 할 점은 지적재산권과 관련한 유럽대륙의 저작권법 개념은 창조자로서의 번역자에게 훨씬 더 강력한 권리를 부여한다는 것이다. 그런 모델을 따르는 유럽대륙 국가들과 여타 국가에서 번역판에 대한 저작권은 번역판에 나타나는 저작권 문구에 상관없이 번역자가 보유하게 될 것이다. 설령 이런 것이 대부분의 경우 이론적인 지침이 될지 모르지만 어느 책의 번역권에 대해 어떤 출판사에 라이선스가 주어지고, 그런 다음 이어서 또 다른 출판사에 동일한 언어의 번역판에 대한 라이선스가 다시 주어질 경우 어느 정도 관련성이 있을 것이다. 두 번째 출판사는 첫 번째 라이선시가 아니라 번역자로부터 번역된 텍스트의 재사용에 대한 허가를 받아야 할 수 있다.

또 기억해야 할 것은 만약 교육 및 학술 타이틀의 원어 판본이 개정되고 새로운 판본에 대해 이전 판본의 라이선시가 아닌 다른 외국 출판사에 라이선스가 주어지면 두 판본 사이에 공통적인 문구가 상당히 많을 수 있다는 것이다. 그리고 새로운 라이선시는 그런 문구의 번역된 텍스트를 재사용하기 위해 이전 라이선시로부터 허가를 받을 필요가 있을 수 있다. 이는 민감한 분야인데, 특히 이전 라이선시가 라이선싱 합의의 변경을 원만하게 받아들이지 않을 경우 그렇다. 새로운 라이선시가 이전 판본의 번역을 참조하지 않고 공통 부분을 새롭게 번역했다는 것을 증명하기가 곤란한 경우가 많다.

때에 따라서 학술 출판사가 부여하는 번역 라이선스에서 나타나는 한 가지 특성은 라이선서가 번역된 텍스트의 저작권을 자신들에게 달라고 라이선시에게 요구한다는 것이다. 외국 라이선시가 이를 거부하는 것은 타당하다. 특히 라이선서의 해외 자회사가 추후 관련 시장에서 해당 도서의 번역본을 인수하기를 원하는 상황이 예상될 경우 그렇다.

드라마화 및 다큐멘터리화 권리 15

무대, 라디오, 텔레비전 및 영화 권리

이런 권리들은 다양한 미디어, 즉 무대, 라디오, 텔레비전과 영화를 통해 어문저작물을 드라마화하는 권리를 포함한다. 최근 수년 동안 이런 권리들—특히 무대, 텔레비전 및 영화 권리—을 출판사가 보유할 가능성은 훨씬 낮아졌고, 그 대신에 이것들을 저자가 보유하고 그들의 에이전트가 판매할 가능성이 높아졌다. 오래되고 이런 미디어에 이용될 잠재성이 적으며 에이전트가 저자를 대신하지 않는 도서는 권리가 출판사에 있는 것이 당연할 수 있다. 그러므로 협상을 시작하기 이전에 기본계약서를 주의 깊게 살펴보는 것이 매우 중요하다. 비록 출판사가 계약에 의해 그런 권리를 다룰 자격이 있다고 하더라도, 저자가 여전히 저작권 소유자라고 하면 저자가 거래를 승인하거나 오디오비주얼 권리를 위한 계약에 서명자가 될 필요가 있을 것이다. 이 분야의 라이선싱에 철저한 보증이 요구되기 때문이다.

BBC의 라디오 방송은 예외이지만, 이런 것들은 지불 수준에 대한 확정적인 가이드라인을 제공하기가 지극히 어려운 분야이다. 많은 것이 관련 프로젝트 및 판매자와 구매자의 협상력에 달려 있기 때문이다. 이는 특히 영화와 텔레비전 권리의 경우 사실이다. 베스트셀러로 자리 잡은 도서가 이런 권리와 연관이 될 때 값이 높아지는 것은 이해할 만하다.

무대 권리

여기에 포함되는 것은 희곡 형태로 쓰인 작품을 무대에서 상연하는 권리 또는, 가령 소설이나 단편 소설 상연을 전제로 한 희곡으로 각색하는 권리이다.

이러한 권리에 대해 지불하는 방법과 수준은 저자의 위상, 작품 및 신청의 성격에 크게 달려 있을 것이다. 학교 교사가 학기말에 학교에서 공연할 연극을 위해 작품 사용을 신청했을 때 작품의 연극화 권리를 위한 독점적인 라이선스를 허가하는 것은 분명히 현명하지 못할 것이다.

어떤 작품이 드라마화되어 전문적으로 생산될 때 지불의 기초는 통상적으로 총 매표소 수입에 대한 일정 비율의 선지불금이다. 비율은 작품의 성격과 저자의 명성에 따라 다양하지만 5%에서 12% 사이가 될 수 있다. 희곡이 출판작품–예를 들면 소설–을 각색한 것이라면 인세는 출판사–출판사가 이런 권리를 관리한다면–와 저자/각색자 사이에서 합의된 몫을 나눠야 할 것이다. 영국에서 극장경영자협회Theatre Managers Association와 작가조합Writers' Guild 사이에 시행되고 있는 협정은 극장경영자협회 소속 제작자들에 의한 무대 상연의 수수료를 규정한다. 그리고 라이선스 기간, 희곡이 공연될 수 있는 장소의 유형, 웨스트엔드West End(런던 중심지의 서쪽 지역. 많은 극장과 상점, 호텔이 있다–옮긴이)나 해외에서 순회공연을 할 수 있는 선택권과 관련한 조건들은 기초가 되는 권리 거래를 위한 계약서에서 유효하게 채택될 수 있다.

아마추어 뮤지컬 공연에 대한 수수료도 매표소 수입액을 참고로 해서 결정될 때가 있다. 아마추어의 공연 작품을 위한 지불은 통상적으로 공연당 수수료를 기준으로 계산된다. 어쩌면 40~50파운드 정도일 것이며 공연에 앞서서 지불이 가능한데, 고려사항은 관객 규모, 상연 횟수, 티켓 요금이 될 것이고 그런 다음 합의된 상연 횟수에 대해 라이선스가 발급된다. 저자, 작품, 프로그램 출처는 당연히 밝혀야 한다. 또 다른 접근 방법은 잠재적인 최대 매표소 수입액의 10%를 수수료의 기초로 하는 것이다. 이것이 저자에게 지불할 수수료를 협상하는 좀 더 안전하고 명백한 방식이다.

지난 수년 동안 런던 극장을 조사한 결과 몇몇 쇼는 책에 근거한 것이었다. 여기에 포함된 것은 몇몇 뮤지컬(장기간 상연 중인 빅토르 위고Victor Hugo 원작의 〈레 미제라블Les Misérables〉 등), 책을 원작으로 하면서 영화로도 유명한 공연 작품(존 버컨John Buchan의 『39계단The Thirty-Nine Steps』의 풍자 버전으로 장기 흥행한 패트릭 벨로 Patrick Below의 작품과 더 최근에는 퍼트리샤 하이스미스의 『열차 안의 낯선 자들Strangers on a Train』을 원작으로 한 공연, 그리고 제임스 존스James Jones의 1951년 작 『지상에서 영원으로From Here to Eternity』의 불운한 뮤지컬 작품), 영화를 원작으로 하는 공연 작품(〈라이언 킹Lion King〉과 〈빌리 엘리어트: 뮤지컬Billy Elliot: The Musical〉), 또한 마이클 모퍼고Michael Morpurgo의 『워 호스War Horse』(2011년 영화 개봉), 수전 힐Susan Hill의 『우먼 인 블랙The Woman in Black』(2012년 영화 개봉)을 원작으로 하는 공연 작품, 마크 해던Mark Haddon의 휘트브레드 상 수상작 『한밤중에 개에게 일어난 의문의 사건The Curious Incident of the Dog in the Night Time』을 원작으로 한 창조적인 작품이다. 2014년에는 조지 오웰의 『1984』가 새롭게 각색되었고, 에리히 캐스트너Erich Kastner의 고전 『에밀과 형사Emil and the Detectives』를 영국 국립 극장이 제작했으며 로열 셰익스피어 컴퍼니Royal Shakespeare Company가 힐러리 맨틀의 베스트셀러 『울프 홀Wolf Hall』과 『튜더스, 앤불린의 몰락Bring up the Bodies』을 제작했다. 로열 오페라 하우스Royal Opera House는 케네스 그레이엄Kenneth Grahame의 『버드나무에 부는 바람The Wind in the Willows』과 이언 뱅크스Iain Banks의 『말벌공장The Wasp Factory』과 같이 다양한 작품을 무대에 올렸으며 로알드 달Roald Dale의 『판타스틱 미스터 폭스Fantastic Mr. Fox』를 순회 공연하기도 했다. 2012년에는 올드버러 축제Aldeburgh Festival에서 모리스 샌닥Maurice Sendak의 『괴물들이 사는 나라Where the Wild Things Are』와 『히글디 피글디 팝Higgledy Piggledy Pop』의 오페라 공연이 있었다. 2014년에는 런던 칠드런스 발레London Children's Ballet가 크리스티아나 브랜드 Christiana Brand의 책 『유모 마틸다Nurse Matilda』를 각색하여 성공을 거두고 에마 톰프슨Emma Thompson이 주연을 맡은 영화 〈내니 맥피Nanny McPhee〉의 발레 버전을 공연했다. 주기적으로 열리는 공연의 원작에는 레이먼드 브릭스Raymond Briggs의 『눈사람 아저씨The Snowman』, 프란체스카 사이먼Francesca Simon의 "호기심 대장 헨리Horrid Henry" 시리즈, 필리파 피어스Philippa Pearce의 『한밤중 톰의 정원에서Tom's Midnight Garden』, 테리 디어리Terry Deary의 『끔찍한 역사Horrible Histories』(TV 시리즈의 원작이기도 하다), 뮤지컬로 만들어진 로알드 달의 『마틸다Matilda』와 『찰리와 초콜릿 공장Chalie and the Chocolate Factory』 등이 있다. 드라마화된 작품 중에는 특이한 장소에서 무대에 오른 것도 있다. E. 네스빗E. Nesbit의 『기찻길의 아이들Railway Children』은 워털루 역에서 상연되었으며 J. M. 바리J. M. Barrie의 『피터 팬Peter Pan』과 C. S. 루이스C. S. Lewis의 『사자, 마녀 그리고 옷장The Lion, the Witch and the Wardrobe』은 켄싱턴 공원에서 상연되었다. 2014년에는 뉴욕에서 로버트 제임스 월러Robert James Waller의 『매디슨 카운티의 다리The Bridges of Madison County』를 원작으로 한 새로운 뮤지컬이 상연되었다.

라디오

단일 음성 낭독single-voice reading의 경우와 마찬가지로 BBC는 출판된 어문저작물의 사용에 대해 합의된 요금으로 지불한다. 지불 규모는 BBC가 출판협회 및 저자협회와 함께 정기적으로 재협상한다. 출판사 라이선싱 협회(PLS)가 출판협회의 역할을 대신할 수 있다. 개정된 요율은 2014년 8월 1일부터 적용하여 지불하기로 합의되었다. BBC에 허가되는 권리 중에는 영국 본토에서 국내서비스를 통해 또는 영어나 외국어로 세계 서비스를 통해 방송하는 것, BBC의 디지털 라디오 서비스를 통해 방송하는 것, 그리고 국내 라디오 서비스를 통해 비동시적으로 방송하는 것이 포함된다. 즉, 전통적인 라디오나 인터넷을 통해 이용이 가능하다.

① 국내 서비스
  · 희곡(분당) 18.38파운드
  · 드라마화를 위한 산문(분당) 14.33파운드
② 월드 서비스(영어) 및 BBC 디지털 서비스 기관

· 희곡(분당) 9.19파운드
· 드라마화를 위한 산문(분당) 7.15파운드

③ 지역 라디오

· 희곡(분당) 4.59파운드
· 드라마화를 위한 산문(분당) 3.57파운드
· 지역 라디오 방송이 5개 이상의 신디케이트를 형성하면 로컬 라디오 방송은 국내 방송으로 간주되며 국내 서비스 요금은 위의 ①의 요금이 적용됨.

④ 월드 서비스(외국어)

· 희곡과 산문의 번역에 대해서는 번역자와 원저자에게 지불되는 위의 요금의 2/3를 지불한다(또는 기본계약서에 따라 출판사와 저자가 나누게 됨).

BBC는 문학작품의 드라마 사용에 대한 표준계약서 양식을 갖고 있는데, 그에 따라 작품을 라이브로 방송하거나 라디오 서비스로 녹음 방송하기 위한 3년 동안의 비독점 라이선스가 허가된다. 재방영은 최초 방송이 나간 다음 5년 이내에 해야 한다. 또한 청취자들은 인터넷을 이용하여 BBC 아이플레이어iPlayer 서비스를 통해 이전 7일 동안 방송된 재료를 주문형으로 접근할 수 있다. 라이선스는 또한 BBC가 방송을 목적으로 작품을 번역, 축약, 각색하고 '예고편'을 목적으로 짧은 발췌를 하도록 허가한다.

BBC는 또한 전 세계로 유통될 수 있는 프로그램의 오디오 녹음본을 만들거나 만들 수 있게 위임할 수 있다. 녹음본은 돈을 지불하지 않는 청취자에게 들려질 수 있고 교육기관에서 사용될 수 있다.

독립 방송사들에 대해 협상된 요율은 공식적으로 존재하지 않으며 그래서 지불은 그러한 개별 방송사와의 협상에 의해 이루어질 것이다. 「1990년 방송법」이 1993년 1월 1일 시행됨에 따라 대부분의 독립 라디오 방송국은 음악을 선호하고 언어 산출물을 줄이는 경향을 보였으며, 디지털 방송국 원워드 라디오Oneword Radio는 2008년 1월 방송을 종료했다.

텔레비전

앞에서 언급한 바와 같이 잘 알려진 저자의 작품에 관한 텔레비전 권리는 이제 저자가 보유하고 저자의 에이전트가 처리할 수 있다. 하지만 출판사가 텔레비전 권리를 처리하도록 위임을 받는 경우가 있을 것이다. 그리고 적극적인 저작권 부서는 이런 매체를 통해 각색하는 데 적합한 작품 유형을 모니터함으로써 미디어 이용 가능성을 탐색할 것이다. 영국의 텔레비전 제작회사의 상세한 정보는 『작가와 아티스트 연감』에 수록되어 있으며 PACTProducers' Alliance for Cinema and Television의 웹사이트(www.pact.co.uk)에서 볼 수 있다. 접촉을 하려면 담당 부서 및 방송사와 해야 한다. 모든 프로듀서가 PACT 회원은 아니므로 추가 조사를 하는 것이 현명하다.

저작권 작품이 텔레비전 매체에서 단일 음성 낭독이 아니라 드라마화한 극, 영화, 연재물—드라마이든 만화영화이든—로 사용될 때 지불해야 할 요금은 협상이 가능하다. 지불 수준에 대해 정확한 가이드라인을 주는 것은 불가능하다. 왜냐하면 이는 저자의 위상, 방송사나 독립 프로덕션 회사의 예산, 그리고 해당 프로젝트가 그들에게 얼마나 매력적인가에 달려 있기 때문이다. 「1990년 방송법」의 도입 이래 BBC와 ITV는 독립 프로덕션 회사로부터 프로그램의 25%를 구입할 것이 요구되며 이 수치는 최근 수년 동안 상승했다. 독립회사가 개발 비용을 더 많이 가질 수 있도록 하는 사후 이익 공유 방식을 취하는 것이 좀 더 보편적이다. 텔레비전을 위한 저예산 영화는 미니시리즈보다 더 낮은 금액을 지불할 것이며 고예산 극영화보다도 낮은 요금을 지불할 것이다. 이제 미니시리즈는 흔하지 않다. 단막극이나 2부작은 매우 드물다. 2005년 12월 BBC는 제럴드 더럴Gerald Durrell이 1956년에 출간한 자서전 『나의 특별한 동물 친구들My Family and Other Animals』을 원작으로 한 텔레비전 영화를 방영했다. 같은 작품을 원작으로 한 1987년의 BBC 방송물은 10부작 시리즈였다. 방송국들은 리스크를 지기 싫어하며 인물과 스토리를 테스트하기 위한 단발 프로그램, 즉 백도어 파일럿back-door pilot(드라마를 시리즈화하기 전에 시범으로 만드는 첫회—옮긴이)을 의뢰할 수 있다. 고전의 드라마화는 위험이 적다. 2005년 말 BBC는 찰스 디킨스의 『황폐한 집Bleak House』을 WGBH 보스톤WGBH Boston과 공동으로 16부로 각색하여 시청자를 많이 끌어들였다. BBC와 HBO는 공동으로 알렉산더 매콜 스미스Alexander McCall Smith가 쓴 "넘버원 여탐정 에이전시The No.1 Ladies' Detective Agency" 시리즈에 기초한 프로그램을 제작했다. 2007년에는 필름포FilmFour가 모니카 알리가 쓴 『브릭 레인』을 각색하여 제작했다. 2010년에 BBC는 위니프레드 홀트비Winifred Holtby가 쓴 『사우스 라이딩South Riding』을 극화했으며, BBC2는 마틴 에이미스Martin Amis가 쓴 『돈 혹은 한 남자의 자살 노트Money』를 2부작으로 각색했다. BBC4는 스웨덴 베스트셀러 작가 스티그 라르손Stieg Larsson의 "밀레니엄Millennium" 3부작을 스웨덴 제작사 옐로우 버드Yellow Bird가 영화화한 작품을 방영했다. 채널4는 윌리엄 보이드William Boyd가 쓴 『애니 휴먼 하트Any Human Heart』를 원작으로 시리즈를 만들었고 HBO는 넬슨 존슨Nelson Johnson이 쓴 『보드 워크 엠파이어Boardwalk Empire』를 원작으로 하는 시리즈로 장기 흥행에 성공했다.

2011년에 BBC1은 오스트레일리아 방송사 ABC의 시리즈를 방영했는데, 이것은 크리스토스 초커스Christos Tsiolkas가 쓴 논란이 많은 소설 『그리고 파티는 끝났다The Slap』를 원작으로 한 것이다. 또한 BBC1은 세라 워터스Sarah Waters가 쓴 『나이트 워치The Night Watch』의 90분짜리 드라마도 방영했다. BBC2는 크리스토퍼 이셔우드Christopher Isherwood가 쓴 『크리스토퍼와 친구들Christopher and his Kind』, 시배스천 폭스Sebastian Faulks가 쓴 『새의 노래Birdsong』, 미셸 페이버Michel Faber가 쓴 『더 크림슨 페탈 앤드 더 화이트The Crimson Petal and the White』 등을 각색했다. BBC4는 D. H. 로런스가 쓴 『사랑하는 여인들Women in Love』을 드라마로 만든 반면, ITV1은 케이트 서머스케일Kate Summerscale의 『위처 씨의 의혹The Suspicions of Mr. Whicher』을 드라마화하여 방영했고 HBO는 제임스 M. 케인James M. Cain이 쓴 『밀드레드 피어스Mildred Pierce』를 원작으로 한 5부작 미니시리즈를 방영했다. 2012년에는 BBC1이 제니퍼 워스Jennifer Worth가 쓴 책들을 원작으로 하여 〈콜 더 미드와이프Call the Midwife〉의 첫 시즌을 방영했고, BBC2/HBO는 포드 매덕스Ford Madox의 『퍼레이즈 엔드Parade's End』 시리즈를 원작으로 한 시리즈를 공동 제작했으며, BBC4는 더글러스 애덤스Douglas Adams의 "더크 젠틀리Dirk Gently" 시리즈를 원작으로 하는 또 다른 시리즈를 방영했다. 어린이용 작품의 경우, 씨비비즈CBeebies는 베아트릭스 포터의 "피터 래빗" 시리즈에 기초한 니켈로디언Nickelodeon 애니메이션 시리즈의 26개 에피소드를 방영했고 BBC1은 줄리아 도널드슨이 쓴 『빗자루 타고 씽씽씽Room on the Broom』의 애니메이션 버전을 방영했다.

2013년에는 마이클 돕스Michael Dobbs가 쓴 『하우스 오브 카드House of Cards』를 원작으로 하고 케빈 스페이시Kevin Spacey가 주연을 맡은 26편짜리 미국 TV 드라마를 넷플릭스Netflix가 서비스하기 시작하면서 엄청난 인기를 끌었다. 이는 넷플릭스가 원작이 있는 작품을 의뢰한 최초의 모험이었다(영국 버전의 최초 시리즈는 1990년에 방영되었다). BBC1은 P. D. 제임스P. D. James의 『죽음이 펨벌리로 오다Death Comes to Pemberley』를 드라마로 만들어 방영했다. ITV는 〈미스터 셀프리지Mr. Selfridge〉의 첫 시즌을 방영했는데, 이 시리즈는 린디 우드헤드Lindy Woodhead가 쓴 전기 『쇼핑, 유혹 그리고 미스터 셀프리지Shopping, Seduction and Mr. Selfridge』에 기초한 것이다. 한편 채널4Channel 4는 켄 폴레트Ken Follett가 쓴 『끝없는 세상World without End』을 드라마화하여 방영했으며 케이트 모시Kate Mosse가 쓴 『라비린스Labyrinth』를 2부작 드라마로 방영했다.

2014년에 BBC는 P. G. 우드하우스P. G. Wodehouse의 "블랜딩스Blandings" 시리즈를 원작으로 하는 드라마를 방영했으며, 힐러리 맨틀이 쓴 『울프 홀』과 『튜더스, 앤불린의 몰락』을 원작으로 하는 시리즈와 대프니 듀 모리에Daphne du Maurier가 쓴 『자메이카 여인숙Jamaica Inn』을 각색한 논란이 많은 3부작 드라마, 필명이 벤저민 블랙Benjamin Black인 존 밴빌John Banville이 쓴 『쿼크Quirke』와 D. H. 로런스의 『채털리 부인의 연인Lady Chatterley's Lady』, 로리 리Laurie Lee의 『사이더 위드 로지Cider with Rosie』 및 L. P. 하틀리L. P. Hartley의 『중개자The Go-Between』를 각색한 작품들을 방영했다. 또한 J. K. 롤링의 『캐주얼 베이컨시The Casual Vacancy』(HBO와 합작)를 각색할 계획이며 E. F. 벤슨E. F. Benson의 『마프와 루시아

Mapp and Lucia』를 리메이크할 계획인데, 이 작품은 1985년 채널4가 텔레비전에서 방영하기 위해 최초로 각색한 바 있다.

스카이Sky도 드라마를 방영하기 시작했는데 통상적으로 테리 프레쳇Terry Pratchett, 마티나 콜Martina Cole과 같은 작가가 쓴 베스트셀러 소설을 원작으로 하고 있다. 마티나 콜이 쓴 『더 테이크The Take』를 원작으로 하는 드라마 시리즈는 2009년 6월 선을 보였다. 2011년 스카이 애틀랜틱Sky Atlantic은 조지 R. R. 마틴George R. R. Martin의 7권짜리 시리즈 "얼음과 불의 노래A Song of Fire and Ice"를 원작으로 하는 HBO 드라마 〈왕좌의 게임Game of Thrones〉의 첫 시즌을 방영했으며 2014년에 시즌 4가 방영되었다. 미국 케이블 채널 스타즈Starz는 현재 다이애너 개벌든Diana Gabaldon의 판타지 소설 『아웃랜더Outlander』를 각색해 영화로 만들고 있다.

BBC는 제작 예산의 일정 비율을 사용료로 계산하는 식의 고정된 형식을 기준으로 삼고 있지 않다. 사용료는 일반적으로 1만 파운드에서 3만 파운드에 이른다. 최초 사용료의 지불은 계약 서명 시에 절반을 하고 프로그램이 최초로 방영될 때 나머지 절반을 한다. BBC와의 거래는 저작권의 허가보다는 권리들의 라이선스를 필요로 한다.

작가조합은 대본작가를 위한 세 종류의 공식 협상 조건을 갖고 있다. 이것들은 BBC 텔레비전BBC Television, ITV 회사들, PACT(독립 제작자들이 여기에 해당되며, 이들은 처음에는 주로 채널4를 위해 생산했지만 이제는 BBC와 ITV를 위해서도 생산한다). 줄리언 프리드먼Julian Friedmann이 쓴 『대본을 써서 돈을 버는 방법How to Make Money Scriptwriting』(제2판, Intellect Books, 2000)은 이 분야에 대해 매우 유용한 정보를 제공하며 경험에 의한 협상 규칙을 알려주는데, 사용료의 경우 베스트셀러가 아닌 책은 예산의 1.5%에서 베스트셀러는 2.5%까지 이른다. 베스트셀러 소설의 시리즈는 이보다 더 오를 수도 있다.

BBC는 책에 대한 권리를 얻을 때 계약서상에 몇몇 구체적인 조건을 다는데 그중 일부는 다음과 같다.

① 저자(또는 출판사가 저작권을 취급한다면 출판사)는 BBC에 작품의 텔레비전 권리에 대한 독점적인 옵션을 허가하도록 요구받을 것이며 이는 포맷과 캐릭터 권리를 포함할 것이다. 아래 ④ 참조.

② BBC는 동일한 캐릭터 또는 앞으로 존재할 수 있는 여러 캐릭터들에 기초한 저자의 추후 작품에 대해 성실하게 합의하는 조건으로 선택할 수 있는 우선 구입권을 요구할 것이다.

③ BBC는 20년 동안의 독점 라이선스, 그 이후에는 비독점 라이선스를 요구한다. 비독점 라이선스로 전환된 이후에 BBC는 만약 또 다른 회사가 BBC 버전의 존재를 감안하여 작품을 진행할 태세가 되어 있다면 그 회사에 작품의 라이선싱을 허락할 것이다.

④ BBC는 프로그램이나 시리즈를 만들 기본적인 권리에 추가하여 외국어 권리(BBC 버전을 가지고 더빙을 하거나 자막을 넣을 수 있게 하는), 모든 포맷의 프로그램 또는 시리즈의 비디오 권리, 상품화 권리 및 변경된 포맷 권리–저자에게 참여할 자격이 있다–를 요구한다. 이런 것들이 계약으로부터 구체적으로 배제되지 않는 한, 변경된 포맷 권리는 BBC가 다른 포맷으로 작품을 만들거나 만드는 것에 라이선스를 주는 것을 허용한다. 예를 들면, 이는 원본이 만들어진 나라 외의 다른 나라에서 작품의 야외 촬영이 포함될 수 있다. 또한 BBC는 저자가 만드는 후속편에 대한 권리와 함께 BBC가 후속편을 만들 수 있는 권리를 요구한다.

⑤ 통상적으로 유보되는 권리는 저자 또는 저자를 대신하여 활동하는 출판사가 보유하게 될 것이다[예를 들면, 어문저작물 출판 권리, 라디오 권리, 무대 권리 및 어쩌면 연극(영화)화 권리].

⑥ 허가받은 권리에 대한 대가로 BBC는 재방영에 대한 사용료와 로열티를 지불할 것이다.

⑦ 재방영에 대한 사용료는 통상적으로 피크타임 재방송의 75%이며 오프피크offpeak 재방송 또는 내러티브 재방송(최초 방송이 있은 다음 7일 내에 방송)의 50%이다.

⑧ 로열티는 프로그램이 (예를 들면 해외 방송국에) 판매되었을 때 지불되며 통상적으로 BBC가 이러한 판매로부터 벌어들이는 총수입의 1.5%이다. 하지만 변경된 포맷 권리로부터의 수입은, BBC가 10%의 수수료와 직접 비용 또는 위탁판매인의 수수료를 공제한 다음 권리자와 50 대 50으로 나눈다. 상품화 권리의 경우 권리자는 권리 판매로 BBC에 들어온 순금액의 30%를 받을 것이다. 하지만 BBC의 순금액net monies에 관한 정의는 저작권 소유자에게 유리하지 않다.

독립 프로덕션 회사들—그중 하나는 ITV 스튜디오ITV Studios—이 지불하는 사용료는 프로젝트를 위한 프로덕션 예산에서 일정 비율로 계산될 수 있다. 비율은 1~3% 정도가 될 수 있으며 방영시간당 사용료는 일반적으로 1만 파운드 미만에서 3만 파운드에 이른다. 예산 규모의 계산에는 금융비용, 보험금 및 임시비, 저작권 확보를 위해 대본 저자 또는 책의 저자에게 지불된 금액은 제외될 수 있다. 이는 일반적으로 텔레비전 거래보다 영화에 적용되지만 독립 프로듀서들은 통상적으로 둘 중 어느 것이든 만들 수 있는 권리를 구입한다. 왜냐하면 어느 쪽에 자금이 지원될지를 항상 예측할 수는 없기 때문이다. '통상적인 배제항목'으로 알려진 목록에 포함되는 간접비, 변호사 비용 또는 기타 항목을 포함시키지 않는 것이 현명하겠지만 언제나 가능한 것은 아니다. 전통적으로 지불은 구매가격의 10%를 옵션 요금으로 추가하는 것을 기준으로 하여 이루어진다. 하지만 현재 비율은 이보다 낮을 때가 비일비재한데 5% 미만이거나 이에 근사할 때가 많다. 옵션 기간은 전통적으로 12개월이고 추가로 12개월을 갱신할 수 있는데 현재는 때에 따라서 18개월이거나 2년일 때도 있다. 12개월씩 총 세 번의 옵션 기간을 부여하거나[세 번째 옵션에 대한 지불은 최종 구매(실행)가격에서 공제되거나 그 속에 포함되어서는 안 된다] 18개월씩 두 번의 옵션 기간을 부여하는 것이 표준이다. 마지막 잔여 금액은 최종 예산, 즉 '공인된' 예산이 알려지는 제작 개시 단계에서 지불된다. 연속극이나 시즌제 드라마의 경우 구매가격은 방영시간을 기준으로 정해질 것이며 요금은 시간당 2500파운드 미만에서 3만 파운드에 이를 것이다.

독립 프로듀서들과 계약 시 구매자는 저작권의 부분적인 양도에 의해 텔레비전, 비디오, 때에 따라서는 영화 권리를 획득할 가능성이 높다. 회생 조항 turnaround clause은 이런 권리가 합의된 기간 내에 이용되지 않는다면 회수할 권리를 제공한다(통상적으로 최초에 권리를 구입하기 위해 지불된 돈의 일부 또는 전부의 상환을 조건으로 한다. 이는 노련한 경험자의 협상이 거래에 상당한 차이를 만들 수 있는 분야이다).

전반적으로 BBC나 ITV를 위해 생산을 하는 독립 제작사와 거래하면, 방송사와 직거래하는 것보다 이익이 더 많을 것이다. 하지만 제작이 독립 프로듀서가 자금을 조성하는 데 의존한다면 방송사가 권리를 완전히 소유하는 경우보다 제작이 아예 착수되지 못하는 위험이 더 클 수 있다. 대부분의 경우 구매요금 수준은 각색하기 위해 획득할 도서의 위상에 영향을 받을 것이다. 예를 들면, 유명한 저자가 쓴 새로운 소설보다 데뷔 소설은 지불을 적게 한다. 텔레비전을 위한 소설의 각색은 원저자보다 전문적인 대본작가가 맡아서 할 가능성이 있다.

방송국과 맺은 계약은 방송국의 어떤 또는 모든 송신기를 통해 작품의 동시적인 또는 비동시적인 방송을 할 권리를 포함할 가능성이 있다. 이는 통상적으로 계약서에 서명하고 3년 내에 가능하다. 재방송분 사용료–통상적으로 원사용료의 50% 미만–는 프로그램이 재방송될 때마다 지불된다. 구매가격에 '인수가격'이 포함된다면 이는 재방송분 사용료를 대체한다. 이런 유형의 합의는 PACT 협약하에 있는 독립적인 프로듀서들과 할 때 더 흔하며 구매가격의 100%와 200% 사이에서 이루어진다.

텔레비전은 오래전에 저술된 소설의 드라마화를 위한 주요한 매체임이 종종 입증되어왔다. 물론 이제 수많은 고전은 저작권이 살아 있지 않으며 라이선스를 요구하지도 않으면서 시청률을 높일 수 있다. 2005년에 찰스 디킨스가 쓴 『황폐한 집』을 BBC 버전으로 만든 것이 그런 경우이다. 2009년에는 제인 오스틴Jane Austen의 『엠마Emma』가 드라마화되었다. 여타의 소설을 원작으로 한 텔레비전 방송물에는 다음과 같은 것이 있다. 즉, 에벌린 워Evelyn Waugh가 1945년에 출간한 소설 『다시 찾은 브라이즈헤드Brideshead Revisited』의 1981년 버전은 엄청난 인기를 누렸으며, 존 골즈워디John Galsworthy가 쓴 『포사이트 연대기The Forsyte Saga』의 1967년, 2002년 버전, 폴 스콧Paul Scott의 『더 라지 쿼텟The Raj Quartet』을 원작으로 하는 1984년 작품 〈더 주얼 인 더 크라운The Jewel in the Crown〉, 앤서니 파월Anthony Powell이 쓴 12권짜리 작품 『시간의 음악에 맞추어 추는 춤A Dance to the Music of Time』(1951년에서 1975년 사이에 출간)을 원작으로 하는 작품 등이다. 그리고 최근에 인기를 누린 드라마 중에는 콤프턴 매켄지Compton Mackenzie의 스코틀랜드를 배경으로 하는 소설들을 원작으로 한 〈글레노키의 제왕Monarch of the Glen〉이 있다. 오늘날에는 텔레비전에서도 좀 더 논쟁적인 작품들이 등장할 수 있어서 세라 워터스가 쓴 『벨벳 애무하기Tipping the Velvet』와 『핑거스미스Fingersmith』, 그리고 앨런 홀링허스트Alan Hollinghurst가 쓴 『더 라인 오브 뷰티The Line of Beauty』 등이 방영되었다.

C. S. 루이스가 쓴 『사자, 마녀 그리고 옷장』이 1988년에 텔레비전에서 실패한 이후 CGIcomputer-generated imagery와 더 발달된 애니메이션 기법 덕분에 어린이책들이 텔레비전 화면으로 성공적으로 옮겨질 수 있게 되었다. 2004년 레이먼드 브릭스가 쓴 『괴물딱지 곰팡씨Fungus the Bogeyman』를 원작으로 한 3부작 프로그램이 방송된 것이 그런 예이다.

테리 프레쳇의 디스크월드Discworld 시리즈 중 하나인 『호그파더The Hogfather』는 2006년 크리스마스 때 스카이1에서 러닝타임이 두 시간씩인 2부작 영화로 상영되었다. 2009년에 CITV는 프란체스카 사이먼이 쓴 "호기심 대장 헨리" 시리즈에 원작을 둔 연속물을 방영했다. BBC1은 테리 디어리와 마틴 브라운Martin Brown이 쓴 책들을 원작으로 하는 〈끔찍한 역사〉를 방영했으며 아울러 줄리아 도널드슨의 베스트셀러 『괴물 그루팔로The Gruffalo』의 애니메이션 버전을 방영했다. 또한 BBC는 아서 랜섬Arthur Ransome이 쓴 모든 소설을 영화로 만들 옵션을 가지고 있다. 1974년에 마지막으로 영화로 만들어진 아서 랜섬의 작품은 『제비호와 아마존호Swallows and Amazons』이다.

BBC와의 계약은 통상적으로 외국어로 더빙된 사운드트랙이나 외국어 자막을 추가로 제공한다. 마이클 돕스가 쓴 『하우스 오브 카드』의 원래 영국 버전과 같이 BBC나 상업 채널에서 성공을 거둔 미니시리즈는 외국 판매가 원래의 구매가격보다 몇 배 더 높은 수익을 창출할 수 있다. 엘리스 피터스Ellis Peters의 범죄소설("수사 캐드펠Brother Cadfael" 시리즈), 존 모티머John Mortimer가 쓴 럼폴 오브 더 베일리Rumpole of the Bailey를 원작으로 한 시리즈, 그리고 루스 렌들Ruth Rendell, P. D. 제임스, 이언 랜킨Ian Rankin, 레지널드 힐Reginald Hill(달지엘과 파스코Dalziel and Pascoe), 엘리자베스 조지Elizabeth George(검사관 린리의 미스터리Inspector Lynley), 캐럴라인 그레이엄Caroline Graham(미드소머 머더스Midsomer Murders), 콜린 덱스터Colin Dexter(모스 경감Inspector Morse 시리즈와 후속인 루이스Lewis 시리즈)가 저술한 작품들은 해외 판매와 비디오 리코딩으로 상당한 돈을 벌었다. 2008년도에는 BBC가 스웨덴 작가 헤닝 만켈이 쓴 발란데르Wallander 시리즈를 원작으로 하는 시즌제 드라마에 착수했다. 또한 BBC4는 〈월랜더Wallander〉의 오리지널 스웨덴 텔레비전 시리즈의 에피소드들을 방영했다.

현재 BBC는 녹화한 작품을 전 세계에 20년 동안 전송하거나 전송하는 것을 허가할 수 있는 권리를 획득하고 있다. 또한 시청자들은 2007년 12월에 시작된 인터넷 아이플레이어 서비스를 통해 이전에 방영된 BBC 프로그램을 볼 수 있으며 첫 텔레비전 방송 이후 일주일 동안 아이플레이어에서 프로그램을 시청하는 것이 가능하다. 물론 정상적인 지상파 텔레비전을 시청하고 프로그램이 방송될 때 동시에 인터넷상에서 그것을 시청할 수 있기 위해서는 BBC의 라이선스가 요구된다. 채널4와 채널5는 모두 2006년에 유사한 서비스(4oD와 디맨드 파이브Demand Five)를 시작했다. ITV 플레이어ITV Player는 30일간의 다시보기 서비스를 개시했다.

주문형 비디오

텔레비전 콘텐츠의 주문형 비디오Video-on-Demand(VoD)는 현재 영국에서 상당한 사용자 기반을 갖고 있다. 실험적인 VoD 서비스는 1994년에 최초로 실시되었다. 이는 케임브리지 인터랙티브 TV Cambridge Interactive TV가 시험한 것으로서 BBC와 앵글리어 텔레비전Anglia Television이 생산한 콘텐츠를 케임브리지 케이블 네트워크Cambridge Cable Network와 연결된 250개 가정과 학교에 제공했지만, 이 프로젝트는 1996년에 종료되었다. 1998년 킹스턴 커뮤니케이션스Kingston Communications는 셋톱박스를 통한 인터넷 접속과 방송 TV의 통합 서비스를 시작했으며 런던 지역에서는 홈초이스Home-Choice가 뒤를 이었다. 2006년에 티스칼리Tiscali는 홈초이스를 인수했다. 케이블 사업자 텔레웨스트Telewest와 NTL(현재 버진 미디어Virgin Media)은 모두 다 2005년에 VoD 서비스를 개시했다. BskyB는 2006년 1월 PC 서비스로 스카이애니타임SkyAnytime을 시작했다.

이 책을 저술하고 있는 시점에 영국에는 이용 가능한 서비스가 몇 개 있다. 위성 서비스인 스카이 나우 TV Sky Now TV로 시청자들은 월간 사용료를 지불하고 몇몇 스마트 TV, 엑스박스Xbox 360, 소니 플레이스테이션Sony PlayStation 콘솔, 안드로이드Android와 애플의 태블릿과 스마트폰 또는 나우 TV 셋톱박스를 통해 콘텐츠에 접속할 수 있다. 스카이는 세 개의 패키지, 즉 엔터테인먼트, 영화, 스포츠에 대해 스트리밍 서비스를 제공하고 있으며 HBO와 거래를 함으로써 주요 텔레비전 시리즈에 접근할 수 있게 하고 있다.

월간 사용료를 지불하는 대가로 넷플릭스–원래 DVD 대여업체–는 다양한 콘솔, 안드로이드, 애플 및 윈도우 폰, 블루레이 플레이어Blu-ray player 및 많은 TV를 통한 접근을 허용한다. 이 업체는 영화와 텔레비전 프로그램의 스트리밍을 제공하고 있으며 오리지널 프로그램을 만드는 데 막대한 투자를 해왔다.

아마존 프라임 인스턴트 비디오Amazon Prime Instant Video–구 러브필름LoveFilm, 2011년 아마존이 인수–도 월간 사용료를 받고 콘솔, 컴퓨터, 아이패드, 아마존 자체의 킨들 파이어 태블릿, 블루레이 플레이어 및 일부 TV를 통해 영화와 텔레비전 프로그램의 스트리밍을 제공한다. 또한 개별 영화를 스트리밍할 수 있는 대여 서비스를 제공한다(일반적으로 영화당 3.99~4.99파운드).

버진Virgin의 케이블 광대역 서비스 사용자들은 시청자들이 티보TiVo 셋톱박스를 통해 영화와 텔레비전 프로그램에 접근할 수 있게 하면서 다양한 선택권을 가지게 되었다. BT의 무제한 광대역 유료 가입자들은 그 회사의 유뷰 박스 YouView box를 통해 유사한 서비스 혜택을 누릴 수 있다.

블링크박스BlinkBox는 테스코Tesco의 VoD 서비스이다. 월간 사용료가 없지만 시청자들은 영화나 텔레비전 쇼를 스트리밍하거나(일반적인 가격은 99펜스) 구입하고 다운로드할 수 있다(일반적인 가격은 10파운드). 하지만 어떤 하드웨어에서도 HD 버전은 이용할 수 없다.

구글 플레이Google Play—구 안드로이드 마켓Android Market—는 디지털 유통 플랫폼으로서 음악, 도서, 잡지, 게임, 영화 및 텔레비전 프로그램을 몇몇 텔레비전과 안드로이드 기기를 통해 접속할 수 있다. 영화의 경우 어떤 것은 대여로만 이용할 수 있고 어떤 것은 구매해야만 이용할 수 있으며 어떤 것은 양쪽 다를 할 수 있다. 텔레비전 쇼는 구매할 수 있지만 대여할 수는 없다.

상업적 리코딩

비디오

텔레비전 회사들도 그들이 방영한 인기 있는 프로그램이나 시리즈를 유형적인 비디오 녹화물로 판매하고자 한다. 한동안 지배적인 매체는 비디오테이프였지만 이제는 DVD가 시장을 지배하고 있다. 소니의 블루레이BlueRay 포맷이 도시바Toshiba와 마이크로소프트가 원래 선호한 라이벌 포맷인 HD-DVD와의 싸움에서 승리했다. 시리즈의 박스 세트는 여전히 인기가 있지만 주문형 비디오가 대세가 되고 있다.

이제는 어문저작물을 드라마화하여 텔레비전에서 방영하기 위한 BBC의 계약에 이 재료의 비디오 녹화물을 만들고 판매하는 권리가 포함될 가능성이 있다. 그런 권리에 대한 지불은 통상적으로 다양한 수준의 로열티를 기준으로 한다. 로열티는 완전한 소매가보다는 비디오 리코딩의 순 인보이스 금액을 근거로 계산한다. 상업 텔레비전 채널이 판매하는 재료의 계약도 유사하다. 하지만 이런 것들은 외부 비디오 회사들이 패키지화할 수도 있다. 영국작가조합 웹사이트는 작가별(책별이 아니라) 금액을 제시하고 있는데, 이런 금액 기준은 흥미롭다.

사운드

이것은 라디오나 텔레비전에 사용하기 위해 원래 라이선스를 준 재료에 기초한 상업적 사운드 리코딩이다. BBC는 BBC 월드와이드를 통해 인기 있는 라디오와 텔레비전 프로그램의 사운드 기록물을 출시한다. 이 중 어떤 것은 이전에 출간된 어문저작물에 기반을 둘 수도 있다. 어떤 카세트는 아직도 이용 가능하지만 이제 주요 매체는 CD이다. 보통의 패키지는 러닝 타임이 3시간짜리로서 2개의 CD로 되어 있다. 이런 권리가 원래의 방송 계약에 들어 있지 않으면 별도의 라이선스 계약이 요구된다. 지불은 판매상이 지불한 가격에 입각하여 계산한 로열티를 기초로 하여 라이선서에게 하게 된다. 낭독자나 실연자performer도 현행의 로열티를 받는다.

영화 권리

영화 권리의 분야는 복잡하다. 그러므로 명확한 가이드라인을 주기가 곤란하다. 얼마 전까지만 해도 영화관에서만 상연될 영화를 만들기 위한 권리를 획득하려 했을지 모르지만 오늘날은 영화 스튜디오도 텔레비전 프로그램 제작에 깊이 관여하고 있으며, 그러므로 획득하려 하는 권리의 범위는 훨씬 더 광범위하다. 대부분의 유럽 제작사들은 텔레비전 방송사의 개입과 투자 없이 극영화를 만드는 비용을 대기가 거의 불가능할 것이다. 거대한 미국의 스튜디오조차 저작권으로부터 최대한의 수익을 발생시키기 위해 모든 오디오비주얼 매체를 이용할 것이다.

저작물이 이런 형태의 각색을 위한 후보가 될 가능성이 있는 저자를 대표하는 출판사와 저작권 에이전트들은 주요 스튜디오와 독립적인 프로덕션 회사를 위해 정보를 수집하는 사람들과 정기적으로 접촉할 때가 종종 있다. 영국의 영화 제작사에 대한 상세한 정보는 『작가와 아티스트 연감』과 PACT의 웹사이트(www.pact.co.uk)에 수록되어 있다. 문학작품을 이용하는 일의 중요성은 프랑크푸르트, 런던, 볼로냐 도서전에서 출판사와 에이전트를 만나고자 하는 영화와 텔레비전 프로듀서들을 위해 제공되는 설비를 보면 분명해진다(제8장 참조). 그럼에도 불구하고 최초의 제의는 어느 프로젝트에서 영화 권리를 획득하는 데 관심을 표명하는 뜻밖의 서신 형태로 들어올 수 있다. 다수의 출판사들은 이런 분야에서 경험이 전혀 없으며 외부 전문가의 자문을 받을 필요가 있을 것이다. 신청은 유명 영화 스튜디오, 독립 제작사 또는 해당 프로젝트에 매력을 느끼는 개인들이 할 수 있다. 이들 중에는 경험 있는 프로듀서, 대본작가 또는 배우가 포함될 수 있다. 예를 들면, 오드리 니페네거Audrey Niffenegger의 데뷔 소설인 『시간 여행자의 아내The Time Traveler's Wife』의 영화 권리는 원래 브래드 피트Brad Pitt와 그의 당시 아내인 제니퍼 애니스턴Jennifer Aniston이 확보한 것이었다. 도서에 대한 영화 권리를 획득하지 못한 프로듀서가 업계와 방송사로부터 자금을 확보하려고 하면서 '타진하고 다니는 것'을 알아야 한다. 프로듀서가 신뢰할 수 없으면 옵션 요금을 무료로나 아주 싸게 책정해주는 것은 권리가 '진열된 채로 남는' 결과를 가져올 수 있다. 업계는 원칙적으로 프로젝트에 마음이 끌린다 할지라도 옵션을 가지고 있다고 주장하는 그 프로듀서 때문에 제안을 거절할 수도 있을 것이다.

'기저 저작물underlying work'이라고 하는 것의 영화 권리는 통상적으로 옵션(즉, 관련 권리를 구매할 우선권) 기준으로 획득된다. 합의된 요금으로 일정 기간 동안 배타적인 옵션이 허가된다. 권리를 구매하고자 하는 프로듀서는 그동안 모든 필요한 측면을 조사할 것이다. 자금 조달, 적합한 감독, 대본작가, 로케이션 및 배우의 확보 가능성이 이러한 조사에 포함될 것이다. 이는 영화가 실행 가능성이 있는지 여부를 알아보기 위한 것이다. 유명 배우가 역할에 관심이 있다는 것을 알거나 흥행 감독이 원작에 애착을 갖고 있다는 것을 아는 것이 자금, 유통 경로 확보 등에 결정적일 수 있다.

영화가 등장한 초기에 톨스토이Lev Tolstoy는 짧은 영화를 보고 나서 다음과 같이 썼다.

> 여러분은 회전하는 손잡이가 달린 찰칵 하는 소리를 내는 이 조그만 기계가 우리의 생활, 곧 작가의 생활에 혁명을 가져올 날을 볼 것입니다. 그것은 옛날 방식의 문학예술에 대한 직접적인 공격입니다. 우리는 스스로 어두운 스크린과 이 차가운 기계에 적응해야 할 것입니다. 새로운 형태의 저술이 필요할 것입니다. 하지만 저는 이러한 변화가 꽤 좋습니다.

1년에 할리우드가 생산하는 영화 중 약 1/3은 이전에 출판된 책을 원작으로 하는 것으로 추정된다. 오스카 상 작품상 수상작의 40%는 소설을 원작으로 하며 이와는 대조적으로 28%만이 오리지널 영화 시나리오에 기반을 둔 것이다. 1990년대 말에 영국 문학작품을 원작으로 하는 몇 편의 영화가 성공한 다음 '영국 문학Britlit'에 대한 열풍이 일었다. 여기에는 제인 오스틴의 『센스 앤드 센서빌리티Sense and Sensibility』 같은 고전을 원작으로 하는 것들이 들어 있다. 설령 다수의 고전 작품이 공유저작물에 속한다고 할지라도 유럽경제지역(EEA) 및 미국 내에서의 저작권 기간 연장과 미국 내 베른협약 회원국 작품의 저작권 소생은 기저 저작물의 저작권 상태를 철두철미하게 점검해야 한다는 것을 의미한다. 문학작품을 원작으로 하는 영화의 비율은 옵션이 행사되는 프로젝트 중 5%에서 10%를 차지하는 수준으로 보아야 하며 이들 중에 최종적으로 열 개 중 하나가 제작이 진행된다. 텔레비전 옵션은 영화 옵션보다 성공률이 높다. 옵션은 무료로 허가되기보다 지불이 되어야 하며 이러한 소득은 어쨌든 환영할 만한 일이다.

프로듀서들은 점점 더 무료로 또는 명목적인 가격(1파운드)으로 옵션을 확보하려고 시도한다. 12개월의 옵션 기간 동안 500파운드도 조성할 수 없는 프로듀서가 제작비를 확보하리라고 보기는 어렵다. 가능하면 구매가격의 5%를 고수하라. 때에 따라서 옹색한 오퍼에 대해서는 무응답을 하는 것이 좋은 결과를 가져오므로 약간의 허세를 부려보라.

오늘날 주요 저자의 작품에 대한 영화 권리를 출판사가 통제할 가능성은 낮아 보인다. 이런 권리는 저자의 에이전트가 취급할 것으로 보이며 경매의 대상이 될 것이다. 어떤 문학작품의 영화 권리가 판매되면 많은 액수의 수입이 생기며 일반적으로 덩달아서 도서 판매도 증가한다.

저자가 매표소 수입액이나 총 이익금의 일부를 받을 수 있는 가능성은 아주 낮다. 이런 조건은 대단히 특별한 경우를 제외하고는 협상할 수 없다고 상정해야 한다. J. K. 롤링은 영화 "해리 포터" 시리즈에 대해 매표소 수입액의 1%를 받은 것으로 생각된다. 2009년 J. R. R. 톨킨의 상속인과 『반지의 제왕』 3부작의 출판사인 하퍼콜린스를 대리하는 기관은 워너브러더스Warner Brothers가 제작하여 대성공을 거둔 영화의 총 수입액의 일부를 받기로 뉴 라인 프로덕션스New Line Productions와 합의했다. 저자는 모든 여타 당사자들의 이익 몫이 할당된 이후 프로듀서에게 지불될 순이익 중 적은 비율을 받게 될 수 있다. 프로듀서의 몫은 총액(즉, 이익금의 100%)의 5~10% 정도로 낮을 수 있다. 그러므로 프로듀서 몫의 5%는 총 이익금의 0.25~0.5%에 해당하며 이것이 저자에게 돌아가는 몫이 될 수 있다. 하지만 프로듀서의 몫이 총 이익금의 50%에 달할 수도 있다. 이 경우 저자에게 돌아가는 몫은 상당히 큰 금액이 될 수 있다.

어떤 경우에는 저자가 자신이 쓴 소설의 대본작가로서 추가적으로 참여할 수 있지만(존 어빙John Irving이 1999년 영화 〈사이더 하우스The Cider House Rules〉에서 그러했던 것처럼) 이는 희귀한 사례이다. 왜냐하면 각 매체에 요구되는 솜씨가 판이하기 때문이다.

영화 권리의 소유권 문제는 매우 중요하다. 프로젝트가 진행될 경우 영화를 제작하는 데 막대한 금액이 걸려 있을 것이기 때문이다. 영화 관계자가 관심을 갖고 접촉해오면 첫 단계는 누가 권리를 통제할 것인가를 확립하는 것이어야 하며, 이렇게 하려면 저자와의 기본계약서를 점검할 필요가 있을 것이다. 오래된 작품의 경우 해당 작품이 아직도 관련 시장에서 저작권이 유효한지를 알아볼 필요가 있다. 특히 보호기간에 차이가 있을 경우 그렇다(제1장 "영국의 저작권 입법"과 "미국의 저작권 입법" 참조). 오래된 계약서에는 여러 가지 권리가 구체적으로 언급되지 않았을지 모르지만, 출판사는 출판권 및 저작물과 관련된 모든 다른 권리, 또는 "저작물에 현재 존재하거나 나중에 존재하게 될 모든 다른 권리"를 허가받았을 수 있다. 양 사례의 경우 영화 권리가 포함될 것이다. 하지만 그런 권리가 비록 기본계약서상에서 완전한 양도의 형식으로 허가되었다고 할지라도 그것을 여전히 출판사가 통제하는지 여부를 점검하는 것도 중요하다. 그 이유는 영국의 「1911년 저작권법」 조항 때문이다. 이 조항의 의미는 설령 저작물이 여전히 영국 저작권법에 의해 보호를 받는다고 할지라도 권리의 통제권은 저자 사후 25년이 되었을 때 저자의 상속인에게 귀속된다는 것이다. 또한 미국의 「1998년 소니 보노 저작권 기간 연장법」은 미국 저작물의 권리 복귀에 대한 조항을 수정했다(제1장 참조).

비록 출판사가 영화 권리를 통제하지 못하고 권리에 대한 신청이 다른 곳을 상대로 이루어진다고 할지라도 출판사는 권리 양도에 서명하라는 요구를 받을 가능성이 있다. 이 권리 양도는 기저 저작물의 출판사라고 할지라도 영화, 텔레비전 권리 및 관련된 권리—텍스트가 직접적으로 언급되는 경우의 권리는 제외—에 직접적인 금전적 이해관계를 갖지 않는다는 것을 확인하기 위함이다. 저작권 소유자 또는 저작권 소유자의 에이전트로부터 권리를 취득한 회사가 이런 권리 양도를 요구한다. 또한 출판사는 영화의 기초가 되는 도서에서 발췌한 짤막한 내용을 발간하는 것에 반대하지 않는다는 확약을 요구받을 것이다. 이는 영화를 홍보하고 언론 보도, 업계 저널 또는 연예 잡지와 같은 정황에서만 사용되는 것을 조건으로 한다. 이런 정황에서 사용될 수 있는 단어의 최대 숫자는 권리 양도 증서에 명기되어야 한다. 이는 1만 단어까지 이를 수 있지만 극히 짧은 작품이나 어린이책의 경우 7500단어로 줄어들 수 있다. 출판사들은 도서의 타이틀, 저자 및 출판사가 모두 언급되어야 한다고 요구해야 한다. 특히 영화 제목이 도서의 원제와 다를 경우에 그렇다.

영화 권리를 갖고자 하는 회사는, 잠재적인 투자 수준 때문에, 권리에 대한 소유권을 방해받지 않고 사용할 수 있다는 것을 확인하는 작업을 매우 중요시할 것이다. 오래된 저작물에 대한 권리를 확보하려 할 때 그 저작물이 영화로 만들어진 적이 없는데도 불구하고 어딘가 다른 곳에서 영화 권리와 연계된 문서의 존재 때문에 방해를 받게 되는 경우가 빈번하다.

출판사가 저자로부터 저작권을 완전히 양도받지는 않은 상태에서 영화 권리를 통제한다면(예를 들면, 영화 및 텔레비전 권리를 포함한 권리의 배타적인 허가를 통해) 그런 권리에 대한 완전한 허가를 획득하기 위해 저자로부터 추가 서류를 확보하는 것이 바람직하며, 출판사는 저자의 에이전트로서 영화 계약서 내에 지명이 되어야 한다. 실제로 저자가 자신의 이름으로 저작권을 유지하고 있다면 계약서에 서명해야 할 이는 저자일 것이다.

경험 없는 출판사에게 영화 권리가 곤란한 문제가 될 수 있는 것은 비록 영화 제작이 실제로 진행된다는 보장이 없다고 할지라도 처음부터 전체 금액을 협상해야 한다는 점이다. 그 의미는 권리의 가치가 처음부터 평가되어야 한다는 것이며 영화 예산과 관련하여 너무 낮은 가격으로 협상하게 될 우려가 있다는 것이다.

영화 권리를 획득할 때 옵션권자는 권리를 위해 합의된 총 금액 중 일정 비율을 지불하게 될 것이다. 바람직한 요율은 10%이지만 이 수치는 낮아질 수 있다. 요율이 낮아질 경우(예를 들면 3~5%) 이후의 단계에서 추가 지불에 대해 협상할 가능성이 있다. 예를 들면, 본촬영 첫날에 추가로 5000파운드를 지불하는 것이다. 일반적인 규칙은 프로듀서가 초기의 옵션 가격에 대해 현행 비율보다 낮게 지불한다면 통상적으로 제작에 들어가면서 추가 지불을 하기로 합의한다는 것이다. 예를 들면, 영화의 제작 시기에 근접하여 그러한 지불을 하는데 보통 본격적인 촬영이 있는 첫날에 지불한다. 상대적으로 자금 확보가 여의치 못한 소규모 제작 회사가 많은데 바람직한 것은 명성이 높고 또한 극장용이나 텔레비전 프로그램용 영화를 정기적으로 제작한 실적을 가진 회사와 거래하는 것이다.

기저 저작물의 권리에 지불하는 총 금액(구매가)은 영화를 위해 예상되는 총 예산 또는 제작비의 일정 비율로(아마도 2~3% 수준에서) 정해질 것이다. 통상적으로 이와 유사한 비율이 대본에 대해서 허용될 것이다. 총 예산이나 제작비용은 저자의 명성, 권리를 취득한 기관의 재정적 영향력(주요 할리우드 스튜디오인가 아니면 소규모 독립 제작사인가), 감독의 위상, 주연 배우 확보 가능성 및 다른 요인들에 달려 있을 것이다.

그러므로 영화 권리 옵션권자가 해야 할 첫 번째 조처는 가능한 수준을 정하는 것이다. 이런 식으로 영화 예산은 (가령) 100만 파운드로 합의될 수 있다. 그런 다음 지불금은 그런 금액 또는 확정된 예산–제작이 실제로 시작된 시점(본격적인 촬영의 첫날에 유효한–의 2.5%로 합의될 수 있다. 제작회사의 회계사가 확정된 예산 금액을 제공할 수 있으며 이 금액은 금융사, 공동 제작사 및 보험회사를 상대할 때 사용된다. 지불은 3단계로 시행될 수 있다. 즉, 옵션 요금 지불, 실행가격(또는 최저 보장 구매가격으로 알려져 있다) 지불, 그리고 본촬영 요금(전체 또는 최대 구매가격) 지불이다. 본촬영 요금은 영화의 최종 예산이 제작을 실제로 시작하여 분명해질 때 예산에서 협상한 비율에 실행가격을 적용한 것이다. 이런 식으로 권리 비용은 영화 비용과 더불어 상승하지만 통상적으로 경매개시가격floor(협상될 수 있는 만큼의 최저 실행가격) 및 최고가격ceiling(최대 실행가격으로 경매개시가격의 2배 내지 3배가 될 수 있으며 이보다 더 높을 수 있다)의 사이에서 결정된다.

거래는 종종 다음과 같은 방식으로 종합하게 된다. 즉, 옵션 요금은 ㅇ파운드로 하고, ㅇ파운드의 실행가격이나 예산의 2.5%(또는 협상된 다른 비율) 가운데 더 높은 금액을 택해 지불하며 금융비용, 완성보증보험료, 임시비와 저자에게 지불된 돈은 뺀다는 식이다(이런 것들은 통상적으로 제외되는 것으로 알려져 있다). 실행가격은 통상적으로 본촬영(또는 전체) 구매가격보다 적을 것이다. 하지만 이론적으로 영화 예산이 실제로 예상보다 적다면 이 금액은 동일할 수 있다.

영화제작사는 통상적으로 순이익을 기준으로 추가 지불을 한다. 이는 매력적인 소리로 들리지만 대부분의 영화는 이익을 내지 못한다는 것을 유념해야 하며, 이익을 내는 제작사도 정확하게 이익이 얼마나 되는지 가늠하기 어려울 수 있다. 순이익을 근거로 지불이 이루어지게 되면 그 정의에 대해 전문가의 자문을 받는 것이 매우 중요하다. 실제로 이익은 허가를 받은 모든 관련 미디어에서 영화를 이용해 벌어들인 총 매출액에서 제작비(금융비용 포함), 유통비용(요금, 수수료 및 제 경비 포함) 및 지연금(보통 최초의 이익이 발생할 때가지 지연되고 영화의 성공에 지급 여부가 달려 있는 지불)을 뺀 것이다. 경비에는 마케팅비와 배급비를 합한 금액—P&Aprints and advertising로 불린다—이 포함된다. 이런 것들은 유통과 마케팅의 주요 비용이라고 할 수 있으며 영화의 제작 예산보다 높을 수 있다. 하지만 순이익의 전반적인 정의는 계약서에 가능한 한 완전히 명기해야 하며 관련된 다른 모든 당사자가 사용하는 것과 동일한 정의를(최혜국대우로 알려진) 언제나 사용해야 한다. 만약 차이가 있다면 가장 유리한 이익을 보장하는 정의와 일치해야 한다.

옵션 요금은 권리의 전체 구매가격에 포함되는, 반환이 되지 않는 선금이어야 하며 통상적으로 최초 1년에서 18개월 또는 2년까지 허가된다. 옵션 기간은 계약 조항에 의해 추가로 1년 내지 18개월/2년 동안 (적정한 통보 이후) 연장될 수 있다. 이런 경우 추가 옵션 요금은 안분해서 지불해야 한다. 하지만 이는 최종 구매가격에 대해 정해지는 것이 아니라 프로젝트를 추진할 것인지 여부의 결정을 미룬 데 대한 보상금으로서 추가 요금으로 간주될 수 있다. 어떤 경우에도 옵션은 무료로 허가되지 않는다. 필요하다면 '추후' 지불을 요구하라. 두 번째 옵션에 대한 지불은 구매가격에 포함되지 않는다는(즉, 구매가격에서 공제되지 않는다는) 동의를 확보하는 것이 바람직하다. 세 번째 옵션이 주어진다면 그것은 구매가격에서 결코 공제해서는 안 된다. 또한 추가적인 옵션에 대해서는 가격을 올리는 것이 바람직하다. 가령, 첫 번째 옵션 지불이 1000파운드라면 두 번째 옵션은 1500파운드, 세 번째 옵션은 2000파운드가 될 수 있다. 이렇게 하는 것은 이 저작권물이 시장에서 장기간 등장하지 못할수록 저작권 소유자에게 불리한 상황이 된다고 주장함으로써 정당화될 수 있다. 왜냐하면 벌어들이는 액수가 너무 적고 프로젝트가 '빛을 보지 못할' 위험이 있기 때문이다.

만약 1파운드의 명목상 옵션 요금을 제의받는다면 그 대신에 가령 12개월 또는 18개월 동안 1000파운드에서 5000파운드까지의 합리적인 옵션 요금을 요구하라. 하지만 필요하다면 제작자가 공동제작이나 프로젝트에 대한 제3자와의 금융거래에 합의하거나 영국영화위원회나 필름4Film4 또는 여타의 지역 영화기관으로부터 보조금을 받을 때까지 1파운드만 받고 연기하기로 합의하라. 옵션의 지연에 합의하는 것은 라이선서를 위해 지연된 금액을 확보하는 임무를 제작자에게 부과한다. 왜냐하면 거래를 확보하기 위해 제3자에게 계약서를 보여주어야 하기 때문이다.

영화 권리의 옵션권을 다루는 문서는 통상적으로 2개 부분으로 되어 있다. 즉, 옵션 합의와 권리 양도이다. 주요 스튜디오를 당사자로 하는 그런 문서는 50쪽 정도의 길이가 될 수 있다. 모든 조건은 옵션이 협상되고 서명될 때 합의된다. 권리 양도 문서는 옵션 기간이 시작되지 않으면 서명되지 않을 것이지만 옵션 문서가 서명될 때 쪽마다 가서명이 이루어질 수 있다. 옵션 합의 시 옵션을 위해 지불해야 할 총액, 다루는 기간 및 배타적으로 옵션이 부여되는 권리들을 명기한다. 그 기간 동안 제작사는 예를 들면 영화의 시나리오를 준비하는 것처럼 필요할 수 있는 저작물의 각색에 대한 배타적인 권리를 가질 것이다. 하지만 옵션이 실제로 행사되고 구매가격이 지불될 때까지 영화 제작은 전혀 진행될 수 없다.

옵션이 부여되는 주요 권리를 옵션 문서에 명기하면서 권리 양도 문서에 포함된 좀 더 상세한 권리 목록도 상호 참조할 수 있다. 영화회사는 영화, 텔레비전 및 연관된 권리를 가장 광범위하게 양도받고자 노력할 것이다. 하지만 시작부터 어떤 유형의 제작이 예상되는지를 분명히 하는 것이 매우 중요하다. 특히 어린이책의 경우 애니메이션이나 부분 애니메이션, 혹은 전통적인 드라마 형태로 제작될 수 있을 것이다.

옵션권자는 자신에게 권리에 대한 소유권이 있다는 것과 저작물이 저작권을 침해하지 않고 음란하거나 외설적이지 않으며 명예훼손이나 중상을 하지 않는다는 것을 확약하는 철저한 보증을 제공하도록 요구를 받을 것이다. 영화회사는 이런 것들 때문에 제기되는 소송에 대한 면책을 제공받아야 할 것이다. 그러므로 원래의 기본계약서에서 저자가 제공하는 보증을 세심하게 점검할 필요가 있다. 거래의 이런 측면은 매우 중요한데, 그 이유는 제작사가 그런 보증이 없이는 자금을 확보할 수 없고, 특히 보험-보험이 없이는 제작에 착수할 수 없다-에 가입할 수 없기 때문이다. 이는 책에 포함된 모든 사실이 진실임을 완전히 보증할 것을 제작사가 요구하고 저자는 그것이 단지 그가 아는 한 또는 그가 (명백히 표준적이라고) 믿는 한 진실임을 보증할 수밖에 없을 때 문제가 될 수 있다. 이런 경우는 거래가 이루어지지 않을 수 있다.

거래가 진행되려면 저자를 대신하는 출판사나 에이전트는 역보증을 요구해야 한다. 제작사가 영화에서 책의 일부 내용을 바꿔서 어떤 형태의 법적 문제가 발생할 경우 제작사는 출판사 그리고/또는 저자가 그로 인해 피해를 입지 않는다는 것을 확약해야 한다.

영화 계약은 통상적으로 구매자가 자신의 우선권이나 영화 제작 권리를 제3자에게 양도하는 것을 허용하는 문구를 제공한다. 그리고 이는 재정적인 후원을 확보하는 데 필요할 수 있다. 그런 양도가 옵션권자에게 양도자의 책무를 이행하겠다는 제3자의 동의 없이 일어난다면 옵션권는 해당 양수자와 계약상 아무런 관계가 없을 것이다. 양수자가 파산하는 경우 옵션권는 비록 이후에 영화가 제작에 들어가게 된다고 할지라도 양도자로부터 지불을 요구할 수 없을 것이다. 따라서 양수자가 양도자의 모든 책임을 이행할 것임을 혹은 (오히려) 원제작사와의 계약 조건을 포함하는 새로운 계약(갱신)을 옵션권자와 체결할 것임을 옵션권자에게 직접 약속하지 않는 한 어떠한 권리의 양도도 이루어질 수 없게 하는 것이 필수적이다.

선량한 은행을 대출을 위한 보증업체로서 지정하는 것은 직접적인 계약이나 기존 계약의 갱신 없이 이루어져야 할 것이다. 은행들은 그런 계약을 하지 않을 것이다. 하지만 제작사가 여타의 제작사나 유통사에게 양도를 한다면 해당 양수자로부터 어떤 형태의 보증을 요구하는 것이 필수적이다. 사람들이 이것이 양도를 방해한다고 말할 때도 그들을 믿어서는 안 된다. 비록 양수자가 그것을 사실이라고 믿는다 할지라도 이것이 사실일 가능성은 극히 낮다. 주요 스튜디오와 거래할 경우 직접 계약이 바람직하지만 필수적인 것은 아니다.

양도 문서는 옵션 계약에 첨부된다. 이 문서에는 획득하게 될 권리에 대해 상세하게 기록되어 있다. 이러한 권리들은 거의 확실하게 저작권의 전 기간에 걸쳐 유효할 것이다. 이러한 권리에는 최초의 극장 개봉을 위해 극영화 형태로 저작물을 각색하고 제작할 권리뿐만 아니라 영화를 텔레비전에서 방영할 권리(여기에는 케이블 방송, 위성방송 또는 인터넷을 통한 유료 TV 방송이 포함된다), 그리고 영화를 DVD로 기록하고 판매하는 권리가 포함된다. 현재 이러한 권리들은 몇 년 전보다 엄청나게 가치가 있으며 저작권자는 이익 참여에 대한 합의를 통해 자기 지분을 보유할 것이다. 이제 좀 더 광범위한 전자 권리의 문제가 제기되고 있다. 회사들은 쌍방향 포맷으로 된 모든 기록물에 대한 권리를 모색하고 영화를 '현재 알려졌거나 이후에 발명될 모든 수단에 의해' 공개적으로 제공할 권리를 갖고자 할 것이다. 주문형 비디오의 등장과 더불어 케이블, 위성 전송 및 인터넷은 유료 가입자들이 텔레비전, 컴퓨터, 태블릿, 휴대용 미디어 플레이어, 또는 스마트폰과 같은 다양한 플랫폼을 스스로 선택하여 영화를 보는 데 사용될 것이다.

오랫동안 영화사들은 자체의 웹사이트로부터 직접 다운로드하는 서비스를 제공하는 것을 선택하지 않았다. 그 이유는 부분적으로 주요 DVD 소매상과 소원해지는 것을 회피하고자 함이며, 또한 해적행위에 대한 우려 때문이기도 하다. 현재 미국의 영화협회는 영화의 불법 다운로드와 스트리밍 때문에 잃어버린 수익이 연간 전체 수익의 약 40%를 차지할 것으로 추산하고 있다. 합법적인 VoD 서비스를 제공하기 위해 수많은 중개 서비스 업체가 합법적으로 설립되었으며 그 결과 블록버스터Blockbuster와 같은 전통적인 오프라인 비디오 대여 회사에 막대한 파멸적 영향을 끼치게 되었다. 블록버스터는 2010년 파산을 신청했으며 비록 디시 네트워크 코퍼레이션Dish Network Corporation이 매입하기는 했지만 결국 2013년 말 상점들이 문을 닫았다. 2013년 미국 시장에서 실물 DVD 판매액은 8% 감소하여 77억 8000만 달러였다. 반면 디지털 구입은 47% 늘어나 11억 9000만 달러에 달했다.

미국에서는 다양한 모델이 시도되었으며 성과도 각양각색이다. 타임워너 케이블Time Warner Cable은 자체 텔레비전 채널을 통해 영화와 텔레비전 콘텐츠의 주문형 서비스를 제공하고 있으며, 디즈니의 무비빔MovieBeam VoD 서비스도 셋톱박스를 통한 서비스를 제공했으나 실패했다. 파라마운트Paramount, 소니, MGM, 유니버설Universal과 워너브러더스의 합작업체인 무비링크Movielink도 실패했다. 현재의 주요 업체들은 넷플릭스, 애플의 아이튠즈, 아마존 프라임 인스턴트 비디오(구 러브필름)이다. 현재 모든 주요 영화사들이 선호하는 전략은 영화의 실물 DVD가 구매되거나 대여되기 위해 출시된 지 1주에서 4주 내에 고객들이 이러한 온라인 소매상을 통해 디지털 HD 버전을 이용할 수 있도록 하는 것이다. 영국에도 다수의 영화 및 텔레비전 콘텐츠 서비스가 있다.

1992년 11월 19일에 발표된 「대여권과 대출권에 관한 유럽 지침」은 영국에서는 「저작권과 저작인접권 규정」의 열 번째 규정을 통해 1996년 12월 1일부터 효력이 발생했다(제1장 "영국의 저작권 입법" 참조). 그 의도는 저자와 실연자에게 나중에 이용되는 저작물에 대한 공정하고 지속적인 보상을 제공하는 것이다. 여기서 명백한 분야는 비디오 대여와 주문형 비디오 서비스이다. 이 권리는 대서양 양안의 영화업계로부터 강력한 반대에 직면했다. 현재 이러한 권리에 대한 지불은 1997년 1월 12일 이후 효력이 발생한 대여 계약에 요구되고 1994년 4월 1일 이전에 효력이 발생한 영화 계약에 적용되고 있다. 후자의 경우 대여권의 소유자(저자이거나 저자를 대신하여 활동하는 에이전트 또는 출판사)는 저작물에 대한 새로운 대여권을 행사할 의도임을 1997년 1월 1일 이전에 영화 제작사에 통고했어야 한다. 다른 조항이 없으면 대여권은 영화권 허가에 포함되었다고 상정할 수 있지만 효력이 있는 모든 새로운 영화 계약은 허가되는 권리에서 대여권 또는 대출권을 분명하게 명기해야 한다. 저작권 소유자에 대한 지불의 원천은 대여업체보다는 영화회사가 될 것이다.

양도 문서도 프리퀄, 속편 및 리메이크판의 지불 조항을 두어야 한다. 이런 것들은 최초 영화에 대한 요금의 33.3~50%를 받을 수 있다. 전적으로 영화사가 만드는 스핀오프 영화—저자가 생산한 프리퀄과 속편 것처럼 돈은 여전히 지불되어야 한다—와 저자가 쓴 문학작품 원작에 기초한 프리퀄 및 속편 사이에는 분명하게 구분을 두어야 한다. 통상적인 오퍼는 리메이크판에 대해서는 최초 영화에 지불된 금액의 33.3%이며 속편에 대해서는 50%이다. 이런 거래는 여러 가지 이유로 매력이 없다. 최초의 더 모험적인 영화가 실패작이었다면 영화회사는 속편이나 리메이크를 제작하지 않으려 할 것이다. 리메이크판과 속편은 통상적으로 몇 년 뒤에 만들어지기 때문에 인플레이션을 감안하면 최종 수입의 총액은 적어진다. 업계의 규범은 기저 권리의underlying rights 2~2.5%이다. 그렇다면 이런 하락이 왜 정당화되어야 하는가? 가능하다면 새로운 영화 예산의 1.66%로 타협하는 것을 목표로 하고 거래를 깰 수 있다는 것을 분명히 하라. 강력한 협상 능력을 가지고 있으면 성공이 가능할 수 있지만 자리를 박차고 나갈 태세를 갖춰야 할 것이다.

또한 영화회사는 영화와 관련된 상품화 권리(제16장 참조)와 사운드트랙 리코딩으로 영화와 관련된 음악을 판매할 권리를 포함한 부수적인 권리를 기대할 것이다. 어떤 경우에는 영화회사가 스틸still(영화나 비디오의 한 장면을 담은 사진—옮긴이)을 넣은 '영화 도서'를 출판하기를 원할 것이다. 하지만 기저 저작물이 소설이라면 이는 영화가 어떻게 제작되었는가에 관련된 책에 한정되어야 할 것이다. 오리지널 시나리오를 가지고 제작되는 영화의 경우 '소설화' 권리를 이용할 가능성이 있을 것이지만 원작 소설을 대략이나마 토대로 한 영화의 소설화는 거절되어야 한다. 출판사가 보유하는 구체적 권리가 계약서에 명백하게 포함되는 것이 특히 중요하다. 여기에는 전자책 권리에 대한 명확한 정의가 포함된다. 인핸스트 전자책의 도래(제19장 참조)와 더불어 영화회사에 허가되는 권리와 갈등이 발생할 위험이 있다는 것이 인식되고 있다.

상품화 권리는 점점 더 협상의 중요한 요소가 되고 있는데, 특히 고도로 시각적인 어린이책의 경우가 그렇다. A. A. 밀른A. A. Milne의 책을 원작으로 하는 〈곰돌이 푸Winnie the Pooh〉, J. K. 롤링의 소설을 원작으로 하는 "해리 포터" 시리즈 및 J. R. R. 톨킨의 소설을 원작으로 하는 "반지의 제왕" 3부작과 같은 영화와 관련된 상품화 권리는 가치가 극히 높은 것으로 판명되었다(제16장 참조).

배트맨, 스파이더맨과 같은 만화 캐릭터에 기초한 영화로부터 상품화로 벌어들이는 수익은 박스오피스에서의 매출액을 능가할 수 있다. 이상적이라면 이런 근원으로부터의 수입은 별도로 계산되어야겠지만 실제로는 그렇게 하기가 어려울 수 있다. 이런 종류의 수입은 생산 비용과 초기에 설정된 다른 항목을 제하고 정해질 수 있으며 이에 따라 원래의 권리자가 이익 참여에 의해 지분을 보유하게 될 때 전반적인 거래의 일부가 될 수 있다.

양도 계약은 첫 번째 옵션 지불액이 어떻게 설정될지를 고려하여 이 권리를 위한 전체 지불액을 명기할 것이다. 옵션이 행사 중일 때 나머지 전액('법적원인')에 대한 만기가 도래할 수 있다. 이는 옵션 기간 내에 어느 때고 발생할 수 있지만 지불이 이루어지기 이전에 제작은 허용되지 않는다. 하지만 지불은 분할해서 불입될 가능성이 높으며 통상적으로 지불일은 구체적인 날짜와 제작 단계의 두 가지 형태 모두로 명시된다. 예를 들면, '옵션 행사 시 또는 본촬영의 첫날 중 빠른 날짜에 ㅇ파운드'라는 식이다. 이는 본격적인 촬영이 지연되거나 혹은 촬영이 전혀 이루어지지 않는다고 해도 지불이 보장되는 것을 목표로 한다.

주목해야 할 점은 옵션을 행사하지 않고 본격적인 촬영에 들어가면 저작권을 침해하게 된다는 것이다. 왜냐하면 영화 제작을 개시할 권리는 옵션을 행사해야 제작자에게 넘겨지기 때문이다(만약 그렇게 하기로 계약된 것이라면). 즉, 권리의 실제적인 구매는 옵션하에서 이루어지는 것이다. 통상적으로 계약서에는 지불이 이루어지지 않더라도 권리자가 제작을 금지할 자격은 없다는 취지의 구절이 있다. 그러므로 구매가격을 받을 때까지 저작권이 넘어가지도 옵션이 행사되는 것도 아니라는(따라서 옵션 행사 시에 부여되는 권리들이 구매자에게 넘어가지 않는다는) 문구를 포함시키는 것이 가장 바람직하다.

옵션이 행사되면 옵션권자는 서명이나 날인이 된 정식 양도 문서를 제출하도록 요구를 받을 것이다. 그러면 영화회사는 부본에 날인이나 서명을 하여 옵션권자에게 돌려보낼 것이다. 양도 문서에는 만약 영화가 가령 옵션 행사일로부터 5년 내에 제작에 들어가지 않으면 옵션 행사로 획득된 권리가 옵션권자에게 귀속된다는 조항이 포함되어야 한다. 이는 때때로 반환reversion이나 역구매 권리right of buy-back로 표현된다. 권리가 반환될 때는 지불을 전혀 하지 않는 것이 이상적이다. 하지만 실제로 이런 거래에서는 이런 권리들이 반환일이 지난 어느 시점에 때때로 개발 비용이나 일정 비율의 돈을 얹은 실행가격으로 환매되는 일이 빈번하다. 이 금액은 협상이 가능하며 제3자가 영화의 본촬영을 한 첫날 환불되는 것이 가장 흔하다. 그래서 결과적으로 제작사가 그 돈을 환불하고는 한다. 지불된 것보다 더 환불해서는 안 된다고 주장하고 이를 고수해야 한다.

국제적인 위상이 아주 높은 저자들을 제외하고는 영화의 내용에 개입할 권리를 확보할 수 있는 저자는 드물다. 하지만 몇몇 경우에는 가능하며 J. K. 롤링의 〈해리 포터〉가 그런 경우이다. C. S. 루이스의 의붓아들 중 한 명인 더글러스 그레셤Douglas Gresham은 〈나니아 연대기The Chronicles of Narnia〉 영화 제작 자문에 깊이 관여했다. 영화라는 매체는 소설과 판이하며 스토리의 시간을 압축하고 확장하거나 순서를 재배열하는 데 대폭적인 수정이 요구될 수 있다. 액션은 느려질 수도 있고 (그보다는) 속도감이 붙을 수도 있다. 캐릭터는 플롯의 목적에 맞게 추가되거나 빠지거나 결합될 것이다. 그러므로 매체의 특성상 저자의 저작인격권을 보전할 가능성이 낮으며 이는 시작부터 인정되어야 한다. 대부분의 영화 계약은 결과적으로 온전성에 대한 저자의 저작인격권을 포기할 것을 요구한다. 이는 영국의 저작권법하에서 허용되는 조처이다(미국의 저작권법에는 저작인격권이 존재하지 않는다). 하지만 기억해야 할 점은 저작인격권의 전통을 가진 유럽대륙 국가들의 입법은 저작인격권의 포기를 허용하지 않는다는 것이다. 다만 이것은 사실상 무시되고 있다.

영화의 최종판은 기저 저작물과 별로 유사하지 않을 것이며 몇몇 경우에는 저자들이 자기들 작품이 받은 대우에 고통을 받아 크레디트에서 자기 이름을 빼달라고 요구했다. 그러므로 계약서에 이러한 가능성에 대비한 조항을 삽입하는 것이 매우 중요하다. 영화회사들은 책의 권리를 획득하는 목적이 오직 제목만 사용하기 위해, 또는 판이한 플롯의 맥락에서 스토리에 등장하는 한 인물의 개성을 사용하거나 심지어 해당 저작재산권을 시장에 내놓지 않고 다른 어느 누구든지 해당 작품을 기초로 하여 경쟁 영화를 만들지 못하게 하기 위함인 경우가 다반사이다.

영화계에는 최고의 영화들은 문학적 가치가 최고로 높지는 않은 책을 원작으로 한다고 생각하는 무리가 있다. 로버트 제임스 월러가 쓴 중편소설 『매디슨 카운티의 다리』를 원작으로 한 영화(클린트 이스트우드Clint Eastwood, 메릴 스트립Meryl Streep 주연)는 일반적으로 원작보다 훨씬 뛰어나다고 생각된다. 인기 있는 작가가 쓴 튼튼한 이야기 줄거리가 더 좋은 영화를 만들 때가 종종 있다. 제임스 엘로이James Ellroy가 쓴 『LA 컨피덴셜LA Confidential』을 원작으로 한 1997년 영화, 동일한 저자가 쓴 『블랙 달리아The Black Dahlia』의 2006년 영화가 그런 경우이다. 유명하지 않은 저자가 쓴 비상한 주제의 책도 호소력이 있는데, 이는 니컬러스 에반스Nicholas Evans가 저술한 첫 소설 『호스 위스퍼러The Horse Whisperer』의 영화 권리에 300만 달러가 지불되었다는 데서 입증된다. 저자가 주요 문학상을 수상할 수 있게 하는 저술 표준은 좋은 영화를 만드는 데 방해가 될 수 있다. 하지만 최근 수년 동안에는 이런 경구에 예외가 많았다. J. G. 밸러드J. G. Ballard의 『태양의 제국Empire of the Sun』, 토머스 케닐리Thomas Keneally의 『쉰들러의 방주Schindler's Ark』(미국에서 영화명으로는 "쉰들러 리스트Schindler's List"로 알려짐), 카즈오 이시구로Kazuo Ishiguro의 『남아 있는 나날The Remains of the Day』, 그의 후기작인 반이상향 소설 『나를 보내지 마Never Let Me Go』, 마이클 온다체의 『잉글리시 페이션트』(오스카 상 8개 부문 수상)가 그런 경우이다. 여타의 예에는 다음과 같은 것들이 있다. 프랭크 매코트Frank McCourt의 자전적 소설 『안젤라의 재Angela's Ashes』, 존 어빙의 『사이더 하우스The Cider House Rules』, 데이비드 구터슨David Guterson의 퓰리처 상 수상작 『삼나무에 내리는 눈Snow Falling on Cedars』, 루이스 드 베르니에르의 『코넬리의 만돌린』, 그레이엄 스위프트Graham Swift의 『마지막 명령Last Orders』(부커 상 수상작품), 시배스천 폭스의 『샬럿 그레이Charlotte Gray』, 이언 매큐언Ian McEwan의 『영원한 사랑Enduring Love』과 『속죄Atonement』, 할레드 호세이니Khaled Hosseini의 『연을 쫓는 아이The Kite Runner』, 자일스 포든Giles Foden의 『스코틀랜드의 마지막 왕The Last King of Scotland』(휘트브레드 상 수상), 존 르 카레의 『콘스탄트 가드너The Constant Gardner』. 르 카레의 작품은 오랫동안 영화나 텔레비전 형태로 끊임없이 제작되었다. 하지만 아마도 각색의 기록은 아직도 W. 서머싯 몸W. Somerset Maugham이 가지고 있을 것인데, 그의 작품 중 영화나 텔레비전 방영물이 된 것이 90편 이상이다.

지난 수 년 동안의 현황을 조사한 바에 의하면 박스오피스에서 성공한 영화 중 상당한 비율이 책으로 발간된 작품에 기초한 것이었다. 소설을 원작으로 하는 2003년 개봉 영화에는 다음과 같은 것들이 있다. 피터 위어Peter Weir 감독이 패트릭 오브라이언Patrick O'Brian의 인기 있는 "오브리 머투린Aubrey Maturin" 시리즈를 영화화한 〈마스터 앤드 커맨더: 위대한 정복자Master and Commander: The Far Side of the World〉, 데니스 루헤인Dennis Lehane의 동명 원작을 클린트 이스트우드가 영화화한 〈미스틱 리버Mystic River〉, 아이작 아시모프Isaac Asimov의 작품에 기초한 〈아이로봇I, Robot〉, 트레이시 슈발리에Tracy Chevalier의 소설을 각색한 〈진주 귀걸이를 한 소녀Girl with a Pearl Earring〉와 찰스 프레이저Charles Frazier의 소설을 각색한 〈콜드 마운틴Cold Mountain〉. 2004년에 개봉한 영화는 다음과 같은 것들이 있다. F. X. 오툴F. X. O'Toole이 쓴 단편 「불타는 로프Rope Burns」를 원작으로 하여 클린트 이스트우드가 감독한 〈밀리언 달러 베이비Million Dollar Baby〉, 피터 헨리 브라운Peter Henry Brown과 팻 H. 브로스키Pat H. Broeske가 공동 저술한 『하워드 휴스: 숨겨진 이야기Howard Hughes: The Untold Story』에 영감을 받아 대본이 집필되고 마틴 스코시지 감독이 만든 〈에비에이터Aviator〉. 소설을 원작으로 하여 2005년에 개봉한 영화에는 다음과 같은 것들이 있다. 프랭크 밀러Frank Miller의 그래픽 노블graphic novel을 원작으로 하는 〈신 시티Sin City〉, 존 르 카레의 소설을 원작으로 한 〈콘스탄트 가드너〉, 아서 골든Arthur Golden의 소설을 원작으로 한 〈게이샤의 추억Memoirs of a Geisha〉, J. K. 롤링의 소설을 원작으로 한 〈해리 포터와 불의 잔Harry Potter and the Goblet of Fire〉, C. S. 루이스의 7권짜리 『나니아 연대기』의 첫 번째 책을 원작으로 한 〈나니아 연대기: 사자, 마녀 그리고 옷장The Chronicles of Narnia: The Lion, the Witch and the Wardrobe〉.

2006년에 책을 바탕으로 만들어진 영화들은 조 헬러Zoe Heller의 〈노트 온 스캔들Notes on a Scandal〉, 댄 브라운Dan Brown의 〈다빈치 코드Da Vinci Code〉, 로렌 와이스버거Lauren Weisberger의 〈악마는 프라다를 입는다The Devil Wears Prada〉 등이다. 2007년에 영화화된 것은 다음과 같다. 업턴 싱클레어Upton Sinclair의 작품인 『오일Oil』에 바탕을 두고 오스카 상을 두 개 수상한 〈데어 윌 비 블러드There Will Be Blood〉, 로버트 러들럼의 소설을 원작으로 한 〈본 얼티메이텀Bourne Ultimatum〉과 프랭크 밀러의 그래픽 노블을 원작으로 한 〈300〉, 캐나다 작가 앨리스 먼로Alice Munro의 단편 소설 「곰이 산을 넘어 오다The Bear Came over the Mountain」를 각색한 〈어웨이 프롬 허Away from Her〉. 2008년에 영화화된 작품들은 다음과 같다. 코맥 매카시Cormac McCarthy 원작의 〈노인을 위한 나라는 없다No Country for Oldman〉(오스카 상 작품상 수상), 스탠 리Stan Lee의 그래픽 노블을 원작으로 한 〈아이언맨Iron Man〉, 존 보인John Boyne의 소설을 원작으로 한 〈줄무늬 파자마를 입은 소년The Boy in the Striped Pyjamas〉, 필리파 그레고리Philippa Gregory의 소설을 원작으로 한 〈천일의 스캔들The Other Boleyn Girl〉, 스테프니 메이어의 뱀파이어 소설 시리즈에 바탕을 둔 첫 번째 영화 〈트와일라잇Twilight〉, 비카스 스와루프의 소설 『Q&A』를 각색한 〈슬럼독 밀리어네어〉(2009년 오스카 작품상 수상). 2009년에 영화화된 작품들은 다음과 같다. 코닐리아 펑크Cornelia Funke의 원작 소설을 영화화한 〈잉크하트Inkheart〉, 댄 브라운의 소설을 원작으로 한 〈천사와 악마〉, 오드리 니페네거의 소설을 원작으로 한 〈시간 여행자의 아내〉, 데이브 기븐스Dave Gibbons의 그래픽 노블을 원작으로 한 〈왓치맨Watchman〉, 코맥 매카시의 소설을 원작으로 한 〈더 로드The Road〉, J. M. 쿠체J. M. Coetzee의 소설을 원작으로 한 〈추락Disgrace〉, 스테프니 메이어의 소설을 원작으로 한 〈트와일라잇〉의 속편 〈뉴문New Moon〉, 크리스토퍼 이셔우드의 소설을 원작으로 한 〈싱글맨A Single Man〉, J. K. 롤링의 소설을 원작으로 한 〈해리 포터와 혼혈왕자Harry Potter and the Half-Blood Prince〉. 해리 포터 시리즈의 일곱 번째이며 마지막 소설인 『해리 포터와 죽음의 성물Harry Potter and the Deathly Hallow』은 2010년과 2011년에 두 편의 영화로 제작되었다. 2010년에 제작된 영화는 다음과 같다. 앨리스 시볼드Alice Sebold의 소설을 원작으로 피터 잭슨Peter Jackson이 각색한 〈러블리 본즈The Lovely Bones〉, 데니스 루헤인의 소설에 기초한 마틴 스코시지 감독의 〈셔터 아일랜드Shutter Island〉, 엘리자베스 길버트Elizabeth Gilbert의 베스트셀러에 기초한 〈먹고 기도하고 사랑하라Eat, Pray, Love〉, 로버트 해리스Robert Harris의 동명 소설을 기초로 한 〈유령작가The Ghost Writer〉, 제이 파리니Jay Parini의 소설 『톨스토이의 마지막 정거장The Last Station: A Novel of Tolstoy's Final Year』을 기초로 한 〈톨스토이의 마지막 인생The Last Station〉. 어린이용 영화로 만들어진 작품에는 크레시다 코웰Cressida Cowell의 『드래곤 길들이기How to Train your Dragon』, 제프 키니의 "윔피 키드의 일기Diary of Wimpy Kid" 시리즈가 있다.

2011년에 영화화된 작품에는 다음과 같은 것이 있다. 마이클 코넬리Michael Connelly의 『링컨 차를 타는 변호사The Lincoln Lawyer』, 데이비드 니콜스David Nicoles의 『원 데이One Day』, 캐스린 스토킷Kathryn Stockett의 『헬프The Help』, 마이클 모퍼고Michael Morpurgo의 『워 호스』, 스테프니 메이어의 트와일라잇 시리즈 후속편인 『브레이킹 던Breaking Dawn』, 그리고 라이어넬 쉬리버Lionel Shriver의 논란이 많은 소설 『케빈에 대하여We Need to Talk about Kevin』.

2012년에는 다음과 같은 작품이 영화로 만들어졌다. 수전 힐Susan Hill의 『우먼 인 블랙The Woman in Black』, 매튜 퀵Mathew Quick의 『실버 라이닝 플레이북Silver Linings Playbook』, 살만 루슈디의 『한밤의 아이들Midnight's Children』, 수잰 콜린스가 쓴 반이상향 모험 소설로 시리즈의 첫 영화가 개봉한 『헝거 게임The Hunger Games』.

2013년에 영화로 만들어진 작품 중에는 다음과 같은 것들이 있다. 리 차일드Lee Child의 『잭 리처Jack Reacher』, 스테프니 메이어의 『호스트The Host』, 수잰 콜린스의 『헝거 게임: 캣칭 파이어The Hunger Games: Catching Fire』, 스코틀랜드 소설가 어빈 웰시Irvine Welsh의 『필스Filth』.

2014년에는 치마만다 응고지 아디치에Chimamanda Ngozi Adiche의 『태양은 노랗게 타오른다Half of a Yellow Sun』, 마이클 페이버Michael Faber의 『언더 더 스킨Under the Skin』, 퍼트리샤 하이스미스의 『1월의 두 얼굴Two Faces of January』, 존 르 카레의 『모스트 원티드 맨A Most Wanted Man』, 길리언 플린Gillian Flynn의 『나를 찾아줘

Gone Girl』와 존 그린John Green의 감성적인 십대 소설 『잘못은 우리 별에 있어The Fault in Our Stars』 등이 영화화되어 개봉했다. 2015년에는 E. L 제임스E. L. James의 베스트셀러이며 관능적인 3부작 시리즈 가운데 첫 번째 작품인 『그레이의 50가지 그림자Fifty Shades of Grey』를 원작으로 하는 영화가 나왔다.

책에 기초한 영화의 대부분은 픽션을 원작으로 하는 경향이 있다. 하지만 실비아 네이사Sylvia Nassar가 쓴 수학자 존 내시John Nash의 평전에 바탕을 두고 러셀 크로Russell Crowe가 주연을 맡은 〈뷰티풀 마인드A Beautiful Mind〉는 큰 인기를 끌었다. 2005년에 개봉한 〈카포티Capote〉는 제럴드 클라크Gerald Clarke가 쓴 책에 크게 기반을 두었으며, 스티븐 스필버그Steven Spielberg의 〈뮌헨Munich〉은 조지 조나스Jeorge Jonas의 저작인 『복수Vengeance』에 기반을 둔 것이다. 2007년에는 로버트 그레이스미스Robert Graysmith가 쓴 『조디악Zodiac』에 기반을 둔 영화와 존 크라카우어Jon Krakauer가 쓴 『인투 더 와일드Into the Wild』를 바탕으로 한 영화가 개봉했다. 2009년에는 언론인 린 바버Lynn Barber의 회고록에 근거한 『언 에듀케이션An Education』, 요리사 줄리아 차일드Julia Child의 자서전과 그녀의 524가지 요리법을 시도해보고 집필된 줄리 파웰Julie Powell의 책에 기초한 〈줄리 앤 줄리아Julie and Julia〉가 영화화되었다. 2010년에 나온 영화 〈소셜 네트워크Social Network〉는 벤 메즈리치Ben Mezrich가 쓴 페이스북Facebook의 출현에 관한 이야기에 기초한 것이었으며 2011년에 나온 영화 〈마릴린 먼로와 함께한 일주일My Week with Marilyn〉은 콜린 클라크Colin Clark가 쓴 두 권의 자서전에 기초한 것이었다. 2013년에는 마틴 식스미스Martin Sixsmith의 『필로미나의 기적Philomena』, 클레어 토멀린Claire Tomalin의 『인비저블 우먼The Invisible Woman』, 넬슨 만델라의 『자유를 향한 머나먼 길The Long Walk to Freedom』, 조던 벨포트Jordan Belfort의 『월가의 늑대The Wolf of Wall Street』가 영화화되었으며, 솔로몬 노섭Solomon Northup의 1853년 자서전은 〈노예 12년Twelve Years a Slave〉으로 영화화되어 오스카 상을 받았다. 〈세이빙 미스터 뱅크스Saving Mr. Banks〉는 밸러리 로슨Valerie Lawson이 쓴 『메리 포핀스, P. L. 트래버스의 삶을 쓰다Mary Poppins, She Wrote: The Life of P. L. Travers』에 기반을 둔 것이다. 2014년에는 에릭 로맥스Eric Lomax가 쓴 『레일웨이 맨The Railway

Man』에 기초한 영화가 나왔다. 이 작품은 작가가 일본의 전쟁 포로로서 겪은 이야기이다. 조지 클루니George Clooney가 제작한 〈모뉴먼츠 맨The Monuments Men〉은 로버트 M. 에드셀Robert M. Edsel의 저서를 토대로 한 것이다.

최초에 다른 언어로 출간된 책을 원작으로 하여 영어로 영화화한 것에는 파트리크 쥐스킨트Patrick Süskind의 동명 소설을 각색했으며 과거에는 영화화할 수 없는 것으로 생각된 〈향수: 어느 살인자의 이야기Perfume: The Story of a Murderer〉, 베른하르트 슐링크Berhard Schlink가 쓴 소설을 원작으로 한 〈더 리더: 책 읽어 주는 남자The Reader〉, 가브리엘 가르시아 마르케스Gabriel García Márquez의 작품을 원작으로 한 〈콜레라 시대의 사랑Love in the Time of Cholera〉, 장 도미니크 보비Jean-Domique Bauby가 뇌졸중에 걸려 마비된 뒤의 강렬한 자전적 이야기인 〈잠수종과 나비The Diving Bell and the Butterfly〉, 그리고 마커스 주삭Markus Zusak의 〈책 도둑The Book Thief〉 등이 있다.

존 그리샴, 스티븐 킹, 마이클 크라이튼Michael Crichton과 같은 베스트셀러 작가들의 작품에 기초한 영화들은 계속해서 만들어지고 있다. 닉 혼비Nick Hornby의 책(『하이 피델리티High Fidelity』, 『어바웃 어 보이About a Boy』와 『롱 웨이 다운A Long Way Down』), 그리고 헬렌 필딩Helen Fielding의 브리짓 존스Bridget Jones 시리즈는 영화로도 인기를 끌었다. 워너 브러더스는 J. K. 롤링의 첫 작품인 『해리 포터와 철학자의 돌Harry Potter and the Philosopher's Stone』(미국 타이틀은 『해리 포터와 마법사의 돌Harry Potter and the Sorcerer's Stone』)의 영화화 권리와 전 세계 상품화 권리를 확보하는 데 정확히 밝혀지지는 않았지만 총액이 수백만 달러에 달하는 금액을 지불했다. 영화를 제작하는 데 들어간 돈은 9000만 파운드에 달하는 것으로 알려졌다. 이후 모든 해리 포터 소설의 영화 권리는 엄청나게 수지가 맞는 것으로 판명되었다. 이 책을 저술하는 시점에 해리 포터 스토리에 기초한 영화 여섯 편과 반지의 제왕 3부작을 원작으로 한 두 편의 영화, 그리고 〈호빗The Hobbit〉 3부작의 첫 번째 영화는 수익이 역대 최고로 높은 영화 톱 30에 들었다.

때에 따라서 책이 출간되고 상당히 지연된 후 영화로 제작되는 경우가 있다. 2002년에 마틴 스코시지 감독은 허버트 애즈버리Herbert Asbury가 1928년에 쓴 논픽션 작품 『갱스 오브 뉴욕The Gangs of New York』을 영화화하겠다는 필생의 야망을 실현했다. 2005년에는 더글러스 애덤스Douglas Adams의 『은하수를 여행하는 히치하이커를 위한 안내서』가 극영화 버전으로 개봉했는데, 이는 1978년에 라디오 시리즈로 만들어져서 1979년에 책으로 발행되었으며 1981년에 텔레비전 시리즈로 제작되었다. 다소 놀랄 만한 일은 로런스 스턴Laurence Sterne이 쓴 18세기의 기이한 소설 『트리스트럼 섄디Tristram Shandy』를 각색한 2006년 작 〈어 콕 앤드 불 스토리A Cock and Bull Story〉이다. 과거 유명한 저자의 작품이 사람들의 기억 속에서 사라져버린 뒤 영화로 만들어져 다시 관심을 사는 경우가 가끔 있다. 리처드 예이츠Richard Yates의 1962년 소설 『레볼루셔너리 로드Revolutionary Road』와 위니프레드 왓슨Winifred Watson의 1935년 소설 『미스 페티그루의 어느 특별한 하루Miss Pettigrew Lives for a Day』는 2008년에 영화화되었다. 2012년에는 줄리아 스트레이치Julia Strachey의 1932년 중편 소설 『치어풀 웨더 포 웨딩Cheerful Weather for Wedding』이 영화로 만들어졌다.

어떤 책은 여러 가지 이유로 오랫동안 영화가 될 수 없는 것으로 여겨졌다. 오늘날까지 J. D. 샐린저J. D. Salinger의 작품인 『호밀밭의 파수꾼The Catcher in the Rye』은 영화로 만들어지지 않았다. 그 이유는 주로 저자가 반대했기 때문이며 나중에는 유산 관리자 측의 반대로 그렇게 되었다. 2012년에는 데이비드 미첼David Mitchell이 쓴 복잡다단하기 이를 데 없는 2004년 소설 『클라우드 아틀라스Cloud Atlas』와 잭 케루악Jack Kerouac이 저술한 비트 세대Beat Generation(1950년대의 미국에서 현대의 물질문명을 비판하고 전통적인 행동이나 복장을 배격하여 보헤미안적인 생활의 자유를 표방한 젊은이의 총칭—옮긴이)의 고전 『길 위에서On the Road』가 영화로 만들어졌지만 실패작이었다.

어떤 경우에는 콘텐츠의 일부가 초기에 논란거리가 되어 영화 제작이 지연되었다. 예를 들면 E. M. 포스터E. M. Forster의 『모리스Maurice』, 퍼트리샤 하이스미스의 『재능 있는 리플리The Talented Mr Ripley』, 브렛 이스턴 엘리스Bret Easton Ellis의 『아메리칸 사이코American Psycho』, 그리고 E. 애니 프루E. Annie Proulx의 단편 선집 『클로즈 레인지Close Range』에 실린 단편으로 2005년에 영화화된 「브로크백 마운틴Brokeback Mountain」 등이 그렇다. 또는 출판 당시의 기술이 원작을 제대로 살릴 것 같지 않아서 지연되기도 했다. 2000년에는 E. B. 화이트E. B. White의 1930년대 어린이책 고전인 『스튜어트 리틀Stuart Little』이 부분적으로 애니메이션화되었으며(2002년에 속편이 나옴), 〈그린치The Grinch〉(닥터 수스Dr. Seuss의 『그린치는 어떻게 크리스마스를 훔쳤는가How the Grinch Stole Christmas』에 기초)가 개봉했다. 최근에는 드림웍스Dream Works가 윌리엄 스타이그William Steig의 원작에 기초한 애니메이션 영화 슈렉Shrek 시리즈를 몇 편 제작했다. 두 편의 〈꼬마돼지 베이브Babe〉 영화는 딕 킹스미스Dick King-Smith 원작의 『시프 피그Sheep Pig』에 기초한 것이다. 2007년에는 동일한 저자의 『워터 호스The Water Horse』가 영화로 만들어졌다. 2004년에는 스튜디오 지브리에서 일본의 미야자키 하야오宮崎駿가 〈하울의 움직이는 성Howl's Moving Castle〉을 제작했다. 이 만화영화는 다이애나 윈 존스Dianna Wynne Jones의 소설을 원작으로 한 것이다. 또한 지브리는 〈게드 전기: 어스시의 전설Tales from Earthsea〉을 영화로 제작했다. 이는 어슐러 K. 르귄Ursula K. Le Guin의 작품에 대체로 기반을 둔 것이다. 2007년에는 필립 풀먼Philip Pullman이 쓴 "그의 암흑물질His Dark Materials" 시리즈의 『노던 라이츠Northern Lights』를 영화화한 〈황금나침반The Golden Compass〉이 개봉했으나 흥행에 실패했으며 현재까지 후속편이 나오지 않았다. 2009년에는 모리스 샌닥의 1963년 고전 『괴물들이 사는 나라』를 스파이크 존즈Spike Jonze가 영화화했으며(CGI와 거대한 괴물 의상의 혼합), 로알드 달의 작품을 영화화한 〈판타스틱 미스터 폭스Fantastic Mr. Fox〉가 개봉했는데 재미있는 것은 CGI보다 스톱모션stop-motion 기법으로 복귀했다는 점이다.

CGI는 배트맨과 스파이더맨 같은 캐릭터를 특징으로 하고 코믹스와 그래픽 노블에 기반을 둔 새로운 종류의 영화들에 중요하다. 특히 마블 코믹스Marvel Comics 영화는 계속 인기가 있다. 2011년에는 〈토르Thor〉, 2012년에는 〈배트맨: 다크나이트 라이즈Batman: The Dark Knight Rises〉, 〈어벤저스The Advengers〉, 〈어메이징 스파이더맨The Amazing Spider-Man〉, 〈존 카터John Carter〉가 개봉했다. 〈존 카터〉는 에드거 라이스 버로즈Edga Rice Burroughs의 원작인 『화성의 공주A Princess of Mars』

를 막대한 비용을 들여 영화화했으나 흥행에는 실패했다. 2013년에는 〈슈퍼맨: 맨 오브 스틸Superman: Man of Steel〉이 영화로 나왔고 2014년에는 〈어메이징 스파이더맨 2The Amazing Spider-Man 2〉가 영화로 만들어졌다.

CGI 기법은 보철 분장과 더불어 J. R. R 톨킨의 작품을 원작으로 하고 뉴질랜드 감독 피터 잭슨Peter Jackson이 만든 〈반지의 제왕〉 3부작에서 놀라운 효과를 나타냈다. 이 시리즈는 2001년에서 2003년에 걸쳐 개봉했는데 부분적으로 애니메이션이 가미된 1978년 영화와는 전혀 다른 것이었다. 이 3부작은 오스카 상을 17개나 받았다. 최초의 영화는 매표소에서 8억 6900만 달러를 벌어들인 것으로 추정된다. 톨킨은 원래 15년 동안이나 협상을 거절하다가 1969년에 25만 달러를 받고 영화 권리를 계약했는데 이렇게 된 것은 역설적이다. 피터 잭슨의 영화는 총 수익이 30억 달러에 달하는 것으로 추정된다. 잭슨은 〈반지의 제왕〉 다음으로 에드거 월리스Edgar Wallace가 쓴 단편과 대본에 바탕을 둔 1933년 영화 〈킹콩King Kong〉을 2005년에 리메이크했다(비용은 2억 700만 달러가 소요됨). 그 뒤를 이은 것이 톨킨의 『호빗』을 원작으로 한 3부작 영화로 2012~2014년에 걸쳐 개봉했다. 2004년에는 크리스 반 알스버그Chris Van Allsburg의 작품을 원작으로 한 〈폴라 익스프레스Polar Express〉가 개봉했다. 이는 퍼포먼스 캡처 방식—실연 배우의 동작이 애니메이션 캐릭터와 연결된다—으로 제작된 최초의 작품이다. 크리스 반 알스버그가 쓴 작품을 원작으로 한 〈쥬만지Jumanji〉는 1995년에 영화화되었으며 〈자투라Zathura〉는 2006년에 개봉했다. 또한 CGI는 2005년에 만들어진 다음과 같은 영화들의 핵심적인 특성이다. 〈내니 맥피〉(에마 톰프슨이 주연을 맡고 크리스티아나 브랜드의 "유모 마틸다" 시리즈를 각색한 작품), C. S. 루이스의 7권짜리 "나니아 연대기"의 첫 번째 책에 기초한 〈나니아 연대기: 사자, 마녀, 그리고 옷장〉, "나니아 연대기"의 두 번째 책을 원작으로 한 영화 〈나니아 연대기: 캐스피언 왕자The Chronicles Of Narnia: Prince Caspian〉는 2008년에 나왔고 세 번째 영화 〈나니아 연대기: 새벽 출정호의 항해The Chronicles Of Narnia: The Voyage of the Dawn Treader〉는 2010년에 나왔다. 하지만 2009년 1월 디즈니는 이 시리즈에 대한 공동 제작과 공동 투자에서 손을 뗄 것이며 월든 미디어

Walden Media와 결별하고 새로운 파트너를 찾겠다고 발표했다. 이후로 현재까지 이 시리즈가 추가로 영화화된 것은 없다. 2008년에는 F. 스콧 피츠제럴드F. Scott Fitzgerald가 나이를 거꾸로 먹는 사람에 대해 쓴 단편(1921년)에 기반을 둔 〈벤자민 버튼의 시간은 거꾸로 간다The Curious Case of Benjamin Button〉가 개봉했다. 2010년에는 팀 버튼Tim Button이 사이키델릭한 느낌으로 만든 〈이상한 나라의 앨리스Alice in Wonderland〉가 나왔다. 2011년에 나온 영화는 에르제Hergé의 작품을 원작으로 한 〈틴틴: 유니콘호의 비밀The Adventures of Tintin: The Secret of the Unicorn〉, 리처드 앳워터Richard Atwater와 플로렌스 앳워터Florence Atwater의 1938년 작품을 원작으로 한 〈파퍼씨네 펭귄들Mr Popper's Penguins〉, 브라이언 셀즈닉Brian Selznick이 쓰고 독특한 일러스트레이션을 갖춘 소설 『위고 카브레의 발명The Invention of Hugo Cabret』을 원작으로 한 마틴 스코시지 감독의 〈휴고Hugo〉이다. 2012년에는 이안李安 감독이 얀 마텔Yann Martel이 쓴 『라이프 오브 파이Life of Pi』(맨부커 상 수상작)를 영화로 만들어 오스카 상을 탔다. 기술적인 측면에서 주류 영화의 최신 '혁신'은 3D로서, 모든 대형 스튜디오는 3D 영화를 내놓고 있다.

지난 15년 동안 상당수의 고전 영화가 리메이크되었다. 2004년에는 〈스텝포드 와이프The Stepford Wives〉(아이라 레빈Ira Levin의 소설이 원작)와 〈맨츄리안 캔디데이트The Manchurian Candidate〉(리처드 컨던Richard Condon의 소설이 원작)가 리메이크되었다. 두 편 모두 오리지널 영화보다 질이 떨어지는 것으로 여겨졌다. 2005년에는 H. G. 웰스H. G. Wells의 1898년 소설 『우주전쟁The War of the Worlds』의 리메이크 영화가 개봉했으며, 로알드 달이 쓴 『찰리와 초콜릿 공장』을 원작으로 하는 리메이크 영화(감독 팀 버튼, 주연 조니 뎁)가 개봉했다. 팀 버튼의 이 리메이크판은 1971년에 진 와일더Gene Wilder가 주연을 맡은 〈윌리 웡카와 초콜릿 천국Willy Wonka and the Chocolate Factory〉보다 훨씬 더 어둡고 원작에 가깝다. 2006년에는 요크셔먼 에릭 나이트Yorkshireman Eric Knight의 1940년 소설을 각색한 〈래시 컴 홈Lassie Come Home〉, 폴 갈리코Paul Gallico의 소설이 원작인 〈포세이돈Poseidon〉, 이언 플레밍Ian Fleming의 첫 제임스 본드 소설을 원작으로 한 〈카지노 로열Casino Royale〉이 리메이크되었다. 2007년에는 엘모어 레너드Elmore Leonard의 소설을 원작으로 하는 서부극 〈3:10 투 유마3:10 to Yuma〉가 리메이크되었다. 2008년에는 에블린 워의 『다시 찾은 브라이즈헤드』가 리메이크되었는데, 이는 훨씬 더 인기를 끌었던 1981년의 그라나다Granada 텔레비전 시리즈보다 대체적으로 성공을 거두지 못한 것으로 평가된다. 2009년에는 존 고디John Godey의 소설을 각색하고 존 트라볼타John Travolta와 덴젤 워싱턴Denzel Washington이 주연을 맡은 리메이크 영화가 성공을 거두었다. 이 영화의 1974년 버전인 〈지하의 하이젝킹The Taking of Pelham One Two Three〉은 로버트 쇼Robert Shaw와 월터 매소Walter Matthau가 주연을 맡았다. 2010년에는 그레이엄 그린Graham Greene 의 『브라이튼 록Brighton Rock』이 리메이크되었으며 주연은 헬렌 미렌Hellen Mirren이 맡았다. 찰스 포티스Charles Portis가 쓴 『트루 그릿True Grit』의 리메이크는 반응이 좋았는데 1969년 버전에서는 존 웨인John Wayne이 맡았던 루스터 카그번Rooster Cogburn 역을 제프 브리지스Jeff Bridges가 맡았다. 2011년에는 스티그 라르손의 밀레니엄 3부작 중 첫 번째 책인 『여자를 증오한 남자들The Girl with the Dragon Tattoo』을 할리우드에서 영화로 만들었다(일반적으로 스웨덴 텔레비전 판이 우수한 것으로 평가된다). 2013년에는 스티븐 킹의 『캐리Carrie』가 리메이크되었고 F. 스콧 피츠제럴드가 쓴 『위대한 개츠비The Great Gatsby』를 바즈 루어만Baz Luhrmann이 리메이크했다.

영화 라이선스는 복잡다단하기가 이를 데 없다는 점을 아무리 강조해도 지나치지 않은 분야이며, 경험이 별로 없거나 전혀 없는 출판사는 이 분야에 경험이 있는 저작권 에이전시와 같이 이런 업무에 전문화된 기업 또는 미디어 법률 전문가로부터 자문을 받는 것이 바람직하다. 영화 권리와 텔레비전 권리는 아마도 협상과 홍정을 할 여지가 많은(상대편의 양보를 대가로 이쪽에서도 한두 가지 조건을 내어줄 수 있는) 라이선싱 분야이다. 제작자는 금융 지원을 확보하기 위해 가능한 한 가장 광범위한 권리를 확보하려 할 것이다. 한편 라이선서는 권리를 사려 깊게 제한하려 하거나 또는 적어도 권리를 추가적으로 이용하려면 추가 지불이 있어야 한다는 것을 보장하려 할 것이다. 또 한편으로는 만약 협상 시에 베스트셀러 반열에 오르지 못한 도서가 나중에 베스트셀러가

된다면 더 많이 지불해야 한다는 문구를 넣으려고 할지도 모른다.

물론 책이 영화 또는 텔레비전 버전으로 출현하면 원출판사와 2차 라이선시sublicensee는 비록 출판사가 그런 권리를 통제하지 않는다고 할지라도 큰 이익을 얻을 것이다. 실제로 영화나 텔레비전 버전을 제작하는 데 소요되는 기간을 생각하면 페이퍼백 버전-원출판사가 출판하든지 2차 라이선시가 출판하든지 간에-은 이런 형태의 이용으로 직접 이득을 볼 가능성이 높다는 것을 의미한다. 하퍼콜린스는 톨킨이 쓴 『반지의 제왕』을 그것이 영화로 만들어지기 이전보다 10배나 더 많이 판매한 것으로 알려져 있으며, 또한 C. S. 루이스의 『나니아 연대기』도 판매가 크게 증가했다. 하퍼콜린스는 주석을 더 달고 일러스트레이션이 없는 『나니아 연대기』 성인용 특별판을 제작했다. 현재 J. K. 롤링이 쓴 『해리 포터』의 판매는 전설적이며(이 책을 쓰고 있는 시점에 전 세계적으로 거의 5억 부가 판매된 것으로 추정됨) 블룸즈버리는 성인판을 내놓았다.

페이퍼백 라이선시는 영화나 텔레비전 버전 제작에 대해 일찌감치 알려줄 것을 요구할 것이며 영화의 개봉 또는 텔레비전 방영에 맞춰 공급하기 위해 페이퍼백을 재발간하려 할 것이다. 또한 판매를 극대화하기 위해 표지를 바꾸거나 띠지를 두를 것이다. 영화나 텔레비전 업체는 이런 목적으로 스틸 사진을 사용하고자 하는 출판사에 대해 통상적으로 지불을 요구할 것이다. 만약 도서의 영화나 텔레비전 버전이 출시된다면 페이퍼백 계약서에는 지정된 최초 출간일 이전에 이러한 판본을 조기 출시할 수 있게 허용하는 조항이 들어갈 수도 있다(제9장 참조).

최근의 흥미 있는 동향을 보면 몇몇 대형 단행본 출판사가 영화와 텔레비전 분야에 뛰어들었다는 것이다. 비록 펭귄의 텔레비전 부서는 2004년에 사업을 접었지만 랜덤하우스는 2005년 말 영화 제작사 포커스 피처스Focus Features(NBC 유니버설NBC Universal 산하 기업으로서 브와디스와프 슈필만Wladyslaw Szpilman의 『더 피아니스트The Pianist』, 체 게바라Che Guevara의 『모터사이클 다이어리The Motorcycle Diaries』, 존 르 카레의 『콘스탄트 가드너』 그리고 E. 애니 프루Annie Proulx의 『브로크백 마운틴』을 영화화한 것으로 알려짐)와 50 대 50의 파트너십을 형성했다고 발표했다. 이런 협약에 따라 랜덤하우스는 영화대본, '영화 도서' 및 오리지널 영화대본의 도서 버전을 발행할 수 있게 되었다.

미국에서 펭귄 영 리더스 그룹Penguin Young Readers Group은 새로운 책과 영화를 개발하기 위해 월든 미디어와 제휴한다고 발표했다. 2005년에 하퍼콜린스는 버나드 콘웰Bernard Cornwell이 쓴 샤프Sharpe 시리즈를 원작으로 하는 TV 미니시리즈에 400만 파운드를 투자했으며 ITV, BBC 아메리카BBC America와 공동으로 제작했다. 2008년 말 하퍼콜린스와 샤프 인디펜던트Sharp Independent는 영화 프로젝트를 개발하기 위해 전략적인 파트너십을 형성했다.

상품화 권리 16

'상품화merchandising'란 용어는 캐릭터, 유명인사, 상표 또는 디자인을 한 매체로부터 다른 매체로 사용을 허가함으로써 이용하는 데 적용된다. 상품화는 두 가지 형태를 띠게 된다. 하나는 캐릭터를 직접 재생산하거나 그것을 중요하게 사용하여 봉제 인형, 티셔츠, 문방구, 침대 시트, 벽지 등을 디자인하는 것이다. 다른 하나는 아침식사용 시리얼, 요구르트, 패스트푸드, 석유, 보험 또는 금융과 같은 기존 브랜드 제품이나 서비스를 보증하는 것이다. 상품화의 핵심 분야는 의류와 액세서리, 건강과 미용, 완구와 게임, 가구와 가정용품, 문방구, 출판(도서가 영화 또는 텔레비전과 같은 다른 매체에서 유래한 캐릭터에서 비롯됨), 음악, DVD, 컴퓨터 게임(온라인 및 인터랙티브 제품 포함), 모바일폰과 태블릿에 사용되는 앱, 식음료 제품이다. 전 세계적으로 상품화된 제품의 소매가 총액을 정확하게 파악하기는 어렵다. 2011년에 이 분야에서 가장 많은 소득을 올린 디즈니의 경우 37개 라이선스 프랜차이즈가 1억 달러가 넘는 수입을 올렸고 그중 4개가 10억 달러에 달하는 수입을 올린 것으로 추정된다. 2012년에 톱 105개 글로벌 라이선서의 수입 합계는 2300억 달러에 달한 것으로 보고되었다. 2011~2012년에 캐릭터의 상품화 수익은 4% 감소한 것으로 보고되었지만 2013~2014년에는 새로운 게임 콘솔의 등장으로 수익이 상승할 것으로 예상된다.

물론 이런 라이선싱 분야는 도서 또는 신문의 연재만화와 같은 다른 인쇄물에서 비롯된 캐릭터 또는 디자인으로 한정되지 않는다. 수지맞는 비즈니스는 영화와 텔레비전 캐릭터, 팝스타, 스포츠 유명인사가 등장하는 제품의 라이선싱에서 생긴다. 그리고 책은 그 자체가 그런 캐릭터들과 유명인사들을 상품화하는 한 가지 형식이 될 수 있다. 한 매체에 최초로 나타난 캐릭터가 다른 매체를 통해서도 유명해질 수 있다. 찰스 슐츠Charles Schulz는 〈피너츠Peanuts〉 캐릭터들로 매년 6000만 달러를 벌어들이는 것으로 유명한데, 수익은 전 세계에 걸친 광범위한 제품 라이선싱을 통해 발생한다. 여기에는 연하장, 의류, 완구, 피규어, 포스터, 보드 게임, 크리스마스 장식 및 크래프트 푸드Kraft Foods 같은 업체 제품의 보증이 포함된다. 슐츠는 〈피너츠〉 캐릭터들의 탄생 60주년인 2010년에 사망하기까지 10억 달러 이상을 벌어들인 것으로 추정된다.

책에서 비롯된 아주 초기의 상품화 예는 플로렌스 업턴Florence Upton이 최초로 창조한 골리워그Golliwogg 캐릭터에 기초하여 금세기 초에 제작된 봉제 인형이다. 골리워그 도서 시리즈는 매우 성공적이었다. 하지만 현재 이 캐릭터는 인종차별주의가 함축된 것으로 인식되어 어린이책에 별로 사용되고 있지 않다. 베아트릭스 포터는 자기 책의 캐릭터를 봉제 인형, 벽지 장식, 도자기에 사용하도록 하는 데 합의했으며 이러한 상품들은 1901년과 1913년 사이에 처음으로 성공을 거두었다. 한편 1917년에 그녀는 보드 게임, 문구류 및 손수건과 같은 제품 생산에도 동의했다. 이 글을 쓰고 있는 시점에 전 세계에서 수백 개의 라이선시가 포터의 캐릭터를 사용하고 있다. 여기에 포함되는 상품은 봉제완구, 피규어, 퍼즐, 성인 위생용품, 에나멜 상자 및 가정용품이다. 또한 포터의 캐릭터 피터 래빗Peter Rabbit은 엔파밀Enfamil 유아식의 포장에도 등장한다. '베아트릭스 포터의 세상The World of Beatrix Potter'은 컴브리아Cumbria의 보네스Bowness에 소재한 명소이며 일본에도 테마파크가 있다. 라이선시들은 캐릭터를 온전하게 보존하기 위해 사려 깊게 선별된다. 피터 래빗은 1903년에 특허로 인정되었으며 현재는 10년마다 갱신될 수 있는 상표로서 재산권 생명을 연장하고 있다. 여타 상품화 권리의 초기 사례들은 프랭크 L. 바움Frank L. Baum의 『오즈의 마법사Wizard of Oz』를 모본으로 하고 있다. 케이트 그린어웨이Kate Greenaway

의 일러스트레이션과, 루이스 캐럴Lewis Carroll이 쓴 『이상한 나라의 앨리스Alice's Adventures in Wonderland』와 『거울 나라의 앨리스Alice Through the Looking Glass』의 원 일러스트레이터이기도 한 존 테니얼John Tenniel의 일러스트레이션은 문구류에 사용하도록 허가가 되었다. 2010년에는 팀 버튼이 감독한 〈이상한 나라의 앨리스〉가 추가 상품화를 발생시켰다.

집중적으로 마케팅 활동을 벌여 성공한 여타 캐릭터의 예에는 신문의 연재만화 및 도서에서 등장한 가필드Garfield와 딜버트Dilbert, 책과 텔레비전으로 유명해진 마이클 본드Michael Bond의 패딩턴 베어Paddington Bear가 있으며, 에디스 홀든Edith Holden이 쓴 『에드워드 7세 시대 한 여인의 시골 일기The Country Diary of an Edwardian Lady』에 수록된 자연 일러스트레이션은 도자기와 화장실 용품, 벽지에 이르기까지 수백 개의 제품에 사용되도록 허가되었다. 질 바클렘Jill Barklem의 『가시덤불 울타리Brambly Hedge』 시리즈에 있는 디자인도 광범위하게 라이선싱이 되었다.

일본은 '귀여운' 일러스트레이션이 특별히 성공한 시장이다. 선물회사 산리오Sanrio의 헬로 키티Hello Kitty 상품화 현상이 잘 보여주었다. 헬로 키티는 1976년에 창조되었으며 일본과 전 세계에서 이 고양이 캐릭터를 사용한 수천 개의 상품화 물품을 구할 수 있다. 물품의 종류는 값싼 플라스틱 지갑, 도시락에서 다이아몬드 보석과 백금 헬로 키티 신용카드에 이른다. 산리오는 450개 이상의 만화 캐릭터를 관리하고 있다.

영화 및 텔레비전의 영향

상품화 권리 라이선싱을 성공적으로 하려면 우선 책이나 책의 시리즈와 같은 한 가지 형식으로 일정한 성공을 거둔, 그리고 가급적이면 영화나 텔레비전과 같은 매체를 통해 더 잘 알려질 캐릭터나 디자인의 권리를 통제할 필요가 있다.

만화나 텔레비전 애니메이션 시리즈 또는 책의 캐릭터를 특징으로 삼은 영화의 출현은 상품화와 관련하여 전환점이 될 수 있다. 어린이책은 가장 인기 있는 소스로 판명되었다. 여기서 레이먼드 브릭스가 쓴 동화 『눈사람 아저씨』가 애니메이션 영화로 제작된 것이 한 예가 될 것이다. 2011년에 스필버그의 영화 〈틴틴: 유니콘호의 비밀〉은 에르제가 쓴 고전적인 연재만화 캐릭터에 근거한 것이다. 1984년 텔레비전 시리즈 〈꼬마기관차 토마스Thomas the Tank Engine〉가 나오면서 리버런드 오드리Reverend Awdry가 쓴 책에 대한 관심이 되살아났다. 최초에 권리는 이 애니메이션 시리즈를 개발한 브릿 올크로프트 사Britt Allcroft Company가 관리했는데 나중에는 굴레인 엔터테인먼트Gullane Entertainment가 관리했다. 2002년에는 히트 엔터테인먼트Hit Entertainment가 권리를 사들였는데, 이 회사는 〈봅 더 빌더Bob the Builder〉, 〈안젤리나 발레리나Angelina Ballerina〉, 〈핑구Pingu〉의 권리들도 관리했다. 2005년에는 사모펀드인 에이펙스 파트너스Apax Partners가 이 회사를 인수했다. 2012년 2월부터는 마텔Mattel이 히트 엔터테인먼트를 소유했는데, 자회사인 피셔-프라이스Fisher-Price의 일부로 두고 관리했다. 이 책을 쓰고 있는 시점에 수천 개의 토마스 제품이 전 세계적으로 수백 개의 라이선시 업체에게 허가되었다. 일본에서는 특히 성공을 거두어 자체의 토마스 랜드Thomas Land 테마파크가 있다. 영국에서는 토마스 랜드가 스태퍼드셔Staffordshire에 소재한 드레이턴 매너 테마파크Draton Manor Theme Park의 테마 구역 가운데 하나이다. 2000년 7월에는 극장판 〈토마스와 마법기차Thomas and the Magic Railway〉가 개봉했다.

에니드 블라이턴Enid Blyton의 책(노디Noddy, 페이머스 파이브Famous Five, 시크릿 세븐Secret Seven 시리즈 등)에 대한 권리는 1996년 에니드 블라이턴 회사가 1300만 파운드를 주고 블라이턴 일가로부터 인수했다. 현재 에니드 블라이턴 사의 명칭은 코리온Chorion이다. 블라이턴은 1949년에 노디 캐릭터를 창조했다. 텔레비전 시리즈 〈장난감 나라의 노디Noddy in Toyland〉가 채널5에서 재방영되면서 새로운 책과 다양한 상품화 제품이 뒤따라 나왔다.

2006년에 엔터테인먼트 라이츠Entertainment Rights는 채널5와 〈루퍼트와 친구들Rupert and Friends〉에 대한 거래를 체결했다. 이는 루퍼트 베어Rupert Bear의 모험에 기초한 CGI 텔레비전 시리즈이다. 루퍼트 베어는 1920년 ≪데일리 익스프레스Daily Express≫에서 연재만화 캐릭터로 등장했으며 나중에는 매년 출간되는 루퍼트 시리즈를 통해 책 속 캐릭터로 바뀌었다. 이 시리즈는 새로운 상품화 비즈니스를 낳았다.

2012년 12월 니켈로디언Nickelodeon은 베아트릭스 포터의 스토리에 기초한 새로운 애니메이션 영화 시리즈를 출시했으며, 이에 따라 상품화 활동이 증가했다.

다수의 고전 어린이책이 애니메이션 기술과 CGI 발전의 결과로 최근 수년 동안 영화화되었다. 2000년에는 E. B. 화이트가 쓴 1930년대 미국의 고전 동화를 원작으로 한 〈스튜어트 리틀Stuart Little〉이 개봉했으며 2002년에는 〈스튜어트 리틀 2〉가 개봉했다. 도디 스미스Dodie Smith가 쓴 『101마리 달마시안101 Dalmatians』을 원작으로 한 1996년 디즈니 영화는 상품화 거래에 130개 업체가 참여했다. 이 업체 중에는 맥도날드McDonald's, 닥터페퍼Dr Pepper, 알프로Alpro가 있다. 윌리엄 스타이그가 쓴 책에 기초한 최초의 〈슈렉Shrek〉 영화는 2001년에 개봉했고 네 번째 영화는 2010년에 나왔다. 슈렉 프랜차이즈의 모든 상품이 수백 개의 상품화 품목을 발생시켰고 아울러 켈로그Kellogg's, 크래프트Kraft, 펩시Pepsi 및 버거킹Burger King과 같은 식음료 회사들을 홍보하는 데 사용되었다. 2005년에 로알드 달의 『찰리와 초콜릿 공장』을 원작으로 한 리메이크 영화는 수많은 과자류 라이선스를 발생시켰다.

J. R. R. 톨킨의 『반지의 제왕』에 기초하여 피터 잭슨이 만들고 2001~2003년에 개봉한 3부작 영화는 가장 획기적인 라이선싱 계약을 확보했다. 여기에 포함된 것은 완구 및 게임 라이선스이고 켈로그와 버거킹 같은 회사들과 맺은 식품 광고 거래이다. 잭슨의 최근 영화 〈호빗〉 3부작에 대한 라이선싱도 광범위하게 이루어졌으며 여기에는 레고Lego와의 주요한 라이선싱 계약이 포함된다. J. K. 롤링의 해리 포터 시리즈의 영화화는 막대한 상품화 수익을 발생시켰다. 워너 브러더스는 마텔과는 완구에 대한 거래를, 하스브로Hasbro와는 게임 및 과자류에 대한 거래를 체결했으며, 또한 코카콜라Coca-Cola와도 큰 거래

가 이루어졌다. 2010년 6월 '해리 포터의 마법 세계Wizarding World of Harry Potter'란 이름의 테마파크가 유니버설 스튜디오의 올랜도 리조트에서 개장했으며 2014년 7월 대폭 확장되었다.

코믹스에서 시작된 캐릭터들도 대형 스크린에 등장한 이후 상당한 라이선싱 수입을 발생시켰다. 배트맨 영화의 상품화 수익은 박스오피스 수익을 능가했으며 200개 이상의 라이선시를 통해 스파이더맨이 벌어들인 수입은 영화당 적어도 1억 달러 이상인 것으로 생각된다. 2009년 10월 디즈니가 마블 엔터테인먼트Marvel Entertainment를 인수하자 마블 코믹북으로부터 5000개 이상의 캐릭터—스파이더맨, 헐크, 아이언맨과 엑스맨 및 어벤저스 팀 포함—를 이용할 수 있게 되었다. 이는 영화와 텔레비전 매체를 통한 이용에 더하여 상품화 면에서 막대한 가치를 지닌다.

상품화는 어린이용 책에 기반을 둔 영화에 한정되지 않는다. 2010년 미국의 어떤 보석 회사는 3000달러짜리 약혼반지를 출시했다. 이는 스테프니 메이어가 쓴 트와일라잇 시리즈의 『이클립스Eclipse』에 나오는 벨라의 약혼반지를 본뜬 것이다. 좀 더 값이 싼 반지도 구할 수 있으며 에드워드 컬런Edward Cullen의 얼굴이 그려진 속옷(보석이 박힌 것도 있다), 베개 및 샤워 커튼도 구할 수 있다. 2013년에는 수잰 콜린스의 『헝거 게임』에서 영감을 받은 다양한 캣칭파이어 커버걸Catching Fire CoverGirl 화장품이 출시되었다.

영화 관련 상품화는 라이선시에게 리스크가 큰 분야일 수 있다. 영화 상품화의 40%는 전형적으로 영화 자체가 출시되기 전에 판매된다고 추정되지만 영화의 흥행이 기대에 미치지 못하면 많은 재고가 남아버리고 말 수 있다. 피터 잭슨의 〈반지의 제왕〉의 경우 총 제작 예산의 약 10%는 상품화 물건의 판매로 충당된 것으로 추정된다. 이와 대조적으로 그가 감독한 〈킹콩〉의 리메이크는 광범위한 상품화 계약에도 불구하고 별로 성공하지 못했다.

디즈니의 소비재 부서, 워너의 미국 라이선싱 회사 및 루카스필름스LucasFilms는 라이선싱 분야의 큰손들이다. 상품화 권리를 통제하는 영화와 텔레비전 회사들은 통상적으로 각 라이선스 제품에 대해 선지불금을 받고 이어서 도매가의 5~15%에 달하는 로열티를 받는다.

때때로 라이선싱 절차는 역전될지 모른다. 월트 디즈니의 초기 만화 캐릭터들은 아마도 영화에서 먼저 등장하고 뒤를 이어 책과 다양한 상품화로 나타난 가장 유명한 사례일 것이다. 이런 사례들에는 다음과 같은 것이 있다. 후기 디즈니 애니메이션 〈포카혼타스Pocahontas〉와 〈라이언 킹〉과 〈볼트Bolt〉, 드림웍스의 〈이집트 왕자Prince of Egypt〉와 〈쿵푸 팬더The Kung Fu Panda〉, 픽사Pixar의 〈토이 스토리Toy Story〉, 〈니모를 찾아서Finding Nemo〉, 〈몬스터 주식회사Monsters Inc.〉, 〈인크레더블The Incredibles〉, 〈카Cars〉, 〈라따뚜이Ratatouile〉, 〈월-EWall.E〉, 〈업Up〉, 조지 루카스의 오리지널 스타워즈 3부작과 최근에 제작된 3편의 프리퀄, 한나-바베라Hanna-Barbera와 워너 브러더스의 만화 캐릭터들, 핑크 팬더Pink Panther, 짐 헨슨Jim Henson의 머핏Muppets, 〈세서미 스트리트Sesame Street〉의 캐릭터들, 〈닌자 거북이Teenage Mutant Ninja Turtles〉, 바니Barney, 〈심슨 가족The Simpsons〉, 〈사우스 파크South Park〉, 〈아기 친구 러그래츠Rugrats〉, 〈비비스 앤드 버트헤드Beavis and Butt-head〉, 〈보글보글 스폰지밥Spongebob Squarepants〉, 〈포스트맨 팻Postman Pat〉, 〈바실 브러시Basil Brush〉, 〈텔레토비Teletubbies〉, 〈트위니스Tweenies〉, 채널5의 〈페파 피그Peppa Pig〉, 처음에 TV 시리즈로 인기를 얻고 2005년에 극장판 〈월레스와 그로밋: 거대 토끼의 저주Wallace and Gromit, the Curse of the Were-Rabbit〉로 개봉하기도 한 아드만 사—아드만이 씨비비즈를 위해 제작한 〈숀더쉽Shaun the Sheep〉은 큰 인기를 끌었다—의 월레스Wallace와 그로밋Gromit, 컴퓨터 게임 캐릭터가 책 속 캐릭터로 전환된 사례에는 닌텐도Nintendo의 슈퍼 마리오 브러더스Super Mario Brothers, 세가Sega의 소닉 더 헤지호그Sonic the Hedgehog와 같은 것이 있으며 바비Barbie 인형도 나중에 책 속 캐릭터로 전환된 경우이다.

BBC의 〈다이노소어 어드벤처Walking with Dinosaurs〉와 같은 텔레비전 시리즈 그리고 데이비드 애튼버러David Attenborough의 각종 시리즈는 비디오와 책으로 나왔다. BBC 월드와이드가 BBC 프로그램에 기반을 둔 제품에 대한 라이선싱 계약을 처리하며, 또한 개별 제작회사와 장기 라이선스 계약을 할 수도 있는데 〈텔레토비〉를 위해 래그돌 프로덕션Ragdoll Production과 그렇게 했다.

권리의 통제

출판사라고 해서 책을 기반으로 한 제품의 경우에 언제나 상품화 권리를 통제할 수 있는 것은 아니다. 이런 권리는 저자 그리고/또는 아티스트(많은 경우 동일 인물이다) 또는 그들을 대신하는 에이전트가 보유하고 있을 수 있다. 어떤 경우에는 만약 저자가 캐릭터의 공식적인 창조자라고 하면 아티스트가 상품화 계약에 흥미를 계속 갖지 않을 수도 있을 것이다. 아티스트는 저자의 주문에 따라 책에 삽화를 넣고 대가를 받았을 수 있다. 원계약은 이런 상황을 명확하게 해야 한다. 또한 영화 또는 텔레비전과 같은 비주얼 매체를 통해 캐릭터에 관한 관심이 강력하게 소생했을 때 상품화 권리의 통제는 출판사의 손을 떠나 전문화된 상품화 업체에 넘겨지는 경우가 종종 있다.

일러스트레이션이 많이 들어 있는 어린이책의 경우 상품화 권리가 영화나 텔레비전 권리를 협상할 때 핵심 요소가 된다는 것을 기억하는 것이 중요하다. 여기서 한 예를 들면 A. A. 밀른이 지은 『곰돌이 푸』의 경우 1930년 스티븐 슬레진저Stephen Slesinger가 선금으로 1000파운드를 주고 수입의 66%를 지급하는 조건으로 미국과 캐나다의 영화 권리 및 텔레비전 권리와 함께 상품화 권리를 획득했다. 슬레진저가 당시 월트 디즈니와 체결한 거래에는 상품화 권리가 포함되었으며 미키마우스Mickey Mouse, 미니마우스Minnie Mouse, 도널드덕Donald Duck, 구피Goofy 및 플루토Pluto의 상품화 수익을 모두 합친 것만큼 라이선싱 수익을 올린 것으로 유명하다. 수익의 배분을 놓고 슬레진저 가家와 디즈니 사이에 벌어진 장기간에 걸친 법적 분쟁은 2009년 9월에 해결되었다. 또한 〈반지의 제왕〉과 좀 더 최근인 〈호빗〉 3부작의 영화와 상품화 수익의 배분에 관해 J. R. R. 톨킨의 상속인과 워너 브러더스 사이에, 그리고 뉴라인New Line과 피터 잭슨 사이에 장기간에 걸쳐 분쟁이 있었다.

어떤 경우 출판사 스스로 어떤 제품을 제작할 수 있을 것이다. 이런 제품들은 통상적으로 책과 관련되는(예를 들면 프레더릭 워른Frederick Warne이 제작한 베아트릭스 포터 캐릭터 생일과 주소록) 경향이 있지만 캐릭터에 기초한 어떤 애니메이션 및 멀티미디어 제품은 워른이 속한 피어슨Pearson 그룹 내에서 제작되었다. 최근에 이런 애니메이션들은 니켈로디언(니켈로디언Nickelodeon은 원래는 니켈로 만든 5센트 동전을 내고 영화를 보는 극장을 뜻한다. 어린이를 위한 엔터테인먼트 채널을 표방하고 1979년에 개국했다—옮긴이)이 제작해오고 있으며 니켈로디언에 의해 몇몇 시장에 대한 상품화 권리가 운용되고 있다. 하지만 출판사가 책과 달리 상품화된 품목을 성공적으로 시판하려면 출판사들이 잘 모를 수 있는 광범위한 소매상들을 접촉해야 할 것이다.

어떤 경우 이 영역에서 처음부터 권리가 출판사의 손에 있는 책의 저자들은 권리를 회복하고 때에 따라서 이러한 상품화에 의해 발생하는 이익을 처리하기 위해 자신들의 회사를 설립했다. 하지만 출판사들은 지속적으로 수익의 일부를 받을 수도 있다. 패딩턴 베어의 경우 1970년대 텔레비전 시리즈가 등장하기 이전에 마이클 본드가 패딩턴 주식회사Paddington & Co, Ltd를 세웠다. 하지만 이 캐릭터는 현재 전문 상품화 회사가 관리하고 있다.

전문 에이전시

상품화 권리의 판촉활동에는 시간이 많이 걸린다. 그 이유는 출판계 이외의 광범위한 제조업체—이들은 다양한 재무 모델을 사용한다—들과 접촉을 해야 하기 때문이다. 이런 이유로 다수의 영국 저자, 아티스트 및 출판사들은 카피라이츠 그룹Copyrights Group과 같은 상품화 전문 기관을 고용하기로 했다. 이 회사는 베아트릭스 포터, 플라워 페어리즈Flower Fairies, 패딩턴 베어, 웜블스Wombles, 재클린 윌슨Jacqueline Wilson의 『베스트 프렌드Best Friend』, 에릭 힐의 스팟Spot, 루시 커진즈Lucy Cousins의 메이지Maisy, 레이먼드 브릭스의 캐릭터들, 에릭 칼Eric Carle의 『배고픈 애벌레The Very Hungry Caterpillar』, 테리 디어리의 『끔찍한 역사Horrible Histories』 시리즈와 아울러 미세스 비튼Mrs. Beeton과 『에드워드 7세 시대 한 여인의 시골 일기Country Diary of an Edwardian Lady』 제품 캐릭터들의 라이선싱을 처리한다. 2007년에는 코리온이 『에드워드 7세 시대 한 여인의 시골 일기』 제품 캐릭터들의 라이선싱을 획득했다. 코리온은 또한 애거서 크리스티와 에니드 블라이턴을 포함한 몇몇 저자의 어문저작물 재산권을 취급했다. 하지만 2012년 코리온은 몇몇 저작의 권리를 매각했는데, 애거서 크리스티의 저작에 대한 권리를 아스톤 미디어 그룹Aston Media Group에, 에니드 블라이턴의 "노디" 타이틀들과 이언 포크너Ian Falconer의 "올리비아Olivia" 타이틀들에 대한 권리를 클래식 미디어Classic Media에, 로저 하그리브스Roger Hargreaves의 "미스터 멘Mr Men" 타이틀들에 대한 권리를 산리오에 그리고 에니드 블라이턴의 나머지 저작들에 대한 권리를 아셰트 UKHachette UK에 매각했다.

카피라이트 프로모션스 사Copyright Promotions Ltd(www.cplg.com)는 1974년에 설립되었으며 〈피너츠〉, 〈세서미 스트리트〉, 〈파워 레인저Power Rangers〉, 〈핑크 팬더〉, 〈슈퍼배드Despicable Me〉, 〈아이스 에이지Ice Age〉 등의 영화나 텔레비전 프로그램에 등장하는 캐릭터들의 권리를 대리하고 있다. 2008년에 캐나다에 소재한 글로벌 엔터테인먼트 및 교육 회사인 쿠키 자 그룹Cookie Jar Group이 이 회사를 인수했다. 쿠키 자 그룹은 TV 프로그램과 인터랙티브 콘텐츠의 다국적 생산업체이자 유통업체인 DHX 미디어DHX Media가 2012년 10월 인수했다.

이런 회사들은 라이선스에서 발생하는 인세의 일정 비율을 수수료로 가져간다. 이는 에이전시, 허가된 지역 및 관련 저작재산권에 따라 25%에서 60%에 달할 수 있다. 상품화 전문업체들은 책으로만 존재하는 저작재산권보다는 이미 미디어에 노출된 저작재산권에 대해 계약을 체결하는 경향이 있다. 예를 들면, 텔레비전 시리즈, 영화 또는 명성을 얻은 완구 라이선스를 통한 상품화를 모색하는 것이다. 또한 전문업체들은 원창작자를 위해 자문을 제공하여 출판과 미디어 분야의 인사들과 접촉할 것을 건의하기도 한다. 또한 몇몇 저작권 에이전시는 상품화 권리를 전담하는 직원을 두고 있다.

시장 조사

상품화 권리를 허가하는 자는 누구나 필수적으로 시장의 추이를 모니터해야 한다. 이는 현재 어떤 상품을 상점에서 구할 수 있는가를 조사하는 것뿐만 아니라 국내와 해외에서 관련 거래 행사에 참여한다는 것을 의미한다. 여기에는 완구 및 게임 전시회, 선물용품 및 문구 전시회, 가정용품 전시회와 식료품 전시회, 그리고 의류 전시회 등이 포함된다. 주요 행사인 라이선싱 인터내셔널 엑스포Licensing International Expo는 매년 6월 뉴욕에서 열린다. 브랜드 라이선싱Brand Licensing 쇼는 런던의 올림피아Olympia 전시장에서 10월에 개최된다.

볼로냐 도서전은 상품화 잠재성을 지녔을 수 있는 신간 어린이책의 전시장이다. 또한 상품화 관련 전문 출판물을 포함한 적합한 업계 신문이나 잡지를 모니터하는 것이 필요하다. 잡지 ≪라이선스! 글로벌License! Global≫(www.licensemag.com)은 미국에서는 월간이고 유럽에서는 계간이다. 관련된 연감에는 EPM 커뮤니케이션스 사EPM Communications Inc.(19 West 21st Street, # 303, New York, NY 10010, USA, www.epmco.com)가 발간한 『라이선싱 레터 소스북Licensing Letter Sourcebook』이 있다. 여기에는 상품화 권리의 소유주와 그들의 핵심 저작재산권에 대한 정보가 들어 있다. EPM은 연간 22회에 걸쳐 ≪라이선싱 레터Licensing Letter≫를 발행한다. 이 외에도 월간 ≪더 라이선싱 북The Licensing Book≫(어드벤처 퍼블리싱 그룹Adventure Publishing Group Inc., 307 Seventh Avenue, Suite 1601, New York, NY 10001, USA, www.adventurepublishinggroup.com)과 ≪더 라이선싱 페이지스The Licensing Pages≫(www.licensingpages.com)가 있다.

영국에서는 레마 퍼블리싱 사Lema Publishing Ltd(1 Churchgate, The Wilderness, Berkhamsted, Herts HP4 2UB, www.lemanpublishing.co.uk)가 잡지 ≪라이선싱 투데이 월드와이드Licensing Today Worldwide≫를 발행한다.

어떤 제조업체들은 한 가지 제작 재료(예를 들면, 로열 덜튼Royal Doulton 도자기)로 상품을 생산하는 데 전문화되어 있다. 레인보 디자인Rainbow Designs, 마텔과 하스브로와 같은 다른 업체들은 다양한 제품을 생산한 경험을 갖고 있으며 그래서 동일한 캐릭터를 위해 다양한 라이선스를 확보할 수 있다.

캐릭터 혹은 디자인이 책의 형태로만 존재한다면 해당 도서나 여러 도서의 판매 실적이 판촉활동을 하는 데 중요할 것이다. 아울러 텔레비전에 캐릭터를 노출시키기 위한 상세한 계획이 있어야 할 것이다. 캐릭터가 더 많이 노출될수록 상품화에 대한 관심은 눈덩이처럼 커질 것이며 제품 제조업자로부터 요청이 들어올 것이다. 창조적인 라이선싱 기획 중에는 레이크 디스트릭트Lake District에 대해 A. 웨인라이트A. Wainwright가 쓴 하이킹 가이드북의 디자인에 기초한 포장재를 사용하는 켄달 민트 케이크Kendal Mint Cake 과자 판매점과 웨인라이트 로고가 들어간 하이킹 부츠에 대한 라이선스가 있다. 카셀Cassell은 상당한 금액을 받고 파이 제조업체가 미세스 비튼의 이름을 사용하도록 허가했다. 특이한 라이선스에는 D. H. 로런스의 재산권을 대리하는 에이전시가 허가한 맥주, 접시, 시계 및 우편엽서 라이선스와 히스 로빈슨Heath Robinson의 작품에 기초한 달력, 포스터와 모빌 같은 것이 있다. 2009년에 프란체스카 사이먼의 캐릭터 말썽꾸러기 헨리Horrid Henry와 모범생 피터Perfect Peter는 마마이트Marmite 병에 등장했으며 판촉활동을 위해 Audible.co.uk에서 오디오북 중 일부를 선택해서 무료로 다운로드할 수 있는 번호를 제공했다. 2013년 12월에는 성공적인 작품 『그레이의 50가지 그림자』 3부작의 저자인 E. L. 제임스가 스웨덴 회사 카팔KappAhl이 생산할 다양한 이국적인 란제리를 위한 상품화를 승인했다는 발표가 났다.

재정 조건

상품화 권리에 대한 지불 수준은 라이선시의 자금 사정, 라이선스 제품의 예상 판매량 및 라이선싱되는 캐릭터나 디자인의 인기에 따라 다양하다. 때에 따라서 아직 잘 알려져 있지 않은 캐릭터에 기초한 제품의 경우 가령 1년간의 테스트 기간 동안 일시금으로 지불하는 것이 합의될 수 있을 것이다. 하지만 정상적인 지불은 해당 품목의 도매가격으로 계산된 로열티를 기준으로 한다. 로열티는 캐릭터나 디자인이 매우 잘 알려지지 않은 한 5~6%가 될 것이다. 명성이 있는 경우에는 요율이 12~15%에 달할 수 있다. 최고 로열티율은 주요한 영화나 텔레비전 캐릭터에 기초한 상품화 품목의 경우에 정해진다. 『곰돌이 푸』의 디즈니 버전은 2010년에 미국과 캐나다에서 상품화로 11억 달러를 벌어들인 것으로 추정된다. 또 로열티율은 라이선스를 받은 제품의 성격에 따라 다양하다. 대량 식품 시장에 대한 라이선스는 도매가격의 1%만큼 낮은 로열티를 기준으로 할 수 있지만 이러한 낮은 요율은 판매량에 의해 보상받을 수 있을 것으로 기대된다. 통상적으로 선지불금 지불은 보장된 최저 판매에 대한 로열티의 형태로 명기된다. 정산은 보통 분기별로 한다. 저자의 몫은 기본계약서에 달려 있을 것이다.

계약서

최초의 계약서는 잠재 라이선시가 제공할 가능성이 있으며 길고 복잡할지 모른다. 상품화 계약을 체결할 때 재무 조건에 추가하여 몇몇 요인을 고려해야 한다. 캐릭터나 디자인을 사용할 제품이 적합해야 한다. 중요한 것은 해당 저작재산권을 온전하게 보존하는 것이며 부적합하거나 조잡한 제품과 연관이 되면 유해할 뿐이다. 주요 캐릭터의 라이선서는, 특히 영화 스튜디오와 텔레비전 회사들은 다양한 미디어에서 캐릭터에 대한 묘사를 어떻게 할 것인지에 대해 상세한 지침을 제공할 수 있다. 라이선스는 상품화 허가를 받을 제품의 특성과 명세를 언제나 아주 주의 깊게 정의해야 한다. 인사장이라면 크기와 종류가 구체화되어야 한다. 크기와 재료가 다른 다양한 봉제 인형을 생산하려면 개별 인형의 크기, 스타일, 재료가 정의되어야 한다(예를 들면, '앉은키가 8인치인 플러시천 인형'). 상이한 종류의 직소 퍼즐을 라이선싱하려고 하면 라이선스에는 제품이 어린아이를 위해 대형 조각을 사용할 것인지 또는 청소년이나 성인을 위해 작은 조각을 사용할 것인지가 명기되어야 한다. 라이선시가 원래 생각했던 것과 다르거나 또는 예상보다 더 많은 제품을 생산하지 않도록 하기 위해서는 이런 보호조치가 반드시 지켜져야 한다.

라이선서는 개발의 모든 단계에서 제품과 포장 모두를 승인받을 것을 요구해야 한다. 최초 제조과정을 시작하기 이전에 아트워크와 시제품이 승인을 받기 위해 제출되어야 하며 라이선서가 승인을 해주고 요구하는 변경사항을 반영하기에 적당한 시간이 있어야 한다. 어떤 라이선서들은 라이선스를 받는 제품의 제조업체들로부터 윤리적 확약을 받고자 할 것이다. 그 목적은 미성년 노동이나 건강 및 안전 문제와 관련되는 것을 회피하려는 것이다. 일단 제품과 포장이 승인을 받으면 라이선서의 사전 승인 없이는 라이선스가 유효한 동안 어떤 단계에서도 변경이 이루어질 수 없다. 이는 해당 제품의 샘플을 정기적으로 제출함으로써 확인되어야 한다. 또한 라이선서는 제품에 대한 광고를 승인할 권리를 갖고 있으며 표준적인 소매점 판매 외에 제품의 비표준적인 마케팅을 승인할 권리를 가져야 한다. 예를 들면, 제품이 다른 제품과 더불어 무료로 제공되거나 '할인가'로 판매되는 경우를 말한다.

하지만 만약 상품화 권리가 영화나 텔레비전 거래의 일부로 포함된다면 그런 거래의 계약은 저자 그리고/또는 아티스트에게 저작인격권의 포기를 요구할 수 있음을 기억해야 한다. 그리고 이는 영화나 텔레비전 회사가 라이선스를 준 상품화 제품에 대한 저자 그리고/또는 아티스트의 승인권을 제거하게 될 것이다. 저자가 상품화 거래에서 발언권을 갖는 것은 극히 드문 일이다. 예외는 J. K. 롤링이 될 것이다. 『해리 포터』의 상품화는 그녀와의 상세한 협의를 거쳐 이루어졌다.

라이선스는 어느 다른 당사자에게 양도가 가능하지 않으며 제품에 존재하게 될 새로운 저작권은 라이선시가 획득하고 그런 다음 라이선서에게 양도되어야 한다. 하지만 이용의 특성상 제3자 또는 여러 당사자들에게 2차 라이선스를 줄 수밖에 없다면 2차 라이선시가 품질 관리, 시간 엄수 및 지불에 대한 요구에 부응하리라는 것에 대해 라이선시가 전반적인 책임을 지는 조항이 있어야 한다.

이미 캐릭터 또는 디자인이 상표로 등록되었다면 이는 라이선스에 포함됨으로써 라이선시가 등록된 사용자의 신분을 가져야 한다. 하지만 주목할 사항은 상표법이 나라마다 다르다는 것이다. 그리고 만약 상품화 권리가 해외에서 집중적으로 거래가 이루어진다면 상표법 전문 변호사의 자문을 받는 것이 바람직하다. 라이선스는 저작권 표시와 상표가 제품과 포장 양쪽 모두에서 어떤 형태로 나타나야 할지를 정확하게 명기해야 한다.

상품화 라이선시에게 허가되는 시장은 그들이 명백하게 서비스를 제공할 수 있는 시장으로 제한되어야 하며 모든 캐릭터 또는 디자인이 반드시 국제적인 매력을 가져야 하는 것은 아님을 기억해야 한다. 많은 것은 개별 시장의 국가적인 취향과 상품화 산업의 여건에 달려 있다. 어느 봉제 인형 대형 제조업체가 많은 나라에 판로를 구축했다면 전 세계 판매 권리를 허가받을 수 있을 것이다. 실제로 국제적인 호소력을 가진 캐릭터 또는 디자인은 통상적으로 국가별로 종종 현지의 라이선싱 에이전트를 통해서 라이선스가 주어진다. 미국 시장은 그런 도움 없이는 개척하기가 특히 어려운 것으로 판명되었다. 유럽연합 내에서 모든 당사자들은 회원국 국경을 초월하여 상품의 자유로운 이동을 보장하는 로마협정 제30~36조의 조항을 통해 경쟁 관계에 있는 라이선스 상품들의 병행 수입이 가능하다는 점을 인식해야 한다.

계약서에는 서명일로부터 언제까지 라이선시가 시장에 제품을 출시해야 하는지 기한을 명기해야 한다. 통상적으로 상품화 라이선스는 단기간—아마도 2년 또는 3년—이지만 제품이 성공적인 것으로 입증되면 갱신할 수 있는 조항이 있다. 이런 이유로 계약을 갱신하는 경우 더 높은 조건을 협상하는 것이 바람직하다. 라이선스가 자연적으로 만료되면(당사자들 간 분쟁의 결과와 취소에 의해서가 아니라) 라이선시는 잔여 재고를 처분하기 위해 정해진 기간을 가져야 한다. 하지만 라이선서는 잔여 재고를 구매하고 제품을 제조하는 데 사용되는 특정한 설비—예를 들면 주형—가 라이선서에게 양도되거나 폐기되는 것을 요구하는 조항을 원할 수 있다.

지속성

어떤 캐릭터의 인기는 장기간 지탱될 수 있는 반면 다른 것들은 인기가 단기간에 끝나고 말 수 있으며, 특히 텔레비전 시리즈나 영화로 등장하는 것과 연계될 경우 상품화를 통해 과도하게 노출될 수 있다. 이런 것의 고전적인 예는 웜블스와 고인돌 가족Flintstones이다. 하지만 그렇게 많은 노출이 있었음에도 CGI로 제작된 새로운 웜블스 시리즈가 2015년 채널5에서 방영될 예정이다. 어떤 경우 도서의 캐릭터는 정기적으로 상품화가 재생하는 성공을 거두는데, 에니드 블라이턴의 '노디'와 로저 하그리브스의 '미스터 멘' 캐릭터들의 경우가 그렇다.

상품화는 일부의 실패에도 불구하고 막대한 수익을 올릴 수 있다. 〈배트맨〉 영화로부터 올린 상품화 수익은 40억 달러에 달한 것으로 추정되는데 이는 박스오피스의 판매액을 훨씬 상회한다. 1990~1991년 최고조에 달했을 때 '닌자거북이 열풍'은 지나친 노출과 해적행위로 판매가 감소하기 전까지 약 400개의 공식 닌자거북이 제품의 라이선스 사용료가 대략 2억 파운드에 달한 것으로 알려졌다. 마이클 크라이튼이 쓴 『쥬라기 공원Jurassic Park』에 기초한 오리지널 영화는 공룡 관련 품목의 라이선싱 붐을 가져왔다. 이런 현상은 후속 작품에도 이어졌다. 앞에서 언급한 바와 같이 1997년에는 〈스타워즈〉의 상품화에 대한 관심이 다시 크게 소생했는데 이는 3부작 영화를 재출시한 다음 일어난 일이다. 1999년에 개봉한 스타워즈 프리퀄 〈에피소드 원: 보이지 않는 위험Episode One: The Phantom Menace〉은 매표소에서의 판매 결과는 실망스러웠지만 그럼에도 불구하고 상품화 수익은 60억 달러를 기록했다. 다양한 완구와 기타 품목을 생산할 권리를 확보하기 위해 하스브로와 갤루브Galoob가 맺은 협약은 상품화 역사상 규모가 큰 것 중 하나였다. 갤루브만 소형 피규어, 차량 및 게임 세트를 생산하기 위한 권리를 확보하는 데 1억 4000만 달러를 지불했다. 레고는 건축 장난감을 제작하기 위해 처음으로 라이선스를 획득했으며, 닌텐도는 두 개의 닌텐도64 게임을 생산하기 위한 권리를 획득했다.

1996년 크리스마스 때는 대서양 양안에서 수요를 낮게 추정한 결과 공급이 부족했던 상품화 품목들, 즉 영화 〈토이 스토리〉의 우주비행사 버즈 라이트이어Buzz Lightyear 완구 및 텔레비전에서 장기 상영된 〈세서미 스트리트〉의 붉은 털이 난 캐릭터 티클-미 엘모Tickle-Me Elmo를 구매하느라 부모들이 극성을 부렸다. 1997년 크리스마스 특선 완구는 텔레토비였다. 14.95파운드였던 모델은 주인이 계속 바뀌면서 100파운드 이상이 되었다. 2004년에는 슈렉 품목이 인기가 있었고 연속적으로 등장한 〈해리 포터〉 영화는 새로운 상품화 열풍을 가져왔다. 2009년에는 고고 햄스터Go Go Hamsters가 특선 완구로서 이베이에서 세트 가격이 소매가의 몇 배로 뛰었다. 2012년에는 퍼비Furby의 인기가 높아졌다. 최근 수년간 핵심적인 크리스마스 제품은 책보다 영화와 텔레비전 캐릭터에 바탕을 두는 경향이 있다. 이와 더불어 하이 스쿨 뮤지컬, 한나 몬타나Hannah Montana, 브라츠Bratz, 스타워즈, 월-E 및 슈퍼배드, 세서미 스트리트 품목(예를 들면 2013년 대형 엘모 인형)은 바비, 트랜스포머Transformers, 파워레인저, 레고와 함께 여전히 인기가 높다.

유감스럽게도 상품화는 부정직하게 행동할 여지가 많은 분야이며 해적행위(합법적으로 허가를 받은 제품을 복제)를 하고 약간 상이한 제품을 라이선서가 보증하는 것처럼 보이게 하는 '사칭'의 사례가 무수하게 많다. 이런 일은 극동과 같은 지역뿐만 아니라 유럽 내와 영국에서도 일어날 수 있다. 이런 품목들은 라이선서와 그들의 합법적인 라이선시 모두의 이익에 막대한 손실을 입힐 수 있다. 만약 문제가 되는 품목의 출처를 찾을 수 있다면 상표법－적합할 경우－에 따라 법적 조처를 취할 필요가 있으며, 또는 저작권법 침해나 사칭 혐의로 기소할 수 있을 것이다. 관련 시장에서 제품에 대해 승인받은 라이선시가 있다면 라이선서와 라이선시는 침해에 대해 법적인 조처를 취하는 데 협조하기를 바랄 것이다.

전체적으로 동일한 캐릭터 또는 디자인에 대해 각각 다른 상품화 라이선스를 계속 부여하는 것이 중요하다. 이해관계가 중첩될 위험이 있다면 새로운 라이선스를 허가하기 이전에 관련 라이선시들과 협의를 해야 할 것이다.

저작권 집중관리 17

이 장에서는 이른바 집중관리 라이선싱 또는 이른바 2차 라이선싱 분야를 다루고자 한다. 이에 따라 텍스트의 초록, 사진, 일러스트레이션, 도표, 그래프 등 제한된 양의 저작권 재료는 통상적으로 집중관리기구Collective Management Organization(CMO)로 알려진 복제권 기구Reproduction Rights Organization(RRO)를 통해 라이선스를 받을 수 있다. 하지만 이런 기구들이 활동하는 기반은 나라마다 다르다.

비록 기술이 더 발달하여 이제는 복사기 복제가 유행에 뒤떨어졌다고 할지라도, 종이 복사 분야는 위축되고 있기는 하지만 여전히 존재한다. 현재 사무용 복사기는 극도로 발달하여 컴퓨터 파일을 하드 드라이브에 저장할 수 있으며 디스크나 ISDNInternational Standard Digital Network을 통해 파일을 옮기거나 전송할 수도 있고 또는 인쇄 자료를 스캔하여 디지털로 저장한 뒤 출력하고 제본할 수 있는데 텍스트와 일러스트레이션 모두 다를 위한 최고 표준의 복제물을 생산할 수 있다. 복사할 수 있는 라이선스를 획득한 다수의 기관들은 점점 더 스캐닝에 의한 복사를 원하며 이러한 방향으로 라이선스는 확장되었다. 또한 대부분의 라이선스에는 이제 관련 권리자가 허가하는 경우 디지털 출판물과 웹사이트로부터 복사할 권리가 포함되어 있다.

영국의 저작권 집중관리

「1956년 영국 저작권법」이 제정될 당시 우리가 현재 당연하게 생각하는 것처럼 사무용 복사기를 손쉽게 이용한다는 것은 상상할 수 없는 일이었다. 이 법은 공정 처리를 다루는 제6항에서 이러한 복사에 대해 약간 허용했다. 여기에는 저작권 저작물의 일부를 동일하게 복사하는 것이 포함되었다. 제7항에서 도서관의 특권에 관한 조항에 따라 지정된 도서관은 정기간행물에서 단일 논문의 동일한 복사를 또는 연구나 개인적인 조사 목적으로 도서의 일부—길이는 특정되지 않음—를 복사하는 것을 허가받았다. 또한 지정된 도서관은 해당 사본을 다른 방법으로 구할 수 없는 여타의 지정된 도서관에 저작물 전체의 사본을 공급하도록 허가받았다. 이런 조항은 나중에 「1988년 저작권, 디자인 및 특허 법」으로 이어졌다(제29~30항과 제37~42항에 각각).

1960년대에는 영국의 학교, 대학, 정부기관 및 산업계에서 저작권물을 복사기를 이용해 대규모로 복제하는 문제가 부각되기 시작했다. 1977년 휫퍼드 위원회Whitford Commitee의 저작권법 개정에 관한 조사 보고서는 이 문제가 심각하다는 것을 강조하며 중앙 라이선싱 제도를 통해 통제할 것을 건의했다. 영국의 「1988년 저작권, 디자인 및 특허 법」은 제116항에서 라이선싱 제도를 위한 조항을 만들었다. 이에 따라 복사기를 이용한 조직적인 복제 문제—이는 공정 처리와 도서관의 특권을 조건으로 이미 허가된 제한적인 복사에 대한 거부였다—를 다루는 중앙 라이선싱 기구의 설치를 위한 길이 열렸다. 사용자에게 라이선싱을 주고 요금을 징수하며 필요시 (그리고 저작권 소유주와의 합의하에) 침해를 방지하는 법적 절차를 제도화하는 책임을 진 영국 기구는 비영리 조직인 저작권 라이선싱 기구Copyright Licensing Agency(CLA, www.cla.co.uk)이다. CLA는 1983년 1월 설립되었으며 1984년 5월 최초의 라이선스를 발급했다. 이 기구는 교육, 정부 및 비즈니스 부문에서 수천 개 기관들과 라이선스 약정을 맺고 있다. CLA는 다음 기관들이 설립한 것이다. 저자 라이선싱 및 징수 협회Authors' Licensing and Collecting Society(ALCS, www.alcs.co.uk: 저자를 대신하여 각종 권리를 집중 관리하기 위해 저자들이 1977년 설립), 출판사 라이선싱 협회[PLS, www.pls.co.uk: 1981년 출판협회, 정기간행물출판협회Periodical Publishers Association(현재 전문출판협회Professional Publishers Association), 그리고 학회 및 전문단체 출판 협회Association of Learned and Professional Society Publishers가 설립]. ALCS와 PLS는 CLA의 양대 회원 기관으로서 CLA의 이사회에 참석한다. 또한 CLA는 도서와 정기간행물 내부에 실린 일러스트레이션의 복사를 허가하기 위해 디자인 및 아티스트 저작권 협회Design and Artists Copyright Society(DACS)와 기관 협약을 체결했다.

2013년에는 두 개의 새로운 진전 동향이 있었다. 음악출판협회Music Publishers Association(MPA)는 CLA와 협정을 체결하여 악보(및 수반된 가사)를 출판하는 음악출판사, 작곡가 및 작사자의 권리에 대해 영국의 학교 부문에 라이선스를 주었다. 이제 잡지 콘텐츠는 CLA 또는 NLA 미디어 액세스NLA Media Access(구 신문 라이선싱 에이전시Newspaper Licensing Agency)를 통해 비즈니스 사용자들에게 허가될 수 있다. 어느 쪽을 통할지는 잡지 출판사가 어느 기관에 위임할 것인지를 선택하는지에 달려 있다.

CLA는 권리자를 대신하는 기관에 지불하기 이전에 수익에서 수수료를 공제한다. 이 책을 저술하고 있는 시점에 이 요율은 11%이다. PLS는 출판사에 지불하기 이전에 CLA 수익으로부터 추가로 6%의 수수료를 공제한다. ALCS는 회원에 지불하기 이전에 9.5%를 제하고 DACS는 현재 19%를 제한다. 수수료에서 사용하지 않은 돈이 있으면 권리자에게 나눠준다.

CLA가 라이선스를 내주는 조건은 라이선시에 의한 복사 상황을 정기적으로 조사할 수 있어야 한다는 것이다. CLA는 자신에게 권리를 위임한 저작권 보유자를 대신하여 비非라이선시가 복사를 함으로써 저작권을 침해할 경우 법적 조치를 취하며 몇몇 잘 알려지고 성공적인 적발 사례가 있었다.

CLA의 목표는 적절한 기관과 기구에 라이선스를 주는 것이며 저작권 소유자 및 그들의 대리 기관과 협의한 다음 라이선스를 사용자들의 요구사항에 맞추는 것이다. 어떤 경우 라이선스는 일괄적으로 발급되고 어떤 경우에는 거래별로 처리된다. 라이선시는 라이선스의 범위에 대해 상세한 내용을 제공받으며, 복사기계 옆에 부착할 게시문을 공급받는다. 또한 CLA는 웹사이트(www.cla.co.uk)상에 라이선시와 권리자를 위한 최신 정보를 제공한다. 여기에는 라이선스 문구 자체뿐만 아니라 관련 요금과 라이선스에서 제외되는 저작물의 리스트가 포함된다. 모든 라이선시는 그들이 불법 복사를 자행하고 있다는 권리자들의 주장에 대해 CLA로부터 보호를 받으며 이는 PLS, ALCS, DACS로부터의 면책에 의해 뒷받침된다.

2012년에 CLA는 타이틀 서치Title Search 앱을 도입했다. 이것으로 잠재 사용자들은 복사하고자 하는 출판물의 ISBN이나 ISSN을 스캔할 수 있으며, 그런 다음 권리자가 복사를 허가한 것이 무엇인지를 볼 수 있다. 또한 CLA는 권리자들이 자신의 온라인 콘텐츠에 추가할 수 있는 유용한 저작권 심볼(체크 표시가 수반된 저작권 심볼 ©)을 개발했다. 잠재적인 사용자들은 권리자가 무엇을 복사하도록 허가했는지를 진술한 내용에 접근하게 해주는 아이콘을 클릭할 수 있다(www.whatcanidowiththiscontent.com).

영국에서 저작권 집중관리 시스템은 자발적인 것인데 모든 나라가 다 그런 것은 아니다(이 장 뒤의 "복제권 기구" 참조). 개별 저자들과 출판사들은 CLA를 통해 라이선싱을 이용할 수 있는 저작권물의 목록에 자기들의 저작물이 포함되도록(ALCS와 PLS 각각에 대한 위임을 통해) 동의해야 한다. 그리고 오늘날 저자와 체결하는 기본계약서에는 통상적으로 이를 포함하는 구절이 들어 있다. 최근의 발전 동향을 보면 영국에서 「2013년 기업 및 규제 개혁법」은 확대된 저작권 집중관리를 위해 관계 장관에게 복제권 기구들로부터의 신청서를 검토할 권한을 부여한다. 이에 따라 기존의 라이선스들은 이 부문의 모든 권리자—비록 이들이 구체적으로 위임에 동의하지 않았더라도—의 목록을 포함하도록 확대될 것이다. 하지만 권리자들은 여기에 참여하지 않을opt out 권리를 갖고 있다.

CLA가 갖고 있는 당초의 권한은 종이 대 종이 복사로만 한정되었지만 스캐닝과 스캔된 복사물의 디지털 사용을 포함하도록 확대되었다. 최근에는 별도의(특정 부문에서) 참여를 기준으로 디지털 원본의 복사도 포함되었다. (저널이 아닌) 도서물의 저작권 집중관리로부터 발생한 수익은 행정비용을 공제한 다음 통상적으로 다음과 같이 분배된다. 수령한 모든 요금의 8%는 DACS에 돌아간다. 나머지는 출판사와 저자 사이에 동등하게 나눠진다. 분배는 CLA에서 ALCS, PLS로 연간 몇 차례 지불되고(CLA가 지불과 관련 데이터를 받는 시기에 따라) 그런 다음 저자와 출판사에 분배하게 된다. 2008년 이래 PLSe 서비스는 출판사들이 수입을 온라인으로 모니터할 수 있도록 했고 출판사들은 ONIX를 통해 자기들 계정에 목록 데이터를 갱신할 수 있다. 또한 PLS는 PLS클리어PLSclear를 개발했는데, 이는 웹 기반 도구로서 원래 텍스트 마이닝과 데이터 마이닝 작업을 하려고 하는 연구자들을 위한 원스톱 숍one-stop shop을 제공하고자 설계된 것이며, 이제 출판된 재료를 재사용하기 위한 허가를 취득하는 과정을 간략하게 하는 좀 더 일반화된 서비스를 제공한다. 이런 서비스는 또한 창조 산업 전반에 걸쳐 권리자의 위치를 쉽게 찾을 수 있게 하는 저작권 허브로 공급된다(제1장 "영국의 저작권 입법" 참조). PLS는 위임한 출판사에 이메일 뉴스레터를 정기적으로 발송하고 아울러 반기별로 PLS PLUS 뉴스레터를 보낸다.

「2013년 기업 및 규제 개혁법」(제1장 "영국의 저작권 입법" 참조)은 또한 집중관리 기구들이 업무강령을 강제적으로 도입하게 하기 위한 법적 구속력을 갖추고 있으며 CLA, PLS, ALCS, DACS는 이미 자발적으로 이러한 강령을 도입했다.

저널의 경우 저널 콘텐츠를 복사해서 얻는 수익의 15%는 기고자에 대한 보상으로 ALCS에 지불되며 85%는 저작권 소유권 상황과 관계없이 출판사를 위해 PLS에게 지불된다. 이러한 분배는 DACS를 위해 8%를 공제한 다음 이루어진다.

목록에서 제외된 저작물들은 CLA에 통고되어야 하며 CLA는 사용자들이 웹사이트상에서 그런 저작물들의 목록을 참조할 수 있게 해야 한다. 이런 경우 출판사가 책 자체에 저작권 집중관리 제도에 포함되지 않는다는 표시를 명백하게 인쇄하는 것이 바람직하다. 하지만 실제로 대다수의 영국 저자들과 3200개의 출판사들은 자사의 저작물들이 모든 복사 및 스캐닝 라이선스에 포함되는 데 동의했다. 디지털 원본 목록을 복사하는 데 참여하기로 결정한 출판사 숫자는 급속하게 증가해왔다.

이 제도는 복사기를 이용한 복제를 무제한으로 허용하지 않는다. 허가되는 복사의 성격과 범위의 상세한 내용이 라이선시에게 전달되며, 모든 복사기 옆에 게시문이 부착되어야 한다. 보통 이 게시문에는 이 제도에 포함되어 라이선스를 받은 어느 저작물의 5%까지 또는 한 챕터chapter가 복사될 수 있다고 쓰여 있다. 예외는 단편소설이나 시다. 이런 것들은 모두 다 10쪽이 넘지 않으면 전체를 복사할 수 있다. 정기간행물, 저널 또는 잡지의 단일 호에서 한 기사의 전체 또는 일부를 복사할 수 있다. 포괄적 라이선스blanket license는 사본의 숫자를 제한하지 않지만 어떤 라이선스—예를 들면 대영도서관 문서공급 센터에 대한 문서 배송 서비스와 신문기사 발췌 제공 서비스로 알려진 미디어 모니터링 기구에 대한 서비스—는 거래별로 이루어지며 생산된 사본 부수마다 요금이 지불된다.

또한 강조되어야 할 점은 어떤 저작물 카테고리는 이 제도에 전혀 포함되지 않는다는 것이다. 즉, 출판된 시험 문제지와 검사지, 영국의 모든 신문[일부 잡지와 함께 NLA 미디어 액세스(구 신문 라이선싱 에이전시)에 의해 별도로 라이선스가 주어진다)], 지도, 차트 및 악보집, 규정집, 작업표 또는 업무 보고서, 출판사가 복사 가능한 것으로 특수하게 디자인하고 이것이 가격에 반영된 책, 사적으로 준비한 교재(방송 대학을 통한 통신강좌 교재 또는 국립 부설대학National Extension College 교재 등은 라이선스에 포함됨), 영국 밖에서 그리고 CLA가 국가별 라이선스 기관을 통해 양자 간 협정을 맺은 국가에서 출판된 저작물(이 장 뒤의 "복제권 기구"를 참조), CLA의 위임에서 특수하게 제외된 저작물 등이다. 이런 저작물들은 해당 저작물에 대한 인쇄된 게시물에서 명백하게 확인 가능해야 하며 CLA 웹사이트상의 제외된 카테고리와 저작물 목록에서 찾아볼 수 있어야 한다. 2013년 음악출판협회와 맺은 기관 협약에 따라 이제 학교 부문에 인쇄된 악보와 수반한 가사의 복사에 대한 라이선싱이 허가된다.

1999년에 ALCS와 PLS는 여러 부문에 라이선싱을 주기 위해 제한된 양의 도서 및 저널 저작권물의 디지털화를 허가받고자 처음으로 저자들과 출판사들로부터 권한을 부여받으려 했다. 이런 것들의 최초 예는 대학 교육 부문(강의집

생산을 위해), 제약업계(조정 신청 목적으로 스캐닝 허용), 시각 장애인들을 위해 허가받은 기관(점자책을 만들 목적으로), 교회 및 학교(국가적인 문맹 퇴치 전략의 일부로서 텍스트의 증대를 위해)이다. 비록 출판사들은 라이선스의 확대에 전자 복사와 전자 원문의 복사를 포함시키는 데 신중했지만 소비자의 요구에 반응을 보이지 않을 수 없었으며, 성인교육과 대학교육 부문에서 스캐닝 라이선스를 시험적으로 실시한 다음 2008년 초 어떤 라이선스는 디지털 원본의 복사를 포함하도록 확대했다. 출판사들은 모든 목록을 이렇게 사용하도록 위임할 것인지, 특수한 타이틀들과 어떤 나라들은 이런 식의 확장된 사용에서 제외할 것인지를 결정할 수 있다.

「1988년 영국 저작권법」은 라이선싱 제도와 라이선싱 기구 설립을 위해 상당히 상세한 규정을 담고 있다. 1981년 설립된 이래 PLS가 출판사에 배분한 수익은 크게 증가하여 2013년 4월 1일부터 2014년 3월 31일까지 1년 동안 3600만 파운드를 지불했다.

대부분의 복사물이 단행본보다 교육, 학술 및 전문 서적이라는 것은 놀랄 일이 아니다. 2014년에는 교육적 목적의 복사에 새로운 저작권 제한이 도입되었지만(제1장 "영국의 저작권 입법" 참조) 이 부문의 저자와 출판사에 지불되는 2차 라이선스 수입에 영향을 미칠 것으로 생각되지는 않는다.

학교 부문 라이선싱

1986년 4월 CLA는 당시 공립학교 및 대학 부문에서 책임을 맡고 있으며 대략 3만 개 기관을 담당하고 있던 137개 지방 교육 당국이 참가한 집중 사용자 제도collective user scheme를 위한 합의사항을 확정지었다. 그때 이래로 영국의 전 교육 시스템에서 이 라이선싱 제도가 작동하면서 정기적으로 요율이 검토되었다. CLA의 데이터 수집 팀은 복사 현황을 조사했다. 이 팀은 학기마다 250개 학교를 돌아가면서 샘플로 선정하여 방문하고 데이터를 수집한다. CLA는 복사된 저작권물의 상세한 서지 기록을 파악하여 저자와 출판사에 라이선스 대금을 분배하는 데 사용한다.

잉글랜드의 공립학교는 교육부를 통해 라이선스를 받는다. 웨일스에서는 지방당국들을 통해, 스코틀랜드에서는 스코틀랜드 정부 부처를 통해, 북부 아일랜드에서는 벨파스트 교육 및 도서관 청을 통해 받는다. 잉글랜드와 웨일스의 독립 학교는 사립예비학교협회Independent Association of Preparatory Schools와의 대리 협약하에, 스코틀랜드에서는 스코틀랜드 사립학교 위원회Scottish Council of Independent Schools를 통해 라이선스를 받는다.

요금은 사용된 양보다 정규 학생 숫자나 그에 준하는 학생 수를 기준으로 한다. 요율은 정기적으로 검토되며 라이선스하에 학교가 이용할 수 있는 권리나 목록의 증가와 함께 소매가 지수(RPI)를 고려한다. 현재의 라이선스는 2016년까지 유효하며 상세한 내용은 CLA 웹사이트를 보면 알 수 있다.

디지털화—스캐닝 또는 재입력에 의한—는 2008년 4월 공립학교에 허락되었으며 사립학교에는 2009년에 허락되었다. 전자 칠판에 디지털화된 사본을 보여주고 교육과정 저장기기 또는 가상 학습 환경에 저장할 수는 있지만 학교끼리 공유할 수 없다. 2009년 말에는 권리자의 참여를 기준으로 학교 라이선스 목록에 디지털 원문과 무료 및 유료 웹사이트의 콘텐츠 복사를 포함하도록 확장할 가능성에 대해 당시 위임 중인 출판사들과 협의가 이루어졌다. 이것은 그 뒤를 이어 출판사의 관련 협회와 PLS가 승인하고 또한 창작자를 대신해 ALCS와 DACS가 승인하면서 2010년 10월 도입되었다. 또한 CLA 라이선스는 언어학교와 성인교육 센터에서도 이용가능하다.

성인교육 부문 라이선싱

1993년 4월 1일부터 「법인설립법」에 따라 이전에 지방 교육당국 협약에 포함되었던 대학준비과정 학교와 성인교육 및 농업 단과대학은 별도의 라이선싱 협약을 체결하게 되었다.

2005년 1월 복사기를 이용한 복제 및 스캐닝에 대한 시험적인 라이선스를 단과대학협회, 스코틀랜드 단과대학협회, 북아일랜드 단과대학협회와 1년간 운영해보기로 하는 합의가 이루어졌다. 이는 국가 성인교육 부문이 기본 인쇄본을 스캐닝하거나 디지털 형태로 된 제한적인 발췌물을 다시 타이핑함으로써 허가된 한도 내에서 저작권물의 디지털 사본을 만들 수 있도록 하기 위함이었다. 스캔된 사본은 보안이 유지되는 네트워크에 해당 학년 동안 저장이 허가된다. 조건은 출처와 (알려진) 저자에 대한 표시를 해야 한다는 것이다. 이는 2012년까지 연간 기준으로 갱신되었으며 2012년에 새로운 라이선스와 요율표가 도입되었다. 이 라이선스는 이제 권리자가 허가하면 디지털 원본과 무료 및 유료 웹사이트에서 복사를 허가한다.

대학교육 부문 라이선싱

학교를 위한 라이선싱 구축에 이어 CLA는 대학교와 당시 공과 전문학교의 복사 문제를 다루기 위해 대학 부총장 및 학장 위원회Commitee of Vice-Chancellors and Principals와 협상에 들어갔다. 특정 단과대학에서 시험 기간을 거친 다음, 모든 대학교 및 단과대학과 최초 3년 동안의 라이선스 협약이 1990년 1월 1일 시작되었다. 이 부문의 핵심적인 오리지널 라이선스는 정규학생 수와 당사자 간에 합의된 요율을 기초로 한다. 그리고 이 요율은 쪽당 요율과 매년 정규학생당 평균 복사량의 합의된 수치에 기초한다.

강의집 복사는 원래 CLARCSCLA Rapid Clearance Service를 통해 거래 기준으로 별도 처리된다. 강의자들은 CLARCS를 신청하고 복사하고자 하는 재료의 상세한 내역과 원하는 사본의 숫자를 제공해야 했다. 출판사들은 이렇게 사용하는 데 대한 자체 요율을 정하거나, 복사된 도서와 저널 재료에 대해 CLA가 설정한 요율을 사용할 수 있다. 아니면 출판사들은 복사의 특정한 수준이나 금액을 제안하도록 요청하는 선택을 할 수 있다.

하지만 2000년 6월 영국 대학협회Universities UK(UUK)는 영국저작권심판소UK Copyright Tribunal에 대학 부문 라이선스의 조건 변경을 신청하여 정규 학생당 요율을 상당히 내리고 일러스트레이션 및 강의집 복사를 일괄적인 라이선스 합의하에 포함시키는 방안을 모색했다. 재판 절차는 오래 걸렸고, CLA와 개별 출판사들이 이 부문에서 행해지는 복사의 규모에 대한 상세한 내용을 제출했음에도 불구하고 2002년 5월에 내려진 최종 결정은 강의집 사용을 포함한 모든 복사는 매년 정규학생당 4파운드로(변화된 접근방식을 인정하여 요금이 크게 오름) 정해진 금액에 의해 단일의 일괄 라이선스로 통합되어 관리되어야 한다고 했다. 이 금액은 매년 소매가격 지수에 따라 인상되어야 할 것이었다. 이로 인해 개별 거래를 위한 CLARCS 시스템은 종료되었다.

2005년 8월 16일 CLA는 대학교육 부문을 위한 시험적인 스캐닝 라이선스를 위해 영국 대학협회 및 학장 상설회의Standing Conference of Principals(SCOP)와 협약을 맺고 복사될 수 있는 재료의 양에 동일한 제약을 가했다. 지정된 개인이 스캐닝 작업을 할 수 있으며 교육과정 저장기기로 복사된 재료에 관해 완전한 사후보고를 해야 한다는 조항이 있다. 출판사들은 복사 라이선스에 대한 권한을 유지하는 선택을 할 수 있지만 스캐닝 라이선스에 대해서는 그렇게 할 수 없었다. 이런 협약은 영국 대학협회, 길드HEGuildHE(학장 상설회의 후속 기관)와 협상한 새로운 라이선스로 대체되었다. 이는 디지털 출판물을 라이선스 목록에 포함시켜달라는 대학 부문의 요청에 따른 것이었다. 2008년 8월부터 2013년 8월까지 대학교들은 복사와 스캐닝을 위한 기본 라이선스나 디지털 원본의 복사도 허가하는 종합 디지털 라이선스 중에서 선택할 수 있었다. 2013년 8월부터 모든 대학교는 영국 대학협회와 길드HE가 중앙에서 협상하여 체결한 3개년 협약에 따라 실질적으로 종합 디지털 라이선스로 전환되었다. 모든 CLA 라이선스의 경우 디지털 원본의 포함 여부는 권리자의 동의에 달려 있다.

출판사들은 강의집이 라이선스하에 들어가면 학생들이 저작권 저작물, 특히 교재를 구입하지 않을 것이라고 우려했다. 스캐닝을 하면 철저하게 보고해야 한다는 요구는 지속되었다. 이 책을 저술하고 있는 시점에 이 부문에서 스캐닝은 복사를 훨씬 능가한다. 출판사와 라이선스 조정자들의 실무 그룹은 영국 대학협회와 길드HE의 지원을 받고 CLA가 의장직을 수행한다. 이 그룹은 이런 가능성을 판단하고 제거하기 위해 강의집 작성의 좋은 실례에 관한 가이드라인을 작성했다. 강의집이 교재 채택을 대체하고 있다는 증거가 있으면 CLA가 보고를 받고 조사에 들어갈 수 있다.

정부기관 라이선싱

개별 정부 부처와 기관에는 원래부터 라이선스가 발급되었다. 1994년 2월 15일 최초로 발급된 이런 라이선스는 소방서, 경찰서, 교도소와 함께 이런 기관들을 위한 전문가 양성 학교를 책임지고 있는 내무부와 체결되었다. 라이선스는 2002년에 스캐닝과 디지털화된 사본을 사용할 수 있도록 수정되었으며 디지털 원본은 2008년 4월 권리자의 동의를 기준으로 사용할 수 있게 되었다. 2014년 2월에는 내각부와 새로운 라이선스 협정이 처음으로 체결되어 2016년 3월까지 운영된다. 이 라이선스는 70개 부서, 왕실 기관 및 관련 기관에서 일하는 중앙정부의 피고용자들에게 적용된다.

BLDSC

CLA와 공공기관 간에 타결된 최초의 협약은 대영도서관과 체결한 것이었다. 대영도서관은 보스턴 스파Boston Spa에 소재한 대영도서관 문서공급센터British Library Document Supply Centre(BLDSC)를 후원하고 있는데, 현재 이 문서 공급소는 실질적으로 모든 주제와 언어를 망라하는 26만 종의 저널 타이틀을 보유하고 있다. 또한 도서는 320만 권, 보고서는 450만 건, 회의록은 44만 건을 갖고 있다.

대영도서관과 학계의 도서관을 포함한 여타의 비영리 도서관들은 오랫동안 저작권 보유자의 동의나 인세 지불 없이 조사나 개인적인 연구를 위해 사본을 공급할 수 있는 특권을 의회로부터 부여받았다. 이런 특권하에 작동하는 문서 배송 서비스는 상업적 문서 배송 서비스와 경쟁을 하고 어떤 경우 이들을 약화시켰다. 도서관의 특권은 규정[1989년 저작권물의 복사에 관한 저작권(사서 및 기록보관 담당자) 규정, SI 1989 no.1212]에 의한 것이다. 현재 이런 규정들은 2014년 6월 1일 효력이 발생한 영국의 「연구, 교육, 도서관 및 아카이브에 대한 행정명령」으로 대체되었다(제1장 "영국의 저작권 입법" 참조).

이와 같이 도서관을 위한 조항으로 혜택을 볼 수 없는 업계와 여타 기관들은 저작권료를 내고 CLA의 라이선스를 받아 서비스를 이용한다. BLDSC도 다수의 주요한 학술 저널 출판사와 직접 라이선스 계약을 체결한다. BLDSC가 영국과 아일랜드에 있는 고객들에게 공급하는 상당한 숫자의 문서는 여전히 저작권 보유자에게 아무런 요금을 지불하지 않고 제공된다. 하지만 앞서 서술한 도서관의 특권에 관한 규정과 새로운 행정명령은 해외 고객들에게는 적용되지 않는다.

1991년 4월 1일 CLA와 BLDSC 사이에 체결된 최초의 라이선스 협약은 우편이나 팩스로 공급된 저널 기사당 1.10파운드의 요금을 기준으로 한 거래 계약이었다. BLDSC는 오랫동안 재료를 전자적으로 공급할 것을 허가하는 라이선스를 요구했다. 문서 배송 요구는 www.bl.uk/artweb에서 웹 기반의 서식을 통해 또는 이메일이나 텔넷telnet으로 신청될 수 있다. BLDSC는 주문을 받는 데 에어리얼Ariel 시스템을 사용하는 서비스를 도입했다. 그 공정은 다음과 같은데 우선 BLDSC는 인쇄된 상태의 출판물을 스캔한다(하지만 저장은 하지 않는다). 그런 다음 스캔된 사본은 중개자—예를 들면 해외 도서관—의 PC로 전자적으로 공급되고 실수요자를 위해 종이 사본이 출력된다. PDF는 보안을 위해 암호화된 전자 배송으로 발송된다. 재료의 사본이 출력되면 PDF는 삭제되어야 한다. PDF의 저장이나 재전송은 허가되지 않으며 DRM이 이를 방지한다. 다른 배송 방법은 팩스, 항공우편이나 택배회사이다.

CLA는 2011년 BLDSC와 라이선스를 재협상했다. 사용료는 권리자가 정하거나(출판사는 PLSe를 통해 이것을 할 수 있다) CLA 기본요율(현재 기사당 또는 도서 챕터당 12.30파운드)에 공급 방법과 요구의 긴급성에 따라 배송료를 추가해 정해진다. BLDSC는 CLA에 저작권료를 지불하면서 분기별 사용 보고를 제출한다.

2003년 말 BLDSC는 엘스비어와 파트너십을 형성하여 보안 전자 배송 서비스를 개시했다. 다른 출판사들도 BLDSC와 직접 협약을 체결했다. 이 서비스를 위해 출판사가 직접 라이선싱한 재료의 경우, 고객에게 허가되는 사용은 출판사가 BLDSC에 부여한 라이선스의 조건에 달려 있다.

HESSHigher Education Scanning Service는 스캐닝을 포함한 CLA 대학 라이선스를 보유한 영국 기관들을 위해 특별히 개발된 것이다. 대영도서관은 CLA에 위임된 목록 속에 있는 재료는 그것이 대영도서관 자체의 소장 목록에 있든지 없든지 간에 무엇이나 전자 강의집을 위한 PDF 카피를 제공할 수 있다. 주문을 접수하면 문서는 보안이 유지되는 대영도서관 서버에 로드되고 고객은 주문 날짜로부터 14일 동안 다운로드할 수 있다는 이메일 통보를 받는다. 고객이 다운로드하면 그것은 서버에서 삭제된다. 고객 자신의 소장 목록에 있는 아이템의 복사에 대해서는 저작권료를 지불하지 않는다. 여타 재료에 대해서는 출판사가 정한 저작권료를 지불할 수 있다. 또한 주문의 긴급성에 따라 배송 서비스 요금이 다르다.

여타의 문서 배송 서비스

두 개의 CLA 라이선스, 즉 전 세계로 발송될 사본 숫자를 제한하지 않고 허가하는 거래별 라이선스와 영국 내에서 월간 사본 100개의 발송을 허가하는 소량의 라이선스를 이용할 수 있다.

기업 및 전문가에 대한 라이선싱

기업과 전문가를 위한 라이선싱 제도의 도입은 매우 중요하며, 잠재적인 사용자가 다양한 점을 고려하면 아마도 모든 분야 중에서도 가장 어려운 분야일 것이다. 이 부문과 관련하여 「1988년 저작권법」은 저작권 보유자의 관점에서 실망스러운 것이었다. 상업회사들이 복사하는 규모가 증대하고 있다는 것은 오랫동안 알려져 왔다. 그 영향은 특히 수준 높은 과학 저널과 전문 참고 저작물 분야에서 뚜렷했다. 「1988년 저작권법」은 그 초안을 작성하던 초기 단계에서는 상업적인 연구를 목적으로 한 복사는 공정 처리 경계의 밖에 있다는 것을 명기했다. 하지만 「1988년 저작권법」의 최종 텍스트는 이런 종류의 복사를 침해로 보지 않았다. 이는 2001년 EU의 「정보 사회에서 저작권 및 저작인접권의 특정 측면의 조화에 관한 지침」 시행 이후 2003년 10월 법이 개정됨에 따라 개선되었다(제1장 참조). 여기서 분명한 것은 상업적인 목적으로 한 복사는 공정 처리 포함되지 않는다는 것이다.

기업 사용자들을 위한 라이선스는 통상적으로 전문 피고용인당 요금을 기준으로 하며(현재의 요율을 알려면 CLA 웹페이지 www.cla.co.uk 참조. 이런 것들은 업계 활동 등급에 따라 '등급화'된다), 어느 책의 한 챕터, 정기간행물의 한 기사, 하나의 판례에 대한 보고서 또는 다른 경우 관련된 저작물의 5%까지 (원본에서 직접) 복사하는 것을 허가한다. 2002년 10월에 시작된 새로운 기업 라이선스는 종이 원본의 스캔 및 복사를 허가했으며, 2008년 초에는 권리자의 사전 허가를 기준으로 출판사의 위임이 있을 경우 디지털 원본에서 콘텐츠를 복사하는 것까지 확대되었다. 2011년 10월 추가 갱신에 의해 권리자가 허가하면 무료 및 유료 웹사이트의 콘텐츠를 복사할 수 있게 되었다.

라이선스를 받은 기업 사용자들은 샘플 조사에 참여할 것을 동의해야 한다. 이 조사에는 그들이 유료 가입한(신문 및 이 제도에 포함되지 않은 다른 저작물은 제외) 저널 및 정기간행물의 숫자에 대한 정보 감사가 포함된다. 이전 12개월 동안 구입한 도서 목록도 함께 조사한다. 또한 조사의 일부로서 조직 내의 특정한 인물들은 조사에 포함되는 기간 동안 복사일지를 작성할 것을 요구받으며 CLA 조사팀 멤버가 대면하여 던지는 질문에 답변할 것을 요청받는다. 또한 그들은 라이선스 요금의 기준이 되는 전문 피고용자의 숫자와 복사기 숫자를 매년 재확인할 것을 요구받는다.

현재 소기업을 위한 특수 조항은 전문 피고용자의 숫자보다 전체 피고용자 숫자에 기초한 연간 균일 요금으로 라이선스를 발급할 수 있게 하고 있다. 현재의 요금은 CLA 웹사이트에서 볼 수 있다.

영국에 본사가 있는 더 큰 기업들의 경우 해외 근무 직원들이 하는 복사를 포함하기 위해 다국적 비즈니스 라이선스를 발급받는 방식을 택할 수 있다.

최대의 수입을 발생시키는 부문은 제약 산업, 법률 관련 전문직(둘 다 특정한 부문별 라이선스를 가짐), 금융 부문이다. 2008년 4월 이래 체결된 협약들에 의해 제약 산업은 저작권물을 복사 또는 스캔하거나 디지털 원본을 복사할 수 있게 되었고 (2013년 1월 이래) 권리자가 허가하면 무료 또는 유료 웹사이트의 재료를 복사할 수 있게 되었다. 제약회사들은 사본을 디지털로 저장하고 법적 소송, 조정 신청 및 특허 출원을 목적으로 외부에 디지털 사본을 공급하며 의료 정보를 목적으로 외부에 단일 사본을 제출할 수 있도록 허가를 받았다. 영국에 본사가 있는 제약회사들은 다국적 제약 라이선스를 이용할 수 있다.

2008년 11월 1일부터 시행되는 법률 라이선스에 의해 허가를 받은 법률 회사는 종이책, 저널, 잡지 및 법률 보고서에서 허가받은 양의 콘텐츠를 복사하고 스캔할 수 있다. 이 라이선스는 2012년 4월 확대되어 권리자가 허가할 경우 디지털 출판물과 무료 및 유료 웹사이트로부터의 복사가 포함되었다. 사례별 또는 프로젝트별로 담당 직원이 이용하기 위한 전자적인 저장이 허가되며, 피고용자가 영국 및 해외에 있는 동료에게 디지털 사본을 스캔하고 발송할 수 있는 규정이 있다.

아울러 고객을 위해 복사를 할 필요가 있는 호텔의 비즈니스 센터와 콘퍼런스 센터를 위한 호텔 라이선스가 있다.

현재 라이선스가 아우르는 다른 부문은 회계, 광고 및 홍보, 화학 산업, 전자 산업, 식음료 부문, 제조 산업, 그리고 (마지막으로 언급하지만 매우 중요한) 출판사들 자신이다. 이 책을 저술하고 있는 시점에 CLA로부터 라이선스를 받은 업체는 5200개에 달한다. 모든 라이선시에게 이 라이선스의 매력적인 요소는 단일 기사 전체가(또는 출판물의 5%까지) 라이선시의 인트라넷에서 30일까지 디지털로 복사될 수 있다는 것이다.

미디어 모니터링 기관(이전의 스크랩통신사)

2001년 이래 이러한 기관들은 라이선스를 이용하여, 위임받은 신문과 정기간행물의 초록을 복사하도록 허가받았으며 스크랩마다 저작권 이용료를 받고 인쇄물 형태로 고객들에게 발송했다. 2003년에는 라이선스가 확장되어 초록을 인쇄물 형태로 고객에게 발송하는 것을 조건으로 신문과 정기간행물 전체호를 스캔할 수 있게 되었다. 2008년부터 시행된 새로운 라이선스에 의해 기관들은 이메일이나 웹 기반 서비스를 통해 고객 회사에 전자적으로 초록을 전달할 수 있게 되었지만 저작권료가 지불되는 초록의 첫 사본만 그렇게 할 수 있다. 고객이 보내거나 접근하는 추가 사본의 경우 CLA 비즈니스 라이선스가 요구된다. 이러한 기관들은 사본을 이용할 수 있게 하고 있는 고객의 명단을 CLA에 제출해야 한다. 고객 회사가 추가로 초록을 복사하는 것은 해당 고객이 CLA 비즈니스 라이선스를 보유하고 있을 경우에만 허가된다. 2011년 중반에 라이선스가 확장되어 동의한 출판사의 웹사이트 목록에서 복사를 할 수 있게 되었다. 요금은 거래별로 부과되며 제공된 전체 기사의 숫자를 기준으로 한다. 웹사이트 콘텐츠의 경우 글자 수 256개와 링크 숫자를 기준으로 부과한다.

이 책을 쓰고 있는 시점에 홍보 회사 및 마케팅 회사를 위한 그리고 고객에게 뉴스 기사의 사본을 제공하고 싶어 할 수 있는 광고 에이전시들을 위한 시험적인 미디어 컨설턴시 라이선스Media Consultancy License가 존재하고 있다.

일러스트레이션 라이선싱: DACS

1999년 CLA는 DACSDesign and Artists Copyright Society(www.dacs.org.uk)와 출판물에 들어 있는 그래픽 작업물과 사진 등의 복사에 관한 협약을 체결했다. DACS는 CLA를 에이전트로 지명했고 1999년 8월부터 대학 및 성인교육 부문에 허가된 라이선스들이 이런 기능을 제공했다.

현재 출판된 저작물의 페이지 전체 또는 페이지 일부의 일러스트레이션을 복사하는 것은 라이선스하에서 허가되는 재료의 최대한도 내에서, 예를 들면 출판된 판본 전체의 5%까지 또는 어느 책의 한 챕터나 저널의 기사 하나로 국한될 때 허용된다. 앞에서 설명한 바와 같이 DACS는 관련 비주얼 작업물 창작자에게 배분해주기 위해 CLA 라이선싱 수입 전체 중 8%를 받는다.

시각 장애인과 독서 장애인을 위해 사용 가능한 사본의 라이선싱

2003년 이래 CLA의 모든 특정 부문 라이선스에는 라이선시 기관 내에서 허가받은 시각 장애인이 연구나 작업을 하는 데 필요한 과정에 요구되는 저작물 전체의 사본을 생산할 수 있도록 라이선시에게 허락하는 조항이 들어 있다. 2008년과 2009년에 라이선스가 갱신되면서 이런 조항들은 확대되어 독서 장애를 가진 모든 허가받은 사람들이 포함되었다. 또한 CLA는 조직 외부의 개인들이 이용 가능한 사본을 만드는 조직을 위해 별도의 장애인용 인쇄 라이선스를 갖고 있다. 이에 따라 영국과 EU 내 어디서나 시각 장애인으로 등록된 개인에게 이용 가능한 사본이 보내질 수 있다. 중요한 사용기관은 맹인을 위한 왕립 시각 장애인 협회Royal National Institute for the Blind(RNIB)이다. 영국 법에 의하면 지불해야 할 저작권료는 없지만 라이선시는 권리자와 여타의 라이선시들이 이용할 수 있는 저작물 카탈로그를 만들어야 하며, 발송된 모든 사본에 대해 완전한 기록을 유지해야 한다. 현재의 라이선스에는 난독증 같은 독서 장애를 가진 사람들이 포함된다. 하지만 장애인에 대한 광범위한 저작권 예외를 제공하는 2014년 6월 1일 영국 행정명령의 도입과 시각 장애인을 위한 저작권 예외를 제공하는 2013년 국제 세계지식재산기구(WIPO) 마라케시 조약의 함의로 인해 이 라이선스의 장래에 대해서는 논의가 계속되고 있다.

고아저작물

국제적, 다국적, 국내적 수준에서 고아저작물(권리자를 찾을 수 없는 저작물)의 이용이 주목을 많이 받고 있다. 「2013년 EU 고아저작물 지침」과 「2013년 기업 및 규제 개혁법」의 고아저작물에 관한 조항의 영국 내 시행은 논리적으로 라이선싱 제도로 다루어질 수 있다. 이에 따라 장래의 사용자들−예를 들면, 오래된 저작물의 디지털화를 모색하는 도서관−은 권리자를 찾으려고 열심히 노력했지만 찾지 못했을 경우 라이선스 요금을 지불할 수 있는데, 이 돈은 보관되다가 나중에 권리자를 찾으면 지불된다. 「2013년 기업 및 규제 개혁법」은 담당 기관으로 영국지적재산권청을 지목한다. ARROWAccessible Registry of Rights Information and Orphan Works(2008년에 출범했고 유럽위원회가 예산을 지원, 제18장 참조)와 영국저작권허브UK Copyright Hub(제1장 참조)와 같은 이니셔티브는 국립 복제권 기구와 같은 기관이 보유한 권리자 데이터베이스와 연계함으로써 성실한 탐색 과정을 촉진할 것이다.

복제권 기구

원래 CLA의 제도는 복사를 영국에서 출판된 저작물로 한정했다. CLA는 31개국의 복제권 기구와 양자 간 협정을 맺고 있다. 해당 국가는 아르헨티나, 오스트레일리아, 오스트리아, 바베이도스, 벨기에, 캐나다(퀘벡 포함), 덴마크, 핀란드, 프랑스, 독일, 그리스, 홍콩, 아이슬란드, 인도, 아일랜드, 이탈리아, 자메이카, 일본, 룩셈부르크, 멕시코, 네덜란드, 뉴질랜드, 노르웨이, 싱가포르, 남아프리카공화국, 스페인, 스웨덴, 스위스, 타이완, 트리니다드 토바고, 미국이다. 이런 국가들은 모두 각국에서 생산되는 다양한 재료를 영국에서 복제하도록 허가하고 있으며, 반대로 이들 국가에서 영국의 재료를 복제하는 것에 대해서는 CLA가 대가를 받는다. 어떤 양자 간 협정—현재 오스트레일리아, 캐나다, 덴마크, 핀란드, 프랑스, 홍콩, 아일랜드, 뉴질랜드, 노르웨이, 싱가포르, 남아프리카, 스페인, 스위스 및 미국과 체결한—은 디지털 원본의 스캐닝과 복사를 허가한다. 양자 간 협정은 '내국민 대우'를 기초로 작동한다. 다시 말하면 국제적인 권리자의 저작물 사용은 관련 국가 국민의 저작물과 동일한 기준으로 취급된다. 현재 CLA는 필리핀, 말라위, 칠레, 터키와 양자 간 예비협정을 맺고 있다.

미국과의 협정은 미국 참여 출판사US Participating Publishers의 목록에 있는 출판사에만 적용된다. 최근의 CLA 회계연도인 2013/2014년에 약 580만 파운드가 이런 해외 협정에 의해 출판사들에 지불되었다. CLA는 국제복제권기구연맹International Federation of Reproduction Rights Organizations(IFRRO) 회원이다. 복제권 기구의 대표자들은 저작권물에 대한 전자적 사용의 집중관리를 포함한 공통 관심사를 논의하기 위해 정기적인 회합을 갖는다. 또한 국제복제권기구연맹은 어떤 국가가 새로운 복제권 기구를 설립할 계획을 세울 때 자문을 해줄 수 있다.

미국의 복제권 기구는 저작권 청산 센터Copyright Clearance Center(CCC, www.copyright.com)인데 9000개 출판사와 수십만 명의 저자를 대표한다. 최근 수년 동안 이 기관은 미국 밖에서 다양한 서비스를 제공함으로써 송금액이 증가했다. 미국 학교는 미국 저작권법상 교육적 목적의 예외로서 저작권물을 복사할 수 있기 때문에 이 기관의 소관이 아니다. CCC는 미국 대학교와 단과대학에 연간 저작권 라이선스 거래 서비스를 제공한다. 이 서비스는 라이선스를 받은 사이트 내에서 권한이 있는 사용자들에게 복사, 국제적인 이메일 발송 및 전자적 접근을 허가한다. CCC는 또한 각종 라이츠링크Rightslink 서비스, 즉 자동화된 퍼미션 청산 서비스, 오픈 액세스를 위한 논문처리비용 관리 서비스(제1장 "오픈 액세스 운동" 참조)와 콘텐츠 대여 및 구매 서비스 등을 제공한다. 출판사들은 라이츠센트럴RightsCentral 서비스를 통해 CCC와의 거래를 관리할 수 있다.

하지만 모든 복제권 기구가 동일한 기준으로 운용되지는 않는다는 것을 주목하는 것이 중요하다. 저자 겸 미디어 컨설턴트인 앤 리어Anne Leer는 다음과 같이 네 개의 주요 모델을 정의했다.

① 앵글로-아메리칸 모델: 여기에 해당하는 복제권 기구들은 개인 권리자 및 권리자를 대표하는 기관과의 자발적인 계약을 기반으로 운용된다. 권리자에 대한 보상을 결정하기 위한 통계 데이터는 타이틀별 정보를 제공한다.

② 독일-스페인 모델: 여기에 해당하는 복제권 기구는 복사기에 대해 법으로 정한 징수를 근거로 운용된다. 이는 설비의 유형 및 성능 그리고 위치와 사용에 따라 다를 수 있다. 권리자에 대한 보상의 배분은 복사되는 재료의 유형과 관련된 합의된 소스코드를 포함한 통계 조사에 근거한다.

③ 네덜란드 모델: 이 모델은 정부와 교육 분야에서 강제허락 시스템을 기초

로 운용된다. 보상율은 규정으로 정해져 있으며, 강의 재료와 독본에 대해서는 예외이다. 이는 협상에 의해서 정해질 것이다.

④ 북유럽 모델: 여기서 복제권 기구는 권리자를 상당한 비율로 대표하는 기관, 예를 들면 출판협회나 저자 단체와 협약을 체결할 수 있다. 이런 기관들의 지원을 받아 복제권 기구의 권한은 관련 부문의 모든 저작권 저작물로 확장될 수 있으며 이를 '확대된 저작권 집중관리'라고 한다. 출판사들은 산업 통계에 따라 수입에 대한 배당을 받는다.

현재 몇몇 구 동유럽 국가들은 복제권 기구를 설립했지만 아직까지는 어느 국가도 CLA와 양자 간 협정을 체결하지 않았다. 이 책을 쓰고 있는 시점에 러시아, 중국과 논의가 진행 중에 있다. 저작권에 부응하는 정책을 수립하고 실행하는 것은 어느 복제권 기구이건 간에 대단히 중요하다. 1995년 말 CLA는 불법 복사에 반대하는 캠페인인 카피워치Copywatch를 벌였다.

오랜 기간에 걸쳐 영국과 기타 국가에서 복사기 복제를 통한 저작권 침해를 막으려는 다수의 소송이 있었다. 1980년대 초 맨체스터 시의회를 상대로 한 영국출판협회의 소송과 미국에서 1991년에 있었던 킨코스 그래픽 사Kinko's Graphic Corporation에 대한 소송은 성공적이었다. 킨코스 그래픽 사는 8개 미국 출판사에 대해 배상금으로 51만 달러, 소송 비용으로 140만 달러를 지불했다. 1992년에는 미국지구물리학회, 엘스비어, 페르가몬Pergamon, 스프링어가 텍사코Texaco를 상대로 과학 저널의 논문을 복사한 데 대해 제소를 했다. 1994년에 텍사코는 판결에 불복하여 항소했지만 최종적으로 1997년 5월에 100만 달러 이상을 지불하는 것으로 해결하는 데 합의했다. 이는 CCC에 지불해야 할 라이선싱 요금을 소급해서 적용한 것이며, 향후 표준 라이선싱 계약을 체결하기로 합의가 이루어졌다. 이 사건에서 내려진 판결은 저작권 소유자의 권리를 강화한 것이 분명하며 영리를 목적으로 하는 산업 연구 회사 내에서 이루어지는 이런 종류의 복사가 공정한 이용이 아니라는 점을 견지했다. 그 이후 더 큰 침해 사건들이 있었다. 특히 2008년에 발생한 케임브리지 대학교 출판부 외 대對 베커

Becker(처음에는 대 패튼Patton) 소송은 옥스퍼드 대학교 출판부, 케임브리지 대학교 출판부, 세이지Sage 출판사가 조지아 주립대학교를 고소한 것이다. 그 이유는 전자 교과과정 저장과 대학교 웹사이트를 통해 저작권물을 불법으로 유통시켰기 때문이다. 2012년 5월 조지아 북부 지방법원은 거의 모든 경우에서 침해라고 주장된 것이 공정 이용이었음을 확인했다. 원고는 항소했으며, 지금까지 변호사 비용의 상당한 부분을 CCC와 미국출판협회가 물었다.

인터넷과 출판

18

이제 인터넷은 우리의 생활필수품이 되었으며 단순히 학계와 연구자들 사이의 커뮤니케이션 통로가 아니다. 인터넷은 정보원으로 사용되며 신속하고 값싸며 손쉬운 커뮤니케이션 수단이다. 이는 이메일, 소셜 네트워킹 및 페이스북, 트위터, 유튜브와 같은 사용자 제작 콘텐츠(UGC)를 통해서 구현되고 있다(이 장 뒤의 "소셜 네트워킹 및 사용자 제작 콘텐츠 사이트" 참조). 아울러 인터넷은 광고와 상업을 위한 필수적 채널이다. 현재 추정에 의하면 전 세계적으로 29억 명이 인터넷을 사용하고 있다(세계 인구의 약 40%). 그중에서 미국의 사용자는 2억 8000만 명이고 유럽에서는 5억 5100만 명이 사용하며(영국 5700만 명), 아시아에서는 14억 명이 사용하고 있다.

인터넷은 원래 1960년대 말 미국 군부와 민방위 기관에서 구축한 것이다. 1993년에 비군사 기능이 아르파넷Advanced Research Project Agency Network(ARPANET)으로 분리되어 미국의 여러 지역에 소재한 학술기관과 연구기관 사이에 통신을 연결시키는 네트워크를 제공했으며, 이제는 초국가적인 통신 시스템이 되어 수많은 민간과 공공 네트워크를 세계적으로 연결시키고 있다.

바로 이런 특성 때문에 인터넷은 중앙 통제 메커니즘을 갖지 않고 신속하고 유기적으로 발전해왔으며, 단일한 행동 강령이 없으면서 다수의 열렬한 사용자들 가운데는 서비스가 (초기 연결 비용과 전화 사용시간을 제외하고) 무료여야 한다는 철학이 우세하다. 사용자들은 통상적으로 온라인 서비스 제공사—예를 들면 미국의 AT&T, 버라이즌Verizon, 컴캐스트Comcast 그리고 영국의 버진Virgin, 카폰 웨어하우스Carphone Warehouse의 톡톡TalkTalk 또는 브리티시 텔레콤British Telecom—를 통해 인터넷에 접속하고 전화 사용료에 더해 인터넷 연결 비용과 월간 사용료를 지불한다. 대부분의 제공사들은 월간 고정 요금을 받고 서비스를 제공한다. 결국 사용자들은 국내 전화 사용료를 내고 전 세계 사이트에 접속하며 디지털 파일을 잠재적으로 무한정한 수의 다른 사용자들에 대해 완전한 형태로 전송하고 다운로드할 수 있다. 광대역 서비스 제공으로 인해 접속 속도와 대용량의 텍스트와 오디오 및 오디오비주얼 재료를 다운로드할 수 있는 능력이 향상되었다. 추정컨대 2013년 말까지는 6억 9600만 명의 사용자가 광대역을 이용하게 되었다.

인터넷상에서 상업적 거래로부터 얻는 수익은 지속적으로 증가하고 있다. 전문적인 인터넷 소매상과 비교해볼 때 한때 공룡으로 생각되었던 전통적인 소매상이 운영하는 웹사이트가 급속도로 성장하고 있다. 대형 백화점, 대형마트 체인과 소매상은 이제 모두 다 온라인 판매 설비를 갖고 있다. 하지만 여전히 인터넷으로 신용카드 정보를 제공하는 것을 주저하는 고객들도 있다. 고객 계정에 대한 해킹과 신용카드 거래의 사기는 판매자들이 보안 사이트를 제공하고 있다는 보증에도 불구하고 계속 증가했다. 2014년에는 타깃Target과 이베이가 관리하는 다수의 계정이 해킹을 당했다.

인터넷이 가지고 있는 가장 실질적인 문제는 지난 20년간 이룩한 눈부신 발전의 결과로 전반적인 분류 시스템을 갖지 않은 정보의 늪이 지속적으로 확장되면서 적합한 정보를 직접 찾아가기가 어렵게 되었다는 것이다. ≪바이트Byte≫지는 이를 "정보 공급 과잉을 관리하기"라고 했으며 이 문제는 아직도 해결되지 않았다. 사용자들은 마이크로소프트의 인터넷 익스플로러Internet Explorer 또는 모질라Mozilla의 파이어폭스Firefox 같은 브라우저 시스템을 통해 정보에 접근한다. 정보가 엄청나게 많아지면서 구글, 야후!, 애스크닷컴Ask.com 및 마이크로소프트의 빙Bing.com과 같은 수많은 검색엔진이 구축되었다. 현재 구글이 지배적인 검색엔진이며 2004년 8월 주식 상장 이래 콘텐츠의 디지털화와 스마트 안경인 구글 글래스Google Glass 및 무인 자동차를 포함한 다른 분야로 진출했다.

1989년 당시 제네바에 소재한 CERN(유럽의 입자물리학 연구 센터)의 연구원이던 팀 버너스-리Tim Berners-Lee는 인터넷을 위한 그래픽 인터페이스 시스템으로 월드와이드웹World Wide Web을 개발했으며, 이것은 현재 네트워크에서 가장 많은 사람들에게 이용되고 있다. 사람들은 마우스를 클릭하기만 하면 관련된 사이트에 접속할 수 있다. 텍스트 파일은 하이퍼텍스트 생성언어Hypertext Markup Language(HTML)로 코드화된다. 웹은 정부 및 학계 커뮤니케이션 네트워크를 연결시키고 집단의 논의를 위한 전자 게시판과 회사가 구축한 웹사이트를 제공하며, 제품 및 서비스에 관한 정보와 상업적인 접근 통로를 제공한다. 이제 거의 모든 출판사들은 자사 웹사이트를 갖고, 출판활동에 관해 저자와 고객에게 정보를 제공하고, 신간 정보와 주문 기능을 제공하고 있다.

인터넷이 갖고 있는 지속적인 문제는 재료의 원출처를 알 길이 없을 때가 종종 있으며 지식의 위계를 알 수가 없어 구할 수 있는 많은 정보의 정확성을 평가하기가 어렵다는 것이다. 인터넷에 접속하는 모든 사람들은 '발행인'이 될 수 있으며, ≪뉴요커≫에서 온라인에 로그인한 개를 보여주는 유명한 초기 인터넷 만화의 내용처럼 "인터넷에서는 당신이 개라고 알아보는 사람은 아무도 없다". 인터넷이 확장됨에 따라 사용자들은 정보의 신뢰성을 위해 '브랜드가 있는' 사이트에 의존하는 것을 터득하고 있지만 신뢰성을 쉽게 파악할 수 없는 개인들이 막대한 양의 재료를 올려놓고 있다. 위키피디아는 대단한 발전을 이룩했다. 웹 기반의 협업 다중언어 백과사전으로서 2001년에 시작된 위키피디아는 비영리 조직인 위키피디아 재단Wikipedia Foundation의 지원을 받고 있으며 자원봉사자들이 기고를 하고 정보를 갱신한다(제19장 "데이터베이스: CD-ROM에서 온라인으로 이동" 참조). 현재 인터넷상에서 가장 인기 있는 전반적인 참고문헌이며 많은 사용자들이 유명 백과사전과 비교해볼 때 '만족스럽게' 생각한다.

인터넷상에서 초기의 발행 사례에는 1971년 일리노이 대학교에서 마이클 하트Michael Hart가 착수한 구텐베르크 전자 도서관 프로젝트Gutenberg Electronic Library Project가 있다. 이 도서관은 주로 역사, 문학, 참고문헌 분야에서 수집한 공유저작물을 기반으로 하며 콘텐츠는 자원봉사자가 올린다. 이 책을 쓰고 있는 시점에 구텐베르크 프로젝트에서 60개 이상의 언어로 된 약 4만 5000종의 자료를 온라인을 통해 무료로 다운로드할 수 있다(www.gutenberg.org). 또 다른 주요 디지털화 프로젝트는 카네기 멜론 대학교(www.ulib.org)에 있는 유니버설 라이브러리Universal Library라고도 알려진 밀리언 북 프로젝트Million Book Project이다. 이 전자 도서관은 2007년에 자신의 목표를 초과하여 달성했으며, 20개 이상의 언어로 도서를 스캔하고 있다. 대부분은 공유저작물이지만 일부 허가를 받은 저작권 저작물도 포함되어 있다.

초기에 몇몇 단행본 출판사들은 샘플 챕터와 소설 전체를 온라인에 실험적으로 올려놓았다. 어떤 출판물은 양방향 기능을 부여하여 독자들이 저자에 대한 배경 자료, 또 다른 줄거리나 결말 등을 구할 수 있었다. 그 뒤를 이어 전자책이 개발되어 컴퓨터, 개인 디지털 정보 단말기, 스마트폰 또는 젬스타 로켓이북Gemstar RocketeBook—성공하지는 못했다—과 같은 초기의 독서전용 단말기에 다운로드할 수 있게 되었다. 2005년 말부터 대형 단행본 출판사들이 콘텐츠를 전자적으로 이용하기 위한 계획을 새롭게 전개했다. 지난 수년 동안 소니 리더, 반스 & 노블의 누크, 코보 및 아마존의 다양한 전자책 단말기와 같은 인기 높은 독서전용 단말기의 도래로 이런 활동에 박차가 가해졌다. 이 중에서 아마존의 킨들이 가장 인기가 있었다. 또한 이제 앱을 통해 모바일폰과 태블릿으로도 전자책을 읽을 수 있다. 이 영역에 대해서는 제19장에서 더 상세하게 다룬다.

입법과 인터넷

인터넷상에 올라간 재료의 법적 통제 문제는 다양한 사례에서 표면화되었다. 특히 폭력, 음란, 인종차별 또는 명예훼손이나 테러를 목적으로 사용될 수 있는 재료의 전송과 관련된 것들이 가장 두드러졌다. 아마도 인터넷에서 최대 수익원 중 하나가 음란 사이트라는 사실은 놀랄 일이 못 될 것이다. 이제 마이크로소프트와 구글 같은 회사들은 이런 사이트에 대한 접속을 차단하는 데 좀 더 엄격한 조처를 취해 키워드 검색을 식별하는 새로운 소프트웨어를 2013년 11월 도입했다. 넷블로커Netblocker, 사이버시터CYBERsitter, 서프컨트롤SurfControl, 사이버패트롤Cyberpatrol, 넷내니NetNanny 같은 몇몇 상업적인 소프트웨어 패키지는 부모가 사용할 수 있도록 개발된 것이다. 하지만 인터넷으로 전송되는 재료를 정부가 규제하는 문제와 언론과 출판의 자유라는 문제를 놓고 상당한 논란이 있었다. 1997년 6월 26일 미국 대법원은 「1996년 미국 통신 품위법」이 헌법에 위배된다고 판결했다. 중국, 싱가포르와 같은 국가들은 인터넷 접속에 대해 여전히 어떤 형태의 제한을 가하고 있으며, 정치적으로 민감한 재료를 찾기 위해 스파이웨어를 사용하고 있다는 증거가 있다. 2006년 초 구글은 중국 웹사이트 사용자들이 그러한 재료에 접근하는 것을 제한한 데 대해 비난을 많이 받았다. 2010년 3월에 구글은 구글 차이나 사이트를 폐쇄하고 홍콩을 경유한 검색을 유도했으며 이후 구글의 지메일Gmail 서비스에 대한 집중적인 해커의 공격이 있었다. 2008년 올림픽 기간에 중국 당국은 인터넷 사이트에 제한을 가했으며, 2009년에는 유튜브 접속을 하지 못하도록 했다. 유튜브에 티베트와 신장新疆에서 벌어진 반反중국 시위를 보여주는 동영상이 올라왔기 때문이다. 2009년 6월에는 1989년에 발생한 천안문 사건 20주년을 맞이하여 트위터와 다른 소셜 네트워킹 사이트를 보지 못하도록 했다. 태국에서는 2014년 5월 벌어진 군사 쿠데타 기간에 인터넷 접속이 통제되었다. 특히 유튜브는 태국, 파키스탄, 이란, 터키에서 차단되어왔다.

인터넷상에서 논란거리가 되는 재료를 전송하는 데 대한 법적 책임이 어디에 있느냐 하는 문제는 골칫거리이다. 사이버 공간에서 트랜잭션transaction(정보교환이나 데이터베이스 갱신 등 연관되는 작업물에 대한 일련의 연속—옮긴이)은 일어날 수 없으며, 인터넷상에서 전송된 재료는 200개 이상의 국가에서 민형사법의 저촉을 받는다. 주요 문제는 어떤 법률이 침해를 다루며 어떤 국가에서 논란거리가 법정까지 가게 되는가이다. 온라인 서비스 제공자들은 면책을 모색해왔다. 현재까지 법적 판결들은 늘 일관성이 있는 것은 아니었다. 왜냐하면 제공자가 콘텐츠의 단순한 통로—전화 회사처럼—로 여겨지느냐 아니면 전파될 콘텐츠에 대해 어느 정도 알고 있는 발행인으로 여겨지느냐 여부에 많은 것이 달려 있기 때문이다. 미국의 「디지털 밀레니엄 저작권법」에서는 제공자의 책임에 대해 어떤 제한이 있다(제1장 "미국의 저작권 입법" 참조). 영국의 저작권법과 2003년 저작인접권 규정(SI 2003 No.2498)은 서비스 이용자의 저작권 침해 사실을 실제로 알고 있는 서비스 제공자에 대해 금지명령을 내릴 수 있는 권한을 고등법원에 부여했다. 찰스 클라크Charles Clark는 『넷법: 출판사를 위한 사이버스페이스 어젠다Netlaw: A Space Agenda for Publishers』에서 각종 이슈에 대해 유용한 정보를 제공한다. 이 책은 당초에는 영국출판협회가 발간했지만 현재는 『'기계에 대한 대답은 기계에 있다'와 기타 저술 선집'The Answer to the Machine Is in the Machine' and Other Collected Writings』(Norwegian Research Center for Computers and Law, 2005)에 내용이 포함되어 있다.

인터넷상의 저작권 침해, 위험하거나 음란한 저작물에 대한 조처는 통상적으로 '고지 후 삭제' 조항이 들어 있는 국가의 법규를 통해 처리된다. 이 책을 쓰는 시점에 영국은 이런 사안에 대해 공식적인 법적 절차를 갖고 있지 않지만 2009년 초 영국출판협회는 저작권 포털(www.copyrightinfringement.com)을 구축했다. 여기서 회원사들은 저작물의 온라인 해적행위의 사례를 기록하고 고지에 의한 서비스 중단 조처를 취할 수 있다. 또한 회원사들은 동일한 침해자가 동료 출판사들의 저작물을 사용하고 있는지 여부를 볼 수 있다. 2014년 말까지 300만 건의 고지가 이루어진 것으로 예상된다. 이 포털은 미국출판협회를 포함한 다른 협회도 이용할 수 있다(제1장 "불법 사용과 해적행위" 참조).

저작권과 인터넷

인터넷상의 저작권 통제 문제는 출판사, 소프트웨어 생산자, 음악 산업, 영화 및 텔레비전 산업을 포함한 콘텐츠 제공자에 매우 중요하다. 중대한 문제는 다수의 인터넷 사용자들, 특히 젊은 네티즌 세대의 '공유' 철학이다. 이들은 지불을 예상하지 않고 자신과 다른 사람의 재료를 기꺼이 전송하며 동일한 기준으로 다른 사람의 재료에 접속한다. 침해 사례의 초기 예는 이전 신자가 인터넷에 교회 문서를 올린 데 대해 사이언톨로지 교회Church of Scientology가 소송을 제기한 것이다. 하지만 가장 극적인 사례는 주요 레코드 회사들이 MP3닷컴MP3.com과 냅스터Napster를 상대로 제기한 소송이다.

음악 산업으로부터 배울 수 있는 교훈?

MP3는 12 대 1의 비율로 디지털 파일을 축약하여 인터넷에서 손쉽고 빨리 다운로드를 할 수 있게 하는 알고리즘이다. MP3닷컴은 사용자들에게 소유하고 있는 음악을 자기 컴퓨터에 복사하라고 요구하지는 않았지만 특정한 정품 음반 CD를 이미 소유하고 있다면 무료로 다운로드할 수 있는 거대한 목록(51만 5000개의 디지털 트랙)을 제공했다. 5대 레코드 회사(소니 BMGSony BMG, 워너 뮤직Warner Music, 베르텔스만Bertelsmann, 유니버설Universal, EMI)는 저작권 침해를 엄청나게 당했다고 소송을 제기했으며, 2000년대 중반 미국 연방판사는 MP3닷컴이 레코드 회사들과 아티스트들의 저작권을 침해했다고 판결했다. 그 이후 MP3닷컴은 EMI와 직접 합의를 보았으며(2000만 달러에 EMI CD당 또는 MP3닷컴 웹사이트에서 등록되거나 다운로드되는 곡당 요금 추가), 베르텔스만, 소니, 타임워너와도 타결을 보았다. 유니버설의 경우 연방판사는 MP3닷컴이 침해 건당 2만 5000달러를 지불하라고 판결을 내렸는데 총액은 약 2억 5000만 달러에 달하는 것으로 추정되었다.

또한 2000년 중반 미국레코딩산업협회Recording Industry Association of America(RIAA)와 록밴드 메탈리카Metalica는 냅스터를 제소했다. 냅스터는 두 명의 십대인 숀 패닝Shawn Fanning과 숀 파커Sean Parker가 만든 기발한 서비스로서, 사용자가 하드 드라이브에 음악을 저장한 다른 사용자들의 디렉터리를 검색하고 그런 소스로부터 직접 음악 파일의 사본을 다운로드할 수 있게 하는 소프트웨어를 제공했다. 그러므로 냅스터는 중앙 서버에 음악 목록을 갖고 있지 않으며 다른 곳에서 가지고 있는 재료를 검색하고 연결하기 위한 인터페이스를 제공했을 뿐이다. 냅스터는 사용자가 2200만 명에 달했으며 어떤 대학 캠퍼스에서는 캠퍼스 내의 막대한 광대역 네트워크 용량에 부하가 걸리게 했기에 사용을 금지했다. 냅스터는 아무런 잘못을 저지르지 않았다고 주장했다. 냅스터는 사용자가 주고받는 콘텐츠에 대한 통제를 하지 않았으며 사용자들에게 저작권 요구사항을 따라야 할 책임이 있음을 경고했다. 냅스터는 서버에 목록을 갖고 있지 않다는 사실 때문에 MP3닷컴보다 훨씬 더 처리하기가 어려웠다. 하지만 그것은 연결된 시스템들의 목록과 파일의 제공을 지속했다. 대형 레코드 회사들은 강력한 압박을 가했으며, 법원으로부터의 명령이 있자 원래의 냅스터 서비스는 레코드 회사들에 2600만 달러를 지불하기로 한 다음 2001년 7월 문을 닫았다. 냅스터는 베르텔스만에 800만 달러에 매각되기로 예정되었지만 파산법원이 이를 저지하여 2002년 파산을 공표하지 않을 수 없었다. 브랜드는 처음에는 록시오 사Roxio Inc.가 매입하고 냅스터 2.0으로 재출발했다. 냅스터 2.0은 2008년 9월 미국 전자제품 소매상인 베스트 바이Best Buy가 1억 2100만 달러에 매입했으며, 그런 다음 2011년 12월에 유료 회원 기반 음악 스트리밍 회사인 랩소디Rhapsody에 팔렸다. 이 서비스는 현재 영국에서 이용 가능하다(www.napster.co.uk).

냅스터 하나만 이런 것이 아니다. 뒤를 이어 모피어스Morpheus, 카자KaZaA, 그록스터Grokster 같은 모방업체와 함께 비디오, 음악, 소프트웨어 파일을 공유할 수 있는 마이플레이닷컴Myplay.com, 이덩키eDonkey, 스트림캐스트StreamCast, 그누텔라Gnutella와 같은 서비스가 등장했다. 한편 처음에 '새로운 방탄 냅스터'라는 소리를 들은 프리넷Freenet은 사용자에게 텍스트, 오디오, 이미지를 공유하도록 하고 추적이 불가능한 암호화 기능을 제공한다. 2005년 6월 미국 대법원의 획기적인 판결로 파일 공유 운영자들이 잠재적으로 책임을 지게 되었으며, 뒤를 이어 7개 회사에 통고가 이루어졌다. 그록스터는 2005년 9월 5000만 달러를 주고 소송을 해결했으며, 이덩키는 2006년 9월 RIAA가 제소한 소송을 회피하기 위해 3000만 달러를 지불하기로 합의했다. 그 이후 양 사는 이런 서비스를 폐쇄했다. 카자는 패소했으며 2006년 7월 레코드 사에 1억 1000만 달러를 지불하기로 합의하고 작사가·작곡가와 음악 출판사에 추가 지불을 하기로 했다.

2007년 10월 록밴드 라디오헤드Radiohead는 재미있는 실험을 했다. 어떤 레코드 회사도 거치지 않고 자체 웹사이트에서 직접 일곱 번째 앨범인 〈인 레인보스In Rainbows〉를 발매하면서 구매자들이 지불하고 싶은 가격을 선택하도록 했다. 이는 자신들의 팬층에 대한 감동적인 신뢰 때문이었지만 앨범이 발매된 당일에 불법 다운로드가 40만 건 발생했고 4주도 채 안 된 상태에서 230만 건에 달해 합법적인 다운로드를 훨씬 능가했다.

RIAA가 회원사들을 대신하여 불법 파일 공유자들을 상대로 거액을 들여 제기한 2만 건 이상의 추가 소송은 부정적인 홍보 결과를 가져왔다. 특히 미네소타에 거주하는 어느 싱글맘이 카자를 통해 파일을 공유한 데 대해 제소한 건이 그랬다. 이 소송은 처음에는 손실에 대해 22만 달러를 지불해야 한다는 결과를 초래했으며 2009년 6월에 열린 재심에서는 192만 달러를 지불하라는 판결이 났다. 2008년 말 RIAA는 개인 침해자를 추적하는 정책을 포기하고 인터넷 서비스 제공자들이 인터넷 해적행위 퇴치활동을 좀 더 적극적으로 참여하도록 설득하는 쪽을 선호하게 되었다. 이와는 대조적으로 독일의 경우 신속한 소액 소송을 통해 불법 다운로딩 수준을 유럽에서 가장 낮은 수준으로 끌어내렸다.

이렇게 인터넷 서비스 제공자를 포함시키는 정책은 2008년 7월 한편으로는 영국 정부와 다른 한편으로는 BPI, 버진, BSkyB, BT, 카폰 웨어하우스, 오렌지Orange, 티스칼리 사이에 체결된 합의 각서에 의해 지지를 받았다. 그 뒤를 이어 「디지털 브리튼」 보고서가 2009년 1월 발표되었고 피터 맨들슨의 「디지털 경제 법안」이 나왔다(제1장 "영국의 저작권 입법" 참조). 이 법은 최종적으로 2010년 4월 효력이 발생했지만 논란이 많은 17항과 18항은 제외되었다. 이 항들은 저작권 콘텐츠의 불법 다운로딩 단속 책임을 인터넷 서비스 제공자에게 부과하고, 상습범에 대해서는 인터넷 접속을 끊는 '3진 아웃제'를 실시하는 것이었다.

하지만 상당히 중요한 법적 조처가 지속되어 스웨덴의 온라인 파일 공유 서비스인 파이러트 베이Pirate Bay 사이트—슬로건이 "은하계에서 장애복원력이 가장 강한 비트토렌트BitTorrent 사이트"이다—에 대한 대형 소송이 발생했다. 이 서비스를 통해 사용자들은 음악, 영화, 비디오 게임 및 기타 저작권 콘텐츠를 다운로드할 수 있었다. 냅스터와 마찬가지로 파이러트 베이 사이트에는 콘텐츠가 전혀 저장되지 않았지만 비트토렌트 파일 공유 네트워크를 통해 사용자가 파일을 찾는 데 도움을 주는 디렉터리를 제공했다. 구축자들은 음악과 영화 산업 기관들로부터 고소를 당했다. 2009년 4월 파이러트 베이 쪽의 인물 4명이 1년간 감옥살이를 하고 벌금 360만 달러가 부과되었다. 이후 스웨덴 정부는 인터넷 서비스 제공자들에게 그들의 가입자에 대한 정보를 더 많이 밝히도록 요구하는 법안을 도입했다. 하지만 파이러트 베이는 지속적으로 존재하고, 법적 제재를 회피하기 위해 끊임없이 서버의 위치를 옮겨왔다. 또한 여러 나라에서 광범위한 대리 사이트를 통해 접속이 가능하다.

1999년 대형 레코드 회사들은 MP3 플레이어와 여타의 디지털 플랫폼을 위한 디지털 포맷을 합의하고 디지털 워터마킹watermarking 시스템을 개발하기 위해 SDMISecure Digital Music Initiative란 컨소시엄을 만들었다(이 장 뒤의 "기술 보호 조처" 참조). 그러나 이 단체는 활동을 하지 않고 있다. 음악 산업은 파일 공유와 CD의 불법 복제와 같은 행위로 전통적인 레코드와 CD 판매에 막대한 타격을 받은 후에야 인터넷상의 사용자 수요를 인정했다. 그 결과 음악 산업은 참혹한 기간을 맞이하여 격변과 소송사태를 겪고 비즈니스 모델이 변화했으며 수익이 감소했다. 이런 추세는 최근에 들어 겨우 역전되고 있다. 또한 타워 레코드Tower Records와 같은 기존의 오프라인 음악 체인이 파산했으며 HMV와 같은 체인점은 해외에서 철수했다. 영국에서 생존해 있는 HMV 체인점과 같은 점포들은 수익을 음악 이외의 다른 상품 판매에 많이 의존하고 있다.

휴대용 MP3 기기, 특히 상징적인 애플 아이팟iPod의 인기가 높아지면서 음악 산업은 현재 서비스에 참여하고 있는 모든 대기업들과 합법적이고 단순하며 저작권에 부응하는 다운로딩 설비를 마련해야 한다는 것을 인정하지 않을 수 없었다. 애플은 최초로 2003년 미국에서 아이튠즈iTunes 서비스를 개시했으며 영국에서는 트랙당 79펜스에 그리고 전체 앨범은 7.99파운드에 구할 수 있게 되었다.

아마존, 즉 현재의 자체 다운로드 서비스인 아마존 MP3는 즉시 아이튠즈 가격보다 낮춰 트랙당 가격은 59펜스, 어떤 앨범은 3파운드에 판매했다. 또한 주요 레코드 회사와 협약을 체결하여 DRM을 제거했다. 현재 아이튠즈는 영국의 음악 다운로드 시장을 60% 이상 점유하고 있다.

음악의 이용과 관련하여 가장 흥미로운 새로운 발전 동향은 스트리밍이고 2013년에 디지털 다운로드는 1999년 이래 최초로 떨어졌다. 사용자들이 스트리밍 모델을 선호하기 때문이다. 2009년 2월 영국에서 스웨덴 소유의 음악 스트리밍 서비스인 스포티파이Spotify(www.spotify.com)가 사업에 착수했다. 불법 콘텐츠 때문에 초기에 약간의 문제가 있었지만 이 사이트는 주요 음반사와 합의에 도달했다. 첫달에 25만 명의 사용자가 가입했고 2013년 말까지는 57개 시장에서 5000만 명의 적극적 사용자를 보유했다고 하며 그중 1000만 명이 유료 가입자라고 한다. 스포티파이는 몇 가지 다른 옵션을 제공한다. 즉, 컴퓨터와 모바일 기기에 음악 트랙의 무료 스트리밍(다운로딩이 아니라) 서비스를 제공하고(2014년 1월 이래 무제한) 20분마다 나타나는 광고로 수익을 올리거나, 아니면 일반적인 방식으로 광고 없이 월간 10파운드—미국에서는 10달러—를 받는 것이다. 이 서비스는 매일 2만 트랙을 새로 추가하며 사용자가 자신이 듣고 싶은 플레이리스트를 만들 수 있다. 그것은 라디오 청취와 비슷하지만 청취자들이 듣고 싶은 것을 선택할 수 있다. 아이폰iPhone을 위한 애플리케이션도 존재한다. 이 서비스를 받는 사람들의 비율은, 사용자들이 중앙 데이터베이스에서 콘텐츠를 손쉽게 합법적으로 이용할 수 있게 됨에 따라 그것을 '소유할' 필요성을 느끼지 못하는 시대로의 변화를 확인해준다. 스포티파이는 때때로 '천상의 주크박스'라고 불렸으며 '클라우드 컴퓨팅'의 최초의 음악적인 징후 중 하나였다. 하지만 아티스트들은 이렇게 해서 받는 돈이 너무 적다고 불평했다. 스포티파이는 플레이당 0.04펜스만 지불하는 것으로 유명하다. 2009년

7월 스포티파이는 서비스를 통해 최초의 오디오북을 이용할 수 있게 되었다고 발표했다. 어쩌면 거기에 적합한 책은 크리스 앤더슨Chris Anderson이 쓴 『무료정책: 파격적인 가격의 미래Free: The Future of a Radical Price』일지도 모르겠다. 이 책은 대안적인 비즈니스 모델을 검토하지만 그러고 나서는 공유저작물에 속한 타이틀에 집중했다.

여타의 스트리밍 서비스에는 182개국에서 서비스되는 프랑스인 소유의 디저Deezer(www.deezer.com)가 있다. 라이선스받은 트랙은 3000만 개이고 월간 사용자는 1200만 명인데, 이 중 500만 명은 유료 가입자이다. 팬도라Pandora(www.pandora.com)는 미국, 오스트레일리아 및 뉴질랜드에서 운용된다. 2014년 5월 애플은 헤드폰 제조사이자 스트리밍 회사인 비츠 일렉트로닉스Beats Electronics를 30억 달러에 인수한 것으로 알려졌다.

또 다른 최근의 발전 동향은 일부 인터넷 서비스 제공자들이 다른 콘텐츠와 더불어 음악 서비스 자체를 제공하는 사업에 뛰어든 것이다. 버진-스포티파이와 공동으로-과 스카이는 모두 다 스트리밍과 다운로딩 서비스를 제공하기 위해 주요 음반사와 협약을 체결했다. 그들은 유료 TV와 광대역 제공자로서 기존 수용자와 정착된 요금청구 구조를 보유하고 있다.

이러한 발전 동향은 모두 사용자들이 끊기지 않고 상대적으로 값이 비싸지 않은 서비스를 제공받는다면 합법적인 서비스 사용을 더 많이 하게 될 것이라는 희망을 준다. 영국음반산업협회British Phonograph Industry(BPI)와 국제음반산업연맹International Federation of Phonographic Industries(IFPI)은 전 세계에서 다운로드되는 음악의 95%는 여전히 불법적인 것이라고 추정했다. 하지만 2013년의 수익은 4년 만에 처음으로 1.9% 증가했다. 현재 디지털 음악 수익은 영국 음악 산업의 연간 수익 7억 3040만 파운드의 약 50%를 차지한다.

음악 산업이 당면한 애로사항을 좀 더 상세하게 기술하고자 한다. 그 이유는 해적행위의 처리와 스트리밍과 같은 새로운 공급 모델 면에서 여타 산업에 교훈이 되기 때문이다. 해적행위 측면에서 영화 산업이 타격을 받은 것은 해적행위, 불법 DVD 복사와 최근에는 휴대용 기기를 통한 다운로드 때문이다.

출판사의 경우 오디오북과 전자책의 불법 다운로드를 처리해야 하고, 많은 경우 공유의 가치를 추구하는 저작권 반대론자들에 의해 또는 영리를 추구하는 사람들에 의해 종이책 전체가 온라인에 올려져 타격을 받는다. 음악을 불법적으로 다운로드하는 것이 과거지사라고 치부하는 사람은 아무도 없지만, 어떤 면에서 그런 행위가 음악 활동의 무료 마케팅이라는 결과를 가져오고, 어떤 경우에는 명성을 얻게 하기도 한다. 어떤 경우에는 합법적인 판매가 증대되는 결과를 가져온 것처럼 보이며, 라이브 음악 행사에 유료로 참가하는 사람을 크게 증대시키고 그 결과로 관련 아티스트의 수익을 크게 올려준 사례가 분명히 있다. 텍스트 전체를 불법 다운로딩하는 사례는 늘어나는 추세이며(전자책에 대한 해적행위보다 종이책을 스캐닝하는 것이 가장 흔한 일이다) 유감스럽게도 저자들은 상당히 동일한 방식의 저작물 사용으로부터 이차적인 이익을 볼 기회를 잡지 못하고 있다.

도서 스트리밍?

도서 산업이 인기가 치솟고 있는 스트리밍을 받아들일 것인지 여부는 중대한 문제이다. 이는 전자책 업계에 클라우드를 기반으로 하는 스포티파이나 넷플릭스가 출현하는 것과 마찬가지이다. 고려해야 할 사항은 많은 사용자들이 태블릿과 스마트폰 앱의 매력에 빠져 콘텐츠를 소유하기보다 접속하는 것으로 받아들인다는 점이다. 많은 출판사는 광고로 수익을 확보하고 독자들이 무료로 사용하게 하는 모델을 선호할 것 같지 않다. 현재 이러한 모델을 제공하는 것은 오이스터Oyster, 스크리브드Scribd, 북분Bookboon 및 스페인인이 소유한 회사 24 심벌즈24 Symbols이다. 하지만 유료 가입 기반 서비스도 몇몇 존재하고 있다. 예를 들면, 스크리브드(월간 9달러, 40만 종 이상), 오이스터(월간 9.99달러, 50만 종 이상), 24 심벌즈(월간 9.99유로)가 월간 사용료를 받고 있다. 2014년 7월 아마존은 미국에서 킨들 언리미티드Kindle Unlimited 서비스를 시작했으며 60만 종의 전자책에 접근하는 데 월간 구독료를 9.99달러로 책정했다. 이 서비스는 6종의 기기에 한번에 10종의 전자책까지 다운로드를 허용한다. 킨들 앱을 통해 비非킨들 기기에서도 사용할 수 있다. 영국에서의 서비스는 2014년 9월 24일 개시했다. 이 외에 독서한 양에 따라 지불하는 모델이 있다(토탈북Total-Book과 밸러박스Valobox가 제공). 이런 모델은 상대적으로 새로운 실험이며 얼마나 많은 사용자들이 이런 서비스에 돈을 낼 태세가 되어 있는지, 대형 출판사가 참여할 준비가 되어 있는지, 제공되는 타이틀의 범위, 출판사와 저자를 위한 재정 모델에 성공 여부가 달려 있을 것이다. 영국에서 저자협회는 이런 서비스에 도서를 포함시키면 저자에게 어떻게 지불할 것인지에 대해 의문을 제기해왔다. 현재로서는 2차 라이선스보다 판매에 대한 인세로 지불이 계산되고 있다.

디지털 환경하에서의 공정 처리

디지털 환경에서 공정 처리 또는 공정 이용의 문제는 오랫동안 논란거리였으며, 국내 및 국제 포럼에서 주요한 토론 주제였다. 가장 유명한 것은 1995년 미국에서 개최된 공정 이용 콘퍼런스Fair Use Conference와 후속 미팅(CONFU), 유럽의 37개 도서관 협회로 구성된 유럽 저작권 사용자 플랫폼European Copyright User Platform(ECUP), 국제 과학, 기술, 의학 출판협회International Association of Scientific, Technical and Medical Publishers(STM)의 저작권 위원회 그리고 1996년 12월 제네바에서 완전히 국제적인 수준에서 개최된 WIPO 외교 저작권 콘퍼런스WIPO Diplomatic Copyright Conference이다. 영국에서는 출판협회와 공동 정보 시스템 위원회Joint Information Systems Committee(JISC)가 소집한 출판사 및 학술 사서들의 공동 실무자 그룹이 이 주제를 다루었다.

주요 이슈는 많은 사용자가 네트워크상의 재료에 무료로 접근해야 한다고 인식하고 있다는 점이다. 오픈 아카이브 이니셔티브Open Archive Initiative(OAI)는 대학교와 연구소의 웹 서버에 있는 재료에 대한 무료 접근을 권장한다. 여기에 포함되는 것은 학위 논문, 콘퍼런스 자료, 연구 데이터 및 교육용 프로그램, 그리고 인쇄 전 형태나 출판 후 형태의 연구 논문이다. 이런 견해는 일부 학술 기관에서 직원이 작성한 저작물의 저작권에 대해 심지어 그것이 직원들의 일상적인 핵심 업무에서 생산된 것이 아닐 때에도 자신들에게 통제권이 있다고 주장하는 움직임과 맥을 같이해 왔다. 또한 연구 예산을 지원한 연구소(대표적인 곳은 미국의 웰컴 트러스트Welcome Trust와 국립보건원) 측에서 연구결과 보고서를 오픈 액세스 재료로 이용할 수 있도록 해야 한다는 것을 조건으로 내거는 경향이 늘어나고 있다(제1장 "반저작권 운동, 오픈 액세스 및 기타 이니셔티브" 참조). 이런 움직임은 모두 전통적인 출판사와 아울러 문서 배송 서비스 같은 진보적인 콘텐츠 제공자를 위한 함의를 지닌다.

학술 출판사들은 온라인 전송을 고객에게 콘텐츠를 공급하기 위한, 특히 학술 및 상업적 연구 부문의 사용자들에게 학술 저널과 고급 연구 저작물에서 나온 재료를 공급하기 위한 대안적인 판로로 본다. 온라인 전송은 이미 인쇄된 논문 형태로 이용 가능한 재료의 대안적인 공급 방법이 되거나 전자적으로만 발간된 저널 등의 재료를 배송하는 기본적인 방법이 될 수 있다. 그러므로 종이 출판이나 전자 형태 또는 두 가지 방법 모두로 시장에 내놓기 전에 그런 재료에 가치를 부가하기 위해 시간과 노력과 상당한 재원을 투자해온 출판사들은 재료를 전자적으로 사용하면 관련 저작물을 상업적으로 시판하는 데 지장을 초래할 것이라고 생각하게 된다.

이렇게 된 핵심적인 원인은 거의 모든 저작권물에 전자적으로 접근하는 것은 개인이 하는 행동이지만 그런 개인들이 관련 재료의 핵심 독자일 가능성이 있다는 것이다. 사용자들은 재료를 온라인으로 보고자 할 수 있지만 출력물로 보고자 출력할 수도 있고 또는 무수히 많은 다른 사용자에게 완벽한 사본을 재전송할 수도 있다. 그러므로 논의는 어떠한 재료 복제 행위가 공정 처리하에서 허용될 수 있는지, 종이책 출판 환경하에서 복사되는 것과 동일한 양의 재료가 개인적인 사용 또는 도서관 상호대차의 정황에서 디지털 환경으로 확장될 수 있는지 여부에 좌우되어왔다. 출판협회/JISC 실무자 그룹의 활동결과는 1998년 공동 논문인 「전자 환경하에서의 공정 처리를 위한 가이드Guidelines for Fair Dealing in an Electronic Environment」로 발간되었으며 오직 영국의 정황과 관계된 지침들을 제공한다. 공정한 처리로 생각되는 재료의 사용에 포함되는 것은 다음과 같다. 스크린상에서 전자 출판물의 부분 또는 전체를 보는 것이 포함된 임시적인 복사, 개인이 혹은 개인을 대신하는 사서가 전자 출판물의 일부를 종이 사본 한 부로 출력하는 것, 개인이 혹은 개인을 대신하는 사서가 영속적인 로컬 저장을 위해 전자 출판물의 일부를 디스크—한 번에 하나의 사용자만 접속 가능한 휴대용 매체 또는 고정매체—에 복사하는 것, 단일 사본의 출력을 목적으로 출력을 위해 요구되는 임시 저장물로 단일본의 인쇄를 목적으로 한 전자 출판물의 일부를 전송하는 것, 영구적인 전자적 저장을 위해 요청하는 개인에게 전자 출판물의 일부를 전송하는 것(하지만 재전송할 수 없음). 전자 출판물 전체를 디스크에 복사하고 전자 출판물 모두를 전송하며 전자 출판물 전체 또는 일부를 공중에 개방된 네트워크나 웹사이트에 올리는 것은 공정 처리로 여겨지지 않으며 저작권자로부터 허가를 받아야 할 행위가 된다.

이 문제는 2008년 4월 영국출판협회와 영국학술원British Academy(국립 인문사회과학 학술원)이 발간한 「저작권과 학술 연구를 위한 공동 가이드라인Joint Guidelines on Copyright and Academic Research」이라는 책자에서 더 상세하게 다루어졌다.

소셜 네트워킹 및 사용자 제작 콘텐츠 사이트

웹 2.0의 도래와 더불어 소셜 네트워킹 사이트가 우후죽순처럼 늘어났는데 주로 사용자 제작 콘텐츠(UGC) 원칙에 기반을 둔 것이다. 그 인기는 엄청나게 치솟아 수많은 젊은 세대가 대면보다는 이런 채널들을 통해 서로 소통하기를 선호하는 것처럼 보일 정도가 되었다.

협업을 하고 상호작용하며 중독성이 있는 이 사이트들은 막강한 온라인 공동체로 발전했다. 어떤 것은 사용자들이 개인 프로필을 올릴 수 있고 '친구들'과 연결할 수 있게 한다. 그런 사이트들 중 가장 최초의 것은 아마도 프렌즈 리유나이티드Friends Reunited였을 것이다. 이 사이트는 처음에 사용자들이 오래 관계가 끊어졌던 친구들, 종종 학교 동창생들을 다시 연결시켜주는 역할을 했다. 2005년에 ITV는 이 사이트를 1억 7500만 파운드에 매입했다. 2005~2008

년 동안 이 사이트는 세계에서 가장 방문자가 많은 소셜 네트워킹 사이트였다. 2009년에 이 사이트는 더 새로운 사이트들이 인기를 끌면서 2500만 파운드에 매물로 나왔다. 이 사이트는 족보 관련 사이트들을 소유하며 D.C. 톰슨D.C. Thomson의 산하에 있는 브라이트솔리드Brightsolid에 매각되었으며 2012년 3월 새롭게 선보였다.

이 책을 저술하고 있는 시점에 가장 인기 있는 사이트는 페이스북이다. 사용자는 13억 2000만 명에 달하는 것으로 보도되었으며 하버드 대학생인 마크 저커버그Mark Zuckerberg가 2004년에 설립했다. 2007년에는 마이크로소프트가 1.6%의 주식을 보유했다. 페이스북은 경쟁사였던 베보Bebo를 압도적으로 능가했다. AOL은 2008년에 베보를 8억 5000만 달러에 매입했는데 2010년에 설립자에게 되팔았다. 하지만 페이스북은 2012년 증권시장에 상장되었을 때 시가총액이 1040억 달러에 이르자 몇 가지 문제에 봉착했으며 ≪월스트리트 저널Wall Street Journal≫은 이 상장을 일컬어 '실패작'이라고 했다. 마이스페이스는 음악 부문에 강한데 뉴스 코퍼레이션News Corporation이 2008년에 5억 8000만 달러에 매입했지만 실적이 저조하자 2011년 스페시픽 미디어Specific Media와 저스틴 팀버레이크Justin Timberlake에게 3500만 달러를 받고 넘겼다. 현재 사용자는 5000만 명이라고 한다. 야후!Yahoo!는 2013년 6월 마이크로블로깅microblogging 플랫폼인 텀블러Tumblr를 인수했다. 이 플랫폼에는 현재 180만 개의 블로그가 올려져 있다. 독자들이 책에 대한 견해를 서로 나누는 플랫폼으로 사용자가 2500만 명에 달하는 굿리즈Goodreads를 아마존이 2013년 3월 인수했을 때는 논란이 일어날 수밖에 없었다.

인기 있는 전문가 네트워크 링크드인LinkedIn은 사용자가 2억 5900만 명에 달하며 채용도구로 사용될 때가 종종 있다. 또한 2006년에 설립된 트위터가 있는데 사용자들은 짧은 개인적 프로필을 올릴 수 있고 '트위트tweet'당 최대한 140자까지 뉴스와 의견을 소통할 수 있다. 소유주들은 2008년에 페이스북의 제안을 거절했다. 현재 사용자는 2억 7000만 명에 달하며 이 중 유명 '트위터리안'들은 '팔로워follower(구독자)'가 수십만 명에 달하기도 한다.

또한 콘텐츠—어떤 것은 사용자가 제작하고 어떤 것은 그렇지 않은—를 공유하는 사이트들이 있다. 플리커Flickr—현재 야후!가 소유—는 사용자들이 사진을 저장하고 공유할 수 있다. 인스타그램Instagram은 현재 사진을 70억 장 이상 보유하고 있다. 플릭스터Flixster는 비디오 콘텐츠에 접근할 수 있도록 한다. 아마도 가장 유명한 것은 유튜브일 것인데 사용자들은 기본적으로 최대 10분 길이의(현재는 15분으로 늘어났다—옮긴이) 비디오 콘텐츠를 올리고 공유할 수 있으며 2006년에 불법으로 영화 또는 텔레비전 쇼를 통째로 업로드하는 것이 금지되었다. 유튜브는 2005년 3명의 이전 페이팔PayPal 직원이 설립했으며 2006년 11월 구글이 1억 6500만 달러를 주고 매입했다. 현재 유튜브의 추정에 의하면 매분마다 100시간의 비디오 콘텐츠가 업로드되고 매달 10억 뷰view 이상을 기록하고 있다. 또한 린든랩Linden Lab이 소유하고 있는 세컨드 라이프Second Life가 있는데, 월간 130만 명에 달하는 사용자들이 아바타 형태로 가상 세계에 들어가 가상의 삶을 살아간다.

이런 사이트들은 창조적이며 재미가 있고 사용자들에게 무료인 것으로 보일 수 있지만 대부분은 상업적인 잠재성도 갖고 있다. 그 방법은 사용자 간의 입소문 마케팅을 이용하거나, 더 많은 콘텐츠에 접근하기 위해 프리미엄 유료 가입을 통하는 식이 될 수도 있으며(예를 들면 링크드인), 유료 광고를 받거나(예를 들면 유튜브), 또는 직접적인 지불을 유도하는 것이 될 수도 있다. 예를 들면, 전문 사진사들은 선택적으로 플리커에 월간 저장료를 지불할 수 있다. 한편, 세컨드 라이프에서는 아이템이나 재산의 가상 거래로 실제 세계의 수익을 가져올 수 있다.

특히 마이스페이스는 사이트 운영을 통해 돈을 벌 수 있는 방안을 모색했다. 2008년 9월 유니버설 뮤직 그룹, 소니 BMG, 워너 뮤직 그룹 및 EMI 뮤직과 협약을 체결한 다음 사용자들에게 스트리밍을 통해 이들 음반사의 곡 목록을 이용할 수 있게 하는 마이스페이스 뮤직MySpace Music 온라인 서비스를 개시한 것이다.

플리커는 게티 이미지Getty Images와 협약을 체결했다. 이로 인해 이 사진 에

이전시는 특정한 사용자 제작 이미지를 상업적으로 판매할 수 있으며 창작자에게 발생한 수익의 일부를 지불할 수 있다. 아니면 창작자들은 저작물 사용 허가 표시Creative Commons License(CCL)를 통해 자기들의 콘텐츠를 무료로 사용할 수 있도록 선택할 수 있다(제1장 "크리에이티브 커먼즈" 참조).

비록 이러한 사이트들에 올라와 있는 많은 콘텐츠가 실제로 그것을 올린 사람들이 제작한 오리지널이라고 할지라도, 저작권이 있는 이미지와 특히 비디오 클립이 유튜브와 마이스페이스 같은 사이트에 허가를 받지 않고 올라오기 때문에, 그리고 때에 따라서는 그런 것을 사용자 자신의 콘텐츠와 뒤섞은 재료를 올리는 사람들이 있기 때문에 저작권 문제가 등장하는 것은 어쩌면 필연적일 것이다. 마이스페이스는 디지털 지문 기술을 도입하여 저작권 보호를 받는 콘텐츠 목록에 있는 것은 올라오지 못하게 한다. 유튜브에서는 콘텐츠를 올리고자 하는 사람들에게 스크린상에서 명백하게 경고를 하고 있음에도 불구하고 수많은 저작권 콘텐츠가 사이트에 올라오고 있다. 그중 어떤 것은 미국 「디지털 밀레니엄 저작권법」의 고지 및 삭제 조항에 따라 처리된다. 하지만 이런 콘텐츠가 계속적으로 올라온 결과 제소된 것도 다수 존재하며 그중에는 영국 프리미어 축구 리그에서 제소한 것도 있다. 2007년 비아콤Viacom은 유튜브를 제소했다. 이 사이트에 있는 재료를 가지고 15만 개 이상의 비디오 클립이 게시된 데 대해 10억 달러의 손해배상 청구를 한 것이다, 유튜브의 소유주인 구글은 이를 기각시키려 했다. 그 근거는 DCMA가 자기들에게 저작권 침해를 사유로 소송당하지 않을 '피난처'를 제공했다는 것이다(DCMA에 관해서는 제1장 "미국의 저작권 입법" 참조). 2012년 비아콤은 상고했으나 2013년 4월 법원은 유튜브의 손을 들어주었다. 2014년 3월 양 당사자들은 법원 밖에서 합의를 보았는데 돈이 개입되지 않은 것으로 알려졌다. 비아콤의 소송 이후 유튜브는 저작권물을 찾아내고 소송을 줄이기 위해 비디오IDVideoID라고 하는 시스템을 도입했다. 유튜브는 또한 게시된 비디오들이 불쾌한 콘텐츠를 포함하고 있다는 비판을 받았다.

권리의 관리와 보호를 위한 기술 시스템

DRM은 디지털 콘텐츠를 제공자가 보호하고 관리하며 추적하면서 유통되도록 허용하는 일련의 표준과 기술로 정의될 것이다. 따라서 DRM은 텍스트, 음악 및 오디오비주얼 재료 등의 콘텐츠를 권한 있는 사용자들이 다양한 방법(광대역, 위성 및 무선)으로 다양한 플랫폼(개인용 컴퓨터, 태블릿, 스마트 텔레비전, 게임 콘솔, 스마트폰과 유사 기기)에서 이용할 수 있도록 하여 거래를 가능하게 하는 기술로 보아야 한다. 하지만 DRM에 대해 목소리를 높여 반대하는 사람들도 많다. 카피레프트의 창시자인 리처드 스톨먼(제1장 참조)은 다음과 같이 말했다. "디지털 권리 관리(DRM) 또는 디지털 제한 관리digital restrictions management는 악의적인 음모이며 그것을 사용하는 회사는 중죄를 범하는 것이다."

DRM 분야에는 특히 두 개의 본질적인 요소 사이에 상당한 혼란이 있어왔다. 첫째는 디지털 권리 관리, 즉 디지털 제품을 확인하고 기술하며 그와 연관된 권리를 저장하고 나타내는 표준과 기술의 사용이고, 둘째는 기술 보호 조치technical protection measure(TRM), 즉 사용 조건을 시행하기 위한 암호화 기술의 사용이다. 이런 것들은 결국 권리 거래의 전반적인 업무 관리를 위해 사내에서 사용하고자 고안된 시스템과는 별개이다.

디지털 권리 관리

영국출판협회는 디지털 권리 관리를 정의할 때 하나의 콘텐츠의 식별과 기술記述을 관련시킨다. 여기에는 함께 운용되는 방식으로 패키지화된 권리와 관련 허가에 대해(적합하다면 지불 메커니즘에 대해서도) 필요한 정보가 포함된다. 이런 정황에서 상호운용성에는 두 개의 연속적인 차원이 있다. 첫째, 하나의 소비 제품 내에서 융합하거나 결합할 상이한 유형의 콘텐츠-텍스트, 음악, 오디오비주얼 재료-의 능력. 이는 국제상호운용표준International Interoperable Standard에 따른 공통의 식별과 기술記述 포맷으로 공통의 어휘를 사용할 것을 요구한다. 예를 들면, 국제전기기술위원회International Electrotechnical Commission(IEC)와 공동 작업한 국제표준화기구International Organization for Standardization(ISO)의 소위원회인 동영상전문가그룹이 개발한 표준 포트폴리오, 즉 ISO MPEG-21이 있다. 이런 것들은 개인용 컴퓨터, 텔레비전, PDA와 모바일폰 같은 다양한 전송 시스템과 플랫폼을 넘나들면서 멀티미디어 애플리케이션을 위한 오픈 프레임워크를 제공한다. 이는 상이한 유형의 기계에서 동일한 콘텐츠 패키지를 받거나 교환할 수 있게 하는 '플랫폼으로부터 독립적인 표준'을 요구한다. MPEG-21의 요소에 들어가는 것은 디지털 아이템 식별 및 기술, 권리 데이터 사전 및 권리 표현 언어이다.

ACAPAutomated Content Access Protocol(www.the-acap.org)는 2007년 유럽출판위원회, 세계신문협회 및 국제출판협회가 착수한 합동 이니셔티브로서 출판사, 검색엔진과 여타 기술 및 상업 파트너들이 함께 작업한다. ACAP는 오픈 비독점 프로토콜인데(원래 신문업계가 콘텐츠를 온라인화할 때 개척한 것이다), 온라인 발행publishing을 위한 보편적인 표준이 될 목적을 가지고 도서 산업으로 확장되었다.

ACAP의 초기 초점은 검색엔진 크롤러crawler(검색엔진의 색인을 위한 정보를 모으는 프로그램 혹은 봇—옮긴이)가 인식할 수 있고 권리자가 누가 어떻게 콘텐츠를 이용하는지에 관한 상세한 내역을 명확하게 밝힐 수 있는 단순한 커뮤니케이션 언어를 고안하는 것이었다. 이 프로젝트는 유럽위원회의 지원을 받았으며 출판사들은 기초 수준에서 ACAP를 채택하도록 권장을 받았다. 이 시스템은 실행이 단순하고 무료이다. 또한 출판사들은 선택적으로 연간 유료 가입 기준으로 ACAP 회원이 될 수 있으며, 그런 다음 특정한 비즈니스 솔루션을 개발하기 위해 이 기관과 공동작업을 할 수 있다. 하지만 주요 검색엔진 중에는 ACAP를 채택한 곳이 한 군데도 없다. 2011년 ACAP 2.0이 오픈 디지털 권리 언어 2.0 Open Digital Rights Language 2.0에 기초할 것이라는 발표와 더불어 ACAP의 관리는 국제언론통신협의회International Press Telecommunications Council로 넘겨졌다.

기술 보호 조처

DRM의 다른 측면, 더 정확하게 말하면 권리를 디지털 방식으로 관리하는 차원에는 TPM, 즉 암호화 및 접근 통제 메커니즘이 포함된다. 이것으로 출판과 여타 저작권 산업의 권리자들은 콘텐츠를 보호하고 저작권물의 통제권을 유지하며 재료에 대한 불법 접근을 방지하려고 한다. 여기에는 기계에 대한 대답은 기계 속에 있다는 찰스 클라크의 금언이 담고 있는 철학이 반영되어 있다. 이러한 메커니즘 모두가 완벽하게 표준화될 가능성은 없으며, 이런 측면은 어떤 미래의 소비자에게는 저작권 산업이 자기들의 콘텐츠를 '안전한 곳에 넣어두려는' 시도로 보일 법하다. 하지만 현재 전자적으로 배송되고 있는 콘텐츠의 범위와 '디지털 세계는 지리적 경계를 알지 못한다'는 사실을 감안할 때 호환성의 필요는 커지고 있다.

DRM의 양 측면에서 많은 발전이 있었다. 그 발전의 예는 암호화, 소유주를 표시하는 재료의 워터마킹(이른바 '소셜 DRM'), 송신자의 신원을 표시하는 재료의 핑거프린팅, 그리고 업무적인 것이든지 또는 다른 것이든지 간에 저작권물의 지정된 단위 및 지불 시스템에 대한 독특한 식별 시스템과 같은 것들이다.

설령 음악 산업이 2009년에 DRM을 포기하기 시작했다고 할지라도 도서 산업은 이 문제에 대해 여전히 양분되어 있다. 어떤 출판사들은 DRM의 적용을 고객들이 부정적으로 인식하고 악착같은 해커라면 그것을 손쉽게 무력화할 수 있다고 생각한다. 오스프리Osprey의 앵그리 로봇Angry Robot 임프린트와 맥밀런의 TOR 임프린트는 모두 다 DRM 프리DRM-free로 가기로 선택했는데, 과학픽션과 판타지 소설의 애독자 공동체에서 DRM에 대한 반감이 있다는 것을 인식하고 있었기 때문이다. 이 책을 쓰고 있는 시점에 대부분의 학술 출판사들은 어도비 콘텐트 서버 4Adobe Content Server 4를 사용하여 그들의 교재에, 그리고 통합자들과 같은 제3자가 호스팅하는 타이틀에 계속해서 완전한 DRM을 적용하고 있다. 반면, 어떤 출판사들—테일러 앤드 프랜시스Taylor & Francis, 폴그레이브 맥밀런Palgrave Macmillan과 같은—은 학술 논문에 소셜 DRM을 적용하기로 선택했다. 이때 출판사 자체의 웹사이트에서 구입되는 저술마다 거래 ID로 워터마크를 삽입함으로써 출판사는 출처를 식별할 수 있고 파일 공유를 방지하는 조처를 취할 수 있다. 단행본의 경우 J. K. 롤링이 드디어 그녀의 포터모어Pottermore 사이트를 통해 전자책을 허가했을 때 소셜 DRM을 사용했다. 이와 대조적으로 2012년 8월 아셰트 그룹은 완전한 DRM을 지지하고 아셰트가 출판한 책의 어떠한 다른 버전도 DRM 프리가 아닐 것을 보장하도록 에이전트에게 요구하는 방침을 세우고 널리 공표했다.

식별자

인터넷이 등장한 이래 식별자 분야에서 많은 작업이 이루어졌다. 출판 산업은 개별 책자에 대해 공식적인 표준 지위를 가진 ISBNInternational Standard Book Number 형태의 식별자를 오랫동안 사용했으며, 최근에는 전자책에도 ISBN이 부여되고 있다. ISSNInternational Standard Serial Number은 개별 저널을 위한 것이고, SICI Serial Item Contribution Identifier는 개별 저널의 호수와 기사에 대한 식별자이다. 음악 산업은 권리와 로열티의 관리에 도움이 되는 표준 식별자를 채용하고 있으며, 예를 들면 음악 작품의 식별을 위한 ISWCInternational Standard Work Code가 있다. 현재 출판 산업은 텍스트 저작물의 고유한 식별을 위해 ISTCInternational Standard Text Code를 개발했다. ISTC는 기저 저작물을 식별하고, 그런 저작물의 다양한 판본과 (저작권 관리에 명백한 함의를 지닌) 여타의 발간물—예를 들면 라이선스 판—을 연계시킨다. 또한 유사한 이름을 가진 저자들을 구분해주는 ISNIInternational Standard Name Indicator—모든 부문의 미디어 산업을 위해 개발된 것이다—를 도입할 계획이 있다.

인터넷 환경하에서 일반적으로 언급되는 식별자는 URIUniform Resource Identifiers이다. 여기에는 두 가지 유형이 있는데 자원을 하나의 식별자에 기반을 두고 특정하는 URNUniform Resource Name과 웹상의 위치에 기반을 두고 특정하는 URLUniform Resource Locator이다. 하지만 URL은 사이트가 폐쇄되거나 구조를 변경하면, 오류 메시지를 돌려보내 작동이 될 수 없다.

끊임없이 지속되는 식별 문제에 광범위하게 채택된 해결책은 DOIDigital Object Identifier이다. 이는 원래 미국출판협회가 개발한 것이지만 지금은 국제 DOI 재단International DOI Foundation이 관리한다. DOI는 '디지털 번호판'이라고 언급되는데, 이는 단독으로는 효용이 크지 않은 식별자이지만 잠재적으로 정교한 세분화를 통해 인터넷상에서 저작권 거래를 촉진하는 절차 시스템을 갖고 있다. DOI 재단이 내린 정의는 "디지털 네트워크상에서 콘텐츠 관련 개체의 끊임없는 식별을 위한 관리 시스템"이다. 이 시스템은 사용자를 끊임없이 갱신되는 데이터베이스—요구되는 재료를 담고 있는 URL과 DOI를 연결하는—로 유도한다. DOI는 두 부분, 즉 시스템을 관리하고 중개자의 할당에 의해 중개자 자신과 현재의 저작권 소유자를 식별하는 프리픽스prefix와 저작권 소유자가 할당한 서픽스suffix로 구성된 항구적으로 할당된 숫자이다. 저작권 소유자는 ISBN, ISSN 같은 기존 식별자 또는 지정된 재료에 태그tag를 달기 위해 소유자가 마련한 특별한 숫자를 통합할 수 있다. 사용자가 그저 스크린상의 버튼을 클릭하기만 하면 메시지가 디렉토리에 보내지고 그런 다음 소유자의 데이터베이스에 보내진다. 이는 디지털 제품 자체나 소유자가 부과하는 요금 체계의 상세한 내용을 보여줄 수 있고, 미래의 사용자에게 더 상세한 것을 알고자 한다면 소유자를 접촉하라고 요구할 수 있다.

DOI로 등록하는 주요 회사들은 대형 학술 출판사들, 특히 콘텐츠의 세부적 식별을 필요로 하는 대규모 저널 목록을 갖고 있는 회사들이다. 2013년 중반까지 8500만 개의 DOI가 9500개 DOI 등록 기관에 할당되었다. 1999년에는 크로스레프CrossRef(www.crossref.org)가 개시되었다. 이는 저널 기사 사이에서 참조 자료를 연결하는 프로젝트이다. 이 서비스는 수백만 건의 기사에 대해 출판사를 넘나들며 인용문헌을 연결하는 시스템을 제공한다. 크로스레프는 학술과 전문 저널을 위한 DOI 등록 기관이며 참여 출판사와 학회는 5000개에 달한다.

식별자는 콘텐츠가 좀 더 세부적인 기준으로 허가됨에 따라 중요성이 점점 더 증대되고 있다.

메타데이터

콘텐츠와 사용 유형을 일관되게 기술할 수 있는 시스템을 개발하는 것은 지적재산권을 전자적으로 거래하기 위한 전제조건이며, 지난 15년간 메타데이터metadata 분야에서 많은 활동이 전개되었다. 인덱스indecs 프로젝트는 유럽집행위원회의 지원을 받아 1998년 11월 구축되었으며 약 18개월 동안 운용되었다. 그 파트너와 계열기관은 (출판계와 음악계를 포함한) 이익집단들의 광범위한 교차부문을 대표했다. 그 이유는 각기 다른 부문이 동일한 문제에 대해 상이한 솔루션을 개발하는 것이 실용적이지 못하다는 것을 인식했기 때문이다. 인덱스 프로젝트의 임무는 네트워크 환경에서 지적재산권의 자동화된 거래를 지원하는 데 필요한 메타데이터를 위한 개방형 표준 프레임워크를 개발하는 것이었다. 그 결과물에는 권리 데이터 사전 및 메타데이터에 대한 구조화된 접근방법이 포함된다. 이러한 접근방법은 ISO-MPEG-21 권리 데이터 사전 표준을 위한 기본 기술로서 채택되어왔다.

메타데이터 분야에서 활동적인 몇몇 여타 그룹이 있다. 특히 사서들이 주도하는 더블린 코어 메타데이터 이니셔티브Dublin Core Metadata Initiative가 있는데 그 목표는 자원을 기술하는 것과 관련하여 의미론semantics의 공통적 핵심을 개발하기 위한 국제적 합의를 일궈내는 데 있으며, 이를 위해 OCLC의 지원을 받는다(더 자세한 정보를 보려면 www.purl.org/dc/ 참조). ONIXInternational Online Information Exchange 시스템은 BICBook Industry Communication가 개발한 것이며 EDItEUR(전 세계적으로 도서 및 정기간행물을 공급하는 체인을 위한 유럽 기반의 국제 거래 표준 기구)과 서적산업연구그룹Book Industry Study Group은 서지 데이터를 전달하는 XML 포맷의 새로운 국제 표준이다(www.editeur.org.onix.html). 도서를 위한 ONIX는 유럽, 아시아-태평양 지역과 아울러 영국, 미국에서 거래 표준으로 광범위하게 채택되었다. 릴리스 3.0Release 3.0은 2009년 4월 출시되었으며 2012년과 2014년 초 약간 업그레이드되었다. '라이선싱 조건을 위한 ONIXONIX for Licensing Terms'는 ONIX가 제공하는 서비스의 총칭이다. '출판 라이선스를 위한 ONIXONIX for Publications Licenses(ONIX-PL)'는 출판사로부터 사용자 기관에 전자 자원을 위한 라이선스 조건을 전달하는 것을 지원하고자 계획되었다. 이를 통해 라이선스 조건이 사용자 기관의 전자 자원관리 시스템으로 올려지고 실제 디지털 자원에 연결될 수 있다. 동일한 기저 표준이 또한 출판사의 디지털 저장장치에 있는 제품에 관한 사용 조건과 연결되는 데 사용될 수 있다. 추가 정보는 EDItEUR 웹 사이트(www.editeur.org)에서 찾아볼 수 있다.

메타데이터는 디지털 환경에서 매우 중요하며 지역권 문제에서 핵심적인 도구이다. 출판사들은 종이책과 전자책 모두의 온라인 소매상에게 독점 지역에 관한 정확한 정보를 제공할 필요가 있다.

애로(ARROW) 프로젝트: 권리자 찾기

제1장에서는 고아저작물(현재의 저작권 보유자가 알려지지 않은 저작물)의 사용을 처리할 필요성 및 미래의 사용자가 권리자를 찾기 위한 노력을 성실하게 수행했음을 보여줄 필요성과 관련하여 정부 및 저작권 당국을 집중적으로 조명했다. 이 문제를 해결하기 위해 제안된 것이 ARROW Accessible Register of Rights Information on Orphan Works 이니셔티브이다. 유럽집행위원회가 자체의 이콘텐트플러스 eContentplus 프로젝트하에 지원을 하고 있는 ARROW는 공공-민간 파트너십에 의해 개발되었다. 파트너십 참여 기관은 영국출판협회, 저작권 라이선싱 기구(CLA), 저자 라이선싱 및 징수협회(ALCS), 출판사 라이선싱 협회(PLS), EDItEUR 및 해외의 몇몇 출판협회, 도서관 및 복제권 기구들이다. 이 프로젝트의 목표는 미래의 저작권 콘텐츠 사용자들에게 유럽 일대의 기존 콘텐츠 데이터베이스와 권리 정보가 단일 포털을 통해 조정, 접근 및 검색될 수 있는 기술 인프라를 제공하는 것이다. 또한 유럽의 절판 저작물 및 고아저작물의 등기소를 만들고자 하는 목적도 갖고 있다. 좀 더 상세한 내용은 제1장의 영국 저작권 허브에 관한 내용을 참고하기 바란다.

접근과 지불

승인받은 사용자가 온라인 재료에 접근할 수 있게 허가하고 사용료를 부과하는 모델이 몇 개 있다. 여기에 포함되는 것은 PIN(개인 식별 번호—옮긴이)이나 패스워드—온라인 서비스의 유료 가입자에게 혹은 어떤 경우에는 관련 고정매체 제품의 구입자에게 발급되는—를 통해 통제되는 데이터베이스 접근이다. 예를 들면, 몇몇 대형 학술 교재 출판사들은 다수의 책 판매에 수반하여 보충적인 웹사이트 서비스를 제공하는데 접속은 PIN에 의해 이루어지고 서비스는 정기적으로 갱신된다.

다른 가능성은 사이트 라이선스를 통해 접속하는 것이다. 이는 유료 가입자가 지정된 하나의 사이트 또는 여러 사이트의 전자형태 재료 선집에 접근할 수 있도록 하는 것인데, 이 재료는 출판사의 자체 서버에서 직접 공급되거나 중개 서비스를 통해 공급된다.

유료 가입에 대해서는 신용카드로 대체 지불을 할 수 있다. 하지만 앞에서 설명한 바와 같이 인터넷으로 신용카드의 상세 내역을 발송하는 것이 언제나 안전하지는 않다는 인식이 여전하며, 어떤 고객들은 출판사에서 신용카드 상세 내역을 팩스나 우편으로 보내기를 선호한다. 추가적인 대안은 전자 상거래 시스템 형태에서 나온다. 이 시스템들은 소프트웨어 회사, 은행 및 신용카드 회사 그리고 페이팔—현재는 이베이가 소유—과 같은 회사들이 제휴하여 개발해 왔다.

전자 저작권 관리 시스템을 효과적으로 운영하기 위해서는 기본적으로 다음과 같은 사항이 명확하게 법적으로 용인되어야 한다. 즉, 전자 환경하에서 복제 권리의 유효성, 그런 환경하에서 공정 처리 개념을 구성하는 것, 온라인 서비스 제공자의 책무, 재료를 암호화하기 위한 저작권 보유자의 권리가 유지된다는 보장 등이다. 이런 목표는 모두 상당히 달성되었다. 다수의 국가가 1996년 WIPO 저작권 조약(WCT)의 조항들을 국내법에 반영했기 때문이다(제1장 "국제적인 저작권 협약들" 참조). 만약 강제허락 제도를 회피하려고 한다면, 저작권 소유자의 권리를 보호하면서 사용자가 콘텐츠에 접근할 수 있는 자발적인 라이선싱 시스템을 구축할 필요성이 무엇보다 중요하다.

지난 10년 동안 한편으로는 창작자와 콘텐츠 제공자의 이익, 그리고 다른 한편으로는 소비자의 이익 사이의 균형을 어떻게 조정할 것인가를 놓고 법조계와 정부 포럼에서 토론이 많아졌다. WIPO 저작권 조약은 저작권물의 기술적 보호조처를 우회하는 것을 방지하기 위한 법적 보호를 제공하며, 이는 EU의 「전자 환경하의 특정 권리의 조화에 관한 지침」 제6조로 보장된다(제1장 "다국적, 국제적 저작권 이니셔티브" 참조). 2005년 2월 데이터 보호 및 프라이버시에 관한 EU의 자문기구는 온라인 사용자를 식별하고 추적하는 데 사용되는 디지털 워터마크 기능을 가진 DRM 시스템의 함의에 관한 초안을 발표했다. 여기에는 프라이버시 권리에 관한 부수적인 함의도 포함되어 있다. 영국에서는 2006년 6월 초당적인 의회 인터넷 그룹의 DRM 조사 보고서가 나왔다. 이 문제는 「가워스 보고서Gowers Review」에서도 다루어졌다.

전자 복제 권리

복제, 전자 복사 또는 저작권물의 디지털화 및 그런 재료의 전자적 배송 사이의 구분선은 점점 더 흐려져 왔으며, 이 절의 목적은 전자적으로 복사기 복제와 다름없는 분야를 다루는 것이다. 여기서 사용자들은 저작물 전체보다는 처음부터 인쇄물 형태로 구할 수 있는 저작권물의 초록을 스캔하고 저장하고 보고 다운로드하며, 어쩌면 출력물 형태로 인쇄하려고 할지도 모른다. 여기에 포함되는 것은 주문형 출판, 강의집, 요약본의 사용, 원문 복사 및 디지털 도서관이다. 이는 이러한 저작권물이 전통적인 도서관이 구축한 장서이거나 상업적인 제공자가 제공하는 서비스에 포함되는지와는 별개로 이루어진다.

전자 복사와 관련하여 몇몇 핵심적인 저작권 요점이 언급되어야 한다. 첫째, 이런 형태로 복사할 수 있는 허가를 그들 스스로가 제공하고자 하는 출판사들은 재료를 전자적으로 이용하거나 타인이 이용할 수 있도록 인가할 권리를 가지고 있는가? 최근 수년 동안 작성된 기본계약서들이 이런 권리를 언급하는 반면, 예전의 계약서들은 부차권 조항에서 기존의 또는 도입될 각종 수단에 의해 제3자가 재료를 사용하도록 인가할 수 있다는 언급을 하기도 하지만 대부분이 이런 권리를 언급하지 않는다. 이런 점에서 어떤 의혹의 요소가 있다면 이런 권리는 저자 또는 그들의 대리자와 분명하게 협상이 되어야 한다. 이는 전자 라이선싱의 '업스트림upstream' 측면(출판사 스스로 권리를 획득하지 않으면 라이선시에게 전자 권리를 허가할 수 없음—옮긴이)이라고 할 수 있다. 여기에 포함되는 권리는 멀티미디어 기능의 추가와 같은 더욱 복잡한 사용을 위한 어떤 계획이 아니라 인쇄물로부터 초록을 직접 복제하기 위한 '글자 그대로의' 전자적 권리이다.

둘째, 전자적으로 공급될 재료에 외부의 저작권 원천에 있는 텍스트 혹은 일러스트레이션 재료가 들어가야 한다면 원본 출판을 위해 확보된 퍼미션에 그런 재료를 전자적으로 스캔하고 디지털화하고 저장하며 재사용할 권리가 포함되는가? 또는 종이책 출판 형태로만 사용토록 제한되는가?(이럴 가능성이 높다). 만일 확보된 퍼미션에 그러한 권리가 포함되지 않는다면 외부 저작권 보유자로부터 그런 퍼미션을 확보해야 한다. STM 부문에서 STM '거래' 가이드라인은 회원 출판사가 퍼미션을 받을 때 전자 권리와 더불어 종이책 출판 권리도 포함시키는 것을 추천한다.

셋째, 전자적인 환경에서 어떤 형태의 공정 처리fair dealing(미국 용어로 '공정 이용 fair use')이 있을 수 있는가? 이 주제에 대해서는 이 장의 처음 부분에 나온 "디지털 환경하에서의 공정 처리"에서 언급했다. 일반적으로 출판사들은 '디지털은 다르다'는 견해를 여전히 갖고 있으며, 이런 환경하에서는 공정 처리가 대단히 제한적으로만 정당화된다는 견해가 있다. 그 이유는 전자적인 복사 행위는 복사기를 통해 생산된 질 낮은 사본과 달리 콘텐츠와 품질 모두에서 원본과 같은 복사물을 산출할 수 있기 때문이다. 게다가 전자 복사는 무한한 숫자의 수령자에게 잠재적으로 복사되고 전송될 수 있다. 그리고 민간과 공공 사용 사이의 차별화된 개념 전체가 디지털 환경에서는 붕괴되었다.

많은 사용자 공동체, 특히 학계에서는 콘텐츠가 손쉽고 무료로 이용할 수 있어야 하고 저작권은 이렇게 이용하는 데 장애가 된다는 견해가 여전히 있다. 그래서 오픈 액세스 운동이 등장한 것이다(제1장 "반저작권 운동, 오픈 액세스 및 기타 이니셔티브" 참조). 전자 복사 분야는 저널과 STM 분야의 고급 참고서적 출판사에 특히 중요하다. 이들은 일반적으로 개별 기고자로부터 저작권을 양도받은 저작물 저작권의 소유주들이다. 그들은 전자적인 이용은 2차적인 또는 부차적인 권리가 아니라 1차적인 출판권의 행사이며, 그러므로 그렇게 이용하는 것은 1차적인 생산품의 판매에 미치는 영향에 비추어 주의 깊게 평가될 필요가 있다는 견해를 갖고 있다. 또한 이들은 허가를 한다면 자신들이 재료의 가치와 이용의 특성에 따라 요금을 책정할 수 있어야 하며, 또한 제안된 이용이 그들의 합법적인 이익에 유해하다면 허가를 거부할 권리를 가져야 한다고도 보고 있다.

사용자 공동체에서 다수—특히 학술 사서들—는 도서관의 특권이 전자 환경에 맞게 확대되어야 한다는 생각을 갖고 있다. 전자 미디어는 그저 개인적인 공부 또는 도서관 내 대출을 목적으로 재료를 공급하는 대체 통로를 제공할 뿐이라는 것이다. 영국에서는 출판협회/JISC 실무진이 공정 처리와 도서관 내 대출 문제를 거론했으며 영국에서 사용할 목적으로 일련의 지침을 개발했다.

이제 전자 복사는 단순 작업에 불과하다. 원래 페이지는 단지 스캔을 하는 것만으로 비트맵 방식의 디지털 표현으로 생산될 수 있으며, 그렇게 함으로써 문자 부호 형태로 전자 데이터베이스에 저장될 수 있다. 그런 다음 그 텍스트는 스크린상에서 검색되고 볼 수 있으며 필요시 출력물 형태로 복제될 수 있다. 이제 설비는 그렇게 비싸지 않으며 전자 사본은 복사기로 복제한 사본과 달리 원본과 동일하다. 국내의 저작권 법률 및 국제 저작권 지침과 조약 모두에서 디지털화, (임시적인 또는 항구적인) 저장, 디스플레이, 전송, 다운로딩, 출력물로의 인쇄가 제한적인 행위여야 한다는 데 대한 분명한 인식이 필요함은 이미 제1장에서 다루었다. 저작권법에 비추어 볼 때 불법 전자 복사는 저자가 저작물의 복제를 통제할 1차적인 권리—계약에 의해 출판사에 양도될 수 있다—와 출판사가 갖고 있는 저작물의 조판 레이아웃에 대한 권리 양쪽을 다 침해하는 것이다. 또한 텍스트의 조작은 저자의 동일성 유지권을 침해하는 결과를 가져올 수 있으며, 제대로 알지 못하고 더 큰 저작물의 일부를 재료에 포함시키는 것도 저자의 성명 표시권을 침해하는 것이 될 수 있다. 영국에서 저작인격권의 이러한 두 측면은 「1988년 저작권, 디자인 및 특허 법」에서 도입되었다. 전자 환경하에서 명확한 저작권 법률이 대단히 중요하기는 하지만 법에만 전적으로 의존할 수는 없으며, 오히려 사용자와 상업적인 계약의 협상에 의존하고 이런 계약에 따라야 한다는 것이 출판사들의 견해이다.

사용은 단순한 복제에만 국한되지는 않는다. 텍스트는 일단 전자 형태가 되면 문서 작성을 통해 변경되고 개작되고 선별되고 다른 재료와 합쳐질 수 있으며 메모를 달 수 있다. 또한 이 재료는 로컬 또는 광역 네트워크를 통해 원래 형태로든지 혹은 개작된 형태로 다수 사용자를 위해 전파될 수 있다. 이는 재료를 교육용 또는 학술용으로 대단히 매력적인 매체로 만든다. 왜냐하면 재료를 어느 과정이나 특정 교실을 위한 맞춤형으로 만들어 사용할 수 있기 때문이다.

전자 복사와 네트워크를 통한 이용에 태생적인 주요 문제 중 하나는 저작권 소유자가 종이책과 동일한 방식으로 손쉽게 재료의 이용을 '추적'할 수 없다는 데 있다. 실제로 이제는 복사가 물리적 형태로 한정되지 않고 네트워크를 통해 전송되거나 스크린상에 임시로 나타나는 형태의 일시적 사본이 될 수 있다. 이런 문제에 대한 하나의 해결책은 저작권 재료를 ISBN, ISSN 또는 SICI보다 더 작은 세세한 단위로 코드화한 신뢰할 만한 식별자 시스템을 개발하는 것이 될 것이다. 특히 일부 대형 출판사들은 현재 콘텐츠를 '쪼개고 재배열하고' 있다.

가장 중심이 되는 문제는 전자 복사를 개별 출판사가 스스로 관리할 것인가 아니면 저작권 집중관리 협약을 통해서 관리할 것인가이다. 국제복제권리기구연맹은 예전부터 신기술에 대해서는 저작권 집중관리 제도를 선호한다고 언급했다(제17장 "복제권 기구" 참조). 그 이유는 부분적으로, 만약 출판사가 미래의 사용자가 필요로 하는 사항을 충족하는 데 방해가 되는 것으로 인식된다면 국가와 국제 수준 모두에서 강제허락 조항의 도입이 가능하기 때문이다.

다수의 대형 다국적 출판사들은, 특히 방대한 저널 목록을 가진 출판사들은 라이선싱 업무를 직접 취급한다. 미국에서 일부 회사들은 저작권 청산 센터(CCC)의 서비스를 이용한다. 영국에서는 저작권 라이선싱 기구, 출판사 라이선싱 협회와 장기간에 걸친 협의를 거친 후 출판사들이 위임의 일부를 (예를 들면 제약, 법률, 공공 행정, 고등교육 및 성인교육 부문으로) 확장하고 특정한 전자 복사 이용을 허가했다. 하지만 교육 부문에서 라이선시들은 현재 스캐닝 활동에 관해 보고하도록 요청을 받고 있는데, 그렇게 함으로써 출판사들은 1차적인 판매에 미치는 영향이 있는지 여부를 모니터할 수 있다.

맞춤형 출판 및 강의집

미국에서는 네덜란드보다 다소 늦기는 했지만 1993년 이래 계속해서 맞춤형 출판이 크게 신장했다. 대학 구내 서점과 인근의 복사점은 특정한 대학 과정에 대해 수축포장된 강의집과 맞춤형 제본 교재 또는 '수강생용 교재'를 제공한다. 이런 것들은 전적으로 도서와 저널에서 선정된 출판 재료로 구성되어 있거나 교수진이 저술한 재료로 보강될 수 있다.

미국에서 이런 유형의 이용을 위한 저작권 청산은 페이지당 표준 요금으로 미국 복제권 기구, 저작권 청산 센터를 통해 또는 페이지당 기준으로 원출판사를 직접 접촉하여 해결될 수 있다. 또한 저작권 청산 센터는 복사기를 이용한 복사의 경우 제약회사들에 대해 부가 요금을 받고 전면적인 디지털화 라이선스를 주기 시작했다. 이러한 라이선스는 인트라넷 이용, 임시 저장, 백업 목적을 위한 저장, 내부 및 조정 신청용 디지털 사본 등을 허용한다.

영국에서는 강의집과 이것이 종이책 원본의 판매에 미치는 영향에 관한 문제가 여전히 많은 논란거리이다. 출판사들이 강의집coursepack에 관해 내린 정의는 '학습 모듈이나 과정을 지원하기 위해 계획되고 체계적으로 복사된 재료의 모음'이다. 여기에는 복사되어 단일 강의집으로 이용될 수 있는 재료나 결국에는 하나의 강의집을 구성할 수 있는 연속적으로 복사된 일련의 재료가 포함될 수 있다. 종이책 출판 환경하에서 이러한 이용은 고등교육 라이선스의 별도 부분으로 간주되었다. 그런 다음 이러한 라이선스는 CLARCS 시스템을 통해 거래되고 처리되었다. 하지만 강의집 사용은 2002년 저작권 심판소의 판정 결과로 전면적인 고등교육 라이선스에 통합되었다. 1차 판매에 미치는 영향은 여전히 모니터되고 있으며 앞에서 언급한 바와 같이 출판사들은 강의집 이용이 교재 채택을 대체하는 것을 피하기 위해 모범적인 관행을 위한 가이드라인을 개발하고 있다.

어떤 출판사들은 스스로 맞춤출판 시장에 뛰어들려고 했다. 1989년 맥그로힐은 PRIMS 프로젝트에 착수했는데 이스트먼 코닥Eastman Kodak과 주문형 출판 업체인 R. R. 도널리 앤드 선스R. R. Donnelly & Sons와 공동 작업을 했다. 교사들은 맥그로힐 책과 저널로부터 맞춤 재료를 주문할 수 있었으며, 그것은 주문 후 수주 내 배송되었다. 다음 단계는 지정된 대학 구내서점과 연계된 전자 네트워크를 통해 배송되는 것이다. 고객들은 대학 구내서점에서 필요로 하는 재료의 결합물을 선택하고 주문할 수 있었으며 그것은 그런 다음 현장에서 복사되고 제본될 수 있었다. 1992년 맥그로힐은 다른 출판사들에 관련 소프트웨어에 대한 라이선스를 주겠다고 제안했지만 이를 받아들인 회사는 별로 없었다. 더 최근에는 와일리 블랙웰과 피어슨 에듀케이션이 대서양 양안에서 특정 강좌를 위한 주문형 출판을 대규모로 시행했지만, 현재까지는 제본된 종이책 출판 형태로 이루어져 왔다.

HERONHigher Education Resources ON-Demand은 스털링 대학교, 네이피어 대학교, 사우스뱅크 대학교와 블랙웰 리테일 사Blackwell Retail Ltd.의 컨소시엄으로 구축되었다. 이 프로젝트의 목적은 종이 또는 (출판사가 동의하면) 전자 형태로 강의집을 제공할 수 있도록 고등교육 및 성인교육 부문을 위한 디지털화된 텍스트 —출판물 및 출판되지 않은 고등교육 재료를 포함—의 전국적인 데이터베이스와 자료 은행을 개발하는 것이었다. 디지털화는 HERON이나 이 프로젝트를 이용하는 고등교육기관들에 의해 이루어질 수 있다. 아니면 출판사가 재료를 디지털 형태로 HERON에 제공하여 HERON 자료 은행에 포함시킬 수 있다. 이 제도는 원격학습에 특히 유용한 것으로 생각되었다. HERON은 어느 정도는 고등교육 부문이 CLA 디지털화 라이선스보다 페이지당 약간 낮은 요율로 관련 재료를 보급하는 것을 테스트해볼 수 있는 실험적인 프로젝트였다. 2002년 3월 인젠타Ingenta는 HERON을 인수했다. 현재 HERON은 강의집의 저작권 청산과 강의집 이용의 관리를 위한 원스톱 숍을 제공한다. 이 프로젝트의 상세한 내용은 www.heronweb.ingenta.com에서 검색해볼 수 있다.

사이트 라이선스

학술 네트워크가 확장되고 인터넷이 광범위하게 사용됨으로써 학술저널 출판사들은 고등교육 부문에서 고객들에게 제품을 공급하는 수단을 재고하게 되었다. 이는 특히 저널의 유료구독 가격 상승과 고객들이 비非영국 저널의 환율 변동에 영향을 받을 가능성 때문이기도 했다. 학술 도서관들은 저널 구입 비용으로 도서관 자료 구입 예산의 70%를 지출하는 것으로 추정되고 있다.

1995년 말 3대 출판 그룹(아카데믹 프레스Academic Press, 인스티튜트 오브 피직스 퍼블리싱Institute of Physics Publishing, 블랙웰 출판사의 컨소시엄)은 잉글랜드, 스코틀랜드, 웨일스 및 북아일랜드의 모든 고등교육기관을 망라하는 사이트 라이선싱 협약을 체결했다. 4개 지역을 대신하여 HEFCEHigher Education Funding Council of England가 협상을 진행했으며, 1996년 1월 1일부터 3년간의 시범 운영 기간을 두고 협약이 체결되었다.

라이선스 조건은 출판사에 따라 조금씩 달랐지만 실제적으로 라이선스는 고등교육기관의 사용자들-학생, 교직원 및 사서-이 교육 및 학술 연구를 목적으로 종이 인쇄 또는 전자 형태로 허가된 재료를 사용하도록 허용했다. 이에 따라 출판사로부터 별도의 허가를 받을 필요 없이 강의집 사용을 위해 복사기를 이용한 다수의 복사를 할 수가 있었다. 라이선스의 조건에 따라 재료는 출판사의 서버를 통해 또는 HEFCE 시설을 통해 전자 형태로 이용할 수 있으며, 종이 형태로 이용할 때의 가격보다 많은 할인을 제공하는데 이는 HEFCE가 차액을 보상해주기 때문이다. 이런 제도는 일괄적인 라이선스 대 거래별 라이선스를 취급하는 흥미로운 방식을 보여준다. 여기서 관련된 출판사들은 재료 사용에 대해 협상한 재정 수익을 확실히 받는 반면, 공정 처리 영역 밖의 전자적 사용이나 종이 인쇄물 사용에 대해 사용자가 사안별로 적용받을 필요성은 제거된다.

NESLi(National Electronic Site Licence)는 출판협회 및 JISC와 긴밀한 협의하에 구축되어 지정된 관리 에이전트-최초에는 맨체스터 대학교, 블랙웰 및 스웨츠(Swets)의 컨소시엄-가 1995년부터 1997년까지 운영하는 3개년 프로젝트로 시작했다. NESLi2는 그 후속 프로젝트이며(www.nesli2.ac.uk), 그 목적은 영국의 모든 고등교육기관이 학술 저널 콘텐츠를 전자적으로 이용할 수 있도록 하는 것이다. 대학도서관은 인쇄된 저널과 별도로 유료 전자 저널을 구입할 기회를 갖게 되었다. 모델 라이선스는 www.jisc-collections.ac.uk에서 구할 수 있으며 『클라크 출판 계약: 사례집』(제9판)에서 내용을 다루고 있다. 참여 출판사들은 상이한 가격과 접근 조건을 정할 수 있다.

1999년 주요 저널 유료구독 기관들은 6개 모델 라이선스 계약-이를 개발한 컨설턴트의 이름을 따서 '존 콕스(John Cox)' 모델이란 별칭이 붙음-을 지지했다. 계약의 관리는 링골드 사(Ringgold Ltd.)가 하고 2009년에 갱신되었다. 이용하려면 www.licensingmodels.org에 접속하면 된다. 여기에는 단일 학술기관에 대한 라이선스, 학술 컨소시엄에 대한 라이선스, 공공 도서관 라이선스, 기업 및 여타 특별 도서관 라이선스, 전자책(및 저널 아카이브 구입) 라이선스, 30/60일 무료 시험 라이선스가 포함된다.

미국에서 저작권 청산 센터는 학술 출판사들을 대신하여 다수의 사이트 라이선스를 관리하며, 미국과 유럽에서 몇몇 대형 저널 출판사들은 학술기관들 및 그런 기관과 상업 연구회사의 컨소시엄들에 직접 사이트 라이선스를 제공하기 위한 프로그램들을 마련해왔다.

사이트 라이선스를 협상할 때 몇몇 핵심적인 요점을 고려해야 한다. 그리고 제공되는 권리를 정확하게 정의하는 데 신경을 많이 기울여야 한다. 라이선스를 줄 출판물의 출판 또는 범위가 명확하게 구체화되어야 한다(예를 들면, 라이선스에 포함되는 저널 호의 연도). 이와 더불어 추가 재료 또는 포함될 변경사항을 상세하게 밝혀야 한다. 해당 사이트는 분명하게 정의되어야 한다(예를 들면, 단일한 개별 사이트인지, 단일 기관이나 조직에 속한 사이트인지, 복수 기관이나 조직에 속한 그룹의 사이트인지 여부와 원격 접속이 허가되는지 여부). 또한 분명히 해야 할 사항은 라이선스의 사용이 개별적으로 지정된 단말기에 대한 것인지, 제한된 구역의 네트워크인지 혹은 광역 네트워크에 대한 것인지 여부이다.

라이선스는 사용자가 지정된 개인인지, 특정한 사용자 그룹—예를 들면 학생, 학술기관의 교수와 사서—인지, 기관이나 조직의 전 직원인지, 지정된 승인받은 단말기의 사용자 또는 무시로 사이트를 방문하는 사용자—이 경우 사이트상에서만 접근할 수 있는 것으로 제한해야 한다—인지 여부를 밝혀야 한다. 계약은 독점이 아닌 것이 거의 분명하다(다른 라이선스가 동일한 재료의 사용을 위해 다른 곳에서 허가될 수 있기 때문에). 계약에는 계약 발효일, 기간 및 연장 협상 조항이 분명하게 밝혀져야 한다. 또한 출판사가 라이선시에게 콘텐츠의 사용을 촉진하기 위해 물리적인 재료—예를 들면, 디지털화를 위한 종이책 원본 또는 지정된 형태의 전자 파일—를 제공할 것인지, 그리고 출판사가 라이선스를 준 재료의 갱신이나 수정을 포함한 추가 또는 백업 서비스에 관여할 것인지 여부를 밝혀야 한다. 계약서에는 라이선스의 재정 조건 및 회계날짜가 명기되어야 한다. 이와 더불어 재료의 사용과 그런 사용에 대한 제약에 관해 분명하게 정의를 내려야 한다. 재료가 있는 그대로 사용되어야 하는지 또는 어떤 형태로든지 수정될 수 있는지를 명기해야 한다(라이선서는 이 경우 라이선스 계약에 저작물이 포함된 기고자의 저작인격권을 침해하게 될 수 있음을 유념해야 한다). 계약서에는 또한 보증과 면책 등의 통상적인 조항, 종료 조건과 일반적인 조항이 포함된다. 또한 라이선시가 감사 및 집행 절차에 제출해야 할 것에 관한 조항이 있어야 한다. 그리고 비밀 유지 조항을 넣는 것이 현명할 것이다. 이 장의 첫 부분에서 언급한 NESLi2 라이선스를 참고하기 바란다.

대서양 양안에서 점점 더 많은 출판사와 학회들이 학계와 여타의 고객들에게 저널을 온라인으로 배송하는 체제를 구축해왔다. 예를 들면, 엘스비어의 사이언스다이렉트ScienceDirect 프로젝트, 스프링어의 스프링어링크SpringerLink 서비스 같은 것이 있고, 또한 와일리 블랙웰, 볼터스 클루버Wolters Kluwer 및 다수의 대학 출판부가 이러한 체제를 구축했다.

초록

비록 저널 논문의 초록이 저작권 보호를 받게 되어 있다 할지라도 특정 유형의 초록은 현재 영국에서 허가나 지불 없이 사용할 수 있다. 영국의 「1988년 저작권, 디자인 및 특허 법」의 제60조는 다음과 같이 기술하고 있다.

> 과학 또는 기술 분야의 주제에 관한 논문이 그 논문의 내용을 기술하는 초록을 수반하여 정기간행물에 발행된 경우에는, 그 초록을 복제하거나 공중에 발행하는 것은 그 초록 또는 논문의 저작권을 침해하는 것이 아니다.

하지만 초록에 대해 승인받은 라이선싱 제도가 시행되고 있다면 이런 조항은 해당되지 않는다. 이 조항은 의학이나 법률, 인문, 사회과학 등의 주제에 관한 초록에는 적용되지 않는다. 하지만 과학과 기술 분야에 해당되는 모든 매체의 초록에 적용되며 어떠한 매체에서든지 간에 사용을 허가한다. 또한 그것은 원 출판 국가에 상관없이 적용된다.

저널 출판사들이 보기에 초록은 상당한 가치가 있다. 관련된 전체 논문을 잠재적으로 사용할 사람들에게 게이트웨이 역할을 하기 때문이다. 특히 사용자가 관련된 전체 저널을 꼭 유료로 구독하지 않고서도 특별히 관심 있는 논문을 신속하고 편리하게 원스톱 숍에서 찾아볼 수 있는 디지털 환경에서 그렇다. 여기서 언급한 조항에 해당되지 않는다면 출판사들은 선택에 따라 초록을 추출하고 색인화하는 서비스에 의한, 또는 실제로 학계, 사서 및 상업 연구기관에 의한 초록의 사용을 라이선싱할 수 있을 것이다.

문서 배송 서비스

문서 배송 서비스에 대한 수요는 지속되고 있다. 도서관, 기관, 상업 기업은 도서와 저널의 유료구독에 의존하기보다 종이 또는 (그보다는) 전자 형태로 특정 재료를 이용할 길을 모색할 수 있다. 이런 경향이 일어난 것은 다음과 같은 몇몇 요인에 기인한다. 즉, 도서관 자료 구입 예산에 대한 압박, 저널 숫자의 증가, 저널 구독료의 인상, 구체적으로 필요하다고 확인된 재료에 대해서만 지불하고자 하는 바람 등이다. 학계와 상업적인 연구 환경 모두에서 개별적인 사용자들은 그들에게 주로 필요한 것이 원스톱 숍을 통해 적절한 고급 연구 재료-가능하면 업계 전문가들의-에 대한 신속하게 접근하는 것과, 저널의 타이틀이나 출판사보다 주제에 의해 필요로 하는 재료를 찾을 수 있는 기능임을 분명하게 언급해왔다.

글로벌 문서 배송 서비스는 연간 수백만 파운드에 달하는데 막상 재료를 공급하는 원출판사에 돌아가는 몫은 얼마 되지 않는다. 대영도서관 문서공급센터는 도서관의 특권하에 복사 활동의 상당한 몫을 차지하고 있지만 출판사에 지불할 적절한 복사요금은 저작권 라이선싱 기구와 맺은 라이선스를 통해 송금된다. 좀 더 상세한 내용을 보려면 제17장 "BLDSC"를 참조하기 바란다. 재료는 보안이 유지되는 전자 배송(암호화된 PDF) 또는 팩스로 공급되며 배송 요금의 범위는 요구되는 공급 속도에 따라 다르다.

인젠타(www.ingenta.com)와 같은 회사들은 검색과 열람 서비스를 제공한다. 전문에 대한 접근은 관련 저널에 대한 유료구독이나 페이퍼뷰pay-per-view를 기준으로 이루어진다. 사용료는 관련 출판사가 정한 요금에 인젠타커넥트Ingentaconnect 배송 요금을 추가하여 책정된다.

톰슨 로이터Thomson Reuters는 과학 웹 연구 플랫폼(www.thomsonreuters/thomson-reuters-web-of science)을 제공한다. 여기에 포함되는 것은 알림 및 최신 정보 서비스와 출판사가 허용한 전문의 배송 서비스까지 포함된 광범위한 정보 서비스이다. 이 서비스는 수많은 국제 저널, 도서 및 모든 주제 분야의 회보에 관한 데이터베이스를 관리한다. 출판사들은 재료의 기본 유료구독 요율을 정하고, 자신들이 허가하기를 원한다면 지정된 양의 출력물에 대해 추가 요금을 부과할 수 있다. 또한 출판사들은 문서 배송을 위한 요금을 정할 수도 있다.

또 다른 서비스는 엘스비어의 스코퍼스Scopus인데 5000개의 STM 출판사들로부터 제공되는 수많은 과학 타이틀을 망라하는 전문 연결 및 색인 데이터베이스로서 2004년 11월 서비스를 개시했으며, 온라인으로 가장 많은 초록을 수집한 것으로 홍보되었다. 논문의 전문은 사용자의 도서관이 접근을 승인받은 경우 검색 결과 목록에서 클릭 한 번만 하면 화면에 표시된다.

다른 제공사에는 엔지니어 재료가 전문인 크노벨Knovel(www.knovel.com)과 인문사회과학 재료에 전문화되어 있는 프로퀘스트ProQuest(www.proquest.com)가 있다.

대형 출판사들, 특히 대규모 저널 목록을 가진 출판사들은 문서 배송을 직접 처리하기로 결정할 수 있다. 각종 문서 배송을 직접 처리하기 어려울 경우의 대안-아마도 소형 출판사들에게 좀 더 유용한-은 그런 요구사항을 모두 미국의 저작권 청산 센터(CCC)나 영국의 저작권 라이선싱 기구(CLA)와 같은 복제권 기구를 통해 처리하는 것이다. CLA는 거래별로 출판사가 지불액을 정하도록 허용하거나 또는 CLA가 정한 기본 요율로의 운용을 허용하는 문서 배송 라이선스를 제공한다. 출판사가 특정한 위임의 한도를 넘어서는 신청이 들어올 경우 출판사로 이첩하는 조항이 있다.

문서 배송 측면에서 출판사들은 수비토Subito란 이름으로 설립된 독일 도서관 컨소시엄이 독일 국내와 여타 지역에서 문서 배송 서비스를 학술 기관에 제공하자 방어적인 태세를 취하지 않을 수 없었다. 이 컨소시엄은 자신들의 활동이 독일의 복제권 기구 VG 보르트VG Wort와 협약하에 이루어지는 합법적인 것이라고 주장하면서 원저작권 소유자에게 한 푼도 지불하지 않고 문서당 4유로를 받는다. STM 국제협회는 수비토를 제소했다. 수비토의 행위를 인정한 뮌헨 지방법원의 잠정 판결은 2007년 5월 뮌헨 고등법원에 의해 뒤집혔다. 고등법원은 전자적인 수단으로 문서를 공급하는 것은 불법이라고 했다. 이에 따라 수비토는 독일어 사용 국가들에 대한 문서 공급을 위해 개별 출판사들과 계약을 체결해왔다.

디지털 도서관

디지털 도서관을 구축하려는 초기 시도가 몇몇 있었는데 처음에는 저작권이 없는 저작물에 집중했다(이 장의 앞에 있는 구텐베르크 전자 도서관 프로젝트와 밀리언 북 프로젝트 내용 참조). 전통적인 도서관들도 이 분야에 뛰어들었다. 미국에서 의회도서관은 1994년 10월 디지털 도서관 방문객 센터를 설치했으며 다른 대형 미국 도서관들과 파트너십을 형성하여 국가 디지털 라이브러리 프로그램National Digital Library Program의 일부로서 미국의 역사 선집을 대규모로 디지털화하는 프로젝트에 착수했다. 의회도서관 프로젝트의 상세한 내용은 웹 사이트에서 구해볼 수 있다(www.leweb.loc.gov).

미국에는 또 오픈 라이브러리Open Library(www.openlibrary.org)가 있다. 이것은 비영리 인터넷 아카이브 프로젝트로, 자금의 일부는 캘리포니아 주립 도서관이 제공했다. 목표는 출판된 적이 있는 모든 책에 대해 검색 가능한 카탈로그를 생산하기 위해 웹상에 단일 페이지를 만드는 것이다. 이 책을 쓰고 있는 시점에 19개 주요 도서관으로부터 약 3000만 개의 기록이 모였으며 약 2000만 개의 기록에 대해 사이트에서 접근이 가능하고 대략 100만 종의 저작권이 없는 저작물의 전문에 대한 링크를 제공한다.

또 다른 미국 프로젝트는 디지털 퍼블릭 라이브러리 오브 아메리카Digital Public Library of America(www.dp.la)인데 하버드 대학교의 버크먼 인터넷 및 사회 센터Berkman Center for Internet and Society가 주도하고 있으며 개발하는 데 수년이 걸린 후 2013년 4월 활동을 개시했다.

네덜란드 국립 도서관과 프랑스 국립 도서관은 소장 자료의 디지털화 작업을 하고 있으며 다른 나라 도서관들이 행하고 있는 유사한 프로젝트와 연계를 하고 있다. 대부분의 주요 대학 도서관들은 인터넷을 통해 소장 자료에 전자적으로 접근하게 하는 프로젝트를 구축해왔다. 오래된 자료와 달리 저작권이 있는 저작물은 디지털화하기 전에 저작권자로부터 허가를 받아야 한다.

영국에서 1993년의 「폴레트 보고서Follett Report」는 정보에 대한 학계의 필요를 충족하기 위해 정보 기술이 제공하는 기회를 강조했으며, '정보 기술 분야를 위한 폴레트 보고서 실행 그룹'의 건의에 따라 JISC는 전자도서관 프로그램을 구축했다. 그 목적에는 디지털화를 추진하고 주문형 출판을 하며 전자 저널과 전자 문서 배송 서비스를 제공하는 데 정보 기술을 이용하는 것이 포함된다. 현재 진행되고 있는 프로젝트에 대한 정보는 이리브eLib 웹사이트(www.ukoln.ac.uk/services/elib)에서 얻을 수 있다.

대영도서관이 1993년에 발표한, 소장 자료의 저장과 보존 및 접근 수단으로서 디지털 도서관을 구축하겠다는 계획에 학술 출판사들은 큰 관심을 가졌다. 대영도서관은 디지털 도서관 프로그램을 구축하면서 정부 예산만으로는 전체 비용을 충당할 수 없었기 때문에 민간의 자금 파트너십을 통해 이 모험적인 사업에 필요한 자금의 일부를 확보하려 했다. 2009년 12월 이 도서관은 그곳의 장기 디지털 저장 시설에 50만 번째 항목(1864년 12월에 발행된 ≪버밍엄 데일리 포스트Birmingham Daily Post≫ 신문)을 추가했다고 발표했다. 대영도서관이 이와 관련해 별도로 추진하고 있는 디지털 계획은 종합적인 국립 아카이브를 확실히 구축하기 위해 전자적인 생산물에까지 납본을 확장하려는 것이다. 「2003년 도서관 납본법」은 2003년 10월 30일 여왕의 재가를 받아 2004년 1월 시행되었다. 임시적인 조처로서 출판사들은 「2000년 자율적 실천 규약」에 따라 전자 출판물을 납본할 수 있었다. 「전자출판납본규정」은 2013년 4월 6일부터 시행되었다.

1997년 1월 대영도서관과 세계 최대 과학 저널 출판사인 엘스비어 사이언스Elsevier Science는 대영도서관의 내부 서비스, 통합적인 최신 정보 제공, 문서 주문 및 배송 서비스의 일환으로 엘스비어 저널에 대해 서지 데이터를 전자적으로 이용할 수 있게 하는 작업에 착수했다. 이 서비스는 대영도서관 웹사이트(www.bl.uk)를 통해 접속할 수 있다. 이 실험에 따라 이 도서관은 엘스비어 저널의 전문에 대해 전자적으로 문서 배송을 할 수 있게 되었으며 대금 지불은 CLA를 통하기보다 엘스비어에 직접 한다. 대영도서관은 전자 문서 배송을 위해 몇몇 주요 저널 출판사의 라이선스를 직접 확보했다(제17장 "BLDSC" 참조).

대영도서관은 저작권이 소멸된 소장 자료에 전자적으로 접근할 수 있게 할 의도이며, 원격지에서 재료에 접근하고자 하는 사용자들은 사용료를 내게 할 것으로 예상된다. 또한 대영도서관은 다른 국립 도서관과 학술 도서관에서 보유하고 있는 저작권이 있는 소장 자료에 접근하기 위한 링크를 제공할 의도이다. 출판사들은 자기들의 재료가 이런 서비스에 포함된다면, 이런 재료를 개인, 학술 기관, 상업 기관이나 공공 도서관이 사용하는 것에 대해 공정한 보상을 받아야 한다는 점을 여전히 우려하고 있다.

또한 대영도서관은 BBC가 착수한 기획, 즉 디지털 퍼블릭 스페이스 프로젝트Digital Public Space Project에 관련된 기관 중 하나이다. 이 프로젝트는 영국이 공적으로 소장하고 있는 많은 문화 및 문화유산 미디어 자산을 이용하자는 것이다. 다른 파트너들 중에는 왕립오페라 하우스, 큐 왕립식물원, 과학박물관, 내셔널 아카이브National Archives 및 예술위원회의 아츠 온 필름Arts on Film 아카이브가 있다.

2006년 3월 유럽연합 집행위원회는 온라인 디지털 도서관[원래 명칭은 e2010이었으나 나중에 유로피아나Europeana(www.europeana.eu)로 바뀜] 설립계획을 발표했다. 설립 목적은 인터넷 사용자들이 수백만 권의 책, 사진, 영화, 문서 및 대영도서관을 포함한 2000개 이상의 유럽 도서관들이 소장하고 있는 문화적 저작물을 이용할 수 있게 하기 위함이다. 이 사이트는 2009년 11월 20일 500만 건 이상의 소장품을 갖고 출범하자마자 매시간 1000만 건 이상의 조회수를 기록하며 마비상태에 빠졌다. 이 프로젝트에 포함된 저작물들은 공유저작물에 속한다.

2009년 4월 유네스코는 월드 디지털 도서관World Digital Library(www.wdl.org)을 출범시켰는데, 이는 미국 의회도서관이 관리하는 야심찬 프로젝트이다. 목적은 전 세계 여러 문화의 중요한 1차 재료를 다多언어 포맷으로 무료 이용할 수 있게 하는 것이다. 검색엔진 구글은 이 프로젝트의 개발에 초기 자금으로 300만 달러를 기부했다. 이용 가능한 재료는 공유저작물이며 그 출처는 미국과 다수 국가의 주요 도서관이다.

검색엔진, 온라인 소매상 및 기타 업체들: 위협인가 아니면 기회인가?

구글의 부상

기술 회사인 구글이 인쇄물의 디지털화 영역으로 진입하여 이 분야에서 세를 확장하려는 야심을 드러내자 출판계에서는 전례를 찾을 수 없을 만큼 엄청난 논란이 일어났으며 업계 신문과 일반 언론계에서 수많은 칼럼이 쏟아져 나왔다. 당시에는 무슨 일이 벌어질지 예측하기가 곤란한 지경이었다.

구글은 래리 페이지Larry Page와 세르게이 브린Sergey Brin이 1998년 웹에서 사용하는 검색엔진으로서 설립한 회사로 기업 모토는 '사악해지지 말라'는 것이었다. 전 세계에서 사용자들이 몰려들었으며 미국에서 검색엔진 시장의 67%, 세계 시장의 69% 이상을 장악하고 있는 것으로 추정된다. 구글은 영어 외에도 수많은 언어로 서비스를 운영한다. 2004년 8월 주식 상장이 이루어진 이후 주가는 폭등했으며 세계에서 가장 성공적인 기술 회사 중 하나가 되었다. 때때로 중국과 같은 나라에서 정치적으로 민감한 주제에 대한 접근을 막음으로써 집중포화를 받기도 했다.

2003년 말 구글은 원래 구글 프린트Google Print 프로그램이라고 불리던 것을 개발했으며 '세계의 정보를 조직하여 그것에 보편적으로 접근하고 이용할 수 있게' 하기 위해 도서의 텍스트를 완전히 디지털화하는 허가를 확보할 목적으로 출판사들에 접근했다. 계약에 서명한 출판사들은 프로그램에 포함될 도서의 인쇄본이나 PDF를 구글에 보냈다. 구글은 필요시 스캔 작업을 하고 텍스트를 사이트에 올려 사용자들이 키워드 검색을 할 수 있게 했다. 또한 화면에는 제품 및 서비스와 관련된 애드워즈AdWords(구글에서 제작한 셀프 서비스 광고 프로그램. 광고주는 애드워즈에 가입함으로써 구글 웹사이트와 애드센스AdSense에 가입한 웹사이트들에 광고를 넣을 수 있다—옮긴이) 형태로 광고가 나타난다. 출판사들은 텍스트에 접속한 사용자가 광고를 클릭하면 문맥 광고contextual advertising 판매로 발생한 수익의 일부를 받게 될 것이다. 출판사들은 이렇게 발생하는 수익을 여러 방식으로 처리하기로 선택했다. 어떤 출판사들은 이를 2차적 권리에 대한 수익으로 보고 계약에 따라 저자와 나눠 갖는 것으로 생각하는 반면, 다른 출판사들은 마케팅 수입으로 본다. 대서양 양안의 대다수 출판사들은 구글의 강력한 검색엔진을 통해 제품의 가시성을 확보하는 것이 필수적이라는 이유로 이런 서비스를 위한 계약을 체결해왔다.

구글 사용자들은 저작권이 있는 저작물의 텍스트에 대해 한 번에 5쪽을 검색할 수 있으며, 출판사가 전체 보기 기능을 설정할 경우에도 최대로 볼 수 있는 양은 전체 저작물의 20%까지이다. 텍스트는 저해상도 jpeg이미지로 보여지며 이 이미지는 텍스트의 맛보기에는 적합하지만 무시로 볼 수 있어야 하는 경우에는 편리하지 않다. 사용자들은 접근하는 재료를 다운로드하거나 인쇄할 수 없다. 이 사이트는 '도서 구매Buy this book' 버튼을 통해 사용자가 출판사의 웹사이트나 아마존과 같은 온라인 소매상 웹사이트와 연결될 수 있게 한다. 구글은 이 서비스로 출판사들이 제품을 홍보할 수 있고 종이책 구매를 촉진할 수 있다고 주장한다. 2005년 11월 이 서비스는 구글 북 서치Google Book Search(www.books.google.com)에 속한 구글 파트너Google Partner가 되었는데, 이런 조처를 취한 것은 사용자들이 이 사이트가 재료를 출력할 수 있는 기능을 제공한다고 잘못 알고 있음을 파악한 뒤였다.

2004년 말 구글은 학술 저널 콘텐츠를 스캔하기 위한 구글 스콜라Google Scholar 프로그램(www.scholar.google.com)을 출범시켰다. 구글의 발표에 의하면 재료가 오픈 액세스 모델로 이용할 수 있는 것이라면 모든 사용자들이 완전히 이용할 수 있을 것이며, 다른 재료들은 초록과 세부적인 인용문만 접근 가능할 것인데, 전문은 요금을 내거나 해당 저널 콘텐츠에 대해 권한이 있는 유료 구독자들만 이용할 수 있을 것이었다.

구글 도서관 프로젝트

2004년 말 시작된 구글 도서관 프로젝트Google Library Project(www.print.google.com/googleprint/library.html)는 논란이 더 많았다. 당시 구글은 하버드, 스탠퍼드, 미시간 대학교의 도서관, 뉴욕 공공 도서관 및 보들리 도서관Bodleian Library을 통해 옥스퍼드 대학교가 소장하고 있는 모든 도서를 디지털화하기 위한 협약을 체결했다고 발표했다. 이어서 구글은 관련 도서관에 스캔된 저작물의 디지털화된 파일을 제공할 것이었다. 목표는 10년에 걸쳐 1억 달러의 예산을 들여 1500만 권의 책을 스캔하는 것이었다. 이는 비용과 노동 면에서 관련 대학교들에게 대단히 매력적인 계획이었다. 각 기관과 맺은 정확한 계약은 상이했지만 전반적인 계획은 저작권이 소멸되었다고 생각되는 저작물의 전문을 스캔하는 것이었으며 사용자가 이를 완전히 검색하고 다운로드할 수 있는 것이었다. 저작권이 있는 저작물의 경우 사용자는 구글이 텍스트의 '스니펫snippets'이라고 한 것에 접근할 수 있을 것이었다. 구글은 미국 저작권법의 공정 이용 조항에 따라 이를 제공할 수 있는 권한이 있다고 주장했다. 구글이 미국에서 1923년 이전에, 영국에서 1900년 이전에 발행된 모든 저작물은 공유저작물이라고 생각한다고 발표하자 추가적인 문제들이 발생했다. 구글은 처음에는 절판된 저작물도 공유저작물에 속하는 것으로 생각한다고 언급했다. 이런 언급이 제기한 저작권 문제와는 완전히 별개로 도서와 저널에 대한 구글의 이러한 아카이브는 프로퀘스트, 마이아이라이브러리MyiLibrary, 퀘스티아Questia 및 크레도Credo와 같은 디지털 통합자들과 아울러 출판사 자체의 전자 제공물과도 직접적인 경쟁관계에 서게 될 것이었다(제19장 참조).

구글의 이 프로젝트는 개별 출판사들과 다양한 관련 기관들로부터 항의를 받았다. 항의의 대열에 참가한 기관은 미국출판협회, 미국대학출판협회, PEN USA, 미국작가조합, 영국출판협회, 영국 학계, 전문가 및 학술 출판협회, 영국의 저자협회와 저자 에이전트 협회, 국제출판협회, STM 및 IFRRO이다. 블룸즈버리의 니겔 뉴턴Nigel Newton은 구글의 계획에 강력하게 반기를 들면서, 판도라의 상자는 열렸으며 결국 한 기술 회사가 막대한 저작권 작품의 디지털 파일을 통제하고 말 것이라고 했다. 저자 앤터니 비버Antony Beevor도 혹평을 했다.

2005년 8월 구글은 입장을 바꿔 출판사들이 프로그램에 포함된 특정 타이틀을 제거시킬 수 있다고 했으며 2005년 11월까지 스캐닝 작업을 잠정 중단했다. 하지만 권리자들은 저작권은 선택적 제외opt-out가 아니라 사전 동의opt-in를 기반으로 적용해야 함을 강조했다. 그리고 2005년 9월 세 명의 미국 저자와 작가조합Authors Guild은 구글을 상대로 집단 소송을 제기하여 그때까지 계속되던 저작권 위반으로 인한 침해와 피해에 대해 법원의 중지명령을 받으려 했다. 그 뒤를 이어 2005년 10월에는 미국출판협회가 맥그로힐, 피어슨 에듀케이션, 펭귄, 사이먼 & 슈스터, 존 와일리를 대신하여 고소를 했다. 영국에서 출판협회는 보들리 도서관으로부터 저작권은 존중되어야 하고 납본된 도서가 디지털화를 위한 기초로 사용되어서는 안 된다는 확약을 받으려 했다. 그래서 구글은 영국에서 저작권이 소멸된 저작물만 자기들 프로그램에서 디지털화할 것이라고 했다. 보들리, 하버드와 스탠퍼드는 모두 저작권이 있는 저작물의 스캐닝을 허가하지 않을 것임을 확인했다. 하지만 어떻게 그런 상태가 항시 분명하게 규정될 수 있을 것인지는 논란거리였다.

공정 이용이란 일반적인 문제와 관련하여 2006년 2월 캘리포니아 지방법원은 구글의 이미지 서치Image Search에 엄지손톱 크기의 사진이 게시되는 것이 공정 이용으로 인정되지 않고 저작권을 침해할 수 있다고 판결했다. 성인 잡지를 발간하고 관련 웹사이트를 운영하는 한 출판사는 이미 구글을 제소한 상태였다.

구글은 도서관 프로젝트를 확대해서 유럽 도서관의 재료를 디지털화하려고 계획했다. 하지만 "우리는 미국과 유럽 저작권법이 다르다는 것을 충분히 인정한다. 우리는 저작권법을 위반할 의도는 추호도 없다"라고 언급함으로써 저작권이 소멸된 저작물만 포함될 것임을 밝혔다. 그런데 2006년에 프랑스 출판사 라 마르티니에르La Martinière는 구글이 자사의 출판물을 불법으로 스캐닝했다고 소송을 제기했다. 2006년 11월에는 프랑스 출판협회Syndicat National de l'Edition가 추가 소송을 제기했다. 미국 도서관에서 하는 스캐닝 작업에 다수의 비영어 타이틀이 포함된 것은 분명해졌다.

구글은 제소당했거나 소송을 계획하고 있는 건수가 늘어나자 출판사들의 우려를 불식시키고자 2006년 런던 도서전과 북엑스포에서 대규모 선전활동을 전개했다. 또한 완전히 별도로 계획하고 있는 구글 퍼블리셔Google Publisher 프로그램(현재 구글 북스Google Books)에 의해 출판사들이 온라인으로 완벽한 책을 판매할 수 있게 할 것이라고 발표했다. 출판사들은 타이틀당 다운로드 가격을 정하고 허가되는 사용 범위를 명기하게 될 것이었다.

도서 출판사들은 음악 산업에서 발생한 망령을 의식한 것이 분명하며(이 장 앞의 "음악 산업으로부터 배울 수 있는 교훈?" 참조) 출판 콘텐츠의 냅스터화에 대해 실질적인 공포가 대단했고, 또한 구글의 목적이 미래에는 소유권이 바뀔 수도 있는 데이터를 확보하는 데 있으며 구글이 출판 관련 회사라기보다 기술회사라는 것을 염려했다. 또한 구글이 전자 파일을 대규모로 통제하게 되면 장차 자신들과 경쟁관계에 처할 수 있다는 점을 염려했다.

구글 합의안

2008년 10월 28일 미국에서 소송을 제기한 저자 및 출판사들과 구글 사이의 합의안이 발표되었다. 조건은 복잡했다. 주요 문서는 134쪽에 달하고 부속문서는 300쪽이 넘었고 뉴욕 남부 지역법원의 승인을 받아야 했으며, 법원의 공청회가 2009년 6월 11일 개최될 예정이었다.

합의안에 따라 구글은 총액 1억 2500만 달러를 지불하기로 동의했다. 이 중 3000만 달러는 소송 비용이고 4500만 달러는 구글이 스캐닝한 저작물에 대해 타이틀당 60달러 또는 삽입물—머리말이나 후기, 맺음말, 어린이책의 일러스트레이션, 시, 인용문, 노래 가사, 표, 그래프, 차트와 같은 텍스트로서 정의—당 15달러의 최저 '현금 지불'을 제공하려는 것이었으며 3450만 달러는 비영리 도서권리 등록소를 설치하기 위한 것이다. 이 기구는 저자와 출판사에 대한 지불을 관리하고 구글이 콘텐츠를 가지고 하기를 원할 수 있는 미래의 이용에 대해 협상할 때 권리자를 대리한다.

이 단계에 이를 때까지 구글은 700만 개에 달하는 저작물을 스캔했는데, 이 중 100만 개는 저작권이 없는 것으로 생각되고 500만 개는 저작권은 있으나 절판된 것이며 100만 개는 종이책이면서 여전히 상업적으로 구할 수 있는 것이었다. 이 합의안에 따라 구글은 이 프로그램에 있는 상업적으로 구할 수 있는 저작물을 권리자가 허가할 때만 계속해서 게시할 수 있었다. 구글이 발생시킨 수익의 63%는 등록소에 지불되어 행정 비용을 공제한 뒤 출판사에 이전되며, 출판사들은 계약에 따라 이 수입을 저자와 분배할 것이었다.

이제 구글은 몇 가지 새로운 '수익 모델'의 개발에 대해 허가를 받게 될 것이었다. 예를 들면, 주문형 인쇄, 강의집 맞춤형 출판을 위한 페이지당 가격 책정, 요약본과 초록과 선집의 발간, 공공 접근 라이선스—도서관과 같은 공공 검색 장소에서 재료의 일부를 출력하도록 허용하고 아울러 각종 '화면상의 사용'을 제공하는 것—로부터의 수익이다. 이런 것에 포함될 수 있는 것은 스니펫(어떤 책 본문의 3행 또는 4행을 볼 수 있는 것으로, 동일한 책에서 세 토막 이상은 볼 수 있게 허용하지 않음), 고객이 저작물의 20%까지 볼 수 있고 5쪽 이상을 계속해서 볼 수 없으며 사본을 출력할 수 있는 미리보기 서비스, 그리고 마지막으로 유료 가입이 기준인 '기관 라이선스' 및 개별 고객—볼 수는 있지만 다운로딩은 할 수 없다—에 대해 구글이 정한 가격—1.99달러에서 29.99달러에 이른다(이 가격은 저자와 출판사가 무효로 할 수 있는 것이다)—에 부여되는 '고객 라이선스'를 통한 온라인 접근이었다. 최대의 수익을 발생시킬 것으로 기대되는 것은 기관 라이선스였다. 상업적으로 이용할 수 없는 상태에 있는 저작물의 경우 권리자에 대한 지불은 다양하게 이루어질 것이었다. 권리가 저자에게 귀속되는 경우 저자에게 100%, 미국 법률 조항에 따라 '업무상' 저작물은 출판사에게 100%를 지불한다. 권리가 저자에게 귀속되지 않은 1987년 이전 출판된 저작물의 경우 저자에게 65%, 출판사에 35% 나눠서 지불된다. 권리가 저자에게 귀속되지 않은 1987년 이후 출판된 저작물의 경우 저자와 출판사 간 분배는 50 대 50이다. 개별적인 이용의 경우 광고가 책 페이지에 나타나고 발생된 수익은 권리자와 분배될 것이었다. 유료 회원인 기관의 경우 권리자에게 타이틀당 일시불로 200달러를 지불할 것이며 유료 회비는 상근 노동자full time equivalent(FTE) 숫자를 기준으로 하여 산정될 것이었다.

고아저작물(저작권이 살아 있지만 현재 권리자를 찾을 수 없는 저작물)에 대한 지불을 어떻게 할 것인지에 대한 문제는 여전히 불분명했으며(제1장 "영국의 저작권 입법"과 "미국의 저작권 입법" 참조), 권리자 데이터베이스를 이용할 수 있는 국가의 복제권 기구를 통해 처리하는 것이 최선일 것이라는 제안이 있었다(제17장 "복제권 기구" 참조).

구글 합의안은 반대가 있으면 2009년 5월 5일까지 제기하도록 했고 권리자는 구글이 2009년 5월 5일 이전에 디지털화한 타이틀에 대해 2010년 1월 5일까지는 구글에 이의를 제기해야 했다. 신청 시에는 저작물이 여전히 상업적으로 이용할 수 있는지 여부를 밝혀야 했다. 이의가 제기되면 권리자는 타이틀을 '관리'할 수 있었으며 상업적으로 이용할 수 있는 타이틀은 이 프로젝트에 속해서는 안 된다는 것을 고지할 수 있었다.

구글 합의안은 미국에서 스캔된 타이틀에 적용되고 '미국 저작권과 관계된' 저작물에만 적용된다는 것을 분명히 했으며 스캔된 타이틀 중 많은 것이 맨 처음에 미국 밖에서 출판되고 미국 의회도서관에 등록되지 않았지만, 그럼에도 불구하고 원산지가 미국과 공통의 저작권 협약에 속해 있는 경우 미국 내에서 저작권의 보호를 받았기 때문에 이러한 정의를 놓고 논란이 많았다(제1장 "국가 간 저작권 인정" 참조). 또한 의문이 제기된 것은 '상업적으로 이용할 수 있는' 것의 정의였으며 여기에 주문형 출판으로 이용할 수 있는 것이나 미국 밖에서 이런저런 형태로 판매에 이용할 수 있는 타이틀들이 포함되느냐 여부였다.

이 합의안에서 제외된 것은 잡지, 저널, 정기간행물, 신문, 인쇄물 형태로 존재하지 않는 저작물의 전자책, 악보, 발간되지 않은 개인 자료, 공유저작물로서 미국 정부가 발간한 저작물, 대부분의 경우 출판사가 완전히 통제하지 않는 사진, 일러스트레이션, 지도, 페인팅과 같은 그림 저작물이었다. 또한

2009년 1월 5일 이후 발간된 저작물이나 삽입물 그리고 2009년 5월 5일 이후 구글이 스캔하거나 디지털화한 저작물이나 삽입물은 제외되었다.

권리자들은 이 합의안에 대한 반응으로 몇 가지 선택을 했다. ① 아무런 조처를 취하지 않는다. 기본적으로 합의안 조건에 동의하지만 지불의 어떤 몫도 주장하지 않는다. ② 참여하지 않기로 한다. 구글에 대해 별도의 법적 조처를 취할 것인지를 결정한다. ③ 2009년 5월 5일 이전 디지털화된 타이틀에 대한 몫을 요구하고, 그런 다음 프로그램에 미래의 타이틀들이 포함되도록 '관리한다'.

이 합의안에 참여하지 않거나 반대하는 기한은 2009년 5월 5일로 정해졌으며 프로그램에서 디지털화된 타이틀의 제거를 요청하는 기한은 2011년 4월 5일로 정해졌다.

이해 당사자들, 예를 들면 저자, 출판사 및 전자 콘텐츠를 제공하는 경쟁자들이 이 합의안에 보인 반응은 제각각이며 언론에서는 찬사에서 자포자기에 이르기까지 가지각색으로 묘사했다. 어떤 잠재 사용자들은 유토피아주의자들의 열광으로 묘사될 만큼 이 뉴스를 환영하면서 오랫동안 이용할 수 없었던 수백만 건에 달하는 타이틀이 다시 한 번 접근 가능하게 될 것으로 상상했다. 어떤 논평가들이 생각하기에는 구글이 상대적으로 적은 비용을 들여 원래의 목적을 많이 달성했고(이 회사의 연간 매출은 당시 200억 달러로 추정되었으며 2013년에는 597.3억 달러에 달했다), 또한 기소를 당할 위험 없이 돈이 될 수 있는 막대한 양의 고아저작물 콘텐츠를 독점적으로 이용할 수 있는 무언가를 확보했다고 보았다. ≪라이브러리 저널Library Journal≫은 구글이 들인 총 비용을 가리켜 "자금력이 풍부한 검색 공룡에게는 푼돈"에 불과하다고 했다. ≪이코노미스트≫가 이 문제에 관해 다룬 기사 제목은 "무덤 침입자Tome raider"였다. 저작권 에이전트인 피어스 블로펠드Piers Blofeld는 이 합의안에 대해 공개적으로 "역사상 최대의 지적 토지 횡령"이라고 했다. 다른 논평가들은 만약 구글의 미래 가격 정책이 도서관 예산에 영향을 미치고 그래서 통합자들과 같은 기존 전자책 공급자들이나 출판사 자신들에 의한 판매에 충격을 준다면 무슨 일이 발생할 것인지에 대해 의문을 제기했다.

2009년 4월 구글은 이 합의안을 채택하지 않기로 선택할 수 있는 기한을 2009년 5월 5일까지 60일간 연장할 것을 요구했다. 담당 판사는 기한을 2009년 9월 4일까지 연장하고 6월에 열릴 예정이었던 공청회를 2009년 10월 7일에 개최하기로 했다. 한편 이 합의안에 대해 400개 이상의 반대가 제기되었는데, 여기에는 프랑스와 독일 정부, 캐나다 표준협회, 일본 PEN 클럽, DC 코믹스DC Comics, 유럽출판연맹Federation of European Publishers, 프랑스출판협회 및 오픈북연맹Open Book Alliance—아마존, 마이크로소프트 및 야후! 포함—이 포함되었다. 이와 대조적으로 소니—아마존 킨들에 대한 전자책 단말기 라이벌 제조업체—는 이 합의안을 지지하고 나섰으며 몇몇 미국 민권단체와 개리슨 케일러Garrison Keillor 및 주디 블름Judy Blume 같은 미국의 몇몇 유명 저자들도 이를 지지했다.

9월 18일 미국 법무부는 뉴욕 법원에 이 합의안의 몇 가지 양상에 대해 반대한다는 의견서를 제출했다. 이 합의안에 대해 데니 친Denny Chin 판사와 당사자들 간의 최초 진행협의가 2009년 10월 7일 열렸다. 프랑크푸르트 도서전 준비 기간 중 독일 총리 앙겔라 메르켈Angela Merkel은 이 논쟁에 끼어들어 독일이 이 합의안에 반대한다는 것을 확인하고 저작권 보호를 위해 국제적인 협력 강화를 호소했다. 전시회 기간 동안에 이 합의안에 대한 논란이 많았다. 2009년 12월 독일 정부는 독일 디지털 도서관에 대한 계획을 발표했다. 이 프로젝트는 독일의 문화 및 학술기관 데이터베이스 3만 개를 연결시키는 것인데, 유로피아나에도 연결될 것이었다(이 장 앞의 "디지털 도서관" 참조).

프랑스에서 출판사 라 마르티니에르와 문인협회는 파리에서 별도로 구글을 제소하여 벌금으로 1500만 유로를 요구했고 추가로 구글이 작품을 스캔하는 날이 추가될 때마다 10만 유로를 벌금으로 내야 한다고 요구했다. 2009년 12월 파리 법원은 30만 유로를 벌금으로 부과하고 구글이 프랑스 재료를 제거할 때까지 매일 1만 유로를 벌금으로 내야 한다고 판결했다. 최근에는 중국 출판당국이 구글의 디지털화 작업에 반발하고 나섰다.

2009년 11월 13일 합의안 당사자들은 법원에 제출된 반대 의견에 대처할 목적으로 수정안을 제출했다. 이제 합의안 조건은 미국에서 출간되고 미국 저작권청에 등록된 저작물에만 적용될 것이었으며, 여기에 영국, 오스트레일리아, 캐나다에서 출판된 책이 포함되었다. 따라서 합의안에서 외국어 책의 95%가 제거되고 원래 포함되었던 타이틀의 50%가 제거되는 셈이었다. '상업적 이용가능성'은 다음과 같이 정의되었다. "미국, 영국, 캐나다 또는 오스트레일리아 내의 구매자에게 하나 또는 그 이상의 기존 판로를 통해 세계의 어디서나 판매자가 새로운 판매를 할 수 있는 것." 현금 지불을 요구하는 날짜는 2010년 1월 5일에서 2011년 3월 31일로 연장되었다. 다른 변경사항 중에는 고아저작물로부터 발생한 수익의 일부를 보유하고 5년 후 권리자를 찾기 위해 노력하는 데 사용한다는 조항이 들어 있었다. 또한 구글이 취할 향후 활동에 제한이 있었다. 맞춤형 출판에 대한 조항을 제거하고 상업적으로 구해볼 수 없는 타이틀의 주문형 출판 이용에 제한을 두었다. 권리자는 상업적으로 이용할 수 있는 타이틀의 63% 대 37% 수익 분배에 대해 재협상을 요구할 수 있었으며 합의에 이르지 못하면 관련 타이틀을 제거할 수 있었다. 구글은 다른 소매상들도 콘텐츠를 이용할 수 있게 할 것을 약속했다.

등록소의 위원회에는 적어도 관련국으로부터 한 명의 저자와 1개 출판사가 포함되어야 하고 또한 주인이 나서지 않는 타이틀에 대해 권리자의 이익을 대변할 법원이 승인한 수탁자 한 명이 들어가야 했다. 또한 구글은 경쟁적인 시장에서 가격을 시뮬레이션하기 위해 가격 알고리즘을 사용했고 제외 요청이 들어오면 신속하게 타이틀을 제거했으며, 어떤 경우 그런 고지를 받고 30일 이내에 조처를 취했다. 구글이 이용할 수 있는 것보다 더 유리한 조항으로 경쟁자가 이용할 수 있는 권리를 방지하는 원래 합의안의 조항은 제거되었다.

2009년 11월 19일 친 판사는 합의안을 잠정 승인하고 2009년 12월 14일까지 추가 의견을 제출하도록 요구했다. 수정된 합의안에 참여할 것인지 참여하지 않을 것인지, 또는 반대할 것인지를 결정하는 기한이 2010년 2월 28일로 정해졌으며 최종 합의안에 대한 공청회는 2010년 2월 18일로 정해졌다. 수정된 합의안에 반대를 제출한 것은 오픈북 연맹과 아셰트 출판 그룹이다. 몇몇 주요 저자들—J. K. 롤링 포함—도 자기들 작품이 포함되지 않는 데 참여했다. 2010

년 2월 4일 미국 법무부는 31쪽의 서류를 제출하여 제안된 수정안이 저작권에 대한 저자들의 우려를 충분히 불식하지 못하고 구글이 고아저작물 수백만 종을 독점하도록 허용했다고 강조했다.

영국에서 출판협회와 ALCS는 전체적으로 수정안을 지지했다. 하지만 서적상협회는 지속적으로 우려를 표명했으며 저작권 에이전트들은 견해가 엇갈렸다. 수정된 합의안에 대한 뉴스는 일부 반대자들의 두려움을 다루었고, 캐나다 작가협회Writers' Union of Canada는 이 합의를 반대했으며 유럽출판연맹은 '심각한 우려'를 계속해서 표명했다. 2009년 11월 20일 아마존은 판사에게 그가 내린 잠정 승인을 재고하고 합의안을 재협상하기 위한 시간을 더 줄 것을 요청했다.

2011년 3월 22일 친 판사는 48쪽에 달하는 판결문에서 제안된 합의안을 받아들이지 않았으며 구글이 경쟁사들보다 많은 이득을 취하고 아울러 고아저작물의 복사에 대해 면책을 얻기 때문에 "공정하지 않고 적합하지 않으며 합리적이지 않다"라고 선언했다. 그는 장래에 합의될 합의안은 선택적 제외가 아니라 사전 동의를 기반으로 할 것을 추천했으며 2011년 7월 19일을 새로운 공청일로 정했다. 그해 말에 구글은 원고인 저자협회가 제기한 소송의 기각을 청구했지만 친 판사는 2012년 3월 31일에 이를 거부했다. 그해 8월 구글은 그 사건을 집단 소송 기준으로 처리할 수 있다는 판사의 결정에 불복했다. 한편, 출판사 측에서 5대 출판사를 대표하는 미국출판협회는 구글과 합의에 도달했다. 정확한 조건은 여전히 비밀이지만 출판사들은 자사 타이틀이 구글 프로그램에 포함될 것인지 말지를 선택할 수 있게 되었다. 미국저자협회가 개입된 사건은 2013년 8월 23일 개최된 청문회와 더불어 지속되었는데, 친 판사는 디지털화된 데이터베이스가 연구에 도움이 된다고 강조한 사서들과 학술계의 보고에 담긴 구글 스캐닝 프로젝트의 몇 가지 유익들을 설명했다. 그는 2013년 11월 14일 자로 이 소송을 기각했다. 그의 30쪽짜리 판결문은 기각 사유에서 구글의 스캐닝 행위가 '변혁적'이라고 언급했다. 저작권자의 권리에 악영향을 미치지 않고 공공 이익이 상당하며 공정 이용에 해당한다는 것이다. 그는 구글이 책의 이용을 확장했다고 주장한 반면, 작가조합은 구글 프로젝트의 주목적이 구글 사이트를 발전시켜 광고 수익 증대를 유도하는 것이라고 오랫동안 주장해왔다. 그것이 도서 자체의 구매를 권장하는 아마존의 도서 내 검색 특성과는 다르다는 것이다. 미국작가조합은 2014년 4월 상고하여 이 책을 저술하고 있는 시점에 소송은 계속되고 있다(2016년 4월 미국 대법원은 구글의 손을 최종적으로 들어주었다—옮긴이).

논란이 적었던 부분을 살펴보면, 2011년 6월 구글은 대영도서관과 계약을 체결하여 도서관 소장품 중 1700~1870년 동안 발행된 저작권이 없는 저작물 28만 건을 디지털화했다. 구글은 사용자들이 무료로 이러한 재료에 접근할 수 있도록 하고 대영도서관에 디지털화된 콘텐츠의 전자 파일을 제공하고 있다. 구글은 전 세계 40개 도서관과 이와 같은 파트너십을 형성했다.

합의안과 관련한 일들이 복잡다단했지만 구글은 방해를 받지 않고 다른 계획을 추진했다. 2009년 5월에 개최된 북엑스포 아메리카에서 구글은 계획 중인 구글 퍼블리셔 프로그램—현재는 구글 북스로 개칭—을 선전했다. 이는 출판사들이 구글을 통해 자사 타이틀의 전자책을 판매할 수 있으며 구글이 아마존의 킨들 전자책 프로그램과 경쟁을 할 수 있게 할 것이었다. 좀 더 상세한 프로그램은 2009년 10월에 개최된 프랑크푸르트 도서전 기간에 열린 툴스 오브 체인지Tools of Change 콘퍼런스에서 발표되었다. 이때 구글은 '클라우드 도서관'을 기반으로 한 웹 브라우저를 통해 "어디서나 구매할 수 있고 어디서나 독서할 수 있는" 콘텐츠를 선전했다. 그러므로 이는 다운로드 서비스가 아니라 오히려 온라인 접속 서비스로서 사용자가 접속이 어려운 지역에 있으면 오프라인 모드로 접근할 수 있는 지원책이 있었다. 접근은 랩톱, 태블릿이나 스마트폰을 통해서 하거나 전용(호환되는) 전자책 단말기에 PDF를 이메일로 보내서 한다. 이 서비스는 클릭 한 번으로 북마킹, 여백에 메모 달기, 저작물의 20%까지 복사 및 붙여넣기를 할 수 있고 전체는 아니지만 콘텐츠를 출력할 수 있다. 저작물을 구입하면 사용자가 소유하고 있는 어떤 기기가 되었든지 간에 자기 계정을 통해 구글에서 직접, 또는 파트너 소매상이나 구글과 파트너십을 형성한 출판사 자체의 웹사이트를 이용해 접근할 수 있다. 수익 분배를 위한 모델은 다양하다. 콘텐츠는 출판사의 요구에 따라 DRM이 있거나 없게 제공될 것이다. 이 서비스는 미국에서는 2010년 12월에 개시되었고 영국에서는 2011년 10월에 시작되었다. 접속은 구글 플레이Google Play를 통해서 할 수 있다(https://play.google.com/store/books).

아마존

구글 문제는 좀 상세하게 취급했는데, 현재진행형인 사안이라 할 수 있다. 하지만 구글만이 이 분야에 뛰어든 유일한 기업은 아니다. 2003년 10월 온라인 소매상인 아마존-"지구 상 최대의 고객 중심 회사"가 되겠다는 기업 강령을 채택했다-은 미국에서 서치 인사이드!Search Inside! 서비스를 개시했으며, 2004년에는 영국으로 이 서비스를 확대했다. 처음에는 이 서비스로 사용자들은 책의 앞표지와 뒤표지, 목차 및 색인을 볼 수 있었다. 그런 다음 이 서비스가 확대되어 사용자들은 키워드 검색을 할 수 있게 되었고 책의 목록에 접근하여 해당 키워드를 담고 있는 도서의 문장들을 볼 수 있게 되었다. 사용자들은 책 전체의 20%까지 볼 수 있지만 마우스 오른쪽을 클릭하는 기능은 사용할 수 없어 책 일부의 인쇄를 방지한다. 사용자들은 링크를 이용해 책을 구매할 수 있다. 출판사들은 이런 유형의 서비스에 더 호감을 갖고 있다. 특히 아마존은 출판사들과 이런 계획에 대해 초기 협의를 진행하는 데 신중했다. 이제는 다수의 출판사들이 이 서비스에 참가하고 있다.

흥미로운 기획은 아마존 업그레이드Amazon Upgrade이다. 사용자는 아마존에서 종이책을 구입하고 나서 추가 비용을 지불하면 전자적으로 접속할 수 있다. 사용자들은 전자책 판을 검색하고 북마크를 하며 메모를 달 수 있는 기능을 제공받는다. 이 책을 쓰고 있는 시점에 이 서비스는 미국에서만 이용할 수 있다.

아마존의 킨들 전자책 단말기는 영어권 시장을 석권하고 있다. 아마존의 위스퍼넷Whispernet 기술 덕분에 사용자들은 와이파이가 되는 킨들을 가지고 전자책에 수초 만에 접근할 수 있다.

애플

애플은 맥Mac을 가지고 개인용 컴퓨터 시장에서 마이크로소프트와 최초로 격돌함으로써 유명해졌다. 그때 이래 iOS 운영 시스템을 사용한 대표적인 기기들로 대성공을 거두었다. 아이팟iPod, 아이패드iPad, 아이폰iPhone과 같은 기기가 여기에 속한다. 콘텐츠 면에서 애플은 아이튠즈 스토어를 통해 음악 다운로드 비즈니스를 합리화하는 데 중요한 역할을 했다(이 장 앞의 "음악 산업으로부터 배울 수 있는 교훈?" 참조). 그때 이래로 앱 스토어의 발전과 더불어 애플은 강력한 행위자가 되었으며, 최초의 아이패드 모델이 출시된 이래 자체의 아이북스iBooks 스토어를 통해 전자책의 중요한 공급자가 되었다. 출판사와 애플의 관계에 대한 더 많은 정보는 제19장을 참조하라.

야후! 및 마이크로소프트

2005년 10월 검색엔진 회사 야후!는 어도비 시스템스Adobe Systems, 휴렛패커드Hewlett-Packard, 캘리포니아 및 토론토의 대학들과 오픈 콘텐트 연맹Open Content Alliance(OCA, www.opencontentalliance.org) 컨소시엄으로 힘을 합쳐 출판사, 도서관 및 아카이브에 있는 인쇄물, 오디오 및 오디오비주얼 저작물의 디지털 아카이브를 구축할 계획이라고 발표했다. 그러나 여전히 저작권의 보호를 받는 저작물에 대해서는 저작권자의 허가를 받고 추진하기로 했다. 마이크로소프트는 자사의 MSN 도서 검색 서비스를 염두에 두고 이 연맹에 합류했다. 계획상으로 초기에는 저작권이 없는 타이틀에 집중하고 마이크로소프트가 대영도서관과 합의에 도달할 것이었다. 이 과정에서 이 도서관이 소장하고 있는 공유저작물에 속하는 도서 10만 종을 디지털화하기 위해 최초에 250만 달러를 투자할 예정이었다. 마이크로소프트는 2005년에 미국에서 구글 프로그램에 대한 경쟁 서비스로서 라이브 서치 북스Live Search Books 및 라이브 서치 아카데믹Live Search Academic 프로그램을 개시했다. 2008년 4월에는 영국에서 라이브 서치 프로그램을 시작했으며 볼 수 있는 도서의 비율은 출판사가 정할 수 있도록 했고 기본적으로 20%를 볼 수 있게 했다. 하지만 마이크로소프트는 도서 75만 종과 저널 기사 8000만 건을 스캔한 다음 2008년 5월 디지털 검색의 다른 측면에 집중하기 위해 이 서비스를 폐쇄하고 스캐닝 설비를 도서관과 디지털 파트너들에게 기증할 것이라는 충격적인 발표를 했다. 이 발표의 여파로 이전에 마이크로소프트의 스캐닝 파트너였던 잉그럼 디지털Ingram Digital(www.ingram digital.com)은 라이브 서치 프로그램에 참여한 출판사들에게 이미 스캔된 도서를 자사의 서치 앤드 디스커버Search and Discover 플랫폼으로 무료 이전할 것을 제안했다. 그 후 마이크로소프트는 자사의 빙Bing 일반 검색엔진을 2009년 5월 출시했다. 같은 해 7월 마이크로소프트는 야후!와 10년간의 거래 계약을 체결했음을 발표했다. 이에 따라 빙은 야후! 검색 기능을 작동하게 하고 야후!는 그 결과 거둬들일 광고 수익의 상당한 몫을 차지하게 될 것이었다.

출판사들은 보조를 맞추고 있는가?

이 책의 이전 판들에서는 출판사들이 전자 환경에 발 빠르게 따라오고 있는지 여부에 관해 의문을 제기했다. 출판 산업은 사서들과 학계와 같은 사용자 그룹으로부터 디지털의 발전에 대해 '눈을 감고' 있다는 비난을 받았으며 출판사들은 뒷북을 치는 꼴이 될 것이라는 경고를 받았다. 지난 20년 동안 출판사들은 상당한 발전을 이루었다. 관련 이슈들의 규모와 복잡성을 고려하면 아마 기술 발전 추세를 제대로 따라가지 못하는 양상은 이해할 만할 것이다. 즉, 저자들과 출판사들을 위한 저작권 보호가 훼손될 위험, 전자 환경하에서 사용 현황을 추적하고 통제하는 데 따르는 난관, 다양한 사용자 그룹과 저작권물 사용을 고려하여 직접 통제할 것인지, 복제권 기구를 통해 중앙 관리할 것인지 또는 양 정책을 혼합하는 것이 최선의 길인지를 판단하는 일의 어려움, 다양한 유형의 재료와 사용을 위한 적절한 지불 요율을 정하는 일의 어려움, 출판의 어떤 범주, 특히 고급 과학 저널 부문에서 전자 형태로뿐만 아니라 종이책 형태로도 여전히 출판을 해야 할 것인지와 같은 주요한 문제를 고려하면 말이다. 현재 거의 모든 학술 출판사들은 두 형태 모두 또는 전자 형태만으로 발행되는 유료 저널을 제공하고 있다.

최근 수년 동안 출판사들은 몇몇 실험을 하고 다양한 수단을 통해 행동을 하지 않을 수 없었는데, 성공의 정도는 각양각색이다. 사용자들은 콘텐츠에 전자적으로 신속하게 접근하기를 기대하고 출판사들은 실용적인 솔루션을 찾지 않을 수 없다. 특히 반저작권 운동과 제1장에서 언급한 오픈 액세스를 위한 로비와 콘텐츠는 무료여야 된다는 기대–특히 젊은 세대 가운데 있는–를 고려할 때 그렇다. STM과 학술 출판사들은 콘텐츠의 특성과 시장의 수요에 의해 단행본 출판사들보다 이 분야에서 더 많이 신속하게 발전했지만 지난 7년 동안에는 단행본 부문에서 콘텐츠를 전자적으로 이용 가능하게 만드는 데 일대 돌풍이 불었다. 특히 그렇게 된 것은 킨들 및 코보와 같은 인기 높은 독서 전용 단말기가 도래했고 태블릿과 스마트폰용 전자책 애플리케이션이 등장했기 때문이다(제19장 참조). 하지만 출판 비즈니스의 두 측면의 특성은 여전히 달라서 학술 콘텐츠는 부분적인 형태–예를 들면 저널 기사 또는 개별 도서 챕터–로 배송되는 경향이 있고 단행본 출판사들은 전자책 형태로 완벽한 저작물을 전달하는 경향이 있다. 하지만 요리 및 여행과 같은 분야의 논픽션 출판사들 중에는 부분적인 콘텐츠를 공급하는 모델을 개발한 업체들도 있다.

구글, 아마존, 코보, 애플과 같은 비전통 업체들이 콘텐츠의 디지털 공급 분야에 새로 진입함으로써 기존 출판사들이 비즈니스의 이런 측면에 더 열심히 집중하도록 활력을 불어넣은 것은 분명하다. 2013년 미국에서 디지털 수익은 출판 분야 총 매출의 27%를 차지한 반면 영국에서는 15%를 점유했다. 특히 구글 합의안은, 이 분야에서 몇몇 다른 기획이 있기는 했지만(이 장 앞의 "디지털 도서관" 참조), 21세기의 알렉산드리아 대도서관에 해당하는 것을 구축하려 함으로써 정부들, 출판사들, 도서관들 스스로가 버린 기회가 무엇이었는지를 잘 보여주었다. 또한 구글 합의안은 저자들과 그들의 에이전트들이 누가 이런 권리를 통제하느냐 하는 문제를 제기했고 출판사들이 권리를 좌지우지할 수 있다고 가정해서는 안 된다고 경고하는 계기가 되었다. 출판사들이 이렇게 할 수 있으려면 관련 권리가 원 기본계약서에 분명하게 상술되거나 또는 기본 계약이 관련 권리의 출현 전에 체결된 것이라면 나중에라도 저자로부터 허가를 받아야 한다(제2장 참조).

전자 출판과 멀티미디어 권리 19

앞 장에서는 전자 출판의 특정한 양상에 대해 다루었다. 이는 사용자들, 특히 학술과 상업적인 연구 분야에서 복사기를 이용한 복사보다는 저작권물의 특정한 일부에 대해 전자적으로 신속하고 손쉬운 접근에 대한 압력이 제고되고 있기 때문이다. 이 장에서는 전자 및 멀티미디어 출판을 전체적으로 다루는 데 주력하고 출판사 자체의 이니셔티브와 제3자에 대한 적법한 라이선싱 사이의 차이를 이끌어내려고 한다.

현재 전자 출판은 출판 산업의 매우 중요한 특성이 되었는데, 이는 기술적·상업적 발전으로 추동되었다. '콘텐츠가 왕이다'라는 오래된 격언은 '소비자가 왕이다'라는 격언과 우열을 가리기 어려운 정도에 이르렀다. 창조 산업 전반에 걸쳐 사용자의 수요가 증대한 결과, 콘텐츠 제공자들은 제품에 대한 접근을 용이하게 하기 위해 대폭적인 변화와 투자를 하지 않을 수 없었다. 하지만 일부 소비자들은 무료로 제공될 것으로 예상한 재료에 저작권 요구 때문에 접근할 수 없게 되었다고 생각하면서 상당히 반발했다(제1장 "반저작권 운동, 오픈 액세스 및 기타 이니셔티브" 참조). 그 결과 저작권은 국제적, 다국적, 국가적 수준에서 철저히 검토를 받게 되었다.

2000년까지는 이른바 정보 고속도로가 완전한 멀티미디어 네트워크 형태로 구축되어 가정과 직장에 통신 서비스, 텔레비전(게임 쇼나 패널 토론에 참가하는 일도 가능한 양방향 텔레비전 포함), 컴퓨터 서비스, 쇼핑 서비스, 엔터테인먼트 및 맞춤형 정보 등을 단일 광섬유 선로를 통해 제공할 것으로 예측되었던 적이 있었다.

이런 것을 달성할 수 있는 목표연도로서 2000년을 잡은 것은 지나치게 낙관적이었던 것 같지만, 이 책을 쓰고 있는 시점에 우리는 예상했던 시나리오에 매우 근접하게 되었다. 인터넷이 이렇게 널리 퍼지리라고 상상한 사람은 별로 없었을 것이다. 특히 이메일은 이제 사업과 개인적인 용도를 위한 커뮤니케이션의 표준 수단이 되었다. 인터넷은 교육, 학술 및 전문 부문과 아울러 일반 공중을 위해 주요한 정보원을 제공하고 있으며, 넷에서의 전자 상거래는 당연시되고 있다. 정보 고속도로를 구축하겠다는 꿈에 대한 초기의 장애는 통신 네트워크 접근에 대한 제약과 더불어 인터넷을 통해 멀티미디어 기능을 완벽하고 신속히 전달하는 데 적합한 대역폭이 준비되지 않았다는 것이었다. 이런 상황은 BT, 토크토크TalkTalk, 버진 및 스카이와 같은 제공업체들이 영국에 광대역 서비스를 도입함으로써 급격하게 변했다. 이 책을 쓰고 있는 시점에 전 세계적으로 인터넷 사용자는 약 29억 명에 달하는 것으로 추정된다. 영국에서 광대역 서비스 가입자는 2200만 명에 달하고 미국에서는 8300만 가구가 광대역 서비스에 가입해 있다. 영국의 텔레비전 서비스는 완전히 디지털로 전환되었으며 2012년 10월에는 케이블과 위성방송, 프리뷰Freeview 또는 셋톱박스로 공급되고 있었다. 미국에서는 2009년 중반까지 디지털로의 대량 전환이 일어났다.

각기 다른 산업에서 광범위한 업체들의 융합이 지속되었다. 통신업체, 케이블 서비스 제공업체, 인터넷 서비스 제공업체, 텔레비전 및 위성방송 서비스, 소셜 미디어 사이트, 온라인 소매업체, 전자 하드웨어 및 소프트웨어 생산업체와 콘텐츠 제공업체가 제휴를 결정했다.

또한 영화 산업 자체 내에서 융합이 이루어졌다. 파라마운트—비아콤 산하—는 스티븐 스필버그의 드림웍스를 2005년 말 17억 달러에 인수했으며 디즈니는 2006년 초 애니메이션 스튜디오 픽사를 74억 달러에 인수했다. 2009년 12

월 주요 케이블 텔레비전, 전화 및 인터넷 서비스 제공업체인 컴캐스트는 미국 최대의 영화 및 텔레비전 업체 중 하나인 NBC 유니버설의 주식 51%를 GE로부터 사들였으며 2013년 3월에는 전체 주식을 인수했다. 다수의 출판사들은 영화, 텔레비전, 신문, 통신 및 케이블 주식을 보유하고 있는 복합기업에 속해 있다. '계열사 내의' 지적재산권으로부터 수익을 극대화한다는 면에서, '교차수정'의 개념은 여전히 이상적인 것으로 고려되고 있지만 현재까지는 완전히 성공적인 것으로 판명되지 않았다. 그런데도 불구하고 2009년에 디즈니는 마블 엔터테인먼트를 인수했고 워너 브러더스는 DC 코믹스를 인수했으며, 이들 업체의 만화에 등장하는 히어로를 기초로 하는 블록버스터 영화가 여러 편 만들어졌다.

주문형 비디오 서비스의 발전은 적합한 대역에 의존하기 때문에 처음에는 느릿느릿했지만 현재는 대서양 양안에서 수많은 서비스가 고객들로부터 주문을 받으면 그들의 가정이나 랩톱, 태블릿, 모바일폰을 포함한 기기에 영화와 텔레비전 콘텐츠를 배송한다. 이런 방법으로 영화를 전면적으로 배송함으로써 비디오 대여 사업은 영향을 받지 않을 수 없게 되었다(제15장 "주문형 비디오" 참조).

출판사들은 기술적인 발전과 보조를 맞출 수 있었는가? 최초에 어떤 업체들은 잠시 기다려보자는 태도를 유지했다. 다른 업체들은 전자 생산업체들과 전략적 제휴를 했다(예를 들면 돌링 킨더슬리가 초기에 마이크로소프트와 제휴했다). 대기업 중 일부는, 특히 미디어 복합기업에 속한 회사들은 전자 상품을 생산하기 위해 이 분야에 뛰어들었으며 대부분은 CD-ROM 형태로 기존 종이책 상품에 기반을 둔 것이었다. 어떤 프로젝트들은 전적으로 회사 내에서 개발된 반면, 다른 것들은 소프트웨어 기업들과 공동으로, 때에 따라서는 합작 투자를 통해 개발이 이루어졌다.

하지만 1996년도는 대서양 양안에서 몇몇 출판사들이 다운사이징을 하거나 멀티미디어 출판 영역에서 완전히 철수하겠다고 발표한 해로 유명하다. 이런 조치를 취한 업체들 중에는 사이먼 앤드 슈스터, 리드 인터랙티브Reed Interactive 및 펭귄이 있다. 1997년에 랜덤하우스와 하퍼콜린스 양 사는 멀티미디어 출판 부문을 전문적인 전자 기업들에 매각했다. 매각 이유는 멀티미디어 개발 비용이 많이 들고 광범위한 외부 소스를 가진 저작권물의 권리 문제를 해결하는 데 소요되는 시간과 비용, 여타의 좀 더 확고한 기반을 가지고 있는 신규 미디어 생산업체들과의 강력한 경쟁, 마케팅과 유통에 수반한 문제 그리고 판매 증대가 저조하다는 것 등이었다. 아마도 이 시기에 터득한 큰 교훈은 베스트셀러 도서라고 해도 반드시 성공적인 멀티미디어 제품이 되지는 못한다는 점일 것이다.

『브리태니커 백과사전Encyclopaedia Britannica』은 CD-ROM 판이 출시되었으며 현재는 온라인으로 제공되고 있다. 돌링 킨더슬리는 초기에 『사물이 작동하는 방식The Way Things Work』, 『놀라운 인체The Ultimate Human Body』, 『어린이 멀티미디어 사전Children's Multimedia Dictionary』, 『나의 첫 놀라운 세계 탐험My First Amazing World Explorer』과 같은 성공적인 출판물들을 냈지만 결국은 이익을 내지 못하고 2000년 초 피어슨이 이 회사를 인수한 다음 디지털 미디어 부서로 통합되었다. 비출판사 부문에서 마이크로소프트는 엔카르타Encarta 백과사전을 출시하여 처음에는 약간 성공을 거두었으나 2009년 3월 디스크와 온라인 포맷 모두 다 서비스를 폐쇄했다.

2000년에 등장한 전자책은 전통적인 도서 판매에 큰 영향을 미칠 수 있는 획기적인 발전이었다. 도서 전체를 데스크톱 컴퓨터, 랩톱, 팜톱palmtop 기기 또는 독서 전용 단말기에 전자적으로 내려받아서 공급할 수 있게 된 것이다. 전자책의 다양한 양상에 대해서는 이 장의 뒤에서 다룰 것이다. 최초의 파급 효과는 실망스러웠지만 이제는 출판 산업의 전 부문에 걸쳐 중요한 존재이다. 학술 부문에서 출판사들은 자체 웹사이트에서 고객에게 직접 전자책을 공급하거나 통합자를 통해 대학교와 전문 도서관에 공급되는 도서 목록에 전자책을 포함시킨다(이 장 뒤의 "출판사, 전자 디지털화 서비스 및 통합자" 참조). 아마존 킨들, 코보와 같은 전자책 전용 단말기의 더 새롭고 인기 있는 세대가 출현하고 다목적 아이패드 및 여타의 태블릿 기기가 등장한 것은 단행본 출판사들의 전자책 출판 정책에 상당한 영향을 미쳤다. 출판사들이 볼 때 전자책은 일반적으로 실수요자에 대한 배포를 위한 대체 플랫폼이며 그러므로 부차권이 아니라 판매를 위한 것으로 여겨진다.

이런 여러 가지 발전 동향을 고려할 때 출판사들이 저자 및 일러스트레이터와 계약을 체결할 때 모색해야 하는 권리의 범위를 고려하고, 획득한 전자 출판 권리를 출판사들 스스로 이용할 것인지, 전자 기업과의 합작을 통하거나 완전한 라이선싱을 통해 이용할 것인지, 또는 이런 모든 가능성에 대한 계약상의 조항을 가지고 이용할 것인지 여부를 고려하는 것이 매우 중요하다.

누가 전자 출판과 멀티미디어 출판 권리를 통제할 것인가에 대한 문제는 제2장에서 다루었다. 저자들과 에이전트 및 출판사 같은 그들의 대리자들이 전자 출판을 더 많이 채택하면서 종이책을 그대로 옮긴 전자책의 출판 권리—저작물의 종이책 판본에서 나타나는 그대로의 텍스트와 일러스트레이션이 전자적으로 저장되고 검색될 수 있다—는 논리적으로 출판사에 허가된 도서 권리volume rights(저작물을 양장 및 반양장 등 도서 형태로 출판할 권리—옮긴이)에 속한다는 것이 점점 더 널리 받아들여졌으며, 전자책 판매의 경우 합리적인 저자 인세 수준을 어떻게 합의하느냐에 대해 관심이 기울어졌다. 하지만 원래의 기본계약서가 그렇게 이용하는 것을 허락하지 않았거나 권리가 저자에게 반환된 경우 저작권 에이전트가 종이책 출판사를 우회하여 직접 오래된 종이책의 전자책 권리를 확보하기 위한 계약을 체결한 몇몇 잘 알려진 사례가 있다. 에드 빅터Ed Victor의 베드퍼드 스퀘어 북스Bedford Square Books와 앤드루 와일리Andrew Wiley의 오디세이 북스Odyssey Books가 아마도 가장 유명한 사례일 것이다.

이와 대조적으로 사운드, 비디오 또는 상호작용 기능 등의 여타 요소를 추가한 전면적인 멀티미디어 권리는 저자와 출판사 사이에 협상이 이루어져야 할 대상이며, 인핸스트 전자책 권리와 앱을 포함할 수 있다. 최근에 많이 나타난 주도적인 사업들은 종종 구글, 애플, 아마존과 같은 새로 등장한 업체들이 실시한 것인데(제18장 "검색엔진, 온라인 소매상 및 기타 업체들: 위협인가 아니면 기회인가?" 참조), 이런 형태의 전자 출판이 계약에 명시적으로 포함되어 있지 않을 경우에 출판사의 권리 묶음의 일부가 되어야 할 것인지 여부에 관해 에이전트들이 의문을 제기하도록 했다. 한 가지 사항은 분명하다. 단순히 오래된 타이틀이라고 해서 여하한 종류의 전자적 권리를 통제할 수 있다고 여겨서는 안 된다는 것이다. 1999년의 중요한 타시니 소송(제2장 "누가 전자 권리와 멀티미디어 권리를 통제해야 하는가" 참조) 외에도 데이터베이스에 자기들 저작물을 포함시켰다고 하여 저자들이 출판사들에 소송을 제기한 사건이 2000년에 몇몇 발생했다. 미국작가조합은 리드 엘스비어Reed Elsevier(LEXIS/NEXIS, 이 장 뒤의 "온라인 데이터베이스" 참조), 웨스트로Westlaw, 다이얼로그Dialog, 다우존스 로이터Dow Jones Reuters 및 프로퀘스트 데이터베이스ProQuest Databases를 상대로 소송을 제기했다. 2002년에는 랜덤하우스와 전자책 출판사 로제타 북스Rosetta Books 간에 소송이 있었다. 로제타 북스는 1994년 이전 타이틀의 경우 전자책 권리가 출판사의 패키지에 속하지 않는다고 주장했다. 이 소송은 결국 로제타 북스에 유리하게 해결되었다. 2011년 12월 하퍼콜린스는 전자책 출판사 오픈 로드Open Road를 제소했다. 『줄리와 늑대Julie of the Wolves』의 저자 진 크레이그헤드 조지Jean Craighead George는 오픈 로드가 전자책을 발간하도록 인가했는데, 하퍼콜린스가 이것이 그들이 저자와 1971년 체결한 계약을 위반한 것이라고 주장하고 나선 것이다. 그리고 그 계약서는 컴퓨터에 저장되거나 당시 혹은 그 이후에 발명되는 다른 전자 수단에 의해 저장되는 텍스트에 대해 언급하고 있었다. 2014년 3월 뉴욕 법원이 내린 판결에서 하퍼콜린스는 승소했다.

권리들 사이에 충돌이 발생하지 않도록 유의해야 한다. 예를 들면, 인핸스트 전자책, 앱 또는 동영상이 포함된 멀티미디어 제품을 생산하는 권리의 허가는 동일한 책에 대해 영화나 텔레비전 회사에 허가된 권리와 상충할 수 있다(제15장 참조). 다수의 영화와 텔레비전 회사들은 현재 자신들의 라이선스의 일부로서 멀티미디어 권리를 확보하려고 한다.

'전자 출판'과 '멀티미디어'에 대한 정의를 산뜻하게 내리기는 곤란하다. 양쪽 다 다양한 전자 형태와 다양한 '플랫폼'(재료가 이용되는 기술 기기를 묘사하는 용어)에서 재료를 이용하는 것을 말한다. 가장 단순하게 말해서 전자 출판은 두 개의 광범위한 범주에 속한다. 첫째는 전자 데이터베이스에 저작권물을 있는 그대로 올리는 것으로, 사용자는 이 정보(단일 저작물 또는 좀 더 일반적으로는 상이한 저작물의 모음)를 이용하고 검색할 수 있다. 현재까지 이런 형태의 제품은 교육, 학술, 전문 및 연구 분야에서 더 흔하게 지속적으로 많이 사용된다. 전자책의 도래는 단행본 부문에서 상당한 가능성을 열어줄 것으로 기대되었으며, 새로운 전자책 단말기와 태블릿은 이런 기대를 충족시키고 있다. 한편 인터넷과 광범위한 앱에 접속 가능한 스마트폰 기술의 발전은 다른 가능성을 열어놓았다(이 장 뒤의 "스마트폰" 참조). 인터넷의 급속한 발전은 기본적인 전자 출판을 위한 매개체를 제공했으며, 광대역 기능의 도입으로 인터넷은 본격적인 멀티미디어 출판을 위한 통로로서 더욱 적합해졌다. 두 번째 범주는 교육, 레저, 비즈니스 목적으로 사용될 수 있는 오프라인 고정매체 소프트웨어의 형태로 저작권물을 출판하는 것이다(예를 들면, 이제는 인기가 높지 않지만 CD-ROM으로).

'멀티미디어'라는 용어는 다양한 플랫폼 상에서 저작권물을 이용하는 것을 포함하지만 다양한 요소의 존재를 함축하고 있다. 전자 출판 컨설턴트인 토니 펠드먼Tony Feldman은 그것을 다음과 같이 정의한다. "멀티미디어는 단일 디지털 환경 내에서 텍스트, 사운드, 각종 이미지 그리고 제어 소프트웨어를 아주 매끄럽게 통합한 것이다." 멀티미디어 제품에는 텍스트, 그래픽(아마도 움직이는), 사운드 효과, 비디오 클립 그리고 어쩌면 상호작용 기능이 포함될 것이다. 그리고 사용자는 일련의 제공된 선택을 통해 시스템의 기능을 향유할 수 있다. 사용자의 자유도는 상호작용 기능을 제공하는 컴퓨터 소프트웨어에 의해 결정된다.

멀티미디어 제품은 여전히 개발하는 데 막대한 비용이 들고 개발 과정이 복잡하다. 다수의 전통적인 종이책 출판사들이 이 분야에 대규모 투자를 한 다음 철수한 것은 그리 놀랄 일이 못 된다. 하지만 몇몇 단행본 출판사들은 인핸스트 전자책과 앱을 개발하기 위해 이 시장에 재진입했다. 최근 수년 동안 교육 출판사들은 양방향으로 전자 칠판을 사용할 수 있는 멀티미디어 제품을 개발했다. 하지만 이런 제품들은 이전에 종이 형태로 출판된 재료의 전자판이라기보다 독자적인 제품인 경향이 있다.

소프트웨어

다량의 컴퓨터 소프트웨어는 하드웨어와 전문 소프트웨어 제조업체에 의해 독자적인 제품으로 개발된 것이지만 이런 형태로 사용하기 위해 허가를 받은 기존 저작권물에 기반을 둔 다른 예들이 있다.

이런 정황에서 사전 편찬 분야는 여전히 성과가 풍성하다. 몇몇 사전 출판사들은 워드 프로세싱 소프트웨어를 위한 맞춤법 검사 프로그램 소프트웨어나 정의사전definition dictionary을 필요로 하는 하드웨어나 소프트웨어 제조업체에 데이터베이스의 라이선스를 주었다. 통상적으로 지불은 판매된 소프트웨어 개수당 로열티를 기초로 하며, 사용자가 지불하는 소매가격보다 소프트웨어 제조업체가 수령하는 금액에 근거한다. 로열티는 최저 7%, 최고 30%에 달하며 이는 데이터에 대해 라이선시가 인지하는 가치에 달려 있다. 라이선스 기간은 통상적으로 짧고(3년 내지 4년) 로열티 수입의 최저 수준 보장을 명기할 수 있으며 라이선스 기간 동안 연도별로 다르게 정할 수 있다. 또 하나의 발전은 호턴 미플린Houghton Mifflin 사에 의해 나타났다. 이 출판사는 자사의 『미국전통영어사전American Heritage Dictionary of the English Language』에 기초한 소프트웨어를 개발했다. 이는 해당 기능을 가진 전자책 독자가 어느 단어든지 더블 클릭을 하여 단어의 정의를 즉각적으로 구할 수 있도록 하며 사전과 출판사에 대한 출처 표시가 분명하게 나타난다. 영국에서 아마존의 킨들 단말기는 『옥스퍼드 영어사전Oxford English Dictionary』에 기초한 유사한 기능을 제공한다.

좀 더 가벼운 측면을 보면 게임 소프트웨어의 제조업체들은 도서에 기초한 어드벤처 게임을 생산하려 할 수 있다. 예를 들면, 테리 프레쳇의 "디스크월드" 타이틀들 또는 J. K. 롤링의 "해리 포터" 시리즈처럼 나중에 영화로 개발된 도서를 들 수 있는데, 후자의 경우 전자 게임 권리는 영화회사가 획득한 패키지의 일부에 포함될 것이다. 게임 제조업체는 통상적으로 선지불금과 로열티를 기준으로 라이선스 지불을 할 것이다. 어떤 경우 도서를 소프트웨어와 패키지로 판매하는 것이 포함된 거래를 할 기회가 있을 수 있다. 하지만 소프트웨어를 사용하기보다 콘솔과 기타 기기에 게임을 다운로드하는 방향으로 상당히 진척이 이루어져 왔다(이 장 뒤의 "비디오 게임" 참조).

소프트웨어 라이선싱 계약을 빈틈없이 작성하고 재료가 생산되는 형태와 의도하는 하드웨어를 포함시키는 것은 필수적이다. 많은 형태의 전자 출판과 마찬가지로, 상이한 하드웨어에 사용될 동일한 재료에 대해 별도의 계약을 체결하는 것이 가능하다.

학교용 교육 소프트웨어 개발의 초기 사업들은 전반적으로 성공하지 못했다. 현재 학교들은 온라인 멀티미디어 재료를 구입하는 경향이 더 많다. 이런 재료들은 통상적으로 학생 수를 고려한 사이트 라이선스를 기준으로 구할 수 있으며, 출판사들은 프로그램에 대한 지원 서비스를 제공할 필요가 있을 것이다. 흥미로운 예는 초등학생들에게 책을 읽어주는 피어슨 에듀케이션의 프로그램인 벅클럽Bug Club이다. 이 프로그램은 종이책과 전자책 형태로 500명의 독자를 상대로 제공되며, 게임과 퀴즈를 하고 교사와 학부모가 어린이의 독서와 이해 실력에 대한 피드백을 받을 수 있도록 해준다.

전자 데이터베이스

전자 데이터베이스는 다양한 형태, 즉 데스크톱 컴퓨터, 랩톱, 태블릿이나 휴대형 기기–스마트폰을 포함한–를 통한 온라인 접근이 가능한 형태나 CD-ROM 제품과 같은 오프라인 형태, 또는 휴대형 제품 속의 칩 메모리에 들어 있는 데이터베이스 형태로 존재할 수 있다.

온라인 데이터베이스

온라인 시스템은 대형의, 통상적으로 대부분 원문 데이터베이스–시스템 사용자들이 인터넷을 통해 직접 데이터에 접근할 수 있게 하는―를 가진 중앙 컴퓨터 시스템으로 구성되어 있다. 지불은 통상적으로 정보 제공자, 온라인 서비스 제공자에게 가입비 형태로 하고 온라인 사용 시간에 대해 하게 된다.

출판된 저작권물을 사용하는 온라인 데이터베이스 중 구축이 잘된 사례는 렉시스LEXIS이다. 1997년 초 이래 리드 엘스비어의 렉시스/넥시스LEXIS/NEXIS 서비스의 일부가 되었으며, 가입자에게 뉴스와 금융 정보를 제공한다. 렉시스는 1차적인 자료원의 거대한 데이터베이스로서 판례법의 전문을 제공하며 법률 출판사들이 데이터베이스에 포함되는 재료를 허가해왔다.

서비스의 가입자들은 법률 직종 종사자들인데 자기 사무실에서 단말기를 통해 이 서비스에 접속한다. 그들은 핵심 용어를 입력하여 찾고자 하는 판례를 검색할 수 있다. 이런 식으로 데이터베이스에 접속하면 소송을 준비할 때 수많은 법률 보고서를 찾는 데 보내는 시간을 절약할 수 있다. 렉시스 가입자들은 리드 엘스비어에 월간 가입비를 지불하고 온라인 서비스 제공자에 대한 요금을 내며 그들이 데이터베이스를 구동하여 검색할 때마다 추가 요금을 낸다. 렉시스에 사용자들이 정확하게 어떤 재료에 접근했는지가 알려지지는 않는다. 저작물이 데이터베이스에 포함되도록 라이선스를 준 저작권자는 두 가지 방법 중 하나로 지불을 받는다. 포함된 건별로 연간 소정의 요금을 받거나, 데이터베이스 재료의 많은 부분을 제공하는 주요 정보원이라고 한다면 렉시스가 사용료로 받은 연간 수입에 비례하여 받는다. 그 비율은 그들의 재료가 데이터베이스에서 차지하는 비율과 연계된다. 렉시스 가입자들은 필요한 텍스트의 출력물을 인쇄할 수 있지만 일단 그들이 필요로 하는 자료를 찾고 그 출처를 확인하면 상세한 연구를 하기 위해 전통적인 종이책을 구매하는 경우가 많다. 출력물 형태의 정보에 대한 지불 방법은 개별 가입자의 계약에 따라 다양하다.

톰슨 로이터의 법률 출판 임프린트인 스위트 앤드 맥스웰Sweet & Maxwell은 웨스트로 UK의 검색 데이터베이스를 제공하고 로텔Lawtel을 통해 당일의 주요 법률 소송 기사에 접근할 수 있게 한다.

이 산업은 1980년대 말 이래 급속도로 성장했다. 이런 종류의 데이터베이스는 대량의 재료를 신속하게 검색하기를 바라는 유료 가입자에게 이상적인 것으로 입증되었으며 신문, 과학 저널의 전문과 초록 등의 정보를 통합한 데이터베이스가 많이 존재한다(제18장 "초록" 참조). 가입자들은 제약회사와 같이 상업적인 연구·개발을 하는 회사들일 경우가 종종 있다. 세계적으로 광범위한 데이터베이스를 이용할 수 있는데, 그중 다수—예를 들면 블룸버그, 로이터, ≪월스트리트 저널≫ 및 ≪파이낸셜 타임스≫—는 유료 가입자들에게 정기적으로 갱신되는 뉴스와 경제 정보를 제공한다.

온라인으로 재료에 접근하는 것은 저작권 측면에서, 특히 재료의 사용 추적과 그런 사용에 대한 지불 문제의 처리 방법에 관한 문제를 야기할 수 있다(제18장 "접근과 지불" 또한 참조). 비록 온라인 서비스에 직접 가입한 자가 재료를 어떻게 사용했는지를 추적하는 것이 비교적 용이하기는 하지만, 인터넷을 통한 다수 데이터베이스의 연결은 여전히 우려할 만한 이유들이 있다. 이는 특히 다수의 인터넷 사용자들이 정보를 무료로 획득할 것을 기대하기 때문이다. 그러므로 사용을 추적하고 저작권물에 대한 지불을 보장하는 적절한 시스템을 갖추는 것이 매우 중요하다.

광디스크 미디어

오랫동안 광디스크optical disc는 멀티미디어 재료를 저장하고 확산하는 데 지배적인 플랫폼이었다. 이제는 많은 사용자들이 광대역 설비의 도래와 더불어 콘텐츠를 다운로드하기를 선호한다.

가장 통상적인 형태의 광디스크는 CD-ROMCompact Disc Read-Only Memory인데, 개발사는 소니, 필립스Phillips, 마이크로소프트이다. 몇몇 여타의 CD 기술이 선을 보였지만 도중에 실패하고 말았다. 1991년 필립스, 소니, 마쓰시타Matsushita의 컨소시엄은 CD-ICompact Disc Interactive를 개발했다. 이 플레이어는 텔레비전에 연결되도록 설계되었고 또한 CD 오디오디스크와 이스트만 코닥Eastman Kodak 사진 CD를 플레이할 수 있었다. 처음에는 플랫폼에 대한 기대가 높았는데도 결국 생존할 수 있는 시장을 확보하지 못했다. 같은 무렵 컴퓨터 제조업체 코모도어Commodore가 출시한 CD-TV도 같은 운명에 처하고 말았다. 양 플랫폼이 타격을 받은 것은 고품질 콘텐츠가 없었기 때문이었다.

이제 압축 기술이 충분히 발달하여 영화 전편을 디스크에 저장할 수 있게 되었다. 사실상 VHS 비디오테이프를 대체한 DVD(원래는 Digital Video Discs, 현재는 Digital Versatile Discs)는 두 개의 서로 다른 컨소시엄이 개발한 것이었다. 하나는 소니와 필립스가 제휴한 것이었고 다른 하나는 도시바, 타임워너, 톰슨, 마쓰시타와 MGM이 그룹을 형성한 것이었다. VHS/베타맥스Betamax 실패 사례를 반복하지 않기 위해 1995년 12월 공동 표준에 관한 협약이 체결되었다. 소니의 블루레이Blu-ray 포맷–2006년에 출시되고 필립스, 애플, 델Dell 및 휴렛패커드의 지원을 받음–은 도시바의 HD 포맷–마이크로소프트와 인텔의 지원을 받음–을 추월했으며 2008년 중반에는 모든 대형 영화 스튜디오가 차기 DVD 표준으로 블루레이를 지지했다.

DVD는 약 4.7기가바이트의 디지털 정보를 담을 수 있는 데 반해, CD-ROM은 700메가바이트를 담을 수 있다. DVD는 영화 전편을 담을 수 있고 또한 삭제된 장면, 영화 제작에 관한 추가 정보 및 스타 인터뷰 등을 포함시킬 수도 있다. 1997년 플레이어가 시판될 때 가격은 500~600파운드였지만 이제는 100파운드 이하로 떨어졌으며 블루레이 플레이어 가격은 50~150파운드이다. 이 기계는 표준 DVD도 플레이할 수 있다. DVD에 기록할 수 있는 기계는 가격이 100~300파운드로서 기본적인 플레이어보다 여전히 약간 비싸다.

DVD의 시판은 할리우드 영화업계 때문에 초기에 지연되었는데, 그 이유는 6대주 각각에 대해 상이한 암호화 포맷을 지닌 세계적인 보호시스템을 마련하고자 하는 로비 때문이었다. 또한 영화업계는 리코딩 기능을 갖춘 DVD가 자기들의 이익에 영향을 미칠 것을 염려하여 읽기 전용 포맷을 강력하게 지지했다.

데이터베이스: CD-ROM에서 온라인으로 이동

1980년대에 CD-ROM은 대부분 텍스트용으로서 오프라인 데이터베이스의 이상적인 수단이었으며 주로 학술, 전문 분야 및 비즈니스 부문에서 사용되었다. 이 시스템의 저장 잠재성은 특히 최대의 단일 사용자 그룹이었던 도서관에 매력적이었다. 하나의 CD-ROM은 완전히 검색 가능한 형태로 약 25만 페이지에 달하는 텍스트를 담을 수 있는 용량을 제공한다.

CD-ROM 데이터베이스의 초기 예는 1992년 특히 엘스비어, 스프링어 및 블랙웰 사이언스Blackwell Science 같은 전문 출판사들의 컨소시엄이 출시한 어도니스ADONIS였다. 어도니스는 750개 저널(주로 바이오메디컬 과학 분야의 저널)의 텍스트에 접근할 수 있게 했으며, 이러한 저널들의 콘텐츠는 색인화되었다. 어도니스의 사용자들은 주요 제약회사들이었으며, 각 유료 가입자는 연간 요금을 지불했다. 이 서비스는 그 후 사이언스다이렉트ScienceDirect 온라인 서비스로 합쳐졌다(제18장 "사이트 라이선스" 참조).

CD-ROM 데이터베이스의 또 다른 초기 예는 '영시 전문 데이터베이스English Poetry Full-text Database'다. 당초 채드윅힐리Chadwyck-Healey가 만들었는데 현재는 프로퀘스트가 소유하고 있다. 이 CD-ROM 판은 1992년 4개의 디스크에 출시되었으며 가격은 2만 2000파운드였다. 서기 600년부터 1900년까지 시인 1350명의 작품 전문이 담겨 있었기 때문에 도서관이 선집을 갖추는 데 비용 대비 효율이 높았다. 이제 이런 대형 데이터베이스 서비스는 거의 모두 온라인 형태로 구할 수 있다. 프로퀘스트는 문학 온라인 데이터베이스와 아울러 역사 온라인 데이터베이스를 제공하고 있다.

몇몇 출판사들은 CD-ROM 형태로 데이터베이스 유형의 자사 제품을 발행하는 데 착수했다. 사전 류의 재료는 이런 매체에 잘 맞는다. 이 같은 형태로 된 『옥스퍼드 영어사전』은 여러 권으로 된 종이 사전보다 값이 저렴하다. 옥스퍼드 대학교 출판부는 2000년 3월 유료 가입을 기준으로 『옥스퍼드 영어사전』(www.oed.com) 온라인 판을 출시했으며, 2014년 4월에는 『옥스퍼드 영어사전』 제3판이 2034년 이전에는 나올 가능성이 없고 온라인 형태로만 나온다는 것을 확인했다.

옥스퍼드 대학교 출판부는 2004년에 『옥스퍼드 영국인명사전Oxford Dictionary of National Biography』의 온라인 판(www.oup.com/oxforddnb.com)을 출시했다. 이는 국립 초상화 미술관National Portrait Gallery 소장 목록에 있는 초상화와의 링크를 제공한다. 2002년에 옥스퍼드 대학교 출판부는 옥스퍼드 리퍼런스 온라인Oxford Reference Online을 출시하여 수백 개의 옥스퍼드 백과사전, 사전 및 안내서로부터 획득한 콘텐츠를 제공했다. 그 뒤를 이어 옥스퍼드 스칼러십 온라인Oxford Scholarship Online(www.oxfordscholarship.com)이 나왔다. 이것은 검색 기능이 있고 저널 기사 등 외부 온라인 콘텐츠에 연계되며, 옥스퍼드 대학교 출판부와 16개 파트너 출판부의 목록에서 나오는 1만 5000개 타이틀의 완전한 텍스트를 담고 있다. 『음악과 음악인에 관한 뉴 그로브 사전New Grove Dictionary of Music and Musicians』과 『예술에 관한 그로브 사전Grove Dictionary of Art』은 맥밀런 사가 원래 출판한 것이지만 현재는 옥스퍼드 대학교 출판부가 출판하고 있다. 그로브 음악 사전의 온라인 판은 2001년 1월에 출시되었으며 디지털 사운드와 연계된다. 예술 사전의 온라인 판은 박물관 및 예술 갤러리 웹사이트와 연계된다. 케임브리지 대학교 출판부는 케임브리지 유니버시티 퍼블리싱Cambridge University Publishing(universitypublishingonline.org)을 통해 자체 목록과 파트너 출판사들의 목록에서 주요한 소장 자료를 이용할 수 있도록 하고 있다.

백과사전 측면에서 브리태니커 백과사전은 비즈니스 모델을 전통적인 종이책에서 디지털로 점차 이행하고 있는데, 입력 작업을 온라인으로 하면 신속하게 갱신할 수 있는 추가적인 이점이 있다. 또한 핵심적인 초등학교 학습 주제를 위한 태블릿과 스마트폰용 앱 시리즈를 출시하기도 했다.

데이터베이스를 통한 정보 전파는 저작권에 대해 특별한 문제를 제기하고 있으며, 그렇기 때문에 저작권자들은 재료가 라이선스를 처음 허가할 때 의도한 바와는 다르게 사용될지도 모른다고 우려한다. 그러므로 이런 라이선스를 허가할 때 실수요자에게 허가되는 기능이 가능한 한 분명하게 명기되도록 하는 것이 중요하다. 유료 가입자가 재료에 온라인 데이터베이스를 통해 접근하든지 또는 통째로 구입한 CD-ROM 재료 형태로 이용하든지 간에 그렇다. 통상적으로 라이선스 기간은 매우 짧으며(아마도 2~3년) 계약이 만족스러울 때만 갱신이 될 것이다.

대형 참고 저작물을 개발하는 데 막대한 자금이 소요된다는 것은 자명한 일이다. 2001년에 발생한 중대한 정황은 온라인 백과사전 위키피디아(www.wikipedia.org)가 서비스를 개시한 것이다. 이는 오픈 소스 참고 저작물로서 "모든 개개인이 모든 지식을 자유롭게 공유할 수 있는" 세계를 창조한다는 야심찬 목표를 가지고 있다. 이 책을 쓰고 있는 시점에서 위키피디아는 287개 언어로 3100만 개 이상의 항목을 제공하며, 그 명칭은 '빨리빨리'를 의미하는 하와이말 '위키위키wiki wiki'에서 유래한 것이다. 위키피디아 재단의 자금은 공공 기부로 확보된 것이다. 재료는 10만 명 이상의 자발적인 저자와 편집자가 제공한 것이며 현재 세계에서 방문자가 5번째로 많은 웹사이트이고 가장 인기 있는 온라인 참고자료이다. 또한 자매 사이트인 윅셔너리Wiktionary(www.wiktionary.org)는 여러 언어로 된 사전 데이터베이스이다. 위키피디아는 일반적으로 정치적인 콘텐츠에 확고한 독립성을 유지하여 중국 당국은 여러 번에 걸쳐 이 사이트에 대한 접속을 차단한 적이 있다.

비디오 게임

CD와 DVD 분야에서 다른 도전자들은 세가와 닌텐도인데, 이들은 소니와 더불어 3대 비디오 게임 생산업체들이다. 게임 콘솔 시장에서 3대 업체는 소니, 닌텐도, 마이크로소프트이며 '콘솔 전쟁'은 5~6년마다 벌어지는 경향이 있다. 소니는 2000년 3월 일본에서 플레이스테이션 2PlayStation 2(PS2)를 출시했으며, 홈 엔터테인먼트를 위한 미래 플랫폼이 될 수 있는 '기적의 기계'라고 홍보했다. 그것은 영화 품질의 그래픽을 구현하며 DVD 및 오디오 CD를 플레이할 수 있는 기능을 갖추고 있고, 이 책을 쓰고 있는 시점에 사상 최고의 베스트셀러 게임 콘솔로서 1억 5800만 대가 팔려 나갔다. 플레이스테이션 3(PS3)은 2006년 11

월 공개되었는데, 우수한 그래픽을 위해 HD 블루레이 광디스크 드라이브를 갖추고 있고 보통의 DVD도 플레이할 수 있다. 플레이스테이션 4(PS4)는 2013년 11월 출시되었으며 2014년 5월까지 1400만 대가 팔렸다. 와이파이 기능을 갖췄기 때문에 사용자들은 게임을 다운로드하고 상호간에 플레이하는 것을 볼 수 있으며 비디오 콘텐츠를 업로드할 수 있다.

마이크로소프트는 2001년에 엑스박스Xbox를 가지고 이 시장에 최초로 진입했다. 2005년 11월 출시된 엑스박스 360은 2006년 중반에는 윈도우 운용 시스템을 사용하여 PC 및 이동전화와 상호작동하며 게임을 구매하고 다운로드하기 위해 엑스박스 라이브 마켓플레이스Xbox Live Marketplace에 접근할 수 있었다. 이것은 또한 뮤직 비디오와 영화를 위한 주문형 비디오(VoD) 서비스를 제공한다. 엑스박스 원Xbox One은 미국에서 2013년 5월 출시되었으며 영국에서는 2013년 11월 출시되었다. 이것은 게임을 위해 접속하는 것과 별도로 생방송 텔레비전, 음악, 영화, 소셜 네트워킹을 촉진하기 위한 웹브라우저 및 화상전화 기능을 이용할 수 있다. 엑스박스 원의 모션 센서 덕분에 사용자들은 조이스틱을 통해서가 아니라 몸동작에 의해 게임 캐릭터들을 통제할 수 있다.

닌텐도는 2001년 초 게임큐브Gamecube 콘솔을 출시했지만 큰 성공은 거두지 못했다. 닌텐도 위Wii는 2006년 말에 출시되었으며 가격은 PS3, 엑스박스 360보다 훨씬 쌌다. 그것은 플레이어가 스크린상에서 행동을 재현할 수 있는 마술 지팡이 같은 원격 제어 기기를 특징으로 한다(예를 들면, 게임상에서 칼 또는 테니스 라켓을 든 것처럼 휘두를 수 있다). 위는 게임을 구매하고 다운로드하기 위해 인터넷으로 접속할 수 있게 하며, 아울러 뉴스와 날씨 정보에도 접근할 수 있게 한다. 닌텐도는 가족 사용자들과 더 많은 '캐주얼한' 게임 사용자들을 끌어들이기 위해 값싸고 단기간으로 이용할 수 있는 몇몇 콘솔용 게임을 제공한다. 여기에 포함되는 것은 스포츠 스위트Sports Suite와 일종의 두뇌 계발 훈련인 빅 브레인 아카데미Big Brain Academy이다.

이 책을 저술하고 있는 시점에 위는 약 1억 100만 대가 팔렸으며, HD 그래픽을 제공하지 않고 있음에도 PS3와 엑스박스 360을 능가하고 있다. 또한 닌텐도는 휴대형 터치스크린 콘솔인 닌텐도 DS를 출시했다. 2012년 11월 닌텐도는 HD 그래픽을 제공하는 후속 모델 위유WiiU를 출시했으나 이 책을 쓰고 있는 시점에 판매량은 600만 대를 겨우 넘는 데 불과했다.

게임 산업에 몇몇 큰 변화가 있었다. 즉, 더 많은 게임이 휴대형 콘솔용으로 생산되고 스마트폰과 태블릿에 사용될 수 있는 게임을 개발하기 위한 움직임이 있었다. 휴대형 기기를 위한 게임은 통상적으로 더 복잡하고 값은 30파운드로 더 비싸지만 멀티플레이어 기능을 갖고 있다. 워너 브러더스는 애플의 아이폰용 애플리케이션 해리 포터 스펠스Harry Potter Spells에 라이선스를 주었다. 이는 두 명의 플레이어가 게임을 할 수 있도록 블루투스 근거리 무선 연결을 사용한다. 가격은 2.99파운드에 불과하다. 모바일폰과 태블릿을 위한 게임 다운로드는 신호음, 음악, 비디오 콘텐츠 구입을 능가했다.

2013년 5월 소니는 2014년 중반에 미국에서 플레이스테이션 나우PlayStation Now를 출시할 것이라고 발표했다. 이는 유료 가입을 기준으로 하는 주문형 게임 스트리밍 서비스인데 소니 콘솔뿐만 아니라 스마트폰과 태블릿을 통해 접속할 수 있다. 이는 실질적으로 콘솔을 필요 없게 만들기 때문에 화제가 된 조처였다.

비디오 게임은 개발하는 데 18~25개월이 걸릴 수 있다. 개발비용은 매우 높지만 어떤 게임은 엄청난 돈을 벌 수가 있다. 〈그랜드 테프트 오토 VGrand Theft Auto V〉는 개발 비용이 1억 6000만 파운드 들었는데 2013년 9월 출시 첫날 매상이 3억 800만 파운드에 달했다. 대다수의 게임은 독창적인 것이지만 최근 수년 동안 책에 직접 기반을 두거나 책을 원작으로 하는 영화에 기초한 게임을 개발하기 위한 움직임이 있었다. 2009년에는 닌텐도 위와 휴대형인 DS를 위해 『호기심 대장 헨리』 도서에 기초한 게임이 출시되었다. J. R. R. 톨킨이 저술한 『반지의 제왕』 3부작에 기초한 게임도 여러 개가 있다. 이 중에서 블랙 레이블 게임스Black Label Games—비벤디 유니버설 액티브Vivendi Universal Active 산하—가 발매한 게임은 책에 직접 기초한 것이며, 일렉트로닉 아츠Electronic Arts가 발매한 게임은 피터 잭슨의 영화에 기초한 것이다.

현재의 추산에 의하면, 게임 산업은 2013년에 그 규모가 약 490억 달러에 달했다. 여기에는 콘솔 판매, 광고 수익 및 영화나 텔레비전 광고로 인한 기타 상품 판매는 제외된 것이다. 하지만 2013년에는 영국에서 비디오 게임 판매가 19억 3000만 파운드에서 15억 9000만 파운드로 17% 하락했다. 그 이유는 아마도 상반기 중에 대형 신규 게임이 등장하지 않았고 사람들의 관심이 하계 런던 올림픽으로 쏠렸으며 소니와 마이크로소프트가 그해 말까지 신규 콘솔을 출시하지 않았기 때문일 것이다.

최근 수년 동안 '대규모 멀티플레이어 온라인 롤플레잉 게임massively multiplayer online role-playing games(MMORG)'이 붐을 이루었다. 그중 다수는 톨킨 스타일의 가상 세계에서 벌어진 것이며 수십만 명의 플레이어들을 끌어들였다. 그 절정기인 2010년에 〈월드 오브 워크래프트World of Warcraft〉는 전 세계적으로 유료 가입자가 1200만 명에 달한 것으로 유명하다. 참가자들은 개별 캐릭터를 통제한다. 이 캐릭터들은 인간일 수도 있고 그렇지 않을 수도 있는데, 괴물과 싸움을 벌이고 모험을 시작하며 돈과 기술과 특수능력을 획득할 수 있다. 이런 게임들은 중독될 수 있으며, 플레이어들은 한 달에 수십 시간을 결국 가상세계에서 생활하며 다른 플레이어들의 공동체와 상호작용한다. MMORG 환경에서 발생하는 범죄(특히 ID 도둑)도 늘어나고 있다.

휴대형 전자 기기

고객의 수요가 휴대형을 지향한 결과, 각종 기능이 계속 추가되면서 광범위한 기기들이 개발되었다. 개인용 휴대 정보 단말기(PDA) 같은 다목적 제품, 독서를 목적으로 설계되었지만 롬 카드ROM card나 롬 카트리지ROM cartridg 또는 (더욱 빈번하게는) 소매상의 웹사이트를 통해서 콘텐츠에 접근하는 제품, 그리고 기존 도서나 데이터베이스에서 나올 수 있는 특정한 텍스트를 담고 있는 전용 제품을 구분하는 것은 중요하다.

전자수첩 및 개인용 휴대 정보 단말기(PDA)

이런 기기들은 1990년대에 명성을 날렸으며 샤프Sharp, 카시오Casio, 팜Palm과 같은 기업들이 생산했고 다이어리, 주소록, 워드프로세싱 기능 등을 표준 기능으로 갖추었다. 쿼티QWERTY 키보드 혹은 터치스크린을 통해 이용할 수 있었다. 초기 버전에는 사전이나 철자 검사와 같은 추가 데이터를 위한 메모리 카드가 제공되었다. 후기 모델에서는 이메일과 검색을 하기 위한 인터넷 접속이 가능했다. 하지만 2008년에 와서 이런 기기들은 스마트폰으로 거의 완전히 대체되었다.

전용 칩 기반의 전자 기기들

이런 형태로 라이선싱을 하는 데 적합한 재료에는 백과사전, 연감, 성경, 용어 색인 및 가이드북과 같은 참고 재료가 포함된다. 여타의 주요 재료 소스는 사전과 관련 파생품(맞춤법 검사 프로그램, 비즈니스 및 관광용 언어 교육 재료를 포함한) 등의 어학 상품이다.

텍스트는 조작될 수 없지만 사용자는 키보드를 통해 스크린상으로 검색하고 접속할 수 있다. 이런 예를 들어보면, 미국 회사인 프랭클린 일렉트로닉 퍼블리셔스Franklin Electronic Publishers가 발매한 휴대형 전자 성경, 사전, 십자말풀이 해결사, 의학 및 기타 참고 용어사전이 있으며 현재 가격은 30달러에서 100달러 수준이다. 세이코Seiko는 휴대형 전자 라이브러리와 같은 제품을 생산했는데, 여기에 포함된 것은 『브리태니커 콘사이스 백과사전Britannica Concise Encyclopedia』 및 다음과 같은 사전들의 재료이다. 『옥스퍼드 영어사전』, 『옥스퍼드 유의어 사전Oxford Thesaurus of English』, 『옥스퍼드 인용사전Oxford Dictionary of Quotations』, 『옥스퍼드 현대 속어사전Oxford Dictionary of Modern Slang』, 『옥스퍼드 약어사전Oxford Dictionary of Abbreviations』 및 『파울러의 현대 영어 어법Fowler's Modern English Usage』. 이 책을 쓰는 시점에 영국에서의 가격은 199.95파운드이다. 세이코가 제작한 소형 휴대형 제품은 『옥스퍼드 말풀이 사전Oxford Crossword Dictionary』을 포함하고 있는데, 현재 가격은 34.95파운드이다. 프랭클린은 『콜린스 젬 사전Collins Gem

Dictionary』과 『콜린스 콘사이스 유의어 사전Collins Concise Thesaurus』 및 『브래드퍼드의 십자말풀이 해결사Bradford's Crossword Solver』-현재 영국 가격 59.95파운드-를 포함한 기기를 생산한다.

어느 저작물에 이런 형태로 사용할 수 있는 라이선스가 주어진다면 인세는 높지 않을 가능성이 있다. 실수요자가 지불하는 완전한 소매가격이 아니라 제조업체가 받는 가격에 기초하여 아마도 2~3%가 될 것이다. 그 이유는 제품의 주요 비용이 콘텐츠 요소보다 전용 기술에 있기 때문이다.

전자책 단말기: 초기 이니셔티브와 최근의 발전 동향

기대치가 높았던 초기 플랫폼은 소니 데이터 디스크맨Sony Data Discman이었는데 1990년 일본에서, 1992년 영국에서 출시되었다. 디스크맨은 무게가 15온스였으며 배경 조명 기능이 있는 LCD 스크린은 대각선 길이가 3.5인치였고 쿼티 키보드는 사용자들이 데이터를 검색하고 화면에 띄울 수 있었다. 디스크맨의 소프트웨어는 3인치 광디스크 형태로 제작되었다. 하지만 이 제품은 시작부터 실망스러웠고 플랫폼은 실패했다.

2000년 7월 프랭클린은 이북맨eBookman을 출시했는데 이 기기는 전자 소매사이트에서 다운로드를 하도록 설계되었으며 추가 메모리나 콘텐츠를 위해 카드를 꽂을 수 있는 자리가 있었다. 이 기기는 또 음악이나 오디오북을 위해 MP3 파일을 내려받을 수 있었으며 전자수첩 기능을 갖고 있었다.

1997년에 누보미디어Nuvomedia는 온라인 소매상 웹 사이트에서 전자책을 내려받도록 되어 있는 휴대형 독서 전용 단말기인 로켓이북RocketeBook을 출시했다. 이 회사는, 패서디나Pasadena에 소재한 회사로서 VCR 프로그램 기술로 잘 알려진 젬스타Gemstar가 2000년 초에 인수했다. 로켓이북의 초기 가격은 300달러였으나 199달러로 떨어졌으며 하드웨어는 미국에서만 구할 수 있었다. 로켓이북은 크기가 단행본 페이퍼백과 같으며 텍스트를 약 3200페이지 저장할 수 있었고 흑백 스크린에 화면이 깨끗하게 구현되었다. 버튼을 누르면 페이지가 넘어가고 배경 조명과 글자 크기는 조정될 수 있었다. 로켓이북의 초기 모델용 콘텐츠는 데스크톱으로 다운로드하여 기기로 옮길 수 있었다. 홍보가 많이 되었음에도 불구하고 이 기기는 충분한 시장을 형성하지 못했다. 아마도 당시에는 휴대형이라고 할지라도 책 전체를 스크린상에서 독서한다는 데 대한 저항이 여전히 있었던 듯하며 타이틀이 전체적으로 부족했다. 젬스타는 2003년 7월 이 사업을 접었다.

소니는 이런 실망스런 경험에도 불구하고 여전히 새로운 휴대형 독서 기기를 개발하는 데 열성을 보였고 필립스와 함께 작업을 하면서 전자잉크eInk에도 손을 댔다(이 장 뒤의 "전자종이와 전자잉크" 참조). 이 기기는 2004년 일본에서 리브리에Librié라는 이름으로 출시되었는데, LCD 디스플레이가 아니라 전자잉크를 사용했으며 1만 페이지까지 저장할 수 있었고 4개의 AAA 배터리를 써서 10메가바이트 메모리에 100권의 전자책을 보유할 수 있었다. 소니는 이 기기를 미국에서 2006년 9월 대당 349.99달러로 출시했다. 파일은 소니 자체의 포맷으로만 이용할 수 있었으며 사용자는 전자책을 소니의 전자책 서점에서 처음에는 PC로, 그다음에 기기로 내려받아야 했다. 2007년 10월 이 기기는 스크린이 6인치인 소니 리더 PRS 505 모델로 대체되었고, 소니 리더 터치Sony Reader Touch와 소형 소니 리더 포켓Sony Reader Pocket이 뒤를 이었다. 최신 모델은 2013년 9월 출시된 PRS-T3인데 스크린은 3인치이고 와이파이가 장착되어 전자책을 기기에서 직접 접속할 수 있으며 EPUB 포맷과 PDF를 처리할 수 있다. 소니는 강력한 경쟁에 처하여 현재 미국과 유럽 시장에서 철수했다.

2006년 아이렉스 테크놀로지iRex Technologies는 네덜란드 전자회사 필립스와 파트너십을 형성하여 아이렉스 일리아드iRex iLiad 기기를 출시했으며 2008년에는 비즈니스 사용자를 대상으로 한 아이렉스 리더 1000iRex Reader 1000을 출시했지만, 2010년에 아이렉스가 파산함에 따라 두 기기의 판매는 중단되었다.

이 책을 쓰고 있는 시점에서 지배적인 기기는 아마존 킨들이다. 최초 버전은 2007년 11월 미국에서 대당 399달러로 출시되었는데, 2009년 2월 대당 가격 359달러의 킨들2가 등장했다. 핵심적인 특성은 아마존 웹사이트에서 직접 전자책을 다운로드할 수 있는 기능이다(www.amazon.com/kindlepublishing). 제프 베저스Jeff Bezos는 말하기를 아마존의 목적은 "지금까지 어떤 언어로든지 간에 인쇄된 적이 있는 모든 책을 60초 내에" 공급하는 것이라고 했다. 이 기기는 6인치 스크린과 쿼티 키보드를 갖추고 있고, EUDO 네트워크를 매개로 하는 위스퍼넷Whispernet이라는 시스템을 통한 무선 연결, 위키피디아에 대한 무료 접속, 그리고 검색, 강조하기 및 북마킹을 위한 기능을 갖추고 있다. 또한 킨들2 버전은 텍스트를 음성으로 자동 변환하는 기능을 제공하는데, 이에 대해 몇몇 출판사들은 오디오 권리는 허가된 패키지의 일부가 아니라고 생각하여 우려를 나타냈다. 그 이후 아마존은 이 기능이 관련 출판사가 인가해야만 제공될 것임을 분명히 했다. 뒤이어 100개국에서 접속이 가능한 국제판이 출시되었다.

킨들 제품 시리즈는 2011년 9월 출시된 터치스크린 제품 킨들 터치Kindle Touch와 더불어 정기적으로 업데이트 되어왔다. 킨들 페이퍼화이트Kindle Paperwhite는 2012년 10월에, 페이퍼화이트2는 2013년 9월에, 안드로이드 기반의 태블릿인 킨들 파이어Kindle Fire는 2011년에 그리고 킨들 파이어 HD는 2012년 9월에 각각 출시되었다. 이 책을 쓰고 있는 시점에 아마존 영국 사이트에서 구할 수 있는 전자책은 250만 종이 넘는다.

전자책은 킨들 기기를 위한 맞춤형 포맷으로 제공된다(어떤 사람들은 경쟁사들의 좀 더 개방적인 플랫폼과 비교할 때 한계가 있다고 비판했다). 하지만 모비포켓Mobipocket 플랫폼에서는 DRM 보호를 받지 않는 전자책이 제공될 수 있다. 2009년 7월 아마존은 빅 브러더Big Brother와 같은 행태에 대해 비판을 많이 받았다. 아마존이 조지 오웰의 『1984』와 『동물농장』을 사용자들의 기기에서 지워버렸기 때문이다. 이는 분명히 해당 타이틀들의 저작권을 갖지 못한 출판사가 책들을 업로드한 여파였다. 그 이후 아마존은 불법 도서를 다운로드하는 행위는 처음부터 저지하겠지만 선의로 고객이 내려받은 책은 없애지 않을 것이라고 발표했다.

디지털 환경하에서 지역권의 문제는 매우 중요하며, 여타의 전자책 소매상과 마찬가지로 아마존은 출판사들이 자신들이 통제하는 지역을 통보해주는 데 의존하고 있다.

아마존은 윈도우용 킨들 앱, iOS와 안드로이드 운영 시스템을 제공한다. 2009년 5월 아마존은 킨들 DX[Kindle DX]를 출시했다. 무선 다운로드가 가능하고 대학 교재 시장을 목표로 한 기기이다. 대당 가격이 489달러이며 9.7인치 스크린을 장착한 이 기기는 PDF를 지원한다. 미국 대학생들을 대상으로 파일럿 프로그램이 운영되고 피어슨 에듀케이션, 센게이지[Cengage], 와일리 블랙웰의 교재를 다양하게 이용할 수 있다. DX는 국제적으로 2010년 1월 출시되었는데 전자책 3500종을 보유할 용량과 자동 자동 업데이트 기능을 갖고 있다. 비록 학술 출판사들이 전자책을 생산한 기간이 단행본 출판사들보다 오래되었다고 할지라도(특히 스프링어는 킨들에서 이용할 수 있는 많은 책을 만들었다) 대부분의 전자책은 전용 기기보다 데스크톱, 랩톱 또는 노트북으로 읽히는 경향이 있다. 대학 시장은 몇 가지 이유에서 전자책 단말기로 이행하는 것을 주저했다. 스크린 크기가 너무 작아 복잡한 레이아웃을 다룰 수가 없었고 초기에는 흑백 스크린만 이용할 수 있었으며 상호작용하는 기능이 제한적이었기 때문이다. 킨들 DX는 2012년 10월 시판이 종료되었지만 (놀랍게도) 아마존은 2013년 9월 이 기종을 재출시했다.

현재까지는 킨들 제품이 전용 전자책 단말기 시장을 독점했지만 여타의 업체들도 활동하고 있다. 모든 회사들의 새로운 모델들은 광범위한 기능을 특징으로 한다. 2009년 10월 미국의 서적상 반스 & 노블은 대당 가격이 259달러인 누크를 출시했다. 6인치짜리 스크린을 장착한 이 기기는 반스 & 노블 웹사이트로부터 와이파이로 내려받기를 하는데 구글 안드로이드를 사용하고 있다. 이 기기는 전자잉크를 사용하며 배경 조명이 있는 터치스크린을 갖고 있다. 전자책은 EPUB 또는 PDF 포맷을 지원하며 DRM 보호를 받는다. 또한 친구와 가족에게 14일까지 도서를 '대여해주는' 기능이 있다. 사용자들은 누크 기기를 통해 와이파이에 연결될 때 반스 & 노블 전자책 서점에서 한 시간까지 책을 읽을 수 있다. 원래의 모델의 뒤를 이어 2010년 11월에 누크 컬러[Nook Colour], 2011년 6월에 누크 심플 터치[Nook Simple Touch] 그리고 2013년 11월에는 누크 글로라이트Nook Glowlight가 나왔다. 앱은 iOS와 안드로이드 기기들에서 이용할 수 있다. 영국에서는 2012년 10월부터 누크를 이용할 수 있게 되었다. 하지만 누크의 장래에 대해서는 염려되는 점이 있다. 반스 & 노블은 누크에 대한 재정 지원을 줄여왔으며 2014년 6월 삼성과 파트너십을 형성해서 누크 소프트웨어를 포함한 공동 브랜드 기기를 생산할 계획이라고 발표했다.

또 다른 경쟁사는 코보이다. 원래 캐나다 회사로 인디고 북스 앤드 뮤직Indigo Books and Music이 58%의 지분을 갖고 있었지만 2012년 1월 이래 일본의 복합기업 라쿠텐Rakuten이 소유하고 있다. 최초의 코보 단말기는 아마존 킨들과의 경쟁을 위해 2010년 5월에 출시되었으며 완전한 와이파이 모델은 그해 말 출시되었다. 제품 시리즈에는 코보 터치Kobo Touch(2011년 6월), 코보 미니Kobo Mini 및 코보 글로Kobo Glo(2012년 9월), 오라 HDAura HD(2013년 4월), 오라Aura(2013년 9월)가 있다. 코보는 여러 나라에서 판매되고 있으며 영국에서는 2010년에 최초로 등장했다. 기기는 W. H. 스미스W. H. Smith와 아르고스Argos를 통해 판매되고 있다. 하지만 코보는 미국 시장에서 치열한 경쟁 때문에 위축되고 있다.

태블릿

앞서 언급한 바와 같이 독서용으로만 별도의 기기를 구입하기 싫어하는 소비자들이 있다. 애플이 호언장담 속에 10.7인치 LCD 스크린을 장착하고 더욱 다양한 기능을 갖춘 태블릿 랩톱, 곧 아이패드를 출시한 것은 이런 소비자들을 겨냥한 것이었다. 2010년 1월 시연회를 하고 2010년 4월 최초로 출시된 아이패드는 상징적인 기기가 되었으며 이 책을 쓰고 있는 시점에 2억 대가 판매되었다. 그것은 1993년 애플이 최초로 생산한 휴대형 개인정보단말기(PDA)인 뉴턴 메시지 패드 100Netwon Message Pad 100과는 전혀 다른 세계의 물건이었다.

2010년 4월 미국에서 와이파이 전용 모델과 와이파이에 더해 3G까지 지원하는 모델이 출시되었고 국제 모델은 그해 말에 출시되었다. 2011년 3월 아이패드2에 이어 2012년 3월 아이패드3, 2012년 11월 아이패드4 및 아이패드 미니iPad Mini, 2013년 11월 아이패드 에어iPad Air가 각각 출시되었다. 아이패드 기기는 풀컬러 터치스크린을 제공하며 전자책은 애플의 아이북스토어iBookstore에서 이용할 수 있다. 아이패드가 출시된 이래 앱은 iOS 기기들에서 이용 가능한데, 이는 독자들이 애플 기기를 통해 킨들, 누크 또는 코보의 전자책 서점에서 구매할 수 있게 해준다.

아이패드가 출시되었을 때 대부분의 대형 단행본 출판사들은 애플과 계약을 체결했으며 대형 교재 출판사들은 교재의 복잡한 레이아웃이 아이패드에서 구현될 수 있게 하기 위해 개발사인 스크롤모션ScrollMotion Inc. 및 시맨티코Semantico와 작업을 하고 있다. 이 기기의 도래로 출판사들은 전자책 가격에 대한 통제를 강화할 목적으로 설계되어 많은 논란을 일으킨 새로운 가격 책정 모델을 정착시킬 기회를 갖게 되었다.

아이패드의 출시 이래로 다수의 여타 회사들도 태블릿을 출시했는데 가장 주목할 만한 사례는 삼성과 LG이다. 아마존의 킨들 파이어 HD와 같은 최근에 등장한 다수의 기기들은 사실상 미니 태블릿 겸 전자책 단말기로서 웹 검색과 이메일 기능을 제공한다.

다목적 태블릿의 부상은 전용 전자책 단말기 판매에 영향을 미치지 않을 수 없었으며, 보도에 의하면 2012년 전 세계의 전용 단말기 판매는 2320만 대에서 1490만 대로 떨어졌다. 2013년에는 전자책 판매가 정체 상태에 머문 것으로 알려졌다. 하지만 그해 미국의 경우 전체 도서 판매에서 전자책의 점유율은 27%에 달했고 영국에서는 15%를 차지했다. 여타 시장에서는 전자책의 점유율이 아주 미미했다. 2013년에 아마존은 미국의 전자책 시장을 60~70% 차지하고 애플이 약 20% 점유한 것으로 추정되었다. 영국에서 아마존은 79%를 차지하고 애플은 9%를 점유했다. 이런 숫자들은 불확실하기 일쑤이며 전자책의 판매가 종이책 시장을 죽이는지는 예단하기 어렵다. 전자책 판매가 최초로 시작되었을 때 일부 대형 단행본 출판사들(특히 사이먼 앤드 슈스터, 하퍼콜린스 및 아셰트 북 그룹)은 신중한 조처를 취해 주요 단행본의 전자책 버전 발매를 4개월까지 지연시켰다. 이는 하드백 판매에 미칠 피해를 회피하기 위한 조처였지만 이런 전술은 전자책 소매상, 특히 아마존과 애플의 반대에 부딪쳤다. 이와 대조적으로 댄 브라운의 베스트셀러인 『로스트 심벌』의 전자책 버전은 하드백과 동시에 출판되었으며 하드백의 최초 판매는 650만 부에 달했다. 전자책 버전의 발매를 지연시키는 문제는 그러한 지연이 해적행위를 조장하고 또한 저자와 에이전트가 전자책 권리를 분리시켜 전자책 출판사와 직접 거래하게 할 것이라는 논란을 초래했다. 아마존은 전자책의 직접 거래를 위해 70%를 제안하고 있다. 2009년 12월 베스트셀러 경영서적 저자 스티븐 코비Stephen Covey는 그가 쓴 타이틀 중 2개에 대해 디지털 전문 출판사 로제타 북스와 전자책 권리를 직접 거래하고 전자책을 아마존을 통해 볼 수 있게 했다. 2010년 1월 이언 매큐언은 로제타와 5개의 타이틀을 직거래하고 모든 수입 중 적어도 50%를 보장받았다. 몇몇 에이전트들도 이 장의 앞부분에서 언급한 바와 같이 직접 거래를 택했다.

스마트폰

영국 정부가 2000년에 시행한 3G 라이선스 경매는 경쟁이 치열했으며 창출한 금액은 225억 파운드에 달했지만 3G 전화는 2004년 말까지 출시되지 않았다. WAPWireless Area Protocol 기술은 인터넷에 접근할 수 있어 사용자들이 웹을 검색하고 이메일 메시지를 받을 수 있는 모바일폰 개발을 촉진했다. 4G 라이선스의 경매는 2013년에 열렸지만 창출한 금액은 23억 4000만 파운드에 불과했다.

이제 스마트폰은 다수의 PDA 기능을 제공하며 물리적인 키보드나 가상의 키보드는 사용자가 이메일과 텍스트 메시지를 발송할 수 있게 한다. 또한 카메라와 더불어 텍스트, 음악 및 비디오를 포함한 콘텐츠를 접근할 수 있는 기능을 갖추고 있다.

초기에 업계에서는 블랙베리BlackBerry 제품을 선호했다. 이 제품은 캐나다 회사인 리서치 인 모션Research in Motion이 개발했으며 물리적인 키보드가 있다.

하지만 최근에는 터치스크린 전화의 경쟁이 치열해지면서 리서치 인 모션은 다운사이징에 돌입했고 어느 순간 매물로 나왔다. 노키아Nokia, 모토롤라Motorola와 같은 여타의 회사들도 경영이 어려워졌다. 노키아는 2014년 4월 모바일 회사를 마이크로소프트에 매각했으며, 모토롤라의 모바일 부문은 중국 회사 레노보Lenovo에 넘어갔다.

가장 상징적인 주자가 애플 아이폰이라는 것은 의심할 여지가 없다. 아이폰은 2007년 6월에 처음 출시되었고 현재는 7세대가 시판되고 있으며, 2013년 말 현재까지 5억 대가 판매되었다. 터치스크린 기술을 쓰고 iOS 운영 시스템을 사용하는 아이폰은 이메일 기능을 갖추고 있고 사용자가 사진과 비디오 영상을 찍고 그것을 보며 음악을 다운로드할 수 있다. 2008년 7월 출시된 애플의 앱 스토어를 이용하면 사용자가 광범위한 애플리케이션('앱app')을 다운로드할 수 있다. 그중 어떤 것은 무료이고 어떤 것은 유료이다. 현재 이용할 수 있는 앱은 120만 개에 달한다(이 장 뒤의 "앱" 참조). 그중 가장 인기 있는 것은 게임이고(이 장 뒤의 "비디오 게임" 참조) 페이스북, 트위터와 같은 소셜 네트워킹 사이트에 대한 링크이다.

2009년 말에는 아이폰에서 전자책 활동이 돌풍처럼 일어나 최초로 게임 다운로드를 능가했다. 애플 자체의 아이북스 스토어iBooks store 외에 아마존의 킨들 제품, 반스 & 노블의 누크, 그리고 코보를 위한 무료 전자책 리더 앱을 이용할 수 있다. 옥스퍼드 대학교 출판부를 포함하여 많은 출판사들이 참고 도서를 위한 아이폰용 앱을 제공하며 헤인즈Haynes는 자동차 유지 매뉴얼 앱을 제공한다. 어떤 논평가들은 아이폰의 스크린 크기가 작은 것을 고려하면 사용자들이 상대적으로 소량의 콘텐츠에 접근하기를 바라는 참고용 타이틀이 성공 가능성이 높다고 말한다.

스마트폰 시장에서 애플의 주요 경쟁사들은 안드로이드 운영 시스템을 쓰고 있다. 그중 선두주자는 갤럭시Galaxy 시리즈를 생산하는 삼성이다. 구글은 넥서스Nexus 시리즈를 생산하며 아마존은 2014년 6월 파이어Fire 스마트폰을 출시했다. 킨들, 코보, 누크 앱은 모두 안드로이드 기기에서 이용할 수 있다.

모바일폰에서 전자책을 볼 수 있도록 한 것은 일본이 선구적이다. 도쿄에서 지하철로 출퇴근하는 젊은 여성들에게 로맨스 소설은 특히 인기가 높다. 이런 경향은 한국과 중국에서도 크게 증가하고 있다. 이 책을 쓰고 있는 시점에 한국과 중국의 모바일폰 사용자 수는 13억 5000만 명에 달했다. 일본에서 모바일폰 소설 시장은 연간 1억 2500만 달러에 달하는 것으로 추정된다. 이런 소설들은 통상적으로 이전에 종이책으로 출판된 것에 기초한 것이 아니라 독자적으로 쓰인 것이지만 저자의 인기가 높아지면 종이책으로 100만~200만 권이 팔려 나갈 수 있다.

이 책의 이전 판이 출간된 이래 킨들과 같은 독서 전용 단말기는 상당히 늘어났고 태블릿도 전자책 독서를 위한 인기 있는 플랫폼이다. 하지만 스마트폰이 가장 인기 있는 휴대용 다기능 플랫폼으로 부상해왔으며 텍스트, 오디오 및 비디오 콘텐츠에 대한 고객의 수요와 아울러 '이동하면서' 소통하고자 하는 고객의 수요를 담아내고 있다. 2013년 말 현재 전 세계적으로 4G 사용자들의 숫자는 1억 8860만 명에 달했으며 2018년 말까지는 증가를 지속하여 13억 명에 달할 것으로 예상된다.

인핸스트 전자책

최초의 전자책은 종이 텍스트를 그대로 옮긴 형태였지만 애플 아이패드, 여타의 태블릿과 좀 더 정교한 스마트폰의 도래로 멀티미디어 콘텐츠와 상호작용성을 제공하는 인핸스트 전자책enhanced e-book이 보급될 기회가 열렸다. 이 장의 앞에서 언급한 바와 같이 출판사들은 초기에 멀티미디어에 대해 우려를 나타냈지만 이후 이 분야에 뛰어들고 있으며 전문 소프트웨어 개발사와 함께 일할 때가 종종 있다. 물론 저자로부터 필요한 권리를 확보하는 것과 아울러 제품에 포함될 제3자의 저작권물을 위한 관련 권리를 분명하게 확보하는 것이 무엇보다 중요하다. 초기의 예를 들면, 록 스타 닉 케이브Nick Cave의 『버니 먼로의 죽음The Death of Bunny Munro』을 캐논게이트Canongate가 인핸스트 에디션스

Enhanced Editions와 함께 개발하여 인핸스트 판으로 만든 것이 있다. 이것은 스크롤되는 텍스트와 보조를 맞추어 오리지널 음악, 비디오 및 저자가 읽어주는 오디오북 텍스트가 제공된다. 인핸스트 에디션스는 또한 필립 풀먼Philip Pullman이 쓴 『선인 예수와 악인 그리스도The Good Man Jesus and the Scoundrel Christ』에 대한 캐논게이트의 인핸스트 판 제작에도 참여했는데, 여기에는 저자가 텍스트를 읽어주는 오디오북 버전과 저자가 책에 대해 이야기하는 비디오가 포함되어 있다. 만약 인핸스트 전자책에 있는 모든 재료가 저자와 관계된 것이라면 물론 저작권 청산 문제는 줄어든다. 릭 펄스타인Rick Perlstein의 『닉슨랜드Nixonland』를 사이먼 앤드 슈스터가 인핸스트 전자책 판으로 만든 것에는 출판사의 모기업인 CBS의 현대 텔레비전 뉴스 장면이 들어간다.

교육적인 측면에서, 몇몇 대형 학교 및 대학교 교재 출판사들은 아이패드와 기타 iOS 기기를 위한 주요 텍스트의 인핸스트 전자책 버전을 생산했으며 일부는 개발사인 시맨티코와 공동 작업했다. 아이북스 텍스트북스iBooks Textbooks는 상호작용 이미지, 3D 대상물을 회전시키는 기능과 더불어 검색, 북마킹 및 메모 기능을 가진 풀스크린 경험을 제공한다.

앱

앱App('애플리케이션application'의 준말)은 애플이 아이튠즈의 업그레이드를 통해 2008년 7월 10일 앱 스토어를 개설했을 때 등장했다. 2010년 최초로 아이패드가 출시되었을 때는 3000개의 앱을 이용할 수 있었다. 이 책을 쓰고 있는 시점에 이용할 수 있는 앱의 숫자는 약 120만 개다. 구글 플레이는 안드로이드 앱의 1차적인 소스이다. 앱은 음악, 비디오 게임, 전자책 스토어 등의 콘텐츠뿐만 아니라 레시피, 날씨, 뉴스, 지도, 음식점 가이드, 텔레비전 다시 보기 서비스와 같은 광범위한 주제를 망라한다.

몇몇 출판사들은 앱 시장에 진출하여 터치 프레스Touch Press와 같은 소프트웨어 개발사와 공동으로 작업할 때가 종종 있다. 팬 맥밀런Pan Macmillan은 더글러스 애덤스가 쓴 『은하수를 여행하는 히치하이커를 위한 안내서』에 기초한 앱을 제작했는데, 스티븐 프라이Stephen Fry가 읽어주는 오디오북 추출분과 오리지널 라디오 쇼의 녹음본을 제공한다. 트랜스월드Transworld는 테리 프레쳇이 쓴 『디스크월드: 앵크 모포크Discworld: The Ankh-Morpork』에 기초한 앱을 갖고 있다. 초기의 펭귄 앱은 에릭 힐의 캐릭터에 기초한 "스팟, 학교에 가요Spot goes to School"였다. 펭귄이 최근에 (개발사 비욘드 더 스토리Beyond the Story와 공동으로) 제작한 앱은 『안네 프랑크의 일기The Diary of Anne Frank』에 기초한 것인데 전문, 일기의 사라진 다섯 페이지, 헬레나 보넘 카터Helena Bonham Carter의 낭독, 역사적 문서, 지도, 연대표와 기록 사진들을 제공한다. 에그몬트 UKEgmont UK는 (터치 프레스와 함께) 마이클 모퍼고가 쓴 『워 호스』의 앱을 제작했는데 전문, 저자가 읽어주는 오디오 버전, 영화 제작 과정과 더불어 제1차 세계대전의 사건들에 대한 상호작용 기능을 갖춘 타임라인을 제공하고 있다.

문학적인 부문에서 2011년 페이버 앤드 페이버Faber & Faber는 터치 프레스와 공동으로 T. S. 엘리엇T. S. Eliot의 시 「황무지The Waste Land」에 기초한 앱을 제작했다. 이것은 테드 휴스Ted Hughes, 알렉 기니스Alec Guinness, 비고 모텐슨Viggo Mortensen, 그리고 엘리엇 자신의 낭독과 아울러 원래 원고의 이미지를 제공한다. 이 앱은 영국 아이튠즈 스토어에서 예기치 않은 히트를 기록해 1위였던 앵그리 버드Angry Birds 게임을 밀어냈다. 최근에는 동일한 파트너십이, 15세기 스코틀랜드 시인 로버트 헨리슨Robert Henryson의 우화들에 대한 셰이머스 히니Seamus Heaney의 해석에 기초한 "셰이머스 히니: 다섯 개의 우화Seamus Heaney: Five Fables" 라는 앱을 출시했다. 각각의 우화에 대해 빌리 코널리Billy Connolly가 내레이터를 맡은 애니메이션, 비평, 히니의 비디오와 해당 이야기에 대한 다른 논의들이 제공된다.

영국의 어린이책 출판사 노시 크로Nosy Crow는 『아기 돼지 삼형제The Three Little Pigs』, 『빨간 모자Little Red Riding Hood』, 『신데렐라Cinderella』 및 『잭과 콩나무Jack and the Beanstalk』와 같은 공유저작물 스토리들에 기초한 다양한 앱을 제작했다. 이 앱들에는 독특한 애니메이션과 상호작용 기능이 있어 어린이들이 스토리를 연속적으로 읽기보다 앱상에서 이것저것을 해보고 스토리의 결과에 영향을 미칠 수 있다. 어쩌면 비디오 게임과 유사하다.

논픽션 부문에서 베어풋 북스Barefoot Books는 (터치 프레스와 공동으로) 닉 크레인Nick Crane이 쓴 『베어풋 월드 아틀라스Barefoot World Atlas』의 앱을 갖고 있는데, 사실상 아이패드를 위한 3D 글로브globe를 제공한다. 페이버와 터치 프레스는 마커스 초운Marcus Chown이 쓴 『태양계의 모든 것Solar System』의 앱으로 또 한 번 히트를 쳤다. 여행 가이드 출판사 론리 플래닛은 패스트 토크Fast Talk 가이드북과 관련된 앱을 갖고 있다. 이 앱은 영어, 프랑스어, 독일어, 이탈리아어, 스페인어로 핵심 관용구에 대한 문자 및 오디오 번역물을 제공한다. 랜덤하우스는 "나이젤라의 퀵 콜렉션Nigella's Quick Collection"을 갖고 있다. 이와 대조적으로 제이미 올리버는 자신의 회사를 통해 몇몇 앱을 제작했다.

텔레비전 프로그램과 연결되는 앱을 보면 쿼쿠스Quercus는 데이비드 애튼버러가 직접 출연한 〈아프리카: 미지와의 눈맞춤Africa: Eye to Eye with the Unknown〉의 앱을 아이패드, 아이폰, 안드로이드 기기용으로 만들었다. 사용자가 기기의 카메라를 책 페이지 위에 가져다 대면 정지되어 있던 그 사진은 관련한 BBC 시리즈의 짧은 비디오 클립으로 바뀐다. 하퍼콜린스는 (디 아더 미디어The Other Media와 공동 작업으로 제작한) 브라이언 콕스Brian Cox의 『우주의 불가사의들Wonders of the Universe』의 앱을 갖고 있다. 이는 BBC가 제작한 〈우주의 불가사의들Wonders of the Universe〉과 〈태양계의 불가사의들Wonders of the Solar System〉 시리즈의 영상자료를 이용하고 있다.

인핸스트 전자책과 앱의 생산에는 막대한 비용이 들어갈 수 있는데, 특히 제3자 저작권 보유자에게 지불할 비용이 있을 경우 그렇다. 출판사들은 또 프로젝트가 소프트웨어 개발사와의 합작 사업인지 아니면 개발사의 작업에 대해 일시불로 정산할 것인지에 대해 명확하게 정책 결정을 할 필요가 있다.

앱의 재정 모델은 다양하다. 몇몇 앱은 유료이고(2.99파운드나 3.99파운드짜리가 흔하다) 앱 스토어는 통상적으로 가격의 30%를 가져가며 나머지는 앱 소유주의 것이다(저자에게 인세를 지불하기 전에 개발사와 수익을 나눌 필요가 있으며 개발사와 어떠한 관계에 있는지에 달려 있다). 무료인 앱도 있지만 앱 내 구매 기능을 갖고 있을 수 있다. 어린이용 앱의 경우 이러한 기능은 논란을 낳았으며 영국의 경쟁시장청Competition and Market Authority이 이에 대해 조사를 실시했다. 어떤 앱은 광고 혹은 스폰서로 자금을 확보한다. 앱 스토어는 통상적으로 앱 내 거래 수익의 배분을 요구할 것이다.

콘텐츠 획득

전자책 단말기용으로, 그리고 최근에는 태블릿과 스마트폰용으로 콘텐츠를 획득하기 위한 원래의 '도매' 모델은 전자책 공급자가 출판사와 직접 계약을 체결하여 저작물을 관련 플랫폼에 유통시키기 위함이었다. 출판사의 경우 이러한 모델을 통해 저작물의 디지털화된 버전을 자신들의 서버에 저장하고 전자책 판의 가격을 책정하려고 했으며, 그런 다음 이러한 전자책 판의 가격을 60%까지 할인하여 전자책 회사에 '공급했다'. 이 전자책 회사는 그 자신이 전자책 기기의 공급자일 수 있으며 콘텐츠를 공급하는 자체 웹사이트를 갖고 있을 수 있다(예를 들면, 소니, 코보 또는 아마존). 이것이 라이선스인지 또는 오히려 종이책 판의 유통과 유사한 판매인지 하는 중대한 문제는 많은 토의를 거쳐야 할 주제이다. 하지만 이 책을 쓰고 있는 시점에 대부분의 출판사들은 그러한 처리방식을 판매로 분류하고, 기본계약서에 부차권 수입의 일부로서가 아니라 그러한 판매로 들어온 순수입에 기초한 인세 지불 조항을 제공한다. 2010년 1월 아마존은 킨들에 대한 전자책 권리를 그들과 직접 계약한 미국 출판사와 저자들을 위한 인세율을 2010년 6월 30일부터 높일 것이라고 발표했다. 조건은 전자책 가격이 동일한 타이틀의 종이책보다 적어도 20% 낮아야 하며 다른 곳에서 더 싸게 팔지 않아야 한다는 것이었다. 이런 조건이 충족되면 아마존은 수익의 70%를 지불하기로 했다.

하지만 아이패드의 도래는 새로운 지불 모델을 촉발했다. 즉, 애플은 대형 출판사들과 '에이전시' 모델에 합의했으며, 출판사들이 전자책 가격을 정하고 애플은 수익의 일정 비율만 가져가게 되었다. 동일한 도서가 다른 곳에서 경쟁 전자책 제공사에 의해 더 값싸게 팔려서는 안 된다는 합의가 이루어졌다. 모델의 변경은 아마존이 값을 대폭 깎고 도매가격에 압력을 가한 데 대한 저항으로 보였다. 2010년 2월 미국 맥밀런 사와 아마존 사이에 벌어진 널리 알려진 분쟁은 처음에는 아마존이 맥밀런의 종이책에 대한 '구매' 버튼을 작동시키지 않고 전자책 제공을 중단하는 결과를 가져왔다. 결국 '에이전시' 모델이 합의에 도달했고 맥밀런은 전자책 가격을 책정하고 아마존은 수익의 30%를 챙기게 되었다. 하퍼콜린스, 펭귄, 사이먼 앤드 슈스터, 아셰트 등 5대 단행본 출판사들도 에이전시 방식을 지지했다.

2010년 6월 미국 법무부는 에이전시 협약 방식에 대한 조사에 착수했다. 그 이유는 법무부가 볼 때 5대 출판사와 애플이 아마존의 대폭적인 할인에 반대하여 전자책 가격을 올리기 위해 결탁을 한 혐의가 있었기 때문이다. 별도의 집단 소송이 제기되었다. 2012년 4월 법무부는 애플, 아셰트, 사이먼 앤드 슈스터, 펭귄, 하퍼콜린스 그리고 맥밀런의 모회사인 홀츠브링크를 상대로 36쪽짜리 독점금지 청원서를 제출했지만 아셰트, 사이먼 앤드 슈스터와 하퍼콜린스는 이미 합의점을 찾았으며 에이전시 협약을 종료하기로 합의하고 2년 동안 전자책 가격 할인을 억제하지 않으며 5년 동안 '최혜대우' 협약을 체결하지 않기로 했다. 그들은 고객에 대한 보상으로 총 1억 6600만 달러를 지불하기로 합의한 것으로 알려졌다.

2013년 6월 3일은 법무부가 애플, 펭귄, 홀츠브링크에 제기한 소송의 재판일이었지만 펭귄은 2012년 12월, 홀츠브링크는 2013년 2월에 각각 합의에 도달했다. 이들 출판사들은 모두 어떠한 범법행위에 대해서도 부인했다.

2013년 7월 10일 데니스 코트Denise Cote 판사는 애플이 출판사들과 공모하여 전자책 가격을 올렸으며 2년 동안 할인 억제를 해서는 안 되고 5년 동안 최혜대우를 받아서는 안 된다고 판결했다. 2014년 6월 애플은 집단 소송을 끝냈으며 막대한 보상금을 지불할 것으로 예상된다. 미국 법무부는 출판사들로 눈을 돌려 전자책의 새로운 가격 책정 논의를 감시해왔다.

유럽연합도 2011년 12월 에이전시 모델에 대한 조사를 발표했다. 2012년 9월 예비 판결에서 5대 출판사와 애플은 유럽 전역에 걸쳐 전자책 가격을 높게 책정하기로 하여 EU의 공정경쟁규약을 위반했음이 판시되었다. 2012년 12월 유럽집행위원회는 에이전시 협약을 종료하고 2년 동안 할인을 허용하며 5년 동안 최혜대우를 억제하겠다는 애플, 아셰트, 사이먼 앤드 슈스터, 하퍼콜린스, 홀츠브링크의 제안을 받아들였다. 새로운 처리방식은 EU의 승인을 받게 되었다. 2013년 4월 펭귄은 랜덤하우스와의 합병에 따라 별도의 해결책을 모색했다. 랜덤하우스는 미국에서 송사에 휘말리지 않았으며 영국에서 에이전시 모델을 사용하지 않았다.

2011년 2월 영국의 공정거래청은 에이전시 방식에 대해 문제를 제기했지만 2011년 12월 EU가 먼저 행동을 취했기 때문에 아무런 조처를 취하지 않기로 했다.

미국과 EU가 취한 조처는 여타 전자책 소매상들에게 좀 더 공평한 경쟁의 장을 제공하고자 하는 의도였다. 하지만 2014년 봄 전자책과 관련하여 아마존과 아셰트 사이에 가격 책정 문제와 소매상이 가져가야 할 수익 배분을 둘러싸고 별도의 분쟁이 발생했다. 아마존은 할인을 금하고 미국에서 아셰트 타이틀에 대한 예약주문 버튼의 작동을 중지시키기도 했다. 아마존은 예약주문 기능에 대한 지불을 포함시키고 출판사 판본의 재고가 떨어졌을 때 주문형 출판을 통해 도서를 공급할 수 있는 조건에 대해 여타 출판사들과 재협상을 모색하고 있다.

전자대출

현재 영국에서 다수의 도서관이 전자책 온라인 대출 기능을 제공하고 있음을 여기서 주목할 가치가 있을 것이다. 출판사들은 오버드라이브OverDrive 같은 통합자들을 이용하는 경향이 있다. 통합자들은 이용에 다양한 조건을 걸고 도서관에 공급하는데, 어떤 경우에는 한 번에 한 명의 이용자만 허가하고 어떤 경우에는 도서가 특정한 횟수까지만(예를 들면 24번) '대출'될 수 있다. 그 이후에는 도서관이 전자책 카피를 재구매해야 한다. 무한정 대출 기능은 필연적으로 판매 수익에 악영향을 미칠 것으로 우려된다. 이용자는 도서관 회원번호를 온라인으로 입력하고 전자책을 자기 컴퓨터나 기기에 내려받을 수 있다. 14일이 지나면 콘텐츠는 삭제될 것이다. 이런 시스템은 대출자가 도서관 근접 지역에 거주할 것으로 추정한다. 2014년 3월 「시그하트 검토보고서Sieghart Review」가 발표된 이후 영국출판협회와 영국 도서관장 협회는 전자대출이 종이책 판매에 어떤 영향을 미치는지 파악하기 위해 4개 지역(피터버러, 뉴캐슬, 윈저, 메이든헤드 및 더비셔)에서 1년간 전자대출 시범 프로젝트를 시행했다. 도서관에 공급된 전자책에 대한 저자 지불 문제–통상적으로 권리 수입의 배분보다 순수입액의 인세(종종 25%)로 계산–는 논란거리이고 종이 이외 출판물에 대한 공공 대출권과 별개의 이슈이다(제3장 "공공 대출권: 저자의 권리" 참조).

전자종이와 전자잉크

전자종이e-paper는 MIT 미디어랩MIT MediaLab과 제록스 PARCXerox PARC가 개발한 프로젝트이다. 이 계획은 '디지털 종이digital paper'로 구성되는 책을 위한 것이다. 단어는 책등에 있는 마이크로칩의 통제를 받는 투명한 전극에 의해 페이지 상에 흘러간다. '도서'는 무한하게 재사용할 수 있지만 현재의 종이당 비용으로는 제품을 상업적으로 이용할 수 없다.

전자잉크e-Ink는 하나의 기술이고 이것을 개발한 회사의 명칭이기도 하다. 1997년에 설립된 이잉크E-Ink 사의 투자자 중에는 필립스와 일본의 인쇄업체인 토판Toppan이 있다. 목적은 종이처럼 보이는 새로운 유형의 전자 디스플레이를 만드는 것이었다. 액체 잉크는 대단히 얇은 필름 안에 있으며 '페인트 칩paint chip'이라고 알려진 입자를 담고 있는 투명한 액체로 되어 있다. 이 칩은 검은색(양전하) 또는 흰색(음전하)이다. 전기장이 작동할 때, 칩은 전하가 양이냐 음이냐에 따라 입자의 꼭대기나 바닥으로 움직인다. 그런 다음 디스플레이에 흑이나 백으로 나타나며 텍스트와 그림을 나타내는 부분을 채우게 된다. 전자잉크 디스플레이는 해상도가 매우 높으며, 그래서 읽기가 쉽다. 전자잉크 기기는 LCD보다 에너지를 덜 쓰고 화면 출력이 완성되면 더 이상 전력을 소모할 필요가 없어 사용료가 싸다. 콘텐츠는 전자소매상의 웹사이트에서 다운로드함으로써 전자잉크 기기로 넘겨질 수 있다. 비록 전자잉크가 독서 전용 단말기의 새로운 세대에서 사용되는 매체라고 할지라도(이 장 앞의 "전자책 단말기: 초기 이니셔티브와 최근의 발전 동향" 참조) 2014년 1/4분기 동안 1996만 달러의 손실이 보고되었다.

전자책 기술과 표준

비디오 영역에서 VHS/베타맥스 사이에 상호 호환이 되지 않은 것과 유사한 포맷 문제를 회피하기 위해 마이크로소프트와 여타의 업체들은 XML 기반의 개방형 전자책 표준(OeB)을 채택하도록 압박을 가했다. 미국출판협회는 이런 계획을 지지했다. 이것은 사용자들이 승인된 사이트 어디에서나 전자책을 다운로드할 수 있게 하고 승인받은 플랫폼 어디에서나 사용할 수 있게 한다. 인쇄된 페이지의 정확한 이미지를 요구하는 사용에(예를 들면 과학 잡지) PDF가 이상적인 것으로 입증된 반면, XML 기반의 포맷은 휴대형 기기 화면에 띄우기 위해 필요한 재사용을 허용한다.

전자책에 사용되는 주요 소프트웨어 애플리케이션은 모비포켓 리더Mobipocket Reader(프랑스 회사가 개발한 것을 2005년 4월 아마존이 인수), 어도비 아크로뱃 이북 리더Adobe Acrobat e-Book Reader이다. 업계 표준 기관인 인터내셔널 디지털 퍼블리싱 포럼International Digital Publishing Forum(IDPF)은 오픈 소스 EPUB 포맷을 광범위하게 채택하도록 권장하고 있다. 이는 XML 기반이며 다수의 모바일 기기와 호환이 된다.

몇몇 전자책 기기는 DRM이 EPUB과 PDF 파일을 보호하게 하기 위해 어도비 콘텐츠 서버 4(ACS4)를 사용한다. ACS4는 점점 더 많은 스마트폰의 지원을 받고 있다. 하지만 애플이 2009년 1월 아이튠즈 스토어에서 DRM을 제거하면서 음악 산업 내에서 시작된 경향이 영향을 미쳐(제18장 "음악 산업으로부터 배울 수 있는 교훈?" 참조) 전자책도 그렇게 할 것인지 여부에 관한 논의가 계속되고 있는데 출판사들 사이에 의견은 엇갈리고 있다.

출판사, 전자 디지털화 서비스 및 통합자

출판 산업의 전자책 부문은 지속적으로 성장했으며 다양한 모델이 등장하여 콘텐츠를 실수요자들에게 제공했다. 어떤 출판사들은 자사의 재료를 직접 디지털화하여 공급하고(다수의 STM 저널 출판사들이 선호한 모델, 제18장 "사이트 라이선스" 참조), 출판사들에게 콘텐츠의 디지털 웨어하우징warehousing 서비스를 제공하는 오버드라이브와 같은 외부 디지털화 제공사의 서비스를 물색하는 출판사들도 있다. 다른 출판사들은 온라인 소매상을 통해 디지털화와 전자책 유통 서비스를 제공하는 회사들—가령, 잉그럼의 바이틀소스 북셸프VitalSource Bookshelf 플랫폼(www.vitalsource.com)과 도슨Dawson의 도슨이러Dawsonera 플랫폼(www.dawsonbooks.co.uk)—과 계약을 체결했다.

2003년 9월 발간된 영국 합동정보시스템위원회Joint Information Systems Committee(JISC, 영국 대학교들에 전자 콘텐츠의 제공을 추진하고 때에 따라서 자금을 제공)의 보고서는 대학 사서들과 학계의 전자책 수요와 출판사들의 전자 형태 도서 콘텐츠 제공 사이에 괴리가 있음을 확인했다(1990년대 중반 이래 학술 출판사들이 전자 콘텐츠를 제공해온 저널 콘텐츠와는 대조적인 현상이다). 이런 필요성은 옥스퍼드 리퍼런스 온라인, 옥스퍼드 스칼러십 온라인(이 장 앞의 "데이터베이스: CD-ROM에서 온라인으로 이동" 참조)과 같이 어느 정도 '패키지화된' 프로젝트와 와일리 블랙웰, 케임브리지 대학교 출판부, 세이지, 테일러 앤드 프랜시스와 같은 출판사들이 주도하는 유사한 프로젝트들—JISC를 통해 일부 거래를 지원받는 기관 라이선스를 기반으로 이용할 수 있는—에 의해 다루어졌다. 2009년 말에 발간된 「JISC 전자책 전망 보고서E-Book Observatory Report」는 이제 전자책이 학술 생활의 일부가 되어 비록 학과별로는 비율에 차이가 있지만 학생과 교수진의 65%가 사용함으로써 수요가 절정에 달하는 시기에 소장 도서의 단기 대출 수요에 대한 압력을 완화시키고 있음을 확인했다. 연구에 의하면 다수의 학생들은 종이 교재의 값이 너무 비싸다고 생각하며 전자책의 휴대성과 아울러 인핸스트 판 교재의 이점을 잘 알고 있다.

교재 상황을 보면 맥그로힐, 센게이지, 테일러 & 프랜시스 및 피어슨 에듀케이션과 같은 다국적 기업들은 자체 전자 출판 프로그램에 착수했으며 콘텐츠를 자체 웹사이트에서 직접 PDF 포맷으로 배송하는데 값은 종이책 판본 가격과 같거나 낮다. 또한 출판사들은 아이패드와 여타 태블릿용으로 상호작용 기능을 가진 교재의 인핸스트 판을 만들고 있다.

단행본 상황을 보면 2001년 초 타임워너와 랜덤하우스가 로켓이북과 같은 플랫폼을 위해 전자 출판 사업에 착수했지만 2003년에 이르러서는 이러한 시도는 결국 실패했으며, 같은 해 12월에는 소매상 반스 & 노블이 자체 웹사이트를 통한 전자책 판매에서 철수했다. 2009년부터 단행본 출판사들이 전자 활동을 재개했는데, 이는 인기가 높은 전자책 단말기가 등장하고 콘텐츠를 모바일폰으로 다운로드할 수 있게 된 데 기인한다. 2010년에는 아이패드가 출시되고 뒤를 이어 다른 태블릿 기기와 전자책용 앱이 등장했다. 반스 & 노블은 자체 기기인 누크를 가지고 콘텐츠를 획득하기 위해 전자책 시장에 재진출했다.

전자 도서관과 통합자들

몇몇 기관들은 공공, 학술 및 전문 도서관에 특정 주제의 전자책 장서를 제공하는 데 전문화되어 있다. 이 분야에서는 여러 차례 인수 활동이 전개되어왔다.

초기의 통합자인 넷라이브러리NetLibrary는 콜로라도 주 볼더에 소재하면서 '무한한 책, 끝없는 가능성'이라는 슬로건을 내걸고 시작했다. 넷라이브러리는 OCLCOnline Content Library Center의 콘텐츠 부문이 되었다가 2010년 3월 엡스코EBSCO가 인수했으며 현재는 엡스코호스트EBSCOhost의 일부로 활동을 지속하고 있다(www.ebsco.com). 이 회사는 가격이 동시 사용자들의 숫자에 따라 책정되는 소유 모델, 대출/대여 모델, 그리고 월간 기준으로 추가 비용 없이 신간을 볼 수 있는 구독 모델을 제공한다.

퀘스티아Questia 온라인 도서관은 1998년에 설립되었고 본부는 휴스턴에 있다. 2000년 1월 센게이지 러닝Cengage Learning이 인수했다. 초기의 목적은 학술 도서관에 대한 사이트 라이선스를 통하지 않고서 인문학도들이 온라인으로 직접 도서 전문과 저널 기사를 이용할 수 있게 하는 것이었다. 이 서비스는 주로 유료 가입을 기반으로 하며 사용자들이 한 번에 한 페이지를 볼 수 있도록 한다. 현재 이용 가능한 책자는 7만 8000종이며 저널과 신문, 잡지 기사는 900만 건에 달한다. 출판사에 대해서는 구독료 수입에 비례한 인세와 페이지를 본 수익의 일부를 지불한다.

2000년 10월 랜덤하우스, 맥그로힐, 피어슨 출판 그룹은 도서와 저널의 온라인 장서 구축을 하기 위해 이브러리eBrary에 공동 투자하기로 했음을 발표했다. 도서관들은 영구 이용권을 구매할 것인지 연간 유료 가입 기준으로 지불할 것인지를 선택할 수 있다. 또한 단일 사용자를 기준으로 할 것인지, 다중 사용자를 기준으로 할 것인지를 선택할 수 있다. 참여 출판사들은 접속 정도를 결정하고 자사 재료에 대한 요금을 정할 수 있다. 출판사들에 대해서는 전체 데이터베이스를 구성하는 재료의 비중과 재료가 이용된 횟수를 고려한 알고리즘을 기초로 지불을 한다(www.ebrary.com 참조). 2011년 1월 이브러리는 프로퀘스트가 인수했다.

프로퀘스트Proquest는 1938년 미국에서 설립된 유니버시티 마이크로필름스University Microfilms의 후신이다. 현재는 케임브리지 인포메이션 그룹Cambrige Information Group 산하에 있으며 R. R. 보커R. R. Bowker를 소유하고 있다. 도서관에 광범위한 데이터베이스를 제공하며 대부분의 주제 분야에 전문화되어 있다(www.proquest.com).

북스Books 24×7은 비즈니스, 경영, 금융, 컴퓨터 및 엔지니어링 분야의 출판물 장서를 제공하는 데 전문화되어 있다. 주요 유료 가입자들은 상업회사들이지만 고등교육기관의 도서관에도 장서를 제공한다. 기업체가 유료로 가입하면 지정된 사용자가 콘텐츠를 무제한으로 이용할 수 있다. 출판사에는 사용에 기초하여 인세가 지불된다(www.books24x7.com).

사파리 북스 온라인Safari Books Online은 출판사 오라일리O'Reilly와 피어슨 테크놀로지 그룹Technology Group의 공동 벤처사업이다. 월간 또는 연간 유료 가입 기준으로 컴퓨터 분야에서 온라인 참고 도서관 역할을 한다(www.safaribooksonline.com). 2014년 8월부터 오라일리가 유일한 소유주이다.

크노벨Knovel은 엔지니어링과 자연과학 분야의 온라인 도서관을 주로 기업 도서관에 제공한다(www.knovel.com).

당초 쿠츠 정보 서비스Coutts Information Service의 자회사였던 마이아이라이브러리MyiLibrary는 2006년 12월 잉그럼이 인수했다. 공공, 학술, 전문 도서관들이 사용할 47만 5000종의 학술서를 제공한다.

크레도 리퍼런스Credo Reference(이전에는 크로스리퍼CrossRefer로 불림)는 대학과 전문 도서관에 참고용 도서의 데이터베이스를 제공한다. 출판사는 유료 가입 수익의 일부를 받는다(www.credoreference.com).

통합자마다 접근과 지불 모델이 다르지만 이런 방식들은 일반적으로 출판사들이 볼 때 시장에 대한 판매 통로이고 저자들은 순수입액에 대한 인세를 받는데, 이는 연간 유료 가입비에 비례할 수 있다.

대여 모델

통합자로부터 도서를 구할 수 있는 것과 별도로 대학들에게 인기 있는 선택지는 코스스마트닷컴CourseSmart.com이다. 이 업체는 당초 미국에서 5대 교재 출판사들이 세웠지만 2014년 3월 이래 잉그럼의 바이털소스 테크놀로지 사VitalSource Technologies Inc.의 자회사이다. 이 사이트는 70개 교재 출판사와 함께 일하며 학생들은 한정된 기간(통상 180일) 동안 콘텐츠를 대여하고 다운로드할 수 있다. 학생들은 메모를 달고 강조 표시를 하며 복사를 하고 워드 프로세싱 애플리케이션에 일부 초록을 옮길 수 있으며, 한 번에 10쪽까지 출력할 수 있다. 현재 이 사이트에서 6만 종의 교재를 구해 볼 수 있으며 값은 종이책의 절반도 안 된다.

무크

무크(MOOC)는 대규모 온라인 공개 강좌Massive Open Online Courses를 말하며, 미국에서 개척된 것으로서 학생과 학자 공동체를 구축하고자 의도된 개별 지도, 사전에 기록된 강의, 상호작용 사용자 포럼을 특징으로 하는 온라인 강좌이다. 강좌는 전형적으로 6주에서 10주 동안 진행된다. 초기 제공자들 중에는 스탠퍼드와 MIT가 있다. 초기의 강좌는 기본 서비스는 무료이고 추가 고급 서비스에 대해 요금을 받았는데 콘텐츠는 무료로 제공되었다. 하지만 결과적으로 다수의 학생들은 중도에 수강을 포기했으며 사람들은 이것이 진정으로 전통적인 대학교육 요소를 대체할 수 있는가 하는 의문을 제기하기도 했다. 명목상의 요금을 지불하게 하면 학생들의 성실성을 더 확보할 수 있을 것으로 보인다. 2012년은 '무크의 해'로 여겨졌으며 미국에서 코스이러Coursera, 유대시티Udacity, 에덱스edX 같은 상업적인 제공사들이 설립되었다. 이들의 수입은 신청서 검토, 인가, 이력서 기재 지원, 고용주로부터의 채용 수수료 등에서 발생한다.

무크는 콘텐츠의 문제를 제기한다. 현지 강사가 제공한 것이라면 그것이 원본인가? 저자가 직접 계약한다면 인세 기반 모델 없이 어떻게 지불을 받을 것인가? 제3자의 재료는 이런 유형의 사용을 위해 어떻게 청산되는가? 2013년 5월 센게이지 러닝, 맥밀런 하이어 에듀케이션Macmillan Higher Education, 옥스퍼드 대학교 출판부 및 와일리는 코스이러—에든버러 대학교와 함께 강좌를 운영하고 있는—와 함께 그들의 교재에서 제한된 양을 사용하게 하는 시범 프로그램에 착수했다.

전자 출판: 초기의 기대는 충족되었는가?

많은 사람들이 한때 전통적인 책은 사라질 것이라고 예측했지만, 이런 전망에도 불구하고 종이책은 휴대하기 편리하고 전력이 필요 없으며 사용자가 다양한 환경하에서 읽고 메모를 하며 향유할 수 있는 효과적인 도구로서 당당히 옹호되어왔다. 존 업다이크John Updike는 다음과 같이 썼다. "물리적 대상으로서 책에 대한 우리의 관념은 비록 이제는 서고에서 수사가 양피지에 필사하지는 않는다고 할지라도 귀중한 것이다. …… 책이 지속된다는 것은 우리가 지속된다는 것이다. 우리의 내밀한 이야기는 전자잉크로 쓰이지 않았다." 하지만 전달 속도, 대량의 콘텐츠의 휴대 가능성과 검색 기능이 점점 많은 사용자들에게 매력적인 것으로 입증되었음을 부인할 수는 없다. 이러한 사용자들 중 다수는 콘텐츠가 전자적으로 배송되는 것을 표준으로 인식하는 세대이다. 단행본 시장과 교육, 학술 및 전문 시장 사이에 요구사항에서 중요한 차이가 있음을 밝히는 것은 중요하다. 대다수의 단행본 전자책 구매자들은 통상적으로 도서 전체를 획득하고자 하는 반면, 학술과 전문 분야의 다수 사용자들은 대량의 재료를 검색하고 나서 휴대용 기기보다 데스크톱과 랩톱을 통해 특정한 콘텐츠를 볼 수 있기를 원할 가능성이 있다. 하지만 의료 전문가들은 휴대용 기기의 휴대성이 매우 중요하다는 것을 인식해왔으며 스마트폰의 증가하는 기능들은 새로운 가능성을 열어놓았다.

어떤 논평가들은 전자 출판사들이 사업을 추진하는 와중에 상당한 손실을 볼 것이라고 예측했다. 실제로 이는 사실임이 입증되었다. 2001~2003년간 전자 출판은 매우 부진했는데, 다수의 전통적인 출판사들이 긴축을 하고 일부 전자회사들은 다운사이징을 했으며 몇몇 플랫폼과 서비스 제공사들은 아예 사라지고 말았다.

마이크로소프트는 2004년까지 휴대형 전자 독서 단말기의 무게가 16온스 미만이 되고, 가격은 100달러 아래로 내려가며 소비자는 2800만에 달할 것이라고 예측한 바 있다. 비록 가격 측면에서는 맞지 않았지만 적어도 이런 예측의 일부는 현실화되었다. 분명히 모든 분야의 출판사들은 소비자의 수요와 휴대하기 더욱 편리한 기기들의 인기에 따라 광범위한 디지털 계획을 추진하고 있다. 전자책, 인핸스트 전자책과 앱은 모두 출판사들이 생산하고 있으며 아마존, 애플, 코보, 반스 & 노블 및 도서관 통합자들과 같은 소매상들과의 거래

방식은 권리 수익의 배분보다 순수입액에 대한 인세를 지불하는 판매를 기준으로 한다.

계약 전 점검사항

기본계약서

어떤 분야의 라이선싱과 마찬가지로 출판사들은 무엇보다도 먼저 적합한 권리를 통제하고 있다는 것을 스스로 확신해야 한다. 황금률은 여전히 권리를 확보할 때는 범위를 넓게 잡고 라이선스를 줄 때는 협소하게 잡아야 한다는 것이다. 그러므로 어느 저작물의 전자 권리를 이용하고자 하는 진지한 의도를 가진 출판사들은(독자적으로 또는 라이선싱 수단을 통해 합작으로) 저자와 최초의 계약을 할 때 그런 권리들을 포함시키기 위한 협상을 할 필요가 있을 것이다. 그런 권리를 생각하지 않고 기본계약서를 작성했다면 저자에게 돌아가서 승인을 받고 금전 문제에 구체적인 동의를 받는 것이 더 현명하다. 그리고 다수의 학술 출판사들은 구간舊刊에 대한 대규모 전자 배송 프로그램을 계획할 때 그렇게 하고 있다.

전자책 권리가 출판사의 '책 형태' 출판에 자동적으로 따르는 권리의 일부라고 가정하는 위험은 랜덤하우스 대 로제타 북스 소송의 경우에 실증되었다. 로제타는 1994년 이전에 랜덤하우스가 발행한 8종의 타이틀을 저자 에이전트로부터 직접 라이선스를 받아 전자책 판을 생산했는데, 랜덤하우스는 자기들이 그런 권리를 가지고 있다고 이의를 제기했다. 이 사례는 2002년 12월 로제타에 유리하게 해결되었으며, 이후 로제타는 랜덤하우스가 1994년 이후 발행한 타이틀들에 대해 전자책으로 생산할 수 있는 라이선스를 랜덤하우스로부터 획득했다.

에이전트와 저자들의 협회는 만약 출판사가 시작부터 전자적인 이용을 위한 분명한 계획을 내보이지 못한다면 저자들이 전자 권리를 정해진 옵션 기간 동안만 허가하도록 제한할 것을 건의했다. 이는 다시 있는 그대로의 전자 권리(책을 현상태 그대로 직접 재생산하는 것. 여기서 대부분의 출판사들은 전자 유통을 2차 라이선스 방식이 아니라 배송을 위한 대체 플랫폼으로 본다) 그리고 전면적인 전자 멀티미디어 권리(사운드, 이미지 등을 포함한 도서 기능의 향상으로 제품의 가치를 올린다) 사이의 차별화 문제를 부각한다. 저자를 위한 지불 방식은 기본계약서에서 분명히 구별할 필요가 있으며, 전자책 판이 판매—예를 들면 고객에 대한 전자책 판의 직접 공급이나 소매상이나 통합자를 통한—로 분류된다면 순수입액에 대한 인세 형태가 될 것이고, 계약이 제3자에 대한 정당한 라이선스라면 부차권 수입의 일부로서 처리될 가능성이 높다.

라이선스 계약

또한 중요하게 점검할 사항은(비록 전자 권리가 기본계약서에 포함되었다고 할지라도) 장차의 이용에 계약상 영향을 미치게 될 기간에 대한 제약이 있는지 여부이다. 예를 들면, 만약 기본계약서가 출판사에게 출판할 권리와 함께 10년간 저작물에 대한 라이선스를 줄 수 있는 권리를 부여했는데 그중 8년이 이미 흘러갔다면, 기본계약의 연장을 위한 협상 없이 3년간의 전자 또는 멀티미디어 라이선스를 허가할 수는 없을 것이다.

점검해야 할 다른 측면은 원래의 종이책의 콘텐츠에 있는 제3자 저작권물(일러스트레이션 또는 텍스트)에 대한 퍼미션이 부여되는지 여부이다. 어떤 일러스트레이션은 출판사가 의뢰한 것일 수도 있으며, 출판사가 일시불 정산의 대가로 완전한 저작권을 확보했을 수 있다. 다른 경우에 일러스트레이터는 인세 형태와 라이선스 수입에 대한 지분 형태로 저작물에 지속적으로 이해관계를 가질 수 있다(이는 어린이책의 유명 일러스트레이터들의 경우 통상적일 것이다). 일러스트레이션을 그림 에이전시, 박물관이나 아트 갤러리와 같은 외부 소스로부터 확보한 것이라면 원래의 종이책에서만 사용하기로 되었는지를 분명하게 해야 할 것이며, 또한 원래의 언어로 출판하거나 해당 지역에 국한하여 출판하는 것으로 허가가 제한되었는지, 또는 지정된 인쇄부수로 제한되었는지 여부를 점검하는 것이 매우 중요하다. 대부분의 경우 전자 제품—출판사가 제작했든지 또는 라이선시를 통해 제작했든지 간에—의 맥락에서 그런 일러스트레이션을 재사용하는 데 대한 허가와 요금 지불을 다시 명확하게 할 필요가 있을 것이다. 대안(전자 형태의 이전 STM 출판물에는 통상적인 일)은 관련 일러스트레이션을 생략하고 저작권 문제 때문에 삭제되었다는 진술을 그 자리에 넣는 것이다. 앞으로는 종이책과 전자책의 권리를 완전히 정리해달라는 요청이 일반적일 것이며, 또한 다수의 신청자들은 향후의 라이선스 계약을 위해 퍼미션의 청산을 명확하게 하기를 바랄 것이다.

저작물에 외부 소스에서 인용된 텍스트가 들어 있을 때는 조심해야 한다. 어떤 재료는 공정 처리 조항에 따라 또는 STM 출판사들이 도입한 '교환' 시스템에 따라 사용될 수 있는 반면, 이러한 사용이 전자적인 환경에서도 사용될 수 있다고 언제나 자동적으로 가정할 수는 없으며, 의심의 소지가 있다면 요구되는 정황에서 권리를 다시 분명하게 하기 위해 원래의 저작권자에게 돌아가는 것이 현명할 것이다.

계약 고려사항

전자 출판이 상당히 진척되었음에도 불구하고 새로운 이용 모델이 매일같이 나타나고 있으며, 어떤 거래 유형은 분명한 현존 모델이 없다. 그러므로 실행 가능한 계약이 체결되려면 협상하는 양편에서 필연적으로 어느 정도의 임기응변과 양보가 있어야 할 것이다.

문학작품을 전자적으로 또는 멀티미디어로 이용하기 위한 거래를 협상할 때 고려해야 할 특성이 몇 가지 있다. 어떤 재료에 라이선스가 부여되는지—예를 들면 저자, 타이틀, ISBN으로 확인되는 작품 전체인지 아니면 분명하게 확인될 필요가 있는 특정 챕터나 일러스트레이션과 같은 작품의 어떤 요소만인지—와 라이선스가 허가되는 플랫폼—예를 들면, CD-ROM 제품, 라이선시의 웹사이트 또는 소니 플레이스테이션의 특정한 버전에 사용될—과 제품이 사용될 곳—예를 들면, 가정, 교육 또는 비즈니스 부문—을 정의하는 것이 필수적이다. 또한 실수요자가 제품을 어떻게 받고 이용할 것인지를 확정하는 것이 필요할 것이다. 라이선서의 재료가 다른 재료와 함께 제품 안에 통합되는지, 라이선스가 사용자에게 재료를 다운로드하고 저장하며 다양한 기기에서 이용하고 대여하고 출력물 형태로 인쇄하거나 변경할 수 있게 허가하는지 여부를 확정하는 것도 필요할 것이다. 라이선스 허가 전에 실수요자를 대상으로 한 라이선스 내용을 확인하고자 하는 것은 당연하다. 재료가 라이선시에게 공급되는 방안에(예컨대, PDF로 또는 HTML이나 XML 포맷으로 할 것인가에) 관한 합의가 이루어져야 할 것이다. 라이선시가 디지털화 작업을 한다면 라이선서가 파일의 사본을 받는 것이 타당할 것이다.

다른 중요한 사항들은 제품을 개발하는 데 소요되는 추정 시간, 예상 발매일자, 라이선시가 이전에 그런 플랫폼으로 제품을 생산한 경험, 라이선시가 함께 작업했던 다른 회사들의 상세 정보, 판매 직원과 유통 채널 면에서의 자원, 제품의 예상 가격, 재정 모델 및 라이선시의 마케팅 계획이다. 또한 라이선시는 저작권 침해를 방지하기 위해 어떤 기술적 보호조처를 취할 것인지에 관해 질문을 받아야 할 것이다.

상이한 플랫폼에 사용하기 위해 동일한 재료에 별도로 라이선스를 주는 것이 기술적으로 가능하며, 이는 계약사항에 관해 철저한 정의를 내리고 라이선스 기간을 단기간(통상적으로 3~4년)으로 할 필요성을 강조한다. 라이선스는 종종 판매 수준 및 발생 수익과 연계된다. 라이선스 기간은 상당히 지연될 수 있는 제품의 출시일보다 라이선스 계약일과 같은 고정된 날짜로 정해져야 한다. 다음과 같은 경우 권리가 반환되는 조항이 있어야 한다. 즉, 제품이 합리적인 기간 내에 시장에 출현하지 않을 때(계약 불이행 조항), 플랫폼이 실패하거나(이 장 앞에서 각종 휴대형 기기의 실패에 관해 본 것과 같이 이 분야에서는 흔한 일이다) 발생한 수익이 일정한 수준에 미치지 못할 때 권리가 반환될 수 있다.

재료가 운영되는 포맷을 정의함과 아울러 재료가 이용되는 언어를 특정하고 추가적인 이용을 하려면(예를 들면 외국어판으로) 별도의 지불 계약이 있어야 함을 보장하는 것이 매우 중요하다. 기억해야 할 것은 어떤 언어로 된 텍스트의 종이책 판본에 대해서는 이미 기존의 라이선시가 있을 수 있다는 것이다.

또한 제품이 판매될 지리적 지역은 단일 유럽 시장 내에서 유통 제한 방지를 목표로 한 규정이 있음을 유의하고 분명하게 정의를 내려야 한다. 아울러 특히 전적으로 기존 책에 기초를 두고 출판사의 브랜드가 관련되어 있는 경우에는 재료가 전자용으로 어떻게 개작될 것인지에 관한 조항과 품질관리를 위한 조항이 있어야 할 것이다. 멀티미디어 제작사들은 제품에 대한 직접적인 사전 승인에는 동의하기를 주저할지 모르지만, 제품을 (포장에 관한 것을 포함하여) 개발하는 기간 동안 정기적으로 협의를 하는 것은 받아들일 만한 타협안이 될 수 있다. 개별 저자가 있는 도서—사전이나 백과사전 등의 편찬물이 아닌—의 경우 협의 과정에 저자가 강력하게 개입한다. 출판사들은 스크린상에서나 오프라인 제품의 포장에서나 제품에 수반한 어떠한 인쇄물에서라도 재료의 출처 및 (적합할 시) 오리지널 도서를 구입할 수 있는 링크를 분명하게 밝힐 것을 강조해야 한다. 라이선스의 수명이 짧은 분야에서 해지조항은 특히 중요하다.

멀티미디어 제품의 맥락에서 재료를 사용할 권리에 대한 지불 문제는 특히 복잡하다. 거래의 전반적인 특성은 매우 다양할 수 있다. 아마도 출판사는 제품을 개발하면서 저자부터 그림 제공자, 레코드 회사와 영화사에 이르기까지 다양한 당사자들과 계약을 체결할 필요가 있을 것이다. 이것은 소프트웨어 회사 같은 외부 업체와 출판사 사이에 합작 사업이 될 수도 있고, 아니면 출판사와 외부 회사 사이의 직접적인 라이선스 계약이 될 수도 있을 것이다. 비록 거래가 라이선스라고 할지라도 타이틀의 성격과 멀티미디어 제품의 일부로서 사용될 방식에 많은 것이 달려 있을 것이다. 핵심적인 과제는, 결국 기저 텍스트에 추가되는 다수 요소의 모음 또는 편집물—여기에는 사운드 효과, 음악, 애니메이션 또는 영상 클립이 전부 추가될 수 있으며, 아울러 상호작용 기능을 제공할 수 있는 소프트웨어적인 측면이 추가될 수 있다—이 될 전반적인 제품의 한 요소로서 타이틀의 중요성을 분명히 드러내고자 시도하는 것이다. 멀티미디어 제품이 어문저작물—아마도 일러스트레이션이 있는 어린이책 또는 백과사전과 같이 브랜드를 지닌 제품—에 크게 의존한다면 그런 저작물을 사용하는 데 더 많은 지불을 요구하는 것이 타당할 것이다.

전자 또는 멀티미디어 제품의 일부로서 타이틀의 상대적인 '가치'를 고려하는 것 외에 재료가 사용되는 방식을 확립하고, 제품이 새로운 플랫폼용으로 의도된 것일 경우 예측하기가 곤란할 수 있는 최종 제품의 예상 판매량을 가늠하는 것이 중요하다. 오프라인 제품의 통상적인 지불 방법은 선불 수수료를 낸 후, 최종 구매자가 지불하는 가격이 아니라 제조업체로부터 소매상에 넘겨지는 최종 제품 가격에 기초한 로열티를 지불—통상적으로 분기별 지불—하는 식이 될 것이다. 로열티 지불이 순수입액으로 계산된다면 잠재적인 라이선시가 무엇이 순수입액인지를 분명하게 정의하게 하는 것이 필수적이다. 여기에 포함되는 것은 유통 경로와 할인 정책에 대한 세부사항이다. 로열티율에 관한 구체적인 가이드라인을 주려고 시도하는 것은 위험하다. 로열티율은 최종 전자 제품의 정황에서 라이선스가 부여될 타이틀의 중요성에 따라 1% 정도로 낮을 수도 있고 10%에 이를 수도 있기 때문이다. 타이틀이 브랜드를 지닌 백과사전, 사전이나 가이드북과 같은 제품이라면 해당 멀티미디어 타이틀은 그것이 사용될 하드웨어 제품의 값에 포함되어 '번들bundle(묶음판매 혹은 끼워팔기. 하드웨어를 구입할 때 함께 제공되는 소프트웨어를 말한다—옮긴이)' 제품이 될 가능성이 있다. 이 경우 그러한 사용을 위한 정확한 계약이 합의될 것임을 계약 조항에 포함시키면 현명할 것이다. '번들'은 훌륭한 제품 가시성을 줄 수 있지만 플랫폼 자체가 실패할 수 있기 때문에 장기적인 성공을 보장할 수 없다. 라이선서가 승인하는 조건으로 번들 계약을 체결하는 것이 현명할 수 있다.

우리가 제한된 기간 동안 특정한 일부 콘텐츠—예를 들면, 은행 웹사이트를 향상시키기 위해 라이선스를 받은 투자 관련 책자의 초록—를 라이선싱하지 않는 한 일시불 형태로 지불을 받는 것은 통상적이지 않다. 물론 관련 재료가 전자 제품의 극히 일부만 구성하는 것이 아니라면 선지불금 없이 로열티 기준으로 라이선스를 주는 것도 통상적이지 않다. 일반적으로는 얼마간의 선지불금을 받고 제품이 성공을 거둘 경우 지속될 로열티 수익을 노려야 한다. 또한 협상 조건에 라이선스를 연장할 수 있는 장치, 또는 제품이(또는 그것이 구동될 플랫폼이) 합의된 기간에 출시되지 못하거나 수익이 기대에 미치지 못할 경우 라이선스를 취소할 수 있는 장치가 있어야 한다. 라이선시들은 라이선서들이 라이선스를 통한 수입을 비현실적으로 많이 기대하고 멀티미디어 제품 개발에 따르기 마련인 고비용을 인정하지 않는다고 불평할 때가 종종 있다. 재료가 유료가입 기준으로 지불되는 제품에 사용되기 위해 라이선싱된다면 유료가입 수익의 공정한 배분은 기저가 되는 저작권 저작물이 최종 제품에서 차지하는 비율이 어느 정도인지에 많은 것이 달려 있을 것이다.

핵심적인 프로젝트를 추진하기 위한 출판사와 전자 생산업체 사이의 협력은 멀티미디어 분야에서 통상적인 모델이 되어왔으며 인핸스트 전자책과 앱 분야에서 다시 등장했다. 이런 방식에서 가장 분명히 해야 할 사항은 누가 권리를 청산하고 최종 제품의 디자인을 관리하며 재정, 수익 정산, 마케팅, 유통 및 최종 제품의 소유권 등의 여러 측면에 대해 책임을 질 것이냐이다. 회사들이 합작 파트너이고 개발 과정에 동등하게 투자를 했다고 생각된다면 최종 제품의 소유권을 공동으로 가질 수 있을 것이다. 하지만 기저 타이틀의 제공, 멀티미디어 제품을 생산하기 위한 '부가가치' 작업 또는 개발 비용의 제공에서 출판사의 비중이 크다면, 최종 제품의 저작권은 출판사 앞으로 돌아가야 할 것이다. 어떤 경우 일시불 정산을 기준으로 소프트웨어 개발자를 고용하는 것을 선호할 수 있다. 하지만 전자 생산업체에 속하는 기존 운영 소프트웨어가 무료로 개발 과정에 사용될 수 있는지, 또는 이런 소프트웨어의 사용이나 새로이 개발된 소프트웨어 아키텍처의 사용에 지불이 요구될 수 있는지를 분명히 하는 것이 중요할 것이다.

해당 제품이 (예를 들면 외국어판을 위해) 라이선스를 받아야 한다면 경험이 있는 전자 생산업체는 개작 작업을 촉진하기 위해 현지화 키트를 제공할 수 있으며 라이선시들을 위해 개발 작업을 수행하는 데 대한 우선권을 요구할 수도 있다. 라이선싱을 제공할 때 외부 출처—예를 들면 영화 클립, 애니메이션과 음악—에서 비롯한 어떠한 재료에 대해서도 적절한 권리 청산이 이루어졌음을 보장하는 것이 무엇보다 중요하다.

멀티미디어 출판, 그리고 실제로 전자 출판 전반의 중요한 측면은 저자의 저작인격권이다. 여기에는 일러스트레이터의 저작인격권도 포함될 수 있다. 이 부문에서 생산되는 제품의 다수는 상호작용을 본질로 할 것이며 어떤 것은 재료의 조작이 허용된다. 이에 따라 동일성 유지권의 문제가 제기될 것이며, 전자 생산업체는 그런 권리의 포기를 모색할지도 모른다. 기억해야 할 점은 비록 영국의 저작권법에 의해 현재 포기가 허용된다고 할지라도 저작인격권 droit moral 전통을 가지고 있는 유럽 여러 나라에서는 포기가 허용되지 않는다는 것이다.

멀티미디어 분야에서 사용되는 몇몇 유용한 계약 모델은 앨런 윌리엄스Allan Williams, 던컨 칼로Duncan Calow, 앤드루 리Andrew Lee가 공동 저술한 『디지털 미디어 계약Digital Media Contracts』(Oxford University Press, 2011)에서 찾아볼 수 있다.

멀티미디어 산업의 가치를 보여주는 수치는 변화무쌍하다. 그런 제품의 개발 비용은 여전히 높고 외부 소스로부터 가져온 지적 재산의 권리 청산은 여전히 복잡하다. 1997년으로 거슬러 올라가 MILIA 전시회에서 '지금까지 왜 우리는 부자가 되지 못했는가?'란 주제로 열린 토론회의 한 패널은 소득 증대가 예상만큼 급속하게 이루어지지 않았다는 사실을 강조했으며, 이런 현상은 게임 산업의 경우 예외일 가능성이 있지만 여전히 많은 업체들이 당면한 현실이다. 수년 후 어떤 산업이 멀티미디어 시장을 좌지우지할 자리를 차지하고 성장의 혜택을 볼 것인지는 여전히 오리무중이다. 과거에 가장 성공적인 제품은 소프트웨어 산업이 개발한 고정매체 제품—예를 들면 비디오 게임—인 경향이 있었다. 하지만 광대역 설비가 인터넷에서 멀티미디어 재료의 빠른 배송을 촉진하면서 상황은 달라지고 있다. 비록 도서와 저널 출판사들이 최초에는 있는 그대로의 전자 텍스트를 배송하는 다양한 모델과 관련한 분야에 더 노력을 집중했지만, 지난 5년 동안에는 더 많은 출판사들이 인핸스트 전자책과 앱을 가지고 멀티미디어 시장에 재진입했다. 하지만 현재까지 이것들이 이들 출판사의 생산량에서 차지하는 비율은 상대적으로 낮다.

있는 그대로의 전자 콘텐츠 배송

전자 권리의 통제 필요성, 외부 소스에서 가져온 저작권물의 재사용에 대한 퍼미션 청산 및 주의 깊게 정의된 사용을 위한 단기적 계약과 같은 것은 다 같이 생각을 많이 해볼 문제들이다.

있는 그대로의 전자 콘텐츠 공급을 다루는 라이선스를 위한 재정 조건과 계약 문서화에 관한 확고한 가이드라인을 제공하는 것은 여전히 어렵다. 왜냐하면 관련 당사자, 공급 방법과 사슬, 최종 수요자의 정체성, 재료의 어떠한 사용이 허가되는지와 최종 수요자에게 요금을 부과할 때 채택할 재무 모델에 많은 것이 달려 있기 때문이다.

이 분야에서 활동하는 몇몇 회사들은 콘텐츠를 제공하는 출판사에 결과적으로 디지털 도서관인 최종 수요자가 지불하는 유료 회비에 비례한 수익 분배 또는 전자책 가격에 대한 지분을 제안한다. 이 가격은 할인으로 인해 해당 종이책 판본의 가격보다 20~30%가 낮을 수 있다. 출판사들은 수익의 적절한 배분을 위해 저자 및 에이전트와 계약을 체결할 필요가 있다. 어떤 저자들과 에이전트들은 전자 출판의 경우 출판사들이 종이책 형태의 출판을 할 때와 같은 재료와 창고 비용이 들지 않기 때문에 수익의 더 높은 비율을 지불하는 것이 마땅하다는 견해를 갖고 있다. 개별 단행본 출판사들이 주도적인 조처를 몇 번 취한 다음 저자협회가 내놓은 주장에 의하면 저자는 전자책 판매에서 적어도 순수입액의 25%를 받아야 하고 사실은 이보다 더 많이 받아야 한다. 75%란 숫자도 언급되었다. 또한 인세율은 단계적으로 올라가야 한다고 주장되었다. 이 책을 쓰고 있는 시점에 대형 단행본 출판사들 중 다수는 순수입액의 25%로 타결을 보았다. 출판사들은 전자책 출판에 비용이 적게 들어간다는 주장은 근거가 없으며, 전자책 판매는 필연적으로 종이책 판매를 잠식하는 효과를 발생시킨다고 주장하며 그들이 더 높은 요율을 지불해야 한다는 주장에 대해 이의를 제기했다. 수천 권에 달하는 타이틀을 디지털화하고 구간에 태그를 다는 작업을 하면서 단행본 출판사들보다 훨씬 먼저 막대한 투자에 착수한 학술 출판사들은 다른 관점을 가지고 있을지 모른다. 어떤 출판사들은 종이책 판매에 지불하는 것과 상응한 요율로 전자책 판매의 순수입액에 따른 인세율을 제공한다.

출판사들은 사용자들에게 어떠한 접근을 허락할 것인지, 영속적인 저장, 출력물 인쇄 및 복사하여 붙이기cut and paste 같은 조작 기능을 허용할지 여부에 관해 전자 '중간상'에게 면밀하게 문의해볼 필요가 있다. 모델은 단행본 부문과 학술 및 전문 부문 사이에 상당히 다를 수 있다. 단행본 부문에서는 사용자들이 완전한 전자책을 다운로드하여 랩톱, 전용 전자책 단말기, 태블릿 또는 모바일폰에서 읽기를 원할 가능성이 높다. 학술과 전문 부문에서는 일부 독자들은 책 전체를 읽고 싶어 할지 모르지만 다른 독자들은 교육 및 비즈니스 목적으로 그들이 사용할 저작물의 특정한 부분을 검색하고자 할 것이다. 라이선스가 종료될 경우 계약에 의해 관련 재료가 신속하게 삭제되고 라이선서가 제공한 전자 파일이 반환되는 것이 특히 중요하다.

라이선시에 대한 복제생산재료 공급

20

제6장에서 잠재 라이선시들에게 검토용으로만 전자 파일을 제공할 가능성에 관해 언급한 바 있다. 고객들은 통상적으로 이런 파일이 PDF로 무료로 제공되기를 기대하지만 해적행위의 문제가 있는 시장에 속하거나 거래 실적이 알려지지 않은 잠재 라이선시에게 어느 타이틀의 파일 전체를 제공하는 것은 신중하게 고려해야 할 사항이다. 파일을 부분적으로 제공하는 것이 더 나을 것이다. 워터마크가 들어간 파일은 불법 복제를 방지하는 데 도움이 되겠지만 불법 번역을 예방하지는 못할 것이다. 신뢰성이 높은 시장에서 잠재 라이선시에게 파일을 제공할 때는 파일을 검토용으로만 사용하고 라이선스 계약이 진행되지 않을 경우에는 파기할 것을 확약하는 간단한 비밀 유지 협약을 맺도록 수령자에게 요구하기를 고려하는 것이 현명할 것이다.

거래가 종결되면 라이선시가 라이선스 판을 생산하기 위해 복제생산재료를 획득하기를 원하는 경우가 많다. 라이선시가 자체 판을 제작하는 영어 지역권, 라이선시가 라이선서로부터 독립적인 페이퍼백 권리, 저가 리프린트 권리, 기타 리프린트 권리, 연재 권리, 번역 권리 및 전자 라이선스를 판매하는 경우에 이런 사례가 많다. 해당 재료는 도서 전체(영어 리프린트 판의 경우) 또는 일러스트레이션의 일부 또는 모두(시리즈 권리 또는 번역권리의 경우)가 될 수 있다.

전통적으로 출판사들은 라이선시들에게 복제 필름을 제공했지만 오늘날 대다수의 재료는 라이선시가 생산할 판본의 유형에 따라 전자 파일 형태로 책 전체 또는 일러스트레이션에 대해서만 공급된다. 오늘날 필름은 원출판사가 전자 형태로 재료를 전환하지 않은 오래된 책에 대한 라이선스의 경우에만 제공될 것이다. 일반적으로 라이선시에게 생산재료를 제공하는 것은 라이선서에게서 종이책 인쇄부수에 대한 통제력을 제거한다는 것을 기억해야 한다. 이는 제한된 인쇄부수를 기준으로 특정 시장—예를 들면, 중유럽과 동유럽, 러시아와 중국—에 라이선스가 주어지는 대량 판매 시장용 일러스트레이션 도서의 경우 중요하다. 이런 경우에는 인쇄 규모를 검증하기 위해 인쇄소의 모든 서류 사본을 볼 수 있도록 계약서에 요구할 것을 고려하는 것이 현명할 수 있다. 이런 시장에서는 불법적인 초과 인쇄를 하는 경우가 많기 때문이다.

외부 공급자로부터 견적을 받기 전에 라이선시가 무엇을 요구하는지 또한 원출판사가 언제 직접 파일을 이용할 수 있게 되는지를 확정하는 것이 중요하다. 책 전체의 생산재료가 필요하다면 표지재료도 요구될 것인가 아니면 라이선시가 스스로 원해서 또는 원래의 표지 이미지를 사용하는 데 저작권 문제가 있을 수 있어서 다른 표지 디자인을 생산하기를 원하는가? 이런 문제들을 별도로 구체화하는 것이 항상 바람직하다. 일러스트레이션 재료만 요구된다면 모든 일러스트레이션이 필요한가 아니면 색판, 흑백 망판, 또는 선화線畵와 같은 특정한 유형만 필요한가? 마찬가지로 각 요소들을 별도로 구체화하는 것이 현명할 수 있다. 만약 라이선시가 책의 모든 일러스트레이션에 대한 생산재료가 필요하다고 구체적으로 요구하지 않았다면 말이다. 일러스트레이션을 담고 있는 모든 페이지의 재료를 공급하는 것이 비용이 덜 들 것이며, 번역서의 경우 라이선시가 원본 텍스트만 제거하면 될 것이다. 또한 라이선시가 일러스트레이션 자체로부터 영어 문자의 제거를 요구할 수 있는지, 이런 작업이 하기 쉬운 일인지 여부를 고려해야 할 것이다(공동출판을 의도한 책은 통상적으로 별도의 흑색판에 문자를 넣어야 한다).

사양

이제는 드물기는 하지만 (원출판사가 전자 파일을 보유하지 않아서) 라이선시가 복제 필름 형태로 생산재료를 공급받는 경우 혼란이나 오류를 피하기 위해 라이선시로부터 매우 상세한 기술 사양을 획득하는 것이 필수적이다. 이 사양은 단순히 "복제 포지티브 필름duplicate positive film"이나 "복제 네거티브 필름duplicate negative film"으로 알려주는 것이 아니라 "복제 포지티브 필름, 원본과 동일한 사진 이미지right-reading, 유제면이 아래로emulsion side down"와 같이 자세하게 알려주어야 인쇄소로부터 정확한 가격을 얻을 수 있다. 도서의 내지와 표지 필름에 대해서 라이선시가 필요하다고 하면 다른 사양이 요구될지 모른다. 맞지 않는 사양을 제공하면 라이선시가 복제를 하는 데 추가 단계가 필요하여 이에 따라 추가 비용이 발생할 수 있음을 뜻한다.

라이선시가 요구하는 종류의 필름이 적절한 결과물을 생산할지를 파악하기 위해 인쇄소나 출판사 내부 제작 부서를 통해 확인을 거치는 것이 언제나 현명하다. 이를 통해 대안적이고 더 만족스러운 사양이 추천될 수도 있다. 예를 들면, 포지티브 형태로 필름이 보관되고 있고 라이선시도 포지티브 형태의 필름을 요구한다면 두 단계의 복제가 관련되어 품질이 일부 상실될 수 있는 반면, 복제 네거티브 필름을 공급하면 복제에 한 단계만 필요할 것이다.

라이선시가 재료를 전자 형태로 요구하면(오늘날에는 그렇게 할 가능성이 높다) 무엇이 공급될 수 있고 이런 포맷을 라이선시가 받아들일 수 있을지 여부를 점검하는 것이 바람직하다. 출판사들은 통상적으로 CD 또는 DVD에 재료를 저장해왔는데 현재는 서버에, 즉 원출판사의 사내 네트워크에 저장하거나 또는 클라우드(데이터 센터에 있는 서버)에 저장하고 있다.

조판과 인쇄 전 모든 작업에 사용되는 가장 통상적인 소프트웨어 도구는 현재 쿼익스프레스QuarkExpress인데 보통은 맥Mac 버전으로 사용된다. 하지만 이것은 기술적인 조판—예를 들면, 수학이나 화학 공식을 잔뜩 담고 있는 텍스트—에는 특히 적합하지 않다. 이 경우 가장 흔하게 사용되는 포맷은 3B2로서 영국에서 흔히 사용되고 미국과 독일에서도 사용이 증가하고 있다. 하지만 다른 나라의 사용자들에게는 문제가 될지 모른다. 이 책을 쓰고 있는 시점에 인디자인InDesign과 프레임메이커FrameMaker도 사용되고 있는데, 특히 일러스트레이션이 많이 들어가 있는 책이 그렇다.

포토샵Photoshop은 사진을 위해 사용되는 가장 흔한 소프트웨어 패키지이다. 그림의 경우 가장 흔한 패키지는 어도비 일러스트레이터Adobe Illustrator, 매크로미디어 프리핸드Macromedia Freehand, 코렐드로CorelDraw이다. 이런 도구로 작성된 파일은 벡터 그래픽을 위한 EPSEncapsulated Postscript 파일로 그리고 스캐닝한 이미지를 위한 TIFFTagged Image File Format로 손쉽게 저장될 수 있다. EPS 파일은 편집될 수 있는 반면, TIFF는 비트맵bitmap이며 크게 변경될 수 없다. 라이선시가 책 전체를 위해 전자 파일을 필요로 하는지 또는 일러스트레이션의 어떤 종류만을 필요로 하는지를 라이선시와 함께 점검하는 것이 중요하다. 전자 권리를 획득하고자 하는 라이선시－예를 들면 프로퀘스트나 크레도 같은 통합자－는 가능하면 XML 포맷으로 된 파일을 요구한다. 하지만 이런 것을 이용할 수 없다면 PDF, 워드 파일 또는 관련 도서의 인쇄본을 가지고 작업하는 것을 받아들일 태세가 되어 있을 수 있다. XML 파일은 또한 독서 장애를 가진 사람들을 위해 다양한 판을 생산하는 데 선호되는 포맷이다.

견적

필요한 사양이 확정되면 파일을 직접 이용할 수 있는 원출판사 또는 재료를 확보하고 있는 외부 공급자가 견적을 뽑을 수 있다. 재료가 필름 형태로 제공되면 표지 필름과 내지 필름을 별도로 명기하는 것이 바람직하다. 이것은 또 재료가 어떤 형태로 제공될지를, 즉 정판이 된 대형 종이로 제공될지 아니면 페이지 크기로 재단이 되어 제공될지를 확정하는 데 도움이 될 것이다. 전자 재료에 대해서는 정확한 사양을 알려주어야 한다. 파일을 직접 이용할 수 있는 출판사들은 물리적인 복제(예를 들면 CD 제공) 비용 일체에 대한 청구를 포기할 태세가 되어 있을 수 있다. 하지만 여전히 그런 출판사들은 편리하게 사용할 수 있는 형태로 재료를 공급해주는 데 대한 비용을 초기 비용에 대한 일종의 보상으로서 물리고자 할 수 있다.

외부 공급자는 라이선시가 확정 주문을 할 것으로 예상되는 특정한 날짜까지는 견적이 유효하다는 것을 보장하도록 요청받을 것이다. 재료가 영국에서 생산된다면 공급자는 부가가치세가 견적 가격에 포함되는지 여부를 명확하게 해야 한다. 해외에서 제작된 재료의 경우 적절한 환율이 적용되어야 하며, 그것이 견적 기간 동안 유지되어야 한다.

라이선시에게 복제생산재료에 대한 가격을 제시할 때 '비용'—복제 필름에 대한 외부공급자의 청구. 가령 10%의 취급 수수료를 부과할 수 있다—으로 공급할 것인가, 또는 초기 비용에 마크업을 적용할 것인지 여부를 결정해야 한다. 이는 특히 일러스트레이션이 많은 책의 경우 중요할 것이다. 이런 경우 재료 가격에 마크업을 많이 붙이는 것이 합리적일 수 있으며, 라이선시가 복잡한 디자인 레이아웃 또는 수학적 도식을 담고 있는 재료를 주문하면 상당한 이득이 발생할 수도 있다. 아울러 라이선시의 시장을 위해 그림에 대한 퍼미션을 재청산하는 작업을 원출판사가 수행한다면 가격은 이러한 요소를 포함해서 정해질 수 있으며, 이때 정확한 금액이 제시될 수 있다. 초기 비용의 구체적인 요소들을 명확하게 기재하는 일은 흔하지 않다. 이런 추가 요소들이 제시된 가격에 포함되었다는 사실을 강조하는 것으로 족하다.

복제생산재료를 전자 파일 형태로 공급하는 데 대한 가격 책정 문제는 해결하기가 어려울 수 있다. 비록 복제 필름을 공급할 때와 원칙은 동일하다고 할지라도(라이선시는 라이선서가 시간과 노력을 투자한 재료를 제공받아 이득을 본다) 라이선시 측에서 전자 형태의 저작물 사본은 생산비용이 거의 들지 않을 것이라고 여기는 경우가 종종 있으며, 때에 따라서는 초기 비용에 소요된 것을 반영하여 높은 수수료가 매겨지는 데 대한 저항이 있다. 타이틀에 따라서 상황은 크게 다를 수 있다. 예를 들면, 어느 컴퓨터 도서의 저자는 도서 파일을 CD에 담아 무료로 제공할 태세가 되어 있을 수 있는 반면, 조판업체와 같은 외부 제공자는 가격에 마크업이 추가되든지 말든지 상관없이 라이선서가 라이선시로부터 회수하고자 하는 복원 및 복사 비용을 명기할 것이 거의 틀림없다. 여기서 진짜 핵심은 이런 형태로 라이선시가 받는 재료의 가치이다. 라이선서가 막대한 투자를 한 책의 경우 라이선시는 복제재료를 수령함으로써 시간과 비용을 아끼게 되며, 공급 방법과 상관없이 그러한 이득을 반영하여 가격을 책정하는 것은 충분히 타당하다.

디스크 형태로 전자 파일을 제공하는 데 대한 대안은 라이선시의 FTP File Transfer Protocol 사이트, 또는 라이선서 자신의 FTP 사이트를 통해 라이선시에게 전달하는 것이다.

자사 콘텐츠를 위해 디지털 자산 관리 시스템을 갖고 있는 일부 대형 출판사들은 파일을 라이선시의 SFT Secure File Transfer 사이트를 통해 넘겨줄 수 있다(이 장 뒤의 "배송" 참조).

마찬가지로 이런 방법에 의한 공급에 대해서도 라이선시가 유용한 형태로 생산재료를 받는 것이기 때문에 요금을 부과해야 한다는 주장이 강력하게 제기되고 있다.

폰트 저작권

인쇄 폰트 자체에도 저작권이 있다는 것을 간과할 때가 많다. 활자체는 그것을 디자인하고 제조한 사람의 지적재산권이며 그 권리는 영국에서 「1992년 (컴퓨터 프로그램) 저작권 규정 Copyright (Computer Programs) Regulation 1992」에 의해 강화되었다. 이 규정은 영국의 「1988년 저작권, 디자인 및 특허 법」을 손질한 것이다.

복제생산재료는 다른 언어로 라이선스 판을 생산하고 로마자 이외의 글자를 사용할 수 있는(예를 들면 러시아어, 중국어, 일본어, 아랍어와 같은 언어) 라이선시들에게 종종 제공된다. 복제생산재료에 대한 이들의 요구는 통상적으로 원본 텍스트가 아니라 사진이나 도표의 재생산을 용이하게 하기 위함이며, 따라서 이런 경우 폰트 저작권 문제는 관련이 없을 것이다. 하지만 라이선시가 영어로 재생산하기 위해 복제 필름이나 전자 파일을 요구할 때(예를 들면, 미국 출판사의 경우, 또는 인도나 중국 같은 시장에서 저가 리프린트를 찍기 위한 경우) 라이선서는 라이선시가 해당 폰트나 관련된 폰트의 사용을 위해 유효한 라이선스를 보유하고 있는지를 점검해야 한다. 만약 라이선시가 복제생산재료를 획득하지 않고 원판의 조판 재생산비용을 상쇄하는 요금을 지불하고자 한다고 해도 동일한 상황이 적용된다. 라이선서는 라이선스 계약 자체에 폰트에 관한 조항을 포함하거나 복제생산재료의 공급에 관한 별도의 연락를 통해 관련 요구사항을 처리한다는 문구를 삽입하고자 할 수 있다.

폰트웍스 UK[Fontworks UK Ltd](New North House, 202-208 New North Road, London N1 7BJ; tel. 020 7226 4411; www.type.co.uk)의 웹사이트에서 유용한 안내 자료를 구할 수 있다. 이 기관은 30개 폰트 제조업체를 대표하는 세계 최대의 폰트 소매상인 폰트숍 인터내셔널[Fontshop International] 네트워크의 영국 파트너이다.

지불

생산재료에 대가를 지불하는 시기가 중요하다. 비록 이제는 재료가 복제 필름 형태로 공급되는 경우가 드물다고 할지라도 컬러 일러스트레이션이 많은 큰 책의 필름은 그 자체로 매우 값이 비싸며, 지불을 어떻게 할 것인지에 대한 어떤 형태의 보장도 없이 상대적으로 별로 알려지지 않은 라이선시를 위해 그러한 재료를 발주하는 것은 현명한 처사가 아니다. 가장 안전한 거래방식은 확정 발주를 하기 전에 전액 선불을 요구하는 것이며, 어떤 출판사들은 재료가 필름 형태로 공급되든지 전자 형태로 공급되든지 간에 최초로 신규 고객과 거래할 때 이런 정책을 유지한다. 대안으로 대단히 값이 비싼 재료의 지불은 신용장으로 할 수 있다. 하지만 이렇게 되면 라이선시에게 추가 부담이 있을 것이다. 타협책으로 주문하기 전에 부분적인 지불을 요구하고 나머지는 재료 인도 시에 지불받는 것이 될 수 있다. 일반 원칙을 말하자면, 라이선스 계약 자체가 체결되지 않았거나 선지불금을 무사히 받지 못했다면 복제생산재료를 발주하지 않는 것이 언제나 현명할 것이다.

라이선스 계약을 협상할 때 라이선시가 복제생산재료를 주문할 태세가 되어 있지 않은 경우가 종종 있으며, 그 단계에서 요구되는 정확한 기술 사양을 잘 모를 수도 있다. 그런 경우 계약서 자체에서 생산재료 구입을 다루지 않고 추후의 연락을 통해서나 정확한 사양과 가격이 알려지는 단계에서 계약서의 부록으로 처리하는 것이 나을 것이다. 책의 출판이 복제생산재료의 공급에 달려 있다면, 라이선시는 적어도 계약서에 서명하기 이전에 추정 비용을 파악하는 것이 현명할 것이다. 계약서와 별도로 생산재료 공급을 다루는 또 다른 이유는 재료에 대한 청구가 라이선스 조건과 다른 통화로 이루어질 수 있기 때문이다. 예컨대 애플리케이션 파일 가격은 파운드화로 명시될 수 있는 반면 라이선스 조건은 유로화 또는 미국 달러로 명시될 수 있다.

문서

생산재료가 물리적 형태-예컨대 필름이나 CD에 담긴 전자 파일-로 선적된다면, 재료가 안전하게 발송되고 수입에 문제없이 다른 편에서 수령되기 위해 어떤 문서가 요구되는지 라이선시로부터 정확한 지시를 확보하는 것이 매우 중요하다. 요구되는 문서는 재료, 발송 방법, 제조국 및 도착국에 따라 다양할 것이다. 인보이스 이외에 원산지 증명서 등이 포함될 수 있다. 어떤 국가에서는 수입하는 데 수입 허가증이 필요하다.

생산재료의 표기 방법을 특정하고 특성과 금액을 정확하게 신고하는 것은 라이선시의 책임이다. 라이선서는 재료의 금액을 부정확하게 표기하면 위법 행위가 된다는 것을 유념해야 한다. 관세를 회피하거나 줄이기 위해 가격을 낮게 신고하면 재료가 제대로 된 보험 혜택을 받지 못할 가능성이 있으며, 이런 사실을 라이선시에게 지적해야 한다. 이송 중 재료가 손실되었을 때 라이선서가 대체 재료를 무료로 공급하는 조치를 취할 것으로 기대할 수는 없다.

배송

라이선시에게 재료를 배송하는 방법은 견적을 받는 시점에서는 결정되지 않을지 모르지만, 항공 우편으로 몇 장의 필름이나 CD를 발송하는 경비는 얼마 되지 않을지라도 대형 일러스트레이션 도서의 무거운 필름 뭉치를 택배 서비스로 발송하는 경비는 적지 않다는 것을 기억해야 한다. 하지만 이런 일은 오늘날에 와서는 흔하지 않다. 그러므로 선호되는 배송 방법과 포장된 재료의 무게가 알려졌을 때 별도로 요금을 부과한다는 것을 명확히 하면서 포장, 보험 및 발송 비용을 제외하고 생산재료의 가격을 제시하는 것이 현명하다.

어떤 나라에서 출판사에 물리적인 형태의 생산재료를 제공하는 것은 가격 책정, 서류 요구 및 물리적 배송의 면에서 상당한 문제를 야기할 수 있다. 어떤 나라는 사전 지불과 수입에 대한 행정적인 장애들이 있어 상당한 문제를 야기한다. 이런 현상은 옛 사회주의 국가들에서 여전히 발생하는 특성이다. 실제로 할 수 있다면 개인적으로 필름을 전달하는 것이 더 간단할 때가 있다. 예컨대 도서전에서 고객을 만날 때 이런 식으로 전달할 수 있을 것이다. 그렇지 않다면 보통 우편보다 택배 서비스가 선호될 수 있다. 어떤 나라에서 출판사들은 서류작업을 할 때 '필름'이나 '디스크'라는 단어 사용을 회피하고, 그 대신 필름을 '도서 재료'나 '일러스트레이션 재료'로 묘사하는 것을 선호한다. CD가 생산 목적으로 선적되면 도서 생산용이라는 것을 명기하는 것이 현명할 것이다. 그렇지 않으면 상업적인 오디오 또는 오디오비주얼 디스크로 취급되고 부가가치세를 물어야 할 수 있다. 만약 재료가 발송 뒤에 라이선시 국가의 세관 당국에 의해 압수당할 경우 분명히 해야 할 사항은 이로 인해 발생하는 비용 또는 상품과 관련된 기술을 잘못하여 발생한 지연에 대한 책임은 라이선서보다 라이선시에 있다는 것이다. 용량이 크지 않은 전자 형태의 복제생산재료는 고객에게 이메일 첨부물로 발송될 수 있다. 용량이 큰 파일의 경우 라이선시의 FTP 사이트를 통해 아니면 라이선서 자체의 FTP 사이트나 어쩌면 특정 서버에 있는 권리 전용 사이트를 통해 인도될 수 있을 것이다. 권리 전용 사이트의 경우 라이선서가 사용자 이름과 패스워드를 제공하고 승인된 라이선시만 지정된 파일에 접근할 수 있도록 보장한다는 면에서 더 복잡하다. 이런 전달은 라이선시가 그들 자신의 '폴더'를 이용할 수 있게끔 사이트를 조직하거나 개별 파일을 특정한 날짜까지 권리 전용 사이트에 패스워드를 통해 업로드하고 이후에 파일은 내리는 식으로 실행될 수 있다. 이 후자의 절차는 적합한 라이선시가 언제 파일을 가져갔는지 알 수 있다는 면에서 보안성이 떨어지고 관리에 복잡성이 더해진다.

대안은 원출판사가 자체 디지털 자산 관리Digital Asset Management(DAM) 시스템을 갖추고, 할 수 있는 능력이 있다면 SFTSecure File Transfer를 통해서 파일을 공급하는 방식이 될 것이다. 이 경우 통상적으로 출판사 내부에 권한이 있는 사용자—통상적으로 제작 부서나 저작권 부서 직원—가 DAM 시스템에 있는 관련 재료에 접근해서 지정된 드롭박스Dropbox에 내려받는다. 그런 다음 사용자는 SFT 시스템에 접속하여 드롭박스에 있는 재료를 SET 시스템으로 업로드한다. 고객은 필요한 파일에 접근하기 위해 사용자 이름과 패스워드를 설정하고 SFT에 접속한다.

저작권 에이전트

라이선스 거래에 위탁판매인이 관련되어 있다면 그들이 생산재료 판매를 위해 합의된 가격에서 수수료를 가져가도록 허가되어서는 안 된다. 왜냐하면 이는 라이선서가 상품을 기술적으로 공급하는 것이며 라이선스 계약의 수익과는 별개이기 때문이다. 저자는 일반적으로 이런 수입에서 어떤 배분도 받지 않는다. 그것이 원출판사의 초기 비용으로부터 얻는 것이기 때문이다. 이것이 라이선시에게 생산재료를 공급하는 문제를 라이선스 계약의 세부항목이 아니라 별도의 연락을 통해 다루는 또 다른 이유일 수 있다. 즉, 저자에게 라이선스 수익을 배분할 때 행정적인 혼란을 피하기 위한 것이다.

부록 I

용어 해설

가제본dummy: 보통 샘플 페이지가 있는 견본쇄. 공동출판 라이선스를 위한 판매도구로 사용된다.

강제허락 compulsory licence: 어떤 개도국이 교육적인 목적에서 어떤 타이틀—저작권 보유자와 자발적인 계약에 이르지 못한—의 리프린트 또는 번역 라이선스를 획득하기 위해 베른협약의 파리개정 조항 또는 현지 저작권법을 이용할 수 있는 상황.

갤리 조판Galley proofs: 텍스트의 조판 교정쇄. 페이지 나누기 없이 연결되나 현재는 흔하지 않다.

경매auction: 책의 오퍼가 경쟁관계에 있는 출판사 또는 라이선시들에게 동시에 이루어지는 판매 기법. 경매가 진행되는 규칙들이 있다(플로어 및 토핑권 참조).

고정비fixed costs: 도서를 생산하는 데 소요되는 기초 비용. 예를 들면 편집, 디자인, 아트워크, 컬러 오리지네이션color origination, 조판, 교정 비용.

공동출판coedition: 원출판사가 어느 책의 1개 판 이상을 동시에 인쇄하기 위해 조정하는 것. 자사와 라이선시들의 인쇄비용을 절감하기 위함이다.

공장도ex-works: 포장, 선적 또는 보험 비용이 포함되지 않는 권당 가격.

공정 처리/공정 이용fair dealing/fair use: 조사, 개인적인 연구, 비평과 서평을 포함한 특수 목적으로 제한된 양의 저작권물을 무료로 인용할 수 있게 하는 규정. 상업적 사용을 포함하는 것으로 추정될 수 없다. 공정 처리fair dealing는 영국식 개념이고 공정 이용fair use은 미국식 개념이다.

권당 순제작비run-on: 책을 인쇄하고 제본하는 데 들어간 권당 비용. 하지만 고정 비용은 포함하지 않는다.

무허가 판unauthorized edition: 국제 저작권 협약에 가입하지 않은 국가의 출판사가 권리자의 허가를 받거나 권리자에게 지불도 하지 않고 생산한 판.

반환reversion: 라이선스 기한이 만료되거나 권리가 더 이상 이용되지 않아서 부여된 권리가 소멸했을 때 (저자 또는 라이선서에게) 권리가 반환되는 것.

변동비variable costs: 인쇄부수의 규모에 따라 바뀌는 비용. (예를 들면, 공동출판에서) 종이, 표지재료, 인쇄, 제본 및 선적 비용.

복수 제안multiple submission: 하나의 프로젝트가 경쟁관계에 있는 여러 라이선시에게 동시에 제안되는 기법이지만 전면적인 경매와 같은 복잡한 규칙은 없다.

블래드blad: 간략한 레이아웃 및 디자인Brief layout and design. 공동출판 라이선스를 위한 판매도구로 생산되며 일러스트레이션 도서의 특별히 인쇄된 부분(통상 16쪽).

사양specifications: 도서에 대한 정확한 기술적 설명(사이즈, 제본 방식, 쪽수, 종이 특성 등).

선인세advance: 장차 판매될 부수에 따라 지불될 인세 계정에서 미리 지불되는 금액의 총액(종종 저자와 출판사 사이의 또는 출판사와 라이선시 사이의 계약서 서명 시에 지불). 선인세가 모두 소진될 때까지 인세는 지불되지 않는다.

소진 earned out: 책의 판매에 대한 총 인세(그리고 계약서에 명시되어 있을 경우 부차권 수입)가 선인세 지불금과 같아지거나 초과할 때 선인세는 소진된다.

스포일러spoiler: 경쟁적 재료(통상적으로 신문사가 경쟁사의 특집으로부터 독자의 주의를 다른 곳으로 돌리기 위해 발표함. 예를 들면 최초 연재 권리의 경우).

오리지네이션origination: 텍스트 또는 일러스트레이션을 디지털 파일과 인쇄를 위한 판으로 전환하는 과정.

오프세팅offsetting: 기존의 조판을 완전히 똑같이 재생산하는 것. 라이선시가 이런 방식을 선택하면(예를 들면, 미국 출판사가 미국 판본을 위해 영국 원출판사의 조판을 복제) 상계비용offset fee은 통상적으로 라이선시의 비용 절약을 반영하여 부과된다.

오픈 마켓open market: 세계에서 영국이나 미국 출판사에 독점적으로 허가되지 않는 지역들. 영국 판과 미국 판이 모두 판매될 수 있다.

옵션option: 출판의 맥락에서 어떤 잠재적인 라이선시가 다른 곳에 오퍼가 이루어지기 전에 프로젝트를 평가할 수 있는 독점적인 기간(통상적으로 교육과 학술 출판에서 사용된다). 영화 권리의 맥락에서 제작사 혹은 스튜디오가 프로젝트의 가능성을 분석하는 기간(최초에는 통상 1년). 요금은 권리자에게 지불된다.

위탁판매인subagents: 해외 시장에 근거한 저작권 에이전트로서 선제적인 권리 판매를 수행하며, 자기들의 시장에 있는 출판사들이 원어 또는 외국어로 출판할 수 있는 권리를 판매한다. 저자의 1차적인 저작권 에이전트 또는 1차적인 출판사에 의해 고용되는데, 이는 관련 권리를 누가 통제하느냐에 달려 있다.

이차 라이선싱secondary licensing: 저작권이 있는 저작물로부터 제한된 콘텐츠를 라이선싱하는 것을 말한다. 통상적으로 복제권 기구를 통해서 이루어진다.

인세 배제royalty exclusive: 생산비와 라이선서의 수익은 포함하지만 인세는 포함하지 않고서 (종종 공동출판 부수에 대해) 산정되는 단가. 인세는 추후에 별도로 산정될 것이며 계약에 의해 저자와 배분한다.

인세 포함royalty inclusive: 생산비, 라이선서의 수익 및 인세를 포함하는(통상적으로 공동출판 부수에 대한) 단가. 저자는 통상적으로 라이선서의 순수입액, 즉 라이선시가 지불한 단가에 기초한 인세를 받는다.

인세royalty: 1차적인 출판사가 저자에게 지불하거나 라이선시가 라이선서에게 지불하는 돈의 총액(부가가치세를 제외한 도서 소매가나 도매가, 또는 순수입액에 대한 백분율로 종종 표현된다).

일시불lump sum: 정해진 권리의 부여를 위한 1회성 요금. 특정한 인쇄부수로 제작되는 라이선스 판 또는 기간이 제한된 (예를 들면 웹사이트상의) 저작권 콘텐츠의 사용에 적용된다.

저작권 에이전트literary agent: 통상적으로 저자의 일차적인 에이전트를 말한다. 여러 지역에서 원래의 언어로 된 1차 출판권을 처리하고 또한 다양한 부차권을 처리한다.

저작권 확대 집중관리 제도extended collective licensing: 다수의 권리자가 집중관리 라이선스에 동의하면 해당 라이선스가 어느 부문의 모든 권리자를 포함하는 것으로 간주되는 방식.

저작인격권moral rights: 저자의 권리. 베른협약에서 다루어진 두 개의 핵심 권리는 성명표시권(저자가 창조자로서 인정될 권리)과 동일성 유지권(저자가 자기 저작물을 훼손하는 변경을 반대할 권리)이다. 저작인격권은 대다수 국가의 저작권법에 나타난다. 영국에서도 허위 귀속을 금지할 권리가 있다. 다수의 국가에서 저작인격권은 양도할 수 없으며 항구적인 것이다. 영국에서는 저작권 기간 동안 지속되며 포기될 수 있다.

추가금refresher: 통상적으로 추가 기간에 대해 라이선스를 갱신할 때 추가되는 요금 또는 선인세.

토핑권topping rights: 경매 시 합의된 비율만큼 최종 입찰가에 가산 적용을 받을 권리. 통상적으로 경매 개시가를 설정한 참여 출판사에 허가된다.

판갈이plate change: 라이선시를 위한 공동출판 인쇄 작업을 할 때 또 다른 언어로 대체하기 위해 인쇄 판을 바꾸는 것(통상적으로 텍스트가 담긴 흑색판).

퍼미션permissions: 다른 저작물의 저작권 저작물(텍스트, 사진, 일러스트레이션)에 포함된 재료의 사용을 요청하는 것.

페이지 조판 교정쇄page proofs: 페이지별로 나눠진 조판 교정쇄.

펼침면spreads: 텍스트와 일러스트레이션을 보여주기 위한 샘플 페이지 레이아웃. 공동출판과 라이선스를 위한 판매 도구로 사용된다.

플로어floor: 경매 시 첫 입찰가. 경매를 시행하는 출판사 또는 참여 출판사가 토핑권을 확보하기 위해 설정한다.

해적판pirated editions: 권리자로부터 허가를 받지 않거나 권리자에게 지불을 하지 않고, 하나 이상의 저작권 협약에 가입한 국가에서 생산된 도서의 불법 판.

CCCThe Copyright Clearance Center: 저작권 청산 센터. 미국의 복제권 기구reproduction rights organization(RRO)로서 대학교, 단과대학 및 업계에 저작권 저작물 초록의 복사기를 이용한 복사나 스캐닝에 의한 복제를 허가한다(2차 라이선싱). 또한 퍼미션 청산 서비스를 제공한다.

CIFCost, Insurance and Freight: 운임 및 보험료 포함 가격. 지정된 장소까지 선적하는 데 소요되는 모든 비용을 포함한 가격. 예를 들면 "CIF 뉴욕항", "CIF 출판사 창고".

CLAThe Copyright Licensing Agency: 저작권 라이선싱 기구. 영국의 복제권 기구(RRO)로서 저작권 저작물의 초록을 학교, 대학교, 단과대학, 정부 부처 및 업계에서 복제하도록 허가(2차 라이선싱).

CMOCollective Management Organization: 집중관리 기구, RRO 참조.

DAPDelivered at Place: 최종목적지 인도 조건. 육로 운송으로 출판사 창고까지 인도되는 것을 포함한 가격. 국경 세관 비용은 라이선시가 지불.

FOBFree on Board: 본선인도가격. 가격에 통상적으로 인쇄가 이루어지는 국가에 있는 선적인까지의 포장 및 운임이 포함된다. 예를 들면, "FOB 싱가포르". 그 뒤의 비용은 라이선시가 부담.

ILMPInternational Literary Marketplace: 미국, 캐나다를 제외한 출판사 주소록. ≪인포메이션 투데이Information Today≫가 발간.

LMPLiterary Marketplace: 미국과 캐나다 출판사 주소록. ≪인포메이션 투데이≫ 발간.

RROReproduction Rights Organization: 복제권 기구. 예를 들면, 2차 라이선싱을 처리하는 영국의 저작권 라이선싱 기구(CLA)와 미국의 저작권 청산 센터(CCC)가 있다.

부록 II

유용한 단체·기관의 명칭과 주소

• The Authors Guild
31 East 32nd Street, 7th Floor
New York
NY 10016
USA
Tel. (001) 212 563 5904
e-mail staff@authorsguild.org
www.authorsguild.org

• Authors Licensing and Collecting Society
The Writers' House
13 Haydon Street
London EC3N 1DB
Tel. 0207 264 5700
e-mail alcs@alcs.co.uk
www.alcs.co.uk

• Book Industry Communication
7 Ridgmount Street
London WC1E 7AE
Tel. 0207 255 0516
e-mail info@bic.org.uk
www.bic.org.uk

• The Book Industry Study Group
145 West 45th Street
New York
NY 10036
USA
Tel: (001) 643 336 7141
e-mail info@bisg.org
www.bisg.org

• Bradbury Phillips International Ltd
29 Aubert Park
London N5 1TP
Tel. 0203 340 3913
e-mail info@bradburyphillips.co.uk
www.bradburyphillips.co.uk

• Brighteye Ltd
21 Weedon Lane
Amersham
Bucks HP6 5OT
Tel. 01494 726069
e-mail enquiries@brighteyeltd.com
www.brighteyeltd.com

• British Copyright Council
Copyright House
29-33 Berners Street
London W1T 4AB
Tel. 01986 788 122
email info@britishcopyright.org
www.britishcopyright.org

• The Copyright Clearance Center
222 Rosewood Drive
Danvers
MA 10923
USA
Tel. (001) 978 750 8400
e-mail info@copyright.com
www.copyright.com

• Copyright Licensing Agency Ltd
Saffron House
6-10 Kirby Street
London EC1N 8TS
Tel. 0207 400 3100
email cla@cal.co.uk
www.cla.co.uk

• Design and Artists Copyright Society
33 Great Sutton Street
London EC1V 0DX
Tel. 0207 336 8811
email info@dacs.org.uk
www.dacs.org.uk

• Inland Revenue
Centre for Non-Residents
Fitzroy House
P.O. Box 46
Nottingham NG2 1BD
Tel. 0115 974 2000

• Intellectual Property Office
Concept House
Cardiff Road
Newport
South Wales NP10 8QQ
Tel. 01633 814000
e-mail info@ipo.gov.uk
www.ipo.gov.uk

• International Association of
Scientific, Technical and Medical
Publishers(STM)
Prins Willem Alexanderhof 5
2595 BE The Hague
Netherlands
Tel. 31 70314 0930

영국 주소

• Prama House
267 Banbury Road
Oxford OX2 7HT
Tel. 01865 339321
www.stm-assoc.org

• International Publishers Association
23 Avenue de France
1202 Geneva
Switzerland
Tel. (041) 22 704 1820
email
secretariat@internationalpublishers.org
www.internationalpublishers.org

• Klopotek UK Ltd
Devonshire House
Manor Way
Borehamwood
Herts WD6 1QQ
Tel. 0208 731 4596
www.klopotek.co.uk

• Public Lending Right
Richard House, First Floor
Sorbonne Close
Stockton on Tees TS17 6DA
Tel. 01642 604699
www.plr.uk.com

• Publishers Association
29B Montague Street
London WC1B 5BW
Tel. 0207 691 9191
e-mail mail@publishers.org.uk
www.publishers.org.uk

• Publishers Licensing Society Ltd
55-56 Russell Square
London WC1B 4HP
Tel. 0207 079 5930
e-mail pls@pls.org.uk
www.pls.org.uk

• The Publishing Training Centre
Crowne House
56-58 Southwark Street
London SE1 1UN
Tel. 0208 874 2718
e-mail
publishing.training@bookhouse.co.uk
www.train4publishing.co.uk

• Society of Authors
84 Drayton Gardens
London SW10 9SB
Tel. 0207 373 6642
e-mail info@societyofauthors.org
www.societyofauthors.org

• That's Rights!
JDC Software
29 Harley Street
London W1G 9QR
Tel. 0207 681 2014
email info@thatsrights.com
www.thatsrights.com

찾아보기

ㄱ

『가시덤불 울타리』 384
가워스(Andrew Gowers) 57
『가자: 나의 이야기』 253
가필드 384
강의집 451
강제허락 33, 223, 316
개스코인(Paul Gascoigne) 253
갤럭시 시리즈 505
『거울 나라의 앨리스』 384
게이츠(Bill Gates) 303
게임큐브 494
『경도』 259
경매 122, 152
『경호원의 이야기』 252
고아저작물 40, 415
「고아저작물 지침」 43
골리워그 383
〈곰돌이 푸〉 366
공공 과학 도서관 77
공공 대출권 53, 117
공유저작물 34
공유저작물을 위한 센터 74
공정 처리 39
공중송신권 39
과달라하라 도서전 177
관세와 무역에 관한 일반 협정 37
『광대 샬리마르』 259
『괴짜경제학』 258
『괴짜처럼 생각하라』 258
교육용 저가 도서 제도 233
교육용 저가 후원 도서 233
구글 23
구글 글래스 422
구글 도서관 프로젝트 464
구글 북 서치 463
구글 스콜라 463
구글 파트너 463
구글 퍼블리셔 프로그램 466
구글 프린트 462
구글 합의안 63, 466
구텐베르크 전자 도서관 프로젝트 422
국가 디지털 라이브러리 프로그램 459
국립 생명공학 센터 77
국립보건원 82
국제 과학, 기술, 의학 출판협회 65, 79, 433
국제 소진론 36
국제 학생판 234
국제개발부 233, 315

국제도서관협회연맹 80
국제복제권기구연맹 416
국제상호운용표준 439
국제언론통신협의회 440
국제음반산업연맹 431
국제전기기술위원회 439
국제지적재산권연맹 47
국제출판협회 49, 65
국제표준화기구 440
『군인: 자서전』 252
굴레인 엔터테인먼트 385
굿리즈 436
『권력 여행: 정책, 음모, 추락의 10년』 257
균형권 58
그레그(Geordie Greig) 257
그레셤(Douglas Gresham) 368
『그레이 인체 해부학』 283
『그레이의 50가지 그림자』 393
그리샴(John Grisham) 270, 280
그린어웨이(Kate Greenaway) 383
그린우드 프레스 242
극장경영자협회 339
극화 및 다큐멘터리 권리 115
기술적 보호 조처 56
기업혁신기술부 62
기저 저작물 355
『길의 끝: 로버 몰락의 진실』 266
〈꼬마기관차 토마스〉 385

ㄴ

『나 자신과의 대화』 281
『나 자신을 위해 말하기』 258
『나는 말랄라』 257
『나의 자서전』 261
『날기 위한 배움』 259
내셔널 아카이브 461
냅스터 426
네그로폰테(Nicholas Negroponte) 71
네스뵈(Jo Nesbo) 86
넷라이브러리 516
노키아 505
노하우 펀드 315
누크 102
누크 글로라이트 501
누크 심플 터치 501
누크 컬러 501
『눈사람 아저씨』 385
뉴스 코퍼레이션 436
≪뉴잉글랜드 저널 오브 메디신≫ 81
『늑대 토템』 86
니븐(David Niven) 265
니켈로디언 386, 390
『닉슨랜드』 507
닌텐도 494
닌텐도 DS 495

ㄷ

『다빈치 코드』 281
『다우닝가 10번지』 255
『다우닝가 시절』 252
다우존스 로이터 484
『다이애나 대 찰스』 261
『다이애나: 그녀의 새로운 생활』 261
『다이애나: 그녀의 진정한 스토리』 252
『다이애나: 철저하게 지켜진 비밀』 252
『다이어리즈』 256

『다이어리즈 1987~1992』 253
다이얼로그 484
다이제스트 권리 269
다이제스트 및 축약 권리 22, 113
다이크(Greg Dyke) 258
단일 음성 낭독 권리 115
『대륙의 딸』 277
대여권과 대출권 40
대영도서관 문서공급센터 409
대처(Margaret H. Thatcher) 252
댓츠라이츠! 137
『더 나이트 리스너』 267
더 라이츠 매니저 138
더 북 피플 239
≪더 북셀러≫ 146
『더 인포메이션』 259
더 컬렉터스 라이브러리 243
『더 프런트』 267
『더 플랜트』 267
더럴(Gerald Durrell) 343
더브너(Stephen Dubner) 258
더블데이 247
데이비드 앤 찰스 243
데이비스(Hunter Davies) 256
데이터 마이닝 43
≪데일리 메일≫ 250
≪데일리 텔레그래프≫ 252
도서 권리 109
도서 축약 권리 269
도서관 통합자 99
도일(Arthur Conan Doyle) 52
독립 저작권 검토위원회 44
독서 장애인을 위한 권리 115
독일출판서적상협회 49
독자적인 권리 55
돌링 킨더슬리 285
『동물농장』 45
동일성 유지권 54
드 베르니에르(Louis de Bernières) 259
드레이턴 매너 테마파크 385
드롭박스 540
드림웍스 480
『디렉토리 오브 퍼블리싱』 146
디자인 및 아티스트 저작권 협회 401
디저 431
「디지털 경제 법안」 61
디지털 권리 관리 58
디지털 도서관 40
『디지털 미디어 계약』 528
「디지털 밀레니엄 저작권법」 50, 70
디지털 북 월드 콘퍼런스 178
「디지털 브리튼」 59
디지털 웨어하우징 515
디지털 자산 관리 540
디지털 전송 권리 39
디지털 퍼블릭 라이브러리 오브 아메리카 459
디지털 퍼블릭 스페이스 프로젝트 461
『디지털이다』 71
디킨스(Charles Dickens) 34
디포(Daniel Defoe) 90
딜로이트 169
딜버트 384

ㄹ

라디오헤드 428

라르손(Stieg Larsson) 86
라이츠링크 417
라이츠센트럴 417
라이프치히 도서전 177
라쿠텐 502
래빗(Peter Rabbit) 383
래피드셰어(www.rapidshare.com) 49
랜덤하우스 밸류 퍼블리싱 238
랜덤하우스 오디오 247
랩소디 427
러들럼(Robert Ludlum) 280
『러브, 니나』 257
러시아 34
≪러시아 하우스≫ 277
러크웰(Mike Luckwell) 270
런던 도서전 175
레노보 505
레드 하우스 어린이 북클럽 239
레빗(Steven Levitt) 258
레식(Lawrence Lessig) 68
레인(Allen Lane) 87
렉시스/넥시스 488
로런스(D. H. Lawrence) 52, 393
로렌즈(Andrew Lorenz) 266
로볼트 303
로빈슨(Heath Robinson) 393
『로스트 심벌』 49, 281
『로이 젠킨스: 균형 잡힌 삶』 257
로제타 북스 484
로켓 이북 101
로텔 488
론리 플래닛 277
롤링(J. K. Rowling) 48
≪롤링스톤≫ 255
롤플레잉 게임 496
롱맨 27
루슈디(Salman Rushdie) 259, 303
루이손(Mark Lewisohn) 257
루이스(C. S. Lewis) 368
『루치안과의 아침 식사』 257
〈루퍼트와 친구들〉 385
르 카레(John Le Carré) 277, 280
리더스 다이제스트 어소시에이션 269
≪리더스 다이제스트≫ 22, 88
리드 엘스비어 484
리서치 인 모션 504
리스-존스(Trevor Rees-Jones) 252
리어(Anne Leer) 417
『리처드 버튼의 일기』 256
리처드슨(Samuel Richardson) 46
『리터러리 마켓플레이스』 145, 183
리틀 브라운 사 25
리프린트 권리 113
리프린트 라이선스 33
리플리(Alexandra Ripley) 303
린치(Ross Lynch) 64
링크드인 109, 436

ㅁ

마르코스 법령 225
마블 엔터테인먼트 481
마오쩌둥 전기 277
『마이 라이프』 256
『마이 사이드』 281
마이스페이스 436
마이아이라이브러리 518

마이어(Christopher Meyer) 259
마이크로소프트 23
마텔 385
만(Michael Mann) 265
만델라(Nelson Mandela) 281
만켈(Henning Mankell) 86
망가 279
『매들린』 256
『매디슨 카운티의 다리』 369
매캔(Kate McCann) 256
맥그로힐 127
맥브라이드(Damian McBride) 257
맨들슨(Peter Mandelson) 253
메르켈(Angela Merkel) 470
메이어(Stephenie Meyer) 282
메일머지 137
메즈리치(Ben Mezrich) 266
메탈리카 426
메트로 북스 238
명령 경제 38
모나코 영화문학국제포럼 178
『모든 것이 산산이 부서지다』 281
『모든 치즈는 위대하고 작다: 흐릿하지 않은 삶』 256
모바일폰 115
모비포켓 리더 514
모스크바 133
모스크바 도서전 176
모턴(Andrew Morton) 252, 261
모토롤라 505
모핀(Armistead Maupin) 267
『무료정책: 파격적인 가격의 미래』 431
『무어의 마지막 한숨』 303
무크 519
『무한 인생경영』 258
미국레코딩산업협회 426
미국식 공정 이용 44
미국의 스페셜 301조 감시 리스트 47
『미국전통영어사전』 486
미국출판협회 48
미디어 컨설턴시 라이선스 414
『미란다처럼』 257
『미래로 가는 길』 303
미얀마(버마) 46
미첼 비즐리 285
밀란코비치(Jovan Milankovic) 172
밀른(A. A. Milne) 366
밀리언 북 프로젝트 423

ㅂ

바든 차이니즈 미디어 에이전시 172
바르샤바 도서전 176
바움(Frank L. Baum) 383
바이오메드 센트럴 81
바일라이너 267
바클렘(Jill Barklem) 384
반스 앤 노블 88, 102, 238
『반지의 제왕』 281
발다시(David Baldacci) 270
방콕 도서전 177
『배고픈 애벌레』 279
배트맨 367
버너스-리(Tim Berners-Lee) 422
『버니 먼로의 죽음』 506
버렐(Paul Burrell) 253
버진 352

버컨(John Buchan) 52
버투세일즈 138
번역권 19, 114, 273
베드퍼드 스퀘어 북스 483
베르텔스만 128
베른협약 32
「베른협약 이행법」 66
베링(Jessi Bering) 257
베보 436
베이(Pirate Bay) 429
베이징 133
베이징 국제 도서전 176
베컴(David Beckham) 257, 281
베컴(Victoria Beckham) 259
베터캐피털 270
베트남 34
벡(Beck) 판사 303
벤(Tony Benn) 257
벨포트(Jordan Belfort) 282
벨퐁드 303
보가드(Dirk Bogarde) 265
『보물섬』 288
보커 273
복수 제안 151
복제 권리 19, 39
복제 및 전자 복제 권리 23, 116
복제권 기구 116, 416
- 집중관리기구 399
본드(Michael Bond) 384
볼로냐 도서전 175
〈봅 더 빌더〉 385
≪뵈르센블라트≫ 146
부룬디 46
부에노스아이레스 도서전 177
부차권 101, 325
북 세일즈 사 238
북 트레이드 뉴스 171
북브런치 146
북스 24×7 517
북엑스포 아메리카 176
북클럽 오브 아메리카 238
북파워 233
북하우스 출판훈련센터 133
브라운(Dan Brown) 49, 259, 270, 281
브라운(John Browne) 257
브라이트솔리드 436
브라이트아이 인터내셔널 라이츠 데이터베이스 137
브래드버리 필립스 인터내셔널 137
『브래드퍼드의 십자말풀이 해결사』 498
브래드포드(Barbara Taylor Bradford) 270
브래디(Chris Brady) 266
브렛(John Brett) 252
브로크먼(John Brockman) 167
『브리짓 존스는 연하가 좋아』 259
『브리태니커 콘사이스 백과사전』 497
≪브리티시 메디컬 저널≫ 81
『브릭 레인』 282
브릭스(Raymond Briggs) 385
브린(Sergey Brin) 462
브릿 올크로프트 사 385
블라이턴(Enid Blyton) 385
블랙 레이블 게임스 495
블랙베리 504
블랙스톤 247

『블렁킷 테이프』 253
블렁킷(David Blunkett) 253
블레어(Cherie Blair) 258
『블레어 시대』 260
블레이크 프리드만 사 25
블레이크(Carole Blake) 92
블록버스터 364
블루레이 490
블룸즈버리 퍼블리싱 146
비블리오3 138
비츠 일렉트로닉스 431
『비틀즈: 세월 속에서』 257
빅 브레인 아카데미 494
빅 애플 터틀모리 172
빅터(Ed Victor) 483
빈치(Maeve Binchy) 282
『빼앗긴 순수: 샐리 클라크 스토리, 정의를 위한 어머니의 투쟁』 252

ㅅ

사립예비학교협회 406
사우디아라비아 34
사이먼(William L. Simon) 266
사이먼 앤드 슈스터 247
사이언스다이렉트 491
사이트 라이선스 101
사파리 북스 온라인 518
산리오 384
『살아 있는 역사』 277
상품화 권리 19, 116, 382
상하이 국제아동도서전 178
「생일 편지」 259
샤르자 국제 도서전 177, 316
샤슈아(Roger Shashoua) 170
서브라이츠닷컴(Subrights.com) 168
서적산업연구그룹 444
서적출판업조합 51
서튼(Alan Sutton) 243
≪선데이 타임스≫ 251
『선인 예수와 악인 그리스도』 507
선집 및 인용 권리 114
『섬망』 266
『성도착: 우리 모두에게 있는 성적 비정상성』 257
성명 표시권 54
『세 번째 남자』 253
세계무역기구 24, 37
- 무역 관련 지적재산권에 관한 협정 37
세계무역기구 분쟁 패널 48
세계무역기구 사무국 38
세계저작권협약 33
- 파리 개정문 33
세계지적재산권기구 35
세계지적재산권기구 실연/음반 조약 35
세계지적재산권기구 저작권 조약 35
〈세서미 스트리트〉 397
세일즈 여행 203
세컨드 라이프 109, 437
센게이지 러닝 517
소니 리더 102
「소니 보노 저작권 기간 연장법」 68
『소련 KGB: 제4의 핵』 255
소로스 재단 134, 315
소말리아 46
소벨(Dava Sobel) 259
쇼크로스(William Shawcross) 260

쉬버스 249
〈슈렉〉 386
슈스트링 프레스 242
슐츠(Charles Schulz) 383
스미스(Alexander McCall Smith) 268
스미스(Dodie Smith) 386
스미스(Zadie Smith) 259, 282
스와루프(Vikas Swarup) 281
스위트 앤드 맥스웰 488
『스칼렛』 303
스컬래스틱 216
스코틀랜드 사립학교 위원회 406
스코퍼스 458
스콧(Walter Scott) 경 46
스쿨링크 북클럽 239
스크롤모션 503
스크리브드(www.scribd.com) 49
스털링 퍼블리싱 238
스테드먼(Ralph Steadman) 288
스톨먼(Richard Stallman) 73
〈스튜어트 리틀〉 386
스트리트 포터(Janet Street-Porter) 265
스티브 잡스의 전기 256
스티손(www.stison.com) 138
스틸(Danielle Steele) 280, 282
스파이더맨 367
스페인 도서전 176
스포일러 251
스포츠 스위트 494
스포트라이트 온 라이츠 316
스포티파이 430
스프란지(Francesca Spranzi) 168
스프링어 80
스필버그(Steven Spielberg) 480
슬레이터(Nigel Slater) 256
「시그하트 검토보고서」 513
시맨티코 503
시에라리온 46
신 영역 성서 265

ㅇ

아델피 헌장 83
아르파넷 420
『아름다운 악의』 281
『아름다움에 관하여』 259
아마존 23, 87
- 아마존닷컴 267
아마존 프라임 인스턴트 비디오 352
아미스(Martin Amis) 259
아부다비 국제 도서전 175
아부다비 문화유산 당국 315
아셰트 리브르 249
아이렉스 일리아드 101
아이북스토어 503
아이작슨(Walter Isaacson) 256
『아이콘: 스티브 잡스, 비즈니스 역사의 위대한 제2막』 266
아이튠즈 430
아이팟 115, 429
아이패드 23, 88
아이패드2 502
아이패드3 502
아이패드4 502
아이패드 미니 502
아이패드 에어 503
아처(Jeffrey Archer) 255

아체베(Chinua Achebe) 281
아츠 온 필름 아카이브 461
아콘 242
아쿠닌(Boris Akunin) 86
아프가니스탄 46
〈안젤리나 발레리나〉 385
알리(Monica Ali) 282
앙골라 46
애덤스(Douglas Adams) 282
애트우드(Margaret Atwood) 267
애플 23, 88
애플리케이션 103
- 앱 507
액세스 북 233
액세스 캐나다 44
앤더슨(Chris Anderson) 84, 431
앤드루 뉘른버그 에이전시 172
『앤절라 카터에게서 받은 카드』 259
앰벌리 프레스 243
어도비 아크로뱃 이북 리더 514
어도비 콘텐트 서버 4 441
어문저작물 30, 41
어소시에이티드 프레스 251
어스본 127
『언브로큰: 나의 새 자서전』 257
업다이크(John Updike) 520
업턴(Florence Upton) 383
『에드워드 7세 시대 한 여인의 시골 일기』 384
에리트레아 46
에번스(Harold Evans) 251
에이브러데일 238
에이전시매니저 137
에이펙스 파트너스 385
에티오피아 46
엑스박스 494
엑스박스 라이브 마켓플레이스 494
엑스박스 원 494
엔카르타 482
『엘리자베스 여왕: 공식 전기』 260
엘스비어 80
엠피스리릿닷컴 267
『여행 가방: 나의 어린 시절』 265
연재 권리 113
연재 권리와 정기간행물 단발 게재 권리 250
연재만화 또는 사진 권리 114
영(Jeffrey S. Young) 266
영국 경영자 도서 번역 제도 315
영국 국세청 비거주자 센터 160
영국 대학협회 407
영국 대학협회 및 학장 상설회의 408
영국 문화미디어스포츠부 118
영국 합동정보시스템위원회 76, 515
영국문화원 134
영국식 공정 처리 44
영국연구위원회 82
영국영화위원회 362
영국음반산업협회 431
영국저자협회 44
영국저작권심판소 407
영국저작권허브 416
영국지적재산권청 58
영국출판협회 41
영국학술원 435
영시 전문 데이터베이스 491

영화 권리 354
영화 및 텔레비전 권리 19
예루살렘 도서전 175
『예술에 관한 그로브 사전』 492
예테보리 도서전 177
오더블 105
오드리(Reverend Awdry) 385
오디세이 북스 483
오디오고 247
- BBC 오디오 북스(구) 247
- 갤럭시(임프린트) 247
- 쉬버스(임프린트) 247
오디오북 권리 115
오라 502
오라 HD 502
오리온 243
오바마(Barak Obama) 82
오버드라이브 98, 512
오웰(George Owell) 45
오즈번(Sharon Osbourne) 257, 263
『오즈의 마법사』 383
≪오케이!≫ 251
오픈 라이브러리 459
오픈 로드 484
오픈 소사이어티 연구소 315
오픈 아카이브 76
오픈 아카이브 이니셔티브 433
오픈 액세스 22, 25, 76
옥스퍼드 대학교 27
옥스퍼드 리퍼런스 온라인 492
『옥스퍼드 말풀이 사전』 497
옥스퍼드 스칼러십 온라인 492
『옥스퍼드 약어사전』 497
『옥스퍼드 영국인명사전』 492
『옥스퍼드 유의어 사전』 497
『옥스퍼드 인용사전』 497
온다체(Michael Ondaatje) 281
온라인 배포 41
「온라인 저작권 침해 금지법」 70
「온라인 저작권 침해 책임법」 69
올리버(Jamie Oliver) 103
옵션 150
≪옵저버≫ 251
와일리(Andrew Wiley) 483
와일리 블랙웰 80
와프(Ken Wharfe) 252
『왕비의 그림자』 252
『왕족의 의무』 253
우간다 46
우루과이 라운드 37
우르두어 97
『우리 둘: 존 소와 나의 생애』 252
『우연한 억만장자: 섹스, 돈, 배신, 그리고 페이스북의 설립』 266
울버크로프트 그룹 247
- 마그나 라지 프린트(임프린트) 247
- 이시스 퍼블리싱(임프린트) 247
울프(Tom Wolfe) 255
울프(Virginia Woolf) 34, 52
워너브러더스 357
워즈워스 에디션스 243
워커 앤드 코 247
워터마킹 429
『월가의 늑대』 282
월드 디지털 도서관 461
월드 퍼블리케이션스 사 238

월러(Robert James Waller) 369
웨스트로 484
웨인라이트(A. Wainwright) 393
웰던(Tom Weldon) 170
웰스(H. G. Wells) 52
웰시(Irvine Welsh) 282
웰컴 재단 80
위 494
위스퍼넷 500
위유 495
위키피디아 70, 493
위키피디아 재단 422
위탁판매자 125
윅셔너리 493
『윌리엄 왕자: 왕이 되기 위해 태어난 자, 개인적인 초상』 256
윌머스(Mary-Kay Wilmers) 257
『윔피 키드』 279
≪유≫ 253
유니버설 365
유럽 입자물리학 연구 센터 422
유럽 저작권 사용자 플랫폼 433
유럽경제지역 32
유럽연합 32, 39
유럽연합 회원국 52
유럽출판연맹 470
유로피아나 40, 461
『유리 벽장』 257
유사프자이(Malala Yousafzai) 257
유튜브 109
『은하수를 여행하는 히치하이커를 위한 안내서』 282
『음악과 음악인에 관한 뉴 그로브 사전』 492
음악출판협회 401
이라이프 81
이라크 46
이란 37, 46
이베이 50
이부키(EBookee.org) 49
이북맨 101
이브러리 517
『이상한 나라의 앨리스』 384
『이트』 256
『익스트림』 263
익스프레스 뉴스페이퍼스 251
〈인 레인보스〉 428
인격권 39
인디고 북스 앤드 뮤직 502
인디자인 534
『인사이드 스토리』 258
인스타그램 437
인젠타 457
인젠타커넥트 457
인터내셔널 디지털 퍼블리싱 포럼 514
『인터내셔널 리터러리 마켓플레이스』 145, 183
인터넷 서비스 제공자 60
『인페르노』 259
인포메이션 투데이 145
인핸스트 전자책 103, 506
일렉트로닉 아츠 495
『잇츠 올 굿』 256
『잉글리시 페이션트』 281

ㅈ
자가 출판 28
자동화된 콘텐츠 접속 프로토콜 59
자유 소프트웨어 재단 73
『작가와 아티스트 연감』 146, 343
작가조합 339
〈장난감 나라의 노디〉 385
장룽(姜戎) 86
장융(張戎) 277
잭슨(Michael Jackson) 장군 252
저가 리프린트 권리 221
저자 라이선싱 및 징수 협회 44, 244, 400
저자에이전트협회 100
저자의 권리 54
저작권 22, 29, 30
- 정신의 저작물 30
저작권 거래 19
저작권 기록 시스템 패키지(라이츠매니저) 137
저작권 담당 부서 123
저작권 담당 직원 130
저작권 담당자 19
저작권 라이선싱 기구 25, 58, 400, 458
「저작권 및 저작인접권 규정」 53
저작권 소유자 30
저작권 심판소 53
저작권 에이전트 99
저작권 집중관리 23
저작권 집중관리 계획 41
저작권 청산 센터 169, 417, 458
저작권 침해 31
저작권 침해 관련 포털(www.copyrightinfringement.com) 50
저작권과 인접권 문제 35
저작물 사용 허가 표시 438
저작인격권 28, 54
저커버그(Mark Zuckerberg) 436
전송권 35
전자 강의집 114
전자 아카이브 펍메드 센트럴 77
전자 출판과 멀티미디어 권리 116
전자상거래 40
전자잉크 513
전자종이 513
전자책 권리 326
「전자출판납본규정」 57
정기간행물 단발 게재 권리 113
정의사전 486
제이슨(David Jason) 256
제임스(Alex James) 256
제임스(Rebecca James) 281
젬스타 로켓이북 423
젭슨(Patrick Jephson) 252
조이스(James Joyce) 52
조지(Jean Craighead George) 484
『존 레넌의 편지들』 256
존 와일리 127
존슨(Samuel Johnson) 28
주너(Peny Junor) 256
주문형 비디오 351
『줄리와 늑대』 484
『중국 여행자 가이드』 277
중유럽 및 동유럽 도서 프로젝트 기금 315
『쥬라기 공원』 397

지적재산권 19, 24, 27
「지적재산권 보호법」 70
지적재산권 정책에 대한 전략적 자문기구 58
지적재산권의 불법 복제 방지 및 집행 40
집중 사용자 제도 405

ㅊ

차일드(Lee Child) 270
『찰스 그랜디슨 경』 46
채드윅힐리 491
『천사와 악마』 281
『총알차 타기』 267
최초 연재 권리 251
『추운 곳에서 온 개』 268
『출발점』 256
출판 사이클 28
출판권 21, 23, 28, 54
출판사 라이선싱 협회 25, 401

ㅋ

카팔 393
카피레프트 72, 77
칼(Elic Carle) 279
칼리마 315
캐나다 작가협회 472
캐논게이트 506
캐럴(Lewis Carroll) 384
캐머런(David Cameron) 63
캠벨(Alastair Campbell) 260
캠벨(John Campbell) 257
커리(Edwina Currie) 253
커쇼(Ian Kershaw) 282
컬런(Edward Cullen) 387
컴캐스트 481
케이브(Nick Cave) 506
케이프(Jonathan Cape) 268
케임브리지 대학교 27
『코넬리의 만돌린』 259
코리온 385
코모도어 490
코보 88
코보 글로 502
코보 미니 502
코보 터치 502
코스스마트닷컴 518
코스트코 210
코트(Denise Cote) 511
콘웰(Patricia Cornwell) 267
콜(Martina Cole) 282
콜드스트림(John Coldstream) 265
콜린스(Suzanne Collins) 282
『콜린스 젬 사전』 497
『콜린스 콘사이스 유의어 사전』 498
쿠퍼(Douglas Cooper) 266
쿡(Cook) 선장 265
쿡(Robin Cook) 256
퀵익스프레스 533
퀘스티아 517
크노벨 458, 518
크라우스 리프린트 242
크라이튼(Michael Crichton) 397
크레도 리퍼런스 518
크리스천 라지 프린트 247
크리스티(Agatha Christie) 280

크리에이티브 커먼즈 22, 73, 77
클라크(Alan Clark) 256
『클라크 출판 계약: 사례집』 95
클랩(Susannah Clapp) 259
클로포텍 CR & R 138
클리브스(Anne Cleeves) 270
클린턴(Hillary Clinton) 257, 277
키니(Jeff Kinney) 279
키플링(Rudyard Kipling) 52
킨들 102
킨들 DX 501
킨들 앱 501
킨들 언리미티드 432
킨들 터치 500
킨들 페이퍼화이트 500
킴 닷컴 49
- 메가업로드(www.megaupload.com) 49
킹(Stephen King) 266, 280
〈킹콩〉 387

ㅌ

타우흐니츠 87
타운센드(Pete Townsend) 256
타이완 46
≪타임스≫ 250
터셴(Julia Turshen) 256
터치 프레스 507
텀블러 109
테니얼(John Tenniel) 384
테살로니키 전시회 177
텍스트 마이닝 43
텍스트북토렌츠(www.textbooktorrents.com) 49
토렌트 49
토리노 도서전 177
토마스 랜드 385
〈토마스와 마법기차〉 385
〈토이 스토리〉 397
톨킨(J. R. R. Tolkien) 281
톰슨 로이터 457
투르크메니스탄 46
『트레인스포팅』 282
트위터 109
『트와일라잇』 282
트웨인(Mark Twain) 34
티클-미 엘모 397
〈틴틴: 유니콘호의 비밀〉 385

ㅍ

파라마운트 480
파리 도서전 177
『파멜라』 46
『파울러의 현대 영어 어법』 497
파울즈(John Fowles) 299
파이어럿 베이 49
파커(Sean Parker) 426
판매집계표 188
판면권 117
팟캐스팅 91
패닝(Shawn Fanning) 426
패딩턴 베어 384
패터슨(James Patterson) 270
팬 맥밀런 249
팬도라 431
팰트로(Gwyneth Paltrow) 256
퍼거슨(Alex Ferguson) 258, 261

퍼미션 114
퍼블리셔스 런치 170
퍼블리셔스 마켓플레이스 170
≪퍼블리셔스 위클리≫ 146
퍼블리싱 스코틀랜드 134
퍼블리싱 테크놀로지 138
퍼블리싱 퍼스펙티브스 171
퍼트리샤 하이스미스 241
퍼핀 북클럽 239
펍매치 169
페이스북 61, 109, 436
페이지(Larry Page) 462
페이퍼백 권리 112, 209
페이퍼백 라이선스 219
페이퍼화이트2 500
펠드먼(Tony Feldman) 485
펭귄 86
펭귄 랜덤하우스 247, 249
포사이스(Frederick Forsyth) 255
『포지트론』 267
포커스 온 퍼블리싱 소프트웨어 138
포터(Beatrix Potter) 52, 279
폰트숍 인터내셔널 537
폰트웍스 UK 537
『폴 세잔의 편지들』 257
폴크스(Sebastian Faulks) 259
풀먼(Philip Pullman) 507
『풍선 뒤의 남자』 265
『프라이머리 컬러스』 303
프라하 도서전 176
프랑스 출판협회 465
프랑크푸르터 호프 185
프랑크푸르트 도서전 19, 176
프랜시스(Dick Francis) 270
프랭클린 사 101
프랭클린 일렉트로닉 퍼블리셔스 497
프레임메이커 534
프레쳇(Terry Pratchett) 486
프렌티스 홀 127
프로이트(Lucian Freud) 257
프로퀘스트 458, 491, 517
프로퀘스트 데이터베이스 484
플래스(Sylvia Plath) 259
플레이스테이션 2 493
플레이스테이션 3 493
플레이스테이션 나우 495
플로스 원 81
플롱 303
플리커 109, 437
플릭스터 437
〈피너츠〉 383
피닉스 페이퍼백 임프린트 243
피셔-프라이스 385
피어제이 81
피어슨 에듀케이션 50
『피칭에서 출판까지』 92
『피터 래빗 이야기』 279
피터 벤츨리 241
픽사 480
핀치(Dame Janet Finch) 81
필딩(Helen Fielding) 259
필름4 362
〈핑구〉 385

ㅎ

하그리브스(Ian Hargreaves) 63

하디(Thomas Hardy) 52
하버드 비즈니스 스쿨 49
『하얀 이빨』 282
하커트 127
하트(Michael Hart) 422
하트(Miranda Hart) 257
하퍼콜린스 86, 247, 249
학회 및 전문단체 출판 협회 401
할러데이(Jon Haliday) 277
해리 N. 에이브럼스 238
해리 랜섬 연구소 244
해리 포터 스펠스 495
해리 포터 시리즈 48
해리 포터의 마법 세계 387
해외개발청 233
핸콕(Sheila Hancock) 252
『허영의 불꽃』 255
『헝거 게임』 282
헤시셔 호프 185
헬로 키티 384
≪헬로!≫ 251
호가스 프레스 34
『호빗』 281
호턴 미플린 486
홀든(Edith Holden) 384
홀츠브링크 128
『후 아이 앰』 256
후즈후 146
후퍼(Richard Hooper) 64
휘터커(James Whitaker) 261
휠러 퍼블리싱 247
『휴먼 트레이시스』 259
휴스(Ted Hughes) 259
히트 엔터테인먼트 385
『힐헤드의 젠킨스 경』 257
『힘든 선택들』 257

1

『101마리 달마시안』 386
『1984』 45
「1988년 저작권, 디자인, 특허 법」 51
「1992년 저작권 갱신법」 69

2

「2000년 자율적 실천 규약」 57
「2000년 전자 커뮤니케이션 법」 56
「2003년 납본법」 57
2개 언어 권리 114

A

ACAP 440
ARROW 416
ARROW 기획 41

B

BBC 342
BIC 444

C

CD 23
CGI 기법 377
CLARCS 407

D

D.C.톰슨 436
DACS 414

DC 코믹스 481
『DC 콘피덴셜』 259
DOI 59, 442
DRM 307
DRM 프리 441
DVD 23, 490

E
EDItEUR 445
EPUB 501

G
GE 481
GNU 일반 공중 사용허가서 73

H
HEFCE 453
HERON 452

I
IPR 라이선스 169, 170
ISBN 442
ISDN 399
ISNI 442
ISSN 442
ISTC 59, 442
ISWC 442
ITV 343

M
MGM 365
MIT 미디어랩 71
MP3 플레이어 115

N
NBC 유니버설 481
NESLi 454
NESLi2 454

O
ONIX 444
OFCOM 60

P
PACT 343
PDA 101
PDF 501
PRIMS 452

Q
『Q & A』 281

S
SAP 올인원 퍼블리셔스 포트폴리오 138
SDMI 429
SFT 540

T
『T. S. 엘리엇의 편지들』 259

U
UCC 저작권 표시(ⓒ) 33
URI 442
URL 50
URN 442
US 컴바인드 북 이그지빗 169

V

VHS/베타맥스 490

W

WAP 504

WATCH 244

www.ifile.it 49

www.library.wu 49

X

XML 514

지은이

/

리넷 오언 Lynette Owen

런던 대학교 영문과를 졸업했다. 케임브리지 대학교 출판부 저작권 담당 실장, 피트맨 출판사 저작권 담당 부장, 마셜 캐번디시 북 아메리카 세일즈 담당 부장, 피어슨 에듀케이션 저작권 담당 이사를 역임하고 현재 리넷 오언 컨설턴시 대표로 활동하고 있다.
저술한 책에 『중국판권경리인 실무지침』(법률출판사, 2003), 『클라크 출판 계약: 판례집』(제9판, Bloomsbury Professional, 2013), 『저작권 판매: 성공을 위한 가이드』(제7판, Routledge, 2014) 등이 있다.
영국과 해외 여러 나라에서 저작권과 라이선싱의 동향에 관해 강연을 하고 있으며, 엘리자베스 여왕으로부터 저작권 수출에 기여한 공로를 인정받아 2009년에 대영제국훈장을 수여받았다.

옮긴이

/

박행웅

한국외국어대학교 영어과 및 동 대학원을 졸업했다. 밀라노, 류블리아나 주재 KOTRA 관장 및 KOTRA 정보기획처장, 한국출판협동조합 전무를 역임했다.
옮긴 책에 『디지털경제 2000』(2000, 공역), 『밀레니엄의 종언』(2003, 공역), 『네트워크 사회의 도래』(2003, 공역), 『인터넷 갤럭시』(2004), 『네트워크 사회』(2009), 『구글, 유튜브, 위키피디아, 인터넷 원숭이들의 세상』(2010), 『글로벌 거버넌스 2025』(2011), 『신국일본』(2012, 공역), 『소용돌이의 한국정치 (완역판)』(2013, 공역), 『마누엘 카스텔의 커뮤니케이션 권력』(2014) 등이 있다.

한울아카 1943

저작권 판매

성공을 위한 가이드

지은이 | 리넷 오언
옮긴이 | 박행웅
펴낸이 | 김종수
펴낸곳 | 한울엠플러스(주)
편　집 | 배유진

초판 1쇄 인쇄 | 2017년 1월 11일
초판 1쇄 발행 | 2017년 1월 25일

주소 | 10881 경기도 파주시 광인사길 153 한울시소빌딩 3층
전화 | 031-955-0655
팩스 | 031-955-0656
홈페이지 | www.hanulmplus.kr
등록번호 | 제406-2015-000143호

Printed in Korea
ISBN 978-89-460-5943-6 93360 (양장)
ISBN 978-89-460-6260-3 93360 (학생판)

* 책값은 겉표지에 표시되어 있습니다.
* 이 도서는 강의를 위한 학생판 교재를 따로 준비했습니다.
강의 교재로 사용하실 때는 본사로 연락해주십시오.